GRUNDRISSE DE^s

Diete

Familienrecht

von

Dr. Dr. h. c. Dieter Schwab

em. o. Professor
an der Universität Regensburg

25., neu bearbeitete Auflage 2017

C.H.BECK

www.beck.de

ISBN 978 3 406 71133 6

© 2017 Verlag C.H.Beck oHG
Wilhelmstraße 9, 80801 München
Druck: Nomos Verlagsgesellschaft mbH & Co. KG/Druckhaus Nomos
In den Lissen 12, D-76547 Sinzheim

Satz: Thomas Schäfer, www.schaefer-buchsatz.de
Umschlaggestaltung: Druckerei C.H.Beck Nördlingen

Gedruckt auf säurefreiem, alterungsbeständigem Papier
(hergestellt aus chlorfrei gebleichtem Zellstoff)

Vorwort zur 25. Auflage

Als die Arbeit an der Neuauflage fast vollendet war, beschlossen Bundestag und Bundesrat überraschend noch kurz vor Ende der Legislaturperiode die **„Einführung des Rechts auf Eheschließung für Personen gleichen Geschlechts"**. Das machte es nötig, das Eheschließungsrecht in letzter Minute gründlich zu überarbeiten und das gesamte Eherecht auf seine Stimmigkeit zu überprüfen. Auch das Recht der eingetragenen Lebenspartnerschaft ist von der Reform berührt: Lebenspartnerschaften können in Ehen umgewandelt werden, neue Lebenspartnerschaften können ab Inkrafttreten des Gesetzes nicht mehr begründet werden – das Lebenspartnerschaftsrecht wird also zum Auslaufmodell, allerdings mit einer sehr langen Auslaufzeit. Die Verfassungsmäßigkeit des Reformgesetzes ist bestritten; an dieser Diskussion möchte ich mich im Rahmen eines kurzen Lehrbuchs nicht beteiligen: Das neue Recht wird so dargestellt, wie es beschlossen ist. Der Autor bittet um Verständnis dafür, dass die Beispielsfälle weit überwiegend noch im Bereich der traditionellen Ehe angesiedelt sind.

Auch weitere Gesetze sind kurz vor den Bundestagswahlen noch verabschiedet worden: Bekämpfung von Kinderehen, Regelungen gegen den Missbrauch von Vaterschaftsanerkennungen, Einführung einer familienrechtlichen Genehmigungspflicht für freiheitsentziehende Maßnahmen bei Kindern, Regelung von ärztlichen Zwangsmaßnahmen bei Betreuten waren Themen von Reformen, die es zu berücksichtigen galt. Die rechtzeitige Fertigstellung des Manuskripts war also eine Herausforderung für den Autor. Auch im Übrigen sind Gesetzgebung, Rechtsprechung und Literatur bis Juli 2017 verarbeitet.

Das Ziel des Grundrisses ist geblieben: eine klare und verständliche Darstellung des Familienrechts auf neuestem Stand. Das Buch will Studierenden einen Zugang zu den Problemen dieses faszinierenden Rechtsgebiets eröffnen. Es will darüber hinaus auch den schon praktisch Tätigen dienlich sein, in einer Zeit fortgesetzter Umbrüche ihren Wissensstand auf dem Laufenden zu halten. Das Buch verbindet die systematische Darstellungsform mit induktiven Elementen: Fallbeispiele sollen die Probleme plastisch vor Augen führen, Übersichten die Orientierung erleichtern, Prüfungsschemata zur folgerichtigen

Rechtsanwendung anleiten. Literaturhinweise dienen der Ergänzung und Vertiefung.

Die Darstellung legt den Schwerpunkt auf die Gebiete, die in der Ausbildungs- und Prüfungspraxis eine bevorzugte Rolle spielen: das Eherecht, das Familienvermögensrecht, das Recht der Scheidung und der Scheidungsfolgen, das Recht des Kind-Eltern-Verhältnisses, das Abstammungsrecht, das Unterhaltsrecht und das Recht der Paarbeziehungen außerhalb der Ehe. Auch die Bezüge zum einschlägigen Verfahrensrecht kommen zur Sprache.

Eine Ergänzung zu vorliegendem Werk bietet mein Fallbuch „Prüfe dein Wissen – Familienrecht", dessen 12. Auflage 2013 im Verlag C. H. Beck erschienen ist.

Den Nutzerinnen und Nutzern des Lehrbuchs wünsche ich Freude bei der Lektüre und den erhofften Gewinn an Wissen und Verstehen.

Regensburg, im Juli 2017   *Dieter Schwab*

Inhaltsverzeichnis

Teil II. Das Kindschaftsrecht

Abkürzungsverzeichnis

WRV .... Weimarer Reichsverfassung

z. B. .... zum Beispiel
ZevKR .... Zeitschrift für evangelisches Kirchenrecht
ZfJ .... Zentralblatt für Jugendrecht und Jugendwohlfahrt
ZGB .... Zivilgesetzbuch (Schweiz)
ZHR .... Zeitschrift für das gesamte Handelsrecht
ZKJ .... Zeitschrift für Kindschaftsrecht und Jugendhilfe
ZMR .... Zeitschrift für Miet- und Raumrecht
ZPO .... Zivilprozessordnung
ZRP .... Zeitschrift für Rechtspolitik
z. T. .... zum Teil
ZZP .... Zeitschrift für Zivilprozess

Paragrafen ohne Gesetzesangabe sind solche des BGB.

Einleitung

§ 1. Familie und Familienrecht

1. Regelungsbereiche. Das vierte Buch des BGB befasst sich unter 1
dem Titel „Familienrecht" hauptsächlich mit drei Regelungsfeldern:
der Ehe, der Verwandtschaft und bestimmten Fürsorgeverhältnissen
(Vormundschaft, Betreuung, Pflegschaft). Der drittgenannte Bereich
hat nur zum Teil mit der Familie zu tun. Den Kern des Familienrechts machen die in Bezug auf Ehe und Verwandtschaft geltenden
Rechtsregeln aus. Das Eherecht wird ergänzt durch das Recht der
eingetragenen Lebenspartnerschaft, das außerhalb des BGB in einem
besonderen Gesetz geregelt ist. Im Recht der Verwandtschaft bildet
die Rechtsbeziehung zwischen den Kindern und ihren Eltern (Kindschaftsrecht) den zentralen Gegenstand.

Familienrecht		
Eherecht/ Lebenspartnerschafts- recht	Verwandtschaftsrecht/ Kindschaftsrecht	Vormundschaftsrecht Pflegschaftsrecht/ Betreuungsrecht

2. Familienbegriff. Der Familienbegriff befindet sich sowohl in der 2
Allgemeinsprache als auch im Sprachgebrauch der Sozialwissenschaf-
ten in einem Wandel, der mit fortlaufenden gesellschaftlichen Veränderungen korrespondiert. Für Paare gleichen Geschlechts wurde im
Jahre 2001 die Rechtsform der eingetragenen Lebenspartnerschaft
eingeführt, die dem Eherecht nachgebildet ist. Im Jahre 2017 hat der
Gesetzgeber für homosexuelle Paare zudem die Möglichkeit der Eheschließung eröffnet. Die nichteheliche (nicht registrierte) Lebensgemeinschaft wird hingegen derzeit noch nicht dem Kern des Familienrechts zugerechnet; soweit es hier um Rechtsbeziehungen geht,
richten sie sich nach allgemeinem Zivilrecht. Jedoch ergibt sich ein
besonderes Rechtsverhältnis unter den nicht miteinander verheirateten Eltern eines Kindes aufgrund ihrer gemeinsamen Elternverantwortung.

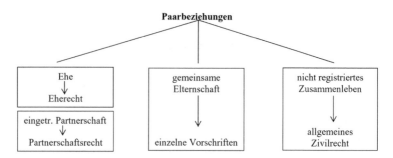

3   **3. „Familie" in der Gesetzessprache.** Juristischer und allgemeiner
Familienbegriff tendieren aufeinander zu, ohne sich völlig zu decken.
Das muss insbesondere beachtet werden, wenn das Wort „Familie"
als Gesetzesbegriff verwendet wird (z. B. in §§ 1357, 1360). Bei der
Interpretation solcher Vorschriften darf dem Normelement „Familie"
kein allgemeingültiger Sinn unterstellt werden. Vielmehr ergibt sich
der Begriff aus dem Zweck der jeweiligen Norm. In einem allgemeinen Sinne wird der Familienbegriff freilich im Grundgesetz verwendet: Ehe und Familie stehen unter dem besonderen Schutz der staatlichen Ordnung (Art. 6 I GG). Doch muss der Familienbegriff auch
hier vom Sinn der Verfassungsgarantie her präzisiert werden.

4   **4. Familie im Wandel.** Familienrechtswissenschaft und Familien-
politik sind in besonderem Maß auf die Beobachtung der kulturellen
und gesellschaftlichen Entwicklungen angewiesen. Die Familie befindet sich fortlaufend im Wandel. Es verändern sich Struktur und
Funktion der Familie, rascher noch das gesellschaftliche Bewusstsein
der Familie gegenüber, das kurzlebigen Schwankungen und vielfälti-
gen weltanschaulichen Spaltungen unterliegt. Langfristig lassen sich
folgende Veränderungen seit dem 18. Jahrhundert konstatieren:
    a) Die Bedeutung der **Verwandtschaft** (Familie im weiteren Sinn),
die in früheren Zeiten vor allem im Hinblick auf das Familienerbrecht
einen herausragenden Stellenwert hatte, erscheint gemindert. Unter
Familie versteht man daher heute in erster Linie die Kleinfamilie der
im gemeinsamen Haushalt zusammenlebenden Personen (Familie im
engeren Sinn). Doch werden auch weitere verwandtschaftliche Beziehungen dem Familienrecht zugeordnet; sie entfalten nach wie vor bedeutsame Rechtswirkungen (→ Rn. 18, 536).

5   b) Die **Familie im engeren Sinn** hat seit Ende des 18. Jahrhunderts
Veränderungen ihrer Funktionen erfahren. Wirtschaftlich gesehen

büßte „das Haus" seinen typischen Charakter als Produktionsge-
meinschaft (Familienbetrieb) ein und reduzierte sich – außer in
bäuerlichen und manchen kleingewerblichen Lebenskreisen – auf einen Konsumhaushalt. Die Welt von Arbeit und Beruf befindet sich
heute typischerweise außerhalb der Familiensphäre und ist nur indi-
rekt, etwa durch die Unterhaltspflicht, mit den familiären Beziehungen verknüpft.

c) Zugleich erhielten die familiären Beziehungen einen starken Zu-   6
wachs an **Intensität und Intimität**. Anstelle eines mehr objektiven
und rechtlich definierten Rollenverständnisses der Familienmitglieder
trat die Vorstellung, dass zwischen den Ehegatten und auch zwischen
Eltern und Kindern primär eine außerrechtliche und subjektive Verbindung (Gattenliebe, Zuneigung zwischen Eltern und Kindern) besteht, die nur bedingt gesellschaftlichen Anforderungen unterstellt
und vom Recht gestaltet werden kann. Auf dieser Grundlage wird
die Familie als ein privater Bereich höchstpersönlicher Beziehungen
angesehen, in den das Recht nicht ohne weiteres eingreifen darf.

d) Die Forderung nach **Gleichberechtigung der Geschlechter** und   7
die stärkere Betonung der **Rechte des Kindes** führten seit Beginn des
20. Jahrhunderts zum Abbau der patriarchalischen zugunsten einer
partnerschaftlichen Familienstruktur. Die Heraushebung der Rechte
von Frau und Kindern erleichtert es andererseits, Konflikte zwischen
den Familienmitgliedern als Rechtsfragen zu verstehen und vor Gericht auszutragen. Die „Emanzipation" von Frau und Kindern bedingt folglich eine gewisse Verrechtlichung der personalen Familienbeziehungen.

e) Durch die Entfaltung des staatlichen Schulsystems, die Speziali-   8
sierung der Berufsausbildungen und die Verlagerung der Arbeitswelt
aus dem Bereich des Hauses haben sich gewisse **Kompetenzverluste**
der Familie im Bereich der Heranführung der jungen Menschen in
die Erwachsenenwelt ergeben. Auch hat der Ausbau der sozialstaat-
lichen Sicherungen (Sozialversicherung, Arbeitslosenversicherung,
Sozialhilfe) die Familie entlastet. Die Außenbeziehungen der einzelnen Familienmitglieder sind vielfältiger geworden. Auf der anderen
Seite verstärkt sich der Charakter der Familie als Ort des privaten Lebens, der den Mitgliedern einen persönlichen Rückzugsraum bietet
und sich gegen Eingriffe von außen abschirmt.

5. Reformen des Familienrechts. Das Familienrecht ist seit In-   9
krafttreten des BGB zahlreichen und grundlegenden **Veränderungen**

unterzogen worden. Hauptsächliche Leitgedanken der Reformen waren die Herstellung der Gleichberechtigung der Geschlechter sowie
die Stärkung der Rechte und Interessen der Kinder. Die heutige
Rechtslage beruht vor allem auf folgenden Reformgesetzen:

1957 *Gleichberechtigungsgesetz* (GleichberG) vom 18.6.1957 (BGBl. I
S. 609) – Erster, nicht voll gelungener Versuch, Frau und Mann im Familien-
recht gleichzustellen, Einführung der Zugewinngemeinschaft als gesetzlicher
Güterstand.

1976 *Erstes Gesetz zur Reform des Ehe- und Familienrechts* (1. EheRG)
vom 14.6.1976 (BGBl. I S. 1421), überwiegend in Kraft seit 1.7.1977 – weiterer
Ausbau der Gleichberechtigung, Einführung eines neuen Scheidungsrechts auf
der Grundlage des Zerrüttungsprinzips, Einführung des Versorgungsausgleichs, Einrichtung der Familiengerichte.

1979 *Gesetz zur Neuregelung des Rechts der elterlichen Sorge* (SorgeRG)
vom 18.7.1979 (BGBl. I S. 1061), in Kraft seit 1.1.1980 – Neues Verständnis
des elterlichen Sorgerechts, Ausbau der Kinderrechte.

1992 *Gesetz zur Reform des Rechts der Vormundschaft und Pflegschaft für
Volljährige* (Betreuungsgesetz – BtG) vom 12.9.1990 (BGBl. I S. 2002), in
Kraft seit 1.1.1992 – Abschaffung der Entmündigung, Einführung des Rechts-
instituts der Betreuung.

1997 *Gesetz zur Reform des Kindschaftsrechts* (Kindschaftsrechtsreformgesetz – KindRG) vom 16.12.1997 (BGBl. I S. 2942), in Kraft seit 1.7.1998 –
Einheitliches Kindschaftsrecht für eheliche und nichteheliche Kinder.

1998 *Gesetz zur Vereinheitlichung des Unterhaltsrechts minderjähriger Kinder* (Kindesunterhaltsgesetz – KindUG) vom 6.4.1998 (BGBl. I S. 666), in
Kraft seit 1.7.1998 – Vereinfachte Durchsetzung der Unterhaltsansprüche.

1998 *Gesetz zur Neuordnung des Eheschließungsrechts* (Eheschließungsrechtsgesetz – EheschlRG) vom 4.5.1998 (BGBl. I S. 833), in Kraft seit
1.7.1998 – Aufhebung des Ehegesetzes von 1938, Neugestaltung des Eheschließungsrechts.

2001 *Gesetz zur Beendigung der Diskriminierung gleichgeschlechtlicher Gemeinschaften: Lebenspartnerschaften* vom 22.2.2001 (BGBl. I S. 266), in Kraft
seit 1.8.2001 – Einführung eines eheähnlichen Rechtsinstituts für Personen
gleichen Geschlechts.

2004 *Gesetz zur Änderung der Vorschriften über die Anfechtung der Vaterschaft und das Umgangsrecht von Bezugspersonen des Kindes* vom 23.4.2004
(BGBl. I S. 598).

2008 *Gesetz zur Änderung des Unterhaltsrechts* vom 21.12.2007 (BGBl. I
S. 3189), in Kraft seit 1.1.2008: Rückbildung der Ansprüche geschiedener Ehegatten.

2008 *Gesetz zur Klärung der Vaterschaft unabhängig vom Anfechtungsverfahren* vom 26.3.2008 (BGBl. I S. 441).

2008 *Gesetz zur Erleichterung familiengerichtlicher Maßnahmen bei Gefährdung des Kindeswohls* vom 4.7.2008 (BGBl. I S. 1188).

2008 *Gesetz zur Reform des Verfahrens in Familiensachen und in Angele-genheiten der freiwilligen Gerichtsbarkeit* (FGG-RG) vom 17.12.2008 (BGBl. I S. 2586); davon das Herzstück das FamFG.

2009 *Gesetz zur Strukturreform des Versorgungsausgleichs* (VAStrRefG) vom 3.4.2009 (BGBl. I 700), darin das Gesetz über den Versorgungsausgleich (VersAusglG): Grundlegende Reform des 1976 eingeführten Instituts.

2009 *Gesetz zur Änderung des Zugewinnausgleichs- und Vormundschafts-rechts* vom 6.7.2009 (BGBl. I S. 1696).

2013 *Gesetz zur Reform der elterlichen Sorge nicht miteinander verheirate-ter Eltern* vom 19.4.2013 (BGBl. I S. 795).

2013 *Gesetz zur Stärkung der Rechte des leiblichen, nicht rechtlichen Vaters* vom 4.7.2013 (BGBl. I S. 2176).

2017 *Gesetz zur Bekämpfung von Kinderehen* vom 17.7.2017 (BGBl. I S. 2429).

2017 *Gesetz zur Einführung des Rechts auf Eheschließung für Personen gleichen Geschlechts* vom 20.7.2017 (BGBl. I S. 2787).

§ 2. Familienrecht, Grundgesetz und EMRK

Literatur: Zum Grundgesetz s. die Kommentare zum GG, ferner *U. Stei-ner,* Schutz von Ehe und Familie, in: *D. Merten/H.-J. Papier* (Hrsg.), Hand-buch der Grundrechte, Bd. 4, 2011, 1249; *ders.,* FS D. Schwab, 2005, 433; *H. Borth,* FS D.Schwab, 2005, 329; *D. Coester-Waltjen,* Jura 2009, 105; *D. Schwab,* Anwaltsblatt 2009, 557; *G. Otte,* FamRZ 2013, 585; *J. Benedict,* JZ 2013, 477; *C. D. Classen,* DVBl 2013, 1086; *A. Sanders,* FuR 2016, 434; *St. Rixen,* Verfassung der Pluralität: Der Schutz von Ehe, Familie und Elternrecht unter dem Grundgesetz, in: *D. Klippel et al.* (Hrsg.), Grundlagen und Grund-fragen des Bürgerlichen Rechts, 2016, 131. Zur **EMRK** s. die Kommentare zur Europäischen Menschenrechtskonvention, ferner *R. Uerpmann-Wittzack,* Ehe und Familie, in: *Chr. Grabenwarter* (Hrsg.), Europäischer Grundrechte-schutz, 2014, 417; *ders.,* FamRZ 2016, 1897; *W. Pintens,* FamRZ 2016, 341.

1. Grundgesetz und Familie. Das Familienrecht der Bundesrepu- 10 blik ist durch fundamentale Aussagen des GG geformt.

a) Nach Art. 6 I GG stehen *Ehe und Familie unter dem besonderen Schutz der staatlichen Ordnung.*

b) Männer und Frauen sind *gleichberechtigt,* Art. 3 II 1 GG; nie-mand darf wegen seines Geschlechts benachteiligt oder bevorzugt werden, Art. 3 III 1 GG. Der Grundsatz der Gleichberechtigung gilt auch für den Bereich von Ehe und Familie (BVerfGE 3, 225, 242; 10, 59, 67; 35, 382, 408) und bestimmt folglich zwingend ihre rechtliche Struktur.

c) *Pflege und Erziehung der Kinder* sind – wie Art. 6 II 1 GG anerkennt – das *natürliche Recht der Eltern* und die zuvörderst ihnen obliegende *Pflicht*. Über die Betätigung dieses Elternrechts kommt der staatlichen Gemeinschaft das Wächteramt zu (Art. 6 II 2). Eine Konkretisierung erfahren das Elternrecht und seine Schranken in Art. 6 III GG.

d) Jede *Mutter* hat Anspruch auf den Schutz und die Fürsorge der Gemeinschaft, Art. 6 IV GG (zur Bedeutung BVerfGE 32, 273; 37, 121, 125; FamRZ 2001, 341, 346).

e) Den *unehelichen Kindern* sind durch die Gesetzgebung die gleichen Bedingungen für ihre leibliche und seelische Entwicklung und ihre Stellung in der Gesellschaft zu schaffen wie den ehelichen Kindern (Art. 6 V GG).

11   **2. Die Bedeutung des Art. 6 I GG.** Die Tragweite der staatlichen Schutzgarantie für Ehe und Familie wird durch die Rechtsprechung des Bundesverfassungsgerichts entfaltet. Das BVerfG spricht dem Art. 6 I GG mehrere Funktionen zu.

a) Art. 6 I bildet ein **Freiheitsrecht** im Sinne der klassischen Grundrechte, das die spezifische Privatsphäre von Ehe und Familie vor äußerem Zwang durch den Staat schützt und sich auch für den familiären Lebensbereich zur Eigenständigkeit und Selbstverantwortlichkeit des Menschen bekennt (BVerfGE 6, 55, 71). Demgemäß ist die Familie (und zwar jede einzelne) als ein geschlossener, eigenständiger Lebensbereich zu verstehen; der Staat ist verpflichtet, diese Einheit und Selbstverantwortlichkeit zu respektieren und zu fördern (BVerfGE 24, 119, 135). Dazu gehört, dass der Gesetzgeber es der privaten Entscheidungsfreiheit der Ehegatten überlässt, ob ein Ehegatte sich ausschließlich dem Haushalt widmet oder beruflich tätig sein will (BVerfGE 6, 55, 81; 66, 84, 92; 68, 256, 268). Art. 6 I GG kann auch das allgemeine Freiheitsgrundrecht (Art. 2 I GG) verstärken (BVerfGE 57, 170, 178: Unzulässige Kontrolle des Briefverkehrs eines Untersuchungsgefangenen mit seinen Eltern).

12   b) Art. 6 I GG enthält einen **besonderen Gleichheitssatz** (grundlegend BVerfG FamRZ 1999, 285, 287). Dieser verbietet, Ehe und Familie gegenüber anderen Lebens- und Erziehungsformen schlechter zu stellen (**Diskriminierungsverbot;** z. B. bei der Gestaltung des Steuerrechts). Daher untersagt Art. 6 I GG eine Benachteiligung von Ehegatten gegenüber Ledigen, von Eltern gegenüber Kinderlosen sowie von ehelichen gegenüber anderen Erziehungsgemeinschaften.

Auch Alleinerziehende mit Kindern dürfen im Steuerrecht nicht benachteiligt werden (BVerfGE 61, 319; 68, 143, 154).

c) Ferner verbürgt Art. 6 I Ehe und Familie als Lebensordnungen 13 (Institutionen) und enthält demgemäß eine „**Institutsgarantie**". Darin ist nach Auffassung des BVerfG die Gewährleistung gewisser **Strukturprinzipien** enthalten, mit denen das Familienrecht vereinbar sein muss.

Dazu gehören: das Prinzip der Einehe (BVerfGE 31, 58, 69), die Freiheit zur Eheschließung (BVerfGE 29, 166, 176; 31, 58, 67; 36, 146; 76, 1, 42), das Gebot äußerster Zurückhaltung bei der Aufstellung von Ehehindernissen (BVerfGE 36, 146, 163), die grundsätzliche, wenngleich nicht ausnahmslose Unauflöslichkeit der Ehe (BVerfGE 10, 59, 66; 31, 58, 82; 53, 224, 246); das Prinzip gleicher Berechtigung, das sich auch nach Trennung und Scheidung der Eheleute auf ihre Beziehungen hinsichtlich Unterhalt, Versorgung und Aufteilung des gemeinsamen Vermögens auswirkt (BVerfGE 53, 257, 296; 63, 88, 109; BVerfG FamRZ 2006, 1000).

d) Das BVerfG bezieht die Institutsgarantie der Ehe auf die durch 14 das staatliche Recht geordnete Ehe (BVerfGE 31, 58, 69). Das staatliche Ehe- und Familienrecht wird also trotz der Eigenständigkeit der Familie nicht ausgeschlossen, sondern geradezu vorausgesetzt. Ferner legt das BVerfG dem Art. 6 I GG das Bild der „verweltlichten" bürgerlich-rechtlichen Ehe zugrunde (BVerfGE 31, 58, 83), einer Ehe also, für die allein der Staat zuständig ist und deren Recht nach weltlichen, also nicht von religiösen Glaubenspositionen abhängigen Erkenntnissen gestaltet wird. Alle nach staatlichem Recht geschlossenen Ehen genießen gleichen Schutz (BVerfGE 66, 84, 93; 68, 256, 267).

Sowohl die vorgeschriebene Mitwirkung des Standesbeamten bei der Eheschließung (BVerfGE 29, 166, 176; 62, 323, 330) als auch die Möglichkeit der Ehescheidung (BVerfGE 31, 58, 82) sind daher mit Art. 6 I GG vereinbar. Bei der Regelung des Scheidungsrechts bleibt dem Gesetzgeber erheblicher Gestaltungsspielraum. Der Übergang zum Prinzip der Zerrüttungsscheidung ist verfassungsrechtlich nicht zu beanstanden (BVerfGE 53, 224, 245; 57, 361, 378), doch ergibt sich auch bei gescheiterten Ehen die Pflicht des Gesetzgebers, eine „Scheidung zur Unzeit" zu vermeiden (BVerfGE 53, 224, 250; 55, 134, 142).

e) Schließlich trifft Art. 6 I GG eine **verbindliche Wertentschei-** 15 **dung** für den gesamten Bereich des privaten und öffentlichen Rechts. Daraus ergibt sich einerseits das Verbot für den Staat, Ehe und Familie zu schädigen oder sonst zu beeinträchtigen (**Beeinträchtigungsverbot**), andererseits das Gebot, Ehe und Familie vor Beeinträchtigungen durch andere Kräfte zu bewahren und darüber hinaus durch eigene Maßnahmen zu fördern (BVerfGE 6, 55, 76). Aus dem **Förderungsgebot** lässt sich im Allgemeinen kein verfassungsrechtlich gesicherter Anspruch auf bestimmte staatliche Maßnahmen und Leistungen herleiten. Insbesondere muss der Staat nicht jede die Familie treffende finanzielle Verpflichtung ausgleichen (s. BVerfGE 28, 104, 113; 39, 316, 326; 43, 108, 121; 45, 104, 125; 75, 348, 360; 107, 205).

Das **Beeinträchtigungsverbot** ist durch das BVerfG häufig als bindendes Verfassungsrecht aktualisiert worden, z. B.
- gegen Benachteiligung von Verheirateten oder Familienangehörigen im Steuerrecht (s. BVerfGE 6, 55, 76; 69, 188, 205);
- gegen die Benachteiligung auf dem Gebiet des Versorgungsrechts (BVerfGE 18, 257; insbesondere Verfassungswidrigkeit des Wegfalls von Waisenrenten bei Eheschließung des Rentenempfängers, BVerfGE 28, 324, 346; 29, 57 und 71; der Verweigerung sozialer Leistungen für sog. hinkende Ehen, BVerfGE 62, 323, 333);
- gegen die Diskriminierung von Eheleuten gegenüber eheähnlich Zusammenlebenden im Bereich sonstiger öffentlicher Leistungen (BVerfGE 67, 186 – Arbeitslosenhilfe);
- im Zusammenhang mit ausländerrechtlichen Entscheidungen (z. B. BVerfGE 19, 394; 35, 382; BVerfG FamRZ 1990, 363) sowie der Art des Vollzugs der Strafhaft bei einem Verheirateten (BVerfGE 42, 95; BVerfG FamRZ 1993, 1296; 1994, 496 und 1381).

16   **3. Der Ehebegriff des GG.** Unter Ehe versteht das BVerfG die auf freiem Entschluss von Mann und Frau beruhende, unter Wahrung bestimmter vom Gesetz vorgeschriebener Formen geschlossene Einehe (BVerfGE 29, 166, 176). Diese wird als Vereinigung eines Mannes und einer Frau zu einer umfassenden, grundsätzlich unauflösbaren Lebensgemeinschaft definiert (BVerfGE 62, 323, 330; 53, 224, 245). Ob die Ehe zwischen gleichgeschlechtlichen Personen, die in Deutschland seit 1. Oktober 2017 geschlossen werden kann, unter den Ehebegriff des Grundgesetzes fällt, ist umstritten und bedarf der verfassungsgerichtlichen Klärung.

Selbstverständlich gilt Art. 6 I GG auch für Ausländer (BVerfGE 31, 58, 67; 51, 386, 396). Er gilt auch für Ehen, die gültig nach ausländischem Recht geschlossen sind (BVerfGE 62, 323, 330), selbst wenn das deutsche Recht ihre Wirksamkeit mangels Einhaltung der gebotenen Eheschließungsform nicht anerkennt („hinkende Ehe", BVerfGE 62, 323, 331). Art. 6 I GG kann als Prüfungsmaßstab auch zum Schutz von Ehegatten angewandt werden, deren Ehe durch Tod oder Scheidung aufgelöst ist (BVerfGE 62, 323, 322: Witwenrente). Auch die Folgewirkungen einer geschiedenen Ehe unterfallen dem Schutz des Grundrechts (vgl. BVerfGE 66, 84, 93).

4. Der Familienbegriff des GG. a) Der Begriff der Familie ist im 17
GG relativ offen. In erster Linie gehört dazu die Beziehung zwischen
Eltern und den ihrer Verantwortung anvertrauten Kindern. Nach
BVerfGE 18, 97, 106 ist unter Familie jedenfalls die **zwischen Eltern
und Kindern** bestehende Gemeinschaft einschließlich der Gemeinschaft mit Stief-, Adoptiv- und Pflegekindern zu verstehen (Adoptiv-
familie: BVerfG FamRZ 1990, 363; Pflegefamilie: BVerfG FamRZ
1985, 39; 1989, 31, 32; 2000, 1489). Einbezogen ist auch das Verhältnis der Mutter und des Vaters zu ihrem nichtehelichen Kind
(BVerfGE 8, 210, 215; 24, 119, 135; 25, 167, 196; den Vater betreffend
BVerfGE 56, 363, 384). Die Rechtsprechung des BVerfG stellt heute
stark auf den sozialen Tatbestand ab: „Art. 6 I GG schützt die Familie
als Gemeinschaft von Eltern und Kindern. Dabei ist nicht maßgeblich, ob die Kinder von den Eltern abstammen und ob sie ehelich
oder nichtehelich geboren wurden ... Familie ist die tatsächliche Le-
bens- und Erziehungsgemeinschaft zwischen Kindern und Eltern, die
für diese Verantwortung tragen." Deshalb bildet auch der leibliche,
rechtlich (noch) nicht anerkannte Vater mit dem Kind eine Familie
im Sinne des Art. 6 I GG, wenn er tatsächlich Verantwortung für
sein Kind trägt und daraus eine soziale Beziehung zwischen ihm
und dem Kind entsteht (BVerfG FamRZ 2003, 816, 822; zur sozial-
familiären Gemeinschaft aus eingetragenen Lebenspartnern und Kindern BVerfG FamRZ 2013, 521, 525).

b) Wie weit die **Rechtsbeziehung der Verwandtschaft** für sich ge- 18
sehen den verfassungsrechtlichen Schutz des Art. 6 I genießt, ist noch
nicht abschließend geklärt. Ob die Familienbindung zwischen Großeltern und Enkelkind dem verfassungsrechtlichen Familienbegriff unterfällt, war in der Rechtsprechung zunächst offen geblieben
(BVerfGE 39, 316, 326). Nunmehr werden familiäre Bindungen zwischen erwachsenen Familienmitgliedern in den Schutzbereich des
Grundrechts einbezogen. Das gilt auch für Bindungen, die über mehrere Generationen hinweg zwischen den Mitgliedern einer Großfami-
lie bestehen können (grundlegend BVerfG FamRZ 2014, 1435
Rn. 22). Engere Bindungen unter nahen Verwandten, die tatsächlich
von familiärer Verbundenheit geprägt sind, werden vom Familienbegriff des Art. 6 I GG erfasst (BVerfG FamRZ 2014, 1435 Rn. 23 f.;
FamRZ 2014, 1841 Rn. 14 ff.). Unter dieser Voraussetzung haben
Großeltern das Recht, bei Auswahl des Vormunds für ihr Enkelkind
im Rang vor dritten Personen in Betracht gezogen zu werden
(BVerfG FamRZ 2014, 1435 Rn. 13; FamRZ 2014, 1841 Rn. 14 ff.).

19   c) Zur Familie im Sinne des Grundgesetzes gehört selbstverständlich die Ehe, auch wenn sie kinderlos bleibt. Das gilt auch für die
gleichgeschlechtliche Ehe und die eingetragene Lebenspartnerschaft.
Die **nichtehelichen bzw. nicht registrierten Lebensgemeinschaften**
werden hingegen bislang nicht dem Familienbegriff zugerechnet (vgl.
BVerfGE 36, 146, 165 ff.). Die verfassungsrechtlichen Schutzpositio-
nen der formlos Zusammenlebenden ergeben sich vielmehr aus ihren
Persönlichkeitsrechten (Art. 2 I GG).

20   **5. EMRK.** Neben dem GG kommt auch der Europäischen Konvention zum Schutze der Menschenrechte und Grundfreiheiten vom
4.11.1950 und ihrer Interpretation durch den Europäischen Gerichtshof für Menschenrechte (EGMR) erhebliche Bedeutung für die Entwicklung des Familienrechts zu. Die Konvention bildet einen völker-
rechtlichen Vertrag, der von der Bundesrepublik ratifiziert und als
innerstaatliches Gesetz unmittelbar anwendbar ist (BGBl. 1952 II
S. 686; 2002 II S. 1055). Besondere Bedeutung hat Art. 8 der Konvention erlangt, wonach jede Person das Recht auf **Achtung ihres Pri-
vat- und Familienlebens** hat. In die Ausübung dieses Rechts dürfen
nationale Hoheitsträger nur unter eng umschriebenen Voraussetzungen eingreifen. Zu beachten ist ferner das Diskriminierungsverbot des
Art. 14 der Konvention, das Ungleichbehandlungen aus Gründen des
Geschlechts grundsätzlich ausschließt. Der EGMR hat ausgesprochen, dass das Recht auf Achtung des Familienlebens zwischen „ehelicher" und „nichtehelicher" Familie grundsätzlich keinen Unterschied macht (EGMR NJW 1979, 2449 – Marckx/Belgien). Der
Begriff des Familienlebens ist weit gefasst. Auf die für das deutsche
Familienrecht wichtigsten Entscheidungen des Gerichtshofs wird bei
Erörterung der einzelnen Probleme hingewiesen.

§ 3. Familienrecht und deutsche Einigung

Literatur: *D. Schwab (Hrsg.),* Familienrecht und deutsche Einigung, 1991;
K. Rebmann/F. J. Säcker, Zivilrecht im Einigungsvertrag, 1991; *F. W. Bosch,*
FamRZ 1991, 749, 878, 1001, 1370; 1992, 869, 993; *D. Henrich,* FamRZ
1991, 873.

21   **1. Geltung des Bundesrechts.** Auf Grundlage des Vertrages zwischen der Bundesrepublik Deutschland und der Deutschen Demo-
kratischen Republik vom 31.8.1990 ist die staatliche Einheit Deutsch-

lands durch Beitritt gemäß Art. 23 GG a. F. mit Wirkung zum 3.10.1990 hergestellt worden. Im Rahmen der Beitrittsverhandlungen stellte sich die Frage, welches Recht für die in der ehemaligen DDR lebende Bevölkerung künftig gelten sollte, auf dem Gebiete der Familie besonders dringend. Seit langem hatte die DDR ein eigenständiges, in vielem vom BGB abweichendes Familienrecht, auf das sich die Bevölkerung eingestellt hatte. Das Familiengesetzbuch (FGB) vom 20.12.1965 wurde noch im Laufe des Jahres 1990 von der demokratisch gewählten Volkskammer in der offenkundigen Absicht reformiert, ein eigenständiges Familienrecht in den Beitrittsländern wenigstens für eine Übergangszeit zu retten. Dieses Ziel wurde nur unvollkommen erreicht. Die FGB-Novelle trat zum 1.10.1990 in Kraft; am 3.10.1990 galten indes bereits die Bestimmungen des Einigungsvertrages. Danach ist ab dieser Zeit für die Beitrittsgebiete grundsätzlich das Bundesrecht (Art. 3 Einigungsvertrag) anzuwenden, so auch auf dem Gebiet des Familienrechts. Das bedeutet: Nicht nur die ab 3.10.1990 begründeten, sondern **auch die schon vorher bestehenden Rechtsverhältnisse** unterliegen ab 3.10.1990 dem Recht der Bundesrepublik.

2. Ausnahmen. Bei Familienbeziehungen, die vor dem 3.10.1990 **22** begründet waren, mussten von diesem Grundsatz im Sinne des Vertrauensschutzes Ausnahmen gemacht werden. So wurden z. B. Eheleute, die in der DDR nach dortigem gesetzlichem Güterrecht (Eigentums- und Vermögensgemeinschaft) gelebt haben, zwar in den gesetzlichen Güterstand der Bundesrepublik (Zugewinngemeinschaft) übergeführt; doch konnte jeder Ehegatte binnen zwei Jahren durch eine Erklärung bewirken, dass es beim bisherigen Güterstand blieb (Art. 234 § 4 EGBGB). Unterhaltsansprüche von geschiedenen Ehegatten bemessen sich weiterhin nach DDR-Recht, wenn die Ehe vor dem 3.10.1990 geschieden worden ist (Art. 234 § 5 EGBGB).

§ 4. Familie und Gerichtsbarkeit

1. Familiengerichte. a) Die im 4. Buch des BGB geregelten Rechts- **23** verhältnisse gehören in der Regel dem Bereich des Zivilrechts an, die einschlägigen Streitverfahren sind also „bürgerliche Rechtsstreitigkeiten". Doch sind wegen der Eigenart der familienrechtlichen Konflikte im Jahre 1977 besondere Gerichte (Familiengerichte) eingeführt worden, die auf „Familiensachen" spezialisiert sind. Die Familiengerichte sind als Abteilungen für Familiensachen bei den Amtsgerichten gebildet (§ 23b I, § 23a I S. 1 Nr. 1 GVG). Der Familienrichter fungiert als Einzelrichter (§ 23b III GVG). Entsprechend sind bei den in zweiter Instanz zuständigen Oberlandesgerichten Familiensenate gebildet (§ 119 II GVG). Für die Rechtsbeschwerde ist die Zuständigkeit des Bundesgerichtshofs gegeben (§ 133 GVG). Die Angelegenheiten, die unter den Begriff „Familiensachen" fallen, sind im Gesetz einzeln benannt.

24   b) Das Verfahren vor den Familiengerichten ist durch das **„Gesetz über das Verfahren in Familiensachen und in den Angelegenheiten der freiwilligen Gerichtsbarkeit (FamFG)"** grundlegend neu geregelt (in Kraft seit 1.9.2009). Der Begriff „Familiensachen" ist wesentlich ausgeweitet worden. Das hat es ermöglicht, die bisher neben den Familiengerichten bestehenden **Vormundschaftsgerichte abzuschaffen.** Die Zuständigkeit der bisherigen Vormundschaftsgerichte ist teils den Familiengerichten zugeschlagen worden, teils – soweit es sich um Angelegenheiten von volljährigen Personen handelt – den neu geschaffenen **Betreuungsgerichten** (§ 23a II Nr. 1, § 23c GVG).

25   **2. Familiensachen.** Der Katalog der Familiensachen (§ 111 FamFG) umfasst im Großen und Ganzen die Rechtsverhältnisse zwischen zusammenlebenden, getrenntlebenden und geschiedenen Ehegatten, eingetragenen Lebenspartnern sowie Eltern und Kindern. Das Gesetz verwendet, um die Zuständigkeit präziser zu beschreiben, Unterbegriffe („Ehesachen", „Kindschaftssachen", etc.), die im FamFG näher umrissen sind. Besonders wichtig ist die Unterkategorie **„sonstige Familiensachen"** (§ 111 Nr. 10 FamFG). Hierher gehören insbesondere Ansprüche zwischen miteinander verheirateten oder ehemals miteinander verheirateten Personen im Zusammenhang mit Trennung, Aufhebung oder Scheidung der Ehe (§ 266 I Nr. 3 FamFG), sofern die Angelegenheit nicht schon unter eine andere Kategorie der Familiensachen fällt. Damit werden vor allem solche Rechtsbeziehungen unter die Zuständigkeit der Familiengerichte gezogen, die im Schuld- oder Sachenrecht begründet sind, aber aus Anlass einer Ehekrise akut werden.

26   **3. Neuerungen im Verfahren.** Das FamFG hat das Verfahren in Angelegenheiten der freiwilligen Gerichtsbarkeit und in Familiensachen neu gestaltet. Nunmehr werden alle Familiensachen durch **Beschluss** entschieden. Die Verfahren werden einheitlich durch **Antrag** eingeleitet, sodass man nicht mehr auf Unterhalt „klagt", sondern ei-

nen entsprechenden Antrag stellt. **Rechtsmittel** sind einheitlich „Beschwerde" und „Rechtsbeschwerde" (nicht mehr Berufung und Revision). Das bedeutet freilich nicht, dass alle Familiensachen in jeder Hinsicht nach gleichen Verfahrensregeln behandelt werden. Das Gesetz kennt die besondere Kategorie der „Familienstreitsachen", in denen hauptsächlich nach den Regeln der ZPO verfahren wird (§§ 112–120 FamFG).

§ 5. Allgemeine Literatur zum Familienrecht

1. Lehrbücher   27

J. Gernhuber/D. Coester-Waltjen, Familienrecht, 6. Aufl. 2010; *D. Schwab/ P. Gottwald/S. Lettmaier,* Family and Succession Law in Germany, 3. Aufl. 2017; *H. Grziwotz,* Materielles Ehe- und Familienrecht, 3. Aufl. 2013; *N. Dethloff,* Familienrecht, 31. Aufl. 2015; *K. Muscheler,* Familienrecht, 4. Aufl. 2017; *H. Schleicher et al.,* Jugend- und Familienrecht, 14. Aufl. 2014; *W. Schlüter,* Familienrecht, 14. Aufl. 2012; *D. Schwab,* Familienrecht, 25. Aufl. 2017; *M. Wellenhofer,* Familienrecht, 4. Aufl. 2017.

2. Sonstige Studienliteratur

S. A. Benner, Klausurenkurs im Familien- und Erbrecht, 4. Aufl. 2013; *M. Lipp,* Examensrepetitorium Familienrecht, 4. Aufl. 2013; *M. Löhnig/M. Leiß,* Fälle zum Familien- und Erbrecht, 3. Aufl. 2015; *A. Röthel,* Fallrepetitorium Familien- und Erbrecht, 2009; *A. Roth,* Familien- und Erbrecht mit ausgewählten Verfahrensfragen, 5. Aufl. 2010; *D. Schwab,* Prüfe Dein Wissen, Familienrecht, 12. Aufl. 2013.

3. Handbücher/ Spezielle Kommentare

P. Gerhardt/ B. v. Heintschel-Heinegg/ M. Klein, Handbuch des Fachanwalts Familienrecht, 10. Aufl. 2015; *K. Johannsen/D. Henrich* (Hrsg.), Familienrecht, 6. Aufl. 2015; *D. Kaiser /K. Schnitzler/P. Friederici/R. Schilling* (Hrsg.), Familienrecht, 3. Aufl. 2014; *M. Krenzler/H. Borth,* Anwalts-Handbuch Familienrecht, 2. Aufl. 2012; *Chr. Münch,* Familienrecht in der Notar- und Gestaltungspraxis, 2. Aufl. 2015; *W. Rahm/B. Künkel* (Hrsg.), Handbuch Familien- und Familienverfahrensrecht, Loseblatt (Stand 2016); *K. Schnitzler* (Hrsg.), Münchener Anwaltshandbuch Familienrecht, 4. Aufl. 2014; *H. Scholz/ N. Kleffmann/G. Doering-Striening,* Praxishandbuch Familienrecht, Loseblatt (Stand 2016); *W. Schulz/J. Hauß* (Hrsg.), Familienrecht, Handkommentar, 2. Aufl. 2011; *D. Schwab* (Hrsg.), Handbuch des Scheidungsrechts, 7. Aufl. 2013. Darstellungen zu einzelnen Bereichen s. bei den einschlägigen Kapiteln.

4. Personenstandsrecht

R. Hepting/ A. Dutta, Familie und Personenstand, 2. Aufl. 2015.

5. Familienverfahrensrecht

A. Dutta, Gerichtliche Spezialisierung für Familiensachen, RabelsZ 2017, 510; *D. Bahrenfuss* (Hrsg.), FamFG, 3. Aufl. 2016; *R. Bork/F. Jacoby/D. Schwab* (Hrsg.), FamFG, 2. Aufl. 2013; *U. Bumiller et al.,* FamFG, 11. Aufl. 2015; *P. Horndasch/ W. Viefhues,* FamFG, 3. Aufl. 2013; *Keidel,* FamFG, hrsg. von *H. Engelhardt/W. Sternal,* 19.. Aufl. 2017; *R. Kemper/K. Schreiber,* Familienverfahrensrecht, 3. Aufl. 2015; *H.-J. Musielak/H. Borth,* Familiengerichtliches Verfahren, 5. Aufl. 2015; *H. Prütting/T. Helms* (Hrsg.), FamFG, 3. Aufl. 2014; *K. Schulte-Bunert/G. Weinreich,* FamFG, Kommentar, 4.Aufl. 2014; *Th. Rauscher* (Hrsg.), Münchener Kommentar zum FamFG, 2. Aufl. 2013.

6. Internationales Privatrecht

M. Andrae, Internationales Familienrecht, 3. Aufl. 2013; *D. Henrich,* Internationales Scheidungsrecht, 3. Aufl. 2012; *K. Niethammer-Jürgens,* Internationales Familienrecht in der anwaltlichen Praxis, 2013; *J. Pasche,* Familiensachen mit Auslandsbezug, 3. Aufl. 2013.

7. Europäisches Recht

W. Pintens/K. Vanwinckelen, European Family Law, Casebook, 2001; *K. Breuer,* Ehe- und Familiensachen in Europa, 2008; *J. M. Scherpe* (Hrsg.), European Family Law, 4 Bde, 2016; *W. Pintens,* Familienrecht und Rechtsvergleichung in der Rechtsprechung des EGMR, FamRZ 2016, 341; *Chr. Kohler/W. Pintens,* FamRZ 2015, 1537; 2016, 1509.

8. Zeitschriften

Zeitschrift für das gesamte Familienrecht (FamRZ); Familie und Recht (FuR); Der Familienrechtsberater (FamRB); Forum Familienrecht (FF); Neue Zeitschrift für Familienrecht (NZFam); Das Standesamt (StAZ); Recht der Jugend und des Bildungswesens (RdJ); Zentralblatt für Jugendrecht (ZfJ); Das Jugendamt (JAmt); Zeitschrift für Kindschaftsrecht und Jugendhilfe (ZKJ).

Teil I. Das Eherecht

1. Kapitel. Einführung in das Eherecht

Literatur: *F. W. Bosch,* Staatliches und kirchliches Eherecht – in Harmonie oder im Konflikt?, 1988; *W. Müller-Freienfels,* Ehe und Recht, 1962; *G. Brudermüller,* Paarbeziehungen und Recht, 2017. **Geschichte:** *D. Schwab,* Grundlagen und Gestalt des staatlichen Eherechts in der Neuzeit bis zum Beginn des 19. Jh., 1967; *H.-J. Becker,* FS D. Schwab, 2005, 269.

§ 6. Grundstrukturen

1. Die traditionellen Grundstrukturen der Ehe. In unserem Kulturkreis haben sich im Verlauf der Geschichte durch den Einfluss des Christentums und des römischen Rechts folgende Strukturen der Ehe ausgebildet: **28**

- Die Ehe ist eine *Paarbeziehung* (Monogamie) mit gegenseitiger rechtlicher Bindung. Die in anderen Kulturkreisen bekannte Polygamie ist im deutschen Recht nicht als Möglichkeit vorgesehen.
- Die Ehe besteht zwischen einem *Mann* und einer *Frau* (dazu → Rn. 29).
- Die Ehe kommt durch den erklärten *Willen der Ehepartner* zustande (Konsensprinzip).
- Die Ehe ist *auf Lebenszeit* geschlossen und kann von den Partnern nicht beliebig gelöst werden (Lebenszeitprinzip, § 1353 I 1).

2. Die Einführung der gleichgeschlechtlichen Ehe. Mit dem Gesetz zur Einführung des Rechts auf Eheschließung für Personen gleichen Geschlechts vom 20.7.2017 hat der deutsche Gesetzgeber das Prinzip der Heterosexualität aufgegeben: „Die Ehe wird von zwei Personen verschiedenen oder gleichen Geschlechts geschlossen" (§ 1353 I 1 neue Fassung). Für die somit mögliche Ehe unter Personen gleichen Geschlechts gilt das Eherecht ohne jede Besonderheit, es werden alle Rechte und Pflichten begründet, wie sie auch für heterosexuelle Ehepaare bestehen. Deshalb ist im Rahmen dieses Buches auch keine gesonderte Darstellung erforderlich: Alle Regeln des Eherechts gelten auch für die „Homo-Ehe" ohne Unterschied. Durch die Neuregelung ist die im Jahr 2001 geschaffene eingetragene Lebens- **29**

partnerschaft an sich überflüssig geworden und kann vom Inkrafttreten des Gesetzes an nicht mehr begründet werden (Art. 3 III des Gesetzes). Doch werden die bisher begründeten Lebenspartnerschaften nicht automatisch in Ehen übergeführt, vielmehr wird den Partnern eine Option auf Umwandlung eingeräumt (→Rn.1088).

30   **3. Ehe und eheloses Zusammenleben.** Durch Jahrhunderte hindurch wurde die Ehe als die einzig legale Geschlechtsgemeinschaft angesehen. Eheloses Zusammenleben war als „Konkubinat" strafbar und als sittenwidrig geächtet. Durch den Wandel der gesellschaftlichen Auffassungen und den Rückzug des Strafrechts aus dem Bereich selbstbestimmter Sexualität hat sich die Situation seit den 60er Jahren des 20. Jahrhundert grundlegend gewandelt. Nichteheliches Zusammenleben ist heute legal und legitim. Demzufolge hat die Ehe als familiäre Lebensform Konkurrenz durch die sogenannte **nichteheliche Lebensgemeinschaft** erhalten. Viele Paare heiraten nicht mehr oder erst, wenn sich Nachwuchs einstellt. Die Eheschließungsraten sind im Sinken begriffen (1980: ca. 496.000; 2015: ca. 400.000). Gleichwohl ist die Ehe nach wie vor der prägende Typus der familiären Paarbeziehung: Im Jahre 2015 lebten in Deutschland 85,7 % der Paare in ehelichen Gemeinschaften (gegenüber 10,4 % ehelos Zusammenlebende). Die nichteheliche Lebensgemeinschaft hat nach derzeitigem deutschem Recht keine spezifische Rechtsform. Es gilt das allgemeine Zivilrecht, das den Lebensgefährten erlaubt, über ihre Gemeinschaft Vereinbarungen zu schließen (→ Rn. 1038 ff.). Es wird aber auch bei uns diskutiert, ob nicht auch das auf Dauer angelegte ehelose Zusammenleben einer rechtlichen Mindestregelung bedarf, wie sie in einigen europäischen Staaten eingeführt ist (z. B. Frankreich: *pacte de solidarité*). Soweit gemeinsame Kinder vorhanden sind, begründet die gemeinsame Elternschaft familienrechtliche Beziehungen unter nicht miteinander Verheirateten (→ Rn. 671 ff.).

31   **4. Das Eherecht zwischen Staat und Religion. a) Religiös geprägtes Eherecht.** Die Institution der Ehe ist keine Erfindung des Staates, sondern eine allgemeine kulturelle Erscheinung. Eine besondere Bedeutung kommt dem religiösen Bezug der Ehe zu. Die Kirche des Mittelalters sah in der Ehe eine Einrichtung des göttlichen Rechts und deutete die Ehe unter Christen als besonderes Heilszeichen (Sakrament). Demzufolge schrieben sich die kirchlichen Autoritäten in den Kernfragen der Ehe (Eheschließung, Eheauflösung) die ausschließliche Zuständigkeit für Gesetzgebung und Gerichtsbarkeit zu

und konnten diesen Anspruch auch für den staatlichen Rechtsbereich durchsetzen. Auch in den protestantischen Staaten blieb das Eherecht den Aussagen der Bibel nach evangelischem Verständnis verpflichtet und wurde als kirchliche Angelegenheit behandelt. Ausdruck des religiösen Charakters der Ehe war insbesondere die priesterliche Trauung, die der neuzeitliche Staat bis ins 19. Jahrhundert hinein als Voraussetzung auch der staatlichen Ehewirkungen verlangte.

b) Verweltlichtes Eherecht. Der Zuwachs staatlicher Macht gegen- 32 über den Kirchen und die Lehren der Aufklärung setzten gegenüber dem sakral-kirchlichen Eheverständnis einen Prozess der Verweltlichung in Gang. Das bedeutet:
- Der Staat begründete wiederum eine originäre Rechtskompetenz für den gesamten Bereich des Eherechts und folglich die Befugnis zu Gesetzgebung und Gerichtsbarkeit.
- Die fortschreitende Ablösung des Staates von der christlichen Religion bedingte die Ausbildung eines eigenständigen „bürgerlichen" Eherechts, das dem religiösen Verständnis nicht mehr unmittelbar verpflichtet war. Demgemäß konnten Eheschließung und Ehescheidung nach den Maßstäben profaner Rechtspolitik neu gestaltet werden.

c) Das Nebeneinander von staatlicher und religiöser Ordnung. 33 Namentlich die katholische Kirche hat ihren Anspruch auf eine autonome religiöse Ordnung der Ehe bis heute aufrechterhalten. Folge ist ein Nebeneinander von Eherechtssystemen. Nach dem Codex Iuris Canonici (1983) richtet sich die Ehe von Katholiken „nicht allein nach dem göttlichen, sondern auch nach dem kirchlichen Recht, unbeschadet der Zuständigkeit der weltlichen Gewalt hinsichtlich der rein bürgerlichen Wirkungen der Ehe" (Can. 1059). Da das rechtliche Band der Ehe nicht zu den rein bürgerlichen Wirkungen gerechnet wird, kann eine Ehe nach staatlichem Recht gültig, nach kirchlichem Recht ungültig oder nicht existent sein und umgekehrt. Dem doppelten Eherecht entspricht das Nebeneinander von staatlicher und kirchlicher Trauung (→ Rn. 59). In diesen Zusammenhang gehört die Aussage des **§ 1588**, dass durch die eherechtlichen Vorschriften des BGB die „kirchlichen Verpflichtungen in Ansehung der Ehe" nicht berührt werden. Zur Durchsetzung des kirchlichen Eherechts leistet der Staat allerdings keine Hilfe. § 1588 bringt zum Ausdruck, dass das bürgerliche Eherecht die Christen nicht hindern will, dem religiösen Eherecht gemäß zu leben.

§ 7. Die Eheverständnisse

34   Die religiöse Neutralität des modernen Verfassungsstaates gab den
Weg zu einem profanen Verständnis der Ehe als Grundlage der Gesetzgebung frei. Dabei erwiesen sich unterschiedliche Eheverständ-
nisse als lebenskräftig und konkurrieren miteinander, wenngleich sie
verschiedenen Epochen entstammen.

1. Naturrecht. Die Ehe kann als Institution des Naturrechts verstanden werden, somit als Gebilde, das von Natur aus auf bestimmte
Zwecke ausgerichtet und daher mit bestimmten Strukturen ausgestattet ist. Dieses Verständnis wurde anknüpfend an die Philosophie des
Aristoteles im Mittelalter ausgebildet und blieb bis zum Ende des
18. Jahrhunderts herrschend. Als Hauptzweck der Ehe wurde meist
die Zeugung und Erziehung der Nachkommenschaft angegeben.
Das Entscheidende an diesem Eheverständnis ist der vollkommene
Rechtscharakter der Ehe: Die Ehe ist durch ihre sozialen Funktionen
bestimmt und wird vom Recht auf deren Erfüllung ausgerichtet.

35   **2. Ehe als Vertrag.** Im Verlauf der Aufklärung wurde das institu-
tionelle durch ein vertragsrechtliches Verständnis abgelöst. Danach ist
die Ehe als Vertragsverhältnis zwischen den Ehegatten definiert. Der
Ehekonsens bildet somit nicht nur den Entstehungstatbestand der
Ehe, sondern ihr Wesen selbst. Folglich werden sowohl die Struktur
der ehelichen Gemeinschaft als auch die Gründe ihrer Auflösung allein nach Vertragsrecht bestimmt.

36   **3. Personales Eheverständnis.** Seit Mitte des 18. Jahrhunderts wird
die Ehe zunehmend als eine höchstpersönliche Verbindung der Eheleute angesehen, die in ihrer geistig-seelischen Substanz dem Recht
vorgegeben ist (personales Eheverständnis). Dem entspricht eine veränderte Auffassung der ehelichen Liebe: Zwar hatte man auch im
Mittelalter von den Partnern „Liebe" verlangt, aber im objektiven
Sinne häuslicher Pflichterfüllung und gegenseitigen Wohlverhaltens.
Nunmehr hingegen wurde die psychisch-emotional verstandene Gattenliebe zum Wesen der Ehe selbst. Das Recht spielt nach diesem
Verständnis eine nur sekundäre Rolle: Staatliche Eheschließung ist
bloß äußere Bestätigung für das Bestehen der inneren Verbindung;
Ehescheidung ist die bloße Folge ihres Erlöschens.

4. Restauration. Die geschilderte Verinnerlichung drohte den 37 rechtlichen Bestand der Ehe von subjektiven Stimmungen abhängig zu machen. Das restaurative Denken des 19. Jahrhunderts versuchte daher, die personale Eheauffassung mit der Annahme zwingender rechtlicher Strukturen der Ehe, etwa dem Grundsatz der Unauflöslichkeit, zu koppeln. Es geschah dies unter Berufung auf die Sittlichkeit, deren Wahrung dem staatlichen Gesetz auferlegt wurde. Im Hinblick auf die Entstehungszeit kann man von einem „bürgerlichen" Eheverständnis sprechen, das maßgeblich von der Philosophie Hegels und der Rechtslehre Savignys geprägt ist. Darauf geht die auch die ursprüngliche Regelung des Eherechts im BGB (1900) zurück.

5. Heutiges Verständnis. Die heute verbreiteten Auffassungen ge- 38 hen vom personalen Verständnis der Ehe aus, versuchen aber gleichwohl, dem Eherecht wichtige objektive Funktionen zuzuweisen. Die Ehe ist die rechtlich verfasste Paarbeziehung, die zu einer solidarischen Gemeinschaft mit Rechten und Pflichten verbindet. Der persönlich-sittliche Kern soll von Rechtszwang möglichst frei bleiben, doch sind wirtschaftliche Pflichten rechtlich durchsetzbar. Dem personalen Eheverständnis entspricht ein Scheidungsrecht, das jedem Gatten das Recht auf Auflösung der Ehe gewährt, wenn das innere Gattenverhältnis zerstört ist (Zerrüttungsprinzip). Das Recht gewährt der Ehe besonderen Schutz sowohl gegenüber Dritten als auch bei Konflikten im Innenverhältnis.

2. Kapitel. Das Verlöbnis

Literatur: *C.-W. Canaris,* AcP 1965, 1; *G. Beitzke,* FS Ficker, 1967, 78; *H.-W. Strätz,* Der Verlobungskuss und seine Folgen rechtsgeschichtlich besehen, 1979.

§ 8. Begriff und Entwicklung

1. Begriff. Das Verlöbnis bildet das Vorstadium zur Ehe. Im 39 Rechtssinne versteht man unter Verlöbnis a) das gegenseitige Versprechen zweier Personen, künftig miteinander die Ehe einzugehen und b) das mit diesem Versprechen begründete Rechtsverhältnis unter den Verlobten. Gemeinsame Heiratsabsicht allein oder der Umstand, dass ein Paar in der Gesellschaft als verlobt gilt, weisen zwar auf das Bestehen eines Verlöbnisses im Rechtssinne hin, reichen aber für sich gesehen nicht aus: Die Partner müssen sich mit dem Willen zur Bindung an ihr Wort die Ehe versprechen. Das Verlöbnis kann auch durch konkludentes Verhalten zustande kommen, aus dem die Partner den verbindlich gemeinten Willen zur künftigen Eheschließung entnehmen dürfen.

Das Verlöbnisrecht des BGB ist auf Versprechen, eine eingetragene Partnerschaft zu begründen, entsprechend anzuwenden (§ 1 IV 2 LPartG).

40   **2. Geschichte.** Ähnlich wie das klassische römische Recht (sponsalia) misst das BGB dem Verlöbnis nur sehr beschränkte Rechtswirkungen bei. Wesentlich stärker waren die Rechtsfolgen im Mittelalter und in der frühen Neuzeit ausgestaltet, als die Verlobung in einem engen Bezug zur Eheschließung stand. Die germanischen Rechte verstanden unter „sponsalia" den verbindlichen Vertrag des Bräutigams mit der Familie der Braut, der zur Zahlung des Brautpreises gegen Übergabe der Braut verpflichtete. Das kirchliche Recht des Mittelalters kannte das Verlöbnis als Heiratsversprechen unter den Brautleuten, aus dem auf Eheschließung geklagt werden konnte und das bei geschlechtlichem Vollzug als Eheschließung selbst gewertet wurde. Das protestantische Eherecht verstärkte den rechtsverbindlichen Charakter der Sponsalien und gewährte aus unbedingten Eheversprechen einen einklagbaren und durchsetzbaren Anspruch auf Trauung (Trauzwang). Seit Ende des 18. Jahrhunderts verschwanden die Vollstreckbarkeit und schließlich auch die Klagbarkeit des Verlöbnisses aus dem deutschen Recht.

41   **3. Bedeutung heute.** Die Bedeutung des Verlöbnisses ist im Verlaufe der modernen Gesellschaftsentwicklung zurückgegangen. Die Ursachen dafür liegen in der fortschreitenden sozialen Gleichstellung der Frauen, deren Lebenschancen und gesellschaftlicher Stand vordem vielfach von der Eheschließung und der Wahl des Ehepartners abhingen. Das Heiratsversprechen des Mannes war daher eine bedeutsame Zäsur im Leben einer Frau. Die Enttäuschung des dadurch erweckten Vertrauens konnte sich zur Lebenskatastrophe entwickeln. Die Veränderungen in der Berufswelt und in der gesellschaftlichen Stellung der Frau seit Mitte des 20. Jahrhunderts haben das Schutzbedürfnis wesentlich verringert. Bei gleichgeschlechtlichen Paaren dürften die Rechtswirkungen der Verlöbnisse überwiegend keine praktische Rolle spielen.

§ 9. Wirkungen

1. Das Verlöbnis als Vertrauensschutzverhältnis. Das BGB ist **42** von der modernen Entwicklung beeinflusst. Unter dem Titel „Verlöbnis" finden sich folgende Bestimmungen:

a) Aus einem Verlöbnis kann nicht auf Eingehung der Ehe geklagt werden (§ 1297 I), eine Verurteilung zur Eheschließung gibt es also nicht mehr. Überdies könnte eine Entscheidung, die zur Heirat verpflichtet, nicht vollstreckt werden (§ 120 III FamFG).

b) Das Versprechen einer Konventionalstrafe (§ 339) für den Fall, dass die versprochene Eheschließung unterbleibt, ist nichtig (§ 1297 II).

c) Der Verlobte, der ohne wichtigen Grund vom Verlöbnis zurücktritt, ist dem Partner, dessen Eltern sowie Dritten, die anstelle der Eltern gehandelt haben, unter den Voraussetzungen des § 1298 zum Ersatz des Vertrauensschadens verpflichtet. Die gleiche Schadensersatzpflicht trifft den Verlobten, der durch ein Verschulden, das einen wichtigen Grund für den Rücktritt bildet, den Rücktritt des Partners vom Verlöbnis veranlasst hat (§ 1299).

d) Jeder Verlobte kann vom anderen die Herausgabe der Gegenstände, die er dem anderen geschenkt oder zum Zeichen des Verlöbnisses gegeben hat, nach Bereicherungsrecht herausverlangen, wenn die Eheschließung unterbleibt (§ 1301 S. 1; Verweisung auf §§ 812 ff.). Im Zweifel ist anzunehmen, dass die Rückforderung ausgeschlossen sein soll, wenn das Verlöbnis durch den Tod eines Verlobten aufgelöst ist (§ 1301 S. 2).

§ 1300 gab der unbescholtenen Verlobten, die ihrem Partner Geschlechtsverkehr gewährt hatte, unter den Voraussetzungen der §§ 1298, 1299 auch einen Anspruch auf billige Entschädigung in Geld wegen des erlittenen Nichtvermögensschadens („Kranzgeld"). Die zunehmend als unpassend empfundene Vorschrift wurde zum 1.7.1998 abgeschafft.

2. Sonstige Wirkungen. Die Wirkungen des Verlöbnisses sind aber **43** nicht auf den Vertrauensschutz der §§ 1298–1302 beschränkt. Das Verlöbnis begründet zwar kein gesetzliches Erbrecht; bei bestimmten Fragen des Erbvertragsrechts werden indes Verlobte wie Ehegatten behandelt (§§ 2275 III, 2279 II, 2290 III 2, 2276 II). Verlobte können bereits Eheverträge schließen. Das Verlöbnis lässt zwar keine gesetzliche Unterhaltspflicht entstehen, doch können Zuwendungen unter Verlobten, die der Deckung des Lebensbedarfs dienen, einer sittlichen Pflicht entsprechen (bedeutsam für §§ 534, 814). Der Verlobte eines Beschuldigten hat im Strafprozess (§ 52 I Nr. 1 StPO), der Verlobte einer Partei im Zivilprozess (§ 383 I Nr. 1 ZPO) ein Zeugnisverweigerungsrecht. Verlobte sind als „Angehörige" (§ 11 I Nr. 1a StGB) bei bestimmten Straftaten privilegiert (etwa beim Diebstahl gegen den Partner, § 247 StGB). Die Gesetze gehen also davon aus, dass die Verlobten im gewissen Sinne bereits zueinander gehören und respektieren ihr Verhältnis trotz seiner leichten Auflösbarkeit als einen **familienrechtlichen Status** („Brautstand").

§ 10. Rechtsnatur

44   **1. Theorien.** Die Rechtsnatur des Verlöbnisses ist umstritten.

a) Nach traditioneller Auffassung kommt das Verlöbnis durch einen *Vertrag* zustande, auf den die Vorschriften des BGB über Rechtsgeschäfte anzuwenden sind. Vertragsinhalt ist hauptsächlich die gegenseitige Verpflichtung zu künftiger Eheschließung, die trotz Unklagbarkeit eine echte Rechtspflicht darstellt.

b) Nach der „*Tatsächlichkeitstheorie*" kommt das Verlöbnis durch eine Willensübereinstimmung nicht rechtsgeschäftlicher Art zustande (Realakt). Folglich sollen die Vorschriften über Rechtsgeschäfte nicht anwendbar sein.

c) Schließlich wird das Verlöbnis als ein *gesetzliches Rechtsverhältnis der Vertragsvorbereitung* begriffen, aus dem keine Rechtspflicht zur Eheschließung, wohl aber ein gesetzlicher Vertrauensschutz im Verhältnis der Partner zueinander entspringt. Aus dieser Sicht erscheinen die §§ 1298–1301 als Sonderfall der vorvertraglichen Vertrauenshaftung (culpa in contrahendo).

45   **2. Eigene Auffassung.** Der zuletzt genannten Deutung (c) gebührt der Vorzug. Der gegenseitig erklärte Wille zweier Personen, demnächst einander heiraten zu wollen, begründet keine Rechtspflicht zur Eheschließung. Es handelt sich daher nicht um Willenserklärungen im strengen Sinn, denn die gesetzlichen Schutzwirkungen treten ohne Rücksicht darauf ein, ob sie vom Erklärungswillen der Verlobten umfasst sind. Somit kommt das Verlöbnis durch *geschäftsähnliche Handlungen* zustande, die nur soweit passend nach den Regeln über Willenserklärungen zu behandeln sind.

46   **3. Verlöbnis Minderjähriger.** Die unterschiedlichen Auffassungen wirken sich bei der Frage aus, ob auf das Verlöbnis minderjähriger

Personen die Vorschriften der §§ 107 ff. BGB anwendbar sind. Bejaht man das mit Theorie (a), so bedarf der Minderjährige zur Eingehung eines wirksamen Verlöbnisses der Einwilligung seines gesetzlichen Vertreters, d. h. im Normalfall der sorgeberechtigten Eltern (§ 107). Nach den anderen Theorien (b, c) lässt sich begründen, dass auch eine Person unter 18 Jahren sich ohne Elternkonsens verloben kann, sobald sie die Bedeutung und Tragweite eines Verlöbnisses erfassen und danach handeln kann. Selbst wenn man die elterliche Zustimmung für nötig hält (Theorie a), kann man vertreten, dass die Schutzwirkungen des Verlöbnisses zugunsten des minderjährigen Teils gegenüber einem volljährigen Partner auch dann eintreten, wenn es an der elterlichen Einwilligung fehlt. Einigkeit besteht darüber, dass der Verlobungswille höchstpersönlich ist und nicht durch Vertreter erklärt werden kann – die Eltern können also nicht als gesetzliche Vertreter ihr Kind „verloben".

Durch das **Gesetz zur Bekämpfung von Kinderehen** (→ Rn. 77) ist neuerdings jegliche Eheschließung von minderjährigen Personen untersagt. Fraglich ist, ob es demzufolge auch kein wirksames Verlöbnis von Personen unter 18 Jahren mehr geben kann. Das ist zu verneinen. Das Eheversprechen ist auf *künftige* Eheschließung bezogen, diese kann durchaus nach Eintritt der Volljährigkeit und damit in erlaubter Weise stattfinden. Unwirksam ist freilich ein Verlöbnis, das auf einen Eheschließungstermin vor Erreichen der Ehemündigkeitsgrenze abzielt.

4. Anwendbarkeit der Rechtsgeschäftslehre. Umstritten ist auch, 47 inwieweit die sonstigen Vorschriften der Rechtsgeschäftslehre auf das Verlöbnis anwendbar sind. Nach der hier vertretenen Deutung kommt die Analogie einiger weniger Bestimmungen in Betracht (so §§ 105, 116–118). Wirksam ist folglich das Verlöbnis des Heiratsschwindlers, außer wenn sein Opfer den Vorbehalt kannte (§ 116); doch kann sich der Heiratsschwindler zu seinem eigenen Vorteil nicht auf die Status- und Schutzwirkungen des Verlöbnisses berufen (Rechtsmissbrauch; vgl. BGHSt 3, 215). Nicht anzuwenden sind die Vorschriften über die Anfechtung einer Willenserklärung (§§ 119 ff.), da das Verlöbnis ohnehin frei auflösbar ist und die §§ 1298, 1299 die spezielleren Regeln bieten. Auch kann das Verlöbnis wegen seiner höchstpersönlichen Natur nicht durch Stellvertreter erklärt werden; wohl aber ist Botenschaft möglich.

5. Verlöbnis verheirateter Personen. Bei der umstrittenen Frage, 48 ob ein Verlöbnis nach § 138 nichtig ist, wenn ein Partner oder beide (noch) anderweit verheiratet sind, ist zwischen *Statuswirkungen* und *Vertrauensschutzwirkungen* zu unterscheiden. Grundsätzlich ist das Verlöbnis eines Verheirateten nichtig (BGH FamRZ 1984, 386, vorbehaltlich einer anderen Entscheidung bei Vorliegen besonderer Umstände). Dies gilt auch bei gescheiterter Ehe und selbst dann, wenn das Scheidungsverfahren schon läuft (BayObLG FamRZ 1983, 277; OLG Karlsruhe NJW 1988, 3023). Gleichwohl können die Schutzwirkungen zugunsten desjenigen Verlobten eintreten, der redlich auf die Wirksamkeit des Verlöbnisses vertraut hat, etwa zugunsten der Frau, die bei der Verlobung nicht wusste, dass sie es mit einem verheirateten Mann zu tun hat (so für § 1301: BGH FamRZ 1969, 474). In derartigen Fällen kommen außerdem Ansprüche aus Delikt in Betracht (→ Rn. 55).

Wenn beide Partner wussten, dass der eine Teil noch verheiratet war, scheiden die §§ 1298–1301 als Anspruchsgrundlage aus, doch kommen auch hier Deliktsansprüche in Betracht, wenn z. B. ein verheirateter Mann seiner Geliebten die Absicht vorgetäuscht hat, sich demnächst scheiden zu lassen (s. OLG Hamm NJW 1983, 1436: Schmerzensgeldanspruch wegen Eingriffs in die Entschließungsfreiheit und damit in das allgemeine Persönlichkeitsrecht des getäuschten Partners; OLG Oldenburg FamRZ 2016, 2102; ablehnend LG Saarbrücken NJW 1987, 2241).

§ 11. Der Anspruch aus §§ 1298, 1299

49   **1. Übersicht.** a) **Schadensersatzpflichtig** ist der Verlobte, der *entweder* ohne wichtigen Grund vom Verlöbnis zurückgetreten ist (§ 1298 I, III) *oder* den Rücktritt des anderen durch ein Verschulden, das einen wichtigen Grund für den Rücktritt bildet, veranlasst hat (§ 1299).

b) Als **Ersatzberechtigte** kommen in Betracht: der andere Verlobte sowie dessen Eltern und dritte Personen, die anstelle der Eltern gehandelt haben.

c) **Zu ersetzen sind** Schäden, die daraus entstanden sind, dass der Geschädigte in Erwartung der Ehe Aufwendungen gemacht hat oder Verbindlichkeiten eingegangen ist. Gegenüber dem anderen Verlobten (nicht gegenüber Eltern und Dritten) sind auch solche Schäden zu ersetzen, die dieser dadurch erleidet, dass er in Erwartung der Ehe sonstige sein Vermögen oder seine Erwerbsstellung berührende Maßnahmen getroffen hat (§ 1298 I 2).

d) Die Schadensersatzpflicht ist auf diejenigen Maßnahmen **begrenzt**, die den Umständen nach angemessen waren (§ 1298 II).

2. **Rücktritt.** Der Rücktritt geschieht durch einseitige, empfangs- 50
bedürftige Erklärung, die das Verlöbnis auflöst, selbst wenn kein
wichtiger Grund vorliegt. Der Rücktritt kann nicht durch Stellvertreter erklärt werden. Der beschränkt Geschäftsfähige bedarf nicht der
Zustimmung des gesetzlichen Vertreters (RGZ 98, 13, 15; im Hinblick auf die persönliche Freiheit, die auch dem minderjährigen Verlobten bleiben muss).

3. **Wichtiger Grund.** Entscheidendes Anspruchsmerkmal ist das 51
Fehlen bzw. Bestehen (§ 1299) eines wichtigen Grundes für den
Rücktritt. Eigentlich ist ein Rücktritt vom Verlöbnis ohne wichtigen
Grund kaum denkbar. Der Verlobte, dessen Zuneigung zum Partner
erloschen ist, hat im ethischen Sinn immer einen triftigen Grund, ja
sogar die Pflicht, von der Eheschließung Abstand zu nehmen. In diesem strikten Sinne will jedoch das Gesetz den „wichtigen Grund"
nicht begreifen; die bloße Änderung der subjektiven Einstellung eines
Partners zum anderen soll für sich gesehen gerade nicht ausreichen.
§ 1298 III bezweckt eine Abgrenzung der Risikosphären für die
durch den Fehlschlag des Verlöbnisses eingetretenen Vertrauensschäden. Zu fragen ist daher, ob der Rücktritt auf *Ursachen* beruht, die
nach Art des begründeten Vertrauensverhältnisses *nicht in den Risikobereich des geschädigten, sondern des anderen Teils fallen.* Gewöhnlich werden es Ursachen in der Person, dem Verhalten oder
den Verhältnissen des anderen Teils sein (Treuebruch; gravierendes
Fehlverhalten; ungünstige Eigenschaften, die bei Eingehung des Verlöbnisses unbekannt waren).

4. **Zu ersetzende Aufwendungen.** a) Die Aufwendungen (An- 52
schaffungen für den künftigen gemeinschaftlichen Haushalt, Buchung
der Hochzeitsreise, Kosten der Verlobungsfeier, Wohnungsmiete etc.)
und sonstige Maßnahmen müssen **in Erwartung der künftigen Eheschließung** dieser Verlobten getätigt worden sein. Nicht zu ersetzen
sind Unkosten, die auch ohne eine solche Erwartung angefallen wären. Aufwendungen, die bereits zusammenlebende Verlobte für ihren
gemeinsamen laufenden Lebensbedarf gemacht haben, sind nicht zu
berücksichtigen; diese Aufwendungen sind im Hinblick auf die konkrete Lebensgemeinschaft und nicht auf die künftige Heirat angefallen (s. OLG Frankfurt a. M. NJW 1971, 470; OLG Düsseldorf
FamRZ 1981, 770).

53 b) Als **Maßnahmen nach § 1298 I 2** kommen insbesondere die Aufgabe einer beruflichen Stellung, der Verkauf von Wertobjekten oder die Aufgabe eines Gewerbebetriebes in Betracht. Die Gerichte verfuhren bei der Schadensersatzberechnung zum Teil großzügig (RG Warn 1918 Nr. 76: Anspruch einer Modistin, die ihre Stellung aufgegeben hatte, auf Ersatz des Verdienstausfalls während der Verlöbniszeit).

54 **5. Grenzen der Ersatzpflicht.** Die Schadensersatzpflicht ist auf die nach den Umständen **angemessenen Maßnahmen** beschränkt (§ 1298 II). Das Verlöbnis gibt keine sichere Gewähr für spätere Heirat. Daher soll derjenige, der finanzielle oder berufliche Maßnahmen trifft, nicht das Risiko für unüberlegte Schritte auf den anderen abwälzen können. Zurückhaltend ist die Angemessenheit insbesondere bei der Aufgabe beruflicher Positionen ohne Absprache mit dem Partner zu beurteilen (BGH FamRZ 1961, 424: Aufgabe einer gut gehenden Wirtschaftsberatungspraxis, um die Vermögensangelegenheiten der Verlobten zu ordnen). Eine Maßnahme, die auf gemeinsamer Lebensplanung beruht, ist generell als angemessen zu akzeptieren.

Verfahren: Die Ansprüche im Zusammenhang mit der Beendigung eines Verlöbnisses sind „sonstige Familiensachen" (§ 266 I Nr. 1 FamFG), zuständig sind die Familiengerichte (§ 23a I 1 Nr. 1, § 23b I GVG, § 111 Nr. 10 FamFG).

55 **6. Anspruchskonkurrenzen.** Die §§ 1298 ff. verdrängen als Spezialregelungen die *allgemeinen schuldrechtlichen Ansprüche* wegen Leistungsstörungen (wenn man überhaupt einen verbindlichen Vertrag annehmen will) und aus culpa in contrahendo. Der Bruch der Verlöbnistreue erfüllt für sich gesehen auch keinen *Deliktstatbestand* (OLG Düsseldorf FamRZ 1981, 355). Ansprüche aus unerlaubter Handlung können indes gegeben sein, wenn zusätzlich ein deliktisch geschütztes Rechtsgut verletzt oder der Tatbestand einer vorsätzlich-sittenwidrigen Schädigung (§ 826) gegeben ist. Die Spezialität der §§ 1298, 1299 greift ferner nicht, wenn es um den *gerechten Vermögensausgleich für Zuwendungen* geht, welche die Ehegatten schon während ihrer Verlobungszeit einander gewährt haben.

Beispiel: Hans ist mit Grete verlobt. Er ist Eigentümer eines Baugrundstücks, auf dem schon während der Verlobungszeit ein Familienheim errichtet wird. Dazu trägt auch Grete mit ihren Ersparnissen und durch Arbeitsleistungen bei. Hans und Grete heiraten sodann. Die Ehe ist nicht glücklich, schon kurz nach der Hochzeit wird sie geschieden. Grete verlangt einen angemessenen Ausgleich für die in das Haus ihres Verlobten investierte Arbeit und das aufgewendete Kapital.

Hier kommen §§ 1298, 1299 schon deshalb nicht in Frage, weil das Verlöbnis nicht durch Rücktritt aufgelöst, vielmehr die Ehe geschlossen wurde. Der Fall kann mit Hilfe der Lehre vom Wegfall der Geschäftsgrundlage bei „unbenannten Zuwendungen" (BGH NJW 1992, 427) oder mit Hilfe der Zweckverfehlungskondiktion (§ 812 I 2 Alt. 2) gelöst werden (→ Rn. 330, 333).

3. Kapitel. Die Eheschließung

Literatur: *Th. Wagenitz/H. Bornhofen*, Handbuch des Eheschließungsrechts, 1998; *F. W. Bosch*, NJW 1998, 2004; *R. Hepting*, FamRZ 1998, 713; ferner vor → Rn. 28.

§ 12. Überblick

1. Konsensprinzip, Form. Die Ehe kommt zustande, indem zwei **56** Personen erklären, miteinander die Ehe eingehen zu wollen. Das Konsensprinzip entstammt dem römischen Recht (consensus facit nuptias) und ist seit dem Mittelalter Gemeingut der europäischen Rechtsordnungen. Hingegen gab und gibt es unterschiedliche Regelungen darüber, in welcher Form und unter welchen Voraussetzungen der Ehewille gültig erklärt werden kann. Bis zum 16. Jahrhundert wurde der Ehekonsens auch dann als gültig angesehen, wenn die vorgeschriebenen oder gebräuchlichen Rituale nicht eingehalten waren. Das ermöglichte die heimliche Eheschließung (matrimonium clandestinum), die Anlass zu Streitigkeiten und Unklarheiten bot. Im Kampf gegen diese „Winkelehen" gingen die kirchlichen und staatlichen Gesetze dazu über, die Einhaltung einer öffentlichen Eheschließungsform zur Gültigkeitsvoraussetzung des Ehekonsenses zu erheben (**zwingende Eheschließungsform**). Verlangt wurde zunächst die kirchliche Trauung unter Mitwirkung von Priester und Zeugen. Im Laufe der Verweltlichung des staatlichen Eherechts führte der Staat die Eheschließung vor staatlichen Behörden ein (Ziviileheschließung).

2. Verhältnis von staatlichem und kirchlichem Eheschließungs- **57** **recht.** Zur Frage, wie sich staatliche Eheschließung und kirchliche Trauung zueinander verhalten, haben die europäischen Rechtsordnungen unterschiedliche Systeme entwickelt:

– Im System der **fakultativen Zivilehe** haben die heiratswilligen
Personen die Wahl, ob sie vor dem Priester oder vor der staatlichen
Behörde ihren Ehewillen erklären wollen. Auch wenn sie kirchlich
heiraten, ist die Ehe zugleich mit Wirkung für den staatlichen
Rechtsbereich geschlossen.

– Im System der **obligatorischen Zivilehe** ist eine Ehe mit Wirkung
für den staatlichen Rechtsbereich nur geschlossen, wenn der Ehekonsens vor der staatlichen Behörde erklärt ist. Die kirchliche
Trauung vermag grundsätzlich keine Ehewirkungen im staatlichen
Recht auszulösen. Wollen die Verlobten sowohl im Angesicht der
Kirche als auch nach weltlichem Recht verheiratet sein, müssen sie
„doppelt heiraten", vor dem Standesamt *und* vor dem Priester.

58   **3. Obligatorische Zivileheschließung.** Seit der Kulturkampfge-
setzgebung (Personenstandsgesetz von 1875) hat sich das deutsche
Recht für die **obligatorische Zivilehe** entschieden. Zusätzlich war bestimmt, dass die **kirchliche Trauung nicht zeitlich vor der standesamtlichen Eheschließung** erfolgen darf, außer wenn einer der Verlobten lebensgefährlich erkrankt und ein Aufschub nicht möglich ist.
Dem wurde später der Fall gleichgestellt, dass ein schwerer sittlicher
Notstand vorliegt, der auf andere Weise nicht behoben werden kann.
Dieses Verbot der „kirchlichen Voraustrauung" war ursprünglich mit
einer echten Strafdrohung gegen den ungehorsamen Geistlichen bewehrt. Später wurde die Straftat zu einer sanktionslosen Ordnungs-
widrigkeit herabgestuft.

59   **4. Der Wegfall des Verbots der kirchlichen Voraustrauung ab
1.1.2009.** Die Reform des Personenstandsrechts im Jahre 2007 hat
das Verbot kirchlicher Voraustrauung beseitigt. Folglich können nun
Brautpaare kirchlich heiraten, ohne zuvor oder auch danach vor dem
Standesamt die Ehe einzugehen. Wenn das jeweilige Kirchenrecht
eine eigenständige Eheschließungsform kennt, stehen „bürgerliche
Ehe" und „Ehe nach Kirchenrecht" beziehungslos nebeneinander:
Ein Paar kann kirchlich verheiratet und vor dem staatlichen Recht
unverheiratet sein und umgekehrt. Die Kirchen haben ihrerseits
Regelungen getroffen, um das Auseinanderfallen von kirchlicher und
staatlicher Ehe möglichst zu verhindern; doch das ist kein Thema des
staatlichen Rechts.

Die Evangelische Kirche in Deutschland vertritt die Auffassung, dass die zivilrechtliche Eheschließung generell Voraussetzung für eine kirchliche

Trauung bleibt (Pressemitteilung vom 15.9.2009, s. FamRZ 2009, 1804). Die Katholische Kirche lässt nur ausnahmsweise eine kirchliche Trauung ohne vorhergehende Zivileheschließung zu; Voraussetzung dafür ist eine besondere Erlaubnis („nil obstat") des zuständigen Ortsbischofs (s. FamRZ 2009, 18).

Das beziehungslose Nebeneinander von staatlichem Eherecht und religiösen Ehevorstellungen wird neuestens durch das „Gesetz zur Bekämpfung von Kinderehen" (→ Rn. 77) wiederum in Frage gestellt. Nach § 11 II PStG sind religiöse oder traditionelle Handlungen, die darauf gerichtet sind, eine der Ehe vergleichbare dauerhafte Bindung zweier Personen zu begründen, verboten, wenn eine davon *das 18. Lebensjahr noch nicht vollendet* hat. Das Verbot richtet sich gegen Geistliche, Sorgeberechtigte und bestimmte weitere an dem Vorgang beteiligte Personen und ist mit hoher Geldbuße bewehrt. Die erstaunliche, verfassungsrechtlich zweifelhafte Regelung wird mit der Bekämpfung von Zwangsheiraten begründet (BT-Drs. 18/12086 S. 26).

§ 13. Zur Struktur des Eheschließungsrechts

1. Freiheit der Eheschließung. Grundprinzip des Eheschließungs- 60
rechts ist die vom Grundgesetz verbürgte Freiheit der Eheschließung (BVerfGE 29, 166, 175). Gleichwohl ist der Gesetzgeber befugt, gewisse Formen für die Eheschließung vorzuschreiben (BVerfGE 29, 166, 175) und bestimmte, aus der Sache begründbare Voraussetzungen für die Eheschließung zu formulieren. Rechtstechnisch gesehen können die vom Gesetz gestellten **Erfordernisse**
– entweder **positiv formuliert** sein (etwas muss oder soll gegeben sein)
– oder **negativ** (etwas darf oder soll nicht vorliegen).

Die negativ formulierten Normelemente werden herkömmlich als Ehehindernisse bezeichnet (impedimenta matrimonii). Das Gesetz nennt sie **Eheverbote** (Titel vor § 1306).

2. Grunderfordernisse. Einige Grunderfordernisse werden im 61
deutschen Eherecht als selbstverständlich vorausgesetzt: Eine Ehe kann nach deutschem Recht nur zwischen *zwei* Personen geschlossen werden (**Grundsatz der Einpaarigkeit**); die Doppelehe ist verboten (§ 1306). Nach dem Verständnis des bis vor kurzen geltenden Rechts musste es sich auch um Personen unterschiedlichen Geschlechts handeln. Dieser **Grundsatz der Geschlechtsverschiedenheit** ist indes durch Gesetz zur Einführung des Rechts auf Eheschließung für Personen gleichen Geschlechts **aufgehoben** (→ Rn. 29).

62   **3. Unterschiedliche Bedeutung der Eheschließungsvorschriften.**
Die rechtlichen Erfordernisse für die Eheschließung haben unterschiedlichen Rang. Viele Vorschriften sind als bloße Ordnungsvor-
schriften zu verstehen, andere haben zwar eine sachliche Substanz,
die aber für die Eheschließung nicht von unverzichtbarer Bedeutung
ist, andere schließlich sind für das staatliche Eheverständnis funda-
mental. Dementsprechend sind die Sanktionen für die Nichtbeachtung der Erfordernisse unterschiedlich ausgestaltet. Unter diesem Gesichtspunkt unterscheiden wir folgende Konstellationen:

a) **Nichtehe:** Der Versuch der Eheschließung schlägt völlig fehl, es
entstehen keinerlei Ehewirkungen. Dies ist der Fall, wenn die Eheschließung nicht vor einem Standesbeamten stattfindet (§ 1310 I 1).
Ferner ist Nicht-Ehe gegeben, wenn nicht von beiden Partnern eine
Ehewillenserklärung vorliegt oder wenn einer der Eheschließenden
unter 16 Jahre alt ist (§ 1303 S. 2). Zweifel daran, ob ein Eheschlie-
ßungsvorgang zu einer Ehe geführt hat, können vor dem Familiengericht mit einem Verfahren auf Feststellung des Bestehens oder Nichtbestehens einer Ehe geklärt werden (§ 121 Nr. 3 FamFG).

b) **Aufhebbare Ehe:** Die Eheschließung leidet unter einem schweren Mangel, der aber nicht zur völligen Unbeachtlichkeit führt. Vielmehr kann wegen des Fehlers die Aufhebung der Ehe *mit Wirkung
für die Zukunft* verlangt werden. Aufhebbar ist die Ehe nur in den
gesetzlich bestimmten Fällen.

c) **Voll gültige Ehe:** Bei der Eheschließung sind bloße **Soll-Vorschriften** verletzt worden; diese Übertretung hat aber keine Auswirkungen auf die Gültigkeit der Eheschließung und den rechtlichen Bestand der Ehe. Die meisten Erfordernisse und Hindernisse, die im
BGB und im PStG formuliert sind, gehören zu dieser Gruppe.

63   **4. Trauweigerung durch den Standesbeamten.** Der Standesbeamte hat bei Vorbereitung und Durchführung der Eheschließung
auch die bloßen Soll-Vorschriften zu beachten. Er muss die Mitwirkung an der Trauung verweigern, wenn die Ehe offenkundig nach
§ 1314 II aufhebbar oder wenn sie unwirksam wäre (vgl. § 1310 I 3),
aber auch schon dann, wenn sonstige Vorschriften nicht eingehalten
sind.

Die Gesamtregelung der fehlerhaften Ehe ist durch das EheschlRG von
1998 neu gestaltet. Das frühere Recht kannte zwischen „Nicht-Ehe" und
„aufhebbarer Ehe" die Kategorie der **„nichtigen Ehe"**, die sich in ausländischen Rechtsordnungen noch vielfach findet, aber im deutschen Recht nicht
mehr vorgesehen ist.

§ 14. Der Eheschließungsakt

I. Die Ehe als personenrechtlicher Vertrag

Die Ehe wird durch einen **gegenseitigen personenrechtlichen** 64 **Vertrag** (Ehekonsens) zwischen den heiratswilligen Personen geschlossen. Erklärt wird der Wille, die Ehe miteinander einzugehen. Mit dem wirksamen Abschluss des Vertrages treten die Rechtswirkungen der Ehe ohne Rücksicht darauf ein, ob sie im Einzelnen gewollt sind oder nicht. Die Regeln des allgemeinen Teils des BGB über Rechtsgeschäfte werden durch die **Sondervorschriften des Eheschließungsrechts** verdrängt. Das gilt auch für die Vorschriften über die Unwirksamkeit oder Anfechtbarkeit von Willenserklärungen: Weder §§ 116–118 noch §§ 119 ff. sind auf Ehewillenserklärungen anwendbar.

Mit dem Ehekonsens darf der **Ehevertrag** (§ 1408) nicht verwechselt werden. Der Ehevertrag ist gesetzlicher Begriff für den Vertrag über die güterrechtlichen Verhältnisse.

II. Vorbereitendes Verfahren

1. Anmeldung und Prüfung. Dem Eheschließungsakt geht ein 65 vorbereitendes Verfahren vor dem Standesamt voraus. Die Verlobten haben ihre Heiratsabsicht bei dem für sie zuständigen Standesbeamten **anzumelden** (§ 12 I PStG) und über wichtige persönliche Daten öffentliche Urkunden vorzulegen (§ 12 II PStG). Der Standesbeamte **prüft,** ob der Eheschließung ein rechtliches Hindernis entgegensteht. Reichen die Urkunden nicht aus, so kann er die Vorlage weiterer Papiere verlangen (§ 13 I PStG). Steht der Eheschließung eine Rechtsvorschrift entgegen, so lehnt der Standesbeamte seine Mitwirkung an der Eheschließung ab. Gegen die Ablehnung können die Verlobten das Amtsgericht anrufen (§ 49 I PStG). Ergeben sich keine rechtlichen Hindernisse, so darf der Standesbeamte seine Mitwirkung an der Eheschließung nicht verweigern (§ 1310 I 2). Vor der Eheschließung soll der Standesbeamte die Verlobten befragen, ob sie einen Ehenamen bestimmen wollen (§ 14 I PStG).

2. Ehefähigkeitszeugnis. Wer hinsichtlich der Voraussetzungen 66 der Eheschließung **ausländischem Recht** unterliegt, soll eine Ehe nicht eingehen, bevor er ein Zeugnis der inneren Behörde seines Heimatstaats darüber beigebracht hat, dass der Heirat nach dem Recht dieses Staates kein Ehehindernis entgegensteht (Ehefähigkeitszeugnis, § 1309 I BGB, § 12 III PStG). Ein solches Zeugnis wird bei Begründung einer gleichgeschlechtlichen Ehe nicht verlangt, wenn der Heimatstaat des beteiligten Ausländers die Eingehung einer gleichgeschlechtlichen Ehe nicht vorsieht (§ 1309 III).

Alle Vorschriften des vorbereitenden Verfahrens sind **Soll-Vorschriften**. Werden sie nicht beachtet, so ist die gleichwohl geschlossene Ehe voll gültig und rechtsbeständig.

III. Zwingende Mitwirkung des Standesbeamten

67   **1. Eheschließung vor dem Standesbeamten.** Kern der Eheschließung ist die beiderseitige Bekundung des Ehewillens. Hierzu schreibt § 1310 I 1 unabdingbar vor, dass die Ehewillenserklärungen vor dem Standesbeamten, d. h. zur Wahrnehmung eines mitwirkungsbereiten Standesbeamten abgegeben werden müssen. Der Verstoß gegen das Gebot der Mitwirkung eines Standesbeamten führt zur Nicht-Ehe (→ Rn. 62). Auch die Eintragung der Eheschließung in das Eheregister heilt den Mangel im Allgemeinen nicht.

68   **2. Ausnahmefälle.** In eng begrenzten Ausnahmefällen kommt eine Ehe auch dann zustande, wenn es an der Mitwirkung des Standesbeamten gefehlt hat:

a) Nach § 1310 II gilt als Standesbeamter auch, wer zwar kein Standesbeamter ist, aber das Amt eines solchen öffentlich ausgeübt hat, sofern er die unter seiner Mitwirkung geschlossene Ehe in das Eheregister eingetragen hat.

b) Nach § 1310 III Nr. 1 gilt eine Ehe als geschlossen, obwohl beim Ehekonsens kein Standesbeamter mitgewirkt hat, unter folgenden Voraussetzungen:

– es sind Ehewillenserklärungen der Verlobten abgegeben worden;
– der Standesbeamte hat später die Ehe in das Eheregister eingetragen;
– die Ehegatten haben seitdem zehn Jahre oder bis zum Tode eines der Ehegatten, dann aber mindestens fünf Jahre als Ehegatten miteinander gelebt.

c) Gleiches wie unter b) gilt in bestimmten weiteren Fällen, in denen der Standesbeamte zwar an der Eheschließung nicht mitgewirkt, aber später amtliche Akte vorgenommen hat, bei denen er eine Eheschließung zugrunde gelegt hat.

IV. Die Erklärung des Ehewillens insbesondere

1. Trauvorgang, § 1312. Der Standesbeamte soll die Eheschließen- 69 den einzeln befragen, ob sie die Ehe miteinander eingehen wollen. Wenn beide dies bejaht haben, soll er aussprechen, dass sie nunmehr kraft Gesetzes rechtmäßig verbundene Eheleute sind (§ 1312 I 1). Das alles soll in einer der Bedeutung der Ehe entsprechenden würdigen Form geschehen (§ 14 II PStG). Auf Wunsch der Verlobten kann die Eheschließung im Beisein von Zeugen erfolgen (§ 1312 I 2). Die Ehewillenserklärungen sind in einer Niederschrift, welche die Eheschließenden, die Zeugen und der Standesbeamte unterschreiben, zu beurkunden (§ 14 III PStG). Anschließend erfolgt die Eintragung in das Eheregister (§ 15 PStG). Alle diese Vorschriften über den äußeren Hergang sind Soll-Vorschriften, ihre Nichteinhaltung beeinträchtigt die Wirksamkeit der Eheschließung in keiner Weise. Absolut notwendig allerdings sind, wie gezeigt, die Ehewillenserklärungen *beider* Verlobten und die Mitwirkung des Standesbeamten.

2. Die Ehewillenserklärungen, § 1311. a) An die Ehewillenserklä- 70 rungen stellt das Gesetz weitere Anforderungen. Nach § 1311 S. 1 müssen die Eheschließenden ihren Ehewillen vor dem Standesbeamten **bei gleichzeitiger Anwesenheit und persönlich** erklären. Das Erfordernis persönlicher Erklärung schließt Stellvertretung und Botenschaft aus.

b) Nach § 1311 S. 2 können die Ehewillenserklärungen **nicht unter einer Bedingung oder Zeitbestimmung** abgegeben werden. Bedingt wird der Ehewille dann erklärt, wenn ein Eheschließender (oder beide) in einer *dem Standesbeamten erkennbaren Weise* seinen Ehewillen vom Eintritt oder Nichteintritt ungewisser Umstände abhängig macht. Dagegen sind Vorbehalte, die insgeheim oder vor der Trauung gegenüber Dritten gemacht werden, grundsätzlich belanglos (aber → Rn. 87).

3. Verstöße. Wird gegen die Erfordernisse des § 1311 verstoßen, so 71 führt dies zur **Aufhebbarkeit** der Ehe (§ 1314 I). Die Aufhebung ist ausgeschlossen, wenn die Ehegatten nach der Ehe fünf Jahre als Ehegatten zusammengelebt haben, ohne dass die Aufhebung beantragt wurde. Gleiches gilt, wenn die Ehegatten bis zum Tode eines von ihnen mindestens drei Jahre als Ehegatten zusammengelebt haben, ohne dass ein Aufhebungsantrag gestellt wurde (§ 1315 II Nr. 2).

§ 15. Die persönlichen Ehevoraussetzungen

Literatur: *M. Coester/Deutscher Familiengerichtstag*, Kinderehen in Deutschland, FamRZ 2017, 77; *D. Schwab*, FamRZ 2017. 1369.

72   1. Eheschließungsfreiheit. Da es sich bei der Heirat um einen Rechtsakt handelt, der den höchstpersönlichen Bereich und den Status einer Person betrifft, bedürfen Einschränkungen der persönlichen Fähigkeit zur Eheschließung eines zwingenden Grundes. Deshalb ergeben sich Abweichungen von den allgemeinen Vorschriften über die Geschäftsfähigkeit (§§ 104 ff.); diese sind nur soweit anwendbar, als die spezielleren Vorschriften des Eheschließungsrechts darauf Bezug nehmen.

73   2. Geschäftsunfähige. a) Wer geschäftsunfähig ist, „kann eine Ehe nicht eingehen" (§ 1304). Die Wortwahl des Gesetzes täuscht. Denn die Eheschließung einer geschäftsunfähigen Person führt keineswegs zu einem juristischen Nichts, sondern zu einer rechtlich existierenden Ehe. Der Mangel der Geschäftsfähigkeit führt bloß zur Aufhebbarkeit dieser Ehe mit Wirkung für die Zukunft (§ 1314 I).

Beispiel: Der unerkennbar geisteskranke Adam heiratet die Eva. Sofern das Gebrechen so schwer ist, dass die freie Willensbestimmung des Adam ausgeschlossen ist (§ 104 Nr. 2), erfüllt Adam nicht die Voraussetzungen, unter denen eine Person heiraten kann (§ 1304). Dennoch ist die Eheschließung wirksam. Die Ehe kann allerdings gemäß § 1314 I aufgehoben werden, sei es auf Antrag Evas, sei es auf Antrag des gesetzlichen Vertreters des Adam (§ 1316 II 1) oder auf Antrag der Verwaltungsbehörde (§ 1316 I Nr. 1, III).

74   b) Der Begriff der Geschäftsunfähigkeit richtet sich nach § 104, dessen Nr. 2 praktisch relevant werden kann. Hier ist zu bedenken, dass der „die freie Willensbestimmung ausschließende Zustand krankhafter Störung der Geistestätigkeit" auch **partiell**, d. h. bezogen auf einen bestimmten Lebensbereich vorliegen kann (BVerfG FamRZ 2003, 360). § 1304 ist also nicht gegeben, wenn der Eheschließende zwar auf anderen Gebieten seinen Willen nicht bilden oder steuern kann, wohl aber Sinn und Tragweite einer Ehewillenserklärung zu erfassen und danach zu handeln vermag.

Beispiel: In obigem Fall leidet Adam lediglich an einer Spielsucht, die ihn übermächtig in die Spielcasinos treibt. Auf anderen Lebensfeldern kann Adam durchaus selbstverantwortlich denken und handeln. Er ist dann zur Eheschließung fähig.

c) Den Antrag auf Aufhebung wegen eines Verstoßes gegen § 1304   **75** können jeder Ehegatte sowie die zuständige Verwaltungsbehörde stellen (§ 1316 I Nr. 1), die in der Regel tätig werden soll (§ 1316 III 1). Für den geschäftsunfähigen Ehegatten stellt den Antrag sein gesetzlicher Vertreter (§ 1316 II 1), z. B. sein Betreuer. Die Aufhebbarkeit der von einem Geschäftsunfähigen geschlossenen Ehe ist ausgeschlossen, wenn dieser Ehegatte nach Wegfall der Geschäftsunfähigkeit zu erkennen gegeben hat, dass er die Ehe fortsetzen will (Bestätigung, § 1315 I 1 Nr. 2).

3. Vorübergehende Störungen der Selbstbestimmung. Dem Fall   **76** der Geschäftsunfähigkeit gleich wird die Ehewillenserklärung einer Person behandelt, die sie im Zustand nur vorübergehender Störung der Geistestätigkeit oder der Bewusstlosigkeit abgegeben hat (§ 1314 II Nr. 1). Auch die Eheschließung einer vorübergehend zur Selbstbestimmung unfähigen Person führt bloß zur Aufhebbarkeit der Ehe. Zur Antragsbefugnis gilt das zu § 1304 Gesagte (§ 1316 I Nr. 1, III). Die Aufhebung ist ausgeschlossen, wenn der Ehegatte nach Wegfall der Störung die Eheschließung bestätigt (§ 1315 I 1 Nr. 3).

Der Zustand „vorübergehender Störung der Geistestätigkeit" muss deshalb eigens im Gesetz erwähnt werden, weil er keine Geschäftsunfähigkeit begründet (§ 104 Nr. 2: „sofern nicht dieser Zustand seiner Natur nach ein vorübergehender ist"). Eine vorübergehende Störung steht der Geschäftsunfähigkeit nur gleich, wenn durch sie in dem betreffenden Zeitpunkt die freie Willensbestimmung ausschlossen ist, z. B. bei schwerem Schock oder Volltrunkenheit.

4. Minderjährige. a) Reform. Schon nach bisherigem Recht sollte   **77** eine Ehe nicht geschlossen werden, bevor beide Partner volljährig waren, doch sah das Gesetz eine Ausnahme vor: Auf Antrag eines Minderjährigen konnte das Familiengericht ihm Befreiung von diesem Erfordernis erteilen, wenn er das 16. Lebensjahr vollendet hatte und der künftige Ehegatte volljährig war (§ 1303 a. F.). Im Zusammenhang mit der Bekämpfung von Zwangsheiraten von eingereisten ausländischen Jugendlichen wurde diese Regelung der Ehemündigkeit durch das „Gesetz zur Bekämpfung von Kinderehen" vom 17.7.2017 grundlegend verändert: Eine Eheschließung von minderjährigen Personen soll nun **ausnahmslos untersagt** sein: Vor Eintritt

der Volljährigkeit darf eine Ehe nicht eingegangen werden (§ 1303
S. 1). Wenn dem zuwider gehandelt wird, unterscheidet das Gesetz:
– Mit einer Person, die das **16. Lebensjahr noch nicht vollendet**
hat, kann eine Ehe **nicht wirksam** eingegangen werden (§ 1303 S. 2).
– Die Eheschließung mit einer Person zwischen vollendeten 16.
Lebensjahr und Eintritt der Volljährigkeit führt zur **Aufhebbarkeit**
dieser Ehe (§ 1314 Abs. 1 Nr. 1).

78   **b) Die aufhebbare Ehe.** aa) Ist einer der Eheschließenden erst 16
oder 17 Jahre alt, so ist die Ehe zunächst gültig, kann aber auf Antrag
mit Wirkung für die Zukunft aufgehoben werden (§ 1314 Abs. 1 S. 1).
Den Antrag können jeder Ehegatte sowie die zuständige Verwaltungsbehörde stellen (§ 1316 I Nr. 1). Die Behörde *muss* den Antrag
stellen, außer wenn der vom Altershindernis betroffene Ehegatte inzwischen volljährig geworden ist und seinen Ehewillen bestätigt hat
(§ 1316 III 2). Der minderjährige Ehegatte kann den Antrag nur
selbst stellen und bedarf hierzu nicht der Zustimmung seines gesetzlichen Vertreters (§ 1316 II 2).
  bb) Die bloße Tatsache, dass der Minderjährige nach der Heirat das
18. Lebensjahr vollendet, ändert für sich gesehen an der Aufhebbarkeit nichts. Doch ist Aufhebung dann ausgeschlossen, wenn der Betreffende nach Eintritt der Volljährigkeit zu erkennen gegeben hat,
dass er die Ehe fortsetzen will (**Bestätigung**, § 1315 I 1 Nr. 1a). Die
Bestätigung ist eine geschäftsähnliche Handlung und kann auch konkludent erfolgen (eheliches Zusammenleben). Die Aufhebung ist ferner ausgeschlossen, wenn sie für den bei Heirat eheunmündigen Teil
eine so **schwere Härte** darstellen würde, dass die Aufrechterhaltung
der Ehe ausnahmsweise geboten erscheint (§ 1315 I 1 Nr. 1b); der Gesetzgeber denkt hier an Fälle schwerer und lebensbedrohlicher Erkrankung oder krankheitsbedingter Suizidgefahr (BT-Drs. 18/12086
S. 2). Doch dürfen an die „Härte" keine übertriebenen Anforderungen gestellt werden.

  Beispiel: Die 16-jährige Dorothea wird vom 21-jährigen Hermann schwanger. Sie heiraten und möchten auch weiterhin als Eheleute zusammen leben.
Die zuständige Verwaltungsbehörde stellt sogleich bei Gericht Antrag auf
Aufhebung der Ehe. Die psychischen und sozialen Auswirkungen der Eheauflösung können für die junge Mutter untragbar sein, wenn sie und ihr Partner weiterhin verheiratet sein wollen.

Nach dem Gesetz muss die Behörde den Antrag selbst dann stellen, wenn die Härtegründe, die gegen eine Aufhebung sprechen, evident sind. Das erscheint unmenschlich.

c) Die „nicht wirksame" Ehe. Hat einer der Eheschließenden das 79
16. Lebensjahr noch nicht vollendet, so ist die Ehe „nicht wirksam".
Es liegt dann der Tatbestand der „Nicht-Ehe" vor (BT-Drs. 18/12086
S. 23): Die Heirat entfaltet von vornherein keinerlei Wirkung, die
Kinder aus dieser Verbindung sind nichtehelich, selbst wenn das
Paar sich in gutem Glauben an die Wirksamkeit der Eheschließung
befand. Fraglich ist, ob die Eheschließung eines noch nicht 16-jährigen Jugendlichen später wirksam wird, wenn er *nach Eintritt der Volljährigkeit* seinen Ehewillen bestätigt. Vom Gesetz ist eine solche Möglichkeit nicht vorgesehen; die Heilungsmöglichkeit gilt nur für die aufhebbare Ehe (§ 1315 I 1 Nr. 1a).

Beispiel: Gudrun (15 Jahre) heiratet unter Vorlage gefälschter Papiere den 21-jährigen Gunther und lebt mit ihm auch in den folgenden Jahren ehelich zusammen. So bleibt es auch, nachdem Gudrun volljährig geworden ist. Wenn Gudrun die Unwirksamkeit der Ehe nicht durch Bestätigung heilen kann, bleibt die Ehe selbst dann auf Dauer unwirksam, wenn das Paar ein ehegleiches Zusammenleben bis ins hohe Alter fortsetzt – ein unsinniges Ergebnis. Das Argument, das Paar könnte ja (erneut) heiraten, wenn Gudrun volljährig geworden ist, wird der Interessenlage nicht gerecht; so bliebe ein von Gudrun zuvor geborenes Kind nichtehelich.

d) Kritik. Dass 16- und 17-Jährigen ausnahmslos der Zugang zur 80
Ehe verwehrt wird, widerspricht dem seit langem verfolgten rechtspolitischen Ziel, dem Willen des jungen Menschen mit fortschreitendem Alter eine wachsende Bedeutung zuzumessen (→Rn. 738). Ob die neue Regelung mit der Eheschließungsfreiheit (Art. 2 I, 6 I GG) vereinbar ist, bedarf der verfassungsrechtlichen Überprüfung. Die Gesetzesbegründung stellt die Eheschließung als besonders riskanten Schritt dar und verkennt, dass das Eherecht auch Rechte begründet und Schutz gewährt. Die „aufhebbare Ehe" gewährt diesen Schutz gerade im Unterhaltsrecht nicht in gleicher Weise (→ Rn. 104).

§ 16. Willensmängel

1. Spezialvorschriften. Es kann sein, dass eine Ehewillenserklä- 81
rung von einem Willensmangel betroffen ist, etwa unter dem Einfluss

eines Irrtums oder einer Täuschung abgegeben wurde. Da die Eheschließung Rechtsgeschäft ist, wären an sich die §§ 116 ff. einschlägig,
die jedoch durch die Spezialvorschriften des Eheschließungsrechts
verdrängt werden. Eine Eheschließung kann weder nach §§ 116–118
nichtig noch nach §§ 119–123 anfechtbar sein. An die Stelle der Anfechtbarkeit setzt das Eheschließungsrecht die **Aufhebbarkeit** der
Ehe mit Wirkung ex-nunc. Zudem ist die Zahl der Willensmängel,
die bei der Eheschließung beachtlich sind, gegenüber dem allgemeinen Teil des BGB stark vermindert. Die einschlägigen Aufhebungsgründe sind in § 1314 II abschließend aufgezählt.

82   **2. Irrtum.** Nur eine einzige Art des Irrtums ist relevant. Aufhebbar ist die Ehe, wenn einer der Ehegatten bei der Eheschließung
nicht gewusst hat, dass es sich bei dem Vorgang, an dem er beteiligt
war, um eine **Eheschließung** handelte (§ 1314 II Nr. 2), z. B. wenn er
dachte, es handele sich um ein feierliches Verlöbnis oder um ein bloßes Schauspiel. Andere Irrtümer führen *nicht* zur Aufhebbarkeit der
Ehe, etwa der Irrtum über die Identität des Partners (eine Frau heiratet statt des Verlobten unerkannt dessen Zwillingsbruder). Unbeachtlich sind auch Irrtümer über wesentliche persönliche Eigenschaften
des Partners, z. B. darüber, dass der Partner schon im Zeitpunkt der
Eheschließung unheilbar geisteskrank war oder einem anderen als
dem vorgestellten Geschlecht angehört.

83   **3. Arglistige Täuschung.** a) Eine Ehe ist aufhebbar, wenn ein Ehegatte zu ihrer Eingehung durch arglistige Täuschung über solche
Umstände bestimmt worden ist, die ihn bei Kenntnis der Sachlage
und bei richtiger Würdigung des Wesens der Ehe von der Heirat ab-
gehalten hätten (§ 1314 II Nr. 3). Zum Begriff der arglistigen Täuschung gelten die für § 123 entwickelten Grundsätze. Hervorzuheben
sind folgende Besonderheiten:
- Die Täuschung und der dadurch erregte Irrtum müssen sich auf
  Umstände beziehen, die mit dem **Sinn der ehelichen Lebensgemeinschaft** in Zusammenhang stehen. Das meint das Gesetz mit
  der Formulierung „bei richtiger Würdigung des Wesens der Ehe".
  Nicht beachtlich ist die Täuschung über Umstände, die den Sinn
  der Ehe völlig unberührt lassen.
- Nach ausdrücklicher Aussage des Gesetzes ist die Täuschung über
  die **Vermögensverhältnisse** unbeachtlich (§ 1314 II Nr. 3 Hs. 2).
- Wird die Täuschung **durch einen Dritten** verübt, so führt dies nur
  dann zur Aufhebbarkeit, wenn der andere Ehegatte davon positive

Kenntnis hatte (§ 1314 II Nr. 3 Hs. 2); „Kennen-Müssen" genügt entgegen § 123 II 1 nicht.

b) Wie bei § 123 kann eine arglistige Täuschung auch durch **84** **pflichtwidriges Verschweigen** wichtiger Tatsachen begangen werden (BGH FamRZ 1958, 314, 315), z. B. wenn ein Ehegatte den anderen über Umstände, die für dessen Heiratsentschluss bedeutsam sind, vorsätzlich im Unwissen oder Irrtum lässt. Eine Offenbarungspflicht kann nur in Bezug auf Tatsachen angenommen werden, deren Kenntnis vernünftigerweise für den Heiratsentschluss des anderen wichtig sind.

Beispiele: Ein Mann verschweigt seiner Verlobten, dass er schon einmal verheiratet war, aus dieser Ehe ein Kind hat und bereits wegen Unterhaltspflichtverletzungen bestraft worden ist (OLG Celle FamRZ 1965, 123). Oder: Eine Frau, die von ihrem Lebensgefährten geheiratet wird, weil ein Kind kommt, verschweigt, dass auch andere Männer als Vater des Kindes in Frage kommen (BGHZ 29, 265, 268). Oder: Ein Mann verschweigt seiner Verlobten, einer gläubigen Katholikin, dass er Priester ist und daher keine kirchenrechtlich gültige Ehe zustande kommen kann. Auch die Täuschung über die Religionszugehörigkeit kann die Aufhebung rechtfertigen (a. A. OLG Düsseldorf FamRZ 2015, 1289 – ein Katholik täuscht vor, dem Hinduismus anzugehören).

4. Drohung. Eine Ehe ist aufhebbar, wenn ein Ehegatte zu ihrer **85** Schließung widerrechtlich durch Drohung bestimmt worden ist (§ 1314 II Nr. 4). Gleichgültig ist, ob der andere Ehegatte oder ein Dritter die Drohung verübt hat.

Beispiel: Hans hat eine Liebschaft mit Grete. Gretes Vater droht Hans, ihn umzubringen, wenn er sie nicht sogleich heirate. Daraufhin wird die Ehe geschlossen. Die Ehe ist aufhebbar, auch wenn Grete von den Drohungen ihres Vaters nichts gewusst hat.

5. Aufhebbarkeit. Die genannten Mängel machen die Ehe aufheb- **86** bar. Berechtigt, den Aufhebungsantrag zu stellen, ist ausschließlich der Ehegatte, dessen Erklärung vom Willensmangel betroffen war (§ 1316 I Nr. 2). Der Antrag kann nur binnen eines Jahres ab Entdeckung des Irrtums oder der Täuschung bzw. binnen drei Jahren ab Aufhören der Zwangslage gestellt werden (§ 1317 I). Die Aufhebung ist **ausgeschlossen,** wenn der betreffende Ehegatte nach Entdeckung des Willensmangels oder nach Beendigung der Zwangslage zu erkennen gegeben hat, dass er die Ehe fortsetzen will (Bestätigung, § 1315 I 1 Nr. 4).

§ 17. Die „Scheinehe"

Literatur: *A. Wolf,* FamRZ 1998, 1477; *J. Eisfeld,* AcP 201 (2001), 662; *ders.,* Die Scheinehe in Deutschland im 19. und 20. Jahrhundert, 2005.

87   **1. Das Problem.** Außer der Hauptwirkung, die Ehegatten rechtlich aneinander zu binden, knüpft das Gesetz zahllose weitere Rechtswirkungen an den Tatbestand einer gültigen Eheschließung an, angefangen bei steuerlichen Vorteilen über namensrechtliche Folgen bis hin zu Vorteilen im Ausländerrecht. Die Eheschließung kann folglich auch dazu benutzt werden, eine oder mehrere dieser **Sekundärwirkungen** der Ehe zu erreichen, ohne dass eine wirkliche Lebens- und Schicksalsgemeinschaft beabsichtigt ist. Meist wird dann schon bei der Eheschließung vereinbart, dass die Ehe nach Erreichen des nur sehr begrenzten Zwecks wieder aufgelöst werden soll. Nicht selten wird von demjenigen, dem die gewünschten Ehewirkungen zugutekommen, dem anderen ein Entgelt gewährt oder versprochen. Der Sachverhalt wird herkömmlich als „Scheinehe" bezeichnet.

88   **2. Aufhebbarkeit.** Die Rechtsordnung möchte einen derartigen Gebrauch der Eheschließungsfreiheit verhindern. Eine Ehe ist daher aufhebbar, wenn beide Ehegatten sich bei der Eheschließung darüber einig waren, „dass sie keine Verpflichtung gemäß § 1353 Abs. 1 begründen wollen" (§ 1314 II Nr. 5). Diese Vorschrift nimmt auf die Verpflichtung der Ehegatten zur ehelichen Lebensgemeinschaft Bezug (§ 1353 I 2 Hs. 1): Aufhebbar ist die Ehe, bei deren Eingehung sich die Partner darüber einig waren, keine eheliche Lebensgemeinschaft begründen zu wollen.

89   **3. Trauweigerung des Standesbeamten.** Das Gesetz dringt darauf, dass die Missbrauchssperre schon präventiv wirkt: Der Standesbeamte muss seine Mitwirkung an der Eheschließung verweigern, wenn offenkundig ist, dass die Ehe aufhebbar wäre. Wann aber diese Offenkundigkeit gegeben ist, bildet das eigentliche Problem. Denn die Eheschließenden halten ihren Willen, eine eigentliche Ehe nicht anzustreben, gerade vor dem Standesbeamten geheim. Daher ist der Standesbeamte befugt, bei konkreten Anhaltspunkten die Verlobten zu befragen und ihnen die Beibringung geeigneter Nachweise aufzugeben, sogar eine eidesstattliche Versicherung über einschlägige Tatsachen von ihnen zu verlangen (§ 13 II PStG). Ist allerdings trotz der Nachforschungen das Vorliegen des Aufhebungsgrundes nicht offenkundig, dann muss der Standesbeamte an der gewünschten Eheschließung mitwirken. In Zweifelsfällen kann er die Entscheidung des zuständigen Amtsgerichts darüber herbeiführen, ob die Amtshandlung vorzunehmen ist oder nicht (§ 49 II PStG).

4. Aufhebung. Wird die Eheschließung trotz Vorliegens des Auf- 90 hebungsgrundes vorgenommen, so ist die Eheschließung wirksam, unterliegt aber der Aufhebung mit Wirkung für die Zukunft. Antragsbefugt ist außer den Ehegatten die zuständige Verwaltungsbehörde (§ 1316 I Nr. 1). Diese *soll* im Regelfall den Antrag stellen (§ 1316 III 1). Das Antragsrecht ist unbefristet. Die Aufhebung ist jedoch ausgeschlossen, wenn die Ehegatten nach der Heirat – und wäre es auch nur kurze Zeit – als Ehegatten miteinander gelebt haben (§ 1315 I 1 Nr. 5).

Bei Eheschließungen am Sterbebett, wenn die Beteiligten eine wirkliche Ehe wollen, aber krankheitsbedingt nicht mehr damit rechnen, dass es zu einer Verwirklichung der Lebensgemeinschaft kommt, ist § 1314 II Nr. 5 nicht anzuwenden.

§ 18. Die Eheverbote

I. Zum Verständnis

Durch Eheverbote (Ehehindernisse; impedimenta matrimonii) be- 91 stimmt das Gesetz, in welchen Fällen eine Eheschließung ausnahmsweise nicht erfolgen kann oder darf. In früheren Zeiten bildeten die Ehehindernisse einen Schwerpunkt des Eherechts. Zunächst schuf die mittelalterliche Kirche einen Katalog von Ehehindernissen. Der Obrigkeitsstaat der frühen Neuzeit beseitigte sodann die Freiheit der Eheschließung durch eine Fülle von Eheverboten und Erlaubnisvorbehalten fast gänzlich. Seit Ende des 18. Jahrhunderts setzte sich der Gedanke der *Eheschließungsfreiheit* zunehmend durch. Unter der Geltung des Grundgesetzes bedarf jede Einschränkung der Eheschließung triftiger, aus dem Sinn von Ehe und Familie herzuleitender Gründe.

Nach früherem Recht wurde eine grundlegende Unterscheidung 92 getroffen zwischen a) *trennenden Ehehindernissen,* deren Nichtbeachtung die Unwirksamkeit der Ehe zur Folge hat, und b) *aufschiebenden Ehehindernissen,* deren Vernachlässigung den Bestand der

Ehe unberührt lässt. Diese Unterscheidung findet sich noch in vielen ausländischen Rechtsordnungen, entspricht aber nicht mehr dem heutigen deutschen Recht. Denn danach kann der Verstoß gegen ein Eheverbot äußerstenfalls zur Aufhebbarkeit der Ehe mit Wirkung für die Zukunft führen. Nichtige Ehen gibt es im deutschen Recht nicht mehr – eine problematische Regelung, denn so sind selbst Ehen, die unter schweren Begründungsmängeln leiden, zunächst einmal gültig. Das heutige deutsche Recht unterscheidet zwischen

– Eheverboten, deren Nichtbeachtung zur **Aufhebbarkeit der Ehe** führt (→ Rn. 93–98) und

– Eheverboten, deren Nichtbeachtung den **Bestand der Ehe völlig unberührt** lässt.

II. Verbot der Eheschließung während bestehender Ehe oder Lebenspartnerschaft

93   **1. Tatbestand.** Das Eheverbot der Doppelehe ist Ausdruck des in unserem Kulturkreis selbstverständlich gewordenen Prinzips der Monogamie (vgl. § 172 StGB). Wie lange diese Selbstverständlichkeit noch das gesellschaftliche Bewusstsein bestimmen wird, ist in einer Zeit fortwährender Umbrüche schwer abzuschätzen. Nach § 1306 darf eine Ehe nicht geschlossen werden, wenn zwischen einem der Eheschließenden und einer dritten Person bereits eine Ehe besteht. Das gleiche Eheverbot besteht auch für denjenigen, der bereits eine eingetragene Lebenspartnerschaft führt. Das Verbot der Doppelehe gilt auch dann, wenn die Ehe mit dem Dritten aufhebbar ist. Selbst wenn diese Ehe später aufgehoben wird, heilt das den Verstoß gegen § 1306 grundsätzlich nicht (s. aber → Rn. 94).

> **Beispiel:** Adam ist mit Eva verheiratet, die Ehe ist als „Scheinehe" aufhebbar (§ 1314 II Nr. 5). Noch bevor es zu einem Aufhebungsverfahren kommt, heiratet Adam den Franz. Diese Ehe verstößt gegen § 1306, und zwar auch dann noch, wenn die Ehe mit Eva eines Tages aufgehoben würde.

94   **2. Aufhebbarkeit.** Wird eine Ehe entgegen § 1306 geschlossen, so ist sie aufhebbar (§ 1314 I). Antragsberechtigt sind jeder Ehegatte sowie die dritte Person, mit der einer der Partner schon verheiratet ist oder eine Lebenspartnerschaft führt. Den Antrag kann ferner die zuständige Verwaltungsbehörde stellen (§ 1316 I Nr. 1); diese ist in der Regel dazu verpflichtet (§ 1316 III 1). Die Antragsbefugnis ist nicht befristet. Die Aufhebung ist **ausgeschlossen,** wenn *vor* der Schließung der neuen Ehe die Scheidung oder Aufhebung der früheren

Ehe mit dem Dritten ausgesprochen ist und dieser Ausspruch *nach* der Schließung der neuen Ehe rechtskräftig wird (§ 1315 II Nr. 1).

Beispiel wie oben, aber: Die Ehe des Adam mit Eva war schon vor seiner Heirat mit Franz durch Entscheidung des Familiengerichts aufgehoben worden, die Entscheidung war aber im Zeitpunkt der Heirat noch nicht rechtskräftig; nach der Eheschließung mit Franz tritt die Rechtskraft des Aufhebungsbeschlusses ein. An sich liegt auch hier ein Verstoß gegen § 1306 vor: Als Adam den Franz heiratete, war die Ehe mit Eva noch nicht aufgelöst, da die Aufhebungswirkung erst mit Rechtskraft des Beschlusses eintritt (§ 1313 S. 2). Dennoch kann keine Aufhebung der Ehe mit Franz beantragt werden (§ 1315 II 1). Die Regelung berücksichtigt, dass die erste Ehe (mit Eva) zum Zeitpunkt der späteren Eheschließung (mit Franz) bereits Gegenstand eines Auflösungsverfahrens war, das dann schließlich auch zur Auflösung geführt hat.

3. Toterklärung. Einen Sonderfall der Doppelehe regelt § 1319: **95** Heiratet ein Ehegatte, nachdem der andere fälschlich für tot erklärt wurde, so kann die neue Ehe nur dann wegen Verstoßes gegen § 1306 aufgehoben werden, wenn beide Partner der neuen Ehe bei Eheschließung wussten, dass der für tot Erklärte im Zeitpunkt der Todeserklärung noch lebte (§ 1319 I). Andernfalls wird durch den Abschluss der zweiten Ehe die erste aufgelöst (§ 1319 II 1) und bleibt es auch dann, wenn die Todeserklärung aufgehoben wird (§ 1319 II 2). Lebt der für tot Erklärte noch, so kann sein früherer Ehegatte die Aufhebung der neuen Ehe begehren, außer wenn er bei der Eheschließung wusste, dass der für tot Erklärte im Zeitpunkt der Todeserklärung noch lebte (§ 1320 I).

III. Das Verbot der Ehe unter Verwandten

1. Umfang des Verbots. Eine Ehe darf zwischen Verwandten in **96** gerader Linie sowie zwischen vollbürtigen und halbbürtigen Geschwistern nicht geschlossen werden (§ 1307 S. 1). Das Eheverbot entspringt einem auf langer kultureller Tradition beruhenden Inzesttabu (s. auch § 173 StGB) und war in früheren Zeiten auf einen weiteren Verwandtschafts- und Schwägerschaftskreis ausgedehnt. Der Kreis der verbotenen Verwandtschaftsgrade wurde im Lauf der Zeit wesentlich reduziert. Das Eheschließungsrechtsreformgesetz von 1998 hat das Eheverbot der Schwägerschaft ganz beseitigt. Die Ehe ist nur mehr verboten:

– zwischen Blutsverwandten in gerader Linie (§ 1589 S. 1), also im Verhältnis Eltern-Kinder, Großeltern-Enkel etc.;

– zwischen Geschwistern, gleichgültig, ob sie beide Elternteile oder nur einen Elternteil gemeinsam haben.

Hingegen besteht zwischen Onkel und Nichte, Vetter und Kusine und zwischen miteinander verschwägerten Personen keinerlei Hindernis.

Beispiel: Herr Schimmel möchte nach dem Tode seiner Frau deren erwachsene Tochter heiraten, die aus der früheren Ehe seiner Frau mit Herrn Tremel stammt. – Herr Schimmel ist mit der Tochter seiner Frau in gerader Linie verschwägert (§ 1590 I), gleichwohl besteht kein Eheverbot, da Schwägerschaft auch in gerader Linie die Ehe nicht mehr hindert.

97   **2. Adoption.** Das Eheverbot besteht auch dann weiter, wenn das Verwandtschaftsverhältnis durch Adoption erloschen ist (§ 1307 S. 2 mit § 1755). Die Herstellung einer künstlichen Verwandtschaft durch Adoption beseitigt zwar die Verwandtschaft mit den leiblichen Eltern und ihren Verwandten im Rechtssinne, doch bleibt die tatsächliche Blutsverwandtschaft mit ihnen bestehen.

Beispiel: Frau und Herr Müller haben zwei Kinder, Monika und Norbert. Monika, die Erstgeborene, haben sie zur Adoption freigegeben; sie ist vom Ehepaar Maier adoptiert. Könnten Monika und Norbert heiraten? – Da durch die Adoption die Verwandtschaft Monikas zu ihren bisherigen Verwandten erloschen ist (§ 1755 I 1), stünde § 1307 S. 1 an sich nicht im Wege, hier greift jedoch § 1307 S. 2 ein.

98   **3. Aufhebbarkeit.** Auch der Verstoß gegen § 1307 führt nur zur Aufhebbarkeit der Ehe. Antragsberechtigt ist jeder Ehegatte, ferner die zuständige Verwaltungsbehörde (§ 1316 I Nr. 1), die den Aufhebungsantrag stellen soll (außer bei Vorliegen einer schweren Härte für einen der Ehegatten oder die Kinder, § 1316 III). Die Antragsbefugnis ist nicht befristet.

IV. Das Eheverbot der Verwandtschaft kraft Adoption

99   Auch Personen, zwischen denen keine Blutsverwandtschaft nach Art des § 1307 besteht, aber ein Verwandtschaftsverhältnis gleicher Art durch Adoption begründet ist, *sollen* einander nicht heiraten (§ 1308 I). Das gilt nicht mehr, wenn das Annahmeverhältnis aufgelöst worden ist. Ein Verstoß gegen § 1308 I bleibt sanktionslos. Zwar muss der Standesbeamte seine Mitwirkung an einer solchen Eheschließung verweigern. Ist die Ehe aber trotzdem geschlossen, so bleibt sie ohne Einschränkung gültig (keine Aufhebbarkeit, s. § 1314 I).

Das Familiengericht kann von dem Eheverbot Befreiung erteilen, wenn die Heiratswilligen durch die Adoption nur in der Seitenlinie miteinander verwandt geworden sind (§ 1308 II); aus wichtigen Gründen soll die Befreiung versagt werden (§ 1308 II 2).

Beispiel: Anna ist von den Eheleuten Brunner adoptiert. Die Brunners haben ein eigenes Kind, nämlich Bernhard. Dürfen Anna und Bernhard später, nachdem sie erwachsen sind, einander heiraten? – An sich steht § 1308 entgegen, denn sie sind durch die Adoption „als Geschwister" miteinander verwandt geworden, so dass bei Blutsverwandtschaft § 1307 S. 1 zuträfe. Aber das Familiengericht kann im Fall des § 1308 II 1 von dem Eheverbot Befreiung erteilen, weil die „künstliche Verwandtschaft" nicht in direkter Linie, sondern nur in der Seitenlinie besteht (§ 1589 S. 2).

§ 19. Die Aufhebung der Ehe

1. Begriff. Die Aufhebung ist eine Auflösung der Ehe durch gerichtliche Entscheidung (§ 1313 S. 1) mit der Wirkung für die Zukunft („ex-nunc"). Die eheauflösende Wirkung hat sie mit der Scheidung gemeinsam. Der Begriff „Auflösung der Ehe" umfasst beide Institute. Hinzu kommt die Auflösung der Ehe durch den Tod eines Ehegatten. 100

2. Verfahren. Zuständig für das Eheauflösungsverfahren ist das Familiengericht (§§ 111 Nr. 1; 121 Nr. 2 FamFG). Das Verfahren setzt einen Antrag voraus (§ 124 FamFG). Wer antragsbefugt ist, ergibt sich aus den materiell-rechtlichen Vorschriften (§ 1316). Antragsgegner ist bei Antrag eines Ehegatten der jeweils andere Ehegatte. Wird der Antrag durch die Verwaltungsbehörde gestellt, so richtet er sich gegen beide Ehegatten; gleiches gilt, wenn bei Doppelehe der Dritte den Antrag stellt (§ 129 I FamFG). Die Ehe ist erst mit Rechtskraft der die Ehe aufhebenden Entscheidung aufgelöst (§ 1313 S. 2). 101

3. Aufhebungsgründe. Die Begründetheit des Aufhebungsantrags setzt das Vorliegen eines Aufhebungsgrundes voraus. Die Aufhebungsgründe sind im Gesetz abschließend aufgezählt (§ 1313 S. 3). 102

Sie ergeben sich einerseits aus den Verweisen des § 1314 I, andererseits aus dem Katalog des § 1314 II.

Bei **einem Antrag auf Aufhebung einer Ehe** sind folgende Punkte zu prüfen:

- Liegt ein Aufhebungsgrund vor? (§ 1314)
- Ist die Aufhebung trotz Vorliegen eines Grundes ausgeschlossen? (§ 1315)
- Ist ein Antrag von einer dazu befugten Person oder Behörde gestellt? (§ 1316)
- Besteht eine Antragsfrist und ist sie gegebenenfalls eingehalten? (§ 1317)

103   **4. Wirkung der Aufhebung.** Folge der rechtskräftigen Aufhebung ist die Auflösung der Ehe mit Wirkung **ex-nunc ("von jetzt an")**: Das eheliche Rechtsverhältnis erlischt, die bisherigen Ehegatten können sich nun anderweit verheiraten. Hingegen entfaltet die Aufhebung grundsätzlich **keine Rückwirkung.** Vom Gesetz nicht geregelt ist die Frage, ob während Bestehens der Ehe schon die Tatsache, dass ein Aufhebungsgrund besteht, von rechtlicher Bedeutung sein kann. Es ist dies zumindest für die schwerwiegenden Aufhebungsgründe der §§ 1303, 1306 und 1307 zu bejahen. Weiß ein Ehegatte, dass die Ehe als Doppelehe oder verbotene Verwandtenehe aufhebbar ist, so ist sein Verlangen, die eheliche Lebensgemeinschaft herzustellen, rechtsmissbräuchlich (§ 1353 II Alt. 1).

104   **5. Weitere Aufhebungsfolgen.** Wie bei der Scheidung folgt der Ehe möglicherweise ein **nacheheliches Rechtsverhältnis.** Darüber findet sich in § 1318 eine ausführliche Regelung. Ausgangspunkt ist die Parallele zur Scheidung. Doch verweist § 1318 I nicht pauschal auf das Scheidungsfolgenrecht, sondern nur unter bestimmten Voraussetzungen, die für einzelne Scheidungsfolgen unterschiedlich formuliert sind. Es muss also differenziert werden.

a) **Unterhalt unter den Partnern:** Ein Unterhaltsanspruch (§§ 1569 ff.) kann vor allem demjenigen Teil zustehen, der die Aufhebbarkeit bei Eingehung der Ehe nicht gekannt hat oder der – im Falle der Aufhebung wegen Täuschung oder Drohung – von dem anderen Ehegatten oder mit dessen Wissen getäuscht oder bedroht worden ist (§ 1318 II 1 Nr. 1). Bei Verstößen gegen §§ 1306, 1307 oder 1311 gilt gleiches, wenn beide Ehegatten den Aufhebungsgrund bei Eheschließung kannten (mit Einschränkungen bei § 1306; § 1318 II 1 Nr. 2). Auch wenn diese Voraussetzungen nicht vorliegen, kann ein

Unterhaltsanspruch zugunsten desjenigen Ehegatten einer aufgeho-
benen Ehe begründet sein, der gemeinschaftliche Kinder betreut,
wenn die Versagung im Hinblick auf die Belange des Kindes grob unbillig wäre (§ 1318 II 2); die Beschränkung auf Fälle grober Unbilligkeit ist m. E. verfassungswidrig.

Die „Scheinehe" (§ 1314 II Nr. 5) führt grundsätzlich zu keinen nachehelichen Unterhaltsansprüchen, außer im Falle der Härteklausel des § 1318 II 2.

b) **Versorgungsausgleich** und **Zugewinnausgleich** finden grund- 105
sätzlich wie bei einer Ehescheidung statt (§ 1318 III). Doch fügt das
Gesetz eine besondere Härteklausel ein: Dies gilt nicht, soweit die
Anwendung dieser Ausgleichsinstrumente im Hinblick auf die Um-
stände der Eheschließung grob unbillig wäre. Dies kann sich bei
Doppelehe auch aus Belangen der dritten Person ergeben.

c) Die Zuweisung von **Haushaltsgegenständen und Ehewohnung**
betreffend gelten die §§ 1568a, 1568b entsprechend (→ Rn. 525). Doch
sind die Umstände bei der Eheschließung, bei Doppelehe auch die Belange des Dritten besonders zu berücksichtigen (§ 1318 IV).

d) Sind bei Aufhebung **gemeinsame minderjährige Kinder** vorhanden, so gilt für die elterliche Sorge und das Umgangsrecht keine
Besonderheit. Auch nach der Aufhebung besteht das gemeinsame
Sorgerecht der Eltern weiter, sofern nicht bei Elterntrennung die Alleinsorge eines Teils gemäß § 1671 I, II gerichtlich angeordnet ist.

e) Eine gewisse **Rückwirkung** kann die Aufhebung im **Erbrecht**
entfalten. Der Ehegatte, der bei bestimmten schweren Verstößen die
Aufhebbarkeit der Ehe bei Eheschließung gekannt hat, ist vom gesetzlichen Erbrecht des § 1931 ausgeschlossen (§ 1318 V).

4. Kapitel. Die eheliche Gemeinschaft

§ 20. Zum Verständnis

Das Verhältnis unter den Ehegatten ist dreifach zu sehen: 106
1. als das geistig-seelische Band zwischen den Partnern, das den
personalen Kern der Ehe ausmacht;
2. als das Zusammenleben der Ehegatten, durch das ihre personale
Verbindung die äußere Verwirklichung findet (Gegensatz: Getrenntleben, § 1567);
3. als das Rechtsverhältnis zwischen den Partnern.

Im Idealfall stimmen innere und äußere Wirklichkeit mit dem Recht überein. Anderenfalls offenbart sich eine Störung des ehelichen Verhältnisses. Ist die innere Verbundenheit unheilbar zerstört, so ist die Ehe gescheitert (§ 1565 I), sie kann auf Antrag geschieden werden. Leben die Ehegatten getrennt, so ist ein Störungszustand indiziert, der die Vermutung des Scheiterns der Ehe begründen kann (§ 1566).

107   Im Begriff der **Lebensgemeinschaft** überlagern sich rechtstatsächliche und normative Betrachtungsweise. Der Ausdruck „eheliche Lebensgemeinschaft" umschreibt in § 1353 I 2 den Inbegriff der durch die Ehe begründeten personalen Pflichten (Soll-Zustand der Ehe). Das Scheidungsrecht andererseits versteht unter „Lebensgemeinschaft der Ehegatten" einen tatsächlichen Befund (Scheitern der Ehe als das voraussichtlich endgültige Nichtbestehen der Lebensgemeinschaft, § 1565 I 2 = Ist-Zustand einer Ehe). § 1353 II stellt die Begriffe gegeneinander: Die Pflicht zur Herstellung der ehelichen Lebensgemeinschaft besteht nicht, wenn die Ehe gescheitert ist, und das heißt, wenn die Lebensgemeinschaft der Ehegatten nicht mehr besteht und mit ihrer Wiederherstellung nicht zu rechnen ist. Mit der endgültigen Zerstörung des ehelichen Verhältnisses ist die personale Substanz entfallen, aus der die Rechtspflicht zum ehelichen Leben begründet werden kann.

108   Die Ehe entfaltet **Rechtswirkungen** sowohl *im Verhältnis unter den Ehegatten* (eheliche Pflichten und Rechte) als auch *nach außen* (ehelicher Status, Ehename, Schlüsselgewalt). Rechtsbeziehungen, die primär im Innenverhältnis angesiedelt sind, können zudem mittelbar für Dritte relevant sein. So wirkt sich die Pflicht zur häuslichen Gemeinschaft auf die besitzrechtlichen Positionen an Ehewohnung und Hausrat aus. Die Pflicht zur Haushaltsführung wird bedeutsam für Schadensersatzansprüche eines Ehegatten gegen Dritte (→ Rn. 131).

109   Das **Innenverhältnis** betreffend ergeben sich zwei Grundprobleme.

– Zum einen fragt sich, inwieweit das staatliche Recht überhaupt den Sinn hat, das personale Gattenverhältnis objektiven Regeln zu unterwerfen (Problem der Privatautonomie).

– Zum anderen erscheint zweifelhaft, inwieweit im Gattenverhältnis, auch soweit es als rechtlich geordnetes erscheint, ein unmittelbarer oder mittelbarer Rechtszwang statthaft ist (Problem der Freiheit im höchstpersönlichen Bereich). Die Fragen hängen zusammen. Ihre Behandlung muss dem modernen Eheverständnis Rechnung tragen, wonach das Gattenverhältnis in seiner Substanz dem Recht vorgegeben ist.

§ 21. Die Ehe als Rechts- und Verantwortungsgemeinschaft

Literatur: *H. M. Streck,* Generalklausel und unbestimmter Rechtsbegriff im Recht der allgemeinen Ehewirkungen, 1970; *J. Gernhuber,* Die geordnete Ehe, FamRZ 1979, 193; *H.-M. Pawlowski,* Die „Bürgerliche Ehe" als Organisation, 1983; *M. Lipp,* Die eherechtlichen Pflichten und ihre Verletzung – ein Beitrag zur Fortbildung des persönlichen Eherechts, 1988; *E. Eichenhofer,* Die Auswirkungen der Ehe auf Besitz und Eigentum der Eheleute, JZ 1988, 326.

I. Grundaussagen

Im Gegensatz zu beliebigen Formen des Zusammenlebens ist die **110** Ehe die **rechtlich verfasste Paarbeziehung.** Das bedeutet: Mit der wirksamen Eheschließung entstehen kraft Gesetzes gegenseitige Rechte und Pflichten, die auf dem Grundgedanken beruhen, dass die Ehegatten füreinander einstehen (eheliche Solidarität). Dazu trifft § 1353 I folgende Grundaussagen:

1. Die Ehe wird **auf Lebenszeit** geschlossen (§ 1353 I 1). Das schließt die Ehescheidung nicht aus, bedeutet aber, dass das rechtliche Band nicht beliebig aufgekündigt werden kann und in seinen Wirkungen die Scheidung überdauert (z. B. Unterhaltspflichten nach der Scheidung).

2. Die Ehegatten sind einander zur **ehelichen Lebensgemeinschaft** **verpflichtet** (§ 1353 I 2 Hs. 1). In dieser Aussage kommt der Rechtscharakter der persönlichen Pflichten der Ehegatten zum Ausdruck, auch wenn ihre rechtliche Durchsetzbarkeit eingeschränkt ist (→ Rn. 138).

3. Der verpflichtende Charakter der Ehe kommt zudem in dem Satz zum Ausdruck: Die Ehegatten tragen füreinander **Verantwortung** (§ 1353 I 2 Hs. 2).

Die gegenseitige Verantwortung wurde durch das Eheschließungsrechtsgesetz 1998 hinzugefügt. Damit sollen keine neuen Ansprüche begründet werden (BT-Drs. 13/9416, 33), doch kann das Prinzip der Verantwortungsgemeinschaft auf die Interpretation der eherechtlichen Vorschriften ausstrahlen.

II. Die Pflicht zur ehelichen Lebensgemeinschaft

111   **1. Grundsätze.** Die ehelichen Pflichten sind im Gesetz nur zum
Teil konkret beschrieben. Eine detaillierte Regelung haben die gegenseitige Unterhaltspflicht und die aus dem Güterstand resultierenden
Verbindlichkeiten gefunden. Im Übrigen beschränkt sich das Gesetz
auf die sehr allgemeine Aussage, dass die Ehegatten „zur ehelichen
Lebensgemeinschaft" verpflichtet sind (§ 1353 I 2 Hs. 1). Die Zurückhaltung des Gesetzgebers bei der Konkretisierung der ehelichen
Pflichten hat einen guten Sinn. Denn den Ehegatten selbst ist es aufgegeben, die ihnen gemäße Lebensform zu finden. Bei aller Verschiedenheit der Lebensstile gibt es jedoch einige Grundelemente des ehelichen Lebens, die üblicherweise als selbstverständlich vorausgesetzt
werden. Obwohl die Ehepflichten nur in beschränktem Maße mit
Rechtszwang durchgesetzt werden können (→ Rn. 138 ff.), handelt es
sich um echte Rechtspflichten.

112   **2. Leben in Gemeinschaft.** Die Ehe verpflichtet die Gatten, ihr Leben in Gemeinschaft miteinander zu führen (consortium omnis vi-
tae). Dies bedingt das Zusammenleben an einer gemeinschaftlichen
Wohnstätte (Pflicht zur häuslichen Gemeinschaft), soweit nicht die
Lebensverhältnisse dem entgegenstehen oder die Gatten etwas anderes vereinbaren. Der in der Eheschließung vorausgesetzten gegenseitigen Zuneigung entsprechen je nach Alter, Gesundheit und psychischer Disposition die Pflicht zur Geschlechtsgemeinschaft und die
Pflicht zur Wahrung der ehelichen Treue.

113   **3. Sorge um die gemeinsamen Angelegenheiten.** Die eheliche Gemeinschaft verlangt die Sorge um die gemeinsamen Angelegenheiten
(wie Haushaltsführung, Kinderbetreuung, Freizeitplanung). Der Einsatz ist jedem Ehegatten gemäß seinen Kräften und Möglichkeiten
und dem getroffenen Einvernehmen angesonnen. Üblich sind Funktionsteilungen, die aber nie als absolut zu begreifen sind: Bei Verhinderung des einen Teils hat der andere einzuspringen. Stets bleibt es
Pflicht eines Ehegatten, den anderen auch in dessen Zuständigkeits-
bereich zu unterstützen.

114   **4. Haushaltsgegenstände und Ehewohnung.** a) Jeder Ehegatte ist
verpflichtet, dem anderen die **Mitbenutzung** der ihm gehörigen
Hausratsgegenstände zu gewähren. Ausgenommen sind Sachen, die
ausschließlich dem persönlichen Gebrauch des Eigentümers zu dienen bestimmt sind. An den Haushaltsgegenständen entsteht spätes-

tens mit ihrer Aufnahme in die gemeinsame Wohnung Mitbesitz der Ehegatten ohne Rücksicht auf die Eigentumsverhältnisse (BGHZ 12, 380). Der Ehegatte, der Gegenstände mitbesitzt, die dem anderen gehören, ist insoweit Besitzmittler (§ 868) des anderen (BGH FamRZ 1979, 282). Sein Mitbesitz genießt den possessorischen Besitzschutz nach §§ 858 ff. (beachte § 866). Das Besitzrecht der Ehegatten ist zudem nach §§ 823, 1004, 1007 geschützt, soweit der Besitz als absolutes Recht im Sinne des § 823 I anerkannt wird. Die Ansprüche aus dem Besitzschutz richten sich *auch gegen den Ehepartner*, der den anderen in seinem Mitbesitz stört. Vom Augenblick an, da die Ehegatten *getrennt leben*, gelten bei Streit um Haushaltsgegenstände allerdings besondere Regeln (→ Rn. 395 ff.).

b) Auch an der **Ehewohnung** entsteht berechtigter Mitbesitz bei- **115** der Ehegatten, gleichgültig, wer von ihnen Eigentümer oder Mieter ist. Das Recht zum Mitbesitz und Mitgebrauch besteht solange, bis ein Ehegatte im Einverständnis mit dem anderen die Wohnung endgültig verlässt oder bis das Familiengericht aus Anlass der Scheidung die Wohnung einem der Ehegatten zuweist (§ 1568a, vgl. BGHZ 71, 216, 223).

Bei einem Getrenntleben, das innerhalb der Ehewohnung durchgeführt wird (§ 1567 I 2), haben die Ehegatten unmittelbaren Alleinbesitz an den ihnen zur alleinigen Benutzung zur Verfügung stehenden Räumen und Mitbesitz an den beiderseits genutzten Wohnungsteilen.

5. Beistand. Die Ehe verpflichtet zu gegenseitigem Beistand auch **116** in den persönlichen Angelegenheiten des Partners, soweit dies nach Art und Bedeutung der Sache zumutbar erscheint. Dem entspricht strafrechtlich eine Garantenpflicht (§ 13 I StGB), etwa den Selbstmord des Partners zu verhindern (BGHSt 2, 150) oder ihn von strafbaren Handlungen in der Ehewohnung abzuhalten (BGH NJW 1954, 1818). Unter besonderen Voraussetzungen kann ein Gatte verpflichtet sein, im Betrieb des anderen mitzuarbeiten (→ Rn. 133). In steuerlichen Angelegenheiten haben die Ehegatten im Sinne der für beide günstigsten Lösung zusammenzuwirken (Pflicht zur Zustimmung zur gemeinsamen Steuerveranlagung, wenn dies für den anderen vorteilhaft und für den Zustimmenden nicht nachteilig ist, BGH FamRZ 2010, 269, 270).

6. Rücksicht. a) In ihrem gesamten Verhalten haben die Ehegatten **117** aufeinander die dem Sinn der Lebensgemeinschaft entsprechende Rücksicht zu nehmen. Freilich erfordert die Ehe keinen völligen Verzicht auf individuelle Entfaltung. Nicht alles ist den Ehegatten notwendig gemeinsam: so etwa nicht die außerhäusliche Berufswelt, das religiöse Leben, die politische, wissenschaftliche und künstlerische Betätigung, nicht einmal immer der gesamte Freizeitbereich. Jeder Ehegatte bleibt **dem anderen gegenüber Inhaber seiner Persönlichkeits- und Vermögensrechte.** Trotz der engen Beziehung hat er dem anderen gegenüber auch das Recht auf Wahrung der eigenen Persönlichkeitssphäre (Schutz vertraulicher Aufzeichnungen, Briefgeheimnis – BGH FamRZ 1990, 846; Verbot heimlicher Tonbandaufnahmen; m. E. auch Verbot systematischer Beschattung des außerhäuslichen Lebens). Freilich ergeben sich immanente Grenzen des Persönlichkeitsschutzes aus der ehelichen Lebensgemeinschaft als einem Raum gemeinsamer Privatsphäre. Selbst im Bereich der **religiösen Freiheit** sind – z. B. beim Religionswechsel – gewisse Rücksichten zu nehmen (zur Problematik BGHZ 33, 145; 38, 317; BVerfG NJW 1964, 1174). Ähnliches gilt für **berufliche Entscheidungen,** wie etwa bei einer geplanten Änderung der beruflichen Position (OLG München FamRZ 1967, 394 – Versetzungswunsch).

118   b) Das Gebot der Rücksichtnahme bedingt auch, dass ein Ehegatte den anderen nicht dazu drängen darf, sich für die nur im eigenen Interesse aufgenommenen Schulden zu verbürgen oder sonst die **Mithaftung zu übernehmen.** Nutzt der Gläubiger das pflichtwidrige Verhalten des kreditsuchenden Ehegatten und die emotionalen Bindungen des mithaftenden Ehegatten zu seinen Gunsten aus, so kann die so zustande gekommene Bürgschaft sittenwidrig sein (s. BGH NJW 1994, 1726). Das gilt vor allem, wenn sich eine krasse Überforderung des mithaftenden Teils ergibt (s. BGH NJW 1999, 135; 2000, 1182; 2001, 815; FamRZ 2017, 362).

119   c) Eine Pflicht zur Rücksichtnahme kann sich auch auf die **Geltendmachung von Vermögensrechten unter den Ehegatten** auswirken. Zwischen ihnen können zwar beliebige Rechtspositionen schuld- und sachenrechtlicher Art entstehen, deren Geltendmachung an sich nicht ehewidrig ist. Doch gilt dies nur in Grenzen. So ist ein Ehegatte gehindert, Rechte in der Weise zu verwirklichen, dass der andere aus dem räumlich-gegenständlichen Bereich der Ehe gedrängt oder darin beeinträchtigt wird (BGH JZ 1961, 577; → Rn. 146). Der rücksichtslosen Geltendmachung eines Anspruchs kann auch sonst der Einwand unzulässiger Rechtsausübung entgegenstehen (BGHZ 53, 352, 356; BGH FamRZ 1988, 476; Schmerzensgeldansprüche betreffend BGHZ 61, 101, 105; 63, 51, 58).

d) Die gebotene Rücksicht schließt auch die Pflicht jedes Ehegatten 120
ein, den anderen **über die eigene Vermögenslage in großen Zügen
zu unterrichten.** Dies gilt unabhängig davon, in welchem Güterstand die Eheleute leben (BGH FamRZ 2015, 32 Rn. 16). Der Ehegatte, dem der andere eine solche Information beharrlich verweigert,
hat im gesetzlichen Güterstand das Recht, vorzeitigen Zugewinnausgleich zu verlangen (§ 1385 Nr. 4, → Rn. 317). Einen echten, erzwing-
baren Auskunftsanspruch begründet die aus § 1353 I 2 hergeleitete
Unterrichtungspflicht indes noch nicht. **Echte Auskunftsansprüche**
entstehen nach h. M. erst nach den besonderen Regeln des Unter-
halts- und Güterrechts (vgl. §§ 1379, 1580) und dürfen mit der Unterrichtungspflicht nach § 1353 I 2 nicht verwechselt werden (BGH
FamRZ 2015, 32 Rn. 19 ff.).

Nach dem Gesetzeswortlaut entsteht ein einklagbarer Auskunftsanspruch
unter den Ehegatten im Rahmen der Unterhaltspflicht erst bei *Getrenntleben*
(§ 1605 i. V. m. § 1361 IV 4). Es wird aber diskutiert, ob ein solcher echter
Auskunftsanspruch nicht schon dann geben ist, wenn es um die Bemessung
des Familienunterhalts *zusammenlebender* Eheleute geht; als Rechtsgrundlage
wird ebenfalls die Rücksichtspflicht aus § 1353 I 2 herangezogen (BGH
FamRZ 2011, 21 Rn. 22). Auch ein solcher Auskunftsanspruch wäre aber
von der oben genannten allgemeinen Unterrichtungspflicht strikt zu unterscheiden, obwohl er sich auf dieselbe Norm stützt. Zum Problem: *A. Erbarth,*
FamRZ 2015, 1944.

e) Das Gebot der Rücksichtnahme kann nach der Rechtsprechung 121
eine Ehefrau verpflichten, dem Ehemann **Auskunft über die Identität des Vaters** eines scheinehelichen Kindes zu erteilen (→ Rn. 609).

7. Gleichberechtigte Partnerschaft. Die Ehe verbindet die Gatten 122
zur gleichberechtigten Partnerschaft. Die Art, wie die Eheleute diese
Partnerschaft gemäß ihrem Charakter und ihren Verhaltensgewohn-
heiten verwirklichen, ist ausschließlich ihre eigene Sache. Allgemein
besteht jedoch die Pflicht zu Verständnis- und Kompromissbereit-
schaft. Im Falle von Meinungsverschiedenheiten gebührt keinem
Ehegatten von Rechts wegen der Vorrang. Für den Fall, dass sich
die Ehegatten in einer Frage des ehelichen Lebens nicht einigen können, sind die staatlichen Gerichte nicht zur Entscheidung berufen; die
Frage bleibt dann unentschieden (anders bei Meinungsverschiedenheiten im Bereich des elterlichen Sorgerechts, → Rn. 735).

§ 22. Haushaltsführung und Berufsleben

123 **1. Sorge für die gemeinsamen Angelegenheiten und den Haushalt.** Das eheliche Zusammenleben bringt eine Vielfalt von Sorgetätigkeiten mit sich, die entweder in persönlichen Diensten bestehen (Zubereitung von Mahlzeiten, Sorge für die Wäsche etc.) oder aber einen wirtschaftlichen Charakter tragen (Anschaffungen, Abschluss von Reparaturverträgen etc.). Die eheliche Lebensgemeinschaft verlangt von beiden Ehegatten dabei grundsätzlich einen ihren Kräften und Möglichkeiten sowie dem jeweiligen Lebenszuschnitt entsprechenden persönlichen Einsatz für die Bedürfnisse der Gemeinschaft. Einen engeren Kreis der genannten Sorgetätigkeiten umschreibt das Gesetz mit dem Begriff „Haushalt" (Haushaltsführung, § 1356 I). Gemeint ist der Bereich von Tätigkeiten, der nach dem traditionellen Ehemodell dem nicht berufstätigen Partner zugewiesen war und häufig noch ist.

124 **2. Erwerbstätigkeit.** Das Gegenstück zum Haushalt bildet der Bereich der beruflichen Tätigkeit. Beruf und sonstiger Erwerb werden nicht dem familiären Lebenskreis, sondern dem persönlichen Bereich des einzelnen Ehegatten zugeordnet. Sie stehen zur ehelichen Lebensgemeinschaft aber in einem doppelten Bezug:
– Die Ehegatten sind einander verpflichtet, die Familie durch ihre Arbeit angemessen zu **unterhalten** (§ 1360 S. 1), sofern das Vermögen der Ehegatten zum Unterhalt nicht ausreicht.
– Die Ehegatten sind zwar grundsätzlich berechtigt, erwerbstätig zu sein (§ 1356 II 1), haben aber bei der Wahl und Ausübung einer Erwerbstätigkeit auf die Belange des anderen Ehegatten und der Familie die gebotene **Rücksicht** zu nehmen (§ 1356 II 2).

Das Eherecht kann also sowohl zur Aufnahme einer Erwerbstätigkeit (Unterhaltpflicht) als auch zu ihrer Beschränkung verpflichten. Die ehelichen Pflichtbindungen wirken sich indes nicht auf Verträge eines Ehegatten mit Dritten aus: Ein Arbeitsverhältnis, das z. B. ein Ehegatte entgegen der ehelichen Absprache eingeht, ist gleichwohl voll wirksam.

125 **3. Funktionsteilungen.** Der Umstand, dass die Familie üblicherweise auf das Arbeitseinkommen mindestens eines Ehegatten angewiesen ist, legt eine Funktionsteilung unter den Ehegatten nahe. Diesbezüglich unterscheidet man hauptsächlich drei Ehetypen.

a) Bei der **Alleinverdienerehe** ist nur ein Ehegatte berufstätig, während der andere den Haushalt besorgt („Hausfrauenehe", „Hausmannsehe").

b) Bei der **Doppelverdienerehe** sind beide Partner voll berufstätig. Die Haushaltsführung kann dann gleichwohl hauptsächlich einem Ehegatten überlassen sein (mit dem Ergebnis übermäßiger Beanspruchung der meist betroffenen Frau). Vernünftigerweise führen die Ehepartner aber bei diesem Modell den Haushalt gemeinschaftlich und teilen die anfallenden Tätigkeiten unter sich auf.

c) In der **Zuverdienstehe** ist der eine Partner voll berufstätig, der andere beschränkt sich auf eine Teilzeitbeschäftigung oder Nebentätigkeit. Üblicherweise führt hier der beschränkt Berufstätige den Haushalt.

4. Einvernehmen. a) Das Gesetz sieht davon ab, ein gesetzliches **126** Regelmodell zu formulieren. Die Regelung der Haushaltführung ist vielmehr dem gegenseitigen Einvernehmen der Ehegatten überlassen (§ 1356 I 1). Daraus ist zu entnehmen:
– Grundsätzlich ist jeder Ehegatte verpflichtet, nach seinen Kräften und im Rahmen seiner Möglichkeiten für den Haushalt zu sorgen.
– Die Ehegatten sind ferner verpflichtet, sich hinsichtlich der Funktionsteilungen um faire einvernehmliche Regelungen zu bemühen, deren Gestalt im Einzelnen ihnen überlassen bleibt.

b) Das Einvernehmen unter den Ehegatten kann vorsehen, dass die **127** Haushaltsführung einem Ehegatten allein oder doch in der Hauptsache überlassen bleibt. Die „Hausfrauenehe" wird als möglicher Typus ebenso anerkannt wie die „Hausmannsehe". Der Haushaltsführende leitet den Haushalt **in eigener Verantwortung** (§ 1356 I 2). Das schließt den anderen Ehegatten nicht gänzlich aus: Dieser bleibt mitverantwortlich, insbesondere bei Verhinderung des Haushaltsführenden durch Krankheit, und ist je nach der beruflichen Inanspruchnahme zur Mithilfe im Haushalt verpflichtet (BGH FamRZ 1960, 21). Je wesentlicher sich die Mithilfe darstellt, desto weiter tritt das Prinzip der Alleinverantwortlichkeit zurück.

c) Fraglich erscheint, welche **Rechtsnatur und Bindungswirkung** **128** dem **Einvernehmen** der Ehegatten nach § 1356 I 1 zukommt. Beliebt ist die Deutung als Vertrag, von dem sich die Gatten einseitig nur bei Vorliegen eines Anfechtungsgrundes (§§ 119 ff.) oder bei wichtigem Grund (Änderung der Geschäftsgrundlage wie etwa Geburt eines Kindes, Krankheit usw.) lösen können. Indes formalisiert die rechtsgeschäftliche Deutung das „Einvernehmen" der Ehegatten in unpassender Weise. Vom Beginn der Ehe an entwickelt sich – teils nach Absprachen, teils unreflektiert nach übernommenen Verhaltensmustern – eine konkrete Gestalt des ehelichen Lebens. Selbst bei gemeinsamer Planung kann nicht generell davon ausgegangen werden, dass sich die Partner rechtlich verpflichten wollen, so und nicht anders für alle Zukunft gemeinsam zu leben. Das Einvernehmen ist also stets situationsbezogen, das Problem der interessengerechten Lebensgestaltung stellt sich immer wieder von neuem. Allein schon das Aufkommen neuer Wünsche (etwa der Hausfrau, sich einer Berufsausbildung zu unterziehen) schafft eine neue Lage, der sich die Ehegatten mit dem Ziel einer fairen Lösung für sich und die ganze Familie stellen müssen. Nicht das Prinzip „pacta sunt servanda", sondern das Gebot der Rücksichtnahme bestimmt das eheliche Zusammenleben. Seine Verbindlichkeit erhält das Einvernehmen über die allgemeinen Pflichten der ehelichen Lebensgemeinschaft. Die Partner dürfen voneinander erwarten, dass sie sich an die einverständlich gewählte Funktionsteilung halten, solange sich nicht wichtige Gründe für eine Änderung ergeben.

129   d) Obwohl nicht Vertrag, zeitigt das Einvernehmen **rechtliche Wirkungen:** Es konkretisiert die eheliche Lebensgemeinschaft und die mit ihr verbundenen Pflichten. Rechtliche Bedeutung hat das Einvernehmen vor allem bei Anwendung von Härteklauseln im Scheidungsfolgenrecht, soweit dort eheliches Fehlverhalten eine Rolle spielt (z. B. § 1579 Nr. 7): Ob etwa einem Ehegatten im Bereich der Haushaltsführung der Vorwurf ehewidrigen Verhaltens gemacht werden kann, hängt auch von der einverständlichen Wahl des häuslichen Lebens und den daraus fließenden Erwartungen der Ehegatten ab. Doch bildet das Abweichen vom Einvernehmen nicht schon für sich betrachtet eine Ehewidrigkeit; entscheidend ist vielmehr, ob es aus Gründen und in einer Weise geschieht, die auf die Interessen des anderen Teils oder der Kinder keine hinreichende Rücksicht nimmt.

130   e) Können sich die Ehegatten **nicht einigen,** so bemisst sich ihre Pflicht zur Haushaltführung nach den individuellen Umständen unter Berücksichtigung des bisherigen Einvernehmens. Bei kinderlosen Ehepaaren trifft im Zweifel beide Teile die Pflicht zur anteiligen Haushaltsführung, wenn beide voll berufstätig sind; der Nichtberufstätige hingegen hat zumindest die überwiegende Last des Haushalts zu tragen.

5. Deliktsrechtliche Auswirkungen. a) Bei **Körperverletzungen** 131
des haushaltsführenden Ehegatten, die ein Dritter zu verantworten
hat (§ 823, Gefährdungshaftung), umfasst der Schadensersatzanspruch
auch den Schaden, der im Unvermögen zur Haushaltsführung liegt.
Der Anspruch steht **dem Verletzten selbst** zu (nicht dem anderen
Ehegatten!). Er ist auch dann begründet, wenn der andere Ehegatte
auf eigene Kosten eine Haushaltshilfe einstellt oder selbst einspringt
(BGHZ 38, 55; 50, 304; 51, 109). Für den haushaltsführenden Ehegatten kann der Urlaub ebenso einen Vermögenswert darstellen wie für
einen Erwerbstätigen; in Betracht kommt daher auch ein Anspruch
wegen nutzlos aufgewendeter Urlaubszeit (BGH FamRZ 1980, 873).
Führen die Ehegatten den Haushalt gemeinschaftlich, so kann der
Verletzte vom Schädiger Ersatz nur im Hinblick auf seinen Anteil an
der Hausarbeit verlangen (vgl. BGH FamRZ 1960, 21 f.). Der **Ehegatte des Verletzten** hat auch aus § 845 keinen eigenen Anspruch, da
der haushaltsführende Teil nicht im Hauswesen *des anderen* zu
Diensten verpflichtet, sondern im *gemeinsamen* Haushalt tätig ist.

b) Wird der haushaltsführende Ehegatte **getötet**, so hat der Über- 132
lebende gegen den verantwortlichen Schädiger Anspruch auf Ersatz
für die weggefallene Haushaltsführung nach §§ 844 II/1360 S. 2 wegen entgangener Unterhaltsleistungen (BGHZ 51, 109; BGH NJW
1988, 1783).

§ 23. Die Mitarbeit im Betrieb des anderen Ehegatten

Literatur: S. die Angaben bei → Rn. 322.

I. Fälle der Mitarbeitspflicht

1. Keine allgemeine Mitarbeitspflicht. Der Erwerbs- und Berufs- 133
bereich jedes Ehegatten steht an sich außerhalb der Familie und ist
auf sie nur mittelbar durch die Unterhaltspflicht der Ehegatten und
ihre Pflicht zur Rücksichtnahme bezogen (§ 1356 II 2). Eine eheliche
Pflicht, im Betrieb des anderen Ehegatten mitzuarbeiten, gibt es folglich grundsätzlich nicht. Auch wenn einem Ehegatten unterhaltsrechtlich angesonnen wird, erwerbstätig zu sein, so entscheidet er
doch grundsätzlich frei, welche Tätigkeit er wählt.

2. Mitarbeit und Unterhalt. Andererseits gibt es Lebenskonstella- 134
tionen, in denen sich ausnahmsweise eine Mitarbeitspflicht im Be-

rufsbereich des anderen Ehegatten begründen lässt (s. BGH FamRZ
1980, 776). So kann das Unterhaltsrecht die Obliegenheit zu einer
solchen Mitarbeit begründen. Danach ist jeder Ehegatte gehalten,
seine Erwerbstätigkeit so zu wählen, dass die Mittel für den angemessenen Unterhalt der Familie aufgebracht werden können (§ 1360 S. 1).
Daraus resultiert die Pflicht zur Mitarbeit im Betrieb des Partners,
wenn der Betrieb die wesentliche Quelle des Familienunterhalts bildet und ohne die Mitarbeit in seinem Bestand gefährdet oder nicht
hinreichend rentabel wäre. Die Mitarbeitspflicht entfällt aber schon
dann, wenn der zur Mitarbeit herangezogene Partner durch anderweitige Erwerbstätigkeit die Familie gleich gut und nachhaltig unterhalten könnte.

135   **3. Pflicht zur Rücksicht.** Die Pflicht zur Mitarbeit kann sich darüber hinaus aus der Pflicht zur Rücksicht auf die Familie ergeben
(§ 1356 II 2). Das ist dann der Fall, wenn das Zusammenwirken im
Betrieb die einverständlich gewählte Gestaltungsform der konkreten
Ehegemeinschaft darstellt; typisch ist der kleinere, arbeitsintensive
Familienbetrieb, wie er in der Landwirtschaft, bei Gaststätten und
zum Teil auch beim Handwerk zu finden ist. Allerdings kann die
bloße Üblichkeit der Mitarbeit in vergleichbaren Verhältnissen die
Mitarbeitspflicht nicht begründen (BGH NJW 1994, 2545, 2546).

> **Beispiel:** Ein Mann heiratet eine verwitwete Landwirtin, die einen Hof be-
> wirtschaftet. Eine Mitarbeitspflicht kann mit unterschiedlichen Begründungen
> angenommen werden: a) Es kann sein, dass der landwirtschaftliche Betrieb die
> wesentliche Quelle des Familienunterhalts bildet und ohne die Mitarbeit nicht
> hinreichend rentabel wäre; die Mitarbeitspflicht entfällt, wenn der Mann
> durch seine Berufsarbeit die Familie gleich gut ernähren könnte. b) Es kann
> sein, dass der Mann anlässlich der Eheschließung oder später zu erkennen ge-
> geben hat, dass er auf dem Hof mitarbeiten wolle, und dass dieses Einverneh-
> men die eheliche Lebensgemeinschaft geprägt hat; dann kann es grob rück-
> sichtslos sein, wenn er ohne triftige Gründe dieses Einvernehmen aufkündigt.

II. Ausgleich für geleistete Mitarbeit

136   Wenn Mitarbeit geleistet worden ist, so stellt sich oft die Frage
nach einem vom Betriebsinhaber geschuldeten Entgelt. Den Ehegatten steht es frei, die betriebliche Zusammenarbeit durch ausdrückliche Abmachungen zu regeln, etwa Arbeits- oder Gesellschaftsverträge zu schließen (vgl. BVerfGE 13, 290; BGH NJW 1995, 3383 f.).
Häufig vollzieht sich die Mitarbeit jedoch ohne eindeutige vertrags-

rechtliche Fundierung. Dann können gleichwohl bei Trennung der Eheleute oder bei Scheitern der Ehe Ausgleichsansprüche gegeben sein, die verhindern, dass der Betriebsinhaber auf Kosten des mitarbeitenden Ehegatten ungerechtfertigte Vermögensvorteile behält. Näheres dazu wird im Zusammenhang mit dem Vermögensausgleich unter Ehegatten erörtert (→ Rn. 334 ff.).

III. Schadensersatzansprüche

Wird der mitarbeitende Ehegatte durch einen Dritten zurechenbar **137** **verletzt** und dadurch an der Mitarbeit gehindert, so erwachsen **ihm selbst Schadensersatzansprüche** aus Delikts- und Gefährdungshaftung wegen Minderung seiner Erwerbsfähigkeit. Der **andere Ehegatte**, dem als Betriebsinhaber die Dienste entgehen, hat keinen Anspruch. § 845 ist zu seinen Gunsten auch dann nicht anwendbar, wenn die Mitarbeit aufgrund gesetzlicher Verpflichtung geleistet wurde. Anders als die Haushaltstätigkeit vollzieht sich zwar die Mitarbeit äußerlich gesehen im Bestimmungsbereich des anderen Ehegatten, doch überwiegt auch hier der Gedanke des Zusammenwirkens der Ehegatten im Rahmen der Lebensgemeinschaft (in diesem Sinne BGHZ 59, 172).

Fraglich ist, ob und nach welcher Vorschrift dem Verwitweten ein Schadensersatzanspruch zustehen kann, wenn der mitarbeitende Ehegatte durch einen Dritten **getötet** wurde. Soweit die Mitarbeitspflicht aus dem Unterhaltsrecht begründet ist (→ Rn. 134), kommt § 844 II zum Zuge. Dabei verfolgt die Rechtsprechung die Tendenz, den unterhaltsrechtlichen Charakter der Mitarbeit schon dann zu bejahen, wenn die Mitarbeit des Getöteten zur Sicherung der finanziellen Grundlage der Gemeinschaft gedient hat (BGH FamRZ 1980, 776; dazu *D. Schwab*, FS Richardi, 2007, 1143). Für die Fälle, in denen sich die Mitarbeit nicht unterhaltsrechtlich begründen lässt, lehnt der BGH (FamRZ 1980, 776) den Schadensersatzanspruch ab; § 845 ist weder direkt noch analog anzuwenden.

§ 24. Die rechtliche Durchsetzung von Ehepflichten

Literatur: *E. Jayme*, Die Familie im Recht der unerlaubten Handlungen, 1971; *A. Dieckmann*, FS Reinhardt, 1972, 51; *D. Coester-Waltjen*, Schuldrecht und familienrechtliche Rechtsverhältnisse, FS Canaris, 2007, 131; *Chr. Budzikiewicz*, Bürgerliches Recht und Familienrecht, in: *D. Klippel et al.*, Grundlagen und Grundfragen des Bürgerlichen Rechts, 2016, 147; *E. G. Hosemann*, FamRZ 2015, 2101.

I. Übersicht

138   **1. Das Problem.** Ob und inwieweit es einem Ehegatten möglich sein soll, den anderen durch äußeren Zwang zur Erfüllung der Ehepflichten anzuhalten, stellt die Rechtsordnung vor ein schwieriges Problem. Das moderne Verständnis sieht den Kern des ehelichen Verhältnisses in einer „Verbindung der Herzen und Willen" und steht dem Einsatz des Rechtszwangs daher zurückhaltend gegenüber. Andererseits kann das Recht einem Ehegatten, dem Unrecht zugefügt wird, sich nicht völlig verweigern. Nach der gegenwärtigen Rechtslage ist zwischen (primär) personalen und wirtschaftlichen Pflichten zu unterscheiden, ferner zwischen Pflichten, die ausschließlich in der Ehe begründet sind, und solchen, die den Ehegatten aus allgemeinen Rechtspositionen zukommen.

139   **2. Überblick.** a) Die Erfüllung **persönlicher Ehepflichten** kann nicht durch direkten äußeren Zwang durchgesetzt werden. Zwar ist ein Verfahren auf „Herstellung des ehelichen Lebens" möglich, doch ist der aufgrund eines solchen Antrags ergangene Gerichtsbeschluss nicht vollstreckbar (§ 120 III FamFG). Der Verstoß gegen persönliche Ehepflichten kann aber mittelbare Sanktionen auslösen (→ Rn. 149).

b) Die Erfüllung von **Ehepflichten wirtschaftlichen Inhalts** kann hingegen im gewöhnlichen Leistungsverfahren geltend gemacht und durch Vollstreckung erzwungen werden.

c) Allgemein können durchsetzbare Ansprüche gegeben sein, soweit ein Ehegatte **die nach Deliktsrecht geschützten Rechte** des anderen beeinträchtigt (§§ 823 ff., 1004, → Rn. 144).

II. Das Verfahren auf Herstellung des ehelichen Lebens

140   Mit einem Antrag auf **Herstellung des ehelichen Lebens** kann ein Ehegatte vom anderen die Erfüllung personaler Ehepflichten verlangen. Die Entscheidung ist nicht vollstreckbar (§ 120 III FamFG). Sie bezweckt die Feststellung der den Antragsgegner treffenden Pflichten und verbindet damit einen Appell zur Pflichterfüllung. Gegenstand des Antrags kann jede aus § 1353 I 2 gegebene personale Ehepflicht sein. Zulässigkeitsvoraussetzung ist stets ein Rechtsschutzbedürfnis des Antragstellers. In der heutigen Praxis wird von dem Herstellungsverfahren **praktisch kein Gebrauch mehr** gemacht. Der Antrag ist unbegründet, wenn der Beklagte die Herstellung der ehelichen

Gemeinschaft gemäß § 1353 II verweigern kann, weil entweder das Herstellungsverlangen rechtsmissbräuchlich erscheint oder weil die Ehe gescheitert ist (§ 1565 I 2). Aus § 1353 II ist zudem die Möglichkeit eines Antrags auf **Feststellung des Rechts zum Getrenntleben** entwickelt worden („negative Herstellungsklage"). Auch dieses Verfahren ist zurzeit kaum gebräuchlich.

Verfahren: Das Verfahren auf Herstellung des ehelichen Lebens gehört nicht zu den Ehesachen, wohl aber zu den sonstigen Familiensachen (§ 266 I Nr. 2 FamFG). Zuständig sind die Familiengerichte (§ 23a I 1 Nr. 1, § 23b I GVG, § 111 Nr. 10 FamFG).

III. Persönliche Ehepflichten insbesondere

1. Kein unmittelbarer Rechtszwang der Erzwingung persönlicher Ehepflichten. a) Obwohl die persönlichen Pflichten, die aus der Ehe entspringen, echte Rechtspflichten sind, kann ihre Erfüllung nicht unmittelbar erzwungen werden. Das widerspräche der sittlichen Freiheit der Ehegatten in höchstpersönlichen Angelegenheiten. Der Pflicht steht also kein klagbarer Anspruch auf Pflichterfüllung gegenüber. Die persönlichen Pflichten sind **nicht Gegenstand eines Schuldverhältnisses** nach Art des § 241 I BGB. Über die oben genannte „Herstellungsklage" hinaus gibt es also keinen verfolgbaren Anspruch auf eheliches Zusammenleben oder eheliche Treue, daher auch keinen Anspruch auf Unterlassung ehewidrigen Verhaltens oder auf Beendigung einer ehewidrigen Beziehung. Solche Begehren widersprechen auch dem Sinn des § 120 III FamFG, der den personalen Kern der Ehe frei von unmittelbarem Rechtszwang halten will (BGHZ 6, 360, 366). 141

b) Folgerichtig finden auch die **schuldrechtlichen Regeln über Leistungsstörungen** bei Verstößen gegen **persönliche Ehepflichten keine Anwendung**. Die Nichterfüllung löst keine Schadensersatzansprüche aus (BGH FamRZ 1977, 38, 41; 1988, 143; a. A. *Budzikiewicz* → vor Rn. 138). Ein Ehegatte, der den anderen wegen begründeter Eifersucht überwachen lässt, kann also vom anderen nicht aus § 280 I den Ersatz der Detektivkosten verlangen. Das eheliche Verhältnis darf m. E. auch nicht in dem Sinne als Schuldverhältnis verstanden werden, dass persönliche Rücksichtspflichten nach § 241 II mit Schadensersatzfolgen (§ 280 I) sanktioniert werden (str.). Auch hat der Mann, der die Vaterschaft eines ihm kraft Ehe zugeordneten Kindes erfolgreich anficht, keinen Schadensersatzanspruch gegen die 142

Ehefrau wegen der Kosten, die ihm durch das Anfechtungsverfahren entstanden sind (BGHZ 23, 215); doch wird dem Mann in diesem Punkt über § 1607 III 2 geholfen (→ Rn. 942).

143   c) Die auf dem Einvernehmen der Ehegatten beruhende **Pflicht zur Haushaltführung** ist, obwohl sie auch eine wirtschaftliche Seite hat, als primär persönliche Ehepflicht einzuordnen. Erfüllt also ein Ehegatte die ihm einverständlich übertragene Sorge für den Haushalt nicht, so kann er zur Erfüllung nicht durch Leistungsklage angehalten werden; er schuldet auch keinen Schadensersatz wegen zu vertretender Pflichtverletzung (§ 280 I). Freilich ergibt sich hier eine unterhaltsrechtliche Sanktion.

> **Beispiel:** Eine Ehefrau vernachlässigt, veranlasst durch ehewidrige Beziehungen, den bisher von ihr geführten Haushalt. Der berufstätige Ehemann stellt eine Hausgehilfin an und verlangt von der Frau Ersatz der dafür anfallenden Kosten.
> Ein Schadensersatzanspruch aus § 280 I besteht nach dem Gesagten nicht. Doch kann sich ein Unterhaltsanspruch des Mannes ergeben. Durch die Haushaltsführung würde die Frau ihre Verpflichtung erfüllen, zum Familienunterhalt beizutragen (§ 1360 S. 2). Da sie diesen Beitrag nicht leistet, ist sie nun nach § 1360 S. 1 verpflichtet, neben dem Ehemann die Familie durch Arbeit und dadurch erzielbare Einkünfte zu unterhalten. Wenn die Frau nun auch diese finanzielle Unterhaltspflicht nicht erfüllt, haftet sie in den Grenzen des § 1613 I/§ 1360a III auf Schadensersatz wegen Nichterfüllung.

144   **2. Verletzung deliktisch geschützter Rechtsgüter.** a) Ansprüche unter Ehegatten können sich auch im persönlichen Bereich nach den Normen des allgemeinen Zivilrechtsschutzes ergeben, vor allem als Schadensersatzansprüche wegen **unerlaubter Handlung** aus §§ 823 ff. und als Ansprüche auf **Beseitigung oder Unterlassung** analog § 1004. Solche Ansprüche können begründet sein, wenn das ehewidrige Verhalten zugleich einen Eingriff in absolute Rechte des anderen Ehegatten bedeutet (§ 823 I) oder ein diesen schützendes Gesetz verletzt (§ 823 II) oder sich als vorsätzlich-sittenwidrige Schädigung darstellt (§ 826).

145   b) Trotz der engen persönlichen Verflechtung bleiben die Ehegatten im Verhältnis zueinander Inhaber der ihnen **zustehenden absoluten Rechte** auch **persönlicher Art** (körperliche Unversehrtheit, Namensrecht, allgemeines Persönlichkeitsrecht, Ehre, informationelle Selbstbestimmung). Wenn ein Partner diese Rechte rechtswidrig beeinträchtigt, so stehen dem anderen grundsätzlich die Ansprüche aus §§ 1004 (analog) und im Schadensfall aus § 823 I zu. Dies gilt auch für

Persönlichkeitsrechte wie den Schutz der Privatsphäre. Geheime Tonbandaufnahmen oder die Verletzung des Briefgeheimnisses (BGH FamRZ 1990, 846) sind auch unter Ehegatten rechtswidrig. Soweit dem verletzten Ehegatten durch das deliktische Handeln ein Schaden entsteht, ergeben sich unter den Voraussetzungen des § 823 I Schadensersatzansprüche wie zwischen beliebigen Personen. Freilich macht die Rechtsprechung eine Einschränkung: Bei einem Verhalten, das allein oder hauptsächlich *wegen seiner Ehewidrigkeit* als persönlichkeits- oder ehrverletzend gewertet wird, ist eine Anwendung der §§ 1004 und 823 ff. nicht am Platz (vgl. BGHZ 6, 360; BGH FamRZ 1973, 295), weil sonst der Zweck des § 120 III FamFG vereitelt würde.

Beispiel: Eine Ehefrau beginnt ein Verhältnis mit einem stadtbekannten Schauspieler. Die Sache wird publik. Der Ehemann, ein Geschäftsmann, fühlt sich in seiner Ehre gekränkt und möchte gegen seine Frau auf Unterlassung des Ehebruchs aus § 1004 I 2 (analog) i. V. m. § 823 I (Ehrverletzung) klagen. Das Verhalten der Frau beeinträchtigt zweifellos das öffentliche Ansehen des Ehemanns. Gleichwohl ist der Anspruch nicht gegeben: Die Wertung des Verhaltens der Frau als ehrverletzend leitet sich aus dem Umstand her, dass sie gegen ihre persönlichen Ehepflichten grob verstößt und dies sich auf das Ansehen des Mannes auswirkt. In diesem Bereich soll es aber nach dem Sinn des § 120 III FamFG keinen Rechtszwang, also auch keine Unterlassungsansprüche aus allgemeinem Zivilrecht geben.

c) Den Deliktsschutz unter Ehegatten hat die Rechtsprechung in einem wichtigen Punkt ausgeweitet. Aus dem Persönlichkeitsrecht wird das Recht eines jeden Ehegatten **auf den Schutz des räumlich-gegenständlichen Bereichs der Ehe** hergeleitet (BGHZ 6, 360; 71, 216, 223; FamRZ 2017, 22 Rn. 11). Dieses Recht kann sowohl vom Partner als auch von Dritten verletzt werden (Ansprüche nach §§ 823 ff. und 1004 analog). Gestattet z. B. ein Ehemann seiner Geliebten in Abwesenheit der Ehefrau den Zutritt zur Ehewohnung, so verletzt er das Recht der Ehefrau am räumlich-gegenständlichen Ehebereich, der ja zugleich ihr höchstpersönlicher Privatbereich ist. Folglich ergeben sich Ansprüche der Ehefrau a) analog § 1004 I, die Geliebte aus der Wohnung zu weisen, und b) analog § 1004 II, künftige Übergriffe dieser Art zu unterlassen. Ansprüche, die Wohnung zu verlassen und nicht mehr zu betreten, richten sich aus den gleichen rechtlichen Gesichtspunkten auch gegen die Geliebte selbst (→ Rn. 159).

In den räumlich-gegenständlichen Bereich der Ehe werden auch die **Geschäftsräume** einbezogen, wenn sich eine enge Verbindung zwischen Ehe-

wohnung und Geschäft ergibt, etwa wenn die Ehefrau mitarbeitet und zur
Entwicklung des Geschäfts beigetragen hat (BGH NJW 1952, 1136: Anspruch
gegen den Mann, seiner Geliebten das Betreten der Geschäftsräume zu verbieten; Unterlassungsanspruch gegen die Geliebte; vgl. BGHZ 34, 80; OLG Köln
FamRZ 1984, 267).

147   d) Deliktische Schadensersatzansprüche unter Ehegatten können
sich ferner unter dem Gesichtspunkt **vorsätzlicher sittenwidriger
Schädigung (§ 826)** ergeben. Hier geht es z. B. um Fälle, in denen
eine Ehefrau Zweifel ihres Mannes, das in der Ehe geborene Kind
könnte von einem anderen Mann stammen, durch unzutreffende Angaben und durch Leugnen des Treuebruchs zerstreut und ihn damit
von der möglichen Anfechtung der Vaterschaft abhält (BGH FamRZ
1990, 367, 369; 2013, 939 Rn. 18; → Rn. 611).

148   **3. Ansprüche aus Verträgen?** Die Ehegatten können untereinander beliebige Verträge schließen, die dann auch wie unter beliebigen
Dritten durchsetzbar sind. Fraglich ist, ob auch eheliches Wohlverhalten im persönlichen Bereich zum Gegenstand verpflichtender Vereinbarungen gemacht werden kann. Kann z. B. ein Ehegatte dem anderen eine Vertragsstrafe für den Fall ehelicher Untreue versprechen?
Dem steht die Wahrung des Selbstbestimmungsrechts in höchstpersönlichen Angelegenheiten im Wege; m. E. wären derartige Vereinbarungen sittenwidrig (§ 138 I). Zutreffend hat schon das Reichsgericht
die vertragliche Verpflichtung eines Ehemannes, keine Geschäfts-
oder Vergnügungsreisen mehr allein zu unternehmen, für unwirksam
gehalten (RGZ 158, 294).

149   **4. Indirekte Sanktionen.** Obwohl die Erfüllung persönlicher Ehepflichten nicht unmittelbar erzwingbar ist, kann ihre Verletzung vor
allem, wenn es zur Scheidung kommt, erhebliche Rechtsnachteile zur
Folge haben – das ist, abgesehen vom Deliktsrecht, ihre eigentliche
Sanktion. Nach § 1579 Nr. 7 kann ein nachehelicher Unterhaltsanspruch wegen grober Unbilligkeit versagt oder gemindert werden,
wenn dem Berechtigten ein offensichtlich schwerwiegendes, eindeutig bei ihm liegendes Fehlverhalten zur Last fällt; das kann unstreitig
auch eine Ehewidrigkeit im persönlichen Bereich sein (→ Rn. 487).
Auch bei anderen Scheidungsfolgen kann aufgrund von Härteklauseln ein Fehlverhalten in der Ehe negative Folgen haben (Zugewinnausgleich → Rn. 305; Versorgungsausgleich → Rn. 523).

IV. Wirtschaftliche Ehepflichten insbesondere

1. Anwendung des Schuldrechts. a) Ehepflichten primär wirtschaftlicher Art unterliegen den Regeln des Schuldrechts. Sie können durch Leistungsantrag bei Gericht verfolgt werden. Einer Vollstreckung steht § 120 III FamFG nicht im Wege. Zu vertretende Pflichtverletzungen können die Sekundärfolgen der Leistungsstörungen (Verzug, Nichterfüllung) auslösen. Das gilt unstreitig für die wirtschaftlichen Verpflichtungen, die im Gesetz speziell geregelt sind, wie güterrechtliche Pflichten. Es gilt auch für Unterhaltspflichten, soweit sie durch wirtschaftliche Leistungen wie Geldzahlung zu erfüllen sind (§ 1613 I). **150**

b) Auch solche Ehepflichten wirtschaftlichen Inhalts, die sich aus der **Generalklausel des § 1353 I 2** herleiten, werden nach den allgemeinen Regeln des Schuldrechts behandelt. Die Rechtsprechung sieht z. B. die Ehegatten als verpflichtet an, bei einer vom jeweils anderen Teil gewünschten steuerlichen Gestaltung mitzuwirken, wenn dadurch die Steuerschuld des anderen verringert und der mitwirkende Ehegatte keiner zusätzlichen steuerlichen Belastung ausgesetzt wird (BGH FamRZ 2010, 269, 270). Auf diese Mitwirkung (z. B. Zustimmung zur gemeinsamen Veranlagung zur Einkommensteuer) kann geklagt werden; ihre grundlose Verweigerung kann eine Schadensersatzpflicht auslösen. Auch sonstige Verstöße gegen die Beistands- und Rücksichtpflicht in Vermögensfragen können Schadensersatzansprüche begründen (OLG Bremen FamRZ 2015, 261). **151**

c) Im Übrigen kann sich ein Verstoß gegen wirtschaftliche Ehepflichten auch als deliktisches Verhalten darstellten, z. B. als Eigentumsverletzung im Sinne des § 823 I. Jeder Ehegatte hat die wirtschaftlichen Güter seines Partners zu achten. Das eheliche Verhältnis erlaubt auch hier keine Übergriffe, soweit sich aus dem Güterrecht keine Besonderheiten ergeben. **152**

2. Vertragliche Regelungen, sonstige Rechtsfolgen. Die Ehepflichten wirtschaftlicher Natur können grundsätzlich auch vertraglich geregelt oder modifiziert werden. Es herrscht Vertragsfreiheit, sofern nicht besondere gesetzliche Grenzen gesetzt werden (z. B. Unverzichtbarkeit des ehelichen Unterhaltsanspruchs → Rn. 167). Auch die genannten indirekten Sanktionen (→ Rn. 149) können bei Verletzung wirtschaftlicher Pflichten eintreten (s. § 1579 Nr. 5–7). **153**

V. Der Haftungsmaßstab unter Ehegatten, § 1359

154 a) Bei Schadensersatzpflichten unter Ehegatten, die ein Verschulden voraussetzen, ist der Haftungsmaßstab des § 1359 zu beachten: Die Ehegatten haben bei den sich aus dem ehelichen Verhältnis ergebenden Verpflichtungen einander **nur für die eigenübliche Sorgfalt** einzustehen (§ 277). § 1359 bietet keine Anspruchsgrundlage, sondern gibt nur den Grad der Fahrlässigkeit an, den ein Ehegatte dem anderen gegenüber im Rahmen schadensersatzbegründender Normen zu vertreten hat. Die Vorschrift hat insbesondere für die Haftung im Rahmen der Unterhaltspflicht (§ 1360a III/§ 1613) und des ehelichen Güterrechts Bedeutung, ferner für Rechtsgeschäfte zwischen Ehegatten, die in engem Zusammenhang mit der Verwirklichung des ehelichen Lebens stehen.

155 b) Zweifelhaft ist, ob der geminderte Haftungsmaßstab auch bei **Deliktsansprüchen** gilt. Hier erwägt der BGH die Anwendung des § 1359 bei Körperverletzungen und Sachbeschädigungen, die sich im häuslichen Bereich ereignen, verneint jedoch das Haftungsprivileg bei Verletzungen, die sich die Ehegatten unter Verstoß gegen die Regeln des Straßenverkehrs zufügen (BGHZ 53, 352; 61, 101, 106). Gleiches gilt bei Unfällen bei Ausübung eines gefährlichen Sports (BGH NJW 2009, 1875 – Wasserski).

VI. Ansprüche gegen Dritte wegen Ehestörung

156 **1. Das Problem.** Umstritten ist, ob ein Ehegatte gegen einen Dritten, mit dem sein Partner ehewidrige Beziehungen unterhält, Ansprüche auf Unterlassung oder Schadensersatz haben kann.

Beispiel: Eine Ehefrau verlässt Ehemann und Kinder und zieht zu ihrem Freund. Der Mann verlangt von dem Rivalen Unterlassung der ehewidrigen Beziehungen zu seiner Frau und Ersatz der Kosten für die Anstellung einer Hausgehilfin.

Als Grundlage solcher Ansprüche könnte ein absolutes Recht jedes Ehegatten **auf ungestörten Fortbestand der ehelichen Gemeinschaft** dienen. Auch wenn man ein solches Recht bejaht, ergeben sich Zweifel über seine Tragweite.

157 **2. Die Auffassung des BGH.** a) Der BGH leitet weder negatorische Ansprüche noch deliktische Schadensersatzpflichten aus der Verletzung des genannten Rechtes her (BGH FamRZ 1956, 180; BGHZ 23, 279; 26, 217). Maßgebend ist die Erwägung, dass Ehestörungen die Mitwirkung eines Ehepartners voraussetzen und daher wesentlich Vorgänge des Innenraums der Ehe darstellen. Der Bereich der Ehestörungen ist folglich nicht dem deliktischen Rechtsgüterschutz des § 823 I zuzuordnen.

b) Geschützt ist nach der Rechtsprechung des BGH hingegen der **räumlich-gegenständliche Bereich der Ehe,** dessen Beeinträchtigung auch gegenüber dem Dritten negatorische und deliktische Ansprüche entstehen lässt (→ Rn. 146).

3. Abweichende Meinungen. a) Eine andere Meinung unterstellt 158 das „Recht am ungestörten Fortbestand der ehelichen Gemeinschaft" dem Schutz des § 823 I und gibt dem Ehegatten, dessen Partner ehewidrige Beziehungen zu einem Dritten unterhält, einen **Schadensersatzanspruch** gegen den Dritten (Ersatz erhöhter Haushaltskosten, der Kosten des Scheidungsverfahrens, der Kosten einer Vaterschaftsanfechtung). Dabei wird der Umfang des Schadensersatzanspruchs überwiegend begrenzt: Schäden, welche erst infolge der Ehescheidung eintreten, wie der Wegfall des gesetzlichen Erbrechts, sollen nicht auszugleichen sein.

b) Zum Teil wird schließlich das „Recht am Fortbestand der ehelichen Gemeinschaft" zur Grundlage von **negatorischen Ansprüchen** gemacht (Anspruch gegen den Dritten auf Unterlassung der ehewidrigen Beziehungen).

Zum Beispiel (→ Rn. 156): Nach der Auffassung des BGH steht dem Mann keiner der beiden Ansprüche zu; nach der Auffassung 3 a) ist der Schadensersatzanspruch, nach der Auffassung 3 b) der Unterlassungsanspruch aus dem Gesichtspunkt der Ehestörung begründet. Die Auffassungen 3 a) und 3 b) werden zum Teil in Verbindung miteinander vertreten.

4. Stellungnahme. Der Rechtsprechung des BGH ist zu folgen. 159 Ob das eheliche Verhältnis intakt bleibt oder ob ein Partner aus der Ehe ausbricht, ist Sache der Ehegatten, die für die Entwicklung ihrer Beziehungen untereinander das Risiko selbst tragen. Das Bild von dem in die Ehe einbrechenden Dritten täuscht darüber hinweg, dass die Ursachen der Ehestörung im Verhältnis der Ehegatten selbst liegen. Die schadensersatzrechtliche Verantwortung dafür darf nicht nach außen verlagert werden. Andererseits befürwortet der BGH zutreffend den deliktischen **Schutz des „räumlich-gegenständlichen Bereichs der Ehe".**

Beispiel: Die Ehefrau befindet sich auswärts in einem Fortbildungskurs. In dieser Zeit nimmt der Ehemann seine Geliebte in die Ehewohnung auf. Diesen Zustand findet die Ehefrau bei ihrer unerwartet frühen Rückkehr vor. Sie hat gegen die Geliebte sowohl einen Anspruch auf Verlassen der Ehewohnung (§ 823 I i. V. m. § 249 I sowie § 1004 I 1 analog) als auch einen Anspruch, es künftig zu unterlassen, die Wohnung zu betreten (§ 1004 I 2 analog). Gleichlaufende Ansprüche lassen sich aus der Beeinträchtigung des berechtigten Mitbesitzes herleiten.

Verfahren: Derartige Ansprüche gegen Dritte sind keine Familiensachen, sondern bei den allgemeinen Streitgerichten geltend zu machen.

§ 25. Die Unterhaltspflicht

Literatur: *W. Viefhues*, FuR 2014, 678; *F. Götsche*, FamRB 2016, 437; vor → Rn. 407.

160   **1. Familienunterhalt.** Ausdruck der ehelichen Solidarität ist die Pflicht jedes Ehegatten, die Familie angemessen zu unterhalten (§ 1360 S. 1). Der Unterhaltsanspruch besteht wechselseitig und unterscheidet sich von anderen Unterhaltsansprüchen durch ein starkes persönliches Element und die besondere Rücksicht auf die individuellen Lebensverhältnisse. Die Regeln über den Verwandtenunterhalt nach §§ 1601 ff. sind nicht anwendbar (ausgenommen die §§ 1613–1615 gemäß Verweisung des § 1360a III). Die Ehegatten sind in Notfällen gehalten, alle verfügbaren Mittel miteinander und mit den minderjährigen Kindern zu teilen (§ 1603 II). Geschuldet wird sowohl die Erbringung persönlicher Leistungen (Tätigkeit im Haushalt und Betreuung der Kinder, § 1360 S. 2 und § 1606 III 2) als auch die Gewährung der wirtschaftlichen Mittel für den angemessenen Lebensbedarf.

161   **2. Quellen des Unterhalts.** Der Unterhalt ist durch **Arbeit** und mit dem **Vermögen** zu leisten. Das Vermögen betreffend ist jeder Ehegatte verpflichtet, zum wirtschaftlichen Aufwand der Familie gemäß den aus seinem Vermögen erzielten oder erzielbaren Einkünften beizutragen. Der Stamm des Vermögens muss nur in Notfällen angegriffen werden.

162   **3. Unterhaltsleistung durch Arbeit.** Damit sind verschiedene Tätigkeiten gemeint.

a) § 1360 verpflichtet jeden Ehegatten zur **Sorgetätigkeit** für den gemeinsamen Haushalt und die Betreuung der Kinder gemäß der ein-

vernehmlich gewählten Aufgabenteilung. Ist einem Ehegatten die
Führung des Haushalts allein überlassen, so erfüllt er seine Verpflichtung, durch Arbeit zum Unterhalt beizutragen, **in der Regel schon
durch die Haushaltsführung** (§ 1360 S. 2). Ihm wird also gewöhnlich nicht zugemutet, darüber hinaus durch Erwerbstätigkeit auch
wirtschaftliche Unterhaltsmittel zu gewinnen. Doch gilt dies nur „in
der Regel" – beengte wirtschaftliche Verhältnisse können eine zusätzliche Teilzeitbeschäftigung erfordern, um die Familie ausreichend zu
versorgen. Unberührt bleibt seine Verpflichtung, aus den Vermögenseinkünften anteilig zum Familienunterhalt beizusteuern.

b) Ferner sind die Ehegatten verpflichtet, durch ihre Arbeit die für **163**
den angemessenen Lebensbedarf nötigen **wirtschaftlichen Mittel** zu
gewinnen und zur Verfügung zu stellen. Dies gilt nicht im Fall des
§ 1360 S. 2. Eine Pflicht zur Erwerbsarbeit besteht ferner nicht,
wenn die Einkünfte aus dem Vermögen beider Ehegatten für den angemessenen Familienunterhalt ausreichen. Soweit ein Bedarf gegeben
ist, wird allerdings den Ehegatten angesonnen, gemäß ihren Fähigkeiten und Kräften erwerbstätig zu sein. Welche Art von Tätigkeit zugemutet wird, hängt auch von der finanziellen Dringlichkeit ab. In
Notfällen sind die Ehegatten zu jeder nicht gesetz- und sittenwidri-
gen Arbeit verpflichtet, um die Familie unterhalten zu können. Unter
besonderen Voraussetzungen kann auch Mitarbeit im Betrieb des anderen Ehegatten geschuldet sein (→ Rn. 134).

4. Anteil der Ehegatten. Der Anteil der Ehegatten an der Bereit- **164**
stellung der wirtschaftlichen Mittel bemisst sich nach dem Verhältnis
der Höhe ihrer Einkünfte, die jeder aus Vermögen und Arbeit zu-
sammengenommen erzielt. Ist ein Ehegatte erwerbstätig, obwohl
ihm dies nach § 1360 S. 2 nicht zugemutet wird, so hat er aus seinem
Arbeitseinkommen gleichwohl anteilig Unterhalt zu leisten; ihm sind
jedoch geringere wirtschaftliche Beiträge aufzuerlegen, als der Höhe
seines Einkommens entspricht.

5. Umfang des Unterhalts. Der geschuldete Unterhalt umfasst den **165**
Lebensbedarf der **Ehegatten** und der unterhaltsberechtigten **gemeinsamen Kinder** („Familie", § 1360 S. 1; § 1360a I), mithin den Aufwand
– für den **Haushalt**;
– für die **persönlichen Bedürfnisse jedes Ehegatten** einschließlich
des Bedarfs für Urlaub, Freizeit, gesellschaftliches Leben, ärztliche
Behandlung, stationäre Pflegekosten (BGH FamRZ 2017, 1142),

Altersversorgung (BGH FamRZ 1960, 225) und für einen Prozesskostenvorschuss (§ 1360a IV). Im Einzelfall kann der Familienunterhalt auch die Kosten einer Berufsausbildung eines Ehegatten umfassen (BGH FamRZ 1985, 353);
– für die **persönlichen Bedürfnisse der gemeinsamen unterhaltsberechtigten Kinder** (einschließlich der Berufsausbildung).

§ 1360 ermöglicht es dem Ehegatten, den Kindesunterhalt im eigenen Namen gegenüber dem anderen Ehegatten geltend zu machen. Daneben haben die Kinder einen eigenen Unterhaltsanspruch gegen ihre Eltern aus § 1601 (→ Rn. 944 ff.).

166 **6. Art der Unterhaltsgewährung.** Anders als gewöhnliche Unterhaltsansprüche geht der Anspruch aus § 1360 primär **nicht auf eine Geldrente.** Vielmehr ist wegen des persönlichen Einschlags der Unterhalt in der Weise zu leisten, „die durch die Lebensgemeinschaft geboten ist" (§ 1360a II 1), das heißt in einer den konkreten Verhältnissen und Verabredungen entsprechenden Art (BGH FamRZ 2016, 1142 Rn. 16). Es kommen Naturalleistungen in Betracht (etwa das Wohnen im Haus eines Ehegatten, Haushaltätigkeit). Das nötige **Wirtschaftsgeld** ist dem haushaltführenden Ehegatten in angemessenen Zeiträumen vorzuschießen (§ 1360a II 2). Der Ehegatte, der über kein ausreichendes eigenes Einkommen verfügt, kann vom anderen die Geldmittel für die Befriedigung seines persönlichen Lebensbedarfs verlangen, einschließlich eines **Taschengelds** zur freien Verfügung. Auf Geldleistung richtet sich auch der Anspruch eines pflegebedürftigen Ehegatten auf Finanzierung der notwendigen Heim- und Pflegekosten (BGH FamRZ 2016, 1142 Rn. 22).

Über die Höhe und die Verwendung des dem haushaltsführenden Teil bereitzustellenden **Wirtschaftsgeldes** wird selten vor Gericht gestritten (OLG Hamburg FamRZ 1984, 583). Der einklagbare **Taschengeldanspruch** beschäftigt vereinzelt die Gerichte, veranlasst durch Gläubiger eines Ehegatten, die dessen Taschengeldanspruch im Wege der Zwangsvollstreckung verwerten wollen (vgl. BGH FamRZ 2004, 1784; dazu *St. Balthasar,* FamRZ 2005, 85).

167 **7. Geltendmachung des Unterhalts, Modalitäten.** Soweit der Unterhaltsanspruch wirtschaftliche Leistungen zum Inhalt hat, kann beim Familiengericht (§ 111 Nr. 8, § 231 I Nr. 2 FamFG) Antrag auf Leistung gestellt werden. Aus dem stattgebenden Beschluss kann vollstreckt werden. Die Pflicht zur Haushaltführung hingegen ist nicht Gegenstand unmittelbaren Rechtszwangs (→ Rn. 143). Für die Zukunft können die Ehegatten auf den ihnen gesetzlich zustehenden

Unterhalt **nicht verzichten** (§ 1614 I/§ 1360a III). Leistet ein Ehegatte einen höheren Unterhaltsbeitrag, als ihm obliegt, so beabsichtigt er im Zweifel nicht, von dem anderen Ehegatten Ersatz zu verlangen (§ 1360b); das Geleistete kann also in der Regel weder nach § 812 noch nach § 530 noch aus Geschäftsführung ohne Auftrag zurückverlangt werden.

Zum Unterhalt bei Getrenntleben → Rn. 392 ff.

§ 26. Die Schlüsselgewalt

Literatur: *H.-J. Barthel,* Beiderseitige Schlüsselgewalt, 1978; *P. Mikat,* Rechtsprobleme der Schlüsselgewalt, 1981; *G. Walter,* Eigentumserwerb in der Ehe, 1981; *R. Käppler,* AcP 179, 245; *H. Roth,* FamRZ 1979, 361; *D. Medicus,* FS D. Schwab, 2005, 359; *D. V. Simon,* ebenda, 417; *Chr. Berger,* FamRZ 2005, 1129; *D. Harke,* FamRZ 2006, 88; *D. Stalinski,* FamRZ 2013, 1933; *Chr. Lutter,* FamRZ 2016, 271; *K. W. Lange,* FamRZ 2016, 354.

I. Einführung

1. Geschichte. Nach früherem Recht war die Ehefrau befugt, Geschäfte innerhalb des häuslichen Wirkungskreises mit Wirkung für den Mann zu besorgen. Sie haftete für solche Geschäfte nur bei Zahlungsunfähigkeit des Mannes. Diese „Schlüsselgewalt" sollte es der Frau ermöglichen, ihr Recht zur eigenständigen Haushaltsführung zu verwirklichen, und diente ferner dem Schutz der Geschäftspartner. Mit dem Gleichberechtigungsgrundsatz war diese Rechtslage nicht vereinbar. Deshalb wurde § 1357 durch die Eherechtsreform von 1976 umgestaltet: Die „Schlüsselgewalt" steht **jedem Ehegatten** zu, gleichgültig ob er den Haushalt führt. Ferner sind aus Schlüsselgewaltgeschäften nun beide Ehegatten gleichermaßen berechtigt und verpflichtet. Das gilt in gleicher Weise auch für die gleichgeschlechtliche Ehe. **168**

2. Rechtsnatur. Das Gesetz verleiht dem rechtsgeschäftlichen Handeln im eigenen Namen unmittelbare Wirkung auch für den Ehepartner des Handelnden. Schuldverträge betreffend kann man von einer **gesetzlichen Verpflichtungsermächtigung** sprechen. Von der Stellvertretung unterscheidet sich die Betätigung der Schlüsselgewalt dadurch, dass der Wille zum Handeln mit Wirkung für einen Dritten weder vorhanden sein noch dem Geschäftspartner offenbart werden **169**

muss. Einzelne Vorschriften der §§ 164 ff. sind gleichwohl anwendbar (etwa § 165 für den minderjährigen Ehegatten).

Nach anderer Ansicht wird der durch das Handeln seines Partners mitberechtigte und mitverpflichtete Ehegatte nicht Vertragspartei, sondern nur kraft Gesetzes akzessorisch zur Zahlung verpflichtet sowie ermächtigt, den Anspruch des kontrahierenden Ehegatten durchsetzen; Gestaltungsrechte soll er nicht ausüben können (*Chr. Berger*, FamRZ 2005, 1129).

170   **3. Innenverhältnis.** § 1357 I betrifft sowohl das Innenverhältnis unter den Ehegatten als auch das Außenverhältnis gegenüber Dritten. Im Innenverhältnis wird jeder Ehegatte ermächtigt, die angemessenen Bedarfsdeckungsgeschäfte zu besorgen (§ 1357 I 1). Diese Ermächtigung kann allerdings mit der eigenverantwortlichen Haushaltsführung eines Ehegatten nach § 1356 I 2 und mit sonstigen Vereinbarungen der Ehegatten im Widerspruch stehen. Die Absprachen unter den Ehegatten gehen im Innenverhältnis dem § 1357 I 1 vor. Nach außen wirken derartige Abweichungen jedoch nur unter den Voraussetzungen des § 1357 II (→ Rn. 187).

171   **4. Außenverhältnis.** Nach außen ist ein Rechtsgeschäft, das ein Ehegatte abschließt, unabhängig von den Vereinbarungen im Innenverhältnis gemäß § 1357 I 2 für beide Ehegatten wirksam, wenn die in § 1357 formulierten Erfordernisse erfüllt sind.

Prüfungsschema:

Aus dem von einem Ehegatten abgeschlossenen Rechtsgeschäft wird gemäß § 1357 I 2 auch der andere berechtigt und verpflichtet,
a) wenn es sich um ein Geschäft zur angemessenen Deckung des Lebensbedarfs der Familie (Schlüsselgewaltgeschäft) handelt (§ 1357 I 1);
b) sofern sich nicht aus den Umständen ein anderes ergibt (§ 1357 I 2, Einwendung);
c) sofern die Ehegatten zur Zeit des Geschäftsabschlusses nicht getrennt leben (§ 1357 III, Einwendung);
d) sofern die Schlüsselgewalt nicht gemäß § 1357 II/§ 1412 gänzlich oder für ein Geschäft dieser Art ausgeschlossen ist (Einwendung).

II. Der Geschäftskreis

1. Übersicht. Ein Schlüsselgewaltgeschäft ist unter **drei Vorausset-** 172
zungen gegeben:

a) Es muss sich um ein *Geschäft* handeln, das *seiner Art nach* der
Deckung des Lebensbedarfs dient.

b) Das Geschäft muss der *Bedarfsdeckung der Familie,* d. h. der jeweils betroffenen Familie, zu dienen bestimmt sein.

c) Die Bedarfsdeckung muss *angemessen* sein, d. h. sich im Rahmen
der wirtschaftlichen Verhältnisse und Lebensgewohnheiten dieser Familie halten.

Die Wirkungen des § 1357 I 2 treten ohne weiteres ein, wenn ein
Ehegatte ein Rechtsgeschäft zur angemessenen Deckung des Lebensbedarfs der Familie abschließt.

2. Problematik. Über die genaue Begriffsbestimmung des familiä- 173
ren Bedarfsdeckungsgeschäfts bestehen Unsicherheiten. Die heute
herrschende Auslegung zieht den Kreis der in Frage kommenden Geschäfte zunächst sehr weit, um in einem zweiten Schritt Einschränkungen vorzunehmen.

a) Der Begriff **„angemessene Deckung des Lebensbedarfs"** nimmt
auf das Unterhaltsrecht Bezug (§ 1610 II). Grundsätzlich können also
alle Geschäfte unter § 1357 fallen, die der angemessenen Befriedigung
der Unterhaltsbedürfnisse der Familie zu dienen bestimmt sind
(BGH FamRZ 1985, 576). Das ist ein sehr weiter Kreis, man denke
etwa an den Unterhaltsbedarf für Wohnung, Auto, Freizeit, Urlaub,
bis hin zur Alterssicherung.

b) Um die durch § 1357 I verliehene Rechtsmacht nicht ausufern 174
zu lassen, wird der genannte Geschäftskreis **eingeschränkt.** Die For-
mulierungen sind unterschiedlich. So wird gesagt:

– Die Schlüsselgewalt betrifft nur solche Rechtsgeschäfte, über deren
  Abschluss sich die Eheleute nach ihrem konkreten Lebenszuschnitt üblicherweise nicht vorher verständigen (OLG Frankfurt
  a. M. FamRZ 1983, 913; OLG Köln FamRZ 1991, 434; OLG Düsseldorf NJW-RR 1996, 1524). Anders ausgedrückt: Einbezogen
  sind nur solche Geschäfte, die ein Ehegatte nach den typischen Lebensverhältnissen selbstständig zu erledigen pflegt.

– Nach anderer Formulierung sind aus dem Anwendungsbereich des
  § 1357 I solche Geschäfte „größeren Umfangs" auszunehmen, „die
  ohne Schwierigkeiten zurückgestellt werden können" (LG Aachen
  FamRZ 1989, 1176).

175 **3. Stellungnahme.** Die genannten Einschränkungen verfolgen ein wichtiges sachliches Anliegen. Die Schlüsselgewalt darf nicht als Instrument genutzt werden, den anderen Ehegatten in wichtigen Dingen des gemeinsamen Lebens mit Bindungswirkung vor vollendete Tatsachen zu stellen (z. B.: ein Ehegatte bucht die von ihm bevorzugte Ferienreise oder mietet die ihm zusagende Wohnung, ohne den anderen zu fragen). Die Schlüsselgewalt hat auch nicht den Sinn, eine unterhaltsrechtliche Selbstbedienung des einen Ehegatten aus dem Vermögen des anderen zu ermöglichen. Sie soll vielmehr insbesondere den haushaltführenden Ehegatten instand setzen, seine Aufgabe mit der nötigen wirtschaftlichen Bewegungsfreiheit zu erfüllen. Wichtige gemeinschaftliche Angelegenheiten, in denen sich die Ehegatten vor einer Entscheidung zu beraten und verständigen pflegen, bleiben in gemeinsamer Zuständigkeit.

176 **4. Zum Begriff des Bedarfsdeckungsgeschäfts im Einzelnen.** a) Nach dem hier gewählten Ausgangspunkt ist das Anwendungsfeld des § 1357 auf solche Geschäfte beschränkt, die einen engen Bezug zur familiären Konsumgemeinschaft aufweisen. Gemeint sind z. B.: Geschäfte zur Beschaffung von Nahrung und Kleidung der Familienmitglieder, der Kauf von Haushaltsgeräten und Einrichtungsgegenständen sowie diesbezügliche Reparaturaufträge, die Anschaffung von Heizmaterial, der Abschluss von Strom- und Gaslieferungsverträgen, die Anstellung oder Kündigung einer Haushaltshilfe, der Abschluss einer Hausratversicherung. Geschäfte zur Deckung des Freizeitbedarfs der Familienmitglieder sind ebenfalls einbezogen; für die Buchung von Ferienreisen und -wohnungen gilt dies allerdings nur, wenn in diesem Bereich nach den Lebensverhältnissen ein Ehegatte selbstständig zu handeln pflegt (OLG Köln FamRZ 1991, 434; vgl. OLG Frankfurt FamRZ 1983, 913; LG Hamburg NJW 2002, 1055). Gleiches gilt für den Kauf eines Pkw, sofern das Fahrzeug ausschließlich dem Haushalts- und Freizeitbereich der Familie dient. Unter der gleichen Voraussetzung umfasst § 1357 auch Reparaturverträge (LG Freiburg FamRZ 1988, 1052). Auch Verträge mit einem Telefondienstanbieter über einen Festnetzanschluss in der Ehewohnung befriedigen in der Regel einen Grundbedarf der Familie und verpflichten somit im angemessenen Umfang auch den anderen Ehegatten (BGH FamRZ 2004, 778, 779).

177 b) **Nicht** unter § 1357 fallen Geschäfte, welche **die Lebensbedingungen der Familie** und ihrer Mitglieder **grundlegend bestimmen**

oder verändern. Solche Maßnahmen müssen wegen ihrer Bedeutung für das gemeinschaftliche Leben in der gemeinschaftlichen Kompetenz beider Ehegatten bleiben; sonst könnte ein Ehegatte in Angelegenheiten von grundsätzlicher Bedeutung den anderen durch den Abschluss von Rechtsgeschäften mit Dritten mühelos überrumpeln. § 1357 erstreckt sich daher nicht auf den Kauf eines Eigenheimes, den Abschluss eines Bauvertrages (BGH FamRZ 1989, 35) oder eines Maklervertrages zum Erwerb eines Einfamilienhauses (OLG Oldenburg FamRZ 2011, 37; OLG Jena MDR 2011, 970). Auch die Anmietung oder Kündigung einer Wohnung (str., OLG Brandenburg FamRZ 2007, 558) oder die Kündigung oder Untervermietung der Familienwohnung sind keine Schlüsselgewaltgeschäfte. Wohl aber kann die Beauftragung eines Rechtsanwalts zur Abwehr einer die Ehewohnung betreffenden Räumungsklage von der Schüsselgewalt des Ehegatten umfasst sein, weil sie der Erhaltung des Familienheims dient (OLG Düsseldorf FamRZ 2011, 35). Verträge, die ein Elternteil über die Aufnahme des Kindes in eine Schule oder ein Internat schließt, fallen unter § 1357 nur, wenn sich die sorgeberechtigten Eltern darüber einig waren, weil für Grundentscheidungen der Erziehung in der Regel beide Eltern gemeinsam zuständig sind (→ Rn. 733).

c) Nicht zum Anwendungsbereich des § 1357 gehören weiterhin **178** Maßnahmen der **Vermögensanlage und -verwaltung.** Diese bleiben nach den Prinzipien des Güterrechts im Kompetenzbereich des einzelnen Ehegatten und können keinesfalls dem § 1357 unterstellt werden (Anschaffung von Mietshäusern oder Wertpapieren, Abschluss von Sparverträgen, Abschluss von privaten Renten- und sonstigen Lebensversicherungen). Es gilt dies auch, wenn die Vermögensmaßnahmen letztlich dem Familienunterhalt zugutekommen sollen. Auch der **Berufs- und Erwerbsbereich** der Ehegatten gehört nicht in das Anwendungsfeld des § 1357 (Abschluss von Arbeitsverträgen, Gesellschaftsverträgen, Buchung von Fortbildungskursen).

d) **Kreditgeschäfte** können in den Anwendungsbereich des § 1357 **179** fallen, wenn die mit ihrer Hilfe zu beschaffende Ware oder Leistung der familiären Bedarfsdeckung im oben genannten Sinne dient (etwa Anschaffung von Haushaltsgeräten durch Kauf unter Eigentumsvorbehalt oder durch drittfinanzierten Kauf). Auch hier ist stets die Angemessenheit zu prüfen. Eine Kreditaufnahme kann nur dann Schlüsselgewaltgeschäft sein, wenn sie an die Finanzierung eines bestimmten Bedarfsgegenstandes gebunden ist, weil anders die Voraussetzungen des § 1357 I im konkreten Fall nicht überprüft werden könnten. Unter § 1357 fällt also nicht die Aufnahme eines zweckungebundenen Darlehens, auch wenn dieses tatsächlich für familiäre Bedarfszwecke verwendet wird.

Beachte: Räumt ein Kaufhaus einem Ehegatten die Möglichkeit ein, bis zu einer bestimmten Gesamtsumme auf Kredit zu kaufen, so kann der einzelne Kaufvertrag, den ein Ehegatte unter Ausschöpfung des gewährten Kreditrahmens schließt, unter § 1357 I fallen. Das Darlehen kommt hier erst mit der Inanspruchnahme für einen konkreten Anschaffungsgegenstand zustande.

180   e) Auch **Teilzahlungsgeschäfte** können Schlüsselgewaltgeschäfte sein (str.). Voraussetzung ist, dass der zu beschaffende Gegenstand der angemessenen Bedarfsdeckung der Familie dient und zudem die Anschaffung *auf Kredit* nach den Umständen als angemessen erscheint.

Zur Problematik *M. Schmidt,* FamRZ 1991, 629; *D. Schanbacher,* NJW 1994, 2335; *M. Löhnig,* FamRZ 2001, 135. Vgl. auch *D. Cebulla/A. Pützhoven,* FamRZ 1996, 1124 (Haustürgeschäfte).

181   f) Fraglich erscheint, ob § 1357 I eine **Verfügungsbefugnis** über das Eigentum des anderen Ehegatten enthält (z. B.: Eine Ehefrau entnimmt das zur Erfüllung eines unter § 1357 I fallenden Verpflichtungsgeschäfts nötige Geld dem Schreibtisch ihres Mannes, ohne ihn zu fragen; der Mann verkauft und veräußert der Frau gehörige Goldmünzen, um mit dem Erlös eine Waschmaschine zu finanzieren). Grundsätzlich ist dies zu verneinen. Die Einräumung einer derartigen Verfügungsmacht würde das Vermögen eines Ehegatten dem Zugriff des Partners aussetzen; das ist nicht Sinn des § 1357. Ausnahmen sind zu erwägen für außergewöhnliche Situationen, etwa für Tauschgeschäfte in Notzeiten.

182   g) Verträge über die **ärztliche Behandlung** der **Kinder** fallen in den Anwendungsbereich des § 1357 I. Problematisch hingegen ist die Einbeziehung von Arzt- und Krankenhausverträgen über die Behandlung eines **Ehegatten** selbst. Von einer vollen „Mitberechtigung" des anderen Teils kann von vornherein nicht die Rede sein; es kommt nur die Mithaftung für die Kosten in Betracht. Die h. M. zum früheren Recht hat eine Haftung des Mannes aus dem von der Ehefrau abgeschlossenen Behandlungsvertrag mit der Begründung bejaht, dass die ärztliche Betreuung der Hausfrau im Interesse der gesamten Familie liege (BGHZ 47, 75, 81). Nunmehr wird eine gemeinsame Haftung der Ehegatten bei allen ihre Behandlung betreffenden

Arztverträge angenommen (str., grundsätzlich bejahend BGH FamRZ 1985, 576; 1992, 291; OLG Schleswig FamRZ 1994, 444). Zuvor ist aber stets genau zu prüfen, a) ob sich der den Vertrag abschließende Ehegatte nicht ausschließlich selbst verpflichten wollte; b) ob angesichts der Dringlichkeit der Behandlung und der Wahl der Durchführungsart die Angemessenheit gewahrt ist. Medizinisch notwendige und unaufschiebbare ärztliche Behandlungen sind stets angemessen (BGH FamRZ 1992, 291, 292).

5. Bezug auf den Bedarf der Familie. Der Begriff „Lebensbedarf 183 der Familie" umschreibt die Lebensbedürfnisse der Ehegatten und der gemeinsamen unterhaltsberechtigten Kinder. Dazu gehören auch die volljährigen Kinder, die noch bei den Eltern leben und von ihnen Unterhalt in Natur erhalten (§ 1612 II 1; die dort genannte Bestimmungsbefugnis fällt hingegen nicht unter § 1357). Auch die persönlichen Bedürfnisse der einzelnen Familienmitglieder sind einbezogen (Kleidung, Kosmetika, Schulkosten für die Kinder). Nach verbreiteter Meinung umfasst § 1357 auch die angemessenen Aufwendungen für Freizeitgestaltung. Das ist problematisch, soweit es um die Ehegatten selbst geht. Soll ein Ehegatte für die Mitgliedsbeiträge haften, die der andere in seinem Tennisclub schuldig bleibt? M. E. sind gesonderte Freizeitbereiche des einzelnen Ehegatten ohne familiären Bezug aus § 1357 auszunehmen, desgleichen die Bereiche von Beruf, Gewerbe und Fortbildung (etwa Bestellung eines Fernlehrkurses). Auch kostenpflichtige Downloads aus dem Internet zu persönlichen Unterhaltungszwecken weisen in der Regel keinen hinreichenden familiären Bezug auf und sind vom jeweiligen Nutzer allein zu tragen.

6. Angemessenheit der Bedarfsdeckung. a) Ein Geschäft, das sei- 184 ner Art nach ein Lebensbedarfsgeschäft sein kann, unterliegt der Schlüsselgewalt nur, wenn es *im konkreten Fall* der angemessenen Deckung des Lebensbedarfs der Familie dient. Das Gesetz trägt damit dem unterschiedlichen Konsumstil bei verschiedenen Vermögens- und Lebensverhältnissen Rechnung. Angemessen ist eine Bedarfsdeckung, die nach Art und Umfang den durchschnittlichen Verbrauchsgewohnheiten von Familien in vergleichbarer sozialer Lage entspricht. Entscheidend ist der Lebenszuschnitt, der nach außen in Erscheinung tritt (BGH FamRZ 2004, 778). Dabei soll es auch darauf ankommen, ob der andere Ehegatte mit dem fraglichen Geschäft einverstanden war und diese Tatsache nach außen getreten ist (BGH FamRZ 1985, 576, 578).

Nach einer Rechtsmeinung wird der Abschluss solcher Geschäfte als unangemessen angesehen, die üblicherweise nicht ohne vorherige Verständigung unter den Partnern abgeschlossen werden. Es kehrt also hier der bei beim Begriff des Schlüsselgewaltgeschäfts genannte Gesichtspunkt (→ Rn. 173) als Kriterium der Angemessenheit wieder.

185   b) Die Beschaffung des Lebensbedarfs der Familie mit Hilfe von **Krediten** ist nur dann durch § 1357 I 1 gedeckt, wenn die Beschaffung des zu finanzierenden Gegenstands der angemessenen Bedarfsdeckung entspricht *und* die Zins- und Tilgungsverpflichtungen die Mittel für den laufenden Unterhalt nicht übermäßig einschränken. Problematisch sind die Fälle, in denen ein Ehegatte mehrere selbstständige Kreditgeschäfte abschließt, die sich einzeln betrachtet im Rahmen der Angemessenheit halten, zusammen aber zu einer untragbaren Belastung des Familieneinkommens führen. Es kann dann sein, dass die ersten finanzierten Anschaffungen unter § 1357 fallen, während weitere wegen der gewachsenen Belastung als unangemessen zu bewerten sind.

III. Die Betätigung der Schlüsselgewalt

186   **1. Wirkung kraft Gesetzes.** Erfüllt das von einem Ehegatten getätigte Rechtsgeschäft die genannten Voraussetzungen, so treten die Wirkungen des § 1357 I 2 *ohne weiteres* ein. Nicht erforderlich ist, dass der handelnde Ehegatte und sein Geschäftspartner wissen und wollen, dass der andere Ehepartner mitberechtigt und mitverpflichtet wird. Anders als bei der Stellvertretung gilt **nicht das Prinzip der Offenkundigkeit**. Handelt der Ehegatte im eigenen (nicht erkennbar im fremden, § 164 II) Namen, so treten kraft Gesetzes die Wirkungen des § 1357 I 2 ein. Gleichgültig ist, ob der Geschäftspartner weiß, dass er es mit einem Verheirateten zu tun hat, dass die Ehegatten zusammenleben oder dass das Geschäft im konkreten Fall der angemessenen Bedarfsdeckung dient.

187   **2. Entgegenstehender Wille.** Die gesetzlichen Wirkungen des § 1357 I 2 sind für die Parteien des Rechtsgeschäfts allerdings nicht zwingend (**„es sei denn, dass sich aus den Umständen etwas anderes ergibt"**). Den Willen, die Wirkungen der Schlüsselgewalt auszuschließen, muss der handelnde Ehegatte aber in einer dem Geschäftspartner klar erkennbaren Weise äußern.

a) Der handelnde Ehegatte kann bei Abschluss des Geschäfts deutlich machen, dass **nur er selbst** berechtigt und verpflichtet sein will.

Hierfür genügt nicht schon jedes „Handeln im eigenen Namen" des Ehegatten; erforderlich ist vielmehr der Wille, die gesetzlichen Wirkungen des § 1357 I 2 auszuschließen.

b) Ferner ist es möglich, dass der Ehegatte **ausschließlich im Namen des anderen Ehegatten** mit einem Dritten ein Geschäft abschließt. Das Geschäft wirkt dann allein für den anderen, wenn der Handelnde entsprechend bevollmächtigt war (§ 164 I). Der Wille, die eigene Mitverpflichtung auszuschließen, muss dem Geschäftspartner eindeutig offen gelegt werden (BGH FamRZ 1985, 576). **188**

c) Gelegentlich stellt der BGH nicht allein auf den Willen der Vertragsschließenden ab, sondern lässt auch **objektive Umstände** genügen. So soll bei einer medizinisch notwendigen, aber kostspieligen Behandlung, welche die wirtschaftlichen Verhältnisse der Ehegatten eindeutig überschreitet, die Mitverpflichtung des anderen Ehegatten „nach den Umständen" von vorneherein ausscheiden (BGH FamRZ 1992, 291, 293; OLG Köln FamRZ 1999, 1662; OLG Saarbrücken NJW 2001, 1798). Entscheidend ist aber der aus den Umständen erkennbare *Wille* des handelnden Ehegatten, das Geschäft nicht im Rahmen der Schlüsselgewalt zu tätigen. **189**

IV. Ausschluss, Beschränkung und Ruhen der Schlüsselgewalt

1. Ausschluss, Beschränkung. Jeder Ehegatte kann die seinem Partner durch § 1357 I verliehene Rechtsmacht durch **einseitige Erklärung** ihm gegenüber jederzeit beenden oder beschränken, § 1357 II 1. Eine solche Maßnahme wirkt Dritten gegenüber allerdings nur, wenn sie diesen bekannt oder wenn sie im Güterrechtsregister eingetragen ist (§ 1357 II 2, § 1412). Die einseitige Erklärung ist ohne Rücksicht auf ihre sachliche Berechtigung wirksam. Auf Antrag des betroffenen Ehegatten (nicht eines Dritten!) hat das Familiengericht jedoch die Beschränkung oder Ausschließung aufzuheben, wenn sie ohne ausreichenden Grund erfolgte (§ 1357 II 1; vgl. § 266 II FamFG). **190**

2. Getrenntleben. Solange die Ehegatten getrennt leben, ruht die Schlüsselgewalt (§ 1357 III; dazu BVerfG FamRZ 2016, 21). Dies gilt für jeden Getrenntlebenszustand, der die Voraussetzungen des § 1567 I erfüllt, gleichgültig ob er kürzere oder längere Zeit andauert. Mit Beendigung der Trennung lebt die Schlüsselgewalt von selbst wieder auf. Das gilt auch bei kurzlebigen Versöhnungsversuchen, die scheidungsrechtlich nach § 1567 II der Getrenntlebenszeit hinzuge- **191**

rechnet werden. Auf zuvor abgeschlossene Schlüsselgewaltgeschäfte wirkt die Trennung nicht zurück.

192   **3. Schutz redlicher Dritter?** a) Fraglich ist, ob der gute Glaube des Dritten an das Fortbestehen der häuslichen Gemeinschaft nach den Grundsätzen der **Rechtsscheinhaftung** zu schützen ist.

> **Beispiel:** Ein Händler, bei dem das Ehepaar Maria und Max Schulze häufig kauft, liefert an die Frau auf Kredit in der Vorstellung, sich an den Mann halten zu können. Der Händler weiß nicht, dass die Schulzes seit kurzem getrennt leben, und muss dies auch nicht wissen. Kann der Händler Herrn Schulze auf Kaufpreiszahlung in Anspruch nehmen?

§ 1357 eignet sich in der Regel nicht als Anknüpfung für eine Rechtsscheinshaftung (so zutreffend LG Tübingen FamRZ 1984, 50). Anders als in den Fällen der §§ 170–172 treten die Wirkungen des § 1357 I 2 ohne jede Rücksicht auf das Vorliegen eines äußerlich feststellbaren Tatbestands ein, auf den Dritte vertrauen könnten. Dem Dritten kommt § 1357 I 2 auch dann zugute, wenn er vom Zusammenleben und sogar von der Ehe seines Geschäftspartners nichts weiß. Folgerichtig muss ihm die irrige Annahme des Zusammenlebens oder Verheiratetseins seines Geschäftspartners schädlich sein.

193   b) Anders ist die Lage in Fällen, in denen ein **Dauerschuldverhältnis** als Schlüsselgewaltgeschäft begründet wurde und auch noch nach der Trennung der Eheleute fortbesteht.

> **Beispiel:** Der Ehemann hat für die Ehewohnung einen Stromlieferungsvertrag abgeschlossen. Nach einer Weile zieht er aus, die Ehefrau bleibt in der Wohnung und verbraucht weiterhin Strom. Haftet der Mann für die Stromkosten, die nach der Trennung angefallen sind? Hier ist zu berücksichtigen, dass der Vertrag im Rahmen der Schlüsselgewalt als echtes Dauerschuldverhältnis begründet wurde. Dieses wird durch die Trennung der Ehegatten allein nicht beendet (BGH FamRZ 2013, 1199 Rn. 7). Die gesamtschuldnerische Haftung besteht also auch für den Stromverbrauch weiter, der nach dem Auszug eines Ehegatten angefallen ist (str.). Zur Problematik: *Chr. Lutter*, FamRZ 2016, 271; *K. W. Lange*, FamRZ 2016, 354.

194   c) Eine analoge Anwendung des § 1357 auf **nichtehelich zusammenlebende Paare** ist abzulehnen (h. M.; a. A. *J. D. Harke*, FamRZ 2006, 88). Bei nichtehelichen Lebensgemeinschaften können aber im Einzelfall die Grundsätze der Duldungs- oder Anscheinsvollmacht zum Zuge kommen, z. B. wenn ein zusammenlebendes Paar sich als verheiratet geriert und der eine Teil Kreditgeschäfte tätigt, für die nach Vorstellung der Geschäftspartner auch der andere haftet.

V. Die Wirkungen der Schlüsselgewalt

1. Verpflichtungsgeschäfte. a) Die Verpflichtungen aus betätigter 195
Schlüsselgewalt treffen beide Ehegatten als **Gesamtschuldner**
(§ 421). Umgekehrt kommen Rechte, die auf Seiten des handelnden
Ehegatten aus Schlüsselgewaltgeschäften entstehen, beiden Ehegatten
zu. Streitig ist, ob bei Leistungsansprüchen § 428 (*A. Wacke*, FamRZ
1977, 505, 525) oder § 432 (*U. Büdenbender*, FamRZ 1976, 662, 667)
zum Zuge kommt (keinesfalls § 420). M. E. sind die Ehegatten in hö-
herem Maße als andere Mitgläubiger als selbstständig handlungsbe-
rechtigte Organe einer Einheit zu betrachten. Der Dritte kann an jeden Ehegatten oder an beide mit befreiender Wirkung leisten
(insofern entspricht dies der Lage des § 428). Jeder Ehegatte kann
Leistung an sich selbst verlangen. Tut er es, so kann der Geschäftspartner gleichwohl an den anderen Ehegatten wirksam leisten (str.).

b) Die Einbeziehung beider Ehegatten in den Vertrag kann die bei 196
Gesamtschuldnern üblichen Probleme bereiten. Angenommen, der
Geschäftspartner mahnt bei Fälligkeit seines Anspruchs den Ehemann, kommt damit auch die Frau in **Schuldnerverzug** (§ 286 I)?
Begründet umgekehrt, wenn der Geschäftspartner säumig ist, die
Mahnung eines Ehegatten auch die Verzugswirkung zugunsten des
anderen? Kann ein Ehegatte anfechten, wenn der andere bei Abschluss des Geschäfts einem Irrtum nach § 119 unterlag? Bei Erörterung dieser Fragen ist von der Gesetzeslage auszugehen. Nach § 425
wirken Umstände in der Regel nur für und gegen den Gesamtschuldner, in dessen Person sie eintreten (Ausnahmen: §§ 422–424). Gleiches gilt nach § 429 III auch für Gesamtgläubiger. Dies bedeutet:
Ein Ehegatte ist nur im Verzug, wenn die Verzugsvoraussetzungen
in seiner Person gegeben sind. Umgekehrt gerät der Geschäftspartner
nur demjenigen Ehegatten gegenüber gemäß § 286 I in Verzug, der
gemahnt hat. Die Verzugswirkungen können also in Bezug auf einen
Ehegatten eingetreten sein, gegenüber dem anderen nicht. Man kann
aber diskutieren, ob die Regel des § 425 anzuwenden ist oder ob sich
wegen der Besonderheiten des Ehegattenverhältnisses aus dem
Schuldverhältnis ein anderes ergibt.

c) Die Ausübung eines **Rücktrittsrechts** betreffend ist die Regel 197
des § 351 S. 1 einschlägig: Sind bei einem Vertrag auf der einen oder
der anderen Seite mehrere beteiligt, so kann das Rücktrittsrecht nur
von allen und gegen alle ausgeübt werden. Das gilt auch für andere
Gestaltungsrechte, für deren Ausübung auf das Rücktrittsrecht ver-

wiesen wird. Das würde bedeuten, dass z. B. den Rücktritt wegen eines Mangels der im Rahmen des § 1357 gekauften Sache (§ 437 Nr. 2 i. V. m. § 323 oder § 326 V) *beide* Ehegatten erklären müssten.

198   d) Ob die Regeln der §§ 425 und 351 in diesem Zusammenhang passend sind, erscheint fraglich. Die Eheleute bilden eine viel engere Einheit, als dies bei Gesamtschuldnern und -gläubigern oder bei einer beliebigen Mehrheit von Vertragspartnern üblich ist. Grundlage ihrer gemeinsamen Berechtigung und Verpflichtung gemäß § 1357 I ist die eheliche Lebensgemeinschaft, als deren Organ jeder Ehegatte begriffen werden kann. Nach der Wertung des Gesetzes soll in den Grenzen der Schlüsselgewalt jeder Ehegatte selbstständig für diese Einheit Erklärungen abgeben und empfangen können.

199   e) Stellt man sich auf diesen Standpunkt, so kann man im Einzelnen folgende Auffassungen vertreten (sämtlich str.): Die Mahnung, die ein Ehegatte gegenüber dem Geschäftspartner ausspricht, wirkt für beide. Umgekehrt setzt die Mahnung, die der Geschäftspartner an einen Ehegatten richtet, auch den anderen Ehegatten in Verzug. Jeder Ehegatte kann selbstständig das Rücktrittsrecht ausüben; die Erklärung wirkt dann auch für den anderen Ehegatten. Will umgekehrt der Geschäftspartner von einem Rücktrittsrecht Gebrauch machen, so genügt die Erklärung gegenüber einem Ehegatten. Befand sich ein Ehegatte bei Geschäftsabschluss in einem relevanten Irrtum, so kann auch der andere anfechten; die Anfechtung vernichtet das Geschäft mit Wirkung für beide. Diese Deutung will verhindern, dass das Vertragsverhältnis in Bezug auf die beteiligten Eheleute ein unterschiedliches Schicksal erfährt. Aber das sind, wie gesagt, offene Fragen. In Prüfungsaufgaben empfiehlt sich, zuerst die gesetzlichen Regelungen anzuwenden (→ Rn. 196–198).

Zu grundsätzlich anderen Ergebnissen gelangt die Auffassung, nach welcher der nach § 1357 I 2 einbezogene Ehegatte nicht Vertragspartei wird und folglich keinerlei Gestaltungsrechte ausüben kann (*Chr. Berger*, FamRZ 2005, 1129). Danach kann allein derjenige Ehegatte, der das Rechtsgeschäft selbst abgeschlossen hat, wegen eines Willensmangels anfechten, ein Widerrufsrecht ausüben oder vom Vertrag zurücktreten. – Zu den Problemen bei Verbrauchergeschäften s. *M. Löhnig*, FamRZ 2001, 135.

200   **2. Erwerbsgeschäfte.** a) Fraglich ist, ob die „gleiche Berechtigung" der Ehegatten sich auch auf den **dinglichen Rechtserwerb** erstreckt, mit dem das Verpflichtungsgeschäft erfüllt wird. Dafür sprechen Gesetzestext und der enge Zusammenhang von Verpflichtungs- und Erwerbsgeschäft. Wird z. B. der Ehemann aus dem Kaufvertrag, den

seine Frau über ein Fernsehgerät abgeschlossen hat, mit ihr zusammen verpflichtet und berechtigt, besteht konsequenterweise der Erfüllungsanspruch gegen den Verkäufer auf Übereignung an die auf der Käuferseite stehenden Ehegatten zu Miteigentum. Dem Mann nur einen Anspruch auf die Übereignung des Geräts an seine Frau geben, wäre keine volle „Mitberechtigung". Daraus könnte man folgern, dass auch die zum Vollzug des Kaufes vorgenommene Übereignung kraft § 1357 I 2 für beide Ehegatten wirkt, d. h. sie erwerben ohne weiteres Miteigentum zu gleichen Teilen an den im Rahmen angemessener familiärer Bedarfsdeckung angeschafften Gegenständen.

b) **Anderer Ansicht** ist freilich der **BGH** (FamRZ 1991, 923): 201 § 1357 entfaltet danach keine dingliche Wirkung. Fällt das Verpflichtungsgeschäft unter § 1357, so ist der andere Ehegatte zwar obligatorisch mitverpflichtet und -berechtigt, am dinglichen Erwerb jedoch nicht schon kraft Gesetzes beteiligt. Ein gemeinsamer Rechtserwerb der Ehegatten wird folglich nur angenommen, wenn der Wille der handelnden Parteien bei der Verfügung (§ 929) hierauf gerichtet ist. Dabei kommen nach BGH die Regeln des Erwerbs „für den, den es angeht" zum Zuge. Bei Erwerb von Haushaltsgegenständen ist die Einigungserklärung (§ 929) des handelnden Ehegatten im Zweifel so zu verstehen, dass beide Ehegatten Eigentümer werden sollen (OLG Köln NJW-RR 1994, 904).

Die Auffassung des BGH degradiert den § 1357 zu einer bloßen Gläubigerschutzvorschrift, bei der es um die Mithaftung für Schulden geht. Das Argument, eine dingliche Wirkung des § 1357 widerspreche dem Güterrecht, überzeugt schon deshalb nicht, weil der Anwendungsbereich der Schlüsselgewalt eng gezogen wird (→ Rn. 179; *Medicus*, FS D. Schwab, 2005, 359).

VI. Exkurs: Beistandschaft im Gesundheitsbereich

1. Das Problem. Der gegenseitige Beistand der Ehegatten ist im 202 Krankheitsfall besonders gefordert. Dabei ergeben sich Probleme, wenn der erkrankte Ehegatte in einen Zustand gerät, in dem er sich nicht mehr selbst bestimmen kann, z. B. geistig nicht mehr in der Lage ist, in eine medizinische Behandlung einzuwilligen. Frage ist dann, unter welchen Voraussetzungen der andere Ehegatte für den Erkrankten handeln kann, indem er in dessen Namen die Einwilligung in eine vom Arzt vorgeschlagene Therapie erteilt oder verweigert. Nach geltendem Recht kann ein Ehegatte stellvertretend für den anderen die Einwilligung nur erteilen, wenn er vom anderen entsprechend bevollmächtigt (Vorsorgevollmacht, → Rn. 1024) oder für ihn zum rechtlichen Betreuer bestellt ist (§ 1896). Die Schlüsselgewalt (§ 1357) umfasst solche Einwilligungen nicht. Wohl kann ein Ehegatte die schuldrechtlichen Arzt- und Krankenhausverträge im Rahmen des § 1357 abschließen (→Rn. 180). Die medizinrechtlich notwendige Einwilligung in die Behandlung selbst in indes kein „Geschäft zur Deckung des Lebensbedarfs".

203   **2. Reformpläne.** Diese Rechtslage wird als unzureichend empfunden, da die Betreuerbestellung als ein umständliches Verfahren wahrgenommen wird und viele Menschen nicht daran denken, ihren Angehörigen Vorsorgevollmachten zu erteilen. Daher wird erwogen, von Gesetzes wegen Ehegatten zu ermächtigen, für den anderen eine Einwilligung in medizinische Maßnahmen zu erteilen oder eine solche zu verweigern, wenn der andere selbst aufgrund von Krankheit oder Behinderung nicht mehr dazu imstande ist. Die Einwilligungsunfähigkeit wird angenommen, wenn der Patient nicht mehr in der Lage ist, Art, Bedeutung, Tragweite und Risiken der anstehenden medizinischen Maßnahme zu erfassen oder seinen Willen danach auszurichten. Der Bundestag hat im Mai 2017 beschlossen, eine dem entsprechende Bestimmung in das BGB (§ 1358) aufzunehmen (BT-Drs. 18/12427). Gleiches soll für eingetragene Lebenspartner gelten. Indes hat der Bundesrat der Regelung noch nicht gestimmt, sodass die unter → Rn. 203 beschriebene Rechtslage nach wie vor maßgeblich ist.

Bei der geplanten Befugnis, für den erkrankten Ehegatten einzuwilligen, handelt es sich um eine **gesetzliche Vertretung**, der Partner handelt *im Namen des Patienten* (§ 164 I 1), weil nur dessen Einwilligung das ärztliche Handeln rechtfertigt. Die mit der ärztlichen Behandlung verbundenen schuldrechtlichen Geschäfte kann der Partner hingegen im eigenen Namen oder im Rahmen der Schlüsselgewalt abschließen.

§ 27. Eigentumsvermutungen

204   **1. Eigentum und Ehe.** Die Eigentumsverhältnisse der Ehegatten werden teils durch die Vorschriften des Güterrechts, teils durch allgemeine, vom Güterstand unabhängige Rechtsregeln bestimmt. Der gesetzliche Güterstand der Zugewinngemeinschaft belässt jedem Ehegatten das Alleineigentum an den in die Ehe mitgebrachten und an den von ihm während der Ehe erworbenen Sachen. Doch kann sich nach den allgemeinen Regeln ergeben, dass ein von einem Ehegatten

getätigtes Erwerbsgeschäft zum Miteigentum beider Ehegatten oder zum Alleineigentum des anderen Ehegatten führt.

2. Unsicherheit der Eigentumsverhältnisse. Bei beweglichen Sa- 205 chen sind die Eigentumsverhältnisse oft unklar, da sich die Beteiligten beim Erwerb von Gebrauchsgegenständen keine Gedanken über die rechtliche Zuordnung zu machen pflegen und da im ehelichen Haushalt die Sachen ohne Rücksicht auf die Eigentumslage durcheinander geraten. Für die Gläubiger eines Ehegatten, die in dessen bewegliches Vermögen vollstrecken wollen, bringt diese Unklarheit Risiken mit sich, weil möglicherweise der andere Ehegatte einen gepfändeten Gegenstand als sein Eigentum in Anspruch nimmt und gegen die Vollstreckungsmaßnahme nach § 771 ZPO vorgeht.

3. Die Eigentumsvermutungen. § 1362 hilft mit zwei Eigentums- 206 vermutungen.

a) Zugunsten der Gläubiger jedes Ehegatten wird vermutet, dass die im Besitz eines oder beider Ehegatten befindlichen beweglichen Sachen dem Schuldner, d. h. gerade demjenigen gehören, der im konkreten Verfahren als Schuldner in Anspruch genommen wird (§ 1362 I 1). Wird also die Sache, die dem einen Ehegatten gehört, von den Gläubigern des anderen gepfändet, so liegt es an ihm, die Vermutung des § 1362 I zu widerlegen und sein Eigentum zu beweisen. Dafür genügt der Nachweis des Eigentumserwerbs. Für den Fortbestand des Eigentums seit dem Erwerbsvorgang trifft den Ehegatten keine Beweislast mehr (BGH NJW 1976, 238). Die Vermutung gilt nicht im Verhältnis unter den Ehegatten selbst. Auf nichtehelich zusammenlebende Paare ist § 1362 nicht entsprechend anzuwenden (BGHZ 170, 187).

Parallel zu § 1362 I wird die Zwangsvollstreckung gegen Ehegatten durch § 739 ZPO erleichtert (vgl. §§ 808, 809 ZPO).

b) Für die ausschließlich zum persönlichen Gebrauch eines Ehegat- 207 ten bestimmten Sachen (etwa Kleidung oder der Berufsausübung dienende Gegenstände) wird sowohl für das Verhältnis der Ehegatten zueinander als auch gegenüber den Gläubigern vermutet, dass sie demjenigen Ehegatten gehören, für dessen Gebrauch sie bestimmt sind (§ 1362 II). Die Vermutung gilt ohne Rücksicht auf die Besitzlage und ohne Einschränkung auch bei Getrenntleben. Gegenüber § 1362 I ist Abs. II die speziellere Norm.

§ 28. Der Ehename

Literatur zum Namensrecht: *Th. Wagenitz/H. Bornhofen,* Familiennamensrechtsgesetz, 1994; *D. Henrich/Th. Wagenitz/H. Bornhofen,* Deutsches Namensrecht, Loseblatt (Stand 2007); *I. Schwenzer,* FamRZ 1991, 390; *D. Nelle,* FamRZ 1990, 809, 935; *D. Schwab,* FamRZ 1992, 1015 (Glosse); *ders.,* StAZ 2015, 354; *Th. Wagenitz,* FamRZ 1994, 409 und FamRZ 2005, 1425; *K. Muscheler,* FamRZ 2004, 762; *A. Woelke,* FamRZ 2004, 1342; *U. Sacksofsky,* FPR 2010, 15; *W. Keuter,* FamRZ 2013, 1936.

I. Geschichte

208 Das Namensrecht der Ehegatten ist häufigen Wechseln unterzogen. Herkömmlicherweise tragen Ehegatten als Zeichen ihrer Einheit einen gemeinsamen Familiennamen. Nach der ursprünglichen Fassung des BGB wurde zwingend der Familienname des Mannes auch zum Namen der Frau. Dieser Rechtszustand widersprach dem Grundsatz der Gleichberechtigung. Das 1. Eherechtsreformgesetz von 1976 gab folgerichtig den Eheleuten das Recht, entweder den Geburtsnamen der Frau oder den Geburtsnamen des Mannes als gemeinsamen Ehenamen zu bestimmen. Doch stellte auch diese Reform die Rechtsgleichheit von Mann und Frau nicht völlig her: Trafen nämlich die Eheschließenden keine Namensbestimmung, so erhielt nach wie vor der Mannesname den Vorzug. Mit der Entscheidung vom 5.3.1991 verlangte das BVerfG daher eine Neugestaltung (BVerfGE 84, 9). Demzufolge wurde das Recht des Ehenamens durch Familiennamensrechtsgesetz vom 16.12.1993 neu geregelt (BGBl. I S. 2054). Das Prinzip der obligatorischen Namenseinheit wurde aufgegeben. Die Eheschließenden *sollen* zwar einen gemeinsamen Ehenamen wählen, *müssen* es aber *nicht*. Eine weitere Entscheidung des BVerfG (FamRZ 2004, 515) nahm daran Anstoß, dass zum Ehenamen nur der Geburtsname, nicht aber ein durch frühere Eheschließung erworbener Name bestimmt werden konnte; darin sah das Gericht eine Verletzung des Art. 2 I, Art. 1 I GG. Der Gesetzgeber war folglich zu einer erneuten Revision des ehelichen Namensrechts gezwungen (Gesetz vom 6.2.2005, BGBl. I S. 203). Im Überblick ergeben sich heute für ein heiratswilliges Paar die nachfolgend beschriebenen Möglichkeiten. Diese sind auch für die gleichgeschlechtliche Ehe maßgeblich, obwohl § 1355 noch einer Wahlmöglichkeit zwischen dem „Namen der Frau" und dem „des Mannes" spricht.

II. Keine Bestimmung eines Ehenamens

a) Obwohl die Ehegatten einen gemeinsamen Familiennamen (=   **209**
Ehenamen) bestimmen sollen (§ 1355 I 1), werden sie dazu nicht gezwungen. Der Standesbeamte fragt zwar die Verlobten bei der Heirat,
welchen Namen sie als Ehenamen bestimmen wollen. Er darf aber
seine Mitwirkung an der Eheschließung nicht verweigern, wenn eine
Namenswahl unterbleibt. Wird kein Ehename bestimmt, so führen
die Ehegatten diejenigen Namen, die sie zur Zeit der Eheschließung
getragen haben, nach der Heirat weiter (§ 1355 I 3). Die Eheleute tragen dann verschiedene Namen. Der *zur Zeit der Eheschließung geführte Name* ist auch dann maßgeblich, wenn er durch eine frühere
Ehe erworben ist (also keine Rückkehr zum Geburtsnamen, s. aber
die Möglichkeit des § 1355 V).

Beispiel: Simone, geborene Singer, heiratet zunächst den Michael, der von
Geburt Meister heißt. Zum Ehenamen wird der Mannesname gewählt, Simone
heißt nun also Meister. Einen Begleitnamen führt sie nicht. Dann wird die Ehe
geschieden. Nun heiratet Simone den Franz, der seinen Geburtsnamen Jäger
trägt. Wird für diese Ehe kein gemeinsamer Ehename gewählt, so heißt der
Mann weiterhin Jäger, die Frau weiterhin Meister.

b) Um die Chancen eines gemeinsamen Ehenamens zu steigern, ist
bestimmt, dass die bei Eheschließung unterbliebene Namenswahl
nachgeholt werden kann (§ 1355 III 2). Wird kein Ehename bestimmt, so muss der Name gemeinsamer **Kinder** eigens bestimmt
werden (→ Rn. 642).

III. Bestimmung eines Ehenamens

a) Wollen die Ehegatten einen Ehenamen bestimmen, so stehen ih-   **210**
nen zur Auswahl: der Geburtsname jedes Ehegatten, ferner der von
jedem Ehegatten zur Zeit der Ehenamensbestimmung geführte
Name (§ 1355 II), selbst wenn dieser aus einer früheren Ehe stammt.
Geburtsname ist der Name, der zum Zeitpunkt der Namenswahl in
die Geburtsurkunde des betreffenden Ehegatten einzutragen ist
(§ 1355 VI). Wird ein gemeinsamer Ehename gewählt, so bildet dieser
auch den Familiennamen der gemeinschaftlichen Kinder (§ 1616).

Beispiel: Wollen im obigen Fall (→ Rn. 209) Simone und Franz einen gemeinsamen Ehenamen bestimmen, so können sie zwischen „Singer" (Geburtsname der Frau), „Jäger" (Geburtsname des Mannes) und „Meister" (von der
Frau zur Zeit der Namensbestimmung geführter Name) wählen. Wählen sie

z. B. den letzteren, so tragen Simone und Franz den gemeinsamen Namen Meister.

211 b) Der Gesetzgeber hat sich gegen die Möglichkeit entschieden, als Ehenamen auch einen aus dem Namen beider Ehegatten zu bildenden **Doppelnamen** zuzulassen. Maßgeblich war die Sorge, im Laufe der Generationen könnte sich eine fast beliebige Häufung der Namensoptionen ergeben. Diese Regelung verstößt nicht gegen das GG (BVerfG FamRZ 2002, 530). Doch werden wir sehen (→ Rn. 215), dass die Bildung von Doppelnamen als Ehenamen gleichwohl möglich ist.

IV. Die Wahl eines persönlichen Namenszusatzes

212 **1. Möglichkeiten.** Wird ein gemeinsamer Ehename bestimmt, so steht der Ehegatte, dessen Namen nicht Ehename wird, mit seinen Namensinteressen zurück. Er verliert aber nicht etwa jegliches Recht an seinem bisher geführten Namen; dieser bleibt als Identifikationsmerkmal seiner Person weiterhin geschützt. Zudem erlaubt ihm das Gesetz, dem Ehenamen einen persönlichen Namenszusatz („Begleitnamen") hinzuzufügen (§ 1355 IV). Dem Ehenamen hinzugefügt werden kann entweder der Geburtsname oder der jetzt (zur Zeit der Namensbestimmung) geführte Name, also auch ein durch frühere Ehe angeheirateter Name. Der Begleitname kann dem Ehenamen vorangestellt oder angefügt werden. Er wird nur von demjenigen Ehegatten geführt, dessen Name nicht Ehename geworden ist. Für den Namen der gemeinsamen Kinder ist der Begleitname ohne Bedeutung.

Beispiel: Angenommen, in obigem Fall (→ Rn. 209, 210) wird der *von der Frau zur Zeit der Eheschließung geführte Name* (Meister) zum Ehenamen bestimmt. Dann heißt Franz jetzt Meister, er kann aber für sich selbst seinen Geburtsnamen voranstellen oder anfügen, hieße dann also Meister-Jäger oder Jäger-Meister.

Wird der *Geburtsname der Frau* (Singer) als Ehename gewählt, so kann Franz auch hier seinen Geburtsnamen voranstellen oder anfügen, heißt also nach seiner Wahl Jäger-Singer oder Singer-Jäger.

Würde hingegen der *Geburtsname des Mannes* (Jäger) zum Ehenamen bestimmt, so ergäben sich für Simone folgende Möglichkeiten. Sie könnte es bei „Jäger" belassen oder aber nach ihrer Wahl ihren Geburtsnamen oder ihren zur Zeit der Bestimmung des Ehenamens geführten Namen voraustellen oder anfügen, sich also Jäger-Meister; Meister-Jäger; Singer-Jäger oder Jäger-Singer nennen.

2. Die Erklärung. Die Bestimmung des persönlichen Namenszu- 213
satzes geschieht durch Erklärung gegenüber dem Standesbeamten
(§ 1355 IV 1). Eine Frist ist nicht vorgesehen, die Bestimmung kann
also auch beliebige Zeit nach der Eheschließung erfolgen. Die Erklärung kann widerrufen werden; in diesem Fall ist aber das Recht, in
der betreffenden Ehe einen Begleitnamen zu bilden, verbraucht
(§ 1355 IV 4).

3. Beschränkung auf zwei Namensbestandteile. Das Gesetz 214
möchte vermeiden, dass durch die Wahl von Begleitnamen längere
Namensketten entstehen. Daher sollen die Kombinationsmöglichkei-
ten auf zwei Namensbestandteile beschränkt sein. Ist der Ehename
bereits ein Doppelname, so kann kein Begleitname gebildet werden
(§ 1355 IV 2; verfassungsmäßig nach BVerfG FamRZ 2009, 939).
Führt der Ehegatte, dessen Name nicht zum Ehenamen bestimmt
wird, einen Mehrfachnamen, so darf er für die Bildung eines Begleitnamens nur einen der Namensbestandteile verwenden (§ 1355 IV 3).

In diesem Zusammenhang ist zu bedenken, dass **Adelstitel** zum bürgerlichen Namen gehören. „Graf von Paletti" wird also als *ein* Name angesehen
und kann trotz des Verbots von Doppelnamen mit anderen Namensbestand-
teilen kombiniert werden. Auch verändert sich der Adelstitel als Namensbestandteil mit dem Geschlecht seines Trägers/seiner Trägerin („Gräfin von Paletti") – für sonstige Namen gilt das nicht, Frau Müller ist also nicht „Frau
Müllerin".

V. Namensänderung anlässlich der Auflösung einer Ehe

Bei Scheidung wird der Ehename fortgesetzt (§ 1355 V 1), doch 215
können die Ehegatten aus diesem Anlass ihren Namen in bestimmter
Weise ändern. Sie können durch Erklärung gegenüber dem Standesbeamten entweder
- ihren Geburtsnamen wieder annehmen;
- oder den Namen wieder annehmen, den sie bis zur Bestimmung
  des Ehenamens geführt hatten;
- oder den Ehenamen weiterführen, aber ihren Geburtsnamen oder
  den zur Zeit der Ehenamensbestimmung geführten Namen voranstellen oder anfügen (§ 1355 V 2).

Daraus ergeben sich für eine weitere Ehe zusätzliche Namensge-
staltungen, insbesondere wenn Geschiedene vor Eingehung einer
neuen Ehe von den Möglichkeiten des § 1355 V Gebrauch machen.

Was für geschiedene Eheleute gesagt wurde, gilt auch bei Tod eines Ehegatten für den Überlebenden, nicht aber bei Aufhebung der Ehe (OLG Celle FamRZ 2013, 955, str.).

Beispiel: Wir gehen noch einmal zurück zum obigen Fall (→ Rn. 209): Wie geschildert heiratete Simone geb. Singer zunächst den Michael, der von Geburt Meister hieß. Zum Ehenamen wurde der Mannesname gewählt, Simone hieß nun also Meister. Dann wurde die Ehe geschieden. Nun möchte Simone – wie geschildert – den Franz geb. Jäger heiraten; die Namensmöglichkeiten für diese Ehe haben wir oben erörtert.

Simone könnte nun zudem, bevor sie Franz heiratet, nach § 1355 V 2 ihren Geburtsnamen wieder annehmen (Singer) oder zwar den Ehenamen Meister fortführen, dem aber ihren Geburtsnamen voranstellen oder anfügen. Sie könnte sich also jetzt Singer oder Singer-Meister oder Meister-Singer nennen. Heiratete sie nunmehr, nachdem diese Namenwahl getroffen ist, den Franz, so könnte ein so gewählter Name für die neue Ehe zum Ehenamen bestimmt werden, denn es handelt sich um den Namen, welche die Frau *im Zeitpunkt der Bestimmung des neuen Ehenamens führt* (§ 1355 II). Nimmt Simone z. B. nach der Scheidung von Michael den Namen Meister-Singer an, so kann dieser Doppelname zum gemeinsamen Namen in der Ehe mit Franz werden, auch Franz ist dann ein Meister-Singer. Dies ist nicht ohne Delikatesse: In Simones erster Ehe war es dem Ehepaar verwehrt, einen Doppelnamen aus den Geburtsnamen von Frau und Mann (Meister-Singer) zu bilden. Eben denselben Doppelnamen kann die Frau aber sodann als Ehenamen für die Ehe mit einem späteren Ehemann verwenden – dieser genießt also eine Namensmöglichkeit, die dem ursprünglichen Träger des Geburtsnamens „Meister" verwehrt war!

Die Möglichkeiten des § 1355 V wirken sich auch auf die Wahl eines Begleitnamens aus. Hat Simone nach der Scheidung den Namen Meister-Singer angenommen und wird nun bei der Heirat mit Franz dessen Name (Jäger) als Ehename bestimmt, so kann Simone einen persönlichen Namenszusatz führen, aber aus ihrem Doppelnamen nur *einen* Namensbestandteil. Sie kann sich also auch unter dem Aspekt des § 1355 V nennen: Singer-Jäger, Jäger-Singer, Meister-Jäger, Jäger-Meister.

5. Kapitel. Das eheliche Güterrecht

Literatur: *U. Börger/ L. Engelsing*, Eheliches Güterrecht, 2. Aufl., 2005; *M. Klein* (Hrsg.), Handbuch Familienvermögensrecht, 2. Aufl. 2015; *L. Bergschneider* (Hrsg.), Familienvermögensrecht, 3. Aufl. 2016; *W. Schulz/ J. Hauß*, Vermögensauseinandersetzung bei Trennung und Scheidung, 6. Aufl. 2015. Ferner vor → Rn. 272 und → Rn. 322.

§ 29. Übersicht

I. Begriff und Bedeutung

Das eheliche Güterrecht regelt einen gesonderten Teilbereich der **216** vermögensrechtlichen Beziehungen unter Ehegatten. Es entscheidet darüber, inwieweit sich die Ehe auch als Gemeinschaft des Vermögens und der Vermögensverwaltung verwirklicht.

Nicht alle vermögensrechtlichen Beziehungen unter Ehegatten sind güterrechtlicher Art. Es sind zu unterscheiden:

– Wirkungen **aufgrund des Güterrechts** (des maßgeblichen Güterstandes) und

– eherechtliche Wirkungen, **die ohne Rücksicht auf das Güterrecht** (den Güterstand) eintreten (z. B. Unterhaltspflicht, Schlüsselgewalt).

– Darüber hinaus sind vermögensrechtliche Beziehungen unter den Ehegatten denkbar, die überhaupt nicht im Eherecht begründet sind, sondern **auf dem allgemeinen bürgerlichen Vermögensrecht** beruhen (z. B. Rechtsgeschäfte wie Arbeits- und Gesellschaftsverträge).

Der Verschiedenheit der Lebensverhältnisse entsprechend legt das **217** BGB die Ehegatten nicht zwingend auf ein bestimmtes güterrechtliches Modell (**= Güterstand**) fest. Vielmehr gestaltet es den für durchschnittliche Verhältnisse gedachten Güterstand der Zugewinngemeinschaft als **gesetzlichen Güterstand** aus (§§ 1363–1390). Dieser ist maßgeblich, sofern nicht die Ehegatten einen anderen Güterstand vereinbaren. In den Vorschriften über das **vertragsmäßige Güterrecht** (§§ 1408–1563) wird sodann angefügt, in welcher Form und in welchen Grenzen die Ehegatten ihre güterrechtlichen Verhältnisse abweichend vom gesetzlichen Güterrecht regeln können. Dabei werden zwei Alternativen zur Zugewinngemeinschaft herausgestellt: Die **Gütertrennung** (§ 1414) und die **Gütergemeinschaft** (§§ 1415– 1518). Da diese Güterstände vom Gesetz ausdrücklich zur Wahl gestellt sind, werden sie als **Wahlgüterstände** bezeichnet.

Zur Lage in den **neuen Bundesländern:** In der DDR galt der gesetzliche **218** Güterstand der Eigentums- und Vermögensgemeinschaft (§ 13 FGB). Die von einem oder beiden Ehegatten während der Ehe durch Arbeit oder aus Arbeitseinkünften erworbenen Sachen, Vermögensrechte und Ersparnisse gehörten danach beiden Ehegatten gemeinsam. Bei Beendigung der Ehe war das gemeinschaftliche Eigentum und Vermögen aufzuteilen (§ 39 FGB). Der Einigungsvertrag sah vor, dass die Ehegatten, die am Stichtag des 3.10.1990 in dem gesetzlichen Güterstand der DDR gelebt hatten, von diesem Zeitpunkt in den Güterstand der Zugewinngemeinschaft überwechseln (Art. 234 § 4 I EGBGB). Doch konnte jeder Ehegatte bis zum Ablauf von zwei Jahren dem Gericht gegenüber erklären, dass der bisherige gesetzliche Güterstand fortgelten solle (Art. 234 §§ 4, 4a EGBGB). Soweit dies geschehen ist, bleibt das Güterrecht des FGB maßgeblich.

Aufgrund eines **deutsch-französisches Abkommens** ist ferner der **Wahlgüterstand einer Zugewinngemeinschaft** geschaffen, dessen Regelung in einigen Punkten vom deutschen gesetzlichen Güterstand abweicht (Gesetz vom 15.3.2012 – BGBl. I S. 178). Dieser Güterstand hat in Deutschland noch keine erhebliche Bedeutung erlangt.

II. Der gesetzliche Güterstand: Zugewinngemeinschaft (Überblick)

219   **1. Grundgedanke.** Die Zugewinngemeinschaft (§§ 1363–1390) stellt eine spezifische Beziehung zwischen der Ehe und dem Vermögenserwerb während der Ehe her: Was die Ehegatten im Laufe der Ehe erwirtschaften, wird als von beiden gleichermaßen „verdient" angesehen. Insbesondere gelten auch die Tätigkeit der Hausfrau oder des Hausmannes und die Betreuung der Kinder als Beiträge zur gemeinsamen Vermögensbildung, die eine Beteiligung am Zugewinn des anderen Teils rechtfertigt.

220   **2. Struktur.** Dieser Grundgedanke ist freilich nicht in einer dinglichen Form durchgeführt, etwa in der Weise, dass das in der Ehe erworbene Vermögen zu einem Gesamtgut verschmelzen würde. Vielmehr sieht das Gesetz folgende Lösung vor:

a) Jeder Ehegatte bleibt nach Eintritt des Güterstandes alleiniger Inhaber seines Vermögens. Auch das, was er während des Güterstandes hinzuerwirbt, wird ihm zugeordnet (insoweit wie bei der Gütertrennung, § 1363 II 1 Hs. 2).

b) Jeder verwaltet sein Vermögen selbst (§ 1364) und in eigener Verantwortung. Zum Schutze des Partners bestehen lediglich einige Verpflichtungs- und Verfügungsbeschränkungen (§§ 1365–1369).

c) Erst bei Auflösung der Ehe wird die gegenseitige Teilhabe am Zuerwerb realisiert, und zwar entweder durch **Erhöhung des Erbrechts** (§ 1371) oder durch einen **schuldrechtlichen Ausgleichsanspruch** desjenigen Ehegatten, der während der Ehe den geringeren Zugewinn erzielt hat (§ 1363 II 2, § 1378).

3. Zugewinnausgleich durch Erbrecht. a) Für den nach wie vor 221
häufigsten Fall der Beendigung der Zugewinngemeinschaft, nämlich
durch Tod eines Ehegatten, wollte der Gesetzgeber die Komplikationen der Zugewinnberechnung möglichst vermeiden. Anstelle des
Ausgleichsanspruchs bietet das Gesetz eine „erbrechtliche Lösung"
an: Der gesetzliche Erbteil des Überlebenden wird um $^1/_4$ der Erbschaft erhöht (§ 1371 I). Die Erhöhung des Erbteils wirkt sich auch
auf das Pflichtteilsrecht aus (§ 1371 II). Dem überlebenden Ehegatten kommt das gesteigerte Erb- und Pflichtteilsrecht ohne Rücksicht darauf zu, ob er während des Güterstandes den geringeren
oder größeren Zugewinn erzielt hat (§ 1371 I Hs. 2). Auch wenn
die Ehe nur wenige Tage bestanden hat, tritt die Wirkung des
§ 1371 I ein!

b) Wird freilich der überlebende Ehegatte **nicht Erbe** und steht 222
ihm auch **kein Vermächtnis** zu, so ist für eine erbrechtliche Verwirklichung des Zugewinnausgleichs kein Raum. Es bleibt bei der güterrechtlichen Lösung der §§ 1373 ff. Hat der Überlebende den geringeren Zugewinn erzielt, so steht ihm der Zugewinnausgleichsanspruch
(§ 1371 II Hs. 1) gegen die Erben des Verstorbenen zu. Erzielte er
umgekehrt den höheren Zugewinn, so findet ein Ausgleich nicht
statt; die Erben erhalten nicht etwa einen Zugewinnausgleichsanspruch gegen den Überlebenden. Die Wirkungen des § 1371 II treten
ein, gleichgültig auf welchen Gründen der Ausschluss von der Erbfolge beruht. Der Ehegatte kann die Lage des § 1371 II selbst herbeiführen, indem er die Erbschaft oder das ihm zugewendete Vermächtnis ausschlägt (§ 1953 I).

4. Zugewinnausgleich durch schuldrechtlichen Ausgleichsan- 223
spruch. Soweit der Zugewinnausgleich nicht gemäß § 1371 I erbrechtlich verwirklicht wird, wird er in Form eines schuldrechtlichen
Ausgleichsanspruchs durchgeführt („Zugewinnausgleich in anderen
Fällen", §§ 1372 ff.). Es handelt sich um einen **einseitigen Anspruch**
desjenigen Ehegatten, der während des Güterstandes in seinem Vermögen einen geringeren Wertzuwachs erwirtschaftet hat. Der Anspruch geht auf Zahlung der Hälfte des Wertunterschieds. Der Anspruch muss vom Berechtigten durch Antrag beim Familiengericht
gegen den Ehegatten mit dem höheren Zugewinn geltend gemacht
werden. Im Regelfall setzt der Anspruch voraus, dass die Ehe geschieden oder sonst aufgelöst wird. Nur ausnahmsweise ist ein „vorzeitiger Zugewinnausgleich" unabhängig von der Auflösung der Ehe

zugelassen (§§ 1385–1387). Die Regeln des gesetzlichen Güterstandes werden nachfolgend (→ Rn. 246 ff.) näher erläutert

III. Der Wahlgüterstand der Gütertrennung

224   **1. Struktur.** Die Gütertrennung ist von der Vorstellung geprägt, dass die Ehe mit dem Vermögen beider Ehegatten grundsätzlich nichts zu tun haben soll. Die Vermögensbereiche der beiden Ehegatten sind daher getrennt. Jeder Ehegatte bleibt alleiniger Inhaber der in die Ehe mitgebrachten Vermögensrechte. Was er während der Ehe durch Arbeit oder aus seinem Vermögen erwirbt, gehört ihm. Jeder verwaltet sein Vermögen selbstständig. Es bestehen auch keine aus der Ehe hergeleiteten Verfügungs- und Verpflichtungsbeschränkungen. Auch haftet jeder für seine Schulden ausschließlich selbst. Bei der Eheauflösung findet kein Ausgleich der in der Ehe erwirtschafteten Vermögenszugewinne statt. Wohl aber kommt es trotz Gütertrennung zum Versorgungsausgleich, sofern dieser nicht durch ausdrückliche Vereinbarung ausgeschlossen wurde (§ 1408 II/§ 6 I Nr. 1 VersAusglG). Die Vereinbarung der Gütertrennung empfiehlt sich dort, wo das Erwerbsgeschehen bei einem Ehegatten die familiäre Dimension weit überschreitet, etwa bei Inhabern großer Betriebe oder Kapitalvermögen.

225   **2. Pflichten der ehelichen Lebensgemeinschaft.** Völlig beziehungslos stehen die Vermögenssphären beider Ehegatten auch in der Gütertrennung nicht nebeneinander. Die allgemeinen Pflichten der ehelichen Lebensgemeinschaft gelten auch in diesem Güterstand, so die Pflicht, dem anderen Ehegatten Mitgebrauch und Mitbesitz an der Wohnung und den Hausratsgegenständen zu überlassen (→ Rn. 114), oder die Pflicht, bei der Durchsetzung von Rechten auf die Interessen des Partners die gebührende Rücksicht zu nehmen (→ Rn. 119). Schlüsselgewalt und Unterhaltspflicht bestehen uneingeschränkt.

226   **3. Allgemeine Vermögensbeziehungen unter den Ehegatten.** Auch bei Gütertrennung können die Ehegatten nach allgemeinem Zivilrecht gemeinsames Vermögen durch Rechtsgeschäft bilden. So können sie Haushaltsgegenstände zu Miteigentum erwerben, desgleichen Grund- und Wohnungseigentum. Gesamthandsvermögen kann in Form einer BGB- oder Handelsgesellschaft geschaffen werden. Die Rechtsbeziehungen zwischen den Partnern richten sich dann grundsätzlich nach den allgemeinen Regeln, so die Bruchteilsgemeinschaft nach §§ 741 ff., 1008 ff. Ebenso können beliebige schuldrechtliche Geschäfte unter Ehegatten getätigt werden, etwa Darlehen gewährt oder Sachen vermietet werden. Es gelten dann die Vorschriften des Schuldrechts auch für Ehegatten. Besonders wichtig ist: Auch bei Gütertrennung können unter den Ehegatten bei Scheitern der Ehe die speziellen Ausgleichsansprüche nach den Grundsätzen der **Innengesellschaft,** des **Wegfalls der Geschäftsgrundlage einer ehebedingten Zuwendung** oder der **Zweckverfehlungskondiktion** entstehen (BGH FamRZ 2012, 1789 Rn. 26; Näheres → Rn. 322 ff.).

IV. Der Wahlgüterstand der Gütergemeinschaft

1. Gesamtgut. Die Gütergemeinschaft (§§ 1415–1482) sieht die Ehegatten auch im Bereich des Vermögens als Einheit. Mit Beginn dieses Güterstandes verschmelzen die bisher jedem einzelnen zugeordneten Vermögensmassen zu einem gemeinschaftlichen Vermögen (Gesamtgut, § 1416 I 1) in Form der Gesamthandsgemeinschaft. Auch das während der Gütergemeinschaft Hinzuerworbene fällt in das Gesamtgut (§ 1416 I 2). Beide Partner haben, sofern nichts anderes vereinbart ist, hinsichtlich des Gesamtgutes die gleichen Rechte und Pflichten, gleichgültig ob sie viel oder wenig dazu beigetragen haben. Sie unterliegen einer strengen gegenseitigen Bindung: Ein Ehegatte kann weder über seinen Anteil am Gesamtgut noch über seinen Anteil an den dazu gehörenden Einzelgegenständen verfügen (§ 1419 I). | 227

2. Universalsukzession. Das Gesamtgut entsteht bei Eintritt des Güterstandes nicht etwa dadurch, dass jeder Ehegatte die ihm gehörigen Gegenstände durch einzelne Verfügungen in die Gesamthandsgemeinschaft überträgt, sondern durch Universalsukzession (§ 1416 II). Mit Eintritt des Güterstandes gehen die dem einzelnen Ehegatten bisher gehörenden Gegenstände automatisch in das gemeinschaftliche Vermögen über. Hat ein Ehegatte Eigentum an einem Grundstück, das nun in das Gesamtgut fällt, so ist das Grundbuch zu berichtigen (vgl. § 1416 III). Auch das während des Güterstandes von einem Ehegatten Erworbene fällt in das Gesamtgut. Der Ehegatte, der in seiner Person die Voraussetzungen für einen Eigentumserwerb erfüllt (z. B. nach § 929), wird auch nicht zunächst (für eine „juristische Sekunde") Alleineigentümer, vielmehr erwirbt er unmittelbar das Gesamtgut (str.). | 228

229   **3. Sonder- und Vorbehaltsgut.** Bestimmte Vermögensteile bleiben außerhalb des Gesamtguts und daher dem einzelnen Ehegatten zugeordnet:

a) Das **Sondergut** (§ 1417), d. h. die Gegenstände, die nicht durch Rechtsgeschäft übertragen werden können (z. B. Nießbrauchsrecht, § 1059);

b) das **Vorbehaltsgut** (§ 1418). Es sind dies Gegenstände, die aa) durch Ehevertrag zum Vorbehaltsgut erklärt worden sind oder die bb) ein Ehegatte von Todes wegen oder durch unentgeltliche Zuwendung eines Dritten erwirbt, wenn der Erblasser oder der Zuwender bestimmt hat, dass der Erwerb Vorbehaltsgut sein soll; oder cc) die kraft Surrogation in das Vorbehaltsgut fallen (§ 1418 II).

Insgesamt können also fünf gesonderte Vermögensmassen entstehen (Gesamtgut und je zwei Sonder- und Vorbehaltsgüter). Dieser Umstand bedingt Komplikationen. Jeder Ehegatte kann von einem vermögensrechtlichen Vorgang in doppelter Weise betroffen sein: 1) als Mitberechtigter des Gesamtguts; 2) als Inhaber seines persönlichen Vermögens (= Vorbehalts- und Sondergut). Die unterschiedlichen „Rollen" ermöglichen auch Rechtsbeziehungen zwischen den Ehegatten als Gesamthänder einerseits und dem einzelnen Ehegatten als Inhaber seines persönlichen Vermögens andererseits (vgl. § 1445).

230   **4. Verwaltung des Gesamtguts.** Das Gesamtgut wird *gemeinschaftlich* verwaltet, wenn nicht durch Ehevertrag die Verwaltung einem Ehegatten allein übertragen ist (§ 1421). Die gemeinschaftliche Verwaltung bedeutet im weiten Umfang die Notwendigkeit gemeinsamen Handelns (§§ 1450 I, 1451) und damit eine Schwerfälligkeit im geschäftlichen Verkehr (Ausnahmen: §§ 1450 II, 1454, 1455). Die Alleinverwaltung durch einen Ehegatten bedingt andererseits eine starke Bevormundung des nichtverwaltenden Partners (vgl. § 1422, Einschränkungen in §§ 1423–1432).

231   **5. Schuldenhaftung.** Die Schuldenhaftung ist unterschiedlich gestaltet, je nachdem, ob beide Ehegatten oder einer allein das Gesamtgut verwaltet. Übereinstimmende Grundregeln:

a) Für die Verbindlichkeiten jedes Ehegatten haftet das Gesamtgut (§ 1459 I und § 1437 I; Ausnahmen: §§ 1460–1462; 1438–1440).

b) Jeder Ehegatte haftet für die ihn treffenden Verbindlichkeiten außerdem mit seinem persönlichen Vermögen.

c) Darüber hinaus ist die Haftung eines Ehegatten mit seinem persönlichen Vermögen auch für die Schulden des anderen vorgesehen, und zwar aa) bei gemeinschaftlicher Verwaltung grundsätzlich für beide Ehegatten, § 1459 II; bb) bei Alleinverwaltung nur für den verwaltenden Teil, § 1437 II.

6. Beendigung. Die Gütergemeinschaft kann durch Ehevertrag 232 oder aufgrund einseitigen Aufhebungsverlangens durch gerichtliche Entscheidung (§§ 1447–1449, 1469, 1470) beendet werden. Sie endet ferner mit Auflösung der Ehe. Doch kann für den Fall des Todes eines Ehegatten im Ehevertrag vorgesehen sein, dass die Gütergemeinschaft zwischen dem überlebenden Teil und den gemeinsamen Abkömmlingen fortgesetzt wird (**fortgesetzte Gütergemeinschaft,** §§ 1483–1518). Die fortgesetzte Gütergemeinschaft ersetzt eine Erbfolgeregelung hinsichtlich des Gesamtguts und zielt auf die Erhaltung des Familienvermögens.

§ 30. Eheverträge

Literatur: *L. Bergschneider,* Verträge in Familiensachen, 5. Aufl. 2014; *G. Brambring,* Ehevertrag und Vermögenszuordnung unter Ehegatten, 7. Aufl. 2012; *H. Göppinger/U. Börger,* Vereinbarungen anlässlich der Ehescheidung, 10. Aufl. 2013; *G. Langenfeld/ L. Milzer,* Handbuch der Eheverträge und Scheidungsvereinbarungen, 7. Aufl. 2014; *Chr. Münch,* Ehebezogene Rechtsgeschäfte, 4. Aufl. 2015; *W. Bayer/ E. Koch* (Hrsg.), Scheidungsfolgenvereinbarungen, 2016; *S. Lettmaier,* Freiheit und Bindung in der Ehe, in: *D. Klippel et al.* (Hrsg.), Grundlagen und Grundfragen des Bürgerlichen Rechts, 2016, 73; *A. Röthel,* Autonomie im Familienrecht der Gegenwart, JZ 2017, 116. **Zur richterlichen Vertragskontrolle insbesondere:** *E. Wiemer,* Inhaltskontrolle von Eheverträgen, 2007; *G. Brudermüller,* FS Hahne, 2012, 121; *H. Büttner,* FamRZ 1998, 1; *I. Schwenzer,* AcP 196 (1996), 88; *D. Schwab,* FS Holzhauer, 2005, 410; *L. Bergschneider,* FamRZ 2010, 1857; *ders.,* FS Hahne, 2012, 113; *B. Dauner-Lieb,* AcP 2010, 580; *C.-E. Mecke,* AcP 2011, 886; *M. Braeuer,* FamRZ 2014, 77; *R. Kanzleiter,* FamRZ 2014, 998; *R. Hoppenz,* FamRZ 2015, 630. **Rechtsvergleichung:** *S. Hofer/D. Schwab/D. Henrich* (Hrsg.), From Status to Contract? Die Bedeutung des Vertrages im europäischen Familienrecht, 2005.

I. Vertragsfreiheit. Form des Ehevertrags

Im Güterrecht herrscht grundsätzlich Vertragsfreiheit: Die Ehe- 233 gatten können ihre güterrechtlichen Verhältnisse durch Ehevertrag regeln (§ 1408 I). Außerdem kann durch Ehevertrag der Versorgungsausgleich ausgeschlossen werden (§ 1408 II BGB, § 6 I Nr. 2 Vers-

AusglG). Das Prinzip der Vertragsfreiheit bestimmt auch die Frage, welchen Inhalt ein Ehevertrag haben kann. Der Ehevertrag ist **form-gebunden:** Er muss bei gleichzeitiger Anwesenheit beider Teile zur Niederschrift eines Notars geschlossen werden (§ 1410).

II. Mögliche Inhalte

234   a) Die Ehegatten (Verlobten) können statt der Zugewinngemein-schaft einen der vom Gesetz angebotenen **Wahlgüterstände** bestim-men (§§ 1414, 1415). Durch Verweisung auf früheres oder ausländi-sches Recht kann der Güterstand nicht bestimmt werden (§ 1409).

b) Die Ehegatten können nach Eingehung der Ehe den gesetzlichen oder den gewählten **Güterstand ändern,** § 1408 I.

c) Sie können sich damit begnügen, den **gesetzlichen Güterstand auszuschließen** oder später (§ 1408 I) **aufzuheben.** Dann tritt Güter-trennung ein, falls sich nicht aus dem Ehevertrag etwas anderes ergibt (§ 1414 S. 1). Umstritten ist, ob dann die Gütertrennung als Ersatzgü-terstand eintritt, wie die h. M. meint, oder ob § 1414 S. 1 eine Regel für die Auslegung des Parteiwillens darstellt, wie m. E. richtig ist.

d) Die Ehegatten können sich ferner darauf beschränken, den **Aus-gleich des Zugewinns auszuschließen** (in diesem Fall also nicht den gesetzlichen Güterstand insgesamt, aber seine wesentlichste Wir-kung). Dann tritt nach § 1414 S. 2 gleichfalls Gütertrennung ein, sofern sich nicht aus dem Ehevertrag etwas anderes ergibt. Güter-trennung tritt ferner ein, wenn eine vordem bestehende **Güterge-meinschaft aufgehoben** wird.

235   e) Weiterhin kann der Ehevertrag **einzelne gesetzliche Regelungen des Güterrechts verändern oder ergänzen,** soweit sie nachgiebig sind (z. B.: Begrenzung des Zugewinnausgleichsanspruchs auf eine bestimmte Höhe, Festlegung des Anfangsvermögens). Auch die **Gü-tergemeinschaft** kann durch Ehevertrag näher gestaltet werden. Er-klären die Ehegatten die gesamten im Zeitpunkt des Vertragsab-schlusses vorhandenen Vermögensgegenstände gemäß § 1418 II Nr. 1 zum Vorbehaltsgut, so bedeutet dies praktisch die Wahl der **Errun-genschaftsgemeinschaft** als einer Sonderform der Gütergemein-schaft.

f) Ein Ehegatte kann dem anderen durch Vertrag **die Verwaltung seines Vermögens überlassen.** Dazu ist kein Ehevertrag nötig, doch kann das Recht, die Überlassung jederzeit zu widerrufen, nur durch Ehevertrag ausgeschlossen oder beschränkt werden (§ 1413 Hs. 1).

Der Widerruf aus wichtigem Grund kann überhaupt nicht wirksam abbedungen werden (§ 1413 Hs. 2).

g) Welche **güterrechtlichen Regelungen darüber hinaus** getroffen werden können, ist streitig. Zum Teil ist die Auffassung vertreten worden, die Ehegatten seien an die im Gesetz ausdrücklich genannten Güterstände gebunden, könnten also weder völlig neue noch gemischte Güterstände wirksam vereinbaren (Typenzwang). Auch sollen die im Gesetz genannten Güterstände nicht in einer ihrem Wesen widersprechenden Weise verändert werden können. Demgegenüber besteht kein Anlass, die Gestaltungsmöglichkeiten unnötig einzuschränken. Es gibt freilich allgemeine zwingende Rechtsformen des bürgerlichen Vermögensrechts, von denen durch Ehevertrag nicht abgewichen werden kann. So können etwa Gesamthandsvermögen nur in den gesetzlich vorgesehenen Fällen (hier also in Form der Gütergemeinschaft) gebildet werden. Ferner können die Ehegatten durch einen Ehevertrag nicht in die Rechtsstellung Dritter nachteilig eingreifen.

III. Richterliche Vertragskontrolle

1. Die Rechtsprechung des BVerfG. Das BVerfG (FamRZ 2001, **236** 343 und 985) hat für die Privatautonomie bei Eheverträgen und Scheidungsvereinbarungen Grundsätze aufgestellt, die sicherstellen sollen, dass nur solche Verträge uneingeschränkte Geltung beanspruchen können, die auf der **wirklichen Selbstbestimmung** beider Parteien beruhen. Zwar gilt auch bei Eheverträgen die Vertragsfreiheit, doch haben die Gerichte dort Grenzen zu setzen, wo der Vertrag nicht Ausdruck und Ergebnis gleichberechtigter Partnerschaft ist, sondern eine auf ungleichen Verhandlungspositionen basierende **einseitige Dominanz** eines Ehegatten widerspiegelt. Es ist nach Meinung des BVerfG Aufgabe der Gerichte, in solchen Fällen gestörter Vertragsparität über die zivilrechtlichen Generalklauseln (§ 138 I, § 242) den Inhalt des Vertrages einer Kontrolle zu unterziehen und gegebenenfalls zu korrigieren. Konkret handelte es sich um Fälle, in denen vor der Heirat Ehevereinbarungen geschlossen wurde, welche die Frau stark benachteiligten (Gütertrennung, Ausschluss des Versorgungsausgleichs, gegenseitiger Unterhaltsverzicht für den Fall der Scheidung, u. a. m.), und zwar zu einem Zeitpunkt, in dem die Frau schwanger war und sich daher in einer besonderen Belastungssituation befand. Die Grundsätze des BVerfG gelten indes nicht nur für diese spezielle Konstellation.

237   2. Die Rechtsprechung des BGH. Auf dieser Grundlage hat der BGH (FamRZ 2004, 601; 2005, 691; 2013, 195; 2014, 629) ein regelrechtes System der gerichtlichen Kontrolle von Eheverträgen und Scheidungsvereinbarungen entwickelt. Nach Auffassung des BGH darf der Schutzzweck der gesetzlichen Regelungen nicht beliebig durch vertragliche Vereinbarungen unterlaufen werden. Das wäre der Fall, wenn dadurch eine evident einseitige und durch die individuelle Gestaltung der ehelichen Lebensverhältnisse nicht gerechtfertigte Lastenverteilung entstünde, die hinzunehmen für den belasteten Ehegatten bei verständiger Würdigung des Wesens der Ehe unzumutbar erscheint. Die Prüfung dieser Frage erfolgt in zwei Stufen:

– Zunächst ist eine **Wirksamkeitskontrolle (§ 138 I)** durchzuführen. Hier ist zu prüfen, ob die Vereinbarung schon im Zeitpunkt ihres Zustandekommens offenkundig zu einer derart einseitigen Lastenverteilung für den Scheidungsfall führt, dass ihr – losgelöst von der künftigen Entwicklung der Ehegatten und ihrer Lebensverhältnisse – wegen Verstoßes gegen die guten Sitten die Anerkennung der Rechtsordnung ganz oder teilweise zu versagen ist (§ 138 I). Dabei ist eine Gesamtwürdigung vorzunehmen, die außer dem objektiven Element (einseitige Lastenverteilung) auch die Zwecke und Beweggründe der Vereinbarung einbezieht (BGH FamRZ 2014, 629 Rn. 17). Ist der Vertrag sonach unwirksam, so treten an die Stelle des Vereinbarten die gesetzlichen Regelungen.

– Hält die Vereinbarung der Wirksamkeitskontrolle stand, so wird im Rahmen einer **Ausübungskontrolle (§ 242)** geprüft, ob und inwieweit ein Ehegatte die ihm vertraglich eingeräumte Rechtsmacht missbraucht, wenn er sich im Scheidungsfall auf den Inhalt des Vertrages beruft. Dafür sind nicht nur die Verhältnisse im Zeitpunkt des Vertragsschlusses maßgebend. Entscheidend ist vielmehr, ob sich nunmehr – im Zeitpunkt des Scheiterns der Lebensgemeinschaft – aus dem Vertragsinhalt eine für den anderen Ehegatten unzumutbare Lastenverteilung ergibt. Hierher gehören vor allem Fälle, in denen sich die Lebensverhältnisse der Ehegatten anders entwickelt haben, als diese bei Vertragsschluss vorausgesehen hatten (§ 313).

238   3. Die Theorie vom Kernbereich des Scheidungsfolgenrechts. Der BGH konkretisiert das entscheidende Wertungselement der einseitigen Lastenverteilung durch eine Gewichtung der Scheidungsfolgen: In den Kernbereich des Scheidungsfolgenrechts gehören danach an erster Stelle der nacheheliche Unterhaltsanspruch wegen Kindesbetreuung (§ 1570), nachfolgend an zweiter Stelle der nacheheliche Unterhaltsanspruch wegen Alters und Krankheit (§§ 1571, 1572). Diesem in etwa gleich steht der Versorgungsausgleich, während der gesetzliche Güterstand des Zugewinnausgleichs nicht dem Kernbereich zugeordnet wird. Die gerichtliche Wirksamkeits- und Ausübungskontrolle fällt umso strenger aus, je mehr der genannte Kernbereich tangiert wird. Die Annahme einer Sittenwidrigkeit des Vertrages kommt in der Regel nur in Betracht, wenn Regelungen aus dem Kernbereich ganz oder zu erheblichen Teilen abbedungen werden, ohne dass dieser Nachteil durch anderweitige Vorteile gemildert oder durch konkrete Umstände gerechtfertigt wird (BGH FamRZ 2014, 629 Rn. 17).

4. Reichweite der Rechtsprechung. Die beschriebene Rechtsprechung betrifft nicht nur Eheverträge, sondern darüber hinaus alle Vereinbarungen über die Folgen einer möglichen Scheidung. Nachdem das Güterrecht nicht dem Kernbereich zugeordnet ist, hält die Vereinbarung der Gütertrennung in der Regel der gerichtlichen Kontrolle stand (vgl. BGH FamRZ 2008, 386; 2013, 269 Rn. 17 ff.; 2014, 629, Rn. 32). Demgegenüber ist der vertragliche Ausschluss der Versorgungsausgleichs eher von einer richterlichen Korrektur bedroht (dazu BGH FamRZ 2005, 185; 2014, 629 Rn. 18 ff.). Vorsicht ist vor allem bei der *Häufung von Verzichten* (Gütertrennung, Ausschluss des Versorgungsausgleichs, benachteiligende Unterhaltsvereinbarungen) geboten. Eine Gesamtwürdigung kann in solchen Fällen zu einer richterlichen Vertragskorrektur führen. Die Sittenwidrigkeit des Vertrages nimmt der BGH aber nur an, wenn das Zusammenspiel einseitig belastender Regelungen die Dominanz eines Ehegatten bei Vertragsschluss widerspiegelt (BGH FamRZ 2013, 269 Rn. 27; 2014, 629 Rn. 39; 2017, 884 Rn. 39 f.). Das kann sich auch aus der sozialen und wirtschaftlichen Abhängigkeit des benachteiligten Partners ergeben (BGH FamRZ 2017, 884 Rn. 42). Zum Verzicht auf Geschiedenenunterhalt → Rn. 494 ff.

IV. Vermögensrechtliche Verträge außerhalb des Güterrechts

Die Ehegatten sind nicht gehindert, außerhalb des Güterrechts Rechtsgeschäfte allgemeiner Art miteinander abzuschließen, wie sie zwischen beliebigen Personen vorkommen können (Darlehen, Schenkungen, Gesellschaftsverträge, → Rn. 322 ff.). Solche Geschäfte bedürfen nicht der Form des § 1410, auch wenn sie auf eine grundlegende Gestaltung der vermögensrechtlichen Verhältnisse unter den Ehegatten abzielen.

Beispiel: Ein Ehepaar lebt im gesetzlichen Güterstand. Aus Mitteln des Mannes werden Wertpapiere gekauft, die zu Miteigentum beider Ehegatten zu je 1/2 erworben werden, um die Versorgung auch der Ehefrau im Alter sicherzustellen. Obwohl dieser Erwerb einen Sinnbezug zur Ordnung der vermögensrechtlichen Beziehungen unter den Ehegatten aufweist, ist die Formvorschrift des § 1410 nicht einschlägig.

§ 31. Das Güterrechtsregister

241   **1. Zweck des Registers.** Bei den Amtsgerichten werden Güterrechtsregister geführt (§§ 1558–1563), in die auf Antrag der Ehegatten Eintragungen über die güterrechtlichen Verhältnisse erfolgen. Zweck des Registers ist es,

a) die güterrechtlichen Verhältnisse zur Erleichterung des Rechts- und Geschäftsverkehrs offen zu legen (BGHZ 66, 203, 207) und

b) das für die Geschäftspartner der Ehegatten bestehende Risiko der Unkenntnis güterrechtlicher Regelungen klar abzugrenzen. Das Recht zur Einsicht in das Register besteht für jedermann (§ 1563). Die Eintragungen sind zu veröffentlichen (§ 1562).

Die Regelung des § 1412 hat einen auch zu Lasten Dritter wirkenden Effekt: Indem die Ehegatten güterrechtliche Bestimmungen eintragen lassen, wälzen sie das Risiko der Unkenntnis dieser Regelungen auf ihre Geschäftspartner ab.

242   **2. Eintragungsfähigkeit.** Eintragungsfähig sind güterrechtliche Regelungen (Vereinbarungen, aber auch durch Gesetz oder gerichtliche Entscheidung eintretende Rechtslagen), durch die der gesetzliche Güterstand ausgeschlossen oder geändert wird, ferner Ausgestaltungen der Wahlgüterstände (etwa die Bestimmung von Vorbehaltsgut, § 1418 IV) und schließlich die Beschränkung oder Ausschließung der Schlüsselgewalt (§ 1357 II 2/§ 1561 II Nr. 4). Zusätzliche Voraussetzung der Eintragungsfähigkeit ist, dass die Regelung die Rechtsstellung der Ehegatten gegenüber Dritten zu beeinflussen vermag (Außenwirkung, so BGHZ 66, 203, 207). Auch die Vereinbarung der Gütertrennung ist auf Antrag in das Register einzutragen, ferner

der Ausschluss des Zugewinnausgleichs (OLG Köln NJW-RR 1995, 390).

3. Negative Publizität. Dem Güterrechtsregister ist keine konsti- 243 tutive Wirkung beigelegt: Die ehevertraglichen Regelungen sind auch dann wirksam, wenn sie nicht eingetragen sind. Für Dritte, die mit einem Ehegatten ein Rechtsgeschäft abschließen oder einen Rechtsstreit führen (und nur für diese!) entfaltet das Register eine negative Publizität gemäß § 1412. Im Einzelnen gilt:

a) Auf die Richtigkeit von Eintragungen im Register können sich Dritte nicht allgemein verlassen, sie wird auch zugunsten ahnungsloser Geschäftspartner nicht unterstellt. Ist etwa der eingetragene Ehevertrag nichtig, so können die Ehegatten diese Nichtigkeit trotz der Eintragung unbeschränkt geltend machen. In derartigen Fällen kommt allerdings die Heranziehung allgemeiner Grundsätze der Vertrauenshaftung in Betracht, wenn die unrichtige Eintragung von den Ehegatten herbeigeführt oder schuldhaft nicht beseitigt wurde.

b) Eine Publizitätswirkung hat hingegen das **Schweigen des Regis-** 244 **ters**. Zugunsten der Geschäftspartner der Ehegatten wird angenommen,

– dass eintragungsfähige Regelungen, die nicht eingetragen sind, nicht bestehen;

– dass ferner eingetragene Regelungen nicht durch spätere eintragungsfähige Regelungen geändert oder aufgehoben sind, wenn dies aus dem Register nicht ersichtlich wird (§ 1412 II).

c) Die negative Publizität des § 1412 beschränkt sich auf folgende 245 Wirkung: Aus eintragungsfähigen, aber nicht eingetragenen Regelungen können die Ehegatten gegen das mit dem Dritten abgeschlossene Rechtsgeschäft keine Einwendungen herleiten, es sei denn, dass die Regelung dem Dritten zur Zeit der Vornahme des Rechtsgeschäfts bekannt war. Gleiches gilt für Einwendungen gegen ein rechtskräftiges Urteil, das zwischen einem Ehegatten und einem Dritten ergangen ist. Wichtig: § 1412 beschränkt sich darauf, den Ehegatten Einwendungen abzuschneiden. Die Vorschrift gestattet nicht etwa dem Dritten seinerseits, Einwendungen gegen das Rechtsgeschäft aus der unterbliebenen Eintragung herzuleiten.

Beispiele: 1. Ehemann hat die Schlüsselgewalt der Ehefrau ausgeschlossen, ohne dies eintragen zu lassen. Er wird gleichwohl aus Geschäften der Frau im Rahmen des § 1357 verpflichtet, wenn der Geschäftspartner vom Ausschluss der Schlüsselgewalt nichts wusste, § 1412 I/§ 1357 II 2.

2. Die Ehegatten haben zunächst Gütertrennung vereinbart und eintragen lassen. Später vereinbaren sie, den gesetzlichen Güterstand herzustellen, ohne dies eintragen zu lassen. Sodann verfügt ein Ehegatte ohne Zustimmung des anderen über einen Haushaltsgegenstand. Dem kenntnislosen Geschäftspartner gegenüber kann sich keiner der Ehegatten auf die Unwirksamkeit der Verfügung nach § 1369/§ 1366 berufen, § 1412 II.

3. Sind umgekehrt die Ehegatten von der Zugewinngemeinschaft auf die Gütertrennung übergegangen, ohne dies eintragen zu lassen, und verfügt ein Ehegatte über einen ihm gehörigen Haushaltsgegenstand ohne Zustimmung des anderen, so kann nicht etwa der Dritte die Unwirksamkeit des Geschäfts aus § 1369/§ 1366 mit der Begründung herleiten, die Gütertrennung sei nicht eingetragen gewesen.

§ 32. Rechtsgeschäftliche Beschränkungen in der Zugewinngemeinschaft

I. Übersicht

246   Wie gezeigt, bleibt im gesetzlichen Güterstand jeder Ehegatte Inhaber seines Vermögens (§ 1363 II 1), das er selbstständig verwaltet (§ 1364). Die selbstständige Verwaltung bedingt grundsätzlich rechtsgeschäftliche Bewegungsfreiheit in eigenen Vermögensangelegenheiten. Diese Freiheit unterliegt indes wichtigen Einschränkungen zum Schutz des Ehepartners. Für bestimmte Arten von Geschäften bedarf ein Ehegatte der Zustimmung des anderen, und zwar

a) für Geschäfte, mit denen er sich verpflichtet, über sein **Vermögen im Ganzen** zu verfügen oder mit denen er eine solche ohne Zustimmung des anderen eingegangene Verpflichtung erfüllen will, § 1365 I;

b) für Geschäfte, mit denen er über ihm gehörende **Gegenstände des ehelichen Haushalts** verfügen oder sich zu einer solchen Verfügung verpflichten will, § 1369 I.

247   Bis 1.9.2009 galt im gesetzlichen Güterstand eine **Surrogationsregel** (§ 1370): Haushaltsgegenstände, die anstelle von nicht mehr vorhandenen oder wertlos gewordenen Gegenständen angeschafft wurden, wurden *kraft Gesetzes* Eigentum des Ehegatten, dem die nicht mehr vorhandenen oder wertlos gewordenen Gegenstände gehört haben. Die Vorschrift ist ersatzlos gestrichen worden. Der Erwerb von Haushaltsgegenständen erfolgt nun also nach den allgemeinen Regeln des Sachenrechts. Wer Eigentümer eines angeschafften Haushaltsgegenstandes wird, richtet sich folglich nach dem erkennbaren Willen bei der Übereignung.

II. Zustimmungsbedürftige Geschäfte nach § 1365

Literatur: *H. Mülke,* AcP 161, 129; *F. Rittner,* FamRZ 1961, 1; *S. Braga,* FamRZ 1967, 652; *P. Finger,* JZ 1975, 461; *K. Tiedtke,* FamRZ 1976, 320; *O. Sandrock,* FS Bosch, 1976, 841; *M. Sudhof,* FamRZ 1994, 1152; *M. Schwab,* FS D. Schwab, 2005, 565.

1. Die betroffenen Geschäfte. Der Kreis der zustimmungsbedürf- **248** tigen Geschäfte umfasst drei Gruppen:

a) Geschäfte, mit denen sich ein Ehegatte *verpflichtet,* über sein *Vermögen im Ganzen* zu verfügen (z. B. Verkauf des gesamten Vermögens);

b) Geschäfte, mit denen ein Ehegatte eine *Verpflichtung zur Verfügung über sein Vermögen im Ganzen erfüllen* will, wenn er diese Verpflichtung ohne Zustimmung des anderen eingegangen ist;

Beispiel: Der Ehemann verkauft sein Vermögen ohne Zustimmung seiner Frau. Er will den Vertrag durch Übereignung der ihm gehörigen Grundstücke und durch Abtretung der ihm zustehenden Forderungen an den Käufer erfüllen. Hier ist nicht nur der Kaufvertrag zustimmungsbedürftig, sondern darüber hinaus jede einzelne Verfügung, mit der die Verkäuferpflicht erfüllt werden soll.

c) *Sonstige* rechtsgeschäftliche Vorgänge, die sich als *Verfügung über das Vermögen im Ganzen* darstellen, auch wenn ihnen kein zustimmungsbedürftiges Verpflichtungsgeschäft zugrunde liegt (z. B. ein Ehegatte überträgt alle ihm gehörigen Vermögensgegenstände unentgeltlich auf eine Stiftung).

Nicht zustimmungspflichtig sind hingegen Verfügungen, wenn der andere Ehegatte schon dem zugrunde liegenden Verpflichtungsgeschäft zugestimmt hat (z. B.: Ein Ehegatte verkauft mit Einwilligung des anderen sein Vermögen; die in Erfüllung dieses Verpflichtungsgeschäfts getätigten Übereignungen an den Käufer sind dann nicht zustimmungsbedürftig).

2. Die Bezogenheit auf das Vermögen im Ganzen. a) Der Begriff **249** „Verfügung über das Vermögen im Ganzen" bereitet Schwierigkeiten. Streng genommen gibt es im deutschen Recht eine Verfügung über ein Vermögen nur in Ausnahmefällen, etwa bei der Verfügung von Todes wegen, die in § 1365 I aber gerade nicht gemeint ist (BGH FamRZ 1969, 323, 325). Verfügungsgegenstand sind vielmehr die einzelnen Rechte (Spezialität). § 1365 I meint daher Verfügungen über einzelne Rechte, die *wirtschaftlich gesehen* das gesamte Vermögen eines Ehegatten ausmachen. Daraus folgt, dass auch die Verpflichtung zur Verfügung über einen einzigen Gegenstand (Verkauf eines Grundstücks) oder über eine Mehrheit von Einzelgegenständen (Verkauf einer Bibliothek) zustimmungsbedürftig sein *kann.* Hier schließen sich folgende Zweifelsfragen an.

250   b) Fraglich erscheint, ob der Wille der Parteien darauf gerichtet sein muss, das gesamte Vermögen des beteiligten Ehegatten zum Geschäftsgegenstand zu machen (Gesamttheorie). Verneinend die weitaus h. M.: § 1365 I ist schon dann anwendbar, wenn sich der Geschäftswille auf einen oder mehrere **Einzelgegenstände** bezieht, sofern diese *tatsächlich* das gesamte Vermögen des Ehegatten ausmachen (Einzeltheorie, BGHZ 35, 135, 143; 43, 174; 123, 93, 95; während bei § 311b III die Gesamttheorie vorherrschend ist).

251   c) Auf der Grundlage der Einzeltheorie ist weiterhin zweifelhaft, ob § 1365 auch dann angewendet werden soll, wenn ein Rechtsgeschäft Einzelgegenstände betrifft, die zwar wertmäßig nicht das ganze, aber doch **nahezu das ganze Vermögen** des Ehegatten ausmachen. Bejaht man das mit der h. M. (BGHZ 35, 135, 143; 43, 174), so bleibt fraglich, ab welcher Grenze man von „nahezu dem ganzen Vermögen" sprechen kann. Nach BGH (FamRZ 1980, 765) ist bei kleinen Vermögen der Tatbestand des § 1365 grundsätzlich nicht erfüllt, wenn dem Verfügenden wertmäßig 15 % seines Gesamtvermögens verbleiben. Bei größeren Vermögen wird diese Grenze auf 10 % herabgestuft (BGH FamRZ 2013, 948 Rn. 8). Bei Grundstücksgeschäften befürwortet man die Anwendbarkeit des § 1365 schon dann, wenn sonst nur bewegliches Vermögen vorhanden ist und der Grundstückswert $^7/_{10}$ des Gesamtvermögens überschreitet (s. § 30a III 2 ZVG). Es ist also ein Vergleich zwischen dem Wert des Geschäftsgegenstands und dem Wert des nichtbetroffenen Restvermögens durchzuführen. Bei diesem Vergleich ist nach h. M. die Gegenleistung, die der Ehegatte erhalten soll, außer Betracht zu lassen.

Die auf sicherem Arbeitsverhältnis begründete Erwartung künftigen Arbeitseinkommens wird nicht als Vermögen im Sinne des § 1365 I angesehen und daher auch nicht in den geschilderten Vermögensvergleich einbezogen (BGH FamRZ 1987, 909). Gleiches gilt für künftiges Renteneinkommen (BGH FamRZ 1989, 1051). Im Übrigen können aber gesicherte Anwartschaften auf den Erwerb bestimmter Vermögensgegenstände durchaus dem § 1365 unterfallen (BGH FamRZ 1996, 792: aufschiebend bedingte Abtretung eines GmbH-Geschäftsanteils).

252   d) Umstritten ist ferner, ob bei Geschäften über einzelne Gegenstände – der Einzeltheorie folgend – § 1365 immer schon dann anzuwenden ist, wenn das Geschäftsobjekt wertmäßig (nahezu) das ganze

Vermögen des beteiligten Ehegatten ausmacht (objektive Theorie) oder ob in der Person des Geschäftspartners ein **subjektives Element** hinzukommen muss. Die subjektive Theorie wird in mehreren Varianten vertreten: Teils wird positive Kenntnis der Vermögensverhältnisse des Ehegatten verlangt, teils lässt man Kenntnis und fahrlässige Unkenntnis oder Kenntnis und grobfahrlässige Unkenntnis genügen. Der BGH vertritt die subjektive Theorie in einer den Verkehrsbedürfnissen weit entgegenkommenden Ausprägung: Sofern es um Geschäfte über Einzelgegenstände geht, greift § 1365 nur dann ein, wenn der Vertragspartner *positiv weiß*, dass es sich beim Geschäftsgegenstand um das ganze oder nahezu das ganze Vermögen des Ehegatten handelt oder wenn er zumindest *die Verhältnisse kennt*, aus denen sich dies ergibt (BGHZ 43, 174, 177; 123, 93, 95; FamRZ 1996, 792). Die Kenntnis hat derjenige darzulegen und zu beweisen, der sich auf die Zustimmungsbedürftigkeit nach § 1365 beruft, in der Regel also der andere Ehegatte (BGHZ 43, 174, 177).

Fraglich ist die Rechtslage, wenn der Geschäftspartner bei Abschluss des 253 Verpflichtungsgeschäfts (z. B. Grundstückskauf) noch keine Kenntnis von den Vermögensverhältnissen des Ehegatten hatte, aber vor Erfüllung des Vertrags davon erfährt. M. E. wird das abgeschlossene Verpflichtungsgeschäft nicht mehr durch spätere Kenntniserlangung tangiert; das Erfüllungsgeschäft bedarf dann seinerseits nicht mehr der Zustimmung des anderen Ehegatten (so auch BayObLG FamRZ 1988, 503; BGH FamRZ 1989, 475). Die Frage ist jedoch sehr umstritten: z. T. wird die Meinung vertreten, die Erlangung der Kenntnis, dass es sich bei dem Grundstück um fast das ganze Vermögen des Veräußerers handele, schade dem Erwerber bis zum Vollzug der Eintragung im Grundbuch (OLG Saarbrücken FamRZ 1984, 587); erfährt der Erwerber also erst nach Abschluss des Kaufvertrags, aber vor Vollzug der Grundbucheintragung von den Vermögensverhältnissen des Veräußerers, so wären danach sowohl der Kaufvertrag als auch die Auflassung ohne Zustimmung des anderen Ehegatten unwirksam. Nach wiederum anderer Meinung schadet die Kenntniserlangung bis zu dem Zeitpunkt, da der Antrag auf Eintragung des Eigentümerwechsels (LG Oldenburg FamRZ 1979, 430) oder einer Auflassungsvormerkung (OLG Frankfurt a. M. FamRZ 1986, 275) beim Grundbuchamt eingeht. Zum Problem: *K. Tiedtke*, FamRZ 1988, 1007.

Weiß der Geschäftspartner nicht, dass sein Kontrahent überhaupt verheiratet ist, so wird er diesbezüglich nicht geschützt: § 1365 I kommt stets zum Zuge, auch wenn die Unkenntnis nicht verschuldet war (arg. § 1366 II 2).

3. Der Verfügungsbegriff. a) Zweifel bestehen darüber, welche 254 Arten von Verfügungen und diesen zugrunde liegenden Verpflichtungsgeschäften in § 1365 I gemeint sind. In erster Linie ist an **Veräußerungen** und Verpflichtungen hierzu gedacht, gleichgültig in welchem Zweckzusammenhang sie stehen. Zustimmungsbedürftig kann folglich auch der Abschluss eines Gesellschaftsvertrages sein, wenn sich der Ehegatte durch ihn verpflichtet, sein (nahezu) ganzes Vermögen auf die Gesellschaft zu übertragen. Auch die Änderung von Gesellschaftsverträgen sowie Rechtsgeschäfte, die das Ausscheiden aus einer Gesellschaft oder die Beendigung der Gesellschaft bewirken, können dem § 1365 I unterliegen.

255   b) Soll ein Gegenstand, der (nahezu) das ganze Vermögen eines Ehegatten ausmacht, mit einem **beschränkten dinglichen Recht belastet** werden, so müsste bei wörtlicher Auslegung § 1365 I grundsätzlich zur Anwendung kommen. Der Normzweck gebietet hier jedoch Einschränkungen. Nach h. M. werden nur solche Belastungen von § 1365 I erfasst, die den Wert der Sache gänzlich oder fast gänzlich ausschöpfen (z. B. Bestellung eines Grundpfandrechts, wenn es zusammen mit den vorgehenden Belastungen den Grundstückswert erschöpft, BayObLG FamRZ 1960, 31; BGH FamRZ 2012, 116 Rn. 6). Auch sind solche Belastungen nicht zustimmungspflichtig, die überhaupt erst den Erwerb des Gegenstandes ermöglichen, der das ganze Vermögen ausmacht.

Beispiel: Eine Ehefrau kauft ein Grundstück, sonst hat sie kein nennenswertes Vermögen. Da sie den Kaufpreis nur zu einem geringen Teil aus Eigenmitteln finanzieren kann, nimmt sie einen Kredit auf, der durch eine am Wert des Grundstücks weitgehend ausschöpfende Grundschuld gesichert wird. Weder die Kreditaufnahme noch die Belastung des Grundstücks mit der Grundschuld bedürfen der Zustimmung des anderen Ehegatten, weil die Belastung sich nur als Kehrseite des Grundstückserwerbs darstellt (vgl. BGH FamRZ 1996, 792, 794).

256   c) Zweifelhaft ist die Lage bei der Einräumung dinglicher **Nutzungsrechte.** Nach BGH FamRZ 1989, 1051 fällt die Belastung eines Grundstücks mit einem dinglichen Wohnrecht unter § 1365, wenn dadurch der Objektwert unter Berücksichtigung der übrigen Belastungen derart absinkt, dass dem verfügenden Ehegatten nur ein unwesentlicher Teil seines Gesamtvermögens verbleibt (vgl. auch BGH FamRZ 1993, 1302). In keinem Fall sind Vermietung und Verpachtung auch größerer Vermögenskomplexe zustimmungsbedürftig. § 1365 I erfasst ferner nicht die Bewilligung der Eintragung einer Auflassungsvormerkung (wegen der Akzessorietät der Vormerkung von dem zu sichernden Anspruch, s. BayObLG FamRZ 1976, 222). Andererseits kann bei der Veräußerung eines Grundstücks, welches das ganze Vermögen des Verfügenden ausmacht, das Zustimmungser-

fordernis zu verneinen sein, wenn dem Verfügenden zugleich ein
dingliches Wohnrecht vorbehalten wird (BGH FamRZ 2013, 607).

d) Für Auseinandersetzungen unter den Ehegatten aus Anlass von 257
Trennung und Scheidung ist wichtig, dass nach der Rechtsprechung
auch der **Antrag auf Teilungsversteigerung** des im Miteigentum
der Ehegatten befindlichen Grundstücks (§ 180 ZVG) dem § 1365
unterfallen kann, sofern der Grundstücksanteil fast das ganze Vermögen des Antragstellers ausmacht (BayObLG FamRZ 1996, 1013; a. A.
U. Gottwald, FamRZ 2006, 1075). Ein solcher Antrag ist freilich
nicht zustimmungsbedürftig, wenn er *nach* Rechtskraft des Scheidungsbeschlusses gestellt wird. Die Unwirksamkeit eines vor Auflösung des Güterstandes gestellten Antrags wird durch die nachfolgende Scheidung nicht geheilt (vgl. BGH FamRZ 1983, 1101).

e) Streitig ist die Behandlung von Geschäften, mit denen ein Ehe- 258
gatte **Zahlungsverbindlichkeiten** auf sich nimmt (Ankauf einer Sache, Aufnahme eines Darlehens, Bürgschaftserklärung, Abgabe eines
abstrakten Schuldversprechens etc.). Die Anwendung des § 1365 I
kann erwogen werden, wenn die eingegangene Verbindlichkeit ihrer
Höhe nach den Wert (nahezu) des ganzen Vermögens erreicht. Dem
Verfügungsbegriff in § 1365 I ist an sich Genüge getan: Der Zah-
lungsschuldner ist zur Verfügung über Geld in bestimmter Summen-
höhe verpflichtet. Gleichwohl verneint die h. M. in solchen Fällen generell die Anwendbarkeit des § 1365 (bezüglich der Bürgschaft BGH
FamRZ 1983, 455). Doch widerspricht dies dem Sinn der Norm,
denn gerade durch Bürgschaften können die wirtschaftliche Basis
der Ehe und ein eventueller Zugewinnausgleichsanspruch stark gefährdet werden (s. *M. Schwab*, unter Lit. vor → Rn. 248).

III. Zustimmungsbedürftige Geschäfte nach § 1369

1. Grundsatz. Ein Ehegatte kann über ihm gehörende **Gegen-** 259
stände des ehelichen Haushalts nur verfügen und sich zu einer solchen Verfügung nur verpflichten, wenn der andere Ehegatte einwilligt. Anders als in § 1365 I sind in § 1369 I die Verfügungen vor den
Verpflichtungen genannt, doch kommt darin kein sachlicher Unterschied zum Ausdruck. Zustimmungsbedürftig sind daher
a) alle Verpflichtungsgeschäfte, welche eine Verfügung über die genannten Gegenstände als Leistung vorsehen, sowie
b) Verfügungen über derartige Gegenstände, außer wenn eine bereits mit Zustimmung des anderen Ehegatten begründete Verpflichtung erfüllt werden soll.

260   **2. Gegenstände des ehelichen Haushalts.** Der Begriff „Gegenstände des ehelichen Haushalts" beschränkt sich auf Sachen, die dem
Gebrauch oder Verbrauch beider Ehegatten oder der Familie zu dienen bestimmt sind. Ausgenommen sind folglich Gegenstände, die den
persönlichen Bedürfnissen jeweils eines Ehegatten zugeordnet sind
(Kleidung, persönliche Hobbys, Arbeitsgeräte). Die jeweils konkrete
Bestimmung entscheidet: Das in erster Linie für Familienzwecke genutzte Automobil unterliegt dem § 1369, nicht aber das Berufsfahr-
zeug.

Grundstücke, Wohnungseigentum, dingliche wie obligatorische Wohn-
rechte werden durch § 1369 nicht erfasst, erstaunlicherweise auch dann nicht,
wenn es sich um das Familienheim handelt (für eine analoge Anwendung *H.
Jacobs* FamRZ 2014, 1750; dagegen *J. Weber* FamRZ 2015, 464). Die Verfügung eines Ehegatten über die ihm gehörige Ehewohnung bedarf also nur
dann der Zustimmung des anderen, wenn es sich um (fast) das ganze Vermögen handelt (§ 1365 I). Diese Rechtslage ist unbefriedigend.
   Kontrovers ist die Behandlung von Ansprüchen, die an die Stelle von ver-
lustig gegangenen Haushaltsgegenständen getreten sind (Schadensersatzansprüche oder Ansprüche auf Versicherungsleistungen; für die Einbeziehung
BayObLG FamRZ 1965, 331) sowie von Erfüllungsansprüchen aus Kaufver-
trägen, wenn die gekauften Sachen für den ehelichen Haushalt bestimmt sind.
M. E. fallen schuldrechtliche Ansprüche generell nicht unter § 1369.

261   **3. Eigentumsverhältnisse.** Der Wortlaut des § 1369 setzt voraus,
dass der Haushaltsgegenstand **dem Verfügenden gehört**. Bei Miteigentum beider Ehegatten würde die Zustimmungsbedürftigkeit daher
streng genommen nur hinsichtlich des eigenen Miteigentumsanteils
bestehen, bei Alleineigentum des anderen Ehegatten wäre § 1369
überhaupt nicht anzuwenden. Nach umstrittener Auffassung ist
§ 1369 indes auf das **Eigentum oder Miteigentum des anderen Ehegatten** zu erstrecken (vgl. BayObLG FamRZ 1965, 331, 333; LG
Berlin FamRZ 1982, 803). Als Folge dieser Auffassung ergibt sich,
dass insoweit der Dritte auch nicht nach §§ 932 ff. geschützt ist.
Auch der gute Glaube an die Verfügungsbefugnis des Ehegatten ist
nicht geschützt, da § 1369 ein absolutes Veräußerungsverbot errichtet
(§ 134, daher nicht § 135 II! S. BGHZ 40, 218 für § 1365).

Sachen im **Eigentum Dritter** unterliegen dem § 1369 nicht (etwa die von
einem Ehegatten gemietete Waschmaschine). Einbezogen sind jedoch Sachen
des ehelichen Haushalts, an denen ein Ehegatte zwar noch nicht das Eigentum, aber eine dingliche Erwerbsanwartschaft begründet hat (z. B.: unter Eigentumsvorbehalt erworbene Sachen).

4. Getrenntleben. Leben die Ehegatten getrennt, so bleiben die 262
rechtsgeschäftlichen Beschränkungen nach §§ 1365, 1369 gleichwohl
bestehen. Gerade im Zusammenhang mit der Trennung entsteht ein
besonderes Bedürfnis für Verfügungsbeschränkungen. Ein Gegenstand, der schon zum ehelichen Haushalt gehörte, unterliegt selbst
dann dem Zustimmungsvorbehalt nach § 1369, wenn nach der Trennung die Nutzung einverständlich oder durch gerichtliche Entscheidung nach § 1361a III geregelt ist. Denn die Entscheidungen nach
§ 1361a sind als nur vorläufige Nutzungsregelungen gedacht, die nicht
durch Verfügungen des jeweiligen Eigentümers vereitelt werden dürfen. Etwas anderes gilt, wenn die Ehegatten durch Vereinbarung den
Hausrat endgültig und mit dinglicher Wirkung auseinandergesetzt
haben; von diesem Zeitpunkt an kann jeder über das ihm Zugeteilte
frei verfügen. Gleiches gilt für diejenigen Sachen, die einem Ehegatten
gehören und gemäß § 1361a I 1 an ihn herausgegeben werden. Die
nach Eintritt des Getrenntlebens von einem Ehegatten für den eigenen Bedarf angeschafften Sachen fallen von vornherein nicht unter
den gemeinsamen Haushalt und sind von § 1369 nicht betroffen.

5. Ersetzung der Zustimmung. Auf Antrag des am Geschäft be- 263
teiligten Ehegatten kann das Familiengericht die Zustimmung des anderen Ehegatten ersetzen, § 1369 II. Die Voraussetzungen des gerichtlichen Eingreifens sind etwas anders formuliert als in § 1365 II.
Streitig ist, ob ein Ehegatte aufgrund seiner Schlüsselgewalt (§ 1357)
ermächtigt sein kann, die nach § 1369 I erforderliche Zustimmung
des anderen selbst zu erklären. Es ist dies abzulehnen; anders wäre
§ 1369 weithin gegenstandslos.

IV. Die Abwicklung zustimmungsbedürftiger Geschäfte

1. Einwilligung. Zu einem Geschäft nach § 1365 I oder § 1369 I 264
bedarf ein Ehegatte der Einwilligung (§ 183 S. 1) des anderen Ehegatten. Die Einwilligungserklärung kann sowohl dem Ehepartner als
auch dem beteiligten Dritten gegenüber abgegeben werden und bedarf nicht der für das zustimmungsbedürftige Rechtsgeschäft bestimmten Form (§ 182 I, II). Unter den Voraussetzungen des § 183
kann die erteilte Einwilligung widerrufen werden.

2. Ersetzung der Einwilligung. Ob der andere Ehegatte einwilligt 265
oder nicht, bleibt seiner freien Entscheidung vorbehalten. Doch trifft
das Gesetz Vorkehrungen gegen eine missbräuchliche Ausübung des

Zustimmungsvorbehalts. Auf Antrag des Ehegatten, der ein Geschäft abschließen will oder abgeschlossen hat, kann das Familiengericht die Zustimmung des anderen Ehegatten ersetzen, wenn das Geschäft den Grundsätzen einer ordnungsmäßigen Verwaltung entspricht und die Zustimmung ohne ausreichenden Grund verweigert wird. Das Gleiche gilt, wenn bei einem den Grundsätzen einer ordnungsmäßigen Verwaltung entsprechenden Rechtsgeschäft der andere Ehegatte durch Krankheit oder Abwesenheit an der Abgabe einer Erklärung verhindert und mit dem Aufschub Gefahr verbunden ist (§ 1365 II, vgl. § 1369 II).

266   **3. Geschäfte ohne erforderliche Einwilligung.** Wird ein Geschäft ohne die erforderliche Einwilligung abgeschlossen, so ist zu unterscheiden.

– **Einseitige Rechtsgeschäfte** sind unheilbar nichtig, § 1367.

– Für **Verträge** hingegen sieht § 1366 zunächst einen Zustand **schwebender Unwirksamkeit** vor (vgl. ähnliche Regelungen in §§ 108, 109; 177, 178): Das Schicksal des Vertrages hängt davon ab, ob ihn der andere Ehegatte genehmigt. Im Falle der Genehmigung, die dem Ehegatten oder dessen Geschäftspartner gegenüber erklärt werden kann (§ 182 I), ist das Geschäft von Anfang an wirksam (§ 184 I). Wird die Genehmigung verweigert, so ist der Schwebezustand gleichfalls beendet: Der Vertrag ist unwirksam (§ 1366 IV, beachte aber bei einer nur unter den Ehegatten erklärten Verweigerung § 1366 III 1 Hs. 2: Der Schwebezustand wird durch die Aufforderung des Dritten wieder hergestellt, BGH NJW 1994, 1785, 1786). Ein schwebend unwirksamer Vertrag wird mit dem Tode des Zustimmungsberechtigten endgültig wirksam (Konvaleszenz, BGH NJW 1982, 1099; NJW 1994, 1785).

267   **4. Widerruf während des Schwebezustands.** Der Schwebezustand bis zur Genehmigung oder ihrer Verweigerung lässt den Dritten über die Geltung des Vertrags im Ungewissen. Dem Dritten sind daher Möglichkeiten eingeräumt, auf die Klärung der Rechtslage hinzuwirken. Bis zur Genehmigung kann der Dritte seinerseits den Vertrag durch Erklärung gegenüber dem vertragsschließenden Ehegatten widerrufen (§ 1366 II 1). Mit dem Zugang des Widerrufs tritt die endgültige Unwirksamkeit des Vertrages ein. Das Widerrufsrecht ist doppelt eingeschränkt: a) Hat der Dritte bei Vertragsschluss gewusst, dass sein Geschäftspartner verheiratet ist, so kann er nur widerrufen, wenn dieser wahrheitswidrig behauptet hat, der andere Ehegatte habe die Einwilligung erteilt. b) War dem Dritten bei Abschluss des Vertrags darüber hinaus bekannt, dass der andere Ehegatte nicht eingewilligt hatte, so kann der Dritte in keinem Falle widerrufen (§ 1366 II 2).

5. Aufforderung zur Beschaffung der Genehmigung. Der Dritte 268 kann den vertragsschließenden Ehegatten auffordern, die erforderliche Genehmigung zu beschaffen. Diese Aufforderung hat verschiedene Wirkungen:

a) Der andere Ehegatte kann abweichend von § 182 I nur durch Erklärung gegenüber dem Dritten genehmigen oder verweigern (§ 1366 III 1 Hs. 1). Erklärungen unter den Ehegatten sind ohne Wirkung.

b) Eine Genehmigung oder Verweigerung, die schon vor der Aufforderung des Dritten durch Erklärung unter den Ehegatten erteilt worden war, wird mit der Aufforderung unwirksam (§ 1366 III 1 Hs. 2). Die „interne" Genehmigung oder Verweigerung ist also nicht unbedingt endgültig; die Aufforderung des Dritten an den vertragsschließenden Ehegatten stellt den Schwebezustand wieder her.

c) Die Genehmigung kann nur innerhalb von zwei Wochen seit dem Empfang der Aufforderung erklärt werden; wird sie in dieser Frist nicht erklärt, so gilt sie als verweigert (§ 1366 III 2).

d) Selbst wenn das Familiengericht die Genehmigung ersetzt hat, so ist sein Beschluss nur wirksam, wenn der Ehegatte ihn dem Dritten innerhalb der zweiwöchigen Frist mitteilt; anderenfalls gilt auch hier die Genehmigung als verweigert (§ 1366 III 3).

Zu beachten ist, dass eine Aufforderung des Dritten die genannten Wirkungen nur zeitigt, wenn sie dem am Geschäft beteiligten Ehegatten gegenüber abgegeben wird; eine Aufforderung gegenüber dem anderen Ehegatten, der zustimmen soll, bleibt ohne Rechtsfolgen.

6. Prozessstandschaft, § 1368. a) Der unwirksam verfügende Ehe- 269 gatte könnte versucht sein, im Einverständnis mit dem Dritten die Verfügung gleichwohl wie eine gültige zu behandeln und die Geltendmachung des Herausgabeanspruchs aus § 985 zu unterlassen. Deshalb räumt § 1368 dem übergangenen Ehegatten eine weitgehende Befugnis ein. Er ist berechtigt, die sich aus der Unwirksamkeit der Verfügung ergebenden Rechte gegen den Dritten gerichtlich geltend zu machen. Der andere Ehegatte kann demnach Rechte, die dem unwirksam Verfügenden gegen den Partner des Verfügungsgeschäfts zustehen (etwa § 985 BGB, § 771 ZPO), im eigenen Namen gerichtlich verfolgen (nach h. M. Prozessstandschaft). Daneben bleibt der verfügende Ehegatte selbstständig zur Geltendmachung seiner Rechte befugt. Gehen beide unabhängig voneinander gegen den Dritten vor, so können sich komplizierte Rechtslagen ergeben.

Wichtig: In Fällen des § 1369 können auch eigene Rechte des anderen Ehegatten (Rechte auf Mitbesitz, Miteigentum) verletzt sein. Insoweit hat dann dieser Ehegatte auch Ansprüche aus eigenem Recht (etwa §§ 861, 985, 1007, 823 I), die durch § 1368 nicht verdrängt werden.

270   b) Bei § 1368 ist vieles zweifelhaft. Geht der andere Ehegatte nach § 985/§ 1368 gegen den Dritten vor, so fragt sich, ob er stets Herausgabe an sich selbst verlangen kann oder primär auf Herausgabe an den Verfügenden zu klagen hat (str.). Das Problem verzweigt sich weiter, weil in Fällen des § 1369 die Sache vor der Verfügung häufig im Mitbesitz der Ehegatten stand. M. E. ist der Herausgabeanspruch in erster Linie mit dem Ziel geltend zu machen, den Besitz der Ehegatten so wieder herzustellen, wie er vor der Verfügung bestand. Der andere Ehegatte kann aber Herausgabe an sich selbst verlangen, wenn der Verfügende die Sache nicht entgegennehmen kann oder will. Der Antrag umfasst zweckmäßig beide Varianten (Herausgabe an den Verfügenden oder an sich selbst, wenn der Verfügende zur Entgegennahme nicht willens oder imstande ist). Hat ein Ehegatte während der Ehe ein nach §§ 1365, 1369 unwirksames Rechtsgeschäft vorgenommen, so wird dieses auch durch nachfolgende Scheidung nicht gültig; auch dann noch kann der andere Ehegatte die Rechte aus § 1368 geltend machen (BGH FamRZ 1983, 1101).

271   **7. Kein Schutz des redlichen Dritten.** Bei Verfügungen, die nach § 1365 oder § 1369 zustimmungsbedürftig sind, gibt es keinen Erwerb kraft guten oder öffentlichen Glaubens (z. B. nach § 932 oder § 892; a. A. *S. Braga*, FamRZ 1967, 652, 659). Die Verweisung des § 135 II kommt nicht zum Zuge, da § 1365 und § 1369 absolute Veräußerungsverbote anordnen (BGHZ 40, 218). Infolgedessen nutzt dem Dritten Gutgläubigkeit hinsichtlich des Familienstandes nichts, hinsichtlich des Güterstands nur im Rahmen des § 1412. In Fällen des § 1369 ist es auch unerheblich, ob für den Dritten die Zugehörigkeit der veräußerten Sache zum Haushalt bekannt oder ersichtlich war. Bei § 1365 wird ein gewisser Schutz des Dritten über die subjektive Theorie erreicht (→ Rn. 252).

§ 33. Zugewinnausgleich: Der Ausgleichsanspruch

Literatur zum Zugewinnausgleich: *M. Braeuer,* Der Zugewinnausgleich, 2. Aufl. 2015; *D. Büte,* Zugewinnausgleich bei Ehescheidung, 5. Aufl. 2017; *D. Schwab,* Handbuch des Scheidungsrechts, 7. Aufl. 2013, Teil VII; *W. Kogel,* Strategien beim Zugewinnausgleich, 5. Aufl. 2016; *W. Kogel,* FF 2017, 3. Zu Einzelfragen: *D. Schwab,* FamRZ 2009, 1445; *R. Hoppenz,* FamRZ 2010, 16; *D. Leipold,* NJW 2011, 1179; *M.-M. Hahne,* FF 2012, 268; *W. Kogel,* FF 2013, 384; *W. Reinken,* FamFR 2013, 409. Rechtsprechungsberichte: *E. Koch,* 2015, 1073; 2016, 1021; *W. Siede/G. Brudermüller,* NJW 2016, 1286, 3215.

I. Die Voraussetzungen

1. Ausgleichsformen. Der Zugewinnausgleich wird auf unter- 272 schiedliche Weise verwirklicht:

a) Endet der Güterstand durch Tod eines Ehegatten und wird der überlebende Ehegatte Erbe oder Vermächtnisnehmer, so erhöht sich das **Erbrecht** des Überlebenden ohne Rücksicht darauf, welche Zugewinne die Ehegatten während der Ehe tatsächlich gemacht haben und wer danach der Ausgleichsberechtigte sein würde (§ 1371, „erbrechtliche Lösung", → Rn. 221).

b) In allen übrigen Fällen erfolgt der Ausgleich mit Hilfe eines **schuldrechtlichen Ausgleichsanspruchs** (§§ 1372–1390), dessen Bestand und Höhe von den tatsächlich erzielten Zugewinnen abhängt.

Endet allerdings die Zugewinngemeinschaft durch den **gleichzeitigen Tod** beider Ehegatten, so kommt es weder zu einer Erhöhung des Ehegattenerbrechts (weil kein Ehegatte den anderen überlebt hat und insofern unter ihnen keine Erbfolge stattfindet), noch zu einem Zugewinnausgleichsanspruch der Erben des einen Ehegatten gegen die Erben des anderen Ehegatten (BGHZ 72, 85).

2. Fälle des schuldrechtlichen Ausgleichs. Zu einem Ausgleichs- 273 anspruch kann es in folgenden Fällen der Beendigung des Güterstandes (§ 1372) kommen:

a) bei *Ehescheidung;*

b) bei *Aufhebung der Ehe,* denn auch sie beendet den Güterstand (§ 1313);

c) bei *Beendigung* des gesetzlichen Güterstandes *durch Ehevertrag* (§ 1408 I; etwa wenn die Ehegatten während der Ehe zur Gütergemeinschaft übergehen);

d) bei *Tod eines Ehegatten,* wenn der Überlebende weder Erbe noch Vermächtnisnehmer wird (§ 1371 II);

e) bei vorzeitiger Aufhebung der Zugewinngemeinschaft gemäß §§ 1385–1388.

274 **3. Die Reform.** Durch das „Gesetz zur Änderung des Zugewinnausgleichs- und Vormundschaftsrechts" vom 6.7.2009 sind die Regeln des Zugewinnausgleichs in wichtigen Punkten mit Wirkung zum 1.9.2009 verändert worden. Im Folgenden beziehen wir uns auf dieses Gesetz mit der Abkürzung „Reform 2009".

II. Feststellung und Berechnung des Ausgleichsanspruchs

275 **1. Ausgleichspflicht.** Zum Ausgleich verpflichtet ist derjenige Ehegatte, der während der Dauer der Zugewinngemeinschaft einen höheren Vermögenszugewinn erzielte als der andere. Der Ausgleichspflichtige hat dem anderen die *Hälfte des* von ihm erzielten *Gewinnüberschusses* wertmäßig herauszugeben (§ 1378 I). Sind die Zugewinne beider Ehegatten gleich hoch oder hat keiner von ihnen einen Zugewinn gemacht, so entsteht kein Ausgleichsanspruch.

276 **2. Zugewinne und Ausgleichspflicht.** Die Person des Ausgleichspflichtigen und die Höhe des Anspruchs werden durch eine Gegenüberstellung der von jedem Ehegatten während des Güterstandes erzielten Zugewinne ermittelt. Das setzt voraus, dass zuerst gesondert für jeden Ehegatten die Höhe seines Zugewinns festgestellt wird. Da nur Vermögensmehrungen während des Güterstandes berücksichtigt werden sollen, ist zu diesem Zweck ein Vergleich durchzuführen zwischen dem Wert des Vermögens am Endstichtag (= **Endvermögen,** § 1375) und am Anfangsstichtag (= **Anfangsvermögen,** § 1374). Der **Zugewinn** eines Ehegatten ist der Geldbetrag, um den sein Endvermögen wertmäßig das Anfangsvermögen übersteigt (§ 1373). Da nur die Vermögensmehrung angesetzt wird, die sich seit dem Anfangsstichtag ergeben hat, ist der **Zugewinn mindestens = 0.** Daran hat sich durch das genannte Reformgesetz nichts geändert (str.).

Beispiel: Die im gesetzlichen Güterstand lebenden Adam und Eva lassen sich scheiden. Gestritten wird um den Zugewinnausgleich. Adam hatte am Anfangsstichtag ein Vermögen im Gesamtwert von 90.000 EUR, am Endstichtag nur noch von 40.000 EUR. Adam hat also keinen Zugewinn erzielt. Dass er stattdessen Verluste in Höhe von 50.000 EUR erwirtschaftet hat, ist für die Zugewinnrechnung ohne Bedeutung: Adams Zugewinn beträgt 0.

Nehmen wir an, dass Eva am Anfangsstichtag ein Vermögen von 10.000 EUR und am Endstichtag von 80.000 EUR hatte, so beträgt ihr Zugewinn = 70.000 EUR. Adam hat nun einen Anspruch auf die Hälfte der Differenz zwischen den beiden Zugewinnen, also auf 35.000 EUR.

Falsch wäre es m. E. hingegen, den Zugewinn des Adam negativ anzusetzen („Zuverlust"), also mit *minus* 50.000 EUR. Dann wäre die Zugewinndifferenz = 120.000 EUR. Adam hätte dann einen Anspruch auf 60.000 EUR. Dies würde bedeuten, dass Eva auch für die Hälfte der von Adam erwirtschafteten Verluste aufkommen müsste. Das ist nicht der Sinn des Zugewinnausgleichs.

3. Die Stichtage. Für die Berechnung des **Anfangsvermögens** ist **277** entscheidender Stichtag der Eintritt des Güterstandes (= der Tag der Eheschließung, wenn die Ehegatten von vorneherein in Zugewinngemeinschaft lebten). Für das **Endvermögen** ist der Zeitpunkt maßgebend, in dem der gesetzliche Güterstand beendet wird. Freilich gilt für den Hauptfall, dass der Güterstand durch **Scheidung** endet, eine Besonderheit: Hier ist Endstichtag nicht der Tag der Rechtskraft des Scheidungsbeschlusses, sondern bereits der **Zeitpunkt der Rechtshängigkeit** (Zustellung) **des Scheidungsantrags** (§ 1384). Nicht von Bedeutung für den Endstichtag ist der Zeitpunkt der Trennung der Eheleute. Eine Sondervorschrift gilt für den Fall des vorzeitigen Ausgleichs (§ 1387, → Rn. 318).

Dass in den **Scheidungsfällen** der Tag der Erhebung des Scheidungsantrags maßgeblich ist, gibt den Parteien die Möglichkeit, die Zugewinne durch Bestimmung des Endstichtags zu beeinflussen. So kann der voraussichtlich ausgleichsberechtigte Ehegatte in Phasen wirtschaftlichen Aufschwungs mit dem Scheidungsantrag zuwarten, bis sich vielleicht noch etwas mehr auf den Konten des anderen angesammelt hat. Oder er kann sich in Zeiten fallender Kurse beeilen, um noch in den Genuss relativ hoher Kurse der dem anderen gehörenden Wertpapiere zu gelangen.

4. Die Berechnung der Zugewinne. a) Zur Berechnung des Zuge- **278** winns sind bei jedem Ehegatten in getrennten Operationen der **Wert des Anfangsvermögens** und **des Endvermögens** zu ermitteln. „Vermögen" bedeutet hier den Geldwert, den die einem Ehegatten im Bewertungszeitpunkt zustehenden Vermögensgegenstände haben, vermindert um die zu diesem Zeitpunkt bestehenden Verbindlichkeiten. Maßgebend sind die Wertverhältnisse des jeweiligen Stichtags (§ 1376), z. B. der für einen Gegenstand am jeweiligen Stichtag geltende Marktpreis. Ist der betreffende Ehegatte am Stichtag überschuldet, so kommt der Betrag in Ansatz, um den die Verbindlichkeiten (Passivvermögen) das Aktivvermögen übersteigen (**negatives Anfangs- oder Endvermögen**, §§ 1374 III, 1375 I 2).

Beispiel: Ein Ehegatte hatte am Anfangsstichtag ein Vermögen, das nur aus einem Grundstück im Wert von 60.000 EUR bestand, gleichzeitig hatte er Kreditverbindlichkeiten in Höhe von 100.000 EUR. Sein **Anfangsvermögen** beträgt *minus* 40.000 EUR. Angenommen, am Endstichtag ist das Grundstück 70.000 EUR wert, die Verbindlichkeiten haben sich auf 90.000 EUR vermindert, so beträgt sein **Endvermögen** *minus* 20.000 EUR. Obwohl die beiden Vermögensbilanzen negativ sind, hat der Ehegatte aber einen Zugewinn gemacht. Denn sein Endvermögen übersteigt sein Anfangsvermögen um 20.000 EUR.

279   b) Das Anfangs- und das Endvermögen eines Ehegatten sind jeweils mit Hilfe folgender **Einzelschritte** zu ermitteln:
  – Es ist festzustellen, welche Vermögensgegenstände dem Ehegatten im Bewertungszeitpunkt zustanden.
  – Die einzelnen Gegenstände sind in dem Geldwert auszudrücken, den sie im Bewertungszeitpunkt hatten.
  – Aus den Einzelwerten ist die Wertsumme zu bilden.
  – Davon sind die im Bewertungszeitpunkt bestehenden Verbindlichkeiten des Ehegatten abzuziehen.

Beispiel: Romeo und Julia leben von Beginn ihrer Ehe an im gesetzlichen Güterstand, es kommt zur Scheidung. Um einen möglichen Zugewinnausgleichsanspruch festzustellen, ist es nötig, vier Vermögensbilanzen zu erstellen. Das folgende Beispiel gibt der Kürze halber die Gegenstände nur summarisch an, korrekt muss jedes einzelne Objekt aufgeführt werden.

	Romeo		Julia	
Endvermögen	Grundstück	160.000	Girokonto	5.000
	Aktien	40.000	Obligationen	15.000
	Girokonto	20.000	Goldmünzen	20.000
	Bankkredit	– 20.000	Summe	40.000 EUR
	Summe	200.000 EUR		
Anfangsvermögen	Sparbuch	10.000	Girokonto	10.000
	Pkw	20.000	Goldmünzen	10.000
	Girokonto	10.000	Summe	20.000 EUR
	Summe	40.000 EUR		
Zugewinn		160.000 EUR		20.000 EUR

Zugewinnausgleichsanspruch der Julia: (160.000–20.000): 2 = 70.000 EUR

280   c) Die Feststellung des Anfangs- wie des Endvermögens geschieht nach Art einer Momentaufnahme der Vermögenssituation am Bewertungsstichtag. Was am Stichtag tatsächlich vorhanden ist, wird berücksichtigt, was nicht mehr vorhanden ist, scheidet aus der Berechnung aus. Dabei ist es – von Ausnahmen abgesehen – gleichgültig,

welche Vorgänge zu Erwerb oder Verlust eines Gegenstandes geführt haben. Es macht auch keinen Unterschied, ob ein Vermögensobjekt, das am Endstichtag vorhanden ist, dem Ehegatten schon am Anfangsstichtag gehört hat oder nicht. Eine verbreitete Meinung möchte Gegenstände, die im Anfangs- und Endvermögen identisch sind, aus dem Zugewinnausgleich heraushalten, doch entspricht dies weder dem Gesetz noch der wirtschaftlichen Logik. „Liegenlassen" ist ebenso ein wirtschaftliches Verhalten wie „Umschichten".

Beispiel: Der Ehegatte A hat im Anfangsvermögen ein Mietshaus, das auch noch am Endstichtag in seinem Eigentum steht. Das Haus ist in das Anfangsvermögen mit dem Wert am Anfangsstichtag (z. B. 1,5 Mio. EUR), in das Endvermögen mit dem Wert am Endstichtag (z. B. 2,5 Mio. EUR) anzusetzen. Trotz der Identität des Gegenstands kann sich, wie in diesem Beispiel, ein Zugewinn ergeben. Dagegen kann man nicht einwenden, A habe „nichts getan" und daher „nichts erworben". Die Entscheidung, das Haus zu behalten und die Erträge zu nutzen, ist ein ebenso ein wirtschaftliches Handeln, wie wenn A das Haus verkauft und den Erlös in Wertpapieren angelegt hätte.

5. Zu berücksichtigende Vermögensgegenstände. Im Prinzip sind **281** **alle** im Bewertungszeitpunkt vorhandenen **geldwerten Positionen** einzubeziehen. Dazu gehören grundsätzlich auch Anwartschaften und ihnen vergleichbare Rechtsstellungen (BGH FamRZ 1983, 881, 882). Auch der Goodwill eines Betriebs oder einer freiberuflichen Praxis ist anzusetzen, soweit er einen von der Person des jeweiligen Inhabers ablösbaren Wert besitzt (zur Problematik: BGHZ 68, 163; 70, 224; FamRZ 1991, 43, 47; 1999, 361; 2011, 622, 1367; 2014, 368). In der Vermögensbilanz sind auch unveräußerliche Nutzungsrechte wie der Nießbrauch zu berücksichtigen. Die Rechtsprechung bezieht sogar auch solche Vermögenswerte ein, die weder durch Vermögenseinsatz noch durch Arbeit eines Ehegatten erworben sind, sondern ihm als Ausgleich für die Einbuße von personalen Gütern gewährt wurden (Schmerzensgelder und Schmerzensgeldansprüche: BGHZ 80, 384; Abfindung für Schadensersatzrente und Schmerzensgeld: BGHZ 82, 145; Leistungen nach dem Bundesversorgungsgesetz: BGH FamRZ 1981, 239). Doch findet sich dafür, dass ein Ehegatte auch seine Unfallrente oder das Schmerzensgeld für erlittenes Ungemach bei Scheidung mit seinem Partner teilen soll, keine sachliche Begründung (s. zur Anwendung der Härteklausel des § 1381 in solchen Fällen → Rn. 305).

6. Nicht zu berücksichtigende Positionen. a) Bestimmte Rechte **282** bleiben unberücksichtigt, d. h. sie werden weder im Anfangs- noch im Endvermögen angesetzt, auch wenn sie zu dem jeweiligen Stichtag vorhanden waren. Das gilt vor allem für solche Anrechte auf eine Versorgung, die dem **Versorgungsausgleich** unterliegen; hier hat der Versorgungsausgleich Vorrang (§ 4 II VersAusglG). **Haushaltsgegenstände,** die den Ehegatten gemeinsam gehören, sind in den Endvermögen nicht zu berücksichtigen, da § 1568b diesbezüglich eine gesonderte Ausgleichsregelung vorsieht (→ Rn. 532, s. auch BGH FamRZ 1984, 144; 1991, 43, 49). Außer Betracht bleiben ferner **Anrechte auf künftig fällige wiederkehrende Leistungen,** die dazu bestimmt sind, den Unterhalt des Ehegatten in *künftigen Zeitabschnitten* zu gewährleisten (z. B. künftig fällige Ansprüche auf Unterhalt oder Arbeitsentgelt). Anzusetzen sind aber schon fällige Ansprüche dieser Art oder Ersparnisse, die aus Arbeitsentgelten gebildet worden sind.

283 **7. Die Bewertung der Vermögensgegenstände.** Die einzelnen Vermögensgegenstände sind mit ihrem am Stichtag maßgeblichen Wert anzusetzen, der in einem Geldbetrag ausgedrückt wird. Diesen Wert festzustellen kann Schwierigkeiten bereiten, besonders bei bedeutenden Vermögensobjekten wie Grundeigentum, Unternehmensbeteiligungen, Patenten und Urheberrechten. Die Juristen sind bei der Bewertung bald mit ihrem Latein am Ende und auf die Hilfe der Wirtschaftssachverständigen angewiesen. Die Bewertung kann sich entweder am **Veräußerungswert** orientieren (was würde man bekommen, wenn man den Vermögensgegenstand am Stichtag veräußern würde?) oder am **Ertragswert** (welcher künftige Ertrag, ausgedrückt in einer Kapitalsumme, kann nach den in den letzten Jahren erzielten Einkünften erwartet werden?). Möglich sind auch Mischformen der Bewertung. Wertpapiere, die an der Börse gehandelt werden, werden in der Regel mit dem Börsenkurs des Stichtages angesetzt (also Veräußerungswert), unveräußerliche Nutzungsrechte mit dem Ertragswert. **Unsichere Rechte und Verbindlichkeiten** sind nach dem Grad ihrer Realisierungschance zum jeweiligen Stichtag zu schätzen (BGH FamRZ 1983, 882, 885). Das Gleiche gilt für **auflösend oder aufschiebend bedingte Rechte und Verbindlichkeiten** (BGH FamRZ 1983, 882, 884; 1992, 1155, 1157), ebenso für Positionen, deren Bestand von ungewissen Ereignissen abhängig ist. Zutreffend lehnt es der BGH ab, in derartigen Fällen § 2313 analog anzuwenden, weil dies eine fortlaufende Korrektur rechtskräftig entschiedener Zugewinnausgleichsverfahren ermöglichen würde (§ 2313 I 3!).

III. Besonderheiten des Anfangsvermögens

1. Grundsätze. Der Anfangsstichtag wird durch den Zeitpunkt be- **284**
stimmt, in dem der gesetzliche Güterstand eingetreten ist (§ 1374 I).
Haben die Ehegatten vor der Heirat keinen abweichenden Ehevertrag
geschlossen, so ist Anfangsstichtag folglich der Tag der Eheschließung. Haben die Ehegatten zunächst Gütertrennung gewählt und gehen später durch Ehevertrag zur Zugewinngemeinschaft über, so ist
der Tag maßgebend, an dem Ehevertrag wirksam wurde. Für Erfassung und Bewertung der Vermögensgegenstände gilt das oben Gesagte. Durch die Reform 2009 ist die Regelung angefügt, dass das Anfangsvermögen auch eine **negative Größe** sein kann (§ 1374 III). Bei
Überschuldung bildet also der Negativsaldo zwischen Passiva und
Aktiva das Anfangsvermögen. Damit wird erreicht, dass der andere
Ehegatte an Zuwächsen partizipieren kann, die sich in einer Minderung des Schuldenstandes niederschlagen.

Beispiel: S. → Rn. 278.

2. Aufstockung des Anfangsvermögens nach § 1374 II. a) Sinn **285**
der Regelung. Der Grundsatz, dass es allein auf den realen Vermögensstand am Anfangsstichtag ankommt, wird nach § 1374 II für einige Arten von Vermögensveränderungen durchbrochen. Vermögen,
das ein Ehegatte *nach Eintritt des Güterstandes* von **Todes wegen**
oder mit Rücksicht auf ein **künftiges Erbrecht,** durch **Schenkung**
oder als **Ausstattung** (§ 1624) erwirbt, sieht das Gesetz nicht als Ergebnis gemeinsamer Lebensleistung der Ehegatten an. Daher werden
diese Erwerbe aus dem Zugewinnausgleich herausgehalten. Das wird
erreicht, indem das derart erworbene Vermögen dem Anfangsvermögen hinzugerechnet und damit so behandelt wird, als sei es bei Eintritt des Güterstandes bereits vorhanden gewesen. Mit dem Erwerb
zusammenhängende **Verbindlichkeiten** sind abzuziehen.

Beispiel: Ein Ehegatte hatte am Anfangsstichtag ein reales Vermögen von
10.000 EUR, am Endstichtag von 100.000 EUR. Während der Ehe hat er seinen Vater beerbt, der Nachlass war seinerzeit 50.000 EUR wert. Anfangsvermögen: 10.000 + 50.000 = 60.000 EUR; Zugewinn = 40.000 EUR.

Von der Zurechnung ausgenommen bleiben Vermögenszuflüsse,
die nach den Umständen **zu den Einkünften zu rechnen** sind. Das
sind Zuwendungen, die nicht der Vermögensbildung, sondern dem

laufenden Lebensbedarf dienen (BGH FamRZ 2014, 98 Rn. 26; 2017, 191 Rn. 11) und gewöhnlich alsbald verbraucht werden (z. B. Zuwendung zur Durchführung einer Reise).

286 **b) Schenkungen insbesondere.** Besondere Fragen werfen in diesem Zusammenhang die Schenkungen auf. Gemeint sind sowohl Handschenkungen (§ 516) als auch wirksame Schenkungsversprechen (§ 518). Eine Zuwendung kann *partiell* unentgeltlich sein, wenn die Gegenleistung nach dem Willen der Parteien deutlich hinter dem Wert zurückbleibt („gemischte Schenkung"); dann ist nur der unentgeltliche Teil dem Anfangsvermögen zuzurechnen.

287 Probleme bereiten im Rahmen des § 1374 II Zuwendungen von Seiten nahe stehender Personen. **Zuwendungen unter den Ehegatten** selbst sind nach Auffassung des BGH in keinem Fall dem Anfangsvermögen zuzurechnen, gleichgültig ob es sich um Schenkungen oder „ehebedingte Zuwendungen" handelt (BGH FamRZ 1982, 246, 248; BGHZ 101, 65; BGH FamRZ 2010, 2057 Rn. 18). Das ist für „ehebedingte" Zuwendungen (→ Rn. 330) begründbar, für echte Schenkungen aber nicht einsichtig (dazu *D. Schwab*, FS Hahne, 2012, 175).

In früheren Entscheidungen hat der BGH zudem auch **Zuwendungen anderer nahe stehender Personen** an einen der Ehegatten nicht als Schenkungen sondern als „gemeinschaftsbedingte Zuwendungen" qualifiziert, wenn sie zwar ohne Gegenleistung erbracht wurden, aber nach dem Willen des Leistenden vom Fortbestand der Ehe abhängen sollten. Auch solche Zuwendungen, etwa der Eltern des Ehemannes an die Schwiegertochter, sollten nicht unter § 1374 II fallen (BGH FamRZ 1995, 1060). Diese Rechtsprechung hat der BGH fallen gelassen (FamRZ 2010, 958): Unentgeltliche Zuwendungen von Schwiegereltern an das Schwiegerkind sind **echte Schenkungen**, auch wenn sie um der Ehe des eigenen Kindes willen erfolgen. Damit sind sie gemäß § 1374 II im Anfangsvermögen des Empfängers anzusetzen.

Die Schenkung der Schwiegereltern wird somit aus dem Zugewinnausgleich herausgehalten. Möglicherweise haben aber die Schwiegereltern gegen das Schwiegerkind einen Anspruch auf Rückgabe der Schenkung, wenn durch das Scheitern der Ehe der vereinbarte Zweck der Schenkung verfehlt (§ 812 I 2 Alt. 2) oder die Geschäftsgrundlage der Schenkung entfallen ist (§ 313 I; BGH FamRZ 2010, 958 Rn. 25; 2015, 393 Rn. 16; 2015, 490 Rn. 18). Den Wegfall der Geschäftsgrundlage sieht die Rspr. im Scheitern der Ehe, spätestens in der Erhebung des Scheidungsantrags (BGH FamRZ 2016, 457). Um die Höhe dieses

Anspruchs ist der dem Anfangsvermögen hinzuzurechnende Wert der Schenkung zu mindern (BGH FamRZ 2010, 958 Rn. 42).

Gleiche Grundsätze müssen für Zuwendungen von Seiten anderer nahe stehender Personen (Onkel, Geschwister eines Ehegatten) gelten.

c) Durchführung der Aufstockung. Der Wert des Zugewendeten **288** abzüglich der damit verknüpften Verbindlichkeiten und Lasten wird dem realen Anfangsvermögen hinzugerechnet. Entscheidend ist der Wert, den die Zuwendung unter Berücksichtigung der Verbindlichkeiten **im Zeitpunkt des Erwerbs** hatte (§ 1376 I).

Beispiel: Hans, mit Grete verheiratet, hat zu Beginn des Güterstandes ein reales Anfangsvermögen von 40.000 EUR. Während der Ehe beerbt er seinen Onkel. Der Nachlass ist im Zeitpunkt des Erbfalls abzüglich der dazu gehörigen Schulden 50.000 EUR wert. Das Anfangsvermögen des Hans beträgt somit 90.000 EUR. Das bedeutet zugleich, dass Wertsteigerungen des Nachlasses, die *nach* dem Erbfall eintreten, nicht dem Anfangsvermögen zugerechnet werden, somit in den Zugewinnausgleich fallen.

Nach früherem Recht war streitig, wie die Aufstockung zu geschehen hat, wenn das reale **Anfangsvermögen negativ** ist. Da seit der Reform 2009 das Anfangsvermögen einen Minusbetrag ausmachen kann (§ 1374 III), ist das Problem entschieden. Der Wert des nach § 1374 II zu berücksichtigenden Erwerbs ist *dem realen negativen Wert* des Anfangsvermögens zuzurechnen.

Beispiel: Eine Ehefrau hat ein reales Anfangsvermögen, dessen Saldo *minus* 30.000 EUR beträgt. Sie erhält während des Güterstandes von ihrem Vater ein Grundstück im Wert von 150.000 EUR geschenkt. Kommt es später zum Zugewinnausgleich so beträgt das Anfangsvermögen der Frau *minus* 30.000 *plus* 150.000 = *plus* 120.000 EUR.

d) Abschließende Regelung. § 1374 II stellt nach h. M. eine ab- **289** schließende Regelung dar, die nicht auf andere Erwerbsvorgänge analog ausgedehnt werden kann (so nicht auf Lottogewinne, die ein Ehegatte während des Güterstandes macht, BGH FamRZ 1977, 124; 2014, 24; str.). Wenn die Voraussetzungen des § 1374 II nicht vorliegen, bleibt es beim schematischen Rechenwerk, auch wenn ein Erwerbsvorgang nicht dem Grundgedanken des Zugewinnausgleichs entspricht. Es besteht dann nur die Möglichkeit, das Ergebnis über die Härteklausel (§ 1381) zu korrigieren. Die Auffassung, § 1374 II könne unter keinen Umständen analog angewendet werden, ist indes m. E. methodisch nicht haltbar.

Auch **Schmerzensgelder** für die während des Güterstandes erlittenen persönlichen Verletzungen des Ehegatten sollen in den Zugewinnausgleich fallen (BGHZ 80, 384), obwohl sie mit dem Sinn des Güterstandes nichts zu tun haben. Sogar die Abfindung, die eine erneut heiratende Witwe für den Verlust ihrer in der früheren Ehe begründeten **Witwenrente** erhält, soll in der neuen Ehe beim Zugewinn berücksichtigt werden! (BGHZ 82, 149).

290　　　**3. Die Umrechnung des Anfangsvermögens auf die Währungsverhältnisse am Endstichtag.** Über die Fälle des § 1374 II hinaus wird das reale Anfangsvermögen „manipuliert", um **Scheingewinne** aus dem Zugewinnausgleich herauszuhalten. Darunter versteht man solche Steigerungen des Endvermögens gegenüber dem Anfangsvermögen, die lediglich auf der Entwertung des Geldes beruhen. Denn die Gegenstände des Anfangsvermögens werden nach den am Anfangsstichtag maßgeblichen Preisen bewertet, die Gegenstände des Endvermögens nach den Preisen des Endstichtags. Das Problem ist grundlegend: Fast immer wird die Währungseinheit, z. B. der Euro, am Anfangsstichtag eine andere Kaufkraft verkörpern als Endstichtag, so dass letztlich für den Vermögensvergleich ein einheitlicher Wertmaßstab fehlt. Daher rechnen die Gerichte den Betrag des Anfangsvermögens auf den Geldwert im Zeitpunkt des Endstichtags um. Dazu hat der BGH (BGHZ 61, 385) ein pauschales Verfahren entwickelt: Mit Hilfe des Index der Verbraucherpreise des Statistischen Bundesamtes wird der für das Anfangsvermögen ermittelte Betrag auf den am Endstichtag maßgeblichen Tauschwert der Währungseinheit umgerechnet. Umzurechnen ist das gesamte Anfangsvermögen, und zwar der jeweilige Aktivsaldo (BGH FamRZ 1984, 31).

Beispiel: Anfangsvermögen (Stichtag 8. Mai 2003) = 100.000 EUR. Index für Mai 2003 = 89,2. Rechtshängigkeit der Scheidungsantrags 19. April 2016, Index für April 2016 = 106,9 (Nach: Verbraucherpreisindex für Deutschland, 2010 = 100, Statistisches Bundesamt).

$$\text{Anfangsvermögen} = 100.000 \times \frac{106,9}{89,2} = 119.843,04$$

291　　　Auch **ein negativer Saldo** ist auf diese Weise umzurechnen. Der Wert von Vermögensgegenständen, die nach **§ 1374 II** dem Anfangsvermögen hinzugerechnet werden, ist ebenfalls auf die Währungsverhältnisse des Endstichtags umzurechnen (BGHZ 101, 65; Index Endstichtag: Index Erwerbsstichtag).

Die Vorgehensweise des BGH ist umstritten: In der Literatur wird teils vertreten, dass gar keine Umrechnung stattfinden dürfe („Euro = Euro"), teils wird das Ergebnis nach § 1381 korrigiert, teils wird vorgeschlagen, dass Vermögensgegenstände, die schon dem Anfangsvermögen und noch dem Endvermögen angehören, bei der Vermögensbewertung unberücksichtigt bleiben sollen. Dem BGH ist jedoch zuzustimmen.

IV. Besonderheiten des Endvermögens

1. Grundsätze. Der für das Endvermögen maßgebliche Stichtag **292** (Endstichtag) ist grundsätzlich der Zeitpunkt der Beendigung des Güterstandes (§ 1375 I). Für wichtige Fallkonstellationen wird dieser Zeitpunkt aber **vorverlegt**, und zwar im Fall der **Ehescheidung** auf den Tag der Rechtshängigkeit des Scheidungsantrags (§ 1384), im Fall des **vorzeitigen Ausgleichs** auf den Tag, an dem der entsprechende Antrag zugestellt ist (§ 1387). Im Gegensatz zum früheren Recht, das ein negatives Endvermögen nur in einem Ausnahmefall kannte, kann seit der Reform 2009 das Endvermögen generell **auch einen Minus-Betrag** ausmachen (§ 1375 I 2).

Beispiel → Rn. 278.

Wichtig: Der **Zugewinn** kann **nie negativ** sein!

2. Hinzurechnungen zum Endvermögen. a) Auch bei Feststel- **293** lung des Endvermögens finden Hinzurechnungen zum realen Vermögensstand statt. § 1375 II will die Ehegatten daran hindern, zu Lasten des jeweiligen Partners ihren Zugewinn willkürlich zu schmälern. Das wird dadurch erreicht, dass bestimmte *während des Güterstandes* eingetretene „**illoyale Vermögensminderungen**" als ungeschehen behandelt werden.

b) **Die Aufstockungsfälle (§ 1375 II 1):** Hinzugerechnet wird der **294** Betrag, um den das Endvermögen dadurch gemindert ist, dass der Ehegatte nach Eintritt des Güterstandes

– **unentgeltliche Zuwendungen** gemacht hat, durch die er nicht einer sittlichen Pflicht oder den Geboten des Anstands entsprochen hat, oder

– Vermögen **verschwendet** hat, oder

– Handlungen in der **Absicht** vorgenommen hat, den anderen Ehegatten zu **benachteiligen**.

Unter **Verschwendung** versteht man das ziellose und unnütze Ausgeben von Geld in einem Maße, das in keinem Verhältnis zu den Einkommens- und Lebensverhältnissen der Ehegatten steht (BGH FamRZ 2015, 232 Rn. 13). Auch die sinnlose Verwendung anderer Wirtschaftsgüter kann unter den Begriff fallen.

295   c) **Unterbleiben der Aufstockung (§ 1375 III):** Die Hinzurechnung erfolgt nicht,
        – wenn die Vermögensminderung mindestens zehn Jahre vor Beendigung des Güterstandes eingetreten ist
        – oder wenn der andere Ehegatte mit der unentgeltlichen Zuwendung oder der Verschwendung einverstanden war (§ 1375 III).

296   d) **Durchführung der Aufstockung:** Es ist der Wert hinzuzurechnen, den die Vermögensminderung in dem Zeitpunkt hatte, in dem sie eingetreten ist (§ 1376 II). Besteht das reale Endvermögen in einem negativen Wert, so wird der Aufstockungsbetrag diesem Negativsaldo hinzugerechnet.

Beispiel: Die Geschäftsfrau X lebt mit ihrem Ehemann Y im gesetzlichen Güterstand. Es kommt zur Scheidung. Das Anfangsvermögen der X beträgt wegen erheblicher Investitionen *minus* 1,5 Mio. EUR, ihr reales Endvermögen noch *minus* 500.000 EUR. Zwischen den Stichtagen hat sie ihrem Geliebten eine Eigentumswohnung im Wert von 300.000 EUR und eine Luxuskarosse im Wert von 200.000 EUR zugewendet. Ihr Endvermögen beträgt infolgedessen *minus* 500.000 *plus* 300.000 *plus* 200.000 = 0. Ihr Zugewinn beträgt damit 1,5 Mio. EUR.

Zu Fragen der **Beweislast** und der **Auskunftspflichten** → Rn. 311 ff.

V. Die Höhe des Anspruchs und seine Begrenzung

297   **1. Grundsatz, § 1378 I.** Übersteigt der Zugewinn des einen Ehegatten den des anderen, hat dieser eine Ausgleichsforderung in Höhe der Hälfte des Zugewinnüberschusses (§ 1378 I). In der Regel handelt es sich um einen Zahlungsanspruch (Ausnahmen → Rn. 309). Der Zugewinn beträgt stets mindestens 0. So ist sichergestellt, dass ein Ehegatte nicht die vom anderen während der Ehezeit erwirtschafteten Verluste ausgleichen muss.

Beispiel: Das Ehepaar Luise und Ludwig Knabl, im gesetzlichen Güterstand lebend, lässt sich scheiden. Das Anfangsvermögen von Herrn Knabl war überschuldet und betrug *minus* 50.000 EUR. Am Endstichtag hatte er ein Vermögen von *minus* 90.000 EUR. Frau Knabl hatte zu Beginn des Güterstandes ein Vermögen von 20.000 EUR, am Endstichtag in gleicher Höhe. Der Zugewinn von Herrn Knabl ist 0; sein Vermögen hat sich zwar zwischen den Stichtagen verändert, aber das Endvermögen übersteigt nicht das Anfangsvermögen. Da auch Frau Knabl keinen Zugewinn erzielt hat, ergibt sich weder für sie noch für ihren Mann ein Ausgleichsanspruch.

Falsch wäre es, bei Herrn Knabl einen Zugewinn von *minus* 40.000 EUR anzusetzen und daraus einen Zugewinnausgleichsanspruch von 20.000 EUR gegen Frau Knabl herzuleiten.

2. Die Höhenbegrenzung nach § 1378 II. a) Die volle Ausgleichs-   298
pflicht kann den Schuldner schwer belasten, insbesondere wenn er sie nur mit Hilfe von Krediten erfüllen könnte. Deshalb begrenzt das Gesetz die Höhe der Ausgleichforderung auf den Wert des Vermögens, das nach Abzug der Verbindlichkeiten beim Schuldner vorhanden ist. Durch Erfüllung der Ausgleichsforderung soll der Vermögensstand nicht negativ werden. Anders ausgedrückt: Der Pflichtige haftet nur mit dem Betrag, um den die Aktiva die Passiva übersteigen.

b) **Maßgeblicher Zeitpunkt** für die Höhenbegrenzung ist grund-   299
sätzlich der Tag der Beendigung des Güterstandes, jedoch bei Scheidung gemäß § 1384 der Zeitpunkt der Rechtshängigkeit des Scheidungsantrags (BGH FamRZ 2012, 1479 Rn. 28).

Beispiel: Das Ehepaar Katja und Kurt Krause lässt sich scheiden. Herr Krause hat ein Anfangsvermögen von 0 und ein Endvermögen von 10.000 EUR, damit einen Zugewinn von 10.000 EUR. Frau Krause hatte ein Anfangsvermögen von *minus* 50.000 EUR und ein Endvermögen von *plus* 20.000 EUR. Ihr Zugewinn beträgt 70.000 EUR. Daraus ergibt sich ein Ausgleichsanspruch von Herrn Krause von (70.000 *minus* 10.000) : 2 = 30.000 EUR. Am Tag der Rechtshängigkeit des Scheidungsantrags (§ 1384) hat Frau Krause aber nur einen Vermögensüberschuss von 20.000 EUR; über diesen Betrag hinaus ist sie zur Leistung nicht verpflichtet (§ 1378 II 1). Herr Krause kann von seiner Frau also nur 20.000 EUR verlangen.

Der Zeitpunkt für die Festlegung der Höchstgrenze fällt im Scheidungsfall mit dem Stichtag für die Berechnung des Endvermögens zusammen. Das hat zur Folge, dass alles, was *nach Rechtshängigkeit des Scheidungsantrags* passiert, die Höhe des Anspruchs nicht mehr beeinflusst (vorbehaltlich § 1381, → Rn. 304).

Beispiel: Die Ehefrau hat ein großes Wertpapiervermögen. Bei Rechtshängigkeit des Scheidungsantrags im Juli 2007 ist dieses Vermögen 3 Mio. EUR wert, daraus ergibt sich ein hoher Zugewinnausgleichsanspruch des Ehemannes. Das Gericht entscheidet über den Zugewinnausgleich im Dezember 2008 (letzte mündliche Verhandlung). Inzwischen haben die Papiere wegen der Bankenkrise nur noch ein Drittel des Wertes vom Juli 2007. Das beeinflusst die Höhe der Ausgleichsschuld nicht mehr. Möglicherweise kann die Frau aber die Einrede des § 1381 I geltend machen.

300   c) **Erhöhung der Grenzlinie bei illoyalen Handlungen.** Wird das reale Endvermögen nach § 1375 II 1 wegen illoyaler Vermögensminderungen erhöht, so wird auch die Grenzlinie, bis zu welcher der Ausgleichsschuldner leistungspflichtig ist, um den entsprechenden Betrag nach oben verschoben (§ 1378 II 2).

Beispiel: Das Ehepaar Maria und Martin Schulze, im gesetzlichen Güterstand lebend, lässt sich scheiden. Im Zugewinnausgleichverfahren stellt sich die Lage wie folgt dar. Herr Schulze hat ein Anfangsvermögen von 0, ein reales Endvermögen von 50.000 EUR. Während der Ehe hat er seiner Geliebten einen Sportwagen zum Wert von 80.000 EUR geschenkt; sein Endvermögen ist also auf 130.000 EUR zu erhöhen (§ 1375 II 1 Nr. 1). Sein Zugewinn beträgt also 130.000 EUR. Frau Schulze hat ein Anfangsvermögen von 10.000 EUR, ein Endvermögen von 20.000 EUR, folglich einen Zugewinn von 10.000 EUR.

Es ergibt sich für Frau Schulze ein Ausgleichsanspruch in Höhe von 60.000 EUR. Die Höhe des Anspruchs ist jedoch auf den Wert des bei Rechtshängigkeit des Scheidungsantrags (§ 1384) vorhandenen Vermögens begrenzt, also auf 50.000 EUR. Da Herr Schulze jedoch illoyale Vermögensminderungen getätigt hat, erhöht sich diese Summe auf 50.000 + 80.000 = 130.000 EUR. Damit ist der Anspruch von Frau Schulze in Höhe von 60.000 EUR voll zu erfüllen. Das bedeutet praktisch, dass Herr Schulze Schulden in Höhe von 10.000 EUR aufnehmen muss, um seine Ausgleichsschuld erfüllen zu können.

VI. Anrechnung vorweggenommener Zuwendungen

Literatur s. vor → Rn. 272, ferner: *D. Grunenwald,* Güterrechtlicher und schuldrechtlicher Ausgleich von Zuwendungen unter Ehegatten bei Beendigung des gesetzlichen Güterstandes durch die Ehescheidung, 1988; *J. Jeep,* Ehegattenzuwendungen im Zugewinnausgleich, 2000; *E. v. Olshausen,* FamRZ 1978, 755; *D. Reinicke/H. Tiedtke,* WM 1982, 946; *U. Netzer,* FamRZ 1988, 676; *M. Lipp,* JuS 1993, 89; *E. Koch,* FS D. Schwab, 2005, 513; *V. Lipp,* ebenda, 529; *D. Schwab,* FS Hahne, 2012, 175.

301   **1. Grundsatz.** Auf die Ausgleichsforderung wird angerechnet, was dem Ausgleichsberechtigten von dem Verpflichteten durch Rechtsgeschäft unter Lebenden mit der Bestimmung zugewendet worden ist, dass es auf die Ausgleichsforderung angerechnet werden soll (§ 1380 I 1). Eine solche Anrechnungsbestimmung ist im Zweifel anzunehmen, wenn die Zuwendung den Wert von Gelegenheitsgeschenken übersteigt, die nach den Lebensverhältnissen der Ehegatten üblich

sind (§ 1380 I 2). Die **rechnerische Behandlung** derartiger Zuwendungen geschieht wie folgt:
- Der Wert der Zuwendung wird dem Zugewinn des Verpflichteten (= Zuwendenden) hinzugerechnet (§ 1380 II 1).
- Bei dem sich sonach ergebenden Ausgleichsbetrag wird der Wert der Zuwendung abgezogen (§ 1380 I 1).

Der Wert der Zuwendung bestimmt sich in beiden Fällen nach dem Zeitpunkt, in dem die Zuwendung erfolgt ist.

Zweifelhaft erscheint, ob **Schenkungen unter Ehegatten** während 302 des Güterstandes dem Anfangsvermögen des Empfängers nach § 1374 II hinzuzurechnen sind. Dafür sprechen Gesetz und Logik. Dem steht die Meinung des BGH entgegen, wonach Zuwendungen unter Ehegatten in keinem Fall nach § 1374 II zu behandeln sind, gleichgültig ob es sich um Schenkungen oder „ehebedingte Zuwendungen" handelt (→ Rn. 287). Man kann also bei Ehegattenschenkungen nach zwei Methoden rechnen.

Methode a): Entweder man rechnet die Zuwendung gemäß § 1374 II dem Anfangsvermögen des Empfängers zu; dann muss man sie auch im Endvermögen, das sie ja noch mitprägt, berücksichtigen.

Methode b): Oder aber man rechnet mit dem BGH (BGHZ 82, 227, 234; 101, 65) den Wert der Zuwendung nicht dem Anfangsvermögen des Empfängers zu (§ 1374 II findet keine Anwendung). Dann muss man aber mit dem BGH den Wert, den die Zuwendung im Zuwendungszeitpunkt hatte, aus seinem Endvermögen herausrechnen.

Beispiel: Der Ehemann hat ein Anfangsvermögen von 50.000 EUR, ein Endvermögen von 80.000 EUR. Während des Güterstandes hat er eine Zuwendung an seine Frau von 10.000 EUR gemacht, die auf den Zugewinnausgleichsanspruch angerechnet werden soll. Das Anfangsvermögen der Frau beträgt 5.000 EUR, ihr reales Endvermögen 25.000 EUR.

Methode a):

Anfangsvermögen M	50.000
Endvermögen M	80.000
Zugewinn M (30.000 + 10.000 gemäß § 1380 II 1)	40.000
Anfangsvermögen F (5000 + 10.000 gemäß § 1374 II)	15.000
Endvermögen F	25.000
Zugewinn F	10.000

Zugewinnausgleichsanspruch der F: die Hälfte von 30.000 = 15.000; davon ab der Wert der Zuwendung gemäß § 1380 I 1, also 15.000–10.000 = 5000 EUR.

Methode b):

Zugewinn M wie vor	40.000
Anfangsvermögen F (ohne Zurechnung nach § 1374 II)	5000
Endvermögen F (jetzt ist der Wert Zuwendung im Zu- wendungszeitpunkt herausgerechnet)	15.000
Zugewinn F	10.000

Zugewinnausgleichsanspruch der F: die Hälfte von 30.000 = 15.000; davon ab wiederum Wert der Zuwendung gemäß § 1380 I 1 in Höhe von 10.000; Ausgleichsanspruch auch hier 5000 EUR.

303   **2. Überhöhte Vorwegleistungen.** Hat ein Ehegatte dem anderen während der Ehe mehr zugewendet, als seiner sonst zu erwartenden Zugewinnausgleichspflicht entspricht, so kann er nun seinerseits wegen seiner überhöhten Vorwegleistung zum Ausgleichsberechtigten werden (BGHZ 82, 227; BGH FamRZ 1987, 791, 792; str.). Wichtig: Bei der Frage, ob der *Zuwendende* einen Zugewinnausgleichsanspruch hat, ist § 1380 nicht anzuwenden; diese Vorschrift setzt voraus, dass der Zuwendende zugleich der Ausgleichsverpflichtete ist.

VII. Die Einrede nach § 1381

Literatur: *I. Rakete-Dombek,* FS Brudermüller, 2014, 543.

304   **1. Grundsätze.** Die Generalklausel des § 1381 I, die in § 1381 II für eine Fallgruppe erläutert wird, gewährt dem Ausgleichspflichtigen eine peremptorische Einrede, wenn und soweit der Ausgleich des Zugewinns nach den Umständen des Falles grob unbillig wäre. Je nach Art und Ausmaß der Ungerechtigkeit des Ausgleichsergebnisses kann die Erfüllung des Anspruchs ganz oder zum Teil verweigert werden. Die Präzisierung dieser Härteklausel obliegt der Rechtsprechung. Bisher ist eine zurückhaltende Tendenz zu beobachten: Die Einrede ist danach nur gegeben, wenn die Erfüllung der Ausgleichsforderung dem Gerechtigkeitsempfinden in unerträglicher Weise widersprechen würde (BGH FamRZ 1973, 254, 256; 2014, 24 Rn. 16). Die Grenze, ab welcher die Gewährung des vollen Zugewinnausgleichs als unzumutbares Opfer anzusehen ist, soll „weit hinaus" angesetzt werden (BGHZ 46, 343, 354; BGH FamRZ 1992, 787, 789).

305   **2. Fallgruppen.** Im Anwendungsfeld des § 1381 sind folgende Fallgruppen hervorzuheben:

a) Der Ausgleichsberechtigte hat längere Zeit hindurch die **wirtschaftlichen Verpflichtungen** aus dem ehelichen Verhältnis schuldhaft nicht erfüllt (**§ 1381 II**, insbesondere Verletzungen der Unterhaltspflicht). Hier ist Verschulden unabdingbare Voraussetzung (BGH FamRZ 1992, 787).

b) Der Ausgleichsberechtigte hat sonstige **grobe Verstöße** gegen die in der ehelichen Lebensgemeinschaft begründeten **Pflichten** begangen, welche die Durchsetzung des Ausgleichsanspruchs als untragbare Ungerechtigkeit erscheinen lassen. Hier kommen auch grobe Verstöße gegen persönliche Ehepflichten als Härtegründe in Betracht; sie müssen nicht unbedingt einen wirtschaftlichen Bezug aufweisen (BGH FamRZ 1980, 877).

c) Der (volle) Zugewinnausgleich **entbehrt** nach den konkreten Umständen **der sachlichen Rechtfertigung**, so bei außerordentlichen Erwerbsvorgängen während sehr kurzer Ehedauer oder bei Schmerzensgeldern (→ Rn. 289). Gegenüber Argumenten aus dem Sinn des Zugewinnausgleichs ist der BGH allerdings zurückhaltend (vgl. BGH NJW 1977, 378; 1980, 877; BGHZ 80, 384). Dass die Ehegatten zur Zeit eines Vermögenserwerbs bereits **getrennt gelebt** haben, rechtfertigt „für sich allein betrachtet" die Anwendung der Härteklausel nicht, es müssen also weitere Umstände hinzutreten (BGH FamRZ 2013, 1954 Rn. 32; 2014, 24 Rn. 18). Eine ungewöhnlich lange Trennungszeit, während welcher Gewinne erwirtschaftet worden sind, kann die grobe Unbilligkeit begründen (BGH FamRZ 2002, 606, 608).

d) Die Durchsetzung des Zugewinnausgleichs würde zu einem wirtschaftlichen **Ungleichgewicht** unter den Ehegatten führen. Ungerechte Ergebnisse können insbesondere dann entstehen, wenn das Vermögen des Ausgleichspflichtigen ohne seine Schuld *nach dem für die Höhe der Ausgleichsforderung maßgeblichen Stichtag* (§§ 1384, 1387) durch Eintritt einer Wirtschaftskrise in Verfall geraten ist (vgl. BGH FamRZ 2012, 1479 Rn. 32).

e) Die Erfüllung der Ausgleichsforderung würde den eigenen **Unterhalt** des Verpflichteten auf die Dauer **gefährden** (BGH FamRZ 1973, 254, 256).

VIII. Modalitäten und Durchsetzung des Anspruchs

1. Die Ausgleichsforderung. a) Obwohl der Stichtag für Berech-   **306** nung und Höhe der Zugewinne regelmäßig vorverlagert ist (§§ 1384, 1387), **entsteht** die Ausgleichsforderung in jedem Fall erst mit der **Beendigung des Güterstandes** (§ 1378 III 1). Von diesem Zeitpunkt an ist sie auch vererblich und übertragbar. Die Forderung ist von diesem Augenblick an fällig.

Beispiel: Zwischen den Eheleuten Hauser ist ein Scheidungsverfahren rechtshängig; im Verbund mit diesem macht Frau Hauser auch ihren Zugewinnausgleichsanspruch geltend. Zwar kann der Zugewinnausgleich jetzt schon errechnet und entschieden werden. Der Ausgleichsanspruch entsteht aber erst mit *Rechtskraft* der Entscheidung, mit der die Ehe geschieden wird. Zu diesem Zeitpunkt wird der Anspruch auch fällig.

307   b) Die Ausgleichsforderung **verjährt** in drei Jahren (§ 195). Die Frist beginnt mit dem Schluss des Jahres, in welchem der Anspruch entstanden ist *und* der Berechtigte von den anspruchsbegründenden Umständen Kenntnis erlangt oder ohne grobe Fahrlässigkeit erlangen müsste (§ 199 I). Spätestens verjährt der Anspruch in zehn Jahren von seiner Entstehung an (§ 199 IV).

Zum Verfahren: Ansprüche aus der Zugewinngemeinschaft sind „Güterrechtssachen" (§ 261 FamFG) und somit Familiensachen (§ 111 Nr. 9 FamFG). Zuständig sind die Familiengerichte (§ 23a I 1 Nr. 1, § 23b I GVG). Der Ausgleichsanspruch wird seit Inkrafttreten des FamFG nicht mehr durch Klage, sondern durch Antrag anhängig gemacht, die Entscheidung ergeht durch Beschluss.

308   **2. Stundung, § 1382.** Das Familiengericht kann eine nicht bestrittene Ausgleichsforderung auf Antrag stunden, wenn die sofortige Zahlung den Verpflichteten besonders hart treffen würde und dem Gläubiger eine Stundung zugemutet werden kann (§ 1382 I). Auch wenn über die Ausgleichsforderung ein Rechtsstreit anhängig ist, kann der Schuldner die Stundung beantragen, allerdings nur in diesem Verfahren (§ 1382 V).

309   **3. Übertragung von Gegenständen, § 1383.** Auf Antrag des Berechtigten kann das Familiengericht anordnen, dass der Verpflichtete bestimmte Gegenstände seines Vermögens auf ihn unter Anrechnung auf die Ausgleichsforderung zu übertragen hat, wenn dies erforderlich ist, um eine grobe Unbilligkeit für den Gläubiger zu vermeiden, und wenn dies dem Schuldner zugemutet werden kann (§ 1383). Hingegen kann der Verpflichtete nicht von sich aus verlangen, statt der geschuldeten Geldsumme Gegenstände seines Vermögens „in Zahlung zu geben".

310   **4. Haftung Dritter, § 1390.** In Ausnahmefällen kann der Ausgleichsberechtigte sich auch an einen **Dritten** halten. Voraussetzungen:

a) Der ausgleichspflichtige Ehegatte hat eine unentgeltliche Zuwendung an den Dritten gemacht in der Absicht, den Ausgleichsberechtigten zu benachteiligen (§ 1390 I 1 Nr. 1). Dem steht der Fall gleich, dass bei anderen Rechtshandlungen einem Dritten die Absicht des handelnden Ehegatten bekannt war, den anderen Ehegatten zu benachteiligen (§ 1390 II).

b) Die Höhe der Ausgleichsforderung übersteigt das bei Beendigung des Güterstandes vorhandene Vermögen des ausgleichspflichtigen Ehegatten (§ 1390 I 1 Nr. 2).

Der Dritte ist verpflichtet, den Wert der empfangenen Zuwendung zu ersetzen. Der Wertersatz erfolgt nach den Vorschriften über die ungerechtfertigte Bereicherung (§ 1390 I 2; Rechtsfolgenverweisung). Der Dritte kann die Zahlung durch Herausgabe des Erlangten abwenden (§ 1390 I 3). Der Ausgleichspflichtige und der Dritte haften als Gesamtschuldner (§ 1390 I 4).

IX. Beweislast und Auskunftsansprüche

Literatur: *L. Bergschneider,* FamRZ 2009, 1713; *M. Braeuer,* FamRZ 2010, 773; *W. Kogel,* FF 2012, 346; 2014, 475; *ders.,* FamRZ 2015, 369; *M. Giers,* NZFam 2015, 843.

1. Grundsätze. Wer einen Zugewinnausgleichsanspruch geltend **311** macht, trägt die Darlegungs- und Beweislast für Bestehen und Höhe des Anspruchs (BGH FamRZ 1986, 1196, 1197), also auch für die Höhe der beiden Endvermögen. Diese Beweislastverteilung versetzt die Ehegatten in eine schwierige Lage, da sie oft keinen Einblick in die Vermögensverhältnisse des anderen Ehegatten haben. In dieser Lage hilft das Gesetz den Parteien mit beiderseitigen Auskunftsansprüchen. Diese entstehen grundsätzlich, sobald der Güterstand beendet ist oder ein Ehegatte die Scheidung oder Aufhebung der Ehe oder die vorzeitige Aufhebung der Zugewinngemeinschaft beantragt hat (§ 1379 I 1). Darüber hinaus entstehen Auskunftsansprüche schon mit der Trennung (§ 1379 II).

2. Auskunft über das Endvermögen. Jeder Ehegatte kann vom **312** anderen Auskunft über dessen Vermögen verlangen, soweit es für die Berechnung des Anfangs- und Endvermögens maßgeblich ist (§ 1379 I 1). Das Endvermögen betreffend ist Auskunft über das am Endstichtag vorhandene reale Vermögen zu erteilen, zusätzlich auch über Vermögensminderungen, die nach § 1375 II dem Endvermögen zuzurechnen sind (BGH FamRZ 2012, 1785 Rn. 28). Der Anspruch entsteht spätestens mit Beendigung des Güterstandes. Er entsteht je-

doch bereits vorher, sobald ein Ehegatte die Scheidung oder Aufhebung der Ehe oder die vorzeitige Aufhebung der Zugewinngemeinschaft beantragt hat. Das Nähere richtet sich nach §§ 260, 261. Danach ist ein Bestandsverzeichnis vorzulegen, bei dessen Erstellung
der Auskunftsberechtigte auf seinen Wunsch zugezogen wird
(§ 1379 I 3). Der Anspruch umfasst auch die Ermittlung des Wertes
der Vermögensgegenstände und Verbindlichkeiten (§ 1379 I 3). Auf
Anforderung sind Belege vorzulegen (§ 1379 I 2). Der Auskunftsberechtigte kann auch verlangen, dass das Verzeichnis *auf seine Kosten*
amtlich oder notariell aufgenommen wird (§ 1379 I 4).

> **Beispiel:** Tobias hat am 5. Mai 2016 Antrag auf Scheidung von seiner Ehe-
> frau Ute gestellt. Damit sind folgende Auskunftsansprüche bezüglich des
> Endvermögens entstanden:
> – Anspruch von Tobias gegen Ute bezüglich Bestand und Höhe von deren
>   Endvermögen (einschließlich Zurechnungen nach § 1375 II).
> – Anspruch von Ute gegen Tobias bezüglich Bestand und Höhe von dessen
>   Endvermögen (einschließlich Zurechnungen nach § 1375 II).

Dass der Auskunftsanspruch auch „illoyale" Vermögensminderungen (§ 1375 II 1) umfasst, hängt mit der Beweislastregelung zusammen: Auch solche Vermögensvorgänge hat derjenige darzulegen und
zu beweisen, der den Ausgleichsanspruch geltend macht. Doch ist
hier der Einblick in die Vermögensvorgänge beim Partner besonders
schwierig. Die Rechtsprechung verlangt in solchen Fällen vom Aus-
gleichgläubiger zunächst nur, dass er das Vorliegen einer Vermögensminderung nach § 1375 II 1 *schlüssig behauptet*; es liegt dann beim
anderen Teil, dies *substantiiert zu bestreiten.* Tut er dies, so bleibt
die Beweislast beim Ausgleichsgläubiger; tut er es nicht, so gelten
die behaupteten Tatsachen als zugestanden (BGH FamRZ 2015, 232
Rn. 18 f.). Dem Auskunftsberechtigten hilft ferner die Regelung des
§ 1375 II 2 (→ Rn. 314).

313   **3. Auskunft über das Anfangsvermögen.** Unter gleichen Voraussetzungen besteht auch ein **Auskunftsanspruch hinsichtlich des Anfangsvermögens.** Auch dieser Anspruch umfasst die Erwerbe, um
die das Anfangsvermögen nach § 1374 II aufzustocken ist. Zusätzlich
wird dem Auskunft suchenden Ehegatten mit einer speziellen Regelung geholfen: Haben die Ehegatten **gemeinsam** ein **Verzeichnis ihres Anfangsvermögens** errichtet, so wird in ihrem Verhältnis untereinander vermutet, dass das Verzeichnis richtig ist (§ 1377 I). Ist kein
solches Verzeichnis aufgenommen (wie in der Praxis üblich), so wird

vermutet, dass das Endvermögen den Zugewinn darstellt, also das Anfangsvermögen = 0 ist (§ 1377 III). Mit dieser Vermutung verändert sich die Beweislast: Jeder Ehegatte, der ein höheres eigenes Anfangsvermögen behauptet, muss dessen Bestand darlegen und beweisen. Vom Beginn des Güterstandes an kann jeder Ehegatte vom anderen die Mitwirkung an einem Verzeichnis verlangen, in dem der Bestand und der Wert des Anfangsvermögens festgestellt werden (§ 1377 II). Das Verzeichnis kann zu Beginn des Güterstandes, aber auch beliebige Zeit später errichtet werden.

Beispiel: Wie → Rn. 312, zudem: Das Ehepaar hatte kein gemeinsames Verzeichnis ihrer Anfangsvermögen errichtet. Dann wird vermutet, dass ihr jeweiliges Endvermögen identisch mit dem Zugewinn ist, dass sie also ein Anfangsvermögen von je 0 hatten (§ 1377 III). Wenn Tobias geltend machen will, ein positives Anfangsvermögen gehabt zu haben, muss er es darlegen und beweisen, ebenso Ute. **Beachte:** Je höher das Anfangsvermögen, desto geringer der Zugewinn!

Zusätzlich haben beide Ehegatten gegeneinander Auskunftsansprüche (§ 1379 I 1) bezüglich ihres Anfangsvermögens. Das ist vor allem von Bedeutung, wenn ein Ehegatte beim anderen ein negatives Anfangsvermögen vermutet.

4. Auskunft über das Trennungsvermögen. Die Reform 2009 hat **314** zudem beiderseitige Auskunftsansprüche der Ehegatten über den Bestand ihres Vermögens **im Zeitpunkt der Trennung** eingeführt. Damit sollen die Ehegatten gehindert werden, nach ihrer faktischen Trennung ihr Vermögen zu Lasten des jeweiligen Partners zu manipulieren. Der Anspruch auf Auskunft über das Vermögen zum Zeitpunkt der Trennung entsteht

– mit Beendigung des Güterstandes oder mit Antrag auf Scheidung oder Aufhebung der Ehe oder vorzeitige Aufhebung der Zugewinngemeinschaft (§ 1379 I 1 Nr. 1),

– darüber hinaus aber auch schon durch den Eintritt des Getrenntlebens (§ 1379 II).

Der Vermögensstand zum Zeitpunkt der Trennung hat zwar für die Berechnung des Zugewinnausgleichs an sich keine Bedeutung. Doch wird er im Zusammenhang mit der Aufstockung des Endvermögens nach **§ 1375 II** relevant: Wenn das reale Endvermögen eines Ehegatten geringer ist als das Vermögen, das er in der Auskunft über das Vermögen zum Trennungszeitpunkt angegeben hat, so hat dieser Ehegatte darzulegen und zu beweisen, dass die Vermögens-

minderung nicht auf illoyale Handlungen im Sinne des § 1375 II zurückzuführen ist.

Beispiel: Die miteinander verheirateten Hans und Grete trennen sich am
20.3.2014. Hans verlangt von Grete Auskunft über ihr am Trennungstag vor-
handenes Vermögen. Grete händigt ihm eine Vermögensaufstellung aus, die
für 20.3.2014 ein Vermögen im Wert von 500.000 EUR ausweist. Am
11.5.2015 beantragt Grete die Scheidung. Auf Verlangen des Hans legt Grete
nun eine Vermögensaufstellung vor, wonach ihr Vermögen zu diesem Tag nur
mehr den Wert von 200.000 EUR hat. Es liegt nun an ihr, darzulegen und zu
beweisen, dass die Vermögensminderung nicht auf illoyalen Handlungen beruht, sondern z. B. auf dem Absinken der Kurse ihres Aktiendepots. Soweit
sie das nicht kann, wird angenommen, dass der Minderungsbetrag nach
§ 1375 II dem realen Endvermögen hinzuzurechnen ist.

315   **5. Die allgemeine Unterrichtungspflicht aus § 1353 I 2.** Die Auskunftspflichten aus § 1379 sind erzwingbare Leistungspflichten, die
durch Antrag beim Familiengericht geltend gemacht werden können.
Davon zu unterscheiden ist die allgemeine, während der gesamten
Zeit der Ehe bestehende Pflicht jedes Ehegatten, den anderen über
seinen jeweiligen Vermögensstand im Großen und Ganzen zu unterrichten (→ Rn. 120). Diese Pflicht ergibt sich aus der ehelichen Lebensgemeinschaft (§ 1353 I 2) und besteht unabhängig vom Güterstand. Ihre Erfüllung kann nicht durch ein Leistungsbegehren
verfolgt werden (allenfalls durch Antrag auf Herstellung des ehelichen Lebens, → Rn. 141). Doch kann die Verletzung dieser Pflicht
belastende Folgen zeitigen: Weigert sich ein Ehegatte ohne ausreichenden Grund beharrlich, den anderen über den Bestand seines Vermögens zu unterrichten, so kann der andere die vorzeitige Aufhebung der Zugewinngemeinschaft verlangen (nachfolgend).

X. Der vorzeitige Zugewinnausgleich

316   **1. Formen der Geltendmachung.** Die Ehegatten müssen mit der
Geltendmachung ihrer Ansprüche auf Zugewinnausgleich nicht unbedingt bis zu Erhebung eines Scheidungsantrags warten. Das Gesetz
hält zwei Wege bereit, zu einem „vorzeitigen" Zugewinnausgleich zu
gelangen:

a) Der ausgleichsberechtigte Ehegatte kann unter bestimmten Voraussetzungen **„vorzeitigen Ausgleich des Zugewinns bei vorzeitiger Aufhebung der Zugewinngemeinschaft"** verlangen (§ 1385).
Das bedeutet, dass er das Ziel der Aufhebung des Güterstandes bereits mit der Geltendmachung der Ausgleichsforderung verbinden

kann. Es handelt sich zugleich um ein Leistungs- und ein Gestaltungsbegehren. Dieser Weg hat natürlich nur Sinn, wenn schon absehbar ist, dass der Antragsteller auch wirklich der Ausgleichsberechtigte ist.

b) Unter gleichen Voraussetzungen kann *jeder Ehegatte* – auch der voraussichtlich ausgleichspflichtige – die **vorzeitige Aufhebung der Zugewinngemeinschaft** verlangen (§ 1386). In diesem Fall handelt es sich um ein Gestaltungsverfahren. Der Anspruch auf Zugewinnausgleich kann dann nach Rechtskraft des Beschlusses, mit dem die Zugewinngemeinschaft aufgehoben wird, in einem weiteren Verfahren geltend gemacht werden.

2. Voraussetzungen. Die Voraussetzungen sind in beiden Fällen 317 die gleichen. Nach §§ 1385, 1386 kann in folgenden Fällen vorgegangen werden:

a) Die Ehegatten leben seit mindestens drei Jahren getrennt (§ 1385 Nr. 1). *Oder:*

b) Eine erhebliche Gefährdung der Ausgleichsforderung ist dadurch zu besorgen, dass von Seiten des anderen Ehegatten Rechtsgeschäfte entgegen § 1365 oder illoyale Vermögensminderungen nach § 1375 II zu befürchten sind (§ 1385 Nr. 2). *Oder:*

c) Der andere Ehegatte hat längere Zeit hindurch seine wirtschaftlichen Verpflichtungen aus der Ehe nicht erfüllt und es ist anzunehmen, dass er sie auch künftig nicht erfüllen wird (§ 1385 Nr. 3). *Oder:*

d) Der andere Ehegatte weigert sich ohne ausreichenden Grund beharrlich, den Antragsteller über den Bestand seines Vermögens zu unterrichten. Gemeint ist die allgemeine, aus § 1353 I 2 hergeleitete Pflicht jedes Ehegatten, den anderen in großen Zügen über den Bestand seines Vermögens zu unterrichten (→ Rn. 120, 315). Beharrliches Weigern setzt in der Regel eine wiederholte und vergebliche Aufforderung des anderen Teils voraus (BGH FamRZ 2015, 32 Rn. 14). Es genügt, wenn die Weigerung bis zur Erhebung eines förmlichen Auskunftsbegehrens gegeben war (§ 1385 Nr. 4).

3. Wirkungen. Die Rechtshängigkeit sowohl eines Antrags nach 318 § 1385 als auch eines Antrags nach § 1386 bestimmt den Stichtag für die Berechnung des Endvermögens und für die Höhe der Ausgleichsforderung (§ 1387). Der Tag einer späteren Erhebung des Scheidungsantrags spielt dann für den Zugewinnausgleich keine Rolle mehr. Mit Rechtskraft der Entscheidung, welche die Zugewinngemeinschaft vorzeitig aufhebt, entsteht der Zugewinnausgleichsanspruch (§ 1378

III 1) und tritt Gütertrennung ein (§ 1388). Die Möglichkeit des vorzeitigen Zugewinnausgleichs kann in der Praxis eine erhebliche Bedeutung erlangen. Die Vorverlegung des Stichtags für Endvermögen und Höhenbegrenzung wirkt sich je nach den wirtschaftlichen Gegebenheiten günstig oder ungünstig für den einen oder den anderen Ehegatten aus.

Beispiel: Die Beziehung des Ehepaars Berta und Bruno Brause ist in der Krise. Herr Brause weigert sich auf fortgesetzte Nachfrage seiner Frau, über seine Vermögensverhältnisse Auskunft zu geben. Währenddessen verschlechtert sich die allgemeine Wirtschaftslage. Frau Brause fürchtet, wenn es zur Scheidung käme, wäre für sie nicht mehr viel übrig. Aber sie möchte von sich aus als Katholikin keinen Scheidungsantrag stellen. In diesem Fall kann es sehr wichtig sein, nach §§ 1385 oder 1386 vorzugehen und damit für die Berechnung des Zugewinnausgleichs einen Stichtag zu retten, an dem die Aktienkurse noch relativ hoch stehen.

XI. Vereinbarungen über den Zugewinnausgleich

319   **1. Ehevertrag.** Der Zugewinnausgleich und seine Durchführung können durch Verträge unter den Ehegatten modifiziert werden. Durch Ehevertrag (§ 1408 I, § 1410) kann die **gesetzliche Regelung ergänzt oder geändert** werden, soweit es sich nicht ausnahmsweise im Hinblick auf den Schutzzweck um zwingende Normen handelt (so etwa bei § 1381). Möglich sind ehevertragliche Abreden über das Anfangs- und Endvermögen (etwa die Herausnahme eines Betriebsvermögens aus dem Zugewinnausgleich, BGH NJW 1997, 2239), die Festlegung einer vertraglichen Höchstgrenze für den Zugewinnausgleichsanspruch oder die Bestimmung einer anderen Beteiligungsquote. Freilich sind die Grundsätze der richterlichen Vertragskontrolle zu beachten (→ Rn. 236).

320   **2. Sonstige Vereinbarungen.** Abgesehen von der Möglichkeit, durch Ehevertrag Einfluss auf den Zugewinnausgleich zu nehmen, ist der Raum für vertragliche Gestaltungen begrenzt. Grundsätzlich besteht ein Verbot für die Ehegatten, sich vor Beendigung des Güterstandes zu verpflichten, über die Ausgleichsforderung zu verfügen (§ 1378 III 3) oder – was dem gleichsteht (BGH FamRZ 1983, 160) – eine solche Verfügung vorzunehmen (Veräußerungsverbot nach § 134). Doch gestattet **§ 1378 III 2** den Ehegatten, **während eines Scheidungs- oder Aufhebungsverfahrens** Vereinbarungen über den Ausgleich des Zugewinns für den Fall der Auflösung der Ehe zu

schließen. Solche Vereinbarungen müssen entweder notariell beurkundet oder nach § 127a gerichtlich protokolliert sein. Die Sperre
des § 1378 III 3 gilt für Verträge nach § 1378 III 2 nicht. Sinn dieser
Vorschrift ist insbesondere, eine Regelung des Zugewinnausgleichs
im Scheidungsverfahren durch gerichtlichen Vergleich zu ermöglichen.

Nach BGH FamRZ 1983, 157, 159 können Verträge der in § 1378 III 2 genannten Art entgegen dem Wortlaut des Gesetzes auch schon *vor Anhängigkeit eines Eheauflösungsverfahrens* wirksam geschlossen werden. Diese Rechtsprechung erweitert die Möglichkeiten vertraglicher Gestaltung beträchtlich.
Allerdings muss die Form der notariellen Beurkundung oder des gerichtlichen
Vergleichsprotokolls gewahrt sein; mündliche oder bloß schriftliche Abmachungen während des Güterstandes sind nichtig (§ 125, vgl. BGH FamRZ
1983, 160).

3. Rechtsgeschäfte nach Beendigung des Güterstandes. Mit Be-   321
endigung des Güterstandes ist die Ausgleichsforderung unbeschränkt
übertragbar. Sie unterliegt von diesem Zeitpunkt an der rechtsgeschäftlichen Dispositionsfreiheit wie beliebige andere Forderungen.
Formvorschriften bestehen nicht mehr (daher z. B. möglich privat-
schriftlicher Erlassvertrag, Abtretung).

§ 34. Vermögensbeziehungen unter den Ehegatten außerhalb des Güterrechts

Literatur: *W. Schulz/ J. Hauß*, Vermögensauseinandersetzung bei Trennung und Scheidung, 6. Aufl. 2015; *R. Wever*, Vermögensauseinandersetzung
unter Ehegatten außerhalb des Güterrechts, 6. Aufl. 2014; *Th. Herr*, Nebengü-
terrecht, 2013. Zu einzelnen Bereichen: *M. Lieb*, Die Ehegattenmitarbeit im
Spannungsfeld zwischen Rechtsgeschäft, Bereicherungsausgleich und gesetzlichem Güterstand, 1970; *H. Fenn*, Die Mitarbeit in den Diensten Familienangehöriger, 1970; *H. Seutemann*, Der Widerruf von Schenkungen unter Ehegatten, 1984; *M. Schwab*, FamRZ 2010, 1701; *J. Henke/J. Keßler*, JuS 2011,
583, 686; *R. Hoppenz*, FPR 2012, 84; *A. Röthel*, FamRZ 2012, 1916; *D.
Schwab*, FS Hahne, 2012, 175; *E. Koch*, NZFam 2014, 311; *Th. Rauscher*,
NZFam 2014, 298; *M. Wellenhofer*, NZFam 2014, 314; *J. Hager*, FS Coester-
Waltjen, 2015, 101. Rechtsprechungsberichte *R. Wever*, FamRZ 2015, 1243;
2016, 1627; *F.-T. Roßmann*, FuR 2016, 680; 2017, 13; *T. Herr*, FF 2016, 233.

I. Überblick

322 **1. Grundsatz.** Die Regeln des Güterrechts umfassen nicht die Gesamtheit der vermögensrechtlichen Beziehungen, die unter Ehegatten bestehen können. Das liegt vor allem daran, dass die Eheleute unter sich beliebige Rechtsgeschäfte abschließen können. Sie können sich Darlehen gewähren, gemeinsam eine Wohnung mieten, zusammen eine Handelsgesellschaft gründen, einander etwas verkaufen – alle schuldrechtlichen Geschäfte, die sie mit Dritten abschließen könnten, sind auch unter ihnen selbst möglich. Sie können auch unter- und miteinander sachenrechtliche Geschäfte tätigen, etwa Wohnungseigentum zu Bruchteilen erwerben. Die Rechtswirkungen solcher Geschäfte richten sich in erster Linie nach den einschlägigen Vorschriften des Schuld- und Sachenrechts.

323 **2. Konkludente Geschäfte besonderer Art.** Über die gängigen Verträge hinaus, die zwischen beliebigen Personen geschlossen werden können, hat die Rechtsprechung zunächst für die Ehe, dann auch für andere Lebensgemeinschaften besondere Geschäftstypen entwickelt, mit deren Hilfe bei speziellen Fallgestaltungen ein angemessener Vermögensausgleich ermöglicht werden soll: die „**Innengesellschaft**" und die „**ehebedingte Zuwendung**". Diese Arten von Geschäften werden üblicherweise nicht ausdrücklich, sondern „stillschweigend" abgeschlossen. Bei näherem Hinsehen sind es Hilfskonstruktionen der Rechtsprechung. Sie sind vor allem für zwei Fallgestaltungen gedacht: 1) Ein Ehegatte hat dem anderen Vermögen zugewendet, das er bei Trennung oder Scheidung ganz oder teilweise zurück haben möchte; 2) Ein Ehegatte hat während der Ehe im Berufsbereich des anderen Arbeitsleistungen erbracht, die das Vermögen des anderen vermehrt haben und für die er nun einen Ausgleich erhalten möchte.

Die für solche Fälle von der Rechtsprechung entwickelten Instrumente werden nachfolgend dargestellt. *Jedoch ist stets zunächst zu prüfen, ob sich die Lösung nicht bereits aus einem der im BGB geregelten Geschäftstypen ergibt.*

II. Der Ausgleich von Zuwendungen unter den Ehegatten

324 **1. Grundsatz.** Hat ein Ehegatte während der Ehe dem anderen Sach- oder Geldleistungen erbracht, die er nach Trennung oder Scheidung zurückfordert oder ausgeglichen haben will, so ist zunächst zu überlegen, ob sich der Anspruch aus einem *im Gesetz näher ausgestalteten Vertragsverhältnis* ergibt. Ist die Zuwendung als Darlehen gegeben, so folgt der Anspruch auf Rückzahlung der Darlehenssumme und der bedungenen Zinsen aus § 488 I 2. Handelt ist sich um eine Schenkung, so kommen die Regeln über die mögliche Rückforderung nach §§ 528 ff. zum Zuge (s. nachfolgend). Ist die Zuwendung im Rahmen einer zwischen den Ehegatten vereinbarten Gesellschaft des bürgerlichen Rechts (§§ 705 ff.) gemacht, so können sich Ansprüche aus Gesellschaftsrecht ergeben. Indes haben Ehegattenzuwendungen häufig keine ausdrückliche und eindeutige rechtliche Fundierung erhalten: Die Ehegatten unterstützen sich gegenseitig, ohne sich über die rechtliche Einordnung Gedanken zu machen. Dann kommen möglicherweise die Instrumente zum Zug, welche die Rechtsprechung für den gerechten Vermögensausgleich unter Ehegatten entwickelt hat. Für **Rückforderung von Sach- oder Geldleistungen** sind insbesondere folgende Anspruchsgrundlagen zu prüfen.

2. Anspruch auf Rückforderung einer Schenkung. a) Anspruchsgrundlagen. aa) Steht der Zuwendung eines Ehegatten an den anderen objektiv keine Gegenleistung gegenüber, so ist zunächst zu untersuchen, ob sich ein Rückforderungsanspruch aus Schenkungsrecht (§§ 528–534) ergibt. Bei Ehegattenschenkungen kann der Gebende die **Schenkung** möglicherweise **wegen groben Undanks zu widerrufen** und Rückgabe zu verlangen (Anspruch aus § 531 II i. V. m. § 530). Die Rspr. erkennt an, dass schwere Eheverfehlungen die Voraussetzungen des § 530 I erfüllen können (BGH FamRZ 1982, 1066; 1983, 349; vgl. auch BGH FamRZ 1999, 1490). Allerdings muss die Verfehlung so schwer sein, dass daraus der Vorwurf grob undankbarer Gesinnung abgeleitet werden kann; nicht jede Eheverfehlung begründet also das Widerrufsrecht, nach verbreiteter Meinung bedarf es eines „exzessiven Fehlverhaltens."

bb) Über die Regeln der §§ 528 ff. hinaus kann sich ein Anspruch auf **Rückforderung einer Schenkung aus § 313 I** ergeben, wenn die Geschäftsgrundlage der Zuwendung entfallen ist, z. B. wenn der schenkende Ehemann von der unzutreffenden Vorstellung ausgegangen ist, das in der Ehe geborene Kind stamme von ihm (BGH FamRZ 2012, 1363 Rn. 20 f.).

b) Einschränkung. Das Schenkungsrecht kommt allerdings nicht bei allen Zuwendungen zum Zuge. Die Rechtsprechung ordnet Zuwendungen unter Ehegatten häufig **nicht als Schenkungen** ein,

325

326

selbst wenn objektiv keine Gegenleistung festgesetzt ist. Vielmehr wurde die Rechtsfigur der „**ehebedingten Zuwendung**" geschaffen, auf die das Schenkungsrecht keine Anwendung findet (→ Rn. 330). Ebenso ist es möglich, Zuwendungen als Beiträge im Rahmen einer „Ehegatteninnengesellschaft" zu deuten (→ Rn. 327); auch dann findet das Schenkungsrecht keine Anwendung. Bevor also die Voraussetzungen des § 531 II geprüft werden, muss **festgestellt** sein, dass es sich **wirklich um eine Schenkung** handelt. Indiz für das Vorliegen einer Schenkung ist der erkennbare Wille der Parteien, dass die Zuwendung auch *über eine mögliche Scheidung der Ehe hinaus* Bestand haben soll („komme, was wolle").

327   **3. Anspruch aus Innengesellschaft. a) Voraussetzungen.** Ein Anspruch auf Zahlung eines Auseinandersetzungsguthabens (§ 738 I 2 analog) kann sich ergeben, wenn ein Ehegatte Beiträge im Rahmen einer „**Ehegatteninnengesellschaft**" geleistet hat und diese Gesellschaft mit der Trennung der Eheleute oder dem Scheitern der Ehe aufgelöst wird. Die Innengesellschaft unterscheidet sich von der Normalform der GbR dadurch, dass sie als solche nicht nach außen in Erscheinung tritt und dass kein Gesamthandsvermögen gebildet wird. Eine Innengesellschaft wird angenommen, wenn die Ehegatten einen **über den typischen Rahmen der ehelichen Lebensgemeinschaft hinausgehenden Zweck** verfolgen (z. B. Aufbau oder Förderung eines Unternehmens). Voraussetzung ist der Abschluss eines auf Gründung einer Innengesellschaft gerichteten Gesellschaftsvertrags, der stillschweigend erfolgen kann (BGH FamRZ 1999, 1580, 1581; 2012, 1789 Rn. 17). Auch die gemeinsame Vermögensbildung kann einen eheüberschreitenden Zweck darstellen und damit im Rahmen einer Innengesellschaft verfolgt werden (s. den Fall BGH FamRZ 1999, 1580). Die Auflösung der Innengesellschaft wird mit der Trennung oder mit dem Scheitern der Ehe, spätestens mit Erhebung des Scheidungsantrags (BGH FamRZ 1990, 1219, 1220) angenommen.

328   **b) Anspruchsinhalt.** Der Ausgleich nach Gesellschaftsrecht kommt insbesondere in Fällen zum Tragen, in denen durch das Zusammenwirken der Ehegatten eine **Wertschöpfung** geleistet wurde, die sich **nur auf das Vermögen des einen Ehegatten** (z. B. des Inhabers des gemeinsam geförderten Unternehmens) ausgewirkt hat. Bei Auflösung der Gesellschaft hat dann *der andere* einen Anspruch auf Zahlung des Auseinandersetzungsguthabens gemäß seinem Anteil. Dieser bemisst sich in erster Linie nach der Vereinbarung unter den

Ehegatten, die auch stillschweigend erfolgen kann (BGH FamRZ 2016, 965 Rn. 26). Unterschiedlich hohe Beiträge zur Wertschöpfung sind ein Indiz dafür, dass auch die Anteile am Gesellschaftsvermögen unterschiedlich hoch sein sollen (BGH FamRZ 1990, 973, 974; 2017, 965 Rn. 27). Ist keine derartige Bestimmung getroffen, so hat jeder Ehegatte den gleichen Anteil (§ 722 I).

Voraussetzungen eines Beteiligungsanspruchs aus Innengesellschaft: 329

1. Ein Ehegatte hat durch Geld- oder Sachleistungen zur Vermögensmehrung beim anderen beigetragen.
2. Die Rechtsgrundlage dieser Leistungen ist nicht durch ausdrückliche Vereinbarung anderweitig geregelt.
3. Zwischen den Ehegatten ist (stillschweigend) ein Vertrag über eine Innengesellschaft geschlossen.
4. Mit den Leistungen wurde ein über die bloße Verwirklichung der ehelichen Lebensgemeinschaft hinausgehender Zweck verfolgt.
5. Den Leistungen lag die Vorstellung zugrunde, dass das gemeinsam geschaffene Vermögen *wirtschaftlich betrachtet* nicht nur dem „formal" berechtigten, sondern auch dem anderen Ehegatten zukommen soll.
6. Die Gesellschaft ist durch Trennung der Ehegatten oder Scheitern der Ehe aufgelöst.

---

4. Anspruch auf Ausgleich für eine ehebedingte Zuwendung.   330
a) Voraussetzungen. Erfolgte die Zuwendung weder als Schenkung noch aufgrund eines gesellschaftsrechtlichen Verhältnisses, so kommt eine Rückforderung oder ein Ausgleichsanspruch aus dem Gesichtspunkt der **Änderung der Geschäftsgrundlage** (§ 313 I) einer **ehebedingten Zuwendung** in Frage. Die Rechtsfigur der ehebedingten Zuwendung wurde entwickelt, um Zuwendungen, die sich Ehegatten zur Verwirklichung ihrer ehelichen Gemeinschaft machen, aus dem Schenkungsrecht herauszuhalten. Nach der Rechtsprechung beruht die ehebedingte Zuwendung auf einem stillschweigend oder konkludent geschlossenen **familienrechtlichen Vertrag „sui generis"**, bei dem der Fortbestand der Ehe die Geschäftsgrundlage darstellt. Der Zuwendung eines Ehegatten an den anderen wird also ein Vertrag un-

terlegt, aus dem sich erklärt, dass die Zuwendung *subjektiv* nicht unentgeltlich gemacht wird, sondern ihren Sinn aus dem Zusammenwirken der Ehegatten erhält (z. B.: Nur der Mann ist berufstätig und ist
Eigentümer des Familienheims, die Frau versorgt die Familie; die Zuwendung eines Grundstücksanteils an die Frau ist Ausdruck der trotz
Rollenverteilung *gemeinsamen* Wertschöpfung). Dem BGH zufolge
liegt eine ehebedingte Zuwendung vor, wenn ein Ehegatte dem anderen einen Vermögenswert um der Ehe willen und als Beitrag zur Verwirklichung und Ausgestaltung, Erhaltung oder Sicherung der ehelichen Lebensgemeinschaft zukommen lässt, wobei er die Vorstellung
oder Erwartung hegt, dass die eheliche Lebensgemeinschaft Bestand
haben und er innerhalb dieser Gemeinschaft am Vermögenswert und
dessen Früchten weiter teilhaben werde; darin liegt die Geschäftsgrundlage der Zuwendung (vorstehende Sätze nach BGH FamRZ
1999, 1580; 2006, 1022). Das Scheitern der Ehe kann folglich bedeuten, dass die Geschäftsgrundlage dieses Vertrages entfallen ist (BGH
FamRZ 1994, 1167).

Von der **Schenkung** unterscheidet sich die ehebedingte Zuwendung durch
das Fehlen der *„subjektiven" Unentgeltlichkeit*; es besteht die Vorstellung,
dass der Zuwendung des einen Teils Leistungen des anderen für die Familie
gegenüberstehen. Von der **Innengesellschaft** unterscheidet sich die ehebedingte Zuwendung durch das *Fehlen eines über die eheliche Lebensgemeinschaft hinausgehenden Zwecks* der Kooperation. Es geht um die Verwirklichung des ehelichen Zusammenlebens. Typisches Beispiel für ehebedingte
Zuwendung ist die Errichtung eines Eigenheims, das formal im Eigentum des
einen Ehegatten steht, zu dessen Schaffung aber auch der andere Beiträge geleistet hat. Doch hat der BGH der ehebedingten Zuwendung auch Fälle zugeordnet, in denen der Bezug zur ehelichen Lebensgemeinschaft weniger einsichtig ist, z. B. Verschiebung von Vermögen auf den anderen Ehegatten, um
es dem Zugriff der Gläubiger zu entziehen (BGH FamRZ 1990, 600, 601; einschränkend BGH FamRZ 1999, 1580, 1583).

331   **b) Anspruchsinhalt.** aa) Bei Wegfall der Geschäftsgrundlage ergibt
sich ein **Ausgleichsanspruch aus § 313 I**, wenn die **Aufrechterhaltung des bestehenden Vermögensstandes** demjenigen Ehegatten,
der die Zuwendung erbracht hat, **nicht zumutbar** ist (BGH FamRZ
1999, 1580, 1583; 2012, 1789 Rn. 25). Die Höhe des Zahlungsan-
spruchs bemisst sich nach den Umständen des Einzelfalls (Dauer der
Ehe, Dauer des Mitgenusses der erbrachten Leistung, Art und Umfang der erbrachten Leistungen einschließlich Haushaltführung und
Kindererziehung, Einkommens- und Vermögensverhältnisse und vieles andere mehr). Es geht letztlich darum, einen billigen Ausgleich

dafür zu schaffen, dass die erwartete Beteiligung an dem gemeinsam geschaffenen Wert und die Mitnutzung der Früchte gemeinsamer Anstrengungen für die Zukunft entfallen (BGH FamRZ 1994, 1167, 1168).

bb) In besonderen Fällen kann der Anspruch sogar auf die **völlige Rückerstattung** der erbrachten Leistung gehen, wenn die Billigkeit dies gebietet. In aller Regel ist dann Zug um Zug ein angemessener Gegenausgleich an den Rückgabepflichtigen zu leisten (BGH FamRZ 1989, 599, 600; 2002, 949, 950). Ein Anspruch auf Rückgewähr des zugewendeten Gegenstandes wird in Fällen bejaht, in denen Miteigentumsanteile an Grundstücken übertragen worden sind und die Beibehaltung der Bruchteilsgemeinschaft mit der Möglichkeit der Teilungsversteigerung als schlechthin unzumutbar erscheint (BGHZ 68, 299, 306; FamRZ 1982, 778).

Voraussetzungen des Ausgleichsanspruchs (§ 313 I) für ehebedingte Zuwendungen:	332

1. Ein Ehegatte hat dem anderen Geld- oder Sachleistungen zugewendet.
2. Die Rechtsgrundlage dieser Zuwendung ist nicht durch ausdrückliche Vereinbarung anderweitig geregelt.
3. Die Zuwendung beruht auf einem stillschweigenden familienrechtlichen Vertrag, nach dem die Zuwendung nicht unentgeltlich, sondern als Beitrag zur Verwirklichung der ehelichen Lebensgemeinschaft erfolgt.
4. Dabei geht der Zuwendende von der Erwartung aus, dass die eheliche Lebensgemeinschaft Bestand haben und er am zugewendeten Vermögenswert und dessen Früchten weiter teilhaben werde.
5. Durch die Trennung oder Scheidung der Ehegatten ist die Geschäftsgrundlage ganz oder teilweise weggefallen.
6. Die Aufrechterhaltung des nunmehr bestehenden Vermögensstands ist dem Zuwendenden nicht zumutbar.

5. Anspruch aus Zweckverfehlungskondiktion. In den geschilderten Fällen kommt auch ein Anspruch aus **Zweckverfehlungskondiktion** (§ 812 I 2 Alt. 2) in Frage. Das setzt voraus, dass Zuwendungen unter Ehegatten zu dem *vereinbarten Zweck* erfolgen, das   333 gemeinsame Leben zu verwirklichen und in diesem Rahmen dauerhaft am zugewendeten Gegenstand teilzuhaben. Eine solche Zweckvereinbarung verlangt nach BGH das *positive Wissen* des Empfängers von der Zweckvorstellung des Zuwendenden (BGHZ 184, 190 Rn. 51). Der Zweck kann (teilweise) verfehlt werden, wenn die Ehe scheitert und die Zuwendung in der Lebensgemeinschaft noch nicht verbraucht wurde, sich vielmehr als Bereicherung im Vermögen des Empfängers niederschlägt. Früher lehnte der BGH diese Anspruchsgrundlage für die Lösung der Zuwendungsfälle unter Ehegatten ab (BGHZ 82, 227, 231), es bahnt sich aber ein Wechsel in der Rechtsprechung an. Für den Vermögensausgleich unter den Partnern einer *nichtehelichen Lebensgemeinschaft* ist die Zweckverfehlungskondiktion als geeignetes Instrument des Vermögensausgleichs anerkannt (BGHZ 177, 193, Rn. 34 ff., → Rn. 1081), ebenso bei Zuwendungen der Schwiegereltern an einen Ehegatten (BGHZ 184, 190 Rn. 47 ff.). Dann ist es folgerichtig, in gleich gelagerten Fällen die Zweckverfehlungskondiktion auch im Verhältnis unter Ehegatten in Ansatz zu bringen.

Darüber, wie sich die Lösung der Fälle über § 812 I 2 Alt. 2 zu derjenigen über § 313 I (ehebedingte Zuwendung) verhält, besteht nach der Rspr. keine Klarheit. Folgerichtig müsste der Anspruch aus der Zweckverfehlungskondiktion zuerst geprüft werden, weil sich die Folge direkt aus der Zweckvereinbarung ergibt und somit nicht auf die Geschäftsgrundlage zurückgegriffen werden muss.

III. Ausgleich für geleistete Mitarbeit

334 **1. Die Problematik.** a) Nicht selten ist ein Ehegatte während der Ehe im Betrieb oder der Praxis des anderen ohne geregelte Bezahlung tätig. Wir haben gesehen, dass unter bestimmten Voraussetzungen sogar eine Pflicht zur Mitarbeit bestehen kann (→ Rn. 134). Gleichgültig, ob eine solche Pflicht bestand oder nicht, ergibt sich bei Trennung der Eheleute die Frage nach einem angemessenen Ausgleich, wenn sich die Mitarbeit positiv auf das Vermögens des anderen Teils ausgewirkt, z. B. den Wert des Betriebes erhöht oder seine Erhaltung gesichert hat. Es entstehen also ähnliche Probleme wie bei den Sachzuwendungen. Auch hier kommt es in erster Linie auf die explizit getroffenen Vereinbarungen an. Den Ehegatten steht es frei, die mit der Kooperation im Betrieb zusammenhängenden Probleme durch ausdrückliche Abmachungen zu regeln, etwa Arbeits- oder Gesellschaftsverträge zu schließen (vgl. BVerfGE 13, 290; BGH NJW 1995, 3383), die dann die Grundlage von Entgelt- und Beteiligungsansprüchen sind. Häufig vollzieht sich die Mitarbeit jedoch ohne eindeutige vertragsrechtliche Grundlage.

Beispiel: Eine Frau hat einen Arzt geheiratet und ist zehn Jahre lang in dessen Praxis ohne weitere Absprache und ohne Bezahlung als Sprechstundenhilfe tätig. Sodann wird die Ehe geschieden. Die Frau möchte nun einen Ausgleich für den Wert ihrer Mitarbeit, zumindest soweit dadurch der Wert der Praxis gestiegen ist.

b) Zur Lösung der Fälle, in denen die Mitarbeit nicht aufgrund ein- **335** deutiger vertraglicher Regelung geleistet wurde, bedient sich die Rechtsprechung dergleichen Konstruktionen wie bei den Geld- und Sachzuwendungen (→ Rn. 324 ff.). Freilich ist hier das *Schenkungsrecht nicht einschlägig*: Nach h. M. stellt eine Arbeitsleistung kein geeignetes Schenkungsobjekt im Sinne des § 516 I dar. Ansprüche können sich aber auch hier unter dem Gesichtspunkt der Innengesellschaft, unter dem Gesichtspunkt des Wegfalls der Geschäftsgrundlage einer ehebedingten Zuwendung und der Zweckverfehlungskondiktion ergeben.

2. **Ansprüche aus Innengesellschaft.** a) Auch bei Mitarbeit im Be- **336** trieb es anderen kann es sein, dass die Ehegatten durch konkludenten Vertrag eine **Innengesellschaft** gegründet haben. Im Innenverhältnis sollen die Erträge, unter Umständen sogar das Betriebsvermögen (BGH FamRZ 1975, 35), so behandelt werden, als ob der Mitarbeitende am Betrieb beteiligt sei. Nach außen bleibt der Betrieb allerdings dem bisherigen Inhaber zugeordnet, die dingliche Rechtslage bleibt unberührt (BGH FamRZ 1990, 1219 f.). Eine Innengesellschaft nimmt die Rechtsprechung auch in den Mitarbeitsfällen nur an, wenn die Partner vereinbarungsgemäß durch beiderseitige Leistungen einen **über den typischen Rahmen der ehelichen Lebensgemeinschaft hinausgehenden Zweck** verfolgen, z. B. indem sie gemeinsam ein Unternehmen aufbauen oder eine berufliche oder gewerbliche Tätigkeit ausüben (BGH FamRZ 1989, 147 f.; 1990, 1219 f.; NJW 1995, 3383 f.). Auch wird gesagt, die Innengesellschaft setzte eine „gleichberechtigte" oder „gleichgeordnete" Zusammenarbeit voraus (BGH FamRZ 1990, 1219), wobei die Beiträge aber nicht den gleichen Umfang haben müssen (BGH FamRZ 1990, 973).

b) Bei Beendigung der Gesellschaft aus Anlass der Trennung oder **337** Scheidung findet dann eine **Auseinandersetzung entsprechend**

§§ 730 ff. statt (BGH FamRZ 1999, 1580, 1584). Der mitarbeitende Ehegatte erhält einen Ausgleichsanspruch in Geld analog § 738 I 2. Die Höhe richtet sich nach der Vereinbarung der Ehegatten. Mangels einer Abrede sind gemäß § 722 I gleiche Anteile anzusetzen (BGH FamRZ 1999, 1580, 1585). In der Regel wird eine konkludente Verteilungsabrede des Inhalts getroffen sein, dass der Anteil der Art und dem Umfang der Mitarbeit und dem dadurch erzielten Wertzuwachs entsprechen soll.

Bejaht wurden gesellschaftsrechtliche Ausgleichsansprüche in Fällen, in denen der mitarbeitende Ehegatte am Aufbau des Betriebs oder an seiner Aufrechterhaltung beteiligt war (BGHZ 31, 197; BGH FamRZ 1961, 431; 1975, 35) oder in denen der mitarbeitende Partner durch die Art seiner Tätigkeit (Geschäftsführung) wesentlichen Anteil an der Entfaltung des dem anderen Ehegatten nominell zustehenden Unternehmens hatte. Abgelehnt hingegen wurde eine Innengesellschaft bei Mitarbeit der Frau in einem schon bestehenden mittelständischen Fertigungsbetrieb des Mannes (BGH FamRZ 1967, 208) und bei Mitarbeit in der Praxis des Mannes (BGH FamRZ 1974, 592; s. das obige Beispiel → Rn. 334). Die ältere Rechtsprechung ist jedoch zum Teil überholt: Hat die Mitarbeit eine Bedeutung erlangt, die sich nachhaltig auf Wert oder Bestandssicherung des Betriebes ausgewirkt hat, so liegt die Gründung einer Innengesellschaft auf der Hand.

338   **3. Anspruch auf Ausgleich für eine ehebedingte Zuwendung.** a) Wenn nach den dargelegten Grundsätzen keine Innengesellschaft anzunehmen ist, kann sich – wie bei Sachzuwendungen – ein Ausgleichsanspruch aus dem Gesichtspunkt der **Änderung der Geschäftsgrundlage** ergeben (§ 313 I: Anspruch auf Anpassung an die veränderte Lage). Dabei wird ein **familienrechtlicher Vertrag sui generis** vorausgesetzt (hier oft „**Kooperationsvertrag**" genannt), in dessen Rahmen ein Ehegatte im Unternehmensbereich des anderen mitarbeitet. Dienstleistungen sind zwar nach Auffassung des BGH eigentlich keine „Zuwendungen", werden aber in diesem Kontext wie solche behandelt (FamRZ 2011, 1563 Rn. 20). Es geht um Fälle, in denen ein Ehegatte dem anderen durch Arbeitsleistungen um der Ehe willen und als Beitrag zur Verwirklichung und Ausgestaltung, Erhaltung oder Sicherung der ehelichen Lebensgemeinschaft einen Vermögenswert verschafft und davon ausgeht, dass die Ehe Bestand haben und er innerhalb der ehelichen Gemeinschaft am Vermögenswert und dessen Früchten weiter teilhaben werde (BGH FamRZ 1999, 1580, 1582). Das kann in Betracht kommen, wenn die Arbeitsleistungen erheblich über bloße Gefälligkeiten oder dasjenige, was das tägliche Zusammenleben erfordert, hinausgehen und zu einem messbaren und noch vorhandenen Vermögenszuwachs des anderen Partners geführt haben (BGHZ 177, 193 Rn. 41 ff.; FamRZ 2011, 1563 Rn. 21).

b) **Rechtsfolge** des Wegfalls der Geschäftsgrundlage ist ein Aus-   339
gleichsanspruch nach Grundsätzen der Billigkeit. Die Mitarbeit muss beim anderen Ehegatten zu einer noch vorhandenen Vermögensmehrung geführt haben. Freilich ist *zuvor stets zu prüfen*, ob die Mitarbeit nicht im Rahmen einer *Innengesellschaft* geleistet wurde, die vorrangig zum Zuge kommt (BGH NJW 1994, 1545 f.). Für den Ausgleich wegen Wegfalls der Geschäftsgrundlage von ehebedingten Arbeitszuwendungen bleiben also die Fälle, in denen sich die Mitarbeit nicht als partnerschaftliche Erwerbstätigkeit in einem von der Familie getrennten Betrieb darstellt, sondern in untergeordneten Tätigkeiten im Berufsbereich des anderen Ehegatten besteht. Freilich sollen „gelegentliche oder kurzzeitige Hilfeleistungen" keinen Ausgleichsanspruch rechtfertigen (BGH FamRZ 1994, 1167, 1168).

4. Zweckverfehlungskondiktion. Arbeitsleistungen eines Partners,   340
die sich beim anderen vermögensmehrend niedergeschlagen haben, hat die Rspr. im Rahmen *nichtehelicher Gemeinschaften* auch nach dem Bereicherungsanspruch aus Zweckverfehlungskondiktion ausgeglichen (→ Rn. 1080). Unter gleichen Voraussetzungen kommt dieser Anspruch auch bei Mitarbeit unter Ehegatten in Frage (→ Rn. 333).

Zum Beispiel → Rn. 334: Der als Sprechstundenhilfe in der Praxis ihres Mannes mitarbeitenden Frau wurde seinerzeit ein Ausgleichsanspruch aus „Innengesellschaft" versagt (BGH FamRZ 1974, 592, trotz zusätzlichen Kapitaleinsatzes). Ob das heute noch so entschieden würde, ist zweifelhaft. Jedenfalls aber kann der Frau ein Anspruch wegen Wegfalls der Geschäftsgrundlage zukommen, wenn der Mann durch ihre Mitarbeit Kosten gespart hat und sein Vermögen dadurch erhöht ist. Besteht gesetzlicher Güterstand, so ist der Zugewinnausgleich gegenüber § 313 vorrangig (nachfolgend → Rn. 351).

Verfahren: Ansprüche zwischen Ehegatten im Zusammenhang mit Trennung oder Scheidung der Ehe sind, auch wenn sie sich aus dem allgemeinen Zivilrecht herleiten, „sonstige Familiensachen" (§ 266 I Nr. 3 FamFG), zuständig sind die Familiengerichte (§ 23a I 1 Nr. 1, § 23b I GVG, § 111 Nr. 10 FamFG).

IV. Das Verhältnis allgemeiner Ansprüche unter Ehegatten zu den Regeln des Güterrechts

341 **1. Das Problem.** Die Ansprüche aus den allgemeinen zivilrechtlichen Grundlagen entstehen grundsätzlich **unabhängig vom Güterrecht** und können isoliert davon geltend gemacht werden. Das gilt uneingeschränkt für den Güterstand der **Gütertrennung.** Auch im gesetzlichen Güterstand der **Zugewinngemeinschaft** bestehen Ansprüche aus allgemeinem Zivilrecht prinzipiell selbstständig neben dem Güterrecht. Hier wird bei den Ansprüchen aus § 313 I wegen Wegfalls der Geschäftsgrundlage einer ehebedingten Zuwendung eine Ausnahme gemacht; diese sind in der Regel gegenüber den Regeln des Zugewinnausgleichs subsidiär (→ Rn. 351). Bei der **Gütergemeinschaft** ist zu beachten, dass die Ansprüche der Ehegatten wegen der Bildung eines Gesamtguts mit der güterrechtlichen Lage verknüpft sein können.

Die wichtigsten Ansprüche, die **neben dem Zugewinnausgleich** entstehen können, werden im Folgenden vor Augen geführt.

342 **2. Rechtsgemeinschaft, Gesellschaft.** Die Ehegatten haben vielfach während der Ehe Gegenstände zu Bruchteilseigentum erworben oder haben eine echte Gesellschaft (BGB-Gesellschaft, Handelsgesellschaft) gegründet. Die Vorschriften über die Auseinandersetzung solcher Gebilde (§§ 752 ff.; §§ 730 ff.) werden durch die Normen des gesetzlichen Güterstandes nicht verdrängt. Für die Praxis ist zu beachten, dass die Familiengerichte für alle Ansprüche unter den Ehegatten im Zusammenhang mit Trennung, Scheidung oder Aufhebung der Ehe zuständig sind (§ 266 I Nr. 3 FamFG).

343 **3. Gesamtgläubiger, Gesamtschuldner.** a) Gleiches gilt für den Fall, dass die Ehegatten **Gesamtgläubiger** geworden sind, etwa Inhaber eines gemeinschaftlichen Kontos; es können sich dann Ausgleichsansprüche ergeben (§ 430), die isoliert neben dem Zugewinnausgleich geltend gemacht werden können.

344 b) Auch wenn die Ehegatten, etwa durch Aufnahme eines gemeinsamen Kredits, **Gesamtschuldner** sind und die Befriedigung des Gläubigers durch einen Ehegatten zu Ausgleichsansprüchen (§ 426) führt, kann dieser Ausgleich selbstständig geltend gemacht werden (BGH FamRZ 1987, 1239; 1988, 264, 920, 1031). Es kann also zu einem Nebeneinander von Verfahren auf Gesamtschuldnerausgleich und auf Zugewinnausgleich kommen. Bei Errechnung des Zugewinns ist die am Endstichtag noch bestehende Schuldsumme im Endvermögen beider Ehegatten als Verbindlichkeit anzusetzen; zusätzlich sind die aus § 426 resultierenden Ausgleichsansprüche als Aktivposten in den jeweiligen Endvermögen zu berücksichtigen (BGH FamRZ 2015, 1272 Rn. 15).

c) Bei den Gesamtschulden ergibt sich die Frage, **in welchem Um-** 345 **fang** ein Ehegatte, der den Gläubiger befriedigt, beim anderen Ehegatten im Innenverhältnis **Regress** nehmen kann. In der Regel sind Gesamtschuldner im Innenverhältnis zu gleichen Teilen verpflichtet (§ 426 I 1). Doch gilt dies nur „soweit nicht ein anderes bestimmt ist". Eine solche anderweitige Bestimmung ergibt sich primär aus einer ausdrücklichen oder stillschweigenden Vereinbarung, sodann aus dem Inhalt und Zweck des Rechtsverhältnisses und der Natur der Sache (BGH FamRZ 2006, 1178, 1179). Dabei spielt eine Rolle, in wessen Interesse die Schulden gemacht wurden und wem der mit ihrer Hilfe finanzierte Gegenstand zugutekommt. Es können sich also ungleiche Quoten ergeben. Es kann auch sein, dass ein Ehegatte im Innenverhältnis für die Schulden allein einzustehen hat.

Beispiel: Eine Ehefrau hat sich auf Bitten ihres Mannes für dessen berufliche Kredite als Mitschuldnerin verpflichtet. Die Bank hat sie bei Fälligkeit in Anspruch genommen, die Frau hat die Kredite getilgt. Wenn nun die Kreditaufnahme durch den Mann ausschließlich in dessen Interesse erfolgte, liegt es nahe, dass er im Innenverhältnis allein die Last zu tragen hat. Die Frau kann also vollen Regress aus § 426 I verlangen. Anders wäre es z. B., wenn das Darlehen aufgenommen war, um die gemeinsame Lebensführung zu finanzieren; hier bleibt es in der Regel beim hälftigen Anteil im Innenverhältnis.

d) Ein Ausgleichsanspruch kann auch entstehen, wenn ein **Kredit** 346 **auf den Namen des einen Ehegatten allein** aufgenommen wurde, aber (zugleich) den Interessen des anderen dient. Beispiel: Ein Darlehen für den Ausbau des im Miteigentum der Ehegatten stehenden Familienheims läuft auf den Namen des Ehemannes allein, der auch die Zins- und Tilgungsleistungen aus seinem Vermögen erbringt. Auch nach einer Trennung der Eheleute bleibt der Mann *der Bank gegenüber* allein verpflichtet. Es ist aber dann nicht einzusehen, warum der Mann die Leistungen, die er auch im Interesse der Frau erbringt, *im Verhältnis unter den Ehegatten* allein tragen soll. Der BGH stützt in solchen Fällen einen Ausgleichsanspruch auf eine konkludente Vereinbarung unter den Ehegatten. Diese kommt in der Regel während intakter Ehe nicht zum Tragen, aber dann, wenn die Ehe scheitert (BGH FamRZ 2015, 993 Rn. 26).

347   **4. Ausgleichsanspruch bei Teilschuld.** Sind Ehegatten einer anderen Person als Teilschuldner verpflichtet (§ 420), so ist jeder nur zu seinem Anteil verpflichtet, § 426 findet keine Anwendung. Die Rechtsprechung hat gleichwohl einen „familienrechtlichen Ausgleichsanspruch" entwickelt für den Fall, dass ein Ehegatte dem Gläubiger mehr leistet, als seinem Anteil entspricht, während der andere seine Verpflichtung nicht (voll)erfüllt. Diese Konstellation entsteht hauptsächlich, wenn Eltern ihren Kindern als Teilschuldner zum Unterhalt verpflichtet sind (→ Rn. 943). Auch der familienrechtliche Ausgleichsanspruch ist gegenüber dem Zugewinnausgleich selbstständig.

348   **5. Widerruf einer Schenkung.** Hat ein Ehegatte dem anderen etwas geschenkt und macht bei Scheitern der Ehe einen Rückgewähranspruch wegen groben Undanks geltend (→ Rn. 325), so wird der Rückgewähranspruch (§ 531 II/§ 812) nicht von den Vorschriften des Zugewinnausgleichs verdrängt. Wird der begründete Anspruch auf Rückgewähr einer Schenkung vor dem Stichtag für das Endvermögen geltend gemacht, so ist er im Endvermögen des Schenkenden als Forderung, im Endvermögen des Rückgabepflichtigen als Verbindlichkeit einzustellen. Es ergeben sich also Auswirkungen auf den Zugewinnausgleichsanspruch, die vorab bedacht werden sollten.

349   **6. Innengemeinschaft.** Bei Bankkonten, die *auf den Namen eines Ehegatten allein* laufen, kann sich aus (stillschweigenden) Absprachen unter den Ehegatten ergeben, dass sie *im Innenverhältnis* gemeinsam beteiligt sein wollen (z. B.: Auf dem gemeinsamen Girokonto der Ehegatten bilden sich Ersparnisse, die später auf ein Sparkonto allein des Ehemannes übertragen werden). Im Innenverhältnis ist dann die Inhaberschaft an dem Konto beiden zuzurechnen (BGH FamRZ 2000, 948; 2002, 1696), im Zweifel zu gleichen Anteilen. Die Auseinandersetzung, etwa bei Scheidung, erfolgt infolgedessen nach Gemeinschaftsgrundsätzen (§§ 749 ff.). Der Teilungsanspruch ist gegenüber dem Zugewinnausgleichsanspruch nicht nachrangig (BGH FamRZ 2002, 1696, 1697).

350   **7. Innengesellschaft.** Auch die Ansprüche aus der Auseinandersetzung einer Ehegatten-Innengesellschaft bestehen nach der Rspr. (BGH FamRZ 2006, 607) selbstständig neben den Regeln des Zugewinnausgleichs (str.). Auch hier ist zu beachten, dass die isolierte Gel-

tendmachung derartiger Ansprüche auf das Ergebnis des Zugewinnausgleichs zurückwirken kann.

Wenn der Anspruch auf Zahlung eines Auseinandersetzungsguthabens auf-
grund von Mitarbeit mit der endgültigen Trennung der Eheleute entsteht (so
BGHZ 47, 157, 164), so ist folgerichtig das Endvermögen des mitarbeitenden
Teiles um den Beteiligungsanspruch erhöht, das Endvermögen des anderen
Teils entsprechend gemindert. Der gesellschaftsrechtliche Ausgleich führt so-
mit möglicherweise zu einer Senkung des Anspruchs auf Zugewinnausgleich!

8. Änderung der Geschäftsgrundlage und Zweckverfehlungs- 351
kondiktion. Der Ausgleichsanspruch aus § 313 I wegen Wegfalls der
Geschäftsgrundlage einer **ehebedingten Zuwendung** (→ Rn. 330) ist
nach BGH gegenüber den Regeln des Zugewinnausgleichs hingegen
subsidiär. Freilich macht die Rspr. von diesem Grundsatz Ausnahmen: Eine Rückgewähr des zugewendeten Gegenstandes oder ein
Wertausgleich kann gleichwohl geschuldet sein, wenn besondere
Umstände den güterrechtlichen Ausgleich als nicht tragbare Lösung
erscheinen lassen (BGHZ 115, 132, 135; BGH FamRZ 1997, 933).
Solche Resultate können sich insbesondere ergeben, wenn ein Zugewinnausgleich an der Kappungsgrenze des § 1378 II 1 scheitert.

Beispiel: Siegmund und Sieglinde sind miteinander verheiratet und leben im
gesetzlichen Güterstand. Siegmund ist Eigentümer eines Einfamilienhauses, in
dem das Ehepaar wohnt, das aber dringend saniert werden muss. Da Siegmund überschuldet ist und von der Bank keinen Kredit bekommt, stellt ihm
Sieglinde aus ihrem ererbten Vermögen ohne weitere Abmachung 30.000
EUR zur Verfügung; die Sanierung wird durchgeführt. Später kommt es zur
Scheidung. Dabei ergibt sich folgende Vermögenslage: Siegmund hat ein Anfangsvermögen von *minus* 200.000 EUR, sein Endvermögen ist durch die
Wertsteigerung, die das Haus inzwischen erfahren hat, ausgeglichen (= 0). Er
hat also einen Zugewinn von 200.000 EUR erwirtschaftet. Sieglinde hat ein
Anfangsvermögen von 100.000 EUR; das Endvermögen beziffert sich in gleicher Höhe, ihr Zugewinn ist also = 0. Sie hätte folglich einen Ausgleichsanspruch von 100.000 EUR, doch scheitert dieser an § 1378 II 1, da Siegmund
am Endstichtag keinen positiven Vermögenssaldo hat. Hier wäre es grob ungerecht, wenn Sieglinde nicht wenigstens einen Teil ihrer Zuwendung, die für
die Wertsteigerung des Grundstücks mitursächlich war, zurückerhielte. Wenn
man die Zuwendung als „ehebedingt" ansieht, da mit ihrer Hilfe das Familienheim ausgestaltet werden sollte, ist folglich aus § 313 I ein Ausgleichsanspruch
wenigstens in Höhe eines Teils der Zuwendung gegeben.

Ob in den Zuwendungs- und Mitarbeitsfällen auch ein möglicher
Anspruch aus § 812 I 2 Alt. 2 von den Regeln des Zugewinnausgleichs verdrängt wird, ist nicht geklärt. Dafür spricht, dass die

Ansprüche aus Wegfall der Geschäftsgrundlage einer ehebedingten
Zuwendung und aus Zweckverfehlungskondiktion dieselben Fallkonstellationen betreffen und wohl auch die gleichen Ergebnisse zeitigen.

6. Kapitel. Ehescheidung und Getrenntleben

Literatur: *N. Dethloff,* Die einverständliche Scheidung, 1994; *A. Dutta/D.
Schwab et al.* (Hrsg.), Scheidung ohne Gericht? Neue Entwicklungen im europäischen Scheidungsrecht, 2017.

§ 35. Einführung in das Scheidungsrecht

352   **1. Begriff.** Unter Ehescheidung versteht unser Recht die Auflösung
der Ehe durch gerichtliche Entscheidung mit der Wirkung für die
Zukunft aufgrund bestimmter Scheidungsgründe. Anders als die
Eheaufhebung (→ Rn. 96) beruht die Scheidung nicht auf Mängeln
bei der Eheschließung; vielmehr beziehen sich die Scheidungsgründe
auf Umstände, die nach der Eheschließung eingetreten sind.

353   **2. Geschichte.** a) Das Scheidungsrecht hat eine wechselvolle Geschichte. Die **Kirche des Mittelalters** setzte, gestützt auf die christliche Ehelehre, das Verbot der Ehescheidung auch gegenüber den
weltlichen Rechten durch: Eine Ehe unter Christen, die gültig eingegangen und geschlechtlich vollzogen war, konnte nur durch den Tod
aufgelöst werden. Bei Störungen im ehelichen Verhältnis kam allein
die Trennung von Tisch und Bett ohne Auflösung des Ehebandes in
Betracht. Auf diesem Standpunkt steht das Recht der katholischen
Kirche bis heute.

b) Die **protestantischen Konfessionen** hingegen erkannten aufgrund ihres Bibelverständnisses die Möglichkeit der Ehescheidung in
bestimmten Fällen an (Ehebruch, bösliches Verlassen des Ehepartners
und andere gravierende Tatbestände). Demgemäß wurde in den pro-
testantisch gewordenen Gebieten die Ehescheidung bei Verschul-
denstatbeständen eingeführt und dem unschuldigen Teil die Wieder-
verheiratung gestattet.

354   c) Seit Ende des 17. Jahrhunderts machten sich Bestrebungen
geltend, das **Scheidungsrecht unabhängig von den religiösen Aussagen** der christlichen Konfessionen zu gestalten. In den protestanti-

schen Ländern wurden die Scheidungsgründe zunehmend weitherzig formuliert. So anerkannte das preuß. ALR von 1794 die Scheidung aufgrund bloßer Einwilligung der Ehegatten bei kinderlosen Ehen und ermächtigte den Richter auch in anderen Fällen zur Eheauflösung im Falle unüberwindlicher Abneigung unter den Ehegatten. Die katholischen Staaten hingegen hielten zunächst am Prinzip der Unauflöslichkeit der Ehe fest.

d) Die Ehescheidung als gemeindeutsche Einrichtung beruht auf dem **Personenstandsgesetz von 1875,** das die bisherigen Gründe für die ständige Trennung von Tisch und Bett zu echten Scheidungsgründen erklärte und somit auch in den katholischen Gebieten die Scheidung einführte. Mit dem **BGB** trat im Jahre 1900 ein einheitliches deutsches Scheidungsrecht in Kraft, das von den konservativen Strömungen des 19. Jahrhunderts geprägt war und folglich die Scheidungsgründe auf grobe Verfehlungen und Geisteskrankheit beschränkte.

e) Im Jahre 1938 wurde das Scheidungsrecht aus dem BGB herausgenommen und im **Ehegesetz** gesondert normiert. Sachlich brachte das Ehegesetz, das 1946 von den alliierten Besatzungsmächten von eindeutig nationalsozialistischen Bestandteilen gesäubert wurde, eine Erweiterung der Scheidungsgründe um den Tatbestand der Ehezerrüttung bei mindestens dreijährigem Getrenntleben (§ 48 EheG).

f) Durch das **1. EheRG** wurde das Scheidungsrecht schließlich mit Wirkung zum 1.7.1977 auf völlig neue Grundlagen gestellt. Das Scheidungsrecht kehrte wieder in das BGB zurück (§§ 1564 ff.).

3. Mögliche Prinzipien. Die Gestaltung des Scheidungsrechts kann 355 sich an unterschiedlichen **Grundgedanken** ausrichten.

a) Nach dem **Verschuldensprinzip** berechtigen schwere Pflichtverletzungen eines Ehegatten den anderen, die Scheidung zu begehren. Das Recht zur Scheidung bildet demnach die Reaktion auf Unrecht.

b) Nach dem **Zerrüttungsprinzip** rechtfertigt bereits die bloße Tatsache, dass die geistig-seelischen Grundlagen der Ehe bei einem oder bei beiden Ehegatten unheilbar zerstört sind, die Auflösung der Ehe. Auf ein Verschulden kommt es nicht an. Auch derjenige, der die Zerrüttung selbst verschuldet hat, kann die Scheidung verlangen.

c) Ferner ist die Vorstellung lebendig, dass die Ehegatten so, wie sie einverständlich die Ehe eingegangen sind, sich auch im gegenseitigen Einvernehmen wieder scheiden können (**einverständliche Scheidung**). Dem liegt die Vorstellung zugrunde, dass das Rechtsverhältnis der Ehe wie andere privatrechtliche Gesellschaftsverhältnisse zur

Disposition der Mitglieder steht. Die genannten Grundgedanken werden in unterschiedlichen Varianten verwirklicht. Häufig werden sie miteinander kombiniert.

356   **4. Konzept des 1. EheRG.** Die Frage, nach welchen Grundsätzen das Scheidungsrecht gestaltet werden soll, hängt vom Eheverständnis ab und ist rechtspolitisch umstritten. Das 1. EheRG hat aus dem Recht der Scheidungsgründe das Verschuldenselement herausgenommen und folgt dem Zerrüttungsprinzip, verbunden mit einer gewissen Anerkennung der einverständlichen Scheidung.

§ 36. Zum Scheidungsverfahren

357   **1. Richterliche Entscheidung.** Die Ehescheidung erfolgt auf Antrag eines oder beider Ehegatten durch gerichtliche Entscheidung (§ 1564 S. 1). Mit Rechtskraft der Entscheidung ist die Ehe aufgelöst (§ 1564 S. 2). Von diesem Zeitpunkt an entfallen die gesetzlichen Ehewirkungen. An ihre Stelle treten unter bestimmten Voraussetzungen gewisse Nachwirkungen der Ehe (Unterhaltsansprüche, Zugewinnausgleich, Versorgungsausgleich, Zuordnung von Haushaltsgegenständen und Ehewohnung). Diese Nachwirkungen sind von den Ehewirkungen zu unterscheiden. So beruhen Unterhaltsansprüche nach der Scheidung nicht mehr auf der ehelichen Lebensgemeinschaft, sondern auf dem Gedanken nachehelicher Solidarität.

358   **2. Verfahrensrecht.** Die Vorschriften über das Scheidungsverfahren finden sich seit 1.9.2009 nicht mehr in der ZPO, sondern in dem neu geschaffenen FamFG. Das Scheidungsverfahren gehört zu den „Ehesachen" (§§ 111 Nr. 1, 121 Nr. 1 FamFG), für welche die Familiengerichte zuständig sind (§ 23b I GVG). Maßgebend sind die allgemeinen Verfahrensvorschriften des FamFG, soweit nicht die §§ 121–150 FamFG Sonderregeln vorsehen.

359   **3. Verfahrensrechtliche Besonderheiten.** a) Das Verfahren in Ehesachen wird nicht durch Klage, sondern durch einen **Antrag** anhängig gemacht (§ 124 FamFG). Die Parteien werden als „Antragsteller" und „Antragsgegner" bezeichnet. Auf den Antrag in Ehesachen gelten die Vorschriften der ZPO über die Klageschrift entsprechend (§ 124 S. 2 FamFG, § 253 ZPO). Darüber hinaus bestehen für den Scheidungsantrag spezielle Erfordernisse (§ 133 I FamFG). Der Antrag muss danach enthalten

– die Mitteilung der Namen, Geburtsdaten und des gewöhnlichen Aufenthaltsorts gemeinschaftlicher minderjähriger Kinder;
– die Angabe, ob anderweit Familiensachen anhängig sind, an denen beide Ehegatten beteiligt sind;
– eine Erklärung darüber, ob die Ehegatten die elterliche Sorge, den Umgang mit den Kindern, den Kindesunterhalt, den Unterhalt unter den Ehegatten und die Rechtsverhältnisse an Ehewohnung und Haushaltsgegenständen durch Vereinbarung geregelt haben. Diese Information soll es dem Gericht ermöglichen, falls nötig auf eine Einigung der Ehegatten über die Scheidungsfolgen hinzuwirken.

b) In Ehesachen gilt nicht der Verhandlungs-, sondern der **Unter-** **360** **suchungsgrundsatz:** Das Gericht hat die Ermittlungen durchzuführen, die zur Feststellung der entscheidungserheblichen Tatsachen notwendig sind (§ 127 I FamFG). Im Scheidungsverfahren erleidet die Untersuchungsmaxime freilich eine wichtige Einschränkung: Tatsachen, die von den Parteien nicht vorgebracht sind, dürfen nur berücksichtigt werden, wenn sie geeignet sind, der Aufrechterhaltung der Ehe zu dienen oder wenn der Antragsteller einer Berücksichtigung nicht widerspricht (§ 127 II, s. auch III FamFG).

c) In allen Ehesachen herrscht **Anwaltszwang** (§ 114 I FamFG). **361** Der *Antragsgegner* ist freilich nicht unbedingt genötigt, einen Anwalt zu bevollmächtigen, zumal eine Versäumnisentscheidung gegen ihn unzulässig ist (§ 130 II FamFG). Der anwaltlich nicht vertretene Antragsgegner vermag indes keine Verfahrenshandlung wirksam vorzunehmen. Zur Wahrung seiner Rechte kann ihm das Gericht von Amts wegen einen Anwalt beiordnen (§ 138 FamFG). Für die Zustimmung zur Scheidung und den Widerruf einer solchen Zustimmung ist die Vertretung durch einen Anwalt nicht nötig; das Gleiche gilt für die Zustimmung zur Rücknahme eines Scheidungsantrags (§ 114 IV Nr. 3 FamFG).

4. Der Verbund von Scheidungs- und Folgesachen. a) Eine be- **362** sondere Einrichtung des Scheidungsverfahrens ist der Verbund von Scheidungs- und Folgesachen, der es ermöglicht, über die Scheidung der Ehe und über die wichtigsten Scheidungsfolgen in ein und demselben Verfahren zu verhandeln und zu entscheiden. Der Versorgungsausgleich wird in der Regel auch ohne Antrag durchgeführt (§ 137 II 2 FamFG); das Gericht leitet das Verfahren über diesen Gegenstand von Amts wegen ein und stellt den Verbund mit dem Scheidungsverfahren her (§ 137 II 1 Nr. 1 FamFG). Bei anderen Schei-

dungsfolgen hängt der Eintritt des Verbundes grundsätzlich vom
Verhalten der Parteien ab: Es kommt darauf an, ob in einer für den
Fall der Scheidung zu regelnden Familiensache rechtzeitig eine Entscheidung begehrt wird. „Rechtzeitig" bedeutet, dass der Antrag spätestens zwei Wochen vor der mündlichen Verhandlung erster Instanz
in der Scheidungssache anhängig gemacht sein muss (§ 137 II 1
FamFG). Beantragt z. B. die Ehefrau „rechtzeitig" Unterhalt für die
Zeit nach der Scheidung, so werden Scheidungs- und Unterhaltsverfahren miteinander verbunden.

363 b) Eine Familiensache, die mit dem Scheidungsverfahren im Verbund steht, wird **Folgesache** genannt. Zu Folgesachen können werden (§ 137 II 1 FamFG): Verfahren über den Versorgungsausgleich,
über Unterhalt, soweit die gesetzliche Unterhaltspflicht gegenüber
gemeinschaftlichen Kindern und die durch die Ehe begründete gesetzliche Unterhaltspflicht betroffen ist, über güterrechtliche Ansprüche (z. B. auf Zugewinnausgleich) sowie Verfahren in Ehewohnungs-
und Haushaltssachen. Auch bestimmte Kindschaftssachen, insbesondere Sorge- und Umgangsrechtsverfahren, können Folgesache werden, doch gelten hier Besonderheiten: Es genügt, wenn ein Ehegatte
vor Schluss der mündlichen Verhandlung in erster Instanz die Herstellung des Verbunds beantragt; das Gericht ist an den Antrag nicht
gebunden, wenn es die Einbeziehung aus Gründen des Kindeswohls
nicht für sachgerecht hält (§ 137 III FamFG). Alle diese Angelegenheiten sind verbundfähig nur, soweit die Entscheidung **für den Fall
der Scheidung** zu treffen ist (nicht also Unterhaltpflichten für die
Zeit des Getrenntlebens). Über den erfolgreichen Scheidungsantrag
und die Folgesachen wird durch einheitlichen Beschluss entschieden
(§ 142 I FamFG).

§ 37. Die Scheidungsgründe

I. Das Scheitern der Ehe

364 **1. Abschied vom Verschuldensprinzip.** Seit 1977 ist das deutsche
Scheidungsrecht nach dem Zerrüttungsgedanken gestaltet. Eheer-
fehlungen und Zerrüttungsverschulden bilden keine Normelemente
mehr, weder als Voraussetzung für die Scheidung noch als Einwendung gegen einen Scheidungsantrag. Ausschlaggebend für die Begründetheit eines Scheidungsantrages ist der Störungszustand der

Ehe, gleichgültig, welcher Ehegatte als verantwortlich dafür angesehen werden kann. Das Zerrüttungsprinzip verstößt nicht gegen das Grundgesetz (BVerfGE 53, 224). Verschuldensunabhängig ist auch die Ordnung der Scheidungsfolgen geregelt; freilich können hier grobe Ehewidrigkeiten im Rahmen der Härteklauseln (§§ 1381, 1579) nachteilige Wirkungen haben.

Eheverfehlungen können auch im Scheidungsrecht selbst, nämlich im Rahmen der §§ 1565 II und 1568, weiterhin eine Rolle spielen. Doch kommt es in diesem Zusammenhang nicht auf das ehewidrige Verhalten als solches an, sondern auf seine Auswirkungen im Blickfeld verschuldensunabhängiger Beurteilungskriterien (unzumutbare oder schwere Härte).

Der Abschied vom Verschuldensprinzip hat zu einer Diskussion darüber geführt, ob die Eheleute durch **Vertrag** die Scheidung ausschließen oder von anderen Voraussetzungen abhängig machen können als das staatliche Recht (etwa: „Wir vereinbaren, dass unsere Ehe nur bei schweren Eheverfehlungen auf Antrag des schuldlosen Teils geschieden werden kann"). Zutreffend hat der BGH eine solche Privatisierung des Scheidungsrechts abgelehnt. Wohl aber hält der BGH es für möglich, auf das aufgrund Ehezerrüttung *entstandene* Recht, die Scheidung zu verlangen, zu verzichten; ein solcher Verzicht hat die Wirkung, dass ein Recht auf Scheidung dann erst wieder aufgrund neuer Tatsachen (z. B. weiteres Getrenntleben) entstehen kann (BGHZ 97, 304; zur Problematik *H. Hattenhauer*, ZRP 1985, 200 und FamRZ 1989, 225; *R. Knütel*, FamRZ 1985, 1089).

2. Scheitern der Ehe als Scheidungsgrund. Das Gesetz kennt nur 365 einen Scheidungsgrund: Das „Scheitern der Ehe" (§ 1565 I 1). Nach dem Grundtatbestand des § 1565 I 2 ist die Ehe gescheitert, wenn die Lebensgemeinschaft der Ehegatten nicht mehr besteht und nicht erwartet werden kann, dass die Ehegatten sie wiederherstellen. Unter „Lebensgemeinschaft der Ehegatten" ist in diesem Zusammenhang die Gesamtheit des ehelichen Verhältnisses zu verstehen. Es kommt in erster Linie auf die geistig-seelische Verbundenheit der Gatten an. Scheitern der Ehe meint also die voraussichtlich unheilbare Zerstörung (Zerrüttung) des inneren Verhältnisses der Ehegatten zueinander.

3. Aufhebung der Lebensgemeinschaft. „Aufhebung der Lebens- 366 gemeinschaft" ist demzufolge nicht dasselbe wie „Aufhebung der häuslichen Gemeinschaft" und „Getrenntleben" (§ 1567), sondern der umfassendere Begriff. Zwar bildet das Getrenntleben ein Indiz für eine Störung im ehelichen Verhältnis. Doch kann die Lebensgemeinschaft auch ohne Getrenntleben aufgehoben sein (BGH FamRZ 1978, 671), etwa wenn das unversöhnlich verfeindete Ehepaar noch im gleichen Haushalt zusammenlebt. Umgekehrt lässt sich aus dem Getrenntleben allein nicht ohne weiteres die Aufhebung der Lebensgemeinschaft im Sinne von § 1565 I 2 folgern (BGH FamRZ 1981, 127; anders im Fall des § 1566 II).

367   **4. Grundtatbestand: Zerrüttungsprüfung.** Der Scheidungstatbestand des § 1565 I 2 misst dem Familiengericht die Aufgabe zu, den Störungszustand des ehelichen Verhältnisses zu erforschen und aus diesem Befund die tatsächlichen Wiederversöhnungschancen abzuschätzen (materielle Zerrüttungsprüfung). Dem Familiengericht obliegt es, den inneren Zustand der Ehe zu *analysieren* und daraus eine *Prognose* über die Versöhnungschancen zu gewinnen. Gescheitert ist die Ehe schon dann, wenn nach Überzeugung des Gerichts auch nur *ein* Ehegatte sich endgültig von dem anderen abgewendet hat (BGH FamRZ 1979, 285, 287, 422, 1003). Dazu genügt aber nicht die bloße Erklärung des scheidungswilligen Partners, er sehe die Ehe als endgültig gescheitert an; vielmehr hat das Familiengericht die gesamten Umstände zu würdigen (BGH FamRZ 1978, 671). Dabei entscheidet nicht ein objektives Bild von der Ehegemeinschaft; es kommt darauf an, ob die konkrete, von den subjektiven Vorstellungen der Partner getragene Gemeinschaft der Ehegatten endgültig zerstört ist (BGH NJW 1995, 1082, 1083).

II. Vermutungen des Scheiterns

368   **1. Weitere Scheidungstatbestände.** Um das Eindringen in das Internum der Ehe in einem Teil der Fälle zu vermeiden, wird der Grundtatbestand des § 1565 I 2 durch zwei weitere Scheidungstatbestände ergänzt, die es ermöglichen, das Scheitern der Ehe bereits aus gewissen äußerlichen, leichter feststellbaren Indizien zu folgern:

a) Nach § 1566 I wird das Scheitern der Ehe unwiderlegbar vermutet, wenn die Ehegatten seit einem Jahr getrennt leben und beide die Scheidung beantragen oder der Antragsgegner der Scheidung zustimmt.

b) Nach § 1566 II wird das Scheitern der Ehe unwiderlegbar vermutet, wenn die Ehegatten seit drei Jahren getrennt leben.

Ein und derselbe Scheidungsgrund (Scheitern der Ehe) ist demzufolge in **drei Scheidungstatbeständen** ausgeprägt: im Grundtatbestand des § 1565 I 2, der die Feststellung einer unheilbaren Ehezerrüttung durch das Scheidungsgericht voraussetzt, sowie in den beiden unwiderleglichen Vermutungen des

§ 1566 I und II. Die Regelung des § 1566 II ist mit dem GG vereinbar (BVerfGE 53, 224, 247).

2. Verhältnis der Tatbestände. Fraglich ist das Verhältnis der Tat- 369 bestände zueinander. An sich begründet jeder Scheidungstatbestand das Scheidungsbegehren jeweils selbstständig; so gesehen können die Tatbestände nebeneinander zum Zuge kommen. Andererseits ist es das Ziel des § 1566 I und II, den Gerichten das Eindringen in die Intimsphäre der Ehegatten möglichst zu ersparen. Daraus kann man folgern, dass immer dann, wenn ein Scheidungsantrag nach § 1566 I oder II begründet ist, nicht auf die materielle Zerrüttungsprüfung des § 1565 I 2 zurückgegriffen werden darf (str.).

III. Die zusätzlichen Erfordernisse des § 1565 II

1. Einwendungen gegen das Scheidungsbegehren. Der Weg zur 370 Scheidung einer zerrütteten Ehe ist durch zwei Hindernisse erschwert: Durch das Regelerfordernis einjährigen Getrenntlebens (§ 1565 II) und durch die Härteklausel (§ 1568). Die Funktion dieser Einwendungen ist ganz unterschiedlich. Während die Anwendung der Härteklausel des § 1568 die Feststellung voraussetzt, dass die Ehe gescheitert ist, hängen die Erfordernisse des § 1565 II mit der Zerrüttungsprüfung selbst zusammen. § 1565 II errichtet ein nur zeitliches Hindernis: Jeder Ehegatte kann in der Regel die Scheidung erzwingen, wenn er sie nur beharrlich genug anstrebt.

2. Die Erfordernisse des § 1565 II. Nach § 1565 II setzt die Schei- 371 dung, wenn sie aus dem Grundtatbestand des § 1565 I 2 begehrt wird, ein mindestens einjähriges Getrenntleben voraus. Ist dieses Erfordernis nicht erfüllt, so darf nur dann geschieden werden, wenn die Fortsetzung der Ehe für den Antragsteller aus Gründen, die in der Person des anderen Ehegatten liegen, eine unzumutbare Härte darstellen würde. Der Antragsteller muss also vortragen

a) entweder die Tatsache des Getrenntlebens seit mindestens einem Jahr – dann ist der Weg zur Zerrüttungsprüfung nach § 1565 I 2 frei;

b) oder einen Sachverhalt, aus dem sich die unzumutbare Härte der genannten Art ergibt. Die Würdigung dieses Härtesachverhalts führt notwendig schon in die Zerrüttungsprüfung selbst hinein.

3. Zweck der Regelung. Das Scheidungshindernis soll dem 372 Rechtsmissbrauch bei einseitiger Zerstörung der Ehe entgegenwirken, einen Schutz gegen voreilige und leichtfertige Scheidungen bieten und die Zerrüttungsprognose erleichtern (BGH FamRZ 1981, 127). M. E. bezweckt die Vorschrift vor allem, übereilten Scheidungsentschlüssen entgegenzuwirken, die aus vorübergehenden Stimmungen resultieren mögen. Dieser Gesichtspunkt entfällt, wenn im konkreten Fall die Aufrechterhaltung der Ehe für den Antragsteller aus Gründen, die bei seinem Partner liegen, eine unzumutbare Härte bedeuten würde.

373   **4. Die unzumutbare Härte.** a) Unzumutbar hart muss für den Antragsteller die *„Fortsetzung der Ehe"* sein. Darunter versteht man teils die Unzumutbarkeit des Fortbestehens der Ehe als bloßes Rechtsverhältnis (h. M., BGH FamRZ 1981, 127, 129), teils die Unzumutbarkeit der Fortführung des ehelichen Lebens; ferner wird die Unzumutbarkeit auf das Zuwarten mit dem Scheidungsantrag bezogen.

b) Die Gründe für die Unzumutbarkeit müssen *in der Person des anderen Ehegatten* liegen. Die Tatsache, dass die Ehe gescheitert ist, begründet für sich gesehen die Unzumutbarkeit der Fortsetzung der Ehe nicht. Generell kann der Härtetatbestand nicht aus Umständen hergeleitet werden, die bei beiden Ehegatten gleichermaßen gegeben sind (etwa: beengte Wohnverhältnisse, in denen kein zumutbares Getrenntleben hergestellt werden kann).

c) Einig ist man sich darüber, dass *grobe Ehewidrigkeiten* des Partners den Härtetatbestand begründen können (etwa schwere körperliche Misshandlungen, grobe Verletzungen der Unterhaltspflicht). Ob ein Ehebruch des Partners für sich gesehen die Fortsetzung der Ehe mit ihm unzumutbar hart erscheinen lässt, wird unterschiedlich beurteilt. Für krasse Verstöße gegen die eheliche Treue ist die Frage zu bejahen. So ist der Härtegrund für einen Ehemann bejaht worden, dessen Frau aus einem ehewidrigen Verhältnis ein Kind erwartet (OLG Hamm FamRZ 2014, 2004). Die in der Person des anderen Ehegatten liegenden Gründe müssen von diesem nicht unbedingt verschuldet sein (so bei krankhaften Befunden wie etwa der unheilbaren Trunksucht, KG FamRZ 1978, 897).

Die Scheidungssperre des § 1565 II gilt auch dann, wenn die Ehe **nur zum Schein** eingegangen ist, z. B. um dem ausländischen Partner eine Aufenthaltsgenehmigung zu verschaffen (KG NJW 1980, 1053; OLG Hamm FamRZ 1982, 1073; OLG Karlsruhe FamRZ 1986, 680).

374   **5. Einverständliche Scheidung.** Das Hindernis des § 1565 II besteht nach h. M. auch im Fall der einverständlichen Scheidung (→ Rn. 384). Bei dieser Konstellation können sich Schwierigkeiten ergeben, wenn beide Ehegatten die Scheidung vor Ablauf des Trennungsjahres beantragen. Jeder Scheidungsantrag muss dann getrennt vom anderen geprüft werden. Nur derjenige Antragsteller ist erfolgreich, der einen Härtegrund in der Person des Antragsgegners präsentieren kann. Möglicherweise ist also der Scheidungsantrag des einen Teils erfolgreich, während der Antrag des anderen mangels Härtegrundes abgewiesen wird. Die Komplikationen werden vermieden, wenn nur derjenige Ehegatte, der sich auf einen Härtesachverhalt stützen kann, die Scheidung beantragt, während der andere seine Zustimmung zu diesem Scheidungsantrag erklärt.

IV. Die Härteklausel des § 1568

1. Sinn der Klausel. Auch wenn die Ehe gescheitert ist, kann ein 375 Ehegatte noch ein erhebliches Interesse an ihrem rechtlichen Fortbestand haben, weil gewisse soziale Funktionen der Ehe ihre personalen Grundlagen zu überdauern vermögen. Ebenso kann die Aufrechterhaltung einer innerlich zerrütteten Ehe im Kindesinteresse geboten sein. Diese Bestandsinteressen will die Härteklausel des § 1568 in streng formulierten Ausnahmefällen berücksichtigen. Liegen ihre Voraussetzungen vor, so soll die Ehe nicht geschieden werden, obwohl sie gescheitert ist. Die Anwendung der Härteklausel stellt in der Regel keine Verletzung der grundgesetzlich garantierten Eheschließungsfreiheit dar (BVerfG FamRZ 2001, 986). So sehr sich der Gesetzgeber bemüht hat, mit § 1568 die Stabilität der Ehen zu stärken, so gering ist die Bedeutung dieser Vorschrift in der Rechtspraxis. Heute wird jede Ehe geschieden, wenn auch nur einer der Partner ihre Auflösung beharrlich anstrebt.

2. Das Kindesinteresse, § 1568, 1. Variante. a) Die Ehe „soll" 376 (richtig: darf) nicht geschieden werden, obwohl sie gescheitert ist, wenn und solange die Aufrechterhaltung der Ehe im Interesse der aus der Ehe hervorgegangenen minderjährigen Kinder aus besonderen Gründen ausnahmsweise notwendig ist. Das Kindesinteresse ist von Amts wegen zu berücksichtigen und kann theoretisch auch einer einverständlichen Scheidung entgegenstehen. Maßgebend sind die voraussichtlichen Auswirkungen der Scheidung auf die Situation der Kinder. Die Ehe darf m. E. nicht geschieden werden, wenn sich durch die Scheidung die häuslichen, erzieherischen, seelischen oder wirtschaftlichen Verhältnisse des Kindes wesentlich verschlechtern würden, so dass das Kindeswohl stark gefährdet wäre.

377   b) In der **Praxis** ist die Kinderschutzklausel indes **völlig entwertet**. Nur in extrem krassen Fällen ist von ihr Gebrauch gemacht worden (z. B. wenn die Gefahr besteht, dass das Kind sich selbst tötet, vgl. OLG Hamburg FamRZ 1986, 469). Eine ernsthafte Prüfung, wie eine Scheidung sich konkret auf das Kindeswohl auswirkt, unterbleibt in aller Regel. Es herrscht die Meinung vor, für die Kinder sei eine Scheidung der Eltern stets besser als das Leben in zerrütteten Eheverhältnissen. Zudem nährt die Konstruktion des „gemeinsamen Sorgerechts nach der Scheidung" (→ Rn. 826) die Vorstellung, die Scheidung der Eltern sei für die Kinder eher erträglich, da sie beide Elternteile als Bezugspersonen behielten. Eine solche Handhabung der Kinderschutzklausel entspricht weder dem Gesetz noch der Realität. Soweit das Verhältnis des Kindes zu beiden Elternteilen intakt ist, droht das Kind mit der Scheidung endgültig einen Teil seines personalen Beziehungssystems zu verlieren; die Kinder sind fast stets die eigentlichen Verlierer der Ehescheidung. Daraus die vom Gesetz geforderten Konsequenzen zu ziehen, widerspricht aber offensichtlich dem Zeitgeist.

378   **3. Härten für den Antragsgegner, § 1568, 2. Variante.** a) Die Ehe darf ferner nicht geschieden werden, wenn und solange die Scheidung für den Antragsgegner, der sie ablehnt, aufgrund außergewöhnlicher Umstände eine so schwere Härte darstellen würde, dass die Aufrechterhaltung der Ehe auch unter Berücksichtigung der Belange des Antragstellers ausnahmsweise geboten erscheint. Die Scheidung kann den Ehegatten, der trotz des Zerwürfnisses an der Ehe festhält, seelisch wie gesellschaftlich hart treffen. Trotz des Scheidungsfolgenrechts können auch wirtschaftliche Härten auftreten. Das Gesetz mutet dem scheidungsunwilligen Ehegatten grundsätzlich zu, derartige Auswirkungen zu ertragen. Die Härteklausel des § 1568, 2. Variante setzt erst in Fällen ein, in denen negative Auswirkungen der Scheidung auf außergewöhnlichen Umständen beruhen und für den betroffenen Ehegatten die Intensität einer schweren, ihm ausnahmsweise nicht zumutbaren Härte erreichen (Formulierung nach BGH FamRZ 1979, 422, 423).

379   b) Die Härteklausel richtet sich gegen die „**Verstoßungsscheidung**", wenn der scheidungsunwillige Teil durch die Auflösung der Ehe in eine psychisch, gesellschaftlich oder wirtschaftlich außergewöhnlich schwierige Lage versetzt würde. Das kann der Fall sein, wenn ein schwer erkrankter Ehegatte durch die Scheidung zusätzlich

belastet würde (BVerfGE 55, 134) oder wenn eine Frau nach langer Ehe, in der sie sich für die Belange des Mannes besonders aufgeopfert und dessen Betrieb unterstützt hat, gegen ihren Willen geschieden werden soll (vgl. BGH FamRZ 1979, 422). Die schwere Härte muss von der *Scheidung* zu erwarten sein. Belastungen, die schon durch die Zerrüttung der Ehe eingetreten sind, genügen für sich gesehen nicht (BGH FamRZ 1981, 1161); freilich kann die Härteklausel angewendet werden, wenn sich die schon zuvor schwierig gewordene Situation des betroffenen Ehegatten durch die Scheidung noch erheblich verschlechtern würde.

c) Fraglich ist, ob sich ein Ehegatte auch dann auf § 1568 berufen **380** kann, wenn ihm selbst die Bereitschaft zur Herstellung der ehelichen Gemeinschaft fehlt. Das muss vom Sinn des § 1568 her bejaht werden: Es geht um die Aufrechterhaltung einer *gescheiterten* Ehe um ihrer sozialen Funktionen willen. Freilich vermindert der Mangel an innerer Bindung häufig die mit der Scheidung verbundenen Härten (vgl. BGH FamRZ 1985, 905).

Die Rechtsprechung macht von der Härteklausel nur sehr zurückhaltenden Gebrauch. Selbst krankheitsbedingte Nachteile, die durch die Scheidung beim Antragsgegner voraussichtlich eintreten, stehen regelmäßig der Scheidung nicht entgegen. Bei Selbstmordgefahr kommt es darauf an, ob dieser drohende Schritt des Antragsgegners eine von ihm zu verantwortende Fehlreaktion darstellt (dann keine Anwendung des § 1568) oder aus einer von ihm nicht steuerbaren psychischen Ausnahmesituation resultiert (BGH FamRZ 1981, 1161). Wenngleich auch wirtschaftliche Härten zu berücksichtigen sind (BGH FamRZ 1984, 559), kann das Interesse der Ehefrau an der Aufrechterhaltung ihrer Anwartschaft auf Witwenrente für sich gesehen die Anwendung des § 1568 nicht rechtfertigen (BGH FamRZ 1985, 912). Das Festhalten an der Ehe aus religiöser Überzeugung trägt die Anwendung der Härteklausel nicht ohne weiteres, doch sind im Rahmen des § 1568 auch die psychischen Härten zu berücksichtigen, die eine Scheidung wider Willen dem religiös gebundenen Menschen zufügen kann (zum Problem OLG Stuttgart FamRZ 1991, 334). Die außergewöhnlichen Umstände darf das Gericht nur berücksichtigen, wenn sie von dem Ehegatten, der die Scheidung ablehnt, vorgebracht sind (§ 127 III FamFG).

V. Die einverständliche Scheidung

1. **Zerrüttungsvermutung.** Sind sich die Ehegatten über die **381** Scheidung einig, so spricht dies stark für die endgültige Zerrüttung der Ehe. Zwar sollen die Ehegatten über den Bestand der Ehe nicht einfach disponieren können, doch berücksichtigt das Gesetz den bei-

derseitigen Scheidungswillen in einer unwiderleglichen Zerrüttungsvermutung. Ein Scheidungsantrag ist nach § 1566 I begründet, wenn
a) die Ehegatten seit mindestens einem Jahr getrennt leben und
b) beide erklären, die Scheidung zu wollen.
Der beiderseitige Scheidungswille kann entweder darin zum Ausdruck kommen, dass beide die Scheidung beantragen, oder darin,
dass ein Ehegatte dem Scheidungsantrag des anderen zustimmt
(§ 134 I FamFG). Die Zustimmung kann bis zum Schluss der mündlichen Verhandlung im Scheidungsverfahren frei widerrufen werden
(§ 134 II FamFG).

382   2. Einigung und Scheidungsfolgen. Bei Einführung der Zerrüttungsscheidung im Jahre 1977 durfte die einverständliche Scheidung
(§ 1566 I) nur durchgeführt werden, wenn sich die Ehegatten auch
über wichtige *Scheidungsfolgen einig* waren. Diese Regelung besteht
sein 2009 (FamFG) nicht mehr. Stattdessen ist nun vorgeschrieben,
dass im Scheidungsantrag eine Erklärung darüber erfolgen muss, ob
die Ehegatten bestimmte wichtige Scheidungsfolgen bereits einvernehmlich geregelt haben (§ 133 I Nr. 2 FamFG). Dieses Erfordernis
soll die Ehegatten dazu veranlassen, sich Klarheit über die Scheidungsfolgen zu verschaffen. Doch kann der Scheidungsantrag nicht
deshalb abgewiesen werden, weil keine derartigen Folgevereinbarun-
gen geschlossen wurden oder beabsichtigt sind.

383   3. Situation vor Ablauf des Trennungsjahres. a) Leben die Ehegatten noch nicht ein Jahr getrennt, so kann der Scheidungsantrag
zwar nicht aus § 1566 I, wohl aber aus dem **Grundtatbestand des
§ 1565 I 2** begründet sein. Das Gericht muss dann trotz des beiderseitigen Scheidungswillens das Scheitern der Ehe gemäß § 1565 I 2
objektiv feststellen.

384   b) Streitig ist, ob auch bei beiderseitigem Scheidungswillen die
Voraussetzungen des § 1565 II gegeben sein müssen, wie die h. M.
annimmt. Dies ist gerade nach der Abschaffung der Verfahrenshin-
dernisse durch das FamFG zu bejahen. Sonst wären schnelle Scheidungen aus beliebigem Anlass und ohne jegliche Prüfung von Symp-
tomen einer Ehekrise möglich. Der Bestand der Ehe unterläge der
freien Disposition der Ehegatten. Das entspräche nicht dem Konzept
des derzeit geltenden Scheidungsrechts.

§ 38. Das Getrenntleben

I. Der Tatbestand

1. Bedeutung. Das Getrenntleben bildet das typische Durchgangs- **385** stadium zwischen ehelicher Gemeinschaft und Scheidung. Es stellt einen scheidungsähnlichen Zustand dar und wirft Rechtsprobleme auf, die mit dem Verhältnis unter Geschiedenen vergleichbar sind. Das Getrenntleben und seine Folgen sind daher regelungsbedürftig.

2. Voraussetzungen, § 1567 I 1. Für das Scheidungsrecht sind die **386** Voraussetzungen des Getrenntlebens näher umrissen. Nach § 1567 I 1 leben die Ehegatten getrennt, wenn

a) zwischen ihnen keine häusliche Gemeinschaft besteht, d. h. wenn sie das Zusammenleben an einer gemeinsamen Wohnstätte aufgegeben oder von vornherein nicht begründet haben und

b) wenn zumindest ein Ehegatte die häusliche Gemeinschaft nicht herstellen will, weil er die eheliche Lebensgemeinschaft ablehnt.

Zur Aufhebung der häuslichen Gemeinschaft als dem äußeren Zustand müssen demzufolge *subjektive Momente* hinzukommen, nämlich

– der *Wille* eines Ehegatten, nicht in häuslicher Gemeinschaft mit dem anderen zu leben;

– ferner ein *Motiv*, nämlich die Ablehnung der ehelichen Lebensgemeinschaft.

3. Die subjektiven Voraussetzungen insbesondere. Die subjekti- **387** ven Momente wollen Fälle äußerer Trennung, die nicht auf ein gestörtes Gattenverhältnis hindeuten, aus dem Begriff des Getrenntlebens herausnehmen. *Unfreiwillige* räumliche Trennungen (Krieg, Gefangenschaft, Freiheitsstrafe) sind nicht als Getrenntleben anzusehen, solange nicht ein Ehegatte zum Ausdruck bringt, dass er die häusliche Gemeinschaft nicht mehr herstellen will, d. h. selbst für den Fall nicht mehr wollte, dass das Zusammenleben möglich wäre (s. BGH FamRZ 2016, 1142 – Wohnen im Pflegeheim). Auch *freiwillig* herbeigeführte Trennungen stellen nur dann ein Getrenntleben dar, wenn sie darauf beruhen, dass zumindest ein Ehegatte die Lebensgemeinschaft mit dem anderen ablehnt. Die Trennung muss *Ausdruck eines gestörten Gattenverhältnisses* sein. Bloß beruflich motivierte Trennungen (vorübergehender beruflicher Aufenthalt im

Ausland, Ausbildung in einer anderen Stadt) genügen nicht. Auch solche „neutrale" Trennungszustände können sich jedoch in ein Getrenntleben verwandeln (OLG Hamm FamRZ 1978, 190).

388   **4. Trennung innerhalb der Ehewohnung, § 1567 I 2.** Nach § 1567 I 2 kann das Getrenntleben auch innerhalb der ehelichen Wohnung verwirklicht werden. Für die Scheidungspraxis ist dies von großer Bedeutung, weil sich viele Ehepaare die Beschaffung einer zweiten Wohnung nicht leisten können. Die Feststellung des Getrenntlebens in derselben Wohnung ist indes problematisch. Denn gewisse gemeinsame Berührungspunkte (die beiderseitige Benutzung von Küche, Bad, Flur, Garten etc.) können üblicherweise gar nicht vermieden werden. Für das Getrenntleben in derselben Wohnung verlangt der BGH (FamRZ 1978, 671; 1979, 469, 470), dass kein gemeinsamer Haushalt mehr geführt wird und dass ein gelegentliches Zusammentreffen der Ehegatten sich als ein bloß räumliches Nebeneinander ohne persönliche Beziehung darstellt.

Vereinzelte Sorgetätigkeiten, die ein Ehegatte dem anderen aus Gutmütigkeit und Hilfsbereitschaft noch zukommen lässt, schließen das Getrenntleben nicht aus, sofern insgesamt nicht mehr von einem gemeinsamen Haushalt gesprochen werden kann. Das Gleiche gilt für Hilfsmaßnahmen für den erkrankten Partner, die sich auf das Notwendige beschränken (BGH FamRZ 1979, 469, 470).

389   **5. Zusammenleben über kürzere Zeit, § 1567 II.** a) Die Definition des Getrenntlebens wird durch die Regel des § 1567 II ergänzt: Ein Zusammenleben über kürzere Zeit, das der **Versöhnung** der Ehegatten dienen soll, unterbricht oder hemmt die in § 1566 bestimmten Fristen nicht. Maßgebend dafür ist die Überlegung, dass die Eheleute anderenfalls Versöhnungsversuche meiden würden, wenn eine bereits abgelaufene Trennungszeit schon durch ein kurzes Zusammenleben scheidungsrechtlich bedeutungslos würde. Die Zeit des Zusammenlebens, die den Voraussetzungen des § 1567 II entspricht, wird als Getrenntlebenszeit angerechnet.

Beispiel: Die Ehegatten lebten vom 1.1.–31.7. getrennt, zogen dann vom 1.8.–7.8. wieder zusammen, um es noch einmal miteinander zu versuchen, und stellten dann vom 8.8.–31.12. das Getrenntleben wieder her. Sie haben nach § 1567 II trotz des Intermezzos ein ganzes Jahr getrennt gelebt.

390   b) § 1567 II bezieht sich seinem Wortlaut nach nur auf die Getrenntlebensfristen nach § 1566, nicht aber nach § 1565 II. Das beruht auf einem Redaktionsversehen (für die Anwendung auf § 1565 II: OLG Köln FamRZ 1979, 236; OLG Hamm FamRZ 1978, 190, 191). § 1567 II ist in allen Fällen anwendbar, in denen eine Rechtswirkung vom *Ablauf* einer Getrenntlebensfrist abhängt. Anders in Fällen, in denen der *Zustand* des Getrennt- oder Zusammenlebens die Grundlage für eine Rechtsfolge abgibt. So besteht während eines Zusammenlebens für kürzere Zeit, das dem § 1567 II entspricht, die Schlüsselgewalt beider Ehegatten ungeschmälert (also keine Anwendung des § 1567 II auf § 1357 III, → Rn. 188).

II. Elterliche Sorge

Das elterliche Sorgerecht betreffend entstehen zwischen getrennt **391** lebenden Ehegatten ähnliche Probleme wie unter Geschiedenen. Haben, wie üblich, die Ehegatten das Sorgerecht gemeinsam ausgeübt, so besteht dieser Zustand grundsätzlich weiter. Freilich erhält derjenige Ehegatte, bei dem sich das Kind dauernd aufhält, das alleinige Entscheidungsrecht in Angelegenheiten des täglichen Lebens (§ 1687 I). Darüber hinaus eröffnet das dauernde Getrenntleben die Möglichkeit für jeden Elternteil, unter den Voraussetzungen des § 1671 die Übertragung des alleinigen Sorgerechts – ganz oder zum Teil – auf sich allein zu beantragen (dazu → Rn. 838). Die Trennung der Eltern wirft zudem die Frage auf, wie ihr Umgang mit dem Kind in Zukunft gestaltet werden soll (§ 1684); auch hier kann eine gerichtliche Entscheidung nötig werden (dazu → Rn. 862).

III. Unterhalt

1. Grundsatz. Bei Getrenntleben kann ein Ehegatte von dem ande- **392** ren den nach den Lebensverhältnissen und den Erwerbs- und Vermögensverhältnissen der Ehegatten angemessenen Unterhalt verlangen (§ 1361 I 1). Dabei kann der bisher nicht erwerbstätige Ehegatte nur dann darauf verwiesen werden, seinen Unterhalt durch eine Erwerbstätigkeit selbst zu verdienen, wenn dies von ihm nach seinen persönlichen Verhältnissen, insbesondere wegen einer früheren Erwerbstätigkeit unter Berücksichtigung der Dauer der Ehe, und nach den wirtschaftlichen Verhältnissen der Ehegatten erwartet werden kann (§ 1361 II). Insbesondere soll der bisher haushaltsführende Teil davor geschützt werden, bei der Trennung ohne weiteres eine Berufstätigkeit aufnehmen zu müssen.

393 **2. Einseitiger Anspruch.** Nach § 1361 I führt das Getrenntleben eine Umgestaltung des ehelichen Unterhaltsrechts herbei: An die Stelle der gegenseitigen Verpflichtung beider Ehegatten, die Familie mit ihrer Arbeit und ihrem Vermögen zu unterhalten, tritt ein *bloß einseitiger Anspruch* des einen Ehegatten gegen den anderen. Gegenstand ist nicht mehr der Familienunterhalt, sondern nur mehr der Lebensbedarf des unterhaltsberechtigten Ehegatten. Die Möglichkeit, der Unterhaltspflicht durch Haushaltsführung nachzukommen (§ 1360 S. 2), besteht nicht mehr. Der laufende Unterhalt ist durch Zahlung einer monatlich im Voraus zu zahlenden Geldrente zu leisten (§ 1361 IV 1, 2). Von dem Augenblick an, da ein Scheidungsverfahren rechtshängig ist, gehören zum Unterhalt auch die Kosten einer angemessenen Versicherung für den Fall des Alters und der geminderten Erwerbsfähigkeit (§ 1361 I 2).

394 **3. Verhältnis zum Scheidungsunterhalt.** Die Regelung des § 1361 weist manche Ähnlichkeit mit dem nachehelichen Unterhaltsrecht auf. Dieses ist jedoch nicht pauschal anwendbar, weil die Situation getrennt lebender und geschiedener Ehegatten sich in mancher Hinsicht unterscheidet: Getrennt lebende Ehegatten sind noch miteinander verheiratet, das Schicksal der Ehe ist noch offen. Das Gesetz sieht für die rechtliche Ausgestaltung des Unterhaltsanspruchs getrennt lebender Ehegatten eine unübersichtliche Mischung vor:

– Zum Teil wird auf **Vorschriften des Ehegattenunterhalts** verwiesen (§ 1361 IV 4 i. V. m. 1360a III, IV und 1360b).
– Zum Teil führt die Verweisung auf **Vorschriften des Verwandtenunterhalts** (§ 1361 IV 4 i. V. m. §§ 1360a III, 1613 bis 1615; § 1605). Daraus ergibt sich vor allem, dass auf den Unterhalt bei Getrenntleben **nicht verzichtet** werden kann (§ 1614 I; BGH FamRZ 2014, 629 Rn. 47). Auch Teilverzichte sind unstatthaft; zwar besteht für die Ehegatten ein gewisser Spielraum, den Trennungsunterhalt durch Vereinbarung im Rahmen des Angemessenen zu konkretisieren, doch darf dies nicht zu einer objektiven Verkürzung des Anspruchs führen (BGH FamRZ 2015, 2131 Rn. 16).
– Aus dem Recht des **Geschiedenenunterhalts** erklärt § 1361 III die Härteklausel des § 1579 (außer Nr. 1) für anwendbar. Darüber hinaus werden in der Praxis viele Rechtsfragen beim Unterhalt geschiedener und getrennt lebender Ehegatten parallel behandelt. So wird bei Beurteilung einer zumutbaren Erwerbstätigkeit häufig auf

die in den Tatbeständen der §§ 1570 ff. genannten Kriterien zurückgegriffen. Die Vorschrift des § 1581, wonach der Verpflichtete nur Unterhalt nach Billigkeit schuldet, wenn er bei Leistung des vollen Betrags seinen eigenen angemessenen Unterhalt gefährden würde, ist entsprechend anzuwenden (BVerfG FamRZ 2002, 1397; daher entsprechender Selbstbehalt des Pflichtigen, BGH FamRZ 2009, 404 Rn. 10).

Die Unterhaltsansprüche bei Getrenntleben und nach Scheidung sind **nicht identisch** (BGH FamRZ 1981, 242; 1982, 465). Eine Entscheidung über den Unterhalt während des Getrenntlebens umfasst folglich nicht den Unterhalt für die Zeit ab Rechtskraft der Scheidung und darf auch nicht im Wege des Abänderungsverfahrens (§ 238 FamFG) dahingehend korrigiert werden; der Geschiedene muss also für den Unterhalt nach Scheidung ein eigenständiges Verfahren anstrengen.

IV. Haushaltsgegenstände, § 1361a

1. Grundsätze. Die bisher gemeinsam benutzten Haushaltsgegen-   **395**
stände betreffend sieht § 1361a folgendes Verteilungsverfahren vor:

a) Jeder Ehegatte kann *die ihm gehörigen* Haushaltsgegenstände vom anderen Ehegatten herausverlangen. Er ist jedoch verpflichtet, ihm gehörige Gegenstände dem anderen Ehegatten zum Gebrauch zu überlassen, soweit dieser sie zur Führung eines gesonderten Haushalts benötigt und die Überlassung der Billigkeit entspricht (§ 1361a I). Für die Benutzung kann das Gericht eine angemessene Vergütung festsetzen (§ 1361a III 2). Zur Übertragung von Eigentum an Haushaltsgegenständen ist das Gericht nicht befugt.

b) Haushaltsgegenstände, die den Ehegatten *gemeinsam gehören,* werden zwischen ihnen nach den Grundsätzen der Billigkeit verteilt (§ 1361a II). Auch hier regelt die gerichtliche Entscheidung nur die Nutzung, nicht die Eigentumsverhältnisse. Zu Regelung für die Zeit ab Scheidung → Rn. 532 ff.

2. Verhältnis zum Eigentums- und Besitzschutz. Umstritten ist,   **396**
wie sich die genannten Regelungen zu den **allgemeinen Ansprüchen aus Eigentum und Besitz verhalten.** Nach überwiegender Auffassung bilden die §§ 1361a, 1361b vorrangige Spezialvorschriften, soweit es um die Nutzung von Gegenständen des ehelichen Haushalts und der Ehewohnung aus Anlass des Getrenntlebens handelt. Ansprüche aus §§ 985 oder 1007 werden insoweit verdrängt. So ist während der Trennungszeit der auf § 985 gestützte Antrag eines Ehegat-

ten, der Eigentümer der Wohnung ist, gegen den andern auf Herausgabe unzulässig (BGH FamRZ 2017, 22 Rn. 10). Hingegen finden die Vorschriften des possessorischen Besitzschutzes (§§ 861, 862) Anwendung (str.). Dabei ist zu bedenken, dass das Ziel der Besitzschutzansprüche nur die Beseitigung des durch eine verbotene Eigenmacht hergestellten Zustandes ist, während mit den Ansprüchen aus §§ 1361a, b die Überlassung zur alleinigen Nutzung erstrebt wird – die Begehren unterscheiden sich also bereits nach ihrem Inhalt.

Beispiel: Ein Ehemann zieht aus der Ehewohnung aus und nimmt einige der Ehefrau gehörige Hausratsgegenstände ohne deren Zustimmung mit. Die Frau kann die Rückschaffung der Hausratsgegenstände in die Wohnung nach § 861 verlangen. Mit Erfüllung dieses Anspruchs wird zunächst die durch die verbotene Eigenmacht des Mannes gestörte Mitbesitzlage wiederhergestellt. Will die Frau darüber hinaus erreichen, dass ihr die Gegenstände zur alleinigen Nutzung während des Getrenntlebens zugewiesen werden, so muss sie nach § 1361a vorgehen, desgleichen der Mann, wenn er die Gegenstände allein nutzen möchte.

V. Ehewohnung, § 1361b

Literatur: *M. Cirullies/B. Cirullies,* Schutz bei Gewalt und Nachstellung, 2013; *M. Löhnig/A. Gietl,* Zivilrechtlicher Gewaltschutz, 3. Aufl. 2016; *U. Ehinger,* FPR 2010, 567; *B. Cirullies/M. Cirullies,* FamRZ 2017, 493.

397   **1. Anspruch auf Überlassung der Wohnung.** Aus Anlass des Getrenntlebens streiten die Ehegatten häufig auch um die Ehewohnung. Wenn in diesem Punkt keine Einigkeit erzielt wird, kann das Familiengericht um Entscheidung angerufen werden. § 1361b I 1 gewährt einem Ehegatten einen Anspruch gegen den anderen, ihm die Ehewohnung oder einen Teil davon zur alleinigen Benutzung zu überlassen. Ein solcher Anspruch besteht unter folgenden **Voraussetzungen:**
– Die Ehegatten leben getrennt oder einer von ihnen will diesen Zustand herstellen;
– Die Zuweisung der Wohnung oder eines Wohnungsteils erscheint notwendig, um eine unbillige Härte zu vermeiden.

Dabei ist wichtig, dass die bisher gemeinsam genutzte Wohnung ihre Eigenschaft als „Ehewohnung" durch die bloße Trennung der Ehegatten nicht verliert (BGH FamRZ 2017, 22 Rn. 13). Ein Ehegatte kann also auch, nachdem er aus der Wohnung ausgezogen ist, den Anspruch aus § 1361b geltend machen.

Verfahren auf der Grundlage der §§ 1361a und b sind nach 111 Nr. 5, § 200 I Nr. 1, II Nr. 1 FamFG Familiensachen; zuständig sind die Familiengerichte. – Zum Verhältnis des § 1361b zu den allgemeinen Ansprüchen aus Eigentum und Besitzschutz → Rn. 396.

2. Unbillige Härte. Das Gericht hat folglich zu prüfen, ob ohne **398** die verlangte Wohnungszuweisung eine **unbillige Härte** droht. Die Härte muss für denjenigen Ehegatten gegeben sein, der die Zuweisung der Wohnung für sich verlangt. Nach § 1361b I 2 genügt es aber, wenn ohne die Zuweisung das Wohl der im Haushalt lebenden **Kinder** beeinträchtigt würde. Da die Zuweisung der Wohnung aber nicht an die Kinder, sondern an den Ehegatten erfolgt, muss in diesem Fall geklärt sein, dass die Kinder bei dem die Wohnung verlangenden Ehegatten leben werden; es empfiehlt sich, dies gleichzeitig sicherzustellen.

Beispiel: Der zum Alkohol neigende Ehemann beleidigt und demütigt die Ehefrau häufig und in grober Weise und bedroht die Kinder. Die Ehefrau möchte nach weiteren unerträglichen Vorfällen in der Wohnung mit den Kindern allein leben. Sie kann nach § 1361b I 1 um ihrer selbst, aber auch um des Kindeswohls willen die Zuweisung der Ehewohnung an sich beantragen. Gleichzeitig kann sie gemäß § 1671 I 2 Nr. 2 den Antrag stellen, ihr das Aufenthaltsbestimmungsrecht über die Kinder allein zu übertragen. Hat sie damit Erfolg, so stellt sie sicher, dass die Kinder ihren gewöhnlichen Aufenthalt bei ihr haben und das Ziel der Wohnungszuweisung damit voll erreicht werden kann.

3. Hauptfälle. Fälle schwerer Gewalt oder Gewaltandrohung ma- **399** chen die Hauptfälle des § 1361b aus, doch ist das Anwendungsfeld der Vorschrift nicht hierauf beschränkt. Entscheidend sind die Lage des die Wohnung verlangenden Ehegatten und deren Ursachen. Das Begehren ist gerechtfertigt, wenn dem Antragsteller aus Gründen, die beim anderen Teil liegen, ein Zusammenleben mit diesem in einer räumlichen Einheit nicht mehr anzusinnen ist und nach den Umständen keine andere zumutbare Art der Trennung in Betracht kommt. Latente Angst um Leben, körperliche Unversehrtheit oder Fortbewegungsfreiheit erfüllt diese Voraussetzung ebenso wie ein Leben in fortgesetzter Demütigung und Verachtung. Auch der Umstand, dass der andere Teil dem Alkohol verfällt oder gegen den Willen des Antragstellers beliebige andere Personen mit in die Wohnung bringt, sodass die eigene Privatsphäre nicht mehr gewahrt ist, kann genügen (z. B. Besuch der neuen Freundin des Ehemannes in der Ehewohnung, OLG Hamm FamRZ 2016, 1082). Bloße Spannungen im ehelichen Verhältnis, gleichgültiges oder liebloses Verhalten reichen für sich gesehen nicht aus, doch kann auch in solchen Fällen eine Wohnungszuweisung gerechtfertigt sein, wenn sie im Interesse des Kindeswohls geboten erscheint, z. B. wenn die Kinder unter einer von Feindschaft geprägten Atmosphäre leiden.

400   **4. Interessenabwägung.** Bei der Billigkeitswertung sind, wie stets, auch **die Belange des Antragsgegners** zu berücksichtigen. Die richterliche Ausweisung eines Ehegatten aus der Ehewohnung bildet einen Eingriff in dessen persönlichen Lebensbereich und meist auch in dessen Vermögensrechte (Eigentum, Recht als Mieter). Die Maßnahme muss daher **erforderlich** und **verhältnismäßig** sein. Die beiderseitigen Interessen sind gegeneinander abzuwägen. Steht einem Ehegatten allein oder gemeinsam mit einem Dritten das **Eigentum** oder ein dingliches Nutzungsrecht zu, so ist dies besonders zu berücksichtigen (§ 1361b I 3). Dies bedeutet z. B., dass es schwerer fällt, den Wohnungseigentümer aus der Wohnung zu weisen als einen Ehegatten, der nur Mieter ist oder überhaupt keine eigene Berechtigung an der Wohnung hat. Doch ist dieser Gesichtspunkt nicht schlechthin maßgebend. Vor allem in den Fällen, in denen der Wohnungseigentümer schwere Gewalt geübt hat, kommt der dinglichen Rechtslage wenig Gewicht zu.

401   **5. Zuweisung eines Teils der Wohnung.** Liegen die Voraussetzungen des § 1361b I vor, so weist das Familiengericht dem Antragsteller die Wohnung teilweise oder ganz zur alleinigen Benutzung zu. Die **Zuweisung eines Teils** der Räume führt zum Getrenntleben innerhalb der Ehewohnung (§ 1567 I 2). Obwohl dies der mildere Eingriff in die Rechtsstellung des anderen Ehegatten ist, muss bedacht werden, dass eine solche Entscheidung im Regelfall keine geeignete Lösung zur Vermeidung der unbilligen Härte darstellt; denn die enge räumliche Nähe der Ehegatten bleibt aufrechterhalten. Für den Fall der vorsätzlichen **Körper-, Gesundheits- und Freiheitsverletzung** ordnet § 1361b II 1 an, dass dem Opfer *in der Regel* die *gesamte* Wohnung zur alleinigen Benutzung zu überlassen ist. Gleiches gilt bei widerrechtlicher Drohung mit derartigen Übergriffen.

402   **6. Ausschluss des Anspruchs.** Nach **§ 1361b II 2** ist im Falle der vorsätzlichen Verletzung des Körpers, der Gesundheit und der Freiheit bzw. der widerrechtlichen Drohung mit solchen Taten der Anspruch auf Wohnungsüberlassung **ausgeschlossen,** wenn keine weiteren Verletzungen und widerrechtlichen Drohungen zu besorgen sind, es sei denn, dass dem verletzten Ehegatten das weitere Zusammenleben mit dem anderen wegen der Schwere der Tat nicht zuzumuten ist. Diese Vorschrift hat zwei Funktionen: Sie regelt für die Gewaltfälle die Beweislast in Bezug auf das Prinzip der Erforderlichkeit, gleichzeitig setzt sie dieses Prinzip für besondere Fallgestaltungen außer Kraft. Ist eine Gewalttat der beschriebenen Art verübt worden, so obliegt dem Täter der Nachweis, dass weitere Übergriffe nicht zu besorgen sind; gelingt dieser Nachweis nicht, so ist bei der Entscheidung von einer fortdauernden Gefahr auszugehen. Und selbst wenn feststeht, dass keine weiteren Übergriffe befürchtet werden müssen, bleibt das Begehren auf Wohnungszuweisung begründet, wenn dem verletzten Ehegatten wegen der Schwere der Tat das weitere Zusammenleben mit dem Täter nicht angesonnen werden kann; dafür trägt allerdings das Opfer die Darlegungs- und Beweislast.

7. Vermutung der Wohnungsüberlassung. Das Begehren auf 403 Wohnungszuweisung kann an der merkwürdigen Regelung des § 1361b IV scheitern: Wenn die Ehegatten im Sinne des § 1567 I getrennt leben und ein Ehegatte aus der Ehewohnung ausgezogen ist und **binnen sechs Monaten** nach seinem Auszug eine **ernstliche Rückkehrabsicht** dem anderen Ehegatten gegenüber **nicht bekundet** hat, so wird unwiderleglich vermutet, dass er dem in der Ehewohnung verbliebenen Ehegatten das alleinige Nutzungsrecht überlassen hat. Derjenige, der das Zusammenleben mit dem anderen Ehegatten nicht mehr aushält und aus der Ehewohnung flieht, muss also binnen eines halben Jahres seine Rückkehrabsicht bekunden, wenn er sein in der Ehe begründetes Recht auf Mitbesitz nicht riskieren will. Glücklicherweise bedeutet die vermutete Überlassung nicht in jedem Fall den endgültigen Verlust der Wohnung: Bei wesentlicher Änderung der Umstände kann der weichende Ehegatte gleichwohl eine Neuregelung der Wohnungsnutzung gemäß § 1361b I zu erreichen suchen; die Unwiderruflichkeit ist nur Beweisregel und hindert nicht eine spätere Abänderung durch gerichtliche Entscheidung (BGH FamRZ 2017, 22 Rn. 23).

Beispiel: Ein Ehemann hält die Gleichgültigkeit seiner Ehefrau, die einen Liebhaber hat, nicht mehr aus und zieht zu einem Freund. Versöhnungsgespräche, die er in der Folgezeit mit der Frau führt, bringen keine Wende, auch die Hoffnung, die Frau werde die ehewidrige Beziehung beenden, erfüllen sich nicht. Schließlich sind 7 Monate seit seinem Auszug vergangen. Der Mann möchte nun, da er dem Freund nicht endlos zur Last fallen will, in die

Wohnung zurück. Dieser Weg ist jedoch versperrt, weil er nach der unwiderleglichen Vermutung des § 1361b IV seiner Frau die Wohnung zur alleinigen Nutzung überlassen hat. Um dennoch wieder in die Wohnung zurückzukehren, müsste er einen Antrag nach § 1361b I stellen und dabei eine wesentliche Änderung der Lebensumstände geltend machen, welche sein dringendes Interesse an der Wohnung begründen.

404   **8. Wohlverhaltenspflicht.** Wird einem Ehegatten durch Gerichtsentscheidung die Wohnung oder ein Teil davon zur alleinigen Benutzung überlassen, so trifft den anderen die Pflicht, die Wohnung zu räumen, darüber hinaus aber auch, **alles zu unterlassen,** was geeignet ist, **die Ausübung dieses Nutzungsrechts zu erschweren oder zu vereiteln** (§ 1361b III 1). Diese Pflicht kann bei Bedarf schon zusammen mit der Wohnungszuweisung konkretisiert werden (§ 209 I FamFG). So kann das Gericht dem Antragsgegner verbieten, die Wohnung erneut zu betreten und den anderen Ehegatten in der Wohnung zu belästigen. Es kann auch dem Antragsgegner anbefehlen, von der Wohnung eine zumutbare räumliche Distanz zu wahren. Dem „weichenden" Ehegatten, der Alleinmieter der Wohnung ist, kann sogar untersagt werden, das Mietverhältnis aufzulösen. Umstritten ist, ob dem Wohnungseigentümer ein Verfügungsverbot erteilt werden kann, z. B. das Verbot, die Wohnung zu veräußern. Ferner ist nicht geklärt, ob die Wohlverhaltenspflichten schon vor der Wohnungszuweisung entstehen können, gegebenenfalls mit welcher Wirkung.

405   **9. Vergütung.** Der Ehegatte, der die Wohnung oder einen Teil davon dem anderen zur alleinigen Nutzung überlässt, kann von diesem eine Vergütung verlangen, soweit dies der Billigkeit entspricht (§ 1361b III 2). Dieser Anspruch ist auch gegeben, wenn der Tatbestand des § 1361b I nicht erfüllt ist, der Auszug aus der Wohnung also freiwillig und ohne Rechtspflicht erfolgt (BGH FamRZ 2006, 930, 933). Der Vergütungsanspruch ist insbesondere gerechtfertigt, wenn der weichende Ehegatte Eigentümer der Wohnung ist. Häufig kommt es zu einer Verrechnung der an sich geschuldeten Vergütung mit dem Unterhaltsanspruch des in der Wohnung verbleibenden Teils.

VI. Gewaltschutz

406   Parallel zu § 1361b kommen auch Maßnahmen nach dem **Gewaltschutzgesetz** vom 11.12.2001 (BGBl. 3513) in Betracht. Danach kön-

nen die Gerichte befristete **Schutzmaßnahmen** zugunsten einer Person anordnen, wenn jemand gegen sie eine vorsätzliche Körper-, Gesundheits- oder Freiheitsverletzung begangen oder ihr damit gedroht hat. Das Gericht kann z. B. dem Täter verbieten, die Wohnung der verletzten Person zu betreten oder sich in einem bestimmten Umkreis der Wohnung aufzuhalten, und anderes mehr. Gewaltschutzmaßnahmen greifen auch bei Hausfriedensbruch, unerwünschten Nachstellungen und telekommunikativer Verfolgung. Voraussetzung ist, dass die beantragte Maßnahme zur Abwendung weiterer Verletzungen oder Drohungen erforderlich ist. Ferner kommt bei Gewalttaten auch ein Anspruch auf **Überlassung der bisher gemeinsam mit dem Täter genutzten Wohnung zur alleinigen Benutzung** des Opfers in Betracht. Voraussetzung ist, dass der Täter mit der verletzten Person einen auf Dauer angelegten Haushalt geführt hat.

Die Regelungen des Gewaltschutzgesetzes sind keine speziellen Regelungen des Eherechts, aber neben § 1361b auch auf Ehegatten anwendbar (str.; nach a. A. bildet § 1361b für Ehegatten eine lex specialis). Zuständig für Maßnahmen nach dem Gewaltschutzgesetz sind die Familiengerichte (§ 111 Nr. 6, 210 FamFG), sogar in Fällen ohne familiären Bezug.

§ 39. Unterhalt nach der Scheidung

Literatur: *H. Borth*, Praxis des Unterhaltsrechts, 3. Aufl. 2016; *G. Brudermüller*, Geschieden und doch gebunden? Ehegattenunterhalt zwischen Recht und Moral, 2008; *D. Büte et al.*, Unterhaltsrecht, 3. Aufl. 2015; *U. Ehinger/ G. Griesche/I. Rasch*, Handbuch Unterhaltsrecht, 7. Aufl. 2014; *K. Eschenbruch/ F. Klinkhammer* (Hrsg.), Der Unterhaltsprozess, 6. Aufl. 2013; *B. Heiß/W. Born* (Hrsg.), Unterhaltsrecht, Loseblatt (Stand 2016); *E. Koch* (Hrsg.), Handbuch des Unterhaltsrechts, 13. Aufl. 2017; *B. Niepmann/W. Schwamb et al.*, Die Rechtsprechung zur Höhe des Unterhalts, 13. Aufl. 2016; *Ph. Wendl/ H.-J. Dose* (Hrsg.), Das Unterhaltsrecht in der familienrichterlichen Praxis, 9. Aufl. 2015; *R. v. Pückler*, Der Ausgleich konkurrierender Ehegattenunterhaltsansprüche, 2015. Rechtsprechungsberichte: *H. Schürmann*, FamRZ 2015, 1338; 2016, 1113; 2017, 937; *B. Niepmann/W. Schwamb*, NJW 2015, 668, 2622; 2016, 685, 2543; *H.-U. Graba*, FF 2015, 225; 2016, 139; *N. Kleffmann/C. Kleffmann*, FuR 2016, 9, 75; 2017, 7, 56; *W. Reinken*, NZFam 2016, 1; 2017, 45.

I. Übersicht

1. Grundgedanke. Nach der Scheidung gehen die Partner ihre eigenen Wege. Daher bestimmt § 1569 S. 1, dass es jedem geschiedenen   407

Ehegatten grundsätzlich obliegt, sich seinen Unterhalt selbst zu verschaffen. Doch wird dies vielen Geschiedenen nicht möglich oder
nach Art ihrer Lebensumstände nicht zumutbar sein. In derartigen
Fällen ist die Verantwortung der ehemaligen Ehepartner füreinander
(§ 1353 I 2) nicht erloschen. Mit der Eheschließung haben die Partner
ihr Schicksal im Vertrauen dauerhafte Solidarität aneinander gebunden. Misslingt der gemeinsame Lebensplan, so ist das Einstehen füreinander nicht gegenstandslos, sondern oft gerade jetzt herausgefor-
dert. Das Gesetz gewährt daher einem geschiedenen Ehegatten unter
bestimmten Voraussetzungen einen Unterhaltsanspruch gegen seinen
früheren Partner.

Das Recht des Unterhalts nach der Scheidung ist mehrmals geändert worden und weiterhin rechtspolitisch umstritten. Das *1. EheRG von 1976* hatte
die Materie im Sinne eines weitgehenden Schutzes derjenigen Ehegatten geregelt, die während der Ehe ihre Berufstätigkeit zugunsten der Familienarbeit
zurückgestellt haben. Das **Unterhaltsrechtsänderungsgesetz (UÄG) von
1986** versuchte demgegenüber, die Unterhaltsansprüche einzudämmen. Sehr
viel weiter in dieser Richtung ging das **Gesetz zur Änderung des Unterhaltsrechts vom 21.12.2007 (UnterhRÄndG)**, das zum 1.1.2008 in Kraft getreten
ist und grundsätzlich auch die schon zuvor entstandenen Unterhaltsrechtsver-
hältnisse erfasst.

408   **2. Struktur der Regelung.** Die Regelung der §§ 1569 ff. weist folgende Struktur auf.

a) **§ 1569 S. 1** stellt den **Grundsatz** voraus: Nach der Scheidung
obliegt es jedem Ehegatten, selbst für seinen Unterhalt zu sorgen.
Dem fügt **S. 2** die **Ausnahme** hinzu, dass derjenige Ehegatte, der
nach der Scheidung dazu außerstande ist, gleichwohl einen Unterhaltsanspruch gegen den anderen haben kann, aber nur „nach den
folgenden Vorschriften". Der Unterhaltsanspruch unter Geschiedenen muss folglich aus einem **Anspruchstatbestand der nachfolgenden §§ 1570–1576** begründet sein.

b) Die **Unterhaltstatbestände (§§ 1570–1576)** formulieren die eigentlichen Anspruchsgrundlagen. Danach hängt die Zuerkennung eines Unterhaltsanspruchs davon ab, ob und inwieweit der betreffende
Ehegatte außerstande ist, sich den Unterhalt durch Ausübung einer
ihm zumutbaren Erwerbstätigkeit selbst zu verschaffen. Dieser
Grundgedanke kommt indes nicht allgemein zur Anwendung, sondern ist in den einzelnen Tatbeständen näher ausgestaltet und ein-
geengt. Die einzelnen Unterhaltstatbestände begründen den Unterhaltsanspruch jeweils selbstständig. Für die Tatsachen, die einen

nachehelichen Unterhaltsanspruch begründen, trägt die den Unterhalt verlangende Partei die **Darlegungs- und Beweislast.**

c) Liegen die Voraussetzungen eines Unterhaltstatbestands vor, so ist zwischen den Parteien ein Unterhaltsrechtsverhältnis grundgelegt. Ob und in welcher Höhe in einem bestimmten Zeitpunkt Unterhalt verlangt werden kann, hängt dann von weiteren Elementen ab. Ausgangspunkt ist § 1578 I, wonach der Unterhalt **den gesamten Lebensbedarf** umfasst und **nach den ehelichen Lebensverhältnissen** zu bemessen ist.

d) Der Unterhaltsanspruch besteht weiterhin nur, soweit der Berechtigte nicht in der Lage ist, sich aus seinen Einkünften und seinem Vermögen selbst zu unterhalten. Diese allgemeine **Bedürftigkeitsprüfung** ist in § 1577 näher umrissen. | 409

e) Für Bestehen und Umfang eines Unterhaltsanspruchs ist ferner die **Leistungsfähigkeit** des Unterhaltspflichtigen von Bedeutung. Nach § 1581 braucht der beschränkt Leistungsfähige den Unterhalt nur zu soweit zu gewähren, als es mit Rücksicht auf die Bedürfnisse und die Erwerbs- und Vermögensverhältnisse der geschiedenen Ehegatten der **Billigkeit** entspricht.

f) Auch wenn ein Anspruch grundsätzlich besteht ist, kann es sein, dass eine volle oder auf unabsehbare Dauer zu gewährende Unterhaltsleistung dem Verpflichteten im Hinblick auf die konkrete Lebensgestaltung während der Ehe unzumutbar ist. Deshalb ist nach § 1578b der Unterhaltsanspruch **herabzusetzen** oder **zeitlich zu begrenzen,** soweit die volle oder unbegrenzte Verpflichtung **unbillig** wäre.

g) Schließlich formuliert § 1579 einige Gründe, aus denen die Zuerkennung eines Anspruchs ganz oder teilweise **grob unbillig** sein und der Unterhalt daher versagt, herabgesetzt oder begrenzt werden kann.

h) Zur Verwirklichung des nachehelichen Unterhalts verpflichtet § 1580 die geschiedenen Ehegatten, auf Verlangen einander **Auskunft** über ihre Einkünfte und ihr Vermögen zu erteilen (→ Rn. 920).

| 410 | **Normelemente bei Prüfung des Geschiedenenunterhalts** |

1. Unterhaltstatbestand? (§§ 1570–1576)
2. Maß des Unterhalts? (§ 1578; Sonderbedarf § 1585b/§ 1613 II)
   = maximale Unterhaltshöhe
3. Bedürftigkeit des Unterhaltsberechtigten? (§ 1577)
   = Anrechnung von Einkommen und Vermögen
4. Leistungsfähigkeit des Verpflichteten? (§ 1581)
   S. die Unterhaltabellen/Eigenbedarfssätze; Beachte Rangfolgen §§ 1582–1584; 1608, 1609
5. Art der Unterhaltsgewährung? § 1585
6. Einwendungen:
   a) Herabsetzung nach § 1578b I?
   b) Befristung nach § 1578b II?
   c) Härteklausel § 1579
   d) Grenzen bei Unterhalt für die Vergangenheit, § 1585b II, III
   e) Tod/Wiederheirat, §§ 1586, 1586a
   f) Unterhaltsverzicht/abweichende Vereinbarung? § 1585c

II. Unterhalt wegen Kindesbetreuung, § 1570

Literatur: *M. Löhnig/M. Preisner*, FamRZ 2011, 1537; *M. Hütter*, FamRZ 2011, 1772; *M. Hütter*, FPR 2012, 134; *D. Schwab*, FF 2012, 138, 144; *H.-J. Dose*, FRP 2012, 129; *B. Heiderhoff*, FamRZ 2012, 1604; *R. Schilling*, FuR 2012, 454; *W. Kerscher*, NJW 2012, 1910; *W. Born*, FF 2015, 7.

411 **1. Die Stufen des Anspruchs.** Ein geschiedener Ehegatte ist unterhaltsberechtigt, soweit ihm keine (volle) Erwerbstätigkeit obliegt, weil er **gemeinsame minderjährige Kinder pflegt und erzieht.** Das frühere Recht drückte das in dem einfachen Satz aus: Ein Ehegatte kann Unterhalt verlangen, solange und soweit von ihm wegen der Pflege oder Erziehung eines gemeinschaftlichen Kindes eine Erwerbstätigkeit nicht erwartet werden kann. Diese Formulierung findet sich noch beim Betreuungsunterhalt für ein nichteheliches Kind in § 1615 l II 2, auch für den Geschiedenenunterhalt enthält sie den Leitgedanken. Das Gesetz, versucht indes, die Problemlage durch einen dreigestuften Tatbestand zu konkretisieren:

- § 1570 I 1: Bis drei Jahre nach der Geburt des Kindes kann der betreuende Elternteil ohne weitere Voraussetzungen Unterhalt vom
geschiedenen Partner verlangen.
- § 1570 I 2, 3: Die Dauer dieses Unterhaltsanspruchs „verlängert
sich", solange und soweit dies der Billigkeit entspricht; dabei sind
die Belange des Kindes und die bestehenden Möglichkeiten der
Kindesbetreuung zu berücksichtigen.
- § 1570 II: Darüber hinaus „verlängert sich" der Unterhaltsanspruch, wenn dies unter Berücksichtigung der Gestaltung von
Kinderbetreuung und Erwerbstätigkeit in der Ehe sowie der Dauer
der Ehe der Billigkeit entspricht.

Trotz der Dreigliederung des Tatbestandes handelt es sich um ein-
und denselben Anspruch wegen Kindesbetreuung (BGH FamRZ
2009, 770 Rn. 41).

2. Kinder bis zu drei Jahren (§ 1570 I 1). Für die ersten drei Le- 412
bensjahre eines gemeinschaftlichen Kindes genügt die Tatsache, dass
der Unterhalt suchende Ehegatte das Kind rechtmäßig betreut, d. h.
dass ihm das Kind mit Einverständnis des anderen Elternteils oder
aufgrund richterlicher Entscheidung zur Pflege und Erziehung anvertraut ist. Ihm wird in aller Regel auch kein Teilzeiterwerb zugemutet,
selbst wenn das Kind schon in den Kindergarten geht. Es liegt auch
ganz in seiner Entscheidung, ob er Betreuungshilfen wie Krippen in
Anspruch nehmen will. Bei mehreren Kindern kommt es auf das Alter des jüngsten an.

3. Verlängerung aus kindbezogenen Gründen (§ 1570 I 2). So- 413
bald das Kind das dritte Lebensjahr vollendet hat, setzt grundsätzlich
die Obliegenheit des betreuenden Ehegatten ein, selbst eine Erwerbstätigkeit aufzunehmen. Eine Fortdauer des Unterhaltsanspruchs muss
trotz Kindesbetreuung nun mit Erwägungen der **Billigkeit** begründet
werden, die auf den konkreten Fall bezogen sind. Nach der Vorstellung des Gesetzgebers kommen hier Gründe unter dem Gesichtspunkt des Kindeswohls zum Zuge, für deren Vorliegen der Betreuende die Darlegungs- und Beweislast trägt (BGH FamRZ 2009,
770 Rn. 23; 2009, 1124 Rn. 27). An die Darlegung dieser Gründe
sind „keine überzogenen Anforderungen" zu stellen, auch besondere
Bedürfnisse des Kindes wie sportliche und musische Aktivitäten sind
zu beachten (BGH FamRZ 2012, 1040 Rn. 21). Es muss sich nicht
um seltenere Ausnahmefälle handeln (behindertes Kind usw.). Viel-

mehr spricht die allgemeine Lebenserfahrung dafür, dass jemand, der
für ein kleineres Kind zu sorgen hat, bei normalen Lebensverhältnissen nicht im gleichen Maße erwerbstätig sein kann wie ein Alleinsteh-
ender, wenn die Bedürfnisse des Kindes angemessen erfüllt werden
sollen. Dieser Lebenserfahrung zum Trotz verlangt der BGH stets
eine konkrete Darlegung des Betreuungsbedarfs: Aus kindbezogenen
Gründen sei eine Erwerbstätigkeit nur dann nicht zumutbar, wenn
die Betreuung des Kindes unter Berücksichtigung aller Umstände
des Einzelfalles nicht hinreichend gesichert ist und auch nicht in
kindgerechten Einrichtungen sichergestellt werden könnte oder
wenn das Kind im Hinblick auf sein Alter auch noch nicht sich selbst
überlassen werden kann (BGH FamRZ 2009, 770 Rn. 30). Der Hinweis auf die bestehenden Betreuungsmöglichkeiten zielt darauf ab,
dass geeignete öffentliche Einrichtungen wie Kindergärten und Kin-
dertagesstätten genutzt werden müssen, soweit dies mit dem Wohl
des Kindes im konkreten Fall vereinbar ist. Insoweit steht nach der
Rspr. dem betreuenden Ehegatten keine freie Wahl zwischen persönlicher Erziehung und Nutzung der geeigneten Betreuungseinrichtun-
gen zu (BGH FamRZ 2009, 770 Rn. 25; 2011, 1209 Rn. 22).

414   **4. Verlängerung aus elternbezogenen Gründen (§ 1570 II).** Eine
Verlängerung des Unterhaltsanspruchs kann sich ferner aus Billigkeitsgründen ergeben, die sich nicht auf das Kindeswohl stützen,
sondern auf das durch die Art der Eheführung erweckte Vertrauen
(**ehebezogene** oder **elternbezogene Gründe**). War z. B. die Frau mit
Zustimmung des Mannes während der Ehe nicht berufstätig, um sich
den Kindern zu widmen, so kann es unbillig sein, ihr anlässlich der
Scheidung eine **abrupte Doppelbelastung** durch Kindererziehung
und Erwerbstätigkeit zuzumuten (vgl. BT-Drs. 16/6980 S. 9). Als
Gesichtspunkte der Billigkeitswertung hebt das Gesetz die Gestaltung von Kinderbetreuung und Erwerbstätigkeit in der Ehe und die
Ehedauer hervor. Der BGH lässt einen „gestuften Übergang" von
der teilweisen bis zur vollen Erwerbstätigkeit des betreuenden Elternteils zu. Ferner darf die Verbindung von Erwerbsobliegenheit
und Kindesbetreuung nicht zu einer „**überobligationsmäßigen Belastung**" führen (BGH FamRZ 2009, 770 Rn. 32); es ist auf eine „ge-
rechte Lastenverteilung" unter den Ehegatten zu achten (BGH
FamRZ 2012, 1040 Rn. 24).

Die Rechtsprechung des BGH zu § 1570 I **verstößt** sowohl **gegen das Elternrecht** als auch **gegen die Rechte des Kindes**, die gleichfalls aus Art. 6 II

GG herzuleiten sind (BVerfG FamRZ 2008, 845 Rn. 72). Dass die bloße Tatsache der Scheidung des Elternpaares dem betreuenden Elternteil das Recht nehmen soll, das Kind persönlich zu pflegen und zu erziehen, *gleichgültig wie die konkreten Lebensverhältnisse sind*, entbehrt einer tragbaren Begründung. Methodisch bedenklich ist, dass bei der „Billigkeitswertung" die allgemeine Lebenserfahrung außer Acht gelassen wird; dies widerspricht der sonstigen Judikatur des BGH, vgl. nur FamRZ 2008, 1911 Rn. 70; 2011, 454 Rn. 19. Nach wie vor bietet die Rechtsprechung wenig Rechtssicherheit.

5. Einzelfragen. a) Vorrangig sind kindbezogene Gründe zu prü- **415** fen. Erst in zweiter Linie kommen die elternbezogenen Gründe zum Tragen (BGH FamRZ 2009, 1124 Rn. 37). Dabei gelingt letztlich keine einsichtige Trennung dieser Gesichtspunkte: Das Interesse der Kinder an der Kontinuität der während der Ehe erfahrenen Erziehung hat mit dem Kindeswohl unmittelbar zu tun. Solange indes die derzeitige Rspr. maßgeblich ist, sollte man sich indes strikt an die Reihenfolge halten (**zuerst: kindbezogene Gründe** anhand der konkreten Möglichkeiten der Fremdbetreuung – **dann: elternbezogene Gründe**).

b) Die Rechtsprechung zum früheren Recht, welche die Erwerbsobliegenheit pauschal von Zahl und Alter der Kinder abhängig gemacht hatte (**Altersphasenmodell**), ist durch die neue BGH-Rechtsprechung obsolet (BGH FamRZ 2009, 770 Rn. 28; 2012, 1040 Rn. 19). Ist das Kind älter als drei Jahre, so bedarf es also stets einer konkreten Darlegung des Betreuungsbedarfs.

c) Der aus § 1570 II hergeleitete Anspruch muss nicht unbedingt zeitlich auf einen aus § 1570 I 2 begründeten folgen, er kann auch unmittelbar an die drei Jahre des § 1570 I 1 anschließen. Auch können die kindbezogenen und die ehebezogenen Billigkeitsgründe nebeneinander und auch in Verbindung miteinander zum Zuge kommen (vgl. den Fall BGH FamRZ 2012, 1040).

d) Ein Anspruch aus § 1570 I 2 kann auch nach dem vollendeten dritten Lebensjahr des Kindes *erstmals* entstehen, z. B. wenn sich später ein Wechsel des Aufenthalts des Kindes von einem zum anderen Elternteil ergibt. Insofern ist der Ausdruck „verlängert sich" missverständlich.

e) Das Begriffspaar „**Pflege und Erziehung**" bezieht sich in dieser **416** Norm nicht nur auf die Innehabung des alleinigen Sorgerechts für die Kinder. Es meint jeden Fall, in dem sich das Kind hauptsächlich bei einem Elternteil aufhält und von ihm *faktisch* umsorgt und erzogen wird. Der Anspruch ist also auch bei gemeinsamem Sorgerecht für denjenigen Ehegatten gegeben, bei dem das Kind ständig wohnt und der die Hauptlast der täglichen Pflege und Erziehung trägt. § 1570 kann auch bei einem volljährigen behinderten Kind zum Zuge kommen (BGH FamRZ 2010, 802).

f) Der Unterhaltsanspruch aus § 1570 ist in einigen Punkten **besonders privilegiert** (vgl. § 1577 IV 2, § 1586a). In der Konkurrenz von mehreren Unterhaltsgläubigern hat er einen bevorzugten Rang (§ 1609 Nr. 2).

Ist ein kindesbetreuender Elternteil in einem Ausmaß berufstätig, wie es ihm eindeutig nicht zugemutet wird, z.B. in den ersten drei Lebensjahren des Kindes, so gewinnt er insoweit **Einkünfte aus einer nicht gebotenen Tätigkeit.** Diese Einkünfte werden auf seinen Unterhaltsanspruch nach der günstigen Regel des § 1577 II angerechnet (BGH FamRZ 2009, 1124 Rn. 25). Nach dieser Vorschrift wird dem Unterhaltsberechtigten von den nicht gebotenen Einkünften derjenige Teil anrechnungsfrei belassen, der zum Erreichen des angemessenen Unterhaltsstandards benötigt wird (§ 1577 II 1); Einkünfte, die darüber hinausgehen, werden nach Billigkeitsgrundsätzen angerechnet (§ 1577 II 2).

III. Die weiteren Unterhaltstatbestände

417   **1. Unterhalt wegen Alters (§ 1571).** Der Unterhaltsanspruch ist gegeben, soweit von einem Ehegatten wegen seines Alters eine Erwerbstätigkeit nicht mehr erwartet werden kann (§ 1571). Diese Lage muss sich allerdings *in bestimmten Zeitpunkten* ergeben, entweder zur Zeit der Scheidung oder der Beendigung der Betreuung eines gemeinschaftlichen Kindes oder in dem Zeitpunkt, in dem die Tatbestände des § 1572 oder § 1573 entfallen. Tritt also die Erwerbsunfähigkeit wegen Alters später als zu den genannten Zeitpunkten ein, so ist der Anspruch nicht gegeben (s. aber → Rn. 421).

Eine feste Altersgrenze gibt es nicht. Bei § 1571 geht es regelmäßig um die Frage, ob einem Ehegatten nach längerer beruflicher Abstinenz das Wiedereintreten in das Erwerbsleben zugemutet werden kann. Das ist oft schon erhebliche Zeit vor Erreichen des berufsüblichen Ruhestandsalters zu verneinen. In diesem Zusammenhang ist auch von Bedeutung, *welche Art von Erwerbstätigkeit* dem bedürftigen Ehegatten angesonnen werden kann (§ 1574, dazu → Rn. 427).

Der Anspruch ist unabhängig davon gegeben, ob sich der unterhaltsberechtigte Ehegatte schon bei der Eheschließung in vorgerücktem Alter befand (BGH FamRZ 1982, 29). Es ist aber zu beachten, dass der Anspruch nach der Unbilligkeitsklausel des § 1578b gemindert und befristet werden kann.

2. Unterhalt wegen Krankheit (§ 1572). Unterhaltsberechtigt ist 418
ein Ehegatte, solange und soweit ihm wegen Krankheit, Gebrechen
oder Schwäche seiner geistigen oder körperlichen Kräfte eine Erwerbstätigkeit nicht angesonnen werden kann (§ 1572). Auch hier
kommt es darauf an, dass diese Lage vom Zeitpunkt der Scheidung
oder von anderen, dem gleichgestellten Zeitpunkten an gegeben ist.

Dem Anspruch steht nicht entgegen, dass die Krankheit schon vor der Eheschließung ausgebrochen war (BGH FamRZ 1981, 1163), die Bedürftigkeit
des Berechtigten muss also nicht „ehebedingt" sein. Das kann zu einer unbilligen Belastung des Verpflichteten führen. Nach dem durch das Unterh-
RÄndG eingeführten § 1578b ist es daher möglich, den Anspruch zu befristen
und in der Höhe abzusenken.

Beispiel: Wolfgang (25 Jahre) heiratet die Bärbel (23 Jahre), die an einer damals unerkannten seelischen Krankheit leidet. Die Auswirkungen der Krankheit treten nach der Hochzeit immer mehr zutage und belasten das Eheleben.
Nach sechs Jahren hält es Wolfgang in der Ehe nicht mehr aus und verlässt
seine Frau. Ein Jahr später wird die Ehe geschieden. Ist Bärbel durch die
Krankheit dauerhaft erwerbsunfähig, so schuldet ihr Wolfgang lebenslangen
Unterhalt nach § 1572. Das erscheint angesichts der Ehedauer und der Tatsache, dass Bärbels wirtschaftliche Lage nicht durch die Ehe bedingt ist, als untragbare Belastung. Daher kann der Anspruch nach § 1578b II auf bestimmte
Dauer befristet und nach § 1578b I auch in der Höhe reduziert werden.

3. Unterhalt wegen Erwerbslosigkeit (§ 1573 I, III, IV). a) Soweit 419
die Voraussetzungen der §§ 1570–1572 oder § 1576 bei einem geschiedenen Ehegatten nicht vorliegen, kann von ihm an sich die Ausübung
einer Erwerbstätigkeit erwartet werden. Diese kann gleichwohl daran
scheitern, dass er am Arbeitsmarkt keine entsprechende Beschäftigung finden kann. Für diesen Fall formuliert § 1573 I einen weiteren
Unterhaltstatbestand, der als Auffangregelung gedacht ist. Der Anspruch setzt voraus, dass der Betreffende nach der Scheidung keine
angemessene Erwerbstätigkeit zu finden vermag.

Dieses Unvermögen hat der Unterhalt begehrende Ehegatte darzulegen und
zu beweisen. Er geht leer aus, wenn er sich nicht nachhaltig um einen angemessenen Arbeitsplatz bemüht hat, obwohl eine reale Beschäftigungschance
bestand (BGH FamRZ 2008, 2104 Rn. 18). Auch um Teilzeitjobs muss sich
der Unterhaltssuchende bemühen (BGH FamRZ 1212, 517 Rn. 33 ff.). Andererseits ist eine mangelhafte Arbeitssuche für den Unterhaltsberechtigten nur
dann schädlich, wenn sie für die Arbeitslosigkeit ursächlich ist, d. h. wenn der
Arbeitsmarkt überhaupt eine reale Beschäftigungsmöglichkeit bietet (BGH
FamRZ 2011, 1851 Rn. 13 f.). Im Begriff der **angemessenen Erwerbstätigkeit**
(§ 1573 I, § 1574) kommt zum Ausdruck, dass nicht jedwede auf dem Arbeits-

markt angebotene Beschäftigung zugemutet wird, sondern nur eine solche Tätigkeit, die gerade diesem geschiedenen Ehegatten zumutbar ist (s. § 1574, → Rn. 427).

420 b) Auch der Tatbestand des § 1573 I verlangt einen zeitlichen Zusammenhang: Das Unvermögen, eine angemessene Erwerbstätigkeit zu finden, muss „**nach der Scheidung**" gegeben sein. Dem ist der Zeitpunkt gleichgestellt, in dem ein zunächst nach §§ 1570–1572, 1575 begründeter Unterhaltsanspruch erlischt, da seine Voraussetzungen entfallen sind (§ 1573 III; das gilt entsprechend auch für den Wegfall einer Unterhaltsberechtigung nach § 1576).

> **Beispiel:** Eine Ehefrau, die zunächst nach § 1570 unterhaltsberechtigt war, kann nach Beendigung der Kindererziehung keine angemessene Erwerbstätigkeit finden. Sie hat jetzt einen Anspruch aus § 1573 I.

421 c) Der geforderte zeitliche Zusammenhang bedeutet, dass die Chancen, zu einem Unterhaltsanspruch nach § 1573 I zu gelangen, umso geringer werden, je länger ein Ehegatte nach der Scheidung bzw. nach den in § 1573 III genannten Zeitpunkten erwerbstätig war (vgl. BGH FamRZ 1987, 684, 687; 1988, 700, 702). Das zunehmende Hineinwachsen eines Ehegatten in die berufliche Selbstständigkeit beendet mit der Zeit die Verantwortung seines ehemaligen Partners. Einer allzu rigorosen Handhabung des zeitlichen Elements beugt **§ 1573 IV** vor: Hat ein Ehegatte nach der Scheidung eine angemessene Erwerbstätigkeit ausgeübt und daraus Einkünfte erzielt, entfallen aber diese Einkünfte, weil ihm die **Sicherung seines Unterhalts** durch die Erwerbstätigkeit **nicht nachhaltig gelungen** war, so ist er gleichwohl zum Unterhalt berechtigt (vgl. BGH FamRZ 1985, 791, 1234; 2003, 1734).

> **Beispiel:** Eine geschiedene Frau ist nach der Scheidung ein halbes Jahr berufstätig, zeigt sich dann aber den Anforderungen dieser Beschäftigung nicht gewachsen und findet keinen anderen angemessenen Job. Sie hat einen Anspruch aus § 1573 I i. V. m. § 1573 IV.

422 d) Der Anspruch aus § 1573 I kann den Unterhaltsverpflichteten stark belasten, weil vielfach ein Ende nicht absehbar ist. Diese Belastung kann unangemessen sein, insbesondere wenn das Unvermögen zum Erwerb nicht durch die Ehe bedingt ist. Deshalb kommt gerade bei diesem Anspruch die Möglichkeit nach **§ 1578b** zum Zuge, die Unterhaltshöhe **herabzusetzen** oder den Anspruch **zeitlich zu begrenzen** (→ Rn. 475).

4. Aufstockungsunterhalt (§ 1573 II). a) Unterhaltsberechtigt ist **423** auch der Ehegatte, der zwar eine angemessene Erwerbstätigkeit ausübt, aber aus den daraus erzielbaren Einkünften nicht seinen vollen Unterhalt bestreiten kann (§ 1573 II). Dieser Anspruch auf „Ergänzungsunterhalt" oder „Aufstockungsunterhalt" richtet sich auf den Unterschiedsbetrag zwischen den Einkünften des Berechtigten und dem vollen Unterhalt (BGH FamRZ 1981, 241; BVerfGE 57, 361, 389). Die Praxis gesteht bei beiderseitigen Erwerbseinkommen, welche den Unterhalt der Ehegatten geprägt haben, dem weniger verdienenden Teil einfach $^3/_7$ des Einkommensunterschiedes zu. Bei anderen Einkünften beträgt der Differenzanteil $^1/_2$.

Beispiel: Eine kinderlose Ehe wird nach zwölf Jahren geschieden. Beide Ehegatten waren während der Ehe voll berufstätig. Der Ehemann verdient als Beamter 3.500 EUR netto monatlich, die Ehefrau als Verkäuferin 2.100 EUR monatlich. Das Einkommen hat das Ehepaar, das gerne reiste, jeweils aufgebraucht. Die Frau hat nach Düsseldorfer Tabelle (→ Rn. 956) gegen den Mann einen Anspruch auf $^3/_7$ der Differenz = 600 EUR monatlich.

b) Dieser Anspruch kann für den Unterhaltspflichtigen unange- **424** messene Belastungen bringen, wenn der Einkommensunterschied in keinem Zusammenhang mit der Ehe steht. Dann ist es nicht gerechtfertigt, den Anspruch auf unabsehbare Zeit zu gewähren. Deshalb kommt auch hier **gemäß § 1578b** eine **Absenkung und/oder Befristung** des Anspruchs in Frage.

Beispiel (wie oben): Eine dauerhafte Belastung des Mannes mit dem Ergänzungsanspruch seiner Ex-Frau, die selbst ein volles Einkommen hat, wäre unbillig. Der Anspruch aus § 1573 II kann befristet und auch in Stufen abgesenkt werden.

Anders ist die Lage, wenn ein geschiedener Ehegatte aus Gründen, die in den ehelichen Lebensverhältnissen liegen, außerstande ist, durch seine Erwerbstätigkeit den vollen Unterhalt selbst aufzubringen. Eine Absenkung oder Befristung des Aufstockungsunterhalts nach § 1578b kommt regelmäßig nicht Frage, wenn die Einkommensdifferenz zwischen den Ehegatten auf fortwirkenden ehebedingten Nachteilen zu Lasten des Unterhaltsberechtigten beruht (BGH FamRZ 2009, 1990 Rn. 23).

Beispiel: Eine Ehe wird nach 20 Jahren geschieden. Während der Ehe widmete sich die als Bankkauffrau ausgebildete Ehefrau zunächst ausschließlich dem Haushalt und den 3 Kindern. Als die Kinder schon größer geworden sind, nimmt sie eine Tätigkeit als Bürogehilfin auf, mit der sie 1.400 EUR netto verdient und die sie auch nach der Scheidung fortsetzt. Eine besser be-

zahlte Stellung kann sie nicht finden. Der Ehemann hat eine Schreinerei; ihm
verbleiben nach Abzug des Kindesunterhalts 3.500 EUR netto im Monat. Die
Frau hat aus § 1373 II einen Anspruch auf Aufstockungsunterhalt in Höhe
von $3/7$ aus der Einkommensdifferenz = 900 EUR. In diesem Fall sprechen gegen eine Befristung oder Absenkung nach § 1578b gewichtige Gründe, weil
das Unvermögen der Frau, nach der Scheidung ein höheres Einkommen zu
erzielen, durch die Ehe bedingt ist.

425   **5. Ausbildungsunterhalt (§ 1575).** § 1575 begründet einen Anspruch auf Finanzierung einer **Ausbildung, Fortbildung oder Umschulung** zum Ausgleich ehebedingter Nachteile. Eine Schul- oder
Berufsausbildung ist zu gewähren, wenn sie „in Erwartung der Ehe
oder während der Ehe ... nicht aufgenommen oder abgebrochen"
wurde (§ 1575 I). Eine Fortbildung oder Umschulung ist zu ermöglichen, wenn dadurch Nachteile ausgeglichen werden sollen, die durch
die Ehe eingetreten sind (§ 1575 II). Der Anspruch umfasst den vollen Lebensunterhalt einschließlich der Ausbildungskosten. Er steht
unter wichtigen *Einschränkungen:*
- Der Berechtigte muss die Ausbildung so bald wie möglich aufnehmen.
- Mit der Ausbildung muss der Ehegatte den Zweck verfolgen, eine
  angemessene Erwerbstätigkeit (§ 1574 II), die den Unterhalt nachhaltig sichert, zu erlangen.
- Der erfolgreiche Abschluss der Ausbildung muss zu erwarten sein.
- Der Anspruch besteht längstens für die Zeit, in der eine Ausbildung der gewählten Art im Allgemeinen abgeschlossen wird; ehebedingte Verzögerungen sind dabei zu berücksichtigen.

Der Tatbestand des § 1575 ist von dem des **§ 1573** theoretisch zu trennen.
So kann sich nach Ende der nach § 1575 finanzierten Ausbildung ein Unterhaltsanspruch nach § 1573 ergeben, wenn anschließend der Ehegatte keine angemessene Erwerbstätigkeit zu finden vermag (§ 1573 III, § 1575 III). Bei der
Frage, welche Erwerbstätigkeit ihm zugemutet werden kann, bleibt dann aber
der mit Hilfe einer nach § 1575 I, II finanzierten Ausbildung erreichte höhere
Ausbildungsstand außer Betracht.

426   **6. Unterhalt aus Billigkeitsgründen (§ 1576).** Den zahlreichen
speziellen Unterhaltstatbeständen fügt das Gesetz noch eine „positive" Generalklausel hinzu: § 1576 S. 1 gibt allgemein einen nachehelichen Unterhaltsanspruch, wenn von einem Ehegatten **aus sonstigen
schwerwiegenden Gründen** eine Erwerbstätigkeit nicht erwartet
werden kann und wenn die Versagung von Unterhalt unter Berücksichtigung der beiderseitigen Interessen **grob unbillig** wäre.

Beispiel: Eine Ehefrau hat Kinder aus erster Ehe und muss diese nach der Scheidung von ihrem zweiten Ehemann betreuen. Ein Anspruch gegen den zweiten Ehemann aus § 1570 ist nicht gegeben, da es sich um keine gemeinschaftlichen Kinder handelt. Auch aus § 1576 ist dieser in solchen Fällen in der Regel nicht unterhaltspflichtig, weil er trotz des Zusammenlebens für die Kinder der Frau aus erster Ehe nicht verantwortlich ist (OLG Celle FamRZ 1979, 238; weitherziger OLG Bamberg FamRZ 1980, 587; OLG Frankfurt a. M. FamRZ 1982, 299). Andererseits kann die Unterhaltsberechtigung aus § 1576 gegeben sein, wenn ein Ehegatte Pflegekinder betreut, für die auch der andere Teil die Verantwortung übernommen hat (vgl. BGH FamRZ 1984, 769).

Nach § 1576 S. 2 dürfen schwerwiegende Gründe nicht allein deshalb berücksichtigt werden, weil sie zum Scheitern der Ehe geführt haben. Durch den rätselhaft formulierten Satz soll vermieden werden, dass ein Scheidungsverschulden für sich gesehen schon als schwerwiegender Grund gewertet wird. Die Unterhaltsberechtigung nach § 1576 ist nach der Rechtsprechung auf **Ausnahmefälle** beschränkt (BGH FamRZ 1984, 361, 363) und gegenüber § 1570 **subsidiär.** Auch gegenüber den anderen Tatbeständen ist Subsidiarität anzunehmen (BGH FamRZ 2003, 1734 – für § 1572).

IV. Die angemessene Erwerbstätigkeit (§ 1574)

1. Kriterien. Bei allen Unterhaltstatbeständen kommt es darauf an, 427
ob dem Unterhalt suchenden Teil die Ausübung einer Erwerbstätigkeit angesonnen werden kann. Die Frage ist aber, ob ihm im Fall seiner Arbeitsfähigkeit *jede Tätigkeit* zugemutet werden kann, solange sie nur nicht gesetz- oder sittenwidrig ist. Das wird vom Gesetz verneint: Dem geschiedenen Ehegatten obliegt nur die Ausübung einer ihm *angemessenen* Tätigkeit (§ 1574 I). Die Kriterien der Angemessenheit sind in § 1574 II aufgezählt. Angemessen ist danach eine Erwerbstätigkeit, die der *Ausbildung,* den *Fähigkeiten,* einer *früheren Erwerbstätigkeit,* dem *Lebensalter* und dem *Gesundheitszustand* des geschiedenen Ehegatten entspricht. Die *ehelichen Lebensverhältnisse* sind kein Regelkriterium für die Zumutbarkeit (→ Rn. 430). Letztlich entscheidet eine Gesamtwürdigung der genannten Gesichtspunkte.

2. Ausbildung und Fähigkeiten. Die Kriterien „Ausbildung" und 428
„Fähigkeiten" wollen eine berufliche Überforderung (BGH NJW-RR 1992, 1282), aber auch die krasse Unterforderung ausschließen. Das bedeutet indes nicht, dass nur ein optimales berufliches Engage-

ment angesonnen würde: Auch eine Tätigkeit, welche die beruflichen Entfaltungsinteressen nicht voll ausschöpft, ist zumutbar.

Beispiel: Eine als Studienrätin ausgebildete geschiedene Frau kann zwar nicht in ihrem Beruf, aber als Verwaltungsangestellte eine Anstellung finden.

Scheitert die Aufnahme einer angemessenen Erwerbstätigkeit an dem beruflichen Ausbildungsstand des Ehegatten, so steht dies dem Anspruch des § 1573 I nicht entgegen; dem Ehegatten obliegt es aber, sich entsprechend **ausbilden, fortbilden oder umschulen** zu lassen, um zu einer angemessenen Tätigkeit zu gelangen (**§ 1574 III**; BGH FamRZ 1986, 1085).

429   **3. Frühere Erwerbstätigkeit.** Tätigkeiten, die der Betreffende schon früher tatsächlich ausgeübt hat, sind in der Regel auch nach der Scheidung zumutbar. Dies gilt auch, wenn der Betreffende inzwischen eine höhere berufliche Qualifikation erreicht hat (BGH FamRZ 2005, 23, 25). Bei der Gesamtwürdigung kommt es auch auf die Anlässe für die frühere Erwerbstätigkeit an: Eine Tätigkeit, die in Notzeiten aufgenommen wurde, um die Familie „über Wasser zu halten", muss nicht unbedingt fortgesetzt werden, wenn sich die Verhältnisse normalisiert haben.

430   **4. Die ehelichen Lebensverhältnisse.** Auch wenn eine Tätigkeit den übrigen Kriterien entspricht, kann sie im Hinblick auf die verfestigten ehelichen Lebensverhältnisse unzumutbar sein, weil sie mit einem abrupten sozialen Abstieg verbunden wäre. Dieser Gesichtspunkt kommt nur als *Einwendung* zum Tragen: Zunächst ist die Angemessenheit anhand der Standardkriterien zu überprüfen. Wird sie bejaht, kann der Betreffende einwenden, dass diese ihm an sich zumutbare Tätigkeit nach den ehelichen Lebensverhältnissen unbillig wäre. Dafür trägt er die Darlegungs- und Beweislast. Bei den ehelichen Lebensverhältnissen sind insbesondere die Dauer der Ehe sowie die Dauer der Pflege oder Erziehung eines gemeinschaftlichen Kindes zu berücksichtigen (§ 1574 II 2).

Beispiel: Ein reicher Unternehmer heiratet seine Sekretärin; nach 30-jähriger Ehe kann es ungerecht sein, die Frau auf den früher ausgeübten Beruf zu verweisen.

V. Konkurrierende Ansprüche

1. Anspruchsnormenkonkurrenz. Die Unterhaltstatbestände ste- **431** hen zueinander im Verhältnis der **Anspruchsnormenkonkurrenz.** Etwas anderes gilt für die Ansprüche aus § 1573 I, II, die gegenüber §§ 1570–1572 subsidiär sind (zu § 1576 → Rn. 426). Ist ein geschiedener Ehegatte nach §§ 1570–1572 vollständig an einer Erwerbstätigkeit gehindert, so ergibt sich sein Unterhaltsanspruch allein aus diesen Vorschriften (BGH FamRZ 2010, 869 Rn. 15). Sind mehrere miteinander konkurrierende Tatbestände gleichzeitig erfüllt, so ist zu beachten, dass die Rechtsfolgen nicht stets völlig gleich sind (beachte insbesondere die Bevorzugung des § 1570, → Rn. 416). Die Unterhaltstatbestände können auch hintereinander erfüllt werden.

Beispiel: Eine Ehefrau, der die alleinige elterliche Sorge für die Kinder zuerkannt wurde, hat zunächst den Anspruch aus § 1570; nach Beendigung der Kindererziehung erkrankt sie (§ 1572), nach Wiedergenesung vermag sie keine angemessene Erwerbstätigkeit zu finden (§ 1573 I), bis sie schließlich ein Alter erreicht, in dem sie aus § 1571 Unterhalt verlangen kann.

2. Sich ergänzende Tatbestände. Ein Unterhaltsbegehren kann **432** auch **zum Teil aus dem einen, zum Teil aus dem anderen Tatbestand** begründet sein.

Beispiel: Eine geschiedene Frau betreut ein gemeinschaftliches 7-jähriges Kind. Sie ist aus § 1570 I 2 unterhaltsberechtigt, da unter den konkreten Umständen nur eine ihren Bedarf nicht abdeckende Teilzeitbeschäftigung zuzumuten ist. Findet sie dafür keine angemessene Arbeitsstelle, so ist der Anspruch *insoweit* aus § 1573 I begründet. Der Unterhaltsanspruch gründet sich also in diesem Fall zum Teil auf § 1570 I 2, zum Teil auf § 1573 I.
Auch wenn die Frau im genannten Fall eine geeignete Teilzeitbeschäftigung zu finden vermag, so können § 1570 und § 1573 II nebeneinander zum Zuge kommen. Dies kommt nach BGH (FamRZ 2007, 793, 798) dann in Betracht, wenn die Frau selbst bei einem Vollzeiterwerb in diesem Beruf den Unterhalt nach ehelichen Lebensverhältnissen nicht bestreiten könnte. Dann findet der Anspruch aus § 1570 seine Höchstgrenze in dem Mehreinkommen, das die Frau bei voller Erwerbstätigkeit erzielen könnte. Der Anspruch auf die verbleibende „Lücke" gründet sich auf § 1573 II. Die gleiche Methode wendet der BGH (FamRZ 2007, 1232, Rn. 9) beim Anspruch aus § 1572 (Krankheit) an.

VI. Lebensbedarf und Unterhaltsmaß (§ 1578)

Literatur: H. *Borth,* FamRZ 2011, 445, FamRZ 2012, 253; *I. Götz/G. Brudermüller,* NJW 2011, 801; *P. Gerhardt,* FamRZ 1212, 589; *W. Gutdeutsch,*

FamRZ 2011, 523; *H.-U. Maurer,* FamRZ 2011, 849; *D. Pauling,* NJW 2012, 194; *W. Schwamb,* MDR 2012, 557; *H.-J. Dose,* FS Hahne, 2012, 211; *F. Klinkhammer,* FS Hahne, 2012, 289.

433   **1. Übersicht.** Für die **maximale Höhe des Unterhaltsanspruchs** sind drei Aussagen des Gesetzes grundlegend:

a) Der zu gewährende Unterhalt umfasst den **gesamten Lebensbedarf** des Unterhaltsgläubigers (§ 1578 I 2) einschließlich der besonderen Bedarfsposten des § 1578 II, III und eines möglichen Sonderbedarfs (§ 1585b/§ 1613 II).

b) Das Maß des Unterhalts, d. h. Niveau und Umfang der Bedarfsdeckung, richtet sich nach den **ehelichen Lebensverhältnissen** (§ 1578 I 1).

c) Dieses Unterhaltsmaß kann aber aus Billigkeitsgründen auf ein niedrigeres Niveau **abgesenkt** werden (§ 1578b I).

434   **2. Der gesamte Lebensbedarf (§ 1578 I 2, II, III).** Darunter zählen die elementaren Lebensbedürfnisse des Menschen wie Nahrung, Kleidung, Wohnung und ärztliche Betreuung, darüber hinaus aber auch der Freizeit- und Erholungsbedarf und die Pflege geistiger und musischer Interessen. Nach § 1578 II sind auch die Kosten einer angemessenen Kranken- und Pflegeversicherung sowie unter den Voraussetzungen des § 1574 III und des § 1575 die Kosten einer Ausbildung zu finanzieren. Bei den Unterhaltstatbeständen nach §§ 1570–1573 und 1576 ist der Verpflichtete darüber hinaus gehalten, auch die Kosten einer angemessenen Versicherung für den Fall des Alters und verminderter Erwerbsfähigkeit zur Verfügung zu stellen (*Vorsorgeunterhalt,* § 1578 III).

435   Für die **Berechnung des Vorsorgeunterhalts** hat der BGH (FamRZ 1981, 442, 444) folgende Methode gutgeheißen: Zunächst soll der gewöhnliche Unterhalt (Elementarunterhalt) beziffert werden; dieser Elementarunterhalt soll dann wie ein Nettoarbeitsentgelt betrachtet und auf ein fiktives Bruttoarbeitsentgelt umgerechnet werden (Frage: Wie viel müsste man unter Berücksichtigung der Sozialversicherung, Arbeitslosenversicherung und der Steuern verdienen, um auf den genannten Nettobetrag zu kommen?). Von dem so gebildeten Bruttobetrag nimmt man dann den Beitragssatz der gesetzlichen Rentenversicherung und erhält so den geschuldeten Vorsorgeunterhalt. Hat man den Vorsorgeunterhalt in der geschilderten Weise errechnet, dann muss der Elementarunterhalt neu berechnet werden: Das Nettoeinkommen des Unterhaltspflichtigen ist um den Vorsorgeunterhalt zu mindern und aus dem verbleibenden Betrag ist die Höhe des Elementarunterhalts festzulegen. Auf diese Weise wird erreicht, dass der Berechtigte seinen Vorsorgeunterhalt zu Lasten seines laufenden Unterhalts selbst mitfinanziert. In Mangelfällen ist der lau-fende Unterhalt vorrangig vor dem Vorsorgeunterhalt zu befriedigen. Zur ver-einfachten Berechnung s. Bremer Tabelle, *Gutdeutsch*, FamRZ 2017, 270.

3. Unterhalt nach den ehelichen Lebensverhältnissen (§ 1578 I 1)   **436**
– Grundsätze. a) Unter dem Begriff „Maß des Unterhalts" regelt das Gesetz die Frage, in welchem Umfang und auf welchem Niveau der Unterhaltspflichtige den Bedarf des Berechtigten zu decken hat. Das Grundprinzip findet sich in § 1578 I 1: Das Maß des geschuldeten Unterhalts bestimmt sich **nach den ehelichen Lebensverhältnissen.** Damit wird auf diejenigen Lebensverhältnisse Bezug genommen, die für die Ehegatten *bis zum Zeitpunkt der Rechtskraft der Scheidung* bestanden haben (BVerfG FamRZ 2011, 437 Rn. 57): Der Unterhalt ist grundsätzlich so zu bemessen, dass der Berechtigte auf dem Le-bensstandard weiterleben kann, der für die Lebensverhältnisse in der Ehe bestimmend war (BVerfGE 128, 193 Rn. 57). Folglich ist von den Einkommensverhältnissen auszugehen, welche den ehelichen Lebens-standard bis zur Scheidung geprägt haben („Stichtagsprinzip", vgl. BGH FamRZ 2007, 1532 Rn. 26f.). An diesen sollen die geschiede-nen Ehegatten auch weiterhin **gleichen Anteil** haben **(Halbteilungs-prinzip).**

b) Bei **hohen Einkommen**, die während der Ehe erzielt wurden,   **437** ist allerdings zu beachten, dass ein Teil davon gewöhnlich nicht für den Unterhalt, sondern zur **Vermögensbildung** verwendet wird. Dieser Teil wird bei der Unterhaltsbemessung nicht berücksichtigt (BGH FamRZ 2007, 1532 Rn. 26). Denn die fortgesetzte Teilnahme an der Vermögensbildung des Partners ist nicht Zweck des nachehe-lichen Unterhalts.

c) Andererseits liegt auf der Hand, dass die Unterhaltspflichtigen   **438** bei **niedrigen und mittleren Einkommen** einen Unterhalt nach ehe-lichem Standard **nicht leisten können**, ohne erhebliche Abstriche bei ihren eigenen Lebensbedürfnissen zu machen. Denn nach der Schei-dung fallen viele Kosten, die bisher nur einmal zu bestreiten waren, doppelt an (zwei Haushalte, Wohnungsmieten, Versicherungen, etc.). Bei unteren und mittleren Einkommen ist der volle Unterhalt nach „ehelichen Lebensverhältnissen" gewöhnlich höher als die Hälfte des eheprägenden Einkommens. In solchen Fällen greift des § 1581 S. 1 ein: Kann der Pflichtige nicht den vollen Unterhalt leisten, ohne seinen eigenen angemessenen Unterhalt zu gefährden, so braucht er nur Unterhalt „nach Billigkeit" zu leisten, der Anspruch wird also entsprechend abgesenkt.

Die **Prüfung der Unterhaltshöhe** geschieht nach dem Konzept des Gesetzes also in **zwei Schritten** (s. BVerfGE 128, 193 Rn. 57, 58):
– Festlegung des Unterhalts nach den ehelichen Lebensverhältnissen (§ 1578 I);
– dann: Prüfung, inwieweit die Leistung eines solchen Unterhalts wegen eingeschränkter Leistungsfähigkeit des Pflichtigen der Billigkeit entspricht (§ 1581 S. 1).

439   **4. Veränderungen nach der Scheidung – „wandelbare eheliche Lebensverhältnisse"?** a) Die Bemessung des nachehelichen Unterhalts nach dem Einkommen, das die Ehe geprägt hatte, kann problematisch werden, wenn sich die Lebensverhältnisse des Pflichtigen nach der Scheidung erheblich verändern. Daher entwickelte der BGH die Lehre von den „wandelbaren ehelichen Lebensverhältnissen": Änderungen, die sich nach der Scheidung in den Lebensverhältnissen und beim Einkommen ergeben, sollen **grundsätzlich auf das Maß des Unterhalts „nach ehelichen Lebensverhältnissen" zurückwirken**, gleichgültig, ob es sich um Steigerungen oder Minderungen handelt (grundlegend BGHZ 175, 182; 179, 196; BGH FamRZ 2010, 869 Rn. 20). Zur Begründung diente die Erwägung, das Unterhaltsrecht wolle den unterhaltsberechtigten geschiedenen Ehegatten nicht besser stellen, als er ohne Scheidung stünde (BGHZ 175, 182 Rn. 43; 179, 196 Rn. 25). Sogar die finanzielle Belastung des geschiedenen Mannes durch eine neue Heirat wurde auf die ehelichen Lebensverhältnisse geschiedenen Ehe zurückdatiert (BGHZ 177, 356 Rn. 35).

440   b) In dieser Auslegung des § 1578 I 1 sieht das **BVerfG** eine krasse Abweichung von Wortlaut und Sinn des Gesetzes, welche die Grenzen der richterlichen Rechtsfortbildung überschreitet und unzulässig in die allgemeine Handlungsfreiheit (Art. 2 I GG) des Unterhaltsberechtigten eingreift (Beschluss vom 25.1.2011, BVerfGE 128, 193 Rn. 44 ff.). Das BVerfG sieht es als gesetzlich festgelegt an, dass beim Geschiedenenunterhalt zunächst das Unterhaltsmaß nach ehelichen Lebensverhältnissen festzustellen ist (§ 1578 I 1); erst im zweiten Schritt ist im Rahmen des § 1581 zu prüfen, ob der Verpflichtete in vollem Umfang leistungsfähig ist; erst hier sind die Ansprüche weiterer Unterhaltsberechtigter gemäß ihrem Rang zu berücksichtigen.

441   c) Freilich hat das BVerfG die Lehre von den „wandelbaren ehelichen Lebensverhältnissen" nur für solche nachehelichen Veränderungen beanstandet, die **keinen Bezug zur geschiedenen Ehe** haben. Entwicklungen der Lebens- und Einkommensverhältnisse nach

Rechtskraft der Scheidung bestimmen hingegen das Unterhaltsmaß, wenn „zumindest ein gewisser Bezug zu den ehelichen Lebensverhältnissen vorhanden" ist, nicht aber dann, wenn sie *erst durch die Scheidung der Ehe eintreten* konnten (BVerfGE 128, 193 Rn. 70; nun auch BGH FamRZ 2012, 281 Rn. 23). Nachfolgend die wichtigsten **Fallgruppen**.

5. Einkommenssteigerungen nach der Scheidung. Einkommens- **442** steigerungen, die sich beim Verpflichteten nach der Scheidung ergeben, werden den ehelichen Lebensverhältnissen zugerechnet, wenn sie bereits in der Ehe angelegt waren und wenn ihre Erwartung die ehelichen Lebensverhältnisse bereits geprägt hatte (BGH FamRZ 2003, 590, 592; 2007, 1232 Rn. 13). Einkommenssteigerungen hingegen, die auf einen zur Zeit der Ehe **nicht zu erwartenden Karrieresprung** zurückzuführen sind, bleiben unberücksichtigt (BGHZ 175, 182 Rn. 46; BGH FamRZ 2010, 869 Rn. 22). Das bedeutet praktisch: Einkommensverbesserungen nach der Scheidung, die auf dem allgemeinen Anstieg der Löhne und Gehälter und auf einem *normalen* Karriereverlauf beruhen, sind beim Ansatz des Einkommens nach den ehelichen Lebensverhältnissen zugunsten des Unterhaltsberechtigten einzubeziehen. Ähnlich wird differenziert, wenn sich beim Unterhaltpflichtigen Einkünfte aus einer **nach der Scheidung angefallenen Erbschaft** ergeben; diese werden den ehelichen Lebensverhältnissen nur dann zugerechnet, wenn die Erwartung des künftigen Erbes während bestehender Ehe so wahrscheinlich war, dass die Eheleute ihren Lebenszuschnitt vernünftigerweise darauf einrichten konnten und eingerichtet haben (BGH FamRZ 2012, 1483 Rn. 36).

Beispiele: Ab welcher Grenze eine Entwicklung als *unerwartet* ausgeklam- **443** mert bleibt, ist schwierig zu beurteilen.

1) Bei der Scheidung hat der unterhaltspflichtige Mann ein Erwerbseinkommen als Oberstudienrat. Später wird er zum Studiendirektor befördert. Der BGH lehnte es ab, diese Beförderung den ehelichen Lebensverhältnissen zuzurechnen, die Beförderung sei nicht mit hoher Wahrscheinlichkeit zu erwarten gewesen. Der Unterhaltsanspruch der Frau berechnete sich also nach dem Gehalt, das der Mann hätte, wenn er Oberstudienrat geblieben wäre (BGH FamRZ 2007, 793 Rn. 22). Ob diese Karriere so unerwartet war, kann man bestreiten.

2) Ein städtischer Angestellter wird geschieden und ist seiner Ex-Frau unterhaltspflichtig. Sein Einkommen beträgt bei Scheidung monatlich 2.200 EUR netto im Monat. Sein Leben wird allerdings schon während der Ehe weniger durch die Amtsgeschäfte als durch sein Engagement in einer Rockband

ausgefüllt. Nach der Scheidung bewirbt er sich in einem Fernsehwettbewerb und erhält den ersten Preis. Aufgrund von Konzerten und Plattenverträgen steigt sein Einkommen auf 10.000 EUR monatlich. Ist dieses Einkommen den ehelichen Lebensverhältnissen zuzurechnen? (m. E.: nein).

444   6. Einkommensminderungen nach der Scheidung. a) Sinkt das Einkommen des Unterhaltspflichtigen nach der Scheidung, so vermindert sich nach der Rechtsprechung des BGH auch der nach den ehelichen Lebensverhältnissen zu bemessende Unterhalt. Das ist nach den Grundsätzen des BVerfG eigentlich nur gerechtfertigt, wenn die Veränderungen des Einkommens bereits in der Ehe in irgendeiner Form „angelegt" waren. Dafür lässt das BVerfG es aber genügen, dass die Minderungen auch bei Fortbestand der Ehe eingetreten wären und so die ehelichen Lebensverhältnisse geprägt hätten (BVerfGE 128, 193 Rn. 70; dem folgend BGH FamRZ 2012, 281 Rn. 24). So wird es bei einem wirtschaftlichen Rückgang meistens sein. Der geschiedene Ehegatte soll also nicht besser stehen als er stünde, wenn er noch mit dem Unterhaltspflichtigen verheiratet wäre. Der BGH zieht für die Absenkung des Unterhaltsbedarfs in solchen Fällen eine Untergrenze ein: Der ehegemäße Bedarf kann nicht unter das Existenzminimum (Mindestbedarf nach Düsseldorfer Tabelle) sinken (BGH FamRZ 2010, 802 Rn. 18).

Beispiel: Ein Einzelhandelskaufmann wird 2007 geschieden. Die Ehe ist kinderlos. Zur Zeit der Scheidung florieren die Geschäfte. Die geschiedene, bisher nicht erwerbstätige Frau ist aus § 1572 unterhaltsberechtigt. Ihr Unterhaltanspruch errechnet sich aus dem unterhaltsprägenden Nettoeinkommen des Mannes bei der Scheidung (3.500 EUR im Monat), beträgt nach der Düsseldorfer Tabelle also 3/7 von 3.500 = 1.500 EUR. Im Jahre 2012 verschlechtert sich die wirtschaftliche Lage des Mannes, da in der Nähe Supermärkte entstehen. Sein Nettoeinkommen beträgt nur mehr 2.800 EUR. Nach der *gesetzlichen Konstruktion* bemisst sich der Anspruch der Frau zunächst auch jetzt nach dem Einkommen, das der Mann zur Zeit der Scheidung hatte; da ihm aber weniger verbleibt, als seinem bisherigen Unterhaltsniveau entspricht, würde der Anspruch der Frau gemäß § 1581 S. 1 abgesenkt. Anders die *Lösung des BGH*: Die Minderung des Einkommens nach der Scheidung wirkt bereits auf die ehelichen Lebensverhältnisse und damit auf das an sich geschuldete Unterhaltsmaß zurück. Der Anspruch der Frau bemisst sich von vorn herein nach dem *jetzigen* Einkommen des Mannes (Anspruch nach Düsseldorfer Tabelle 3/7 von 2.800 = 1.200 EUR).

445   b) Andererseits können Einkommensminderungen, die der Unterhaltsschuldner durch **pflichtwidrige Verletzung seiner Erwerbsobliegenheit** (Aufgabe eines Arbeitsplatzes, mangelnde Jobsuche) herbeiführt, das geschuldete Unterhaltsmaß nicht senken (BVerfGE 128, 193 Rn. 70). Das verringerte Einkommen ist also nur dann maßgebend, wenn der Rückgang dem Unterhaltsschuldner nicht vorgeworfen werden kann (BGH FamRZ 2010, 111 Rn. 27; 2012, 281 Rn. 24). Dieser Grundsatz gilt auch auf Seite der Bedürftigkeit, wenn der **Unterhaltsberechtigte** freiwillig und ohne gerechtfertigten Anlass sein während der Ehe erzieltes Einkommen nach der Scheidung mindert (BGHZ 175, 182 Rn. 45).

7. Erstmalige Einkünfte des Unterhaltsberechtigten aus Anlass 446
der Scheidung. a) Probleme der Unterhaltsbemessung „nach ehelichen Lebensverhältnissen" ergeben sich auch in den Fällen, in denen der unterhaltsberechtigte Ehegatte, der während der Ehe wegen Haushaltsführung und Kindererziehung nicht erwerbstätig war, **nach der Scheidung erstmals eine Erwerbstätigkeit aufnimmt,** gleichwohl aber nach § 1373 II unterhaltsberechtigt bleibt, weil seine Einkünfte nicht ausreichen. Die Frage ist, ob die Erwerbstätigkeit, die erst bei der Scheidung begonnen wurde, noch den „ehelichen Lebensverhältnissen" zuzurechnen ist und somit das geschuldete Unterhaltsniveau mitprägt. Früher hat der BGH die Auffassung vertreten, dass sich der Unterhaltsanspruch einer geschiedenen Hausfrau in solchen Fällen allein nach dem Einkommen des Mannes bestimme; von dem hieraus errechneten Anteil wurde das eigene neue Einkommen der Frau direkt abgezogen („Anrechnungsmethode"). Damit war die Frau in diesen Fällen sehr viel schlechter gestellt, als wenn sie schon während der Ehe erwerbstätig gewesen wäre; denn in diesem Fall bestimmt sich ihr Anspruch nach der Summe der beiden Einkommen, die in diesem Fall zweifelsfrei beide den „ehelichen Lebensverhältnissen" zuzurechnen sind („Additionsmethode", „Differenzmethode"). Der Unterschied zu Lasten der Hausfrauen war enorm.

Beispiel (einfache Rechnung ohne Erwerbstätigenbonus): Einkommen des Ehemannes 3.000 EUR; das erstmals nach der Scheidung erzielte Einkommen der Ehefrau 1.000 EUR. Nach der *Anrechnungsmethode* bemisst sich der Anspruch der Frau auf 3.000 EUR : 2 = 1.500 EUR, davon geht dann das eigene Einkommen von 1.000 EUR ab, es verbleibt ein Anspruch von 500 EUR. Nach der *Additionsmethode* ergibt sich: 3.000 EUR + 1.000 EUR = 4.000 EUR : 2 = 2.000 EUR, davon ab das eigene Einkommen von 1.000 EUR = 1.000 EUR. Zum gleichen Ergebnis kommt die *Differenzmethode*, wonach die Frau Anspruch auf die Hälfte der Differenz zwischen beiden Einkommen hat.

b) Im Jahre 2001 **änderte** der BGH seine bisherige **Rechtspre-** 447
chung (BGH FamRZ 2001, 986; in gleichem Sinne BVerfG FamRZ

2002, 527). Der BGH befürwortet nun auch in Fällen, in denen der Unterhaltsberechtigte erstmals nach der Scheidung erwerbstätig wird, die Anwendung der Additions- bzw. Differenzmethode. Maßgebend ist der Gedanke, dass nicht nur das Erwerbseinkommen des einen Teils, sondern auch die Haushalts- und Betreuungstätigkeit des anderen Ehegatten den sozialen Standard während der Ehe bestimmt haben. Das nach der Scheidung erstmals erzielte Einkommen des Berechtigten wird als Surrogat des wirtschaftlichen Wertes der bisherigen Familienarbeit angesehen (BGH FamRZ 2012, 281 Rn. 25).

Die *Anrechnungsmethode* bleibt bei solchen Einkommen anwendbar, welche die ehelichen Lebensverhältnisse nicht geprägt haben und auch nicht als „Surrogat" solcher ehegeprägender Einkommen anzusehen sind. In welchen Fällen dies zutrifft, ist Gegenstand einer komplizierten Kasuistik, vgl. BGH FamRZ 2005, 1154, 1157; 2005, 1159, 1161; 2007, 1532 Rn. 47.

448   **8. Neue Ehegatten. a) Frühere BGH-Rechtsprechung.** Wie dargestellt hatte der BGH sein Konzept der „wandelbaren ehelichen Lebensverhältnisse" sogar auf den Fall angewendet, dass ein geschiedener Ehemann erneut heiratete und somit seiner zweiten Frau unterhaltspflichtig wurde. Bei Berechnung des Unterhalts der geschiedenen Frau wurde die Belastung des Mannes durch den Unterhaltsanspruch der zweiten Frau als Einkommensminderung angesehen, die bereits die Lebensverhältnisse der vorhergehenden geschiedenen Ehe geprägt habe (BGHZ 177, 356 Rn. 31; BGHZ 179, 196 Rn. 29). Praktisch wurde wie folgt verfahren: Zunächst wurde vom Nettoeinkommen des Unterhaltspflichtigen der etwa zu zahlende Kindesunterhalt abgezogen und das verbleibende Einkommen um den „Erwerbstätigenbonus" gemindert. Die sich dann ergebende Summe wurde den drei „Ehegatten" zu gleichem Anteil zugewiesen (**„Prinzip der Dreiteilung"**). In die Dreiteilung wurden auch das *eigene Einkommen* des Unterhaltsberechtigten und das *Einkommen des neuen Ehepartners* einbezogen. Die Einkommen wurden zusammengezählt, ein Drittel hieraus machte für den geschiedenen Ehegatten den Unterhalt „nach ehelichen Lebensverhältnissen" aus.

449   **b) Korrektur durch das BVerfG.** aa) Wie dargestellt (→ Rn. 440) hat das BVerfG diese Vorgehensweise beanstandet, weil die erneute Heirat eines geschiedenen Ehegatten keinen Bezug zur geschiedenen Ehe aufweist. Dem folgt nun auch der BGH (FamRZ 2012, 281; 2012, 525). Es ist folglich immer zuerst der Bedarf des geschiedenen

Ehegatten gemäß § 1578 I 1 zu ermitteln, ohne dass dabei schon die Belastung des Verpflichteten durch den Unterhaltsanspruch seines neuen Ehegatten mindernd angesetzt werden darf (BVerfGE 128, 193 Rn. 26).

bb) Die Unterhaltsbelastung durch den neuen Partner kommt dann **450** erst bei der **Beurteilung der Leistungsfähigkeit** des Verpflichteten (§ 1581) zum Tragen. Ist der Pflichtige unter Berücksichtigung seiner sonstigen Verpflichtungen zur Leistung außerstande, ohne seinen eigenen angemessenen Unterhalt zu gefährden, so schuldet er Unterhalt nur nach Billigkeit. Zu den „sonstigen Verpflichtungen" gehört auch eine Unterhaltsverbindlichkeiten gegenüber einem neuen Partner (BGH FamRZ 2012, 281 Rn. 35 ff.).

cc) In welcher Weise die neue Verpflichtung im Rahmen des § 1581 **451** zu berücksichtigen ist, hängt von der Rangfolge (§§ 1582, 1609) der Unterhaltsansprüche ab (BGH FamRZ 2012, 281 Rn. 38).

– Steht der Anspruch des neuen Partners **im Range nach** dem des Geschiedenen, so mindert er die Leistungsfähigkeit des Pflichtigen dem Geschiedenen gegenüber nicht (BGH FamRZ 2012, 281 Rn. 49).

– Sind die Ansprüche des neuen und des geschiedenen Partners **gleichrangig** (z. B. beide haben Anspruch aus § 1570), so ist bei der Wertung nach § 1581 die hinzugetretene Unterhaltspflicht zu berücksichtigen (BGH FamRZ 2012, 281 Rn. 42).

– Ist der Anspruch des neuen Partners **vorrangig** vor dem des Geschiedenen, so gilt dies erst recht (BGH FamRZ 2012, 281 Rn. 48).

Im Fall der **Gleichrangigkeit** und folglich der Billigkeitswertung nach § 1581 spielt die „Drittelmethode" noch eine Rolle (BGH FamRZ 2014, 1183). In solchen Fällen geht das *gesamte Einkommen der Beteiligten* (also des Verpflichteten, des Geschiedenen und des neuen Partners) in die Rechnung ein (BGH FamRZ 2012, 281 Rn. 42 ff.). Die Dreiteilung findet nun aber nicht mehr im Rahmen der Festlegung der „ehelichen Lebensverhältnisse" (§ 1578 I 1), sondern erst in der nachfolgenden Billigkeitsentscheidung nach § 1581 statt.

9. Kinder aus neuen Verbindungen. Den Grundsatz, dass spätere **452** Veränderungen bei geschiedenen Ehegatten auf die ehelichen Lebensverhältnisse zurückwirken, wendete der BGH früher auch bei Unterhaltsbelastungen an, die durch später geborene Kinder aus einer neuen Verbindung entstehen (BGHZ 175, 182 Rn. 47 ff.; 179, 196 Rn. 28). Auch das entspricht nicht der Entscheidung des BVerfG (→ Rn. 440), weil der Umstand, dass der unterhaltspflichtige Ehegatte nach der Scheidung Kinder mit einem anderen Partner gewinnt, regelmäßig keinen Bezug zur früheren Ehe hat (so nun auch BGH FamRZ 2012, 281 Rn. 27). Die Unterhaltsansprüche der später geborenen Kinder sind also bei Festlegung des Unterhaltsmaßes nicht in Anschlag zu bringen. Bei Beurteilung der Leistungsfähigkeit (§ 1581) wirkt sich dann aber aus, dass der Unterhalt minderjähriger Kinder stets den Vorrang vor den Unterhaltsansprüchen von Ehegatten hat (§ 1609 Nr. 1; BGH FamRZ 2012, 281 Rn. 36).

Ist ein Kind des Verpflichteten aus einer neuen Verbindung noch vor Scheidung der Ehe geboren, so wird die Belastung mit dem Kindesunterhalt allerdings noch den ehelichen Lebensverhältnissen zugerechnet (BGH FamRZ 2012, 281 Rn. 19).

VII. Anzurechnendes Einkommen des Berechtigten

453   **1. Einkünfte.** Der Unterhaltsanspruch besteht nicht, soweit der Berechtigte den nach §§ 1578, 1578b ermittelten Unterhalt aus eigenen Einkünften und aus eigenem Vermögen bestreiten kann (§ 1577 I). Angerechnet werden alle aus zumutbarem Einsatz der Arbeitskraft und des Vermögens erzielbaren Einkünfte. Bei Vermögenserträgnissen ist es gleichgültig, woher das Vermögen stammt (auch: Erbschaft, zinsbringend angelegtes Schmerzensgeld, BGH FamRZ 1988, 1031). Unterlässt es der Berechtigte, Einkünfte zu erzielen, obwohl dies möglich wäre, so wird ihm der fiktive Betrag gleichwohl zugerechnet (BGH FamRZ 1985, 158; 2007, 1532, Rn. 34 f.). Generell obliegt es dem Berechtigten, Kapital zinsträchtig anzulegen; das gilt auch für Beträge, die ihm aus dem Zugewinnausgleich zugeflossen sind (BGH FamRZ 2007, 1532 Rn. 44). Unwirtschaftlich angelegtes Vermögen ist in nutzbringendes umzuschichten (BGH FamRZ 1986, 439). Auch Sozialleistungen sind beim Berechtigten anzurechnen, soweit sie nicht gegenüber dem Unterhaltsanspruch subsidiär sind. Der Wohnwert eines selbst genutzten Eigenheims steht den Einkünften gleich (BGH FamRZ 2000, 950 f.; 2007, 1532 Rn. 41). Zuwendungen Dritter an den Berechtigten bleiben hingegen außer Betracht, wenn sie nach dem Willen des Zuwendenden nicht dazu bestimmt sind, den Unterhaltsschuldner zu entlasten.

Einkünfte, die der Berechtigte aus einer ihm **nicht zumutbaren ("überobligatorischen") Erwerbstätigkeit** erzielt, unterliegen der günstigen Anrechnungsvorschrift des § 1577 II (dazu BGHZ 148, 368; 162, 384, 393; 166, 351, 355). Nach Treu und Glauben gelten gleiche Grundsätze auch für Einkommen, die der *Unterhaltspflichtige* aus einer Tätigkeit erzielt, die ihm z. B. aus Altersgründen nicht mehr zugemutet würde; solches Einkommen fließt nur begrenzt in die Unterhaltsberechnung ein (BGH FamRZ 2011, 454 Rn. 17 ff.).

2. Stamm des Vermögens. Gemäß § 1577 III obliegt es dem Be- **454** rechtigten grundsätzlich, auch den Stamm seines Vermögens anzugreifen, ehe er den Unterhaltspflichtigen in Anspruch nimmt. Diese Zumutung ist indes begrenzt; sie gilt nicht, soweit die Vermögensverwertung unwirtschaftlich oder mit Rücksicht auf die wirtschaftlichen Verhältnisse unbillig wäre. Wenn zum Zeitpunkt der Ehescheidung zu erwarten war, dass der Unterhalt des Berechtigten aus seinem Vermögen nachhaltig gesichert sein würde, so besteht in der Regel kein Anspruch auf Unterhalt, auch wenn das Vermögen später wegfällt (§ 1577 IV).

VIII. Beschränkte Leistungsfähigkeit

1. Unterhaltsgewährung nach Billigkeit. Die Verpflichtung zur **455** Gewährung des vollen Unterhalts setzt die Leistungsfähigkeit des Verpflichteten voraus. Soweit dieser außerstande ist, ohne Gefährdung seines eigenen angemessenen Unterhalts dem Berechtigten Unterhalt zu leisten, wird er freilich nicht völlig von der Unterhaltsverpflichtung freigestellt. Vielmehr hat er gleichwohl Unterhalt zu zahlen, *soweit* es mit Rücksicht auf die Bedürfnisse und die Erwerbs- und Vermögensverhältnisse der geschiedenen Partner der Billigkeit entspricht (§ 1581 S. 1). Reichen die dem Verpflichteten zur Verfügung stehenden Mittel also nicht aus, um seinen eigenen Lebensbedarf zu decken, sonstige Unterhaltsansprüche zu erfüllen und darüber hinaus den geschiedenen Partner zu unterhalten, so sind die Mittel nach Billigkeit aufzuteilen. Entscheidend ist in erster Linie die Dringlichkeit der Unterhaltsbedürfnisse. Zum angemessenen Unterhalt des Pflichtigen gehört in bestimmtem Umfang auch eine zusätzliche Altersversorgung (nach BGH FamRZ 2009, 1391 Rn. 39).

2. Halbteilungsgrundsatz; Erwerbstätigenbonus. Die Rechtspre- **456** chung gesteht beiden Parteien das Recht auf gleichberechtigte Teilhabe an den für den Unterhalt zur Verfügung stehenden Mitteln zu (Halbteilungsgrundsatz), gewährt indes bei Erwerbseinkommen einen kleinen Zuschlag: Statt $1/2$ erhält der Unterhaltsberechtigte nur $3/7$ oder $2/5$ des Einkommens oder Einkommensunterschieds (zur Rechtfertigung BGH FamRZ 1987, 913, 915; 1988, 265, 267).

457   **3. Selbstbehalt.** Ausfluss des § 1581 ist ferner der Gerichtsbrauch, bestimmte Mindestbeträge festzulegen, die dem Unterhaltspflichtigen für seine eigenen Bedürfnisse auf jeden Fall verbleiben sollen (Eigenbedarf, Selbstbehalt). Mit der Zuerkennung des Selbstbehalts will man vermeiden, dass der Unterhaltsschuldner seinerseits zum Sozialhilfeempfänger wird. Die Selbstbehalte werden unterschiedlich festgelegt, je nachdem um welche Unterhaltsansprüche es sich handelt.

Um die Rechtsvereinheitlichung zu fördern, sind im Bereich der Gerichtsbarkeit **Tabellen** für die Aufteilung der Monatseinkommen zwischen geschiedenen und getrennt lebenden Ehegatten und den Kindern entwickelt worden (Düsseldorfer Tabelle, Stand 1.1.2017, FamRZ 2017, 176). Zudem verständigen sich die Oberlandesgerichte vorab auf die einheitliche Behandlung wiederkehrender Rechts- und Bemessungsfragen (**Leitlinien**). In den genannten Tabellen und Leitlinien finden sich auch die jeweils praktizierten Unterhaltsquoten und Selbstbehaltssätze. Der Selbstbehalt eines Unterhaltspflichtigen *gegenüber seinem geschiedenen oder getrennt lebenden Ehegatten* beträgt zurzeit 1.200 EUR im Monat. Zu den Problemen des Selbstbehalts V. *Lipp,* FamRZ 2012, 1. Zur Geschichte der Düsseldorfer Tabelle *M. Otto,* FamRZ 2012, 837.

IX. Rangfragen

458   **1. Bedeutung des Ranges; früheres Recht.** Häufig ist der Unterhaltsschuldner mehreren Personen gegenüber unterhaltspflichtig, z. B. seinen minderjährigen Kindern und seinem geschiedenen Ehepartner oder einem früheren und jetzigen Ehepartner. Reichen die verfügbaren Mittel für den eigenen Bedarf und für die Unterhaltsberechtigten nicht aus (Mangelfall), so fragt sich, in welcher Rangfolge die Unterhaltsansprüche zu erfüllen sind. Sie können **gleichrangig** sein, dann sind sie nach Abzug dessen, was dem Verpflichteten selbst verbleiben muss (Selbstbehalt), anteilig zu erfüllen. Es kann aber auch sein, dass der eine Anspruch den **Vorrang** vor dem anderen hat, dann muss er zuerst erfüllt werden und für den anderen bleibt nur der Rest.

459   **2. Die Rangordnung.** Nach § 1609 gilt folgende Rangleiter:
- An **erster Rangstelle** stehen die minderjährigen Kinder des Unterhaltspflichtigen sowie die Schulkinder bis 21 Jahre, die noch bei den Eltern leben (§ 1603 II 2).
- Im **zweiten Rang** befinden sich Elternteile, die wegen der Betreuung eines Kindes unterhaltsberechtigt sind oder im Fall einer Scheidung wären. Das sind Ehegatten, die in bestehender Ehe Kin-

der betreuen wie auch Geschiedene, die einen Anspruch aus § 1570 haben. Hierher gehören weiterhin Mütter oder Väter nichtehelicher Kinder, die wegen Kindesbetreuung einen Anspruch aus § 1615 l gegen den anderen Elternteil haben. Wenn mehrere wegen Kindesbetreuung Berechtigte vorhanden sind, haben sie im Verhältnis zueinander gleichen Rang.

– **Gleichfalls im zweiten Rang** stehen Ehegatten und geschiedene Ehegatten, wenn die Ehe schon von langer Dauer ist oder war. Das Element „von langer Dauer" soll nach dem Willen des Gesetzgebers nicht allein zeitlich bemessen werden, es soll auch berücksichtigt werden, ob die Versorgungslage des Berechtigten auf ehebedingten Nachteilen beruht (§ 1609 Nr. 2 Hs. 2 i. V. m. § 1578b I 2, 3). Dann kann auch eine mittelfristige Ehezeit einer „Ehe von langer Dauer" entsprechen.

– Im **dritten Rang** finden wir die Ehegatten und geschiedenen Ehegatten, die nicht in den zweiten Rang fallen,

– im **vierten** die sonstigen, also die volljährigen Kinder,

– im **fünften** die Enkelkinder und weitere Abkömmlinge,

– im **sechsten** die Eltern des Unterhaltpflichtigen,

– im **siebten** weitere Verwandte der aufsteigenden Linie (Großeltern, Urgroßeltern).

3. Kindes- und Partnerunterhalt insbesondere. Für unseren Zu- **460** sammenhang ist vor allem der Vorrang der minderjährigen Kinder auch vor den sie betreuenden Eltern wichtig: Da die Kinder sich keinesfalls selbst ernähren können, stehen ihre Ansprüche voran. Weiterhin ist bei den Unterhaltsansprüchen im Paarverhältnis entscheidend, dass grundsätzlich diejenigen Unterhaltsberechtigten vorgehen, die *wegen Kindesbetreuung* einen Anspruch gegen den Verpflichteten haben. Die übrigen Partner sind nachrangig, außer wenn es sich um Ehegatten in oder nach einer „Ehe von langer Dauer" handelt. In der Logik der Rangordnung liegt es, dass *sich die Ränge verändern können* (die Kinder werden älter, neue Kinder werden geboren, die Ehe wächst in eine „lange Dauer" hinein).

Beispiel: Herr und Frau Wagner waren verheiratet und sind geschieden. Sie haben einen Sohn Tristan im Alter von 5 Jahren, der bei Frau Wagner lebt. Mit seiner Freundin Brünnhilde hat Herr Wagner außerdem eine Tochter Isolde im Alter von 6 Monaten. Unterstellt, dass Frau Wagner aus § 1570 unterhaltsberechtigt wäre, weil das Kind nicht anders betreut werden kann, so ergibt sich nachstehende Rangfolge: *Erstrangig* sind die Unterhaltsansprüche von

Tristan und Isolde, unter sich gleichrangig (§ 1609 Nr. 1). Im *zweiten Rang* stehen die Unterhaltsansprüche von Frau Wagner aus § 1570 und Frau Brünnhilde aus § 1615 l II 2, unter sich gleichrangig (§ 1609 Nr. 2). Ist Herr Wagner nur beschränkt leistungsfähig, so ist nach dem Gesetz zunächst der Unterhalt der Kinder sicherzustellen, der Rest des noch verfügbaren Einkommens erhalten die Frauen anteilig.

Beispiel: Wie vor, aber zwei Jahre später. Tristan ist nun 7 Jahre alt, Isolde 2 ½ Jahre. Angenommen, das befasste Gericht meint, nun könne Frau Wagner trotz Kindesbetreuung eine volle Erwerbstätigkeit zugemutet werden. Wenn Frau Wagner eine solche nicht finden kann, ist sie aus § 1573 I unterhaltsberechtigt. Auch hier sind die Kinder vorrangig. Danach aber hat Brünnhilde mit ihrem Anspruch wegen Kindesbetreuung den Vorrang vor dem Anspruch von Frau Wagner aus § 1573 I.

Beispiel: Wie vor, aber vier weitere Jahre später. Tristan ist nun 11 Jahre alt, Isolde 6 ½. Die befassten Gerichte meinen, nun könnten sowohl Frau Wagner als auch Brünnhilde trotz Kindesbetreuung voll berufstätig sein. Vorrangig sind auch hier die Ansprüche der Kinder. Der Anspruch von Brünnhilde aus § 1615 l ist erloschen, einen weiteren Anspruch hat sie nicht. Frau Wagner hat aber immer noch, seine Voraussetzungen unterstellt, den Anspruch aus § 1573 I.

461   **4. Auswirkung des Ranges in Mangelfällen.** Die Rangregelung wird herkömmlich so verstanden, dass aus dem Einkommen, der nach Abzug des Selbstbehalts des Pflichtigen verbleibt, der vorrangige Anspruch in vollem Umfang erfüllt sein muss, bevor der nachrangige auch nur mit einem Cent zum Zuge kommen kann (so BGH FamRZ 1986, 790, 792; 1988, 705, 707). Zu dieser Frage gibt es andere Meinungen, z. B. wird vertreten, dass sich der Vorrang zunächst auf den Mindestbedarf (Existenzminimum) des Unterhaltsberechtigten beschränkt und sodann aus den verbleibenden Mitteln das Existenzminimum des Nachrangigen zu sichern ist, bevor der Vorrangige wieder zum Zuge kommen kann. Der an erster Rangstufe stehende **Kindesunterhalt** wird auf jeden Fall in vollem Umfang vorrangig angesetzt, und zwar mit dem Betrag, der an die Kinder im konkreten Fall tatsächlich zu zahlen ist (BGH FamRZ 2009, 1300 Rn. 46 ff.; 2009, 1447 Rn. 22 ff.).

462   **5. Unterhaltsansprüche Geschiedener gegenüber ihren Verwandten.** Ein Rangproblem ergibt sich auch, wenn der nach §§ 1569 ff. Anspruchsberechtigte zugleich Unterhaltsansprüche gegen seine Verwandten hat. Dem Grundsatz nach haftet der unterhaltspflichtige Ehegatte vor den Verwandten des Berechtigten (§ 1584 S. 1). Dies gilt jedoch nur, soweit der Verpflichtete voll leistungsfähig ist. Soweit er durch die Unterhaltsleistungen seinen eigenen angemes-

senen Unterhalt gefährden würde, trifft der Haftungsvorrang die nach §§ 1601 ff. unterhaltspflichtigen Verwandten (§ 1584 S. 2).

Beispiel: Antonie Brahms (geborene Bruckner) und Hannes Brahms waren verheiratet, die Ehe wurde geschieden, als die Kinder 12 und 14 Jahre alt waren. Herr Brahms heiratet nun Frau Reger, aus dieser Ehe entstammt ein weiteres Kind. Herr Brahms schuldet nun Unterhalt in folgender Rangfolge: 1) den drei Kindern; 2) Frau Reger, seiner zweiten Frau, die im Falle einer Scheidung den Anspruch aus § 1570 hätte; 3) seiner geschiedenen Frau. Leitet sich der Anspruch von Frau Brahms nicht mehr aus § 1570 her, weil die Kinder schon relativ groß sind, sondern z. B. aus § 1573 I, so ist er nachrangig. Fällt Frau Brahms mit ihrem Anspruch gegen ihren Ex-Mann aus, weil dieser ohne Gefährdung seines eigenen angemessenen Unterhalts nicht leisten kann, so kann sie möglicherweise ihre Eltern aus § 1601 in Anspruch nehmen (zu den Voraussetzungen → Rn. 922 ff.). Es ist also möglich, dass die Eltern einer geschiedenen Frau bei Leistungsunfähigkeit des Ex-Mannes belastet werden.

X. Absenkung und Befristung des Unterhalts wegen Unbilligkeit, § 1578b

Literatur: *T. Langheim,* FamRZ 2010, 409; *H. Borth,* FamRZ 2011, 153; FamRZ 2013, 165; *M. Clausius,* FF 2012, 3; *R. Schilling,* FS Hahne, 2012, 321; *M. Hütter,* FamRZ 2013, 413; *W. Born,* NJW 2013, 561; *H.-U. Maurer,* FPR 2013, 146; *W. Viefhues,* FuR 2015, 311; s. auch vor → Rn. 407.

1. Zweck der Regelung. Auch wenn Unterhaltstatbestände begründet sind, ist es in manchen Fällen nicht angemessen, den Unterhaltspflichtigen auf unabsehbare Zeit oder mit der vollen Unterhaltsverbindlichkeit nach ehelichen Lebensverhältnissen zu belasten. Das ist insbesondere dann der Fall, wenn das Unvermögen des Berechtigten, sich selbst zu unterhalten, in keinem Zusammenhang mit der konkreten Ausgestaltung der ehelichen Lebensgemeinschaft steht. Deshalb sieht § 1578b Möglichkeiten vor, aus Gründen der Billigkeit einen Unterhaltsanspruch unter das an sich geschuldete Niveau abzusenken (Abs. 1) oder zu befristen (Abs. 2). Beide Reduzierungen können miteinander verbunden werden (Abs. 3). **463**

2. Die Herabsetzung des Unterhalts, § 1578b I. a) Die zeitlich unbegrenzte Garantie des Lebensstandards „nach ehelichen Lebensverhältnissen" (§ 1578 I 1) ist nicht in jedem Fall gerechtfertigt. Insbesondere für Fälle, in denen die Ehe relativ kurz gedauert hat und in denen der Unterhaltsberechtigte durch die Eheschließung sozial aufgestiegen ist, kann eine unbegrenzte Bemessung des Unterhalts nach den Verhältnissen in der Ehe übertrieben erscheinen. **464**

Beispiel: Die Krankenhaussekretärin heiratet den Chefarzt. Nach vierjähriger, kinderloser Ehe wird die Ehe geschieden. Die Frau ist zunächst wegen Arbeitslosigkeit (§ 1573 I), sodann wegen gesundheitlicher Probleme (§ 1572) unterhaltsberechtigt. Soll der Mann auf unabsehbare Zeit Unterhalt nach dem Niveau des Chefarzteinkommens zahlen?

465   b) Nach § 1578b I ist das nach § 1578 I 1 geschuldete Maß des Unterhalts auf den **„angemessenen Lebensbedarf"** herabzusetzen, wenn die Bemessung nach ehelichen Lebensverhältnissen unbillig wäre. Unter diesen Voraussetzungen kann *entweder* der volle (eheangemessene) Unterhalt nur für eine Übergangszeit gewährt werden und für die Zeit danach die Absenkung erfolgen *oder* der Unterhalt von vornherein nur auf gemindertem Niveau zugesprochen werden. Die Höhe dieses geschmälerten Unterhalts wird mit dem missverständlichen Begriff **„angemessener Unterhalt"** umschrieben. Dieser liegt unter dem vollen Unterhaltsmaß des § 1578 I 1 und ist nach dem Einkommen zu bemessen, das der Berechtigte ohne die Ehe und Kindererziehung aus eigenen Einkünften zur Verfügung hätte (BGH FamRZ 2013, 274 Rn. 23; 2016, 1345 Rn. 18). Beim Unterhaltsanspruch aus § 1572 ist nach BGH darauf abzustellen, welches Einkommen der Ehegatte *im Fall der Krankheit* ohne die Ehe zur Verfügung hätte (BGH FamRZ 2010, 629 Rn. 29). Dem Begriff der Angemessenheit ist andererseits zu entnehmen, dass der abgesenkte Unterhalt nicht unter dem Existenzminimum liegen darf (BGH FamRZ 2010, 869 Rn. 46; 2016, 1345 Rn. 18).

466   c) In welchen Fällen die volle Unterhaltsgewährung unbillig ist, unterliegt der offenen Wertung der Gerichte; es handelt sich um eine **Generalklausel**. Doch enthält das Gesetz **zusätzliche Gesichtspunkte**, die „insbesondere" zu berücksichtigen sind und aus denen sich **Argumente gegen eine Herabsetzung** ergeben können.

aa) In jedem Falle sind die **Belange der gemeinschaftlichen Kinder**, die dem Unterhaltsberechtigten anvertraut sind, zu wahren (§ 1578b I 1). Eine Minderung des Unterhalts könnte z. B. die betreuende Mutter zu einer Erwerbstätigkeit zwingen, die ihr nicht genug Zeit für die Erziehung lässt; dann kommt eine Absenkung nicht in Frage.

467   bb) Zu berücksichtigen ist weiterhin die **Dauer der Ehe** (§ 1578b I 2 Alt. 2). Bei „Langzeitehen" kann das schutzwürdige Vertrauen des unterhaltsbedürftigen Partners in die nacheheliche Solidarität einer Minderung seines Anspruchs entgegenstehen. Die *gesonderte Berücksichtigung* der Ehedauer beruht auf einer Gesetzesänderung aus dem

Jahr 2013 (Gesetz vom 20.2.2013 – BGBl. I 273). Die Dauer der Ehe bezieht sich auf keine feste Zeitgrenze, sondern ist in Verbindung mit der konkreten Verwirklichung der Ehegemeinschaft zu bemessen. Es kommt vor allem auf die Rollenverteilung an, die während der Ehe praktiziert wurde, und die darauf beruhende wirtschaftliche Verflechtung der Partner (BGH FamRZ 2013, 1291 Rn. 26; 2013, 853 Rn. 35).

cc) Bei der Billigkeitswertung soll „insbesondere" in Anschlag **468** kommen, ob für den Unterhaltsberechtigten durch die Ehe Nachteile im Hinblick auf die Möglichkeit eingetreten sind, für den eigenen Unterhalt zu sorgen (§ 1578b I 2 Alt. 1). Solche „**ehedingten Nachteile**" sprechen **gegen eine Herabsetzung oder Kürzung** des Unterhalts (BGH FamRZ 2016, 1345 Rn. 22). Ehebedingte Nachteile äußern sich in der Regel darin, dass der unterhaltsberechtigte Ehegatte nach der Ehe nicht mehr diejenigen Einkünfte erzielt, die er ohne Ehe und Kinderbetreuung erzielen würde (BGH FamRZ 2014, 1276 Rn. 27; 2016, 1345 Rn. 14). Das kann sich vor allem aus der Dauer der Pflege oder Erziehung eines gemeinschaftlichen Kindes sowie aus der tatsächlich praktizierten Gestaltung von Haushaltsführung und Erwerbstätigkeit während der Ehe ergeben (§ 1578b I 3; BGH FamRZ 2011, 628 Rn. 18). Eine Kinderbetreuung *vor der Eheschließung* zählt hier nicht (BGH FamRZ 2013 Rn. 17). Gegen Minderungen des Unterhalts wird vor allem derjenige Ehegatte geschützt, der während der Ehe wegen Übernahme der Familienarbeit und Kindesbetreuung seine berufliche Entfaltung eingeschränkt (BGH FamRZ 2010, 538 Rn. 36) oder ehebedingt den Arbeitsplatz gewechselt hat (BGH FamRZ 2013, 935 Rn. 41).

dd) Die **Reduzierung des Unterhalts nach § 1578b I** kommt vor **469** allem dann in Frage, wenn der Berechtigte durch die Art der Eheführung *keine oder nur geringe* Nachteile für seine Erwerbs- und Vermögenssituation erfahren hat. Auch wenn dies der Fall ist, muss berücksichtigt werden, dass die Billigkeitswertung des § 1578b sich nicht auf die Vermeidung ehebedingter Nachteile beschränkt, sondern auch die nacheheliche Solidarität einbezieht (BGH FamRZ 2013, 1291 Rn. 23; 2016, 1345 Rn. 15). Zum Unterhalt wegen **Krankheit** s. → Rn. 476).

470

Gesichtspunkte	
für Herabsetzung	**gegen Herabsetzung**
Keine oder nur kurzzeitige Kindesbetreuung	Kindesbetreuung über längere Zeit (jetzt oder früher)
Doppelverdienerehe mit gemeinschaftlicher Haushaltführung	Führung des Haushalts im Wesentlichen durch den Unterhaltsberechtigten
Keine Einschränkung der beruflichen Tätigkeit des Unterhaltsberechtigten während der Ehe	Erhebliche Einschränkung der beruflichen Tätigkeit des Unterhaltsberechtigten während der Ehe im Einverständnis mit dem Partner
Weitgehende ökonomische Entflechtung der Ehegatten im Zeitpunkt der Trennung oder Scheidung	Krankheit und schwere Schicksalsschläge im Zeitpunkt der Ehescheidung

471   **3. Die zeitliche Begrenzung, § 1578b II.** a) Nach § 1578b II ist der nacheheliche Unterhaltsanspruch zeitlich zu limitieren, wenn seine unbegrenzte Zuerkennung unbillig wäre. Die maßgeblichen Gründe sind die gleichen wie bei § 1578b I (→ Rn. 466 ff.). Auch hier sind die Belange der dem Berechtigten anvertrauten gemeinschaftlichen Kinder zu wahren.

472   b) Bei der Anwendung des § 1578b II ist zu bedenken, dass die Befristung den Unterhaltsanspruch nach Ablauf der festgesetzten Zeit **ganz entfallen** lässt. Sie ist also gegenüber der Herabsetzung das schärfere Schwert. Kann die Unbilligkeit durch Reduzierung der Unterhaltshöhe vermieden werden, ist dieses Instrument vorzuziehen. Sind die Voraussetzungen des § 1578b II gegeben, so kann das Gericht den Unterhalt schon von vornherein nur für bestimmte Zeit zuerkennen (BGH FamRZ 2001, 905; 2009, 1990 Rn. 17). Die Befristung kann im konkreten Fall auch **mit der Herabsetzung verbunden** werden (**§ 1578b III**), wenn auf diese Weise ein unbilliges Ergebnis zu vermeiden ist.

     Beispiel: Nach fünf Jahren wird eine kinderlose Ehe geschieden; der Mann ist zu diesem Zeitpunkt arbeitslos. Der Mann ist gegenüber der Frau nach § 1573 I unterhaltsberechtigt. Das Gericht kann dem Mann z. B. für zwei Jahre den vollen Unterhalt zusprechen, für zwei weitere Jahre bestimmen, dass er einen verminderten Betrag erhält (§ 1578b I), und zusätzlich festsetzen, dass ab dann kein Unterhaltsanspruch mehr besteht (§ 1578b II).

c) Wird eine zeitliche Begrenzung festgelegt, so bedeutet dies nicht, 473
dass der Unterhaltsanspruch in jedem Fall auch so lange besteht.
Vielmehr ist selbstverständliche Voraussetzung der Fortdauer des
Anspruchs, dass der Unterhaltstatbestand weiterhin begründet ist.
Ist z. B. einer Frau für die Dauer von fünf Jahren Unterhalt wegen
Erwerbslosigkeit zugesprochen und erhält sie nach drei Jahren einen
angemessenen Arbeitsplatz mit hinreichendem Einkommen, so ist
damit die Unterhaltsberechtigung aus § 1573 I erloschen.

4. Die betroffenen Unterhaltstatbestände. a) Theoretisch sind 474
alle nachehelichen Unterhaltsansprüche absenkbar und befristbar.
Ausgenommen von der *Befristung* ist der **Anspruch aus § 1570**, der
insoweit eine Sonderregelung für die Billigkeitswertung enthält
(BGH FamRZ 2009, 770 Rn. 42; 2011, 1377 Rn. 28).

Beispiel: Frau Krause betreut nach der Scheidung die aus der Ehe stamm-
ende, nunmehr vier Jahre alte Tochter Klara. Das Familiengericht kommt zu
der Auffassung, dass sich ihr Unterhaltsanspruch wegen Kindesbetreuung bis
zum sechsten Lebensjahr des Kindes verlängert, weil dies aufgrund der konkreten Umstände „der Billigkeit entspricht" (§ 1570 I 2). Diese aus Erwägungen der Billigkeit gewonnene Dauer kann nicht gleichzeitig „unbillig" im
Sinne des § 1578b II sein.

Freilich soll nach Auffassung des BGH der Betreuungsunterhalt
nach § 1570 aus Billigkeitsgründen *in der Höhe abgesenkt* werden
können, wenn die notwendige Erziehung und Betreuung gemeinsamer Kinder trotz des abgesenkten Unterhaltsbedarfs sichergestellt
und das Kindeswohl auch sonst nicht beeinträchtigt ist, andererseits
eine fortdauernde Teilhabe des betreuenden Elternteils an den Lebensverhältnissen während der Ehe unbillig erscheint (BGH FamRZ
2009, 770 Rn. 44; 2009, 1124 Rn. 57). Die Betreuung gemeinsamer
Kinder *vor der Heirat* und der damit verbundene Arbeitsplatzwech-
sel begründen nach BGH (FamRZ 2012, 776) keine ehebedingten
Nachteile. Die vorstehenden Grundsätze sind auch beim Anspruch
aus § 1576 anzuwenden.

b) Das Hauptanwendungsfeld des § 1578b bilden die **Unterhalts-** 475
ansprüche aus § 1573.

Beispiel: Während der 10-jährigen, kinderlosen Ehe waren beide Ehegatten
erwerbstätig, die Frau als Professorin, der Mann als selbstständiger Versiche-
rungsmakler. Zufällig im Zeitpunkt der Scheidung wird der Mann insolvent
und kann auch keine sonstige Anstellung finden. Nach dem Tatbestand des
§ 1573 I würde die Unterhaltspflicht der Frau so lange andauern, als der
Mann keine eigene Erwerbsmöglichkeit findet, vielleicht also für unabsehbare

Zeit. Das wäre angesichts der Lebensverhältnisse in der Ehe unbillig. Hier greift § 1578b korrigierend ein und ermöglicht die Absenkung und zeitliche Limitierung des Anspruchs.

Beispiele zum **Aufstockungsunterhalt** (§ 1573 II) → Rn. 424.

476   c) Besondere Bedeutung hat § 1578b ferner bei Unterhaltsberechtigungen wegen **Alter und Krankheit (§§ 1571, 1572)**. Die Erkrankung eines Ehegatten steht nach Auffassung des BGH in der Regel nicht im Zusammenhang mit der Ehe (BGH FamRZ 2010, 1414 Rn. 18 ff.; 2013, 1291 Rn. 20); doch kann sich ein ehebedingter Nachteil gleichwohl ergeben, wenn ein Ehegatte aufgrund der Rollenverteilung in der Ehe nicht ausreichend für den Fall krankheitsbedingter Erwerbunfähigkeit versichert ist (BGH FamRZ 2011, 713 Rn. 19; 2013, 1291 Rn. 22). Steht hingegen das Unvermögen eines Ehegatten, sich nach der Scheidung selbst zu unterhalten, in keinem Zusammenhang mit der Ehe, kann eine lebenslange Belastung des anderen Teils unbillig sein (vgl. BGH FamRZ 2009, 406, Rn. 32). Freilich betont der BGH, dass die Billigkeitswertung des § 1578b sich nicht auf die Frage der ehebedingten Nachteile verengen darf. Auch wenn solche fehlen, kann der Gedanke der fortwirkenden Solidarität gegen eine Minderung des Unterhalts sprechen (vgl. BGH FamRZ 2009, 1207 Rn. 37; 2011, 1381 Rn. 35). So können die von einem Ehegatten während der Ehe erbrachte Lebensleistung, die Dringlichkeit des Unterhaltsbedarfs und die gute wirtschaftliche Situation des Unterhaltspflichtigen als Argumente gegen die Anwendung der Härteklausel dienen (vgl. FamRZ 2013, 1291 Rn. 24), ebenso der Umstand, dass der Unterhaltspflichtige seinen beruflichen Aufstieg dem Unterhaltsberechtigten zu verdanken hat (BGH FamRZ 2013, 1291 Rn. 28).

Beispiel: Arnold (62 Jahre) und Bettina (60 Jahre), beide bisher ledig, heiraten. Bettina ist Inhaberin eines schönen Vermögens, das durchschnittlich 4.000 EUR netto im Monat abwirft. Arnold hat sich als Lebenskünstler betätigt und aus früheren Beschäftigungen nur eine Erwerbsunfähigkeitsrente in Höhe von 455 EUR. Fünf Jahre später wird die Ehe geschieden. Arnold könnte einen Anspruch aus § 1571 haben, weil ihm wegen seines fortgeschrittenen Alters die Aufnahme einer Erwerbstätigkeit nicht mehr zugemutet werden kann. Bejaht man das, so wäre Bettina unterhaltspflichtig, so lange Arnold lebt. Das wäre ungerecht, weil seine Erwerbslage die gleiche wäre, wenn er Bettina nicht geheiratet hätte. Der Anspruch ist folglich nach § 1578b II auf eine Übergangszeit zu befristen und zudem abzusenken.

Anders stellt sich die Lage dar, wenn die Ehe nach langer Dauer geschieden wird und ein Ehegatte sich nunmehr krankheitsbedingt nicht mehr selbst un-

terhalten kann. Die Dauer der Ehe und die gewachsene gegenseitige Verantwortung sprechen dann gegen die Beschränkung nach § 1578 b.
Beispiel zu § 1572 → Rn. 418.

5. Verfahrensrechtliche Fragen. a) Die **Darlegungs- und Beweislast** für Tatsachen, die zu einer Befristung oder Absenkung des nachehelichen Unterhaltsanspruchs führen können, trägt grundsätzlich der Unterhaltspflichtige (BGH FamRZ 2008, 134; 2012, 93 Rn. 22), da es sich um Einwendungen gegen einen tatbestandlich begründeten Anspruch handelt. **477**

Doch bürdet der BGH (FamRZ 2010, 875 Rn. 19 ff.; 2012, 1483 Rn. 40; 2013, 935 Rn. 37) dem Unterhaltsberechtigten eine „sekundäre Darlegungslast" auf: Macht der Verpflichtete geltend, dem Berechtigten seien keine ehebedingten Nachteile entstanden, so liegt es an diesem, dies Behauptung substantiiert zu bestreiten und darzulegen, welche konkreten ehebedingten Nachteile ihm entstanden sind, z. B. darzulegen, welche berufliche Entwicklung er ohne Eheschließung zu erwarten gehabt hätte. Erst wenn das Vorbringen des Unterhaltsberechtigten diesen Anforderungen genügt, müssen die vorgetragenen ehebedingten Nachteile vom Unterhaltspflichtigen widerlegt werden.

b) Sind die Unbilligkeitsgründe bereits bei der erstmaligen Geltendmachung des Unterhaltsanspruchs gegeben oder zuverlässig voraussehbar, ist der Anspruch **von vornherein** herabzusetzen oder zu befristen (BGH FamRZ 2011, 454 Rn. 40 ff.). Andernfalls können die Unbilligkeitsgründe des § 1578b einer späteren Abänderung nach § 238 FamFG vorbehalten werden (BGH FamRZ 2007, 2052 Rn. 22; 2008, 1508 Rn. 14).

XI. Grobe Unbilligkeit, § 1579

1. Übersicht. Über § 1578b hinaus bietet die Härteklausel des § 1579 dem Unterhaltsverpflichteten eine Einwendung, soweit wegen bestimmter Sachverhalte seine Inanspruchnahme durch den Berechtigten **grob unbillig** wäre. Insoweit ist der an sich begründete Anspruch zu versagen, herabzusetzen oder zeitlich zu begrenzen. Dabei sollen die Belange der dem Unterhaltsberechtigten zur Pflege oder Erziehung anvertrauten gemeinschaftlichen Kinder gewahrt werden. Das Gesetz formuliert sieben *spezielle Tatbestände,* bei deren Vorliegen die (unbeschränkte) Gewährung von Unterhalt grob unbillig sein kann (§ 1579 Nr. 1–7). Diesen fügt es eine *Generalklausel* (Nr. 8) hinzu: Auch andere, ebenso schwerwiegende Gründe können die **478**

Anwendung der Härteklausel rechtfertigen. Zu den Härtetatbeständen muss hinzukommen, dass die Inanspruchnahme des Verpflichteten als grob unbillig erscheint. Die Darlegungs- und Beweislast für die Tatsachen, welche die grobe Unbilligkeit begründen, trägt der Unterhaltspflichtige.

Die **Prüfung** erfolgt also **zweistufig**:

a) Vorliegen eines Härtesachverhalts nach Nr. 1–8;

b) daraus resultierende grobe Unbilligkeit der Unterhaltsverpflichtung.

479   **2. Ehe von kurzer Dauer, § 1579 Nr. 1:** Die Härteklausel greift, wenn die Ehe nur von kurzer Dauer war. Die Zeit, in welcher der Unterhaltsberechtigte nach der Scheidung die Kinder betreute und nach § 1570 unterhaltberechtigt war, wird der Ehezeit nicht schematisch hinzugerechnet, ist aber bei der Billigkeitswertung zu berücksichtigen.

Als **Ehedauer** im Sinn des § 1579 Nr. 1 wird überwiegend die Zeit zwischen Eheschließung und Rechtshängigkeit des Scheidungsantrags gerechnet (BGH FamRZ 1995, 1405, 1407). Die Einschätzung der Ehezeit als „kurz" hängt auch von individuellen Umständen ab. Eine Dauer bis zu zwei Jahren wird gewöhnlich als kurz, eine Dauer über drei oder dreieinhalb Jahre in der Regel nicht mehr als kurz beurteilt (BGH FamRZ 1982, 254 und 582; 1986, 886, 887; 1999, 710, 712).

Zwischen **§ 1579 Nr. 1** und **§ 1578b** gibt es Probleme der **Normenkonkurrenz**, weil bei beiden Vorschriften die kurze Ehedauer eine Rolle spielt. Es ist schwer begreiflich, dass bei „kurzer" Ehe (z. B. 2 Jahre) der Unterhalt nur bei *grober Unbilligkeit* gemindert werden kann, bei nicht ganz so kurzer (z. B. 4 Jahre) die *schlichte Unbilligkeit* genügen soll. Diese Ungereimtheiten lassen sich bei der Handhabung der Normen ausgleichen. Es empfiehlt sich, bei relativ kurzen Ehen mit § 1579 Nr. 1 zu beginnen. Soweit dieser zum Ziel führt, braucht § 1578b nicht mehr bemüht zu werden. Andernfalls geht die Prüfung bei § 1578b weiter.

480   **3. Verfestigte Lebensgemeinschaft, § 1579 Nr. 2.** a) Die Tatsache, dass der geschiedene Ehegatte, der vom anderen Unterhalt bekommt, eine dauerhafte Beziehung zu einem neuen Partner aufnimmt, kann die weitere Inanspruchnahme des Verpflichteten als grob unbillig erscheinen lassen. Für den unterhaltspflichtigen Ex-Gatten kann es unzumutbar sein, die neue Lebensgemeinschaft des Unterhaltsberechtigten zu finanzieren. Der BGH nimmt eine verfestigte Lebensgemeinschaft insbesondere dann an, wenn objektive, nach außen tretende Umstände wie ein über einen längeren Zeitraum hinweg geführter gemeinsamer Haushalt, das Erscheinungsbild in der Öffentlichkeit, größere gemeinsame Investitionen wie der Erwerb eines gemeinsamen Familienheims oder die Dauer der Verbindung den Schluss auf eine verfestigte Lebensgemeinschaft nahelegen. Entscheidend sei darauf abzustellen, dass der Unterhaltsberechtigte sich mit der Aufnahme der verfestigten Lebensgemeinschaft endgültig aus der ehelichen Solidarität herausgelöst habe und zu erkennen gebe, dass er diese nicht mehr benötigt (BGH FamRZ 2011, 1498 Rn. 27; 2011, 1854 Rn. 20). Die Leistungsfähigkeit des neuen Partners soll nach BGH hingegen keine Rolle spielen. Gleichgültig ist, ob die verfestigte Lebensgemeinschaft gleichgeschlechtlicher oder verschiedengeschlechtlicher Art ist (BGH FamRZ 2008, 1414). Nach BGH FamRZ 2002, 92 kann die Härteklausel auch dann zum Zuge kommen, wenn der Berechtigte und sein neuer Partner jeweils in eigenen Wohnungen leben.

b) Die Auffassung des BGH, dass die **wirtschaftliche Situation**, in **481** der sich der **neue Lebensgefährte** des Unterhaltsberechtigten befindet, bei Handhabung der Härteklausel bedeutungslos sein soll, überzeugt nicht. Da dem Geschiedenen kein zölibatäres Leben angesonnen werden kann, darf der Gründung einer neuen Paarbeziehung nicht ohne Weiteres der Wille entnommen werden, den früheren Ehegatten nicht mehr in Anspruch zu nehmen; das trifft nur zu, wenn der Betreffende in der neuen Beziehung faktisch auch eine neue ökonomische Versorgung findet. Handelt es sich um einen Anspruch wegen Kindesbetreuung, so muss zudem bedacht werden, dass der Unterhalt hauptsächlich um der Kinder wegen gewährt wird; die Frage, ob der betreuende Elternteil als Single lebt oder in einer neuen Beziehung, ist demgegenüber zweitrangig. Stets muss die „grobe Unbilligkeit" nach den konkreten Fallumständen geprüft werden.

c) Der Verlust oder die Kürzung des Unterhaltsanspruchs nach **482** § 1579 Nr. 2 muss **nicht endgültig** sein. Scheitert die neue „verfestigte Lebensgemeinschaft", so kann der frühere Ehegatte wieder unterhaltspflichtig werden, soweit dies nach den gesamten Umständen zumutbar erscheint, insbesondere wenn die neue Partnerschaft von relativ kurzer Dauer war. Doch bedarf ein solches Wiederaufleben der nachehelichen Unterhaltpflicht besonderer Rechtfertigung (BGH FamRZ 2011, 1498 Rn. 33).

4. Verbrechen und Vergehen, § 1579 Nr. 3. Grob unbillig kann **483** die Inanspruchnahme des Unterhaltpflichtigen sein, wenn der Be-

rechtigte sich diesem oder dessen nahen Angehörigen gegenüber eines Verbrechens oder schweren vorsätzlichen Vergehens schuldig gemacht hat. Die Begriffe „Verbrechen" und „Vergehen" nehmen auf
das Strafrecht Bezug (§ 12 StGB).

Beispiele: Der unterhaltsberechtigte Mann hat einen Mordversuch gegen die
Mutter der Ehefrau unternommen; die unterhaltsuchende Frau hat einen Pro-
zessbetrug durch Verschweigen von Einkommen im Unterhaltsverfahren begangen (OLG Koblenz FamRZ 1989, 61; OLG Düsseldorf FamRZ 1988,
841; BGH FamRZ 1997, 483).

484   **5. Mutwillige Herbeiführung der eigenen Bedürftigkeit, § 1579
Nr. 4.** Die Mutwilligkeit setzt nicht unbedingt Vorsatz voraus; es genügt unterhaltsbezogene Leichtfertigkeit (BGH FamRZ 1981, 1042,
1044; 1988, 375, 377; 2007, 1532 Rn. 37).

Beispiele: Ein Ehegatte verschwendet während des Getrenntlebens sinnlos
sein Vermögen und will im Zeitpunkt der Scheidung den anderen Teil auf Unterhalt in Anspruch nehmen (zur Leichtfertigkeit in solchen Fällen vgl. BGH
FamRZ 1984, 364, 367); ein Ehegatte hat eine zumutbare Berufsausbildung
grundlos abgebrochen (vgl. BGH FamRZ 1986, 553, 555) oder einen Arbeitsplatz leichtfertig aufgegeben (BGH FamRZ 2007, 1532 Rn. 37); der Unterhaltsberechtigte hat den ihm gezahlten Vorsorgeunterhalt nicht bestimmungsgemäß verwendet und wird deshalb im Alter bedürftig (vgl. BGH FamRZ
1987, 684, 1130).

485   **6. Mutwillige Beeinträchtigung der Vermögensinteressen, § 1579
Nr. 5.** Die Härteklausel greift weiterhin, wenn der Unterhaltsberechtigte sich über schwerwiegende Vermögensinteressen des Verpflichteten mutwillig hinweggesetzt hat. Im Allgemeinen besteht außerhalb
des Unterhaltsrechts keine Verpflichtung eines Ehegatten, die Vermögensinteressen des anderen zu fördern. Der Tatbestand der Nr. 5 ist
folglich nur gegeben, wenn der Unterhaltsberechtigte den anderen
Teil vorsätzlich oder leichtfertig an seinem Vermögen oder in seinen
Erwerbschancen schädigt, ohne eigene legitime Interessen dabei zu
verfolgen; ebenso, wenn er güterrechtlichen Verpflichtungen in
schwerwiegender Weise zuwiderhandelt, etwa über sein gesamtes
Vermögen ohne Zustimmung des anderen verfügt (→ Rn. 248). Die
Rspr. wendet die Vorschrift auch an, wenn der unterhaltsberechtigte
Ehegatte es pflichtwidrig unterlässt, den anderen über eine wesentli-
che Steigerung des eigenen Einkommens zu informieren (BGH
FamRZ 2008, 1325; BGHZ 179, 196 Rn. 41).

486   **7. Verletzung der Unterhaltspflicht, § 1579 Nr. 6.** Wenn der Berechtigte vor der Trennung längere Zeit hindurch seine Pflicht, zum

Familienunterhalt beizutragen, gröblich verletzt hat, kann sein Unterhaltsbegehren nach der Scheidung grob unbillig sein. In Betracht kommt hier sowohl die Unterhaltsverweigerung durch den barunterhaltspflichtigen Ehegatten als auch die gröbliche Vernachlässigung der einvernehmlich übernommenen Pflicht, den Haushalt zu führen (§ 1356 I/§ 1360 S. 2). Freilich darf die Vorschrift nicht zu einem kleinlichen Ankreiden von Unvollkommenheiten im Haushalt führen.

8. Einseitiges schwerwiegendes Fehlverhalten, § 1579 Nr. 7. a) 487 Grobe Unbilligkeit kann auch vorliegen, wenn dem Berechtigten ein *offensichtlich schwerwiegendes, eindeutig bei ihm liegendes Fehlverhalten gegen den Verpflichteten* zur Last fällt. Dazu gehören hauptsächlich schwere einseitige **Eheverfehlungen.** Die Aufnahme einer ehewidrigen Beziehung kann je nach Umständen die Anwendung der Härteklausel rechtfertigen (s. den Fall OLG Hamm FamRZ 2012, 642). Dies gilt auch dann, wenn das Fehlverhalten für den Verpflichteten keine schädlichen wirtschaftlichen Auswirkungen hatte (BGH FamRZ 1980, 665: Der Unterhalt wurde einer Frau versagt, die ihren Mann verlassen hatte und vor einer Sorgerechtsregelung mit den Kindern zu ihrem Freund gezogen war und mit diesem in nichtehelicher Gemeinschaft lebte; vgl. ferner BGH FamRZ 1981, 439; 1042, 1043; 1983, 670; 1989, 1279). Eine andere Würdigung kann geboten sein, wenn der in Anspruch genommene Ehegatte sich zuvor selbst schon von den ehelichen Bindungen losgesagt hatte (BGH FamRZ 1981, 439, 441; 752, 753) oder sich seinerseits schwere Ehewidrigkeiten zuschulden kommen ließ (BGH FamRZ 1983, 670, 671); dann ist das Fehlverhalten nicht einseitig.

Keine schwerwiegende Eheverfehlung bildet die Aufnahme einer neuen Beziehung, nachdem die Ehe schon unheilbar zerrüttet ist. Als schwerwiegendes, einseitiges Fehlverhalten ist einer Frau angekreidet worden, dass sie dem Mann ein nicht von ihm stammendes Kind als ehelich unterschob, obwohl sie damit rechnete, dass ein anderer Mann der Vater war (BGH NJW 1985, 2266; BGH FamRZ 2012, 779 – Verschweigen der Tatsache, dass ein in der Ehe geborenes Kind möglicherweise von einem anderen Mann abstammt).

b) Der Begriff „offensichtlich schwerwiegendes Fehlverhalten" be- 488 schränkt sich nicht auf den Verstoß gegen spezielle Ehepflichten, sondern umfasst **Verhaltensweisen,** die auch im Verhältnis zwischen beliebigen Personen missbilligt werden, etwa die Zufügung seelischer Grausamkeiten, das Lächerlichmachen vor den Kindern oder anderen

Personen, schwere Beleidigung in der Öffentlichkeit etc. Solche Verhaltensweisen können auch dann noch relevant werden, wenn sie
nach dem Scheitern der Ehe oder sogar *nach der Scheidung* begangen
werden. Das gilt auch für sonstiges schweres Fehlverhalten (z. B.
massive und schuldhafte Vereitelung des Umgangs des Kindes mit
dem Unterhaltsverpflichteten, dazu BGH FamRZ 2007, 882 Rn. 64).

489   **9. Sonstige ebenso schwer wiegende Gründe, § 1579 Nr. 8.** Den
speziellen Tatbeständen für grobe Unbilligkeit ist die Generalklausel
des § 1579 Nr. 8 angefügt, wonach die Härteklausel bei jedem anderen Grund zum Zuge kommen kann, der ebenso schwer wiegt, wie
die in den vorausgegangenen Nummern aufgeführten Tatbestände.

> **Beispiele:** Obwohl die Ehedauer als solche nicht kurz war, lebten die Ehe-
> leute nur während weniger Monate, zusammen (BGH FamRZ 1988, 930;
> OLG Hamm FamRZ 1987, 1151); der Unterhaltsberechtigte hat es unterlas-
> sen, einen Unterhaltsanspruch gegen einen anderen Unterhaltspflichtigen gel-
> tend zu machen (AG Landstuhl FamRZ 1988, 731).

490   **10. Wahrung des Kindeswohls.** Bei Anwendung der Härteklausel
sind die Belange der gemeinschaftlichen Kinder, die dem unterhaltsberechtigten Ehegatten zur Pflege und Erziehung anvertraut sind, zu
wahren. Das betrifft vor allem den Anspruch aus § 1570. Die Anwendung der Härteklausel zu Lasten des kindesbetreuenden Elternteils
darf nicht zu einer Schädigung der Kindesinteressen führen. Jegliche
Beschneidung nachehelicher Unterhaltsansprüche nach Billigkeitsge-
sichtspunkten setzt voraus, dass Pflege und Erziehung des Kindes
trotzdem gesichert bleiben (BGH FamRZ 1989, 1279, 1280). Eine
völlige Versagung des Unterhalts kommt auch in „besonders krassen
Härtefällen" nur in Betracht, wenn dies nicht zu Lasten des Kindes
geschieht.

XII. Weitere Modalitäten

491   **1. Art der Unterhaltsgewährung.** Der Unterhalt ist durch Geldzahlung zu gewähren. Für den laufenden Lebensbedarf ist eine **Geldrente** monatlich im Voraus zu entrichten (§ 1585 I 1, 2). Die Mittel
für einen **Sonderbedarf** wie etwa unfallbedingte Krankheitskosten
sind je nach Anfall zur Verfügung zu stellen (beachte § 1585b I, III).
Der Berechtigte kann aus wichtigem Grund statt der Geldrente eine
Abfindung in Kapital verlangen, wenn der Verpflichtete dadurch
nicht unbillig belastet wird (§ 1585 II).

2. Erlöschen. Der Unterhaltsanspruch **erlischt,**   492

a) wenn die Voraussetzungen für keinen Unterhaltstatbestand mehr gegeben sind (mögliches Wiederaufleben im Fall des § 1573 IV);

b) durch den Tod des Berechtigten (§ 1586 I);

c) mit einer Wiederheirat des Berechtigten (§ 1586 I); nach Auflösung der neuen Ehe kann der Unterhaltsanspruch gegen den Partner der früheren Ehe indes wieder aufleben, wenn der Berechtigte ein Kind aus der früheren Ehe zu betreuen hat (§ 1586a I);

d) mit Begründung einer eingetragenen Partnerschaft durch den Berechtigten (§ 1586 I);

e) durch wirksamen Unterhaltsverzicht;

f) im Rahmen einer Abfindung (§ 1585 II).

Der **Tod des Verpflichteten** führt hingegen nicht zum Erlöschen des Unterhaltsanspruchs, für den dann die Erben nach Maßgabe des § 1586b haften.

XIII. Verträge über den Unterhalt Geschiedener, § 1585c

Literatur: s. vor → Rn. 233, ferner *L. Bergschneider*, FamRZ 2008, 17; *ders.*, DNotZ 2008, 95; *D. Schwab*, in: P. Limmer (Hrsg.), Scheidung, Trennung – Scheidungs- und Trennungsvereinbarungen, 2008, 68; *ders.*, FamRZ 2015, 1661; *Chr. Münch*, FamRZ 2009, 171.

1. Form. Nach § 1585c S. 1 können die Ehegatten über die Unter-   493
haltspflicht für die Zeit nach der Scheidung Vereinbarungen treffen. Vereinbarungen über den Geschiedenenunterhalt, die *vor der Rechts-kraft der Scheidung* getroffen werden, bedürfen der **notariellen Beurkundung** (§ 1585c S. 2). Der Form wird auch genügt, wenn die Vereinbarung in einem Verfahren in Ehesachen gerichtlich protokolliert wird (§ 1585c S. 3 i. V. m. § 127a). Die Formvorschrift greift auch, wenn der Vertrag schon vor der Eheschließung im Hinblick auf eine mögliche künftige Scheidung geschlossen wird. Der Verstoß gegen die Formvorschrift führt zur Nichtigkeit (§ 125 S. 1). Verträge, die *nach* der Rechtskraft der Scheidung geschlossen werden, sind formfrei möglich, ebenso generell Verträge über den Unterhalt für die Zeit des Getrenntlebens der Ehegatten.

2. Grenzen der Vertragsfreiheit. a) Den Inhalt betreffend (Höhe,   494
Modalitäten, Dauer einer Unterhaltspflicht) ist vom Grundsatz der Vertragsfreiheit auszugehen. Der Vorschrift des § 1585c hat man sogar entnommen, dass auf den nachehelichen Unterhalt durch Vertrag **verzichtet** werden kann. Das Verzichtsverbot des § 1614 I gilt für

den Geschiedenenunterhalt jedenfalls nicht. Doch hat die Rechtsprechung Unterhaltsverzichten seit jeher gewisse Grenzen gezogen. Zum Beispiel wird ein Unterhaltsvertrag als sittenwidrig (§ 138) angesehen, wenn er objektiv zu Lasten Dritter, etwa der Sozialhilfe oder der unterhaltspflichtigen Verwandten geht und die Vertragsschließenden sich dieser Auswirkungen bewusst waren (vgl. BGH FamRZ 1983, 137; einschränkend BGH FamRZ 2007, 197, 198).

495   b) Seit der **Rspr. des BVerfG** (FamRZ 2001, 343) und **des BGH** (FamRZ 2004, 601) zur Vertragsfreiheit bei Eheverträgen und Scheidungsvereinbarungen steht der Verzicht auf nacheheliche Unterhalt unter einer strengeren Wirksamkeitskontrolle nach § 138 und Ausübungskontrolle nach § 242 (→ Rn. 236). Nach der Leitidee des BGH darf durch solche Vereinbarungen keine einseitige, durch die ehelichen Lebensverhältnisse nicht gerechtfertigte Lastenverteilung entstehen. In diesem Zusammenhang hat der BGH die Theorie vom **Kernbereich des Scheidungsfolgenrechts** entwickelt, zu dem an erster Stelle der Anspruch auf Betreuungsunterhalt (§ 1570) gehört. Das schließt vertragliche Modifikationen nicht aus, doch ist ein völliger oder weitgehender Verzicht ohne ausreichende Kompensation durch andere Leistungen unstatthaft und kann im Einzelfall unwirksam sein (BGH FamRZ 2006, 1359: Der zugesagte Betrag deckte auf die Dauer nicht einmal das Existenzminimum ab). Auch die Unterhaltsansprüche wegen Alters und Krankheit (§§ 1571, 1572) gehören zum Kernbereich der Scheidungsfolgen, doch ist ein Verzicht nicht völlig ausgeschlossen (BGH FamRZ 2014, 629 Rn. 35; 2017, 884 Rn. 32), besonders wenn die Unterhaltsbedürftigkeit nicht auf der Ehe beruht (Eheschließung in hohem Alter; Krankheit, die schon vor der Eheschließung gegeben war). Nicht dem Kernbereich werden die Ansprüche aus den §§ 1573, 1575 und 1576 zugerechnet, sodass Verzichte in diesem Bereich eher der gerichtlichen Kontrolle standhalten; aber auch hier besteht kein Freibrief für benachteiligende Verträge.

496   c) Nach der Rspr. des BGH ist fast keine Regelung absolut unstatthaft, vielmehr findet eine **gleitende Wertung** statt. Je unmittelbarer der Vertrag in den Kernbereich der Scheidungsfolgen eingreift, desto schwerer wiegen die Belastungen des benachteiligten Partners (BGH FamRZ 2005, 691, 692; 2007, 197, 199). Im Einzelfall kommt es letztlich auf „alle Umstände" an. Dabei ist von besonderer Bedeutung, ob das Unvermögen des verzichtenden Teils, sich selbst zu unterhalten, **durch die Gestaltung der ehelichen Lebensverhältnisse bedingt** ist

(Hausfrauenehe mit überwiegender Kinderbetreuung). Zur Frage, ob zu beanstandende Unterhaltsverzichte nach § 138 nichtig oder nach § 242 oder § 313 anzupassen sind, → Rn. 237. Im Einzelfall kommt auch eine Vertragskontrolle zugunsten des Unterhalts*pflichtigen* in Frage (BGH FamRZ 2009, 198 – finanzielle Überforderung).

d) Die richterliche Kontrolle hat insofern an Bedeutung verloren, **497** als der BGH auch die **vor dem UnterhRÄndG (2008) geschlossenen Verträge** über den Scheidungsunterhalt im Lichte des neuen Rechts geprüft wissen will (BGH FamRZ 2011, 1377 Rn. 28; 2015, 824). Damit haben Vereinbarungen, die den Anspruch auf Betreuungsunterhalt nach § 1570 einschränken, sehr viel größere Geltungschancen, als dies zu Beginn der Kontrollrechtsprechung des BGH zu erwarten war. Eine Sittenwidrigkeit des Unterhaltsverzichts wird nur unter sehr engen Voraussetzungen bejaht; das Schwergewicht der Prüfung verlagert sich auf die Ausübungskontrolle nach §§ 242, 313 (BGH FamRZ 2013, 195).

e) Den möglichen **Unterhaltsverzicht auf Betreuungsunterhalt** **498** betreffend fällt eine unbegreifliche Diskrepanz zwischen der Lage der geschiedenen Ehefrau und der Mutter eines nichtehelichen Kindes auf. Auf den Anspruch aus § 1615 l II 2 kann die Mutter generell nicht verzichten (§ 1614 I i. V. m. § 1615 l III 1). Der Verzicht (auch Teilverzicht) der Mutter eines nichtehelichen Kindes ist demzufolge ohne Weiteres gesetzwidrig und nichtig, der Verzicht der geschiedenen Mutter hingegen wird einer gleitenden Beurteilung nach vagen Kriterien mit offenem Ausgang unterworfen. In dieser Diskrepanz liegt ein klarer **Verstoß gegen Art. 3 und Art. 6 I GG.**

XIV. Die Geltendmachung des Kindesunterhalts

Der Unterhaltsanspruch unter geschiedenen oder getrennt leben- **499** den Ehegatten ist vom Unterhaltsanspruch der Kinder theoretisch streng zu unterscheiden. Unter Durchbrechung des § 1629 II 1/ § 1795 I Nr. 3 bestimmt § 1629 II 2: Wenn die Eltern das Sorgerecht gemeinsam innehaben, so kann der Elternteil, in dessen Obhut sich das Kind befindet, die Unterhaltsansprüche des Kindes gegen den anderen Elternteil geltend machen (Näheres → Rn. 720).

§ 40. Der Versorgungsausgleich

Literatur: *H. Borth,* Versorgungsausgleich, 7. Aufl. 2014; *R. Glockner/U. Hoenes et al.,* Der Versorgungsausgleich, 2. Aufl. 2013; *J. Hauß/E. Bührer,* Versorgungsausgleich und Verfahren in der Praxis, 2. Aufl. 2014; *F. Ruland,* Versorgungsausgleich, 4. Aufl. 2015; *H. Wick,* Der Versorgungsausgleich, 4. Aufl. 2017; *H. Borth,* FamRZ 2009, 1361; *B. Grundmann/M. Schmid,* FS Hahne, 2012, 393. Rechtsprechungsberichte: *A. Holzwarth,* FamRZ 2016, 173; 2017, 80; *H. Wick,* FuR 2016, 204, 277; 2017, 176; *F. Götsche,* NZFam 2016, 635, 685.

I. Übersicht

500   **1. Sinn des Versorgungsausgleichs.** Der Versorgungsausgleich erweitert das Prinzip der Zugewinngemeinschaft auf Ansprüche und Anrechte auf eine Versorgung wegen Alters oder Invalidität, gleichgültig ob sie nach Privatrecht oder nach öffentlichem Recht begründet sind. Grundidee ist die Vorstellung, dass die von einem Ehegatten während der Ehe gewonnenen Versorgungspositionen vom anderen mitverdient sind. Bei Auflösung der Ehe findet daher ein Verfahren statt, das demjenigen Ehegatten, der während der Ehe die geringerwertigen Versorgungspositionen erworben hat, zu Lasten der Versorgung des anderen Ehegatten einen Ausgleich gewährt. Das Prinzip der gleichen Teilhabe an den während der Ehe geschaffenen Versorgungsanrechten wird vom BVerfG aus dem Grundsatz der Gleichberechtigung (Art. 3 II GG) und dem verfassungsrechtlichen Schutz der Ehe (Art. 6 I GG) hergeleitet (BVerfGE 53, 257, 293 ff.; BVerfG FamRZ 2003, 1173; 2006, 1000).

501   **2. Die ursprüngliche Regelung.** a) Der Versorgungsausgleich wurde im Jahre 1976 durch das „Erste Gesetz zur Reform des Ehe- und Familienrechts" eingeführt und im BGB geregelt (§§ 1587–1587p). Die Struktur ähnelte derjenigen des Zugewinnausgleichs: Bei jedem Ehegatten wurden die während der Ehe erworbenen oder aufrechterhaltenen Versorgungspositionen aufgelistet, ihre Ehezeitwerte wurden festgestellt und summiert. Der Ehegatte, der in der Ehezeit insgesamt die werthöheren Versorgungspositionen erworben hatte, war dem anderen in Höhe der Hälfte des Wertunterschiedes ausgleichspflichtig. Es waren verschiedene Ausgleichsformen vorgesehen. In erster Linie war der *öffentlich-rechtliche Versorgungsausgleich*

durchzuführen. Das bedeutete: Der Ausgleichspflichtige hatte dem Berechtigten in Höhe des auszugleichenden Wertes Rentenanwartschaften in der *gesetzlichen Rentenversicherung* zu verschaffen. In Ausnahmefällen wurde der Versorgungsausgleich *schuldrechtlich* durchgeführt. In diesem Fall hatte der Verpflichtete, der bereits eine Versorgung erlangt hatte (z. B. schon eine Altersrente bezog), dem versorgungsbedürftigen Partner eine Geldrente in Höhe des auszugleichenden Betrages zu gewähren.

b) Bald zeigte sich, dass die ursprüngliche Regelung des Versor- **502** gungsausgleichs unter **schweren Mängeln** litt. Die in manchen Fällen zu zahlenden Beiträge in die gesetzliche Rentenversicherung konnten eine so *enorme Höhe* erreichen und den Verpflichteten so belasten, dass das BVerfG (BVerfGE 63, 88) die Regelung wegen Verstoßes gegen Art. 2 I GG und das Rechtsstaatsprinzip für nichtig erklärte. Probleme ergaben sich auch daraus, dass *unsichere Versorgungswerte* („Aussichten") bei der Saldierung voll in Ansatz kamen. Es konnte also geschehen, dass bei der Scheidung Versorgungsaussichten ausgeglichen wurden, die später gar nicht oder nicht in der angenommenen Höhe tatsächlich zu Versorgungen führten. So musste das BVerfG (BVerfGE 53, 257, 300) ergänzende gesetzliche Regelungen verlangen, mit deren Hilfe auch nach rechtskräftiger Entscheidung über den Versorgungsausgleich noch Korrekturen durchgeführt werden konnten. Schwierige Probleme ergaben sich ferner daraus, dass die Versorgungsanwartschaften ihrer Art nach von *unterschiedlicher Wertigkeit* sein können und daher schwer miteinander vergleichbar sind. Ein besonderer Unterschied besteht insbesondere zwischen voll dynamisierten, d. h. an die Einkommensentwicklung gekoppelten Versorgungen (Beamtenversorgung, dynamisierte Sozialrente) und solchen, die nicht (voll) dynamisch gestaltet sind. Die vorgesehene Umrechnung führte nach Auffassung der Gerichte zu keinen überzeugenden Ergebnissen (vgl. BVerfG FamRZ 2006, 1000; BGHZ 148, 351).

3. Die Neuregelung 2009. a) Durch das Gesetz zur Strukturreform **503** des Versorgungsausgleichs vom 3. April 2009 (BGBl. I 700) wurde die gesamte Materie neu gestaltet. Der Kern der Vorschriften wurde aus dem BGB entfernt und in ein gesondertes **Gesetz über den Versorgungsausgleich (VersAusglG)** verlagert. Im BGB erinnert nur noch ein einziger Paragraf an das Rechtsinstitut, auf das der Gesetzgeber einst so stolz war. Der verbliebene § 1587 hat wenig Aussagekraft: Zwischen geschiedenen Ehegatten findet „nach Maßgabe des Versorgungsausgleichsgesetzes ... ein Ausgleich von im In- oder Ausland bestehenden Anrechten" statt. Die Vorschrift nennt einige Versorgungsarten. Worum es eigentlich geht, kann erst dem Versorgungsausgleichsgesetz entnommen werden.

b) Die Zielrichtung der Reform ist eine **neue Ausgleichstechnik:** Es soll im Normalfall nicht die Summe der von jedem Ehegatten in der Ehezeit jeweils erworbenen Versorgungsanrechte gebildet und durch Saldierung eine Ausgleichspflicht des Ehegatten mit den höheren Versorgungswerten festgestellt werden. Vielmehr soll nach Möglichkeit **jeder Ehegatte an den von dem anderen in der Ehezeit erworbenen Versorgungswerten hälftig beteiligt** werden. Soweit möglich sollen alle Versorgungsanrechte, soweit sie der Ehezeit zuzurechnen sind, **real geteilt** werden, gleichgültig von welchem Ehegatten sie erworben sind. Wenn beide Partner Ehezeitwerte erworben haben, sind sie also *beide* berechtigt und verpflichtet. Für bestimmte Fälle sieht darüber hinaus auch das neue Recht die Möglichkeit des **schuldrechtlichen Ausgleichs** vor.

II. Die auszugleichenden Anrechte

504   **1. Grundsatz.** Ausgeglichen werden **Anrechte auf Versorgung.** Darunter versteht das Gesetz sowohl **Anwartschaften** auf eine künftige Versorgung als auch schon bestehende **Ansprüche auf laufende Versorgungen** (§ 2 I VersAusglG). Die Voraussetzungen, unter denen ein Versorgungsanrecht nach den Regeln Versorgungsausgleichs zu behandeln ist, sind in § 2 II des Gesetzes näher umrissen. Ein Versorgungsanrecht unterliegt nur dann dem Versorgungsausgleich

– wenn es auf dem Einsatz von Arbeit und Vermögen beruht (unten 2.);
– wenn es der Absicherung im Alter und für den Fall der Invalidität dient (unten 3.);
– und wenn es im Versicherungsfall auf die Zahlung einer Rente gerichtet ist (unten 4.).

505   **2. Einsatz von Arbeit oder Vermögen.** Das Anrecht muss durch Arbeit oder Vermögen geschaffen oder aufrechterhalten sein (§ 2 II Nr. 1 VersAusglG). Damit scheiden Anrechte aus einer Unfallversicherung aus, ebenso zivilrechtliche Ansprüche auf eine Schadensersatzrente wegen geminderter Erwerbsfähigkeit (§ 843). Doch können solche Ansprüche in den Zugewinnausgleich fallen (→ Rn. 281).

3. Absicherung für den Fall des Alters oder der Invalidität. Ein 506
Anrecht unterliegt dem Versorgungsausgleich nur, wenn es der Absicherung im Alter oder für den Fall der Invalidität (verminderte Erwerbsfähigkeit, Berufsunfähigkeit, Dienstunfähigkeit) dient (§ 2 II Nr. 2 VersAusglG). Dazu gehören insbesondere die in § 1587 aufgezählten Anrechte aus einer gesetzlichen Rentenversicherung, aus einer Beamtenversorgung, aus berufsständischen Versorgungseinrichtungen (z. B. Ärzteversorgung), aus einer betrieblichen Altersversorgung und schließlich aus privaten Alters- und Invaliditätsversicherungen.

4. Auf Rente gerichtete Anrechte. Grundsätzlich unterliegt ein 507
Versorgungsanrecht dem Versorgungsausgleich nur, wenn es auf die Zahlung einer Rente, d. h. einer fortlaufend wiederkehrende Versorgungsleistung gerichtet ist (§ 2 II Nr. 3 VersAusglG). Lebensversicherungen, die im Versicherungsfall eine Kapitalleistung vorsehen, sind nicht in den Versorgungsausgleich einbezogen, wohl aber sind sie im Zugewinnausgleich anzusetzen. Von der Beschränkung auf Rentenwerte macht das Gesetz indes gewisse Ausnahmen, insbesondere für Anrechte nach dem Betriebsrentengesetz; in diesem Rahmen unterfallen auch Versorgungsanrechte auf Kapitalleistungen dem Versorgungsausgleich (§ 2 II Nr. 3 VersAusglG).

5. Unsichere Anrechte. Es kommt nicht darauf an, ob schon gesi- 508
chert ist, dass ein Versorgungsanrecht bei Eintritt des Versorgungsfalls auch wirklich zu Leistungen führen wird. Deshalb werden auch solche Anwartschaften berücksichtigt, bei denen am Ende der Ehezeit bestimmte zeitliche Voraussetzungen (Wartezeit, Mindestversicherungszeit u. ä.) noch nicht erfüllt sind (§ 2 III VersAusglG).

6. Verhältnis zum Güterrecht. Eine wirtschaftliche Position darf 509
nicht gleichzeitig unter den Versorgungsausgleich und unter den Zugewinnausgleich fallen, weil der Verpflichtete nicht doppelt belastet werden soll. Deshalb findet bei Anrechten, die der Definition des § 2 I–III VersAusglG entsprechen, ein güterrechtlicher Ausgleich nicht statt (§ 2 IV VersAusglG); sie unterliegen also nicht dem Zugewinnausgleich. Wohl aber kommt bei Versorgungswerten, auf die eines der genannten Merkmale nicht zutrifft, der Zugewinnausgleich zum Zuge (z. B. Kapitallebensversicherungen, weil sie nicht auf Rentenzahlung gerichtet sind).

III. Die Beschränkung des Ausgleichs auf den Ehezeitanteil

510   Eine Ausgleichspflicht entsteht nur hinsichtlich desjenigen Teils der Versorgungsanrechte beider Ehegatten, die „in der Ehezeit" erworben wurden (§ 1 I, § 3 II VersAusglG). Die Ehezeit *beginnt* mit dem ersten Tag des Monats, in dem die Ehe geschlossen wurde. Sie *endet* am letzten Tag des Monats vor Zustellung des Scheidungsantrags (§ 3 I VersAusglG). Es ist also nicht so, dass die Ehegatten jeweils die Hälfte ihrer Anrechte an den anderen abgeben müssen, vielmehr nur die Hälfte *desjenigen Anteils, der in die Ehezeit fällt.* Daraus ergibt sich die Notwendigkeit, bei jedem Versorgungsanrecht den Ehezeitanteil zu berechnen.

Beispiel: Adam ist mit Eva seit dem 22. September 1994 verheiratet. Am 1. Juli 2007 trennen sich die Eheleute. Am 19. Januar 2009 wird der Scheidungsantrag des Adam der Eva zugestellt. Adam ist seit 1.3.1990 Beamter im Bundesministerium der Justiz, Eva ist seit 1.1.1992 als Angestellte bei einem Unternehmen für Telekommunikation beschäftigt. Adam hat Versorgungswerte aus der Beamtenversorgung vom 1.3.1990 bis heute erworben; auszugleichen ist aber nur der auf die Ehezeit fallende Teil, also der Versorgungswert, der vom 1. September 1994 bis 31. Dezember 2008 erworben wurde. Entsprechendes gilt für die Anwartschaften Evas aus der gesetzlichen Angestelltenversicherung. Der Tag der Trennung des Ehepaares spielt in diesem Zusammenhang keine Rolle.

Diese Berechnung kann im Einzelfall schwierig sein. Deshalb belastet das Gesetz den jeweiligen Versorgungsträger mit der Aufgabe, den Ehezeitanteil des bei ihm geführten Versorgungswerts zu berechnen und dem Familiengericht einen Vorschlag für die Bestimmung des Ausgleichswerts zu unterbreiten (§ 5 I, III VersAusglG). Die Wertermittlung richtet sich nach detaillierten Regeln (§§ 39–46 VersAusglG). Für die Bewertung eines Ehezeitanteils ist logischerweise das Ende der Ehezeit der maßgebliche Zeitpunkt; jedoch sind spätere Veränderungen, die auf den Ehezeitanteil zurückwirken, zu berücksichtigen (§ 5 II 2 VersAusglG).

IV. Die Durchführung des Versorgungsausgleichs im Regelfall: Der Wertausgleich

511   **1. Grundprinzip.** Gemäß dem Prinzip gleicher Teilhabe beider Ehegatten an den während der Ehe geschaffenen wirtschaftlichen Werten steht jedem Ehegatten der Anspruch auf die Hälfte der vom anderen erworbenen Ehezeitanteile zu (§ 1 I VersAusglG). Diese

Werthälfte nennt das Gesetz „Ausgleichswert" (§ 1 II 2 VersAusglG). Der Anspruch wird erst aus Anlass der Ehescheidung verwirklicht; bis dahin lastet die Ausgleichspflicht gleichsam latent auf den Ehegatten, die sich dessen gewöhnlich gar nicht bewusst sind. Für das Verständnis ist wichtig: Anders als nach früherem Recht findet keine Gesamtsaldierung der beiderseits erworbenen Versorgungsanrechte statt, aus der sich dann die Ausgleichspflicht des einen gegenüber dem anderen Ehegatten ergäbe. Vielmehr ist *jeder Ehegatte dem anderen ausgleichspflichtig*, soweit er einen Ehezeitanteil eines Versorgungsanrechts erworben hat (§ 1 II 1 VersAusglG). Die Ausgleichspflicht bezieht sich auf den Ehezeitanteil des einzelnen Versorgungsanrechts – so viel Versorgungsanrechte mit Ehezeitanteil, so viele Ausgleichspflichten!

Beispiel (wie oben): Adam hat Versorgungsanrechte aus der Beamtenversorgung; im Versorgungsausgleich ist der Ehezeitanteil an dieser Versorgung mit Eva hälftig zu teilen (§ 1 II 2 VersAusglG). Insoweit ist Adam also ausgleichspflichtig (§ 1 II 1 VersAusglG). Auch Eva hat während der Ehe Versorgungsanrechte erworben, nämlich in der Angestelltenversicherung. Den Ehezeitanteil an dieser Versorgung hat sie umgekehrt mit Adam hälftig zu teilen; insoweit ist *sie* die Verpflichtete.

2. Wertausgleich. Der Versorgungsausgleich wird aus Anlass der **512** Scheidung durch den vom Gesetz so genannten Wertausgleich durchgeführt. Für diesen stehen zwei Formen zur Verfügung: Die „interne Teilung" der Versorgungsanrechte und die „externe". Beiden gemeinsam ist, dass der jeweils ausgleichsberechtigte Ehegatte Versorgungsanrechte zu Lasten des ausgleichsverpflichteten erhält, und zwar in der dem Ausgleichswert entsprechenden Höhe. Der Wertausgleich findet allerdings *nicht* statt, soweit die Ehegatten den Versorgungsausgleich anderweitig durch Vereinbarung geregelt haben (→ Rn. 518) oder soweit ein Anrecht noch nicht ausgleichsreif ist, z. B. weil es bei einem ausländischen Versorgungsträger besteht (Aufzählung der Fälle fehlender Ausgleichsreife in § 19 VersAusglG).

3. Die interne Teilung. Bei dieser Regelform überträgt das Gericht **513** auf die ausgleichsberechtigte Person zu Lasten der ausgleichspflichtigen ein Anrecht in Höhe des Ausgleichswerts bei dem Versorgungsträger, bei dem das zu teilende Versorgungsanrecht besteht (§ 9 II, § 10 I VersAusglG). Einfach gesprochen: Das Versorgungsanrecht wird bei dem Träger, bei dem es besteht, entsprechend dem Ausgleichswert zwischen den Ehegatten **real geteilt**. Dafür ist nicht Voraussetzung, dass der Ausgleichsberechtigte schon bisher Anrechte bei dem betreffenden Versorgungsträger hatte; dieser erhält also durch den Versorgungsausgleich möglicherweise einen neuen „Klienten".

Beispiel (wie oben): Für Eva werden in Höhe der Hälfte des Ehezeitanteils Versorgungsanrechte bei dem Träger der für Adam zuständigen Beamtenversorgung begründet; die Versorgungsanrechte des Adam werden entsprechend gekürzt. Umgekehrt erhält Adam nun Versorgungsanrechte in Evas Angestelltenversicherung, mit der er bisher nichts zu tun hatte.

Haben beide Ehegatten Anrechte gleicher Art bei demselben Versorgungsträger, so wird verrechnet und der Ausgleich auf diese Weise vereinfacht (§ 10 II VersAusglG). Das Gesetz schärft ein, dass die interne Teilung die **gleichwertige Teilhabe** beider Ehegatten an den in der Ehe erworbenen Anrechten sicherstellen muss (§ 11 VersAusglG).

514   **4. Die externe Teilung.** a) In einigen Fällen, die im Gesetz bestimmt sind, wird der Wertausgleich durch externe Teilung durchgeführt. Das bedeutet: Das auszugleichende Anrecht wird nicht real geteilt. Vielmehr begründet das Gericht ein Anrecht in Höhe des Ausgleichswerts bei *einem anderen* Versorgungsträger als demjenigen, bei dem die auszugleichende Versorgung besteht.

Beispiel: Ein Ehegatte hat in der Ehezeit Anrechte aus einer Betriebsrente erworben. Die *interne Teilung* würde bedeuten, dass das Anrecht zwischen den Ehegatten real geteilt würde, d. h. auch der andere Ehegatte erhielte in Höhe des Ausgleichswerts ein Anrecht in diesem betrieblichen Versorgungswerk. Bei der *externen Teilung* hingegen erhält der Ausgleichsberechtigte keinen Anteil an dieser Betriebsrente; vielmehr wird in Höhe des Ausgleichsbetrags ein Versorgungsanrecht bei einem anderen Versorgungsträger, z. B. der gesetzlichen Angestelltenversicherung, begründet. Der Aufwand dafür geht zu Lasten des Verpflichteten; dessen betriebliche Versorgungsanrechte werden entsprechend gekürzt.

525   b) Die externe Teilung findet nur in folgenden Fällen statt: aa) wenn sich der Ausgleichsberechtigte und der Versorgungsträger des Verpflichteten darauf einigen (§ 14 II Nr. 1 VersAusglG);

bb) wenn der Versorgungsträger des Verpflichteten dies verlangt und der Ausgleichswert eine bestimmte Höhe unterschreitet (§ 14 II Nr. 2 VersAusglG);

cc) wenn eine Beamtenversorgung auszugleichen ist und der Träger dieser Versorgung keine interne Teilung vorsieht (§ 16 I VersAusglG).

Zu bb): Diese Bestimmung soll die Interessen des Versorgungsträgers vor einem unverhältnismäßigen Aufwand bei relativ geringen Ausgleichswerten schützen. Zu cc): Eine interne Teilung von Beamtenversorgungsanrechten ist nur möglich, wenn das maßgebende Recht eine solche Teilung (und damit die Beteiligung eines Nichtbeamten an einer Beamtenversorgung) zulässt.

c) Die externe Teilung wird in der Weise realisiert, dass zu Lasten **516** der Versorgung des Ausgleichspflichtigen entweder eine Versorgung, die der Berechtigte bereits hat, ausgebaut, oder für ihn ein neues Anrecht begründet wird. Insoweit hat der Berechtigte ein Wahlrecht (§ 15 VersAusglG). Zu diesem Zweck setzt das Gericht einen dem Ausgleichswert entsprechenden Kapitalbetrag fest, den der Versorgungsträger des Ausgleichspflichtigen an den Versorgungsträger des Ausgleichsberechtigten zu zahlen hat (§ 222 III FamFG). Mit dem Kapital wird dann für den Berechtigten ein entsprechendes Versorgungsanrecht begründet.

V. Schuldrechtlicher Ausgleich

In bestimmten Fällen kann oder soll der Versorgungsausgleich **517** nicht durch Schaffung von Versorgungsanrechten (Wertausgleich) durchgeführt werden, sondern durch „schuldrechtliche Ausgleichszahlungen" (§§ 20–22 VersAusglG). Der ausgleichspflichtige geschiedene Ehegatte ist bei dieser Form verpflichtet, dem Ausgleichsberechtigten fortlaufend eine monatliche Ausgleichsrente zu bezahlen, die dem Ausgleichswert entspricht (§ 20 I VersAusglG). Diese schuldrechtliche Form des Ausgleichs setzt voraus, dass

– der Ausgleichspflichtige bereits eine laufende Versorgung bezieht, z. B. bereits eine Beamtenpension erhält;
– der Ausgleichsberechtigte entweder ebenfalls schon eine Versorgungsrente erhält oder die Regelaltersgrenze in der gesetzlichen Rentenversicherung erreicht hat oder die gesundheitlichen Voraussetzungen für eine Invaliditätsrente erfüllt;
– das betreffende Versorgungsanrecht nicht schon anderweitig ausgeglichen ist.

Der Berechtigte kann bei dieser Ausgleichsform direkt vom verpflichteten Ehegatten die Rentenzahlung fordern. Stattdessen kann er auch verlangen, dass ihm der Verpflichtete seinen Versorgungsanspruch gegenüber dem Versorgungsträger in Höhe des Ausgleichsbetrages abtritt (§ 21 VersAusglG).

Zum schuldrechtlichen Versorgungsausgleich anstelle des Wertausgleichs kommt es auch dann, wenn bestimmte Anrechte bei der Scheidung noch nicht dem Wertausgleich unterfielen, weil sie noch nicht „ausgleichsreif" waren (§ 19 IV VersAusglG). Ferner haben es die Ehegatten selbst in der Hand, statt des Wertausgleichs die schuldrechtlichen Ausgleichszahlungen zu wählen; sie können nämlich vereinbaren, dass sie den Versorgungsausgleich den Regeln des schuldrechtlichen Ausgleichs vorbehalten wollen (§ 6 I Nr. 3 VersAusglG).

VI. Vereinbarungen über den Versorgungsausgleich

Literatur: *L. Bergschneider,* FF 2015, 470; s. auch vor → Rn. 233.

518   **1. Übersicht.** Als der Versorgungsausgleich durch das 1. EheRG eingeführt wurde, stand der Gesetzgeber der Vertragsfreiheit auf diesem Gebiet zurückhaltend gegenüber. Zwar war vorgesehen, dass die Ehegatten durch ausdrückliche Vereinbarung den Versorgungsausgleich in einem Ehevertrag ausschließen konnten, doch war diese Bestimmung unwirksam, wenn innerhalb eines Jahres nach Vertragsschluss Antrag auf Ehescheidung gestellt wurde (§ 1408 II a. F.). Vereinbarungen über den Versorgungsausgleich im Zusammenhang mit der Scheidung mussten ebenfalls notariell geschlossen werden und bedurften zu ihrer Wirksamkeit der Genehmigung des Familiengerichts (§ 1587o a. F.). Das Reformgesetz von 2009 nimmt zur Privatautonomie eine völlig andere Haltung ein. § 6 I 1 VersAusglG stellt klar, dass die Ehegatten Vereinbarungen über den Versorgungsausgleich schließen können. Bestimmte Inhalte solcher Regelungen werden als Beispiele genannt (§ 6 I 2 VersAusglG), anderweitige Gestaltungen sind aber nicht ausgeschlossen. Das Gericht ist, wenn keine Hindernisse für die Wirksamkeit oder Durchsetzung des Vereinbarten bestehen, an die Vereinbarungen gebunden (§ 6 II VersAusglG). Einen gerichtlichen Genehmigungsvorbehalt gibt es nicht mehr. Die materiell-rechtliche Grenze der Vertragsfreiheit wird durch die Grundsätze der gerichtlichen Vertragskontrolle gezogen (→ Rn. 236), die BVerfG und BGH in diesem Zusammenhang entwickelt haben (speziell zu Versorgungsausgleich BGH FamRZ 2008, 2011; 2009, 1041, 2013, 770; 2014, 629 Rn. 18 ff.). In diesem Sinne bestimmt das Gesetz, dass eine Vereinbarung, um für das Gericht bindend zu sein, einer Inhalts- und Ausübungskontrolle standhalten muss (§ 8 I VersAusglG). Trotz dieser selbstverständlichen Einschränkung scheint der Gesetzgeber zu hoffen, dass viele Ausgleichsverfahren durch Vereinbarungen der Ehegatten vermieden werden können.

2. Form. Eine Vereinbarung über den Versorgungsausgleich bedarf **519** der **notariellen Beurkundung,** wenn sie vor Rechtskraft der Entscheidung über den Wertausgleich geschlossen wird. Die notarielle Form wird durch Aufnahme der Vereinbarung in ein gerichtliches Vergleichsprotokoll ersetzt (§ 7 II VersAusglG i. V. m. § 127a). Soweit über den Wertausgleich rechtskräftig entschieden ist, entfällt die Formvorschrift. Für Vereinbarungen über den Versorgungsausgleich im Rahmen von Eheverträgen gilt die für diese vorgesehene Form (§ 7 III VersAusglG i. V. m. § 1410).

3. Der Ausschluss des Versorgungsausgleichs. Der Versorgungs- **520** ausgleich kann durch Vereinbarung unter den Ehegatten ganz oder zum Teil ausgeschlossen werden (§ 6 I 2 Nr. 2 VersAusglG). Es kann dies schon vor der Eheschließung geschehen, aber auch zu einem beliebigen Zeitpunkt später. Der Ausschluss kann Gegenstand eines Ehevertrags sein (§ 1408 II), aber auch einer sonstigen Vereinbarung, sofern die Formerfordernisse des § 7 VersAusglG gewahrt sind. Auch wenn innerhalb eines Jahres nach Vertragsschluss ein Scheidungsantrag eingereicht wird, berührt das die Wirksamkeit des Verzichts nicht. Bei gegenseitigen oder gar einseitigen Verzichten auf den Versorgungsausgleich ist jedoch die Rechtsprechung zur richterlichen Vertragskontrolle zu beachten (→ Rn. 236).

4. Vertragliche Ausgestaltung des Versorgungsausgleichs. Mög- **521** lich sind auch sonstige Vereinbarungen, die darauf abzielen, den Versorgungsausgleich ganz oder zum Teil abweichend von den gesetzlichen Regeln durchzuführen. Das Gesetz nennt die Möglichkeit, den Versorgungsausgleich in die Regelung der sonstigen ehelichen Vermögensverhältnisse einzubeziehen (§ 6 I 2 Nr. 1 VersAusglG), also ein Gesamtpaket zu schnüren. Ferner kann auch für die Durchführung des schuldrechtlichen Versorgungsausgleichs optiert werden (§ 6 I 2 Nr. 3 VersAusglG). Darüber hinaus können die Ehegatten die Durchführung des Wertausgleichs durch Vereinbarungen modifizieren. Freilich darf in diesem Zusammenhang nicht einseitig in die Rechte der Versorgungsträger eingegriffen werden; daher können durch Vereinbarungen Anrechte nur übertragen oder begründet werden, wenn das Regelwerk des betroffenen Versorgungsträgers dies zulässt und dieser zustimmt (§ 8 II VersAusglG). Auch bei Verträgen, welche die gesetzlichen Ausgleichsregeln modifizieren, sind die Grundsätze der richterlichen Wirksamkeits- und Ausübungskontrolle zu beachten (§ 8 I VersAusglG).

VII. Einwendungen

522 **1. Übersicht.** Dem Anspruch unter den Ehegatten, die in der Ehezeit erworbenen Versorgungsanrechte auszugleichen, stehen einige Einwendungen entgegen.

a) Der Versorgungsausgleich findet nicht statt, soweit ihn die Ehegatten durch wirksame Vereinbarung **ausgeschlossen** haben (§ 6 I 2 Nr. 2 VersAusglG; § 1408 II).

b) Ferner soll das Gericht vom Ausgleich absehen, wenn die **Differenz** ihrer Ausgleichswerte **gering** ist (§ 18 I VersAusglG). Diese Einschätzung setzt schließlich doch eine überschlägige Gesamtsaldierung der von beiden Teilen erzielten Ehezeitwerte voraus. Weiterhin sollen einzelne Anrechte nicht ausgeglichen werden, wenn sie nur einen **geringen Ausgleichswert** haben (§ 18 II VersAusglG). Sinn dieser Regeln: Der Versorgungsausgleich soll vermieden werden, wenn der enorme Berechnungsaufwand in keinem vernünftigen Verhältnis zum Ergebnis steht.

c) Ausnahmsweise findet der Versorgungsausgleich nicht statt, soweit er **grob unbillig** wäre (§ 27 VersAusglG, nachfolgend).

523 **2. Zur Billigkeitsklausel (§ 27 VersAusglG) insbesondere.** Soweit die Durchführung des Ausgleichs als grob unbillig erscheint, kann das Gericht den Ausgleichswert entweder *vermindern* oder den Ausgleich *ganz ausschließen*. Das Gesetz nennt keine einzelnen Fallgruppen der Unbilligkeit. Generell ist gesagt, dass die Härteklausel nur greift, wenn die „gesamten Umstände des Einzelfalls es rechtfertigen, von der Halbteilung abzuweichen." Generell verlangt das BVerfG (FamRZ 1984, 653; 1993, 405) die Korrektur des Versorgungsausgleichs, soweit seine Durchführung zu einem völlig unangemessenen, vom Zweck des Ausgleichs nicht mehr getragenen Ergebnis führt. Aufgabe der Gerichte ist es insbesondere, ungerechte Schematisierungen zu vermeiden (BGH FamRZ 1979, 477). Beispielsweise kann die Durchführung des Versorgungsausgleichs grob unbillig sein, wenn der Ausgleichsberechtigte bereits eine eigene Versorgung hat, während der Verpflichtete auf seine Versorgungsanrechte dringend angewiesen ist (BGH FamRZ 1982, 258; 2005, 1238). Gleichfalls kann eine lange Trennungszeit den (vollen) Versorgungsausgleich als unangemessen erscheinen lassen (BGH FamRZ 2004, 1181, 1183). Das gilt aber nicht generell: Zutreffend hat der BGH den Ausschluss in einem Fall abgelehnt, in dem die Ehegatten nach kurzem Zusammenleben viele Jahre getrennt gelebt hatten und die ausgleichsberechtigte Frau in dieser Zeit die gemeinsamen Kinder allein betreute (BGH FamRZ 2005, 2052). Die Härteklausel kommt ferner zum Zug, wenn ein Ehegatte seine Versorgungsanrechte zu Lasten des anderen unfair manipuliert hat. Hingegen kann die grobe Unbilligkeit nicht allein damit begründet werden, dass der Ausgleichsberechtigte die Zerrüttung der Ehe verursacht habe (zur Problematik BVerfG FamRZ 2003, 1172, 1174; BGH 2005, 2052, 2054). Schwere körperliche Misshandlung der Frau durch den Ehemann rechtfertigt zweifellos den Ausschluss oder die Minderung von dessen Ausgleichsansprüchen. Verschweigt eine Ehefrau ihrem Mann, dass ein während der Ehe geborenes Kind möglicherweise von einem anderen Mann abstammt, so kann dies den (teilweisen) Ausschluss des Versorgungsausgleichs rechtfertigen (BGH FamRZ 2012, 845).

VIII. Verfahren, Auskunftspflichten

Versorgungsausgleichssachen sind Familiensachen (§ 111 Nr. 7, 217 FamFG), zuständig sind die Familiengerichte (§ 23a I 1 Nr. 1, § 23b I GVG). Soweit es um den Wertausgleich nach §§ 6–19 VersAusglG geht, ist im Scheidungsverfahren der Versorgungsausgleich von Amts wegen anhängig zu machen (§ 137 II 2 FamFG); eines Antrags bedarf es nur bei einer Ehezeit von bis zu drei Jahren (§ 3 III VersAusglG). Der schuldrechtliche Ausgleich wird durch Parteiantrag eingeleitet. Das Gericht hat von Amts wegen die für die Entscheidung erheblichen Tatsachen zu ermitteln (§ 26 FamFG). Zu diesem Zweck ist es befugt, von den beteiligten Personen und Versorgungsträgern sowie bei sonstigen geeigneten Stellen Auskünfte einzuholen (§ 220 I FamFG). Besonders die Versorgungsträger sind strikt zur Mitwirkung verpflichtet (§ 220 IV FamFG). Daneben gewährt § 4 VersAusglG den Ehegatten und den Versorgungsträgern weitreichende Auskunftsansprüche im Verhältnis zueinander, die selbstständig vor Gericht geltend gemacht werden können.

§ 41. Ehewohnung und Haushaltsgegenstände nach der Scheidung

Literatur: *I. Götz/G. Brudermüller,* Die gemeinsame Wohnung, 2008; *I. Götz/G. Brudermüller,* FamRZ 2011, 1840; FamRZ 2015, 177; *A. Roth,* FamRZ 2008, 1388; *D. Büte,* FPR 2010, 537; *W. Schulz,* FPR 2010, 541; *R. Jacobs,* NJW 2012, 3601. Rechtsvergleichung: *D. Henrich/D. Schwab* (Hrsg.), Der Schutz der Familienwohnung in Europäischen Rechtsordnungen, 1995.

I. Sinn der Regelung

525   Die Auflösung der Lebensgemeinschaft, wie sie spätestens mit der Scheidung auch äußerlich vollzogen wird, bedingt die Aufteilung der bisher dem gemeinsamen Leben dienenden beweglichen Gegenstände (Haushaltsgegenstände) und eine Bestimmung darüber, von wem die bisherige Ehewohnung künftig benutzt werden darf. Die Regelung dieser Fragen ist in erster Linie der Einigung der Ehegatten anheimgestellt; soweit Rechte Dritter, etwa des Vermieters, betroffen werden, ist auch deren Zustimmung erforderlich. Für den Fall, dass eine Verständigung unter den Beteiligten nicht gelingt, gewährt ihnen das Gesetz bestimmte Ansprüche. Mit ihrer Hilfe soll vor allem das Interesse desjenigen Ehegatten gewahrt werden, der den dringenderen Bedarf an der Nutzung hat.

Die Materie war früher in der Hausratsverordnung vom 21.10.1944 geregelt. Das „Gesetz zur Änderung des Zugewinnausgleichs- und Vormundschaftsrechts" vom 6.7.2009 hat die Verordnung mit Wirkung zum 1.9.2009 aufgehoben und neue Regeln in das BGB (§§ 1568a und b) eingefügt.

II. Ehewohnung

526   **1. Anspruch auf Überlassung der Wohnung zur Nutzung.** Ein Ehegatte kann verlangen, dass ihm der andere Ehegatte anlässlich der Scheidung die Ehewohnung überlässt, wenn er auf deren Nutzung unter Berücksichtigung des Wohls der im Haushalt lebenden Kinder und der Lebensverhältnisse der Ehegatten in stärkerem Maße angewiesen ist als der andere Ehegatte oder wenn die Überlassung aus anderen Gründen der Billigkeit entspricht (§ 1568a I). Zusätzliche Voraussetzungen für eine solche Überlassung bestehen, wenn der Anspruchsgegner allein oder zusammen mit Dritten ein dingliches Recht an der Wohnung hat (§ 1568a II), ferner wenn es sich um eine Dienst- oder Werkswohnung handelt (§ 1568a IV). Der **Anspruch betrifft stets nur die Nutzung, nicht die dingliche Rechtslage.** So kann etwa die Übereignung einer Eigentumswohnung in keinem Fall verlangt werden.

527   **2. Mietwohnungen.** a) Ist die Ehewohnung von den Ehegatten oder von einem von ihnen gemietet, so bedarf es einer Umgestaltung des Mietverhältnisses. Diese tritt gemäß § 1568a III 1 mit der Überlassungsentscheidung **kraft Gesetzes** ein: Der Ehegatte, dem die Wohnung überlassen wird, wird alleiniger Mieter, entweder indem er an die Stelle des Ehegatten tritt, der bisher alleiniger Mieter war, oder indem er das bisher gemeinschaftliche Mietverhältnis allein fortsetzt. Ist der Ehegatte, dem die Wohnung zugewiesen wird, schon zuvor alleiniger Mieter, so ändert sich an der mietrechtlichen Lage nichts.

b) Für die mietrechtliche Lage ist der **Zeitpunkt** wichtig, zu dem   528
die Änderung des Mietvertrages wirksam wird. Die beschriebene Mietvertragsänderung tritt ein
– entweder in dem Augenblick, in welchem dem Vermieter eine **Erklärung der Ehegatten** über die Wohnungsüberlassung zugeht,
– oder mit **Rechtskraft der gerichtlichen Endentscheidung** im Wohnungszuweisungsverfahren.

Beispiele: 1) Die Eheleute Max und Melanie Müller werden geschieden. Sie sind sich einig, dass Frau Müller mit den Kindern in der vom Vermieter Volkmann gemieteten Wohnung bleiben soll. Sie schreiben an Herrn Volkmann, dass anlässlich der Scheidung die Wohnung Frau Müller überlassen wird. In dem Augenblick, in dem dieses Schreiben dem Volkmann zugeht, tritt Frau Müller automatisch als alleinige Mieterin in das Mietverhältnis ein. An dem Mietverhältnis (Miethöhe etc.) ändert sich im Übrigen nichts.

2) Die Eheleute Moritz und Magda Meier können sich aus Anlass ihrer Scheidung nicht einigen, wer in der von Frau Meier seinerzeit allein gemieteten Ehewohnung bleiben darf. Herr Meier, von Beruf Romanschriftsteller, stellt beim Familiengericht den Antrag, dass seine Frau ihm die Wohnung überlassen müsse, da er für seine große Bibliothek keine andere Wohnung finden könne. Das Gericht entscheidet zu seinen Gunsten. In dem Augenblick, in dem diese Entscheidung rechtskräftig wird, d. h. mit ordentlichen Rechtsmitteln nicht mehr angefochten werden kann, tritt Herr Meier automatisch anstelle seiner Frau in das Mietverhältnis ein.

c) Offensichtlich sind durch diese Regelung die **Interessen des**   529
Vermieters stark gefährdet. Die Wohnungsüberlassung bedarf nicht seiner Zustimmung. Doch ist ihm ein besonderes Kündigungsrecht eingeräumt, wenn in der Person des in das Mietverhältnis Eingetretenen ein wichtiger Grund vorliegt (§ 1568a III 2 i. V. m. § 563 IV).

3. Andere Wohnungen. Wenn keiner der Ehegatten Mieter der   530
Wohnung ist, so bedarf die Entscheidung, die Wohnung einem von ihnen zu überlassen (§ 1568a I), in der Regel der weiteren rechtlichen Ausgestaltung. Dem Ehegatten, dem die Wohnung überlassen wird, räumt das Gesetz dann einen **weiteren Anspruch** ein: Er kann „von der zur Vermietung berechtigten Person" „die Begründung eines Mietverhältnisses" verlangen (§ 1568a V 1). Auch „die zur Vermie-

tung berechtigte Person" hat diesen Anspruch. Er richtet sich auf die
Mitwirkung beim Abschluss eines Mietvertrages, dessen Inhalt sich
an den „ortüblichen Bedingungen" orientiert. Wenn sich die Parteien
über die Miethöhe nicht einigen, ist eine angemessene, im Zweifel die
ortsübliche Vergleichsmiete anzusetzen (§ 1568a V 3). Unter Umständen kommt auch ein Zeitmietvertrag (§ 575) oder eine sonstige Befristung in Betracht (§ 1568a V 2).

Beispiel 1: Die Eheleute Hans und Hertha Huber werden geschieden. Streitig ist, wer nach der Scheidung in der Ehewohnung bleiben darf, die als Eigentumswohnung Herrn Huber gehört. Da unstreitig die Kinder (6 und 8 Jahre)
in der Obhut von Frau Huber bleiben sollen, möchte sie erreichen, dass ihr
die Wohnung überlassen wird. Wenn dieses Begehren begründet ist, hat sie gegen ihren Mann *zwei Ansprüche*:
– den Anspruch auf Überlassung der Wohnung (§ 1568a I)
– und den Anspruch gegen ihren Mann, mit ihr einen Mietvertrag über die
   Wohnung zu ortsüblichen Bedingungen abzuschließen (§ 1568 V). Denn
   der Mann ist als Eigentümer „die zur Vermietung berechtigte Person".
   Auch dieser Anspruch kann beim Familiengericht geltend gemacht werden.

Beispiel 1a: Wie Beispiel 1, aber: Nicht Herr Huber ist Eigentümer der
Ehewohnung, sondern dessen Mutter. Auch hier hat die Ehefrau zwei Ansprüche:
– gegen ihren Mann auf Überlassung der Wohnung (§ 1568a I);
– gegen die Mutter ihres Mannes auf Mitwirkung beim Abschluss eines Mietvertrages (§ 1568 V); denn in diesem Fall ist die Mutter „die zur Vermietung berechtigte Person".

Beispiel 1b: Wie Beispiel 1, aber: Nicht Herr Huber, sondern Frau Huber
ist alleinige Eigentümerin der Ehewohnung. Auch dann kann sie, wenn Herr
Huber die Wohnung nach der Scheidung nicht freiwillig räumt, von ihm nach
§ 1568a I Überlassung der Wohnung verlangen. Doch bedarf es in diesem Fall
keines Anspruchs aus § 1568 V, da Frau Huber selbst „die zur Vermietung berechtigte Person" wäre.

Beispiel 2: Die Eheleute Karl und Katja Knabl sind Miteigentümer des Einfamilienhauses, in dem sie mit ihren Kindern leben. Nach der Scheidung verlangt Frau Knabl, ihr das Häuschen für sich und die Kinder allein zu überlassen. Auch hier kommen zwei Ansprüche gegen ihren Mann in Betracht:
– auf Wohnungsüberlassung (§ 1568a I) und
– auf Mitwirkung am Abschluss eines Mietvertrages, bei dem sie Mieterin ist,
   zugleich aber zusammen mit ihrem Mann auf der Vermieterseite steht („die
   zur Vermietung berechtigte Person").

531   4. Zeitliche Begrenzung. Die „Ansprüche" auf Eintritt in ein
Mietverhältnis nach § 1568a III und auf Begründung eines solchen

nach § 1568a V erlöschen ein Jahr nach Rechtskraft des Scheidungsbeschlusses, wenn sie nicht zuvor rechtshängig gemacht sind
(§ 1568a VI). Es soll vermieden werden, dass noch unabsehbare Zeit
nach einer Scheidung Streitigkeiten um die Ehewohnung geführt
werden können.

Es überrascht, dass diese Zeitgrenze sich nach dem Gesetz nur auf die miet-
rechtliche Gestaltung, nicht aber auf den Anspruch nach § 1568a I bezieht.
Nach str. Meinung erfasst die Zeitgrenze aber auch den Grundanspruch auf
Überlassung der Wohnung (OLG Bamberg FamRZ 2017, 703).

III. Haushaltsgegenstände

1. Die Regelung des § 1568b. Bei Scheidung können die Ehegatten 532
auch darüber streiten, wer einzelne oder alle Gegenstände des bisher
gemeinsamen Haushalts erhalten soll. Zur Lösung solcher Konflikte
stellt das Gesetz **zwei Ansprüche** zur Verfügung:
– Jeder Ehegatte kann vom anderen unter bestimmten Voraussetzungen verlangen, ihm Haushaltsgegenstände, die beiden gemeinsam
  gehören, zu überlassen und zu übereignen (§ 1568b I).
– Wenn eine solche Überlassung stattfindet, kann der andere eine angemessene Ausgleichszahlung verlangen (§ 1568b III).

Nur die im **gemeinsamen Eigentum der Ehegatten** befindlichen
Haushaltsgegenstände fallen unter diese Regelung. Haushaltsgegenstände, die einem Ehegatten allein gehören, sind kein Thema richterlicher Hausratsteilung. Auf der anderen Seite geht es nicht um die Begründung bloßer Nutzungsrechte: Der Anspruch geht auf **Übergabe
und Übereignung** der betreffenden Sachen.

**2. Der Anspruchs auf Überlassung und Übereignung insbeson- 533
dere.** Voraussetzung ist
– entweder, dass der Antragsteller auf die Nutzung der verlangten
  Gegenstände in stärkerem Maße angewiesen ist als der andere Ehegatte (dabei Rücksicht auf Kindeswohl und eheliche Lebensverhältnisse) oder
– die Überlassung aus anderen Gründen der Billigkeit entspricht.

Der Anspruch richtet sich auf Überlassung „der im gemeinsamen
Eigentum der Ehegatten stehenden Gegenstände". Das ist aber nicht
so gemeint, als müsste der gesamte Hausrat verlangt werden. Der Anspruch kann sich auch auf die Überlassung bestimmter einzelner

Haushaltsgegenstände richten (z. B. Überlassung des Fernsehapparats).

534   **3. Die Miteigentumsvermutung.** Oft wird die Eigentumslage an Haushaltsgegenständen unklar sein. Für die Frage, ob eine Verteilung nach § 1568b stattfinden kann, stellt das Gesetz daher eine Vermutung auf: Während der Ehe angeschaffte Gegenstände „gelten" als gemeinsames Eigentum der Eheleute, wenn nicht das Alleineigentum eines Teils feststeht (§ 1568b II). Auch für Haustiere, die für die Gestaltung des familiären Zusammenlebens angeschafft wurden, gilt die Vermutung (§ 90a S. 3); sie können Gegenstand der Hausratsteilung sein (OLG Schleswig FamRZ 2013, 1984; OLG Nürnberg FamRZ 2017, 513).

IV. Verfahren

535   Verfahren nach §§ 1568a, b gehören als „Ehewohnungssachen" und „Haushaltssachen" zu den Familiensachen (§ 111 Nr. 5, §§ 200–209 FamFG). Zuständig sind also die Familiengerichte (§ 23a I 1 Nr. 1, § 23b I GVG). In Ehewohnungssachen sind auch Dritte, deren Rechte durch die Entscheidung tangiert werden können, zu beteiligen (§ 204 I FamFG), vor allem der Vermieter. Doch ist die materiell-rechtliche Stellung dieser dritten Personen schwach ausgebildet; auf die Zustimmung des Vermieters kommt es nicht an. Verlangt ein Ehegatte eine ihm allein gehörige Sache (z. B. seinen Computer) vom andern heraus, so handelt es sich nicht um ein Verfahren in Haushaltssachen, möglicherweise aber um eine „sonstige Familiensache" nach § 266 I Nr. 3 FamFG, wenn der Konflikt mit der Scheidung im Zusammenhang steht.

Teil II. Das Kindschaftsrecht

1. Kapitel. Die Verwandtschaft

Literatur: *J. C. Scherpe*, FamRZ 2014, 1821.

§ 42. Begriffe

1. Bedeutung der Verwandtschaft. Das Rechtsverhältnis zwischen 536
Eltern und Kindern wird vom BGB als Teil der Rechtsregeln begriffen, die Verwandte miteinander verbinden. Heute macht das Kindschaftsrecht den weitaus größten Teil des Verwandtschaftsrechts aus.
Doch äußert auch die weitere Verwandtschaft vielfältige Rechtswirkungen, die freilich nicht mehr so stark sind wie in früheren Zeiten.
Immerhin unterfällt die Beziehung unter nahen Verwandten dem
Schutz des Art. 6 I GG, wenn tatsächlich engere Beziehungen bestehen, die von familiärer Verbundenheit geprägt sind (BVerfG FamRZ
2014, 1841 Rn. 14 f.). Wie weit dieser Schutz bei konkreten Einzelfragen trägt, ist im deutschen Recht noch nicht stimmig geklärt.

2. Art der Verwandtschaft. Der Art nach unterscheidet man die 537
Verwandtschaft in gerader Linie und die Verwandtschaft in der Seitenlinie. **In gerader Linie** sind Personen miteinander verwandt, deren
eine von der anderen abstammt (§ 1589 S. 1; z. B. Vater – Sohn, Großvater – Enkel etc.). Personen, die zwar nicht in gerader Linie miteinander verwandt sind, aber von derselben dritten Person abstammen, sind **in der Seitenlinie** miteinander verwandt (§ 1589 S. 2; z. B.
Geschwister, auch Halbgeschwister; Vettern; Onkel – Neffe etc.).

Die Verwandtschaft wird auch durch die **nichteheliche Geburt**
vermittelt. Der ursprünglich im BGB enthaltene Satz: „Ein uneheliches Kind und dessen Vater gelten nicht als verwandt" (§ 1589 II
a. F.) ist bereits durch das Nichtehelichengesetz von 1969 beseitigt
worden.

Zur Terminologie: Verwandte in gerader absteigender Linie (Deszendenten:
Sohn/Tochter, Enkel, Urenkel etc.) werden im Gesetz als **„Abkömmlinge"**
bezeichnet. Auch das Wort **„Kind"** bezeichnet im BGB nur das Abstam-
mungsverhältnis als Sohn oder Tochter ohne Rücksicht auf das Alter: Der

60-jährige Sohn ist „Kind" seines 80-jährigen Vaters. Der bürgerlich-rechtliche Kindesbegriff unterscheidet sich demnach von dem der Psychologie, aber auch von dem öffentlich-rechtlicher Normen (Art. 6 II GG!), wo er sich auf das Jugendalter bezieht.

538   **3. Grad der Verwandtschaft.** Der Grad der Verwandtschaft bestimmt sich nach der Zahl der sie vermittelnden Geburten (§ 1589 S. 3).

Beispiele: Großvater und Enkel sind in gerader Linie im zweiten Grad miteinander verwandt; Geschwister in der Seitenlinie im zweiten Grad; Onkel und Neffe in der Seitenlinie im dritten Grad; Vettern in der Seitenlinie im vierten Grad.

539   **4. Künstliche Fortpflanzung.** Ist ein Kind mit Hilfe künstlicher Fortpflanzungstechniken gezeugt, so entsteht das Verwandtschaftsverhältnis grundsätzlich zwischen dem Kind und denjenigen Personen, von denen die Keimzellen stammen (genetische Eltern) und wiederum deren Verwandten. Eine Ausnahme von diesem Prinzip gilt gemäß § 1591 für die Mutterschaft: Mutter ist die Frau, die das Kind geboren hat. Das führt in denjenigen Fällen zu einer von der genetischen Abstammung abweichenden Mutterschaft, in denen eine Frau infolge einer Ei- oder Embryonenspende ein genetisch von ihr nicht abstammendes Kind gebiert. Die so begründete Mutterschaft bestimmt auch die weitere Verwandtschaft des Kindes von der Mutterseite.

540   **5. Verwandtschaft durch Adoption.** Abweichend von der genetischen Abstammung können Verwandtschaftsverhältnisse durch die Annahme als Kind gebildet werden. Auch volljährige Personen können adoptiert werden. Um einen Missbrauch des Rechtsinstituts der Adoption zu verhindern, geschieht die Annahme als Kind nach deutschem Recht nicht durch privatrechtlichen Akt, sondern durch einen Gerichtsbeschluss (Dekretsystem, s. → Rn. 882 ff.).

541   **6. Schwägerschaft.** Rechtliche Beziehungen ergeben sich auch zwischen einer Person und den Verwandten ihres Ehegatten (Schwägerschaft, § 1590). Die Rechtswirkungen der Verwandtschaft sind zum Teil auch für Verschwägerte maßgebend. Linie und Grad der Schwägerschaft bestimmen sich nach Linie und Grad der sie vermittelnden Verwandtschaft (§ 1590 I 2). So ist z. B. ein Mann mit der Schwester seiner Frau (Schwägerin) im zweiten Grad der Seitenlinie verschwägert. Die Schwägerschaft besteht nur zwischen einem Verheirateten und den Verwandten seines Ehepartners, nicht aber zwischen den beiderseitigen Verwandten der Ehegatten untereinander (also nicht zwischen der Schwester der Ehefrau und dem Bruder des Ehemannes). Wird die Ehe, durch die die Schwägerschaft begründet wurde, aufgelöst, so dauert das schwägerschaftliche Verhältnis gleichwohl fort (§ 1590 II). Die Schwägerschaft kann auch durch eingetragene Lebenspartnerschaft begründet werden (§ 11 II LPartG).

§ 43. Wirkungen

1. Gesetzliches Erbrecht. Die Verwandtschaft begründet nach 542 Maßgabe einer gestuften Rangfolge ein gesetzliches **Erbrecht** (§§ 1924–1930), von dem der Erblasser freilich durch Testament oder Erbvertrag abweichen kann. Abkömmlinge und Eltern des Erblassers genießen immerhin eine gesicherte erbrechtliche Position in Gestalt des Rechts auf den Pflichtteil (§ 2303).

2. Unterhaltspflichten. Verwandte in gerader Linie schulden im 543 Falle der Bedürftigkeit einander **Unterhalt** (§§ 1601 ff.), so etwa auch der Großvater dem Enkel und umgekehrt der Enkel dem Großvater, wenn dieser seinen Lebensbedarf nicht mehr aus eigenen Mitteln bestreiten kann (→ Rn. 922 ff.).

3. Vormundschaftsrecht. Im Fall der Vormundschaft kommt den 544 Verwandten und Verschwägerten des Mündels eine wichtige Rolle zu. Bei Auswahl eines Vormunds unter gleich geeigneten Personen ist die Verwandtschaft oder Schwägerschaft mit dem Mündel zu berücksichtigen (§ 1779 II 2). Das BVerfG leitet aus Art. 6 I GG ein *Recht der Großeltern* her, als Vormund in Betracht gezogen zu werden, wenn sie mit dem Kind familiär eng verbunden sind (BVerfG FamRZ 2014, 1841 Rn. 14 f.; 2014, 1843 Rn. 11). Im Auswahlverfahren soll das Gericht Verwandte und Verschwägerte des Mündels hören (§ 1779 III), ebenso in wichtigen Angelegenheiten bei Führung der Vormundschaft (§ 1847 S. 1).

4. Sonstige Wirkungen. Im Übrigen sind Verwandtschaft und 545 Schwägerschaft Grund sowohl für **rechtliche Beschränkungen** (Ausschluss des Richters in Sachen seiner Verwandten oder Verschwägerten, § 41 Nr. 3 ZPO, § 22 Nr. 3 StPO; Eheverbote, § 1307) als auch für **Vergünstigungen** (Zeugnisverweigerungsrecht § 52 I Nr. 3 StPO; Auskunftsverweigerungsrecht § 55 StPO; Eidesverweige-

rungsrecht § 61 StPO; s. auch § 383 I Nr. 3, § 384 Nr. 1 ZPO). Im
Strafrecht kommt den „Angehörigen" eine gewisse Sonderstellung
zu (z. B. § 247 StGB: Haus- und Familiendiebstahl); der Kreis der
Angehörigen geht freilich über Verwandte und Verschwägerte hinaus
(§ 11 I Nr. 1 StGB).

2. Kapitel. Einführung in das Kindschaftsrecht

Literatur: *C. Steindorff,* Vom Kindeswohl zu den Kindesrechten, 1994; *M. Lipp/Th. Wagenitz,* Das neue Kindschaftsrecht, 1999; *S. Dölitzsch,* Vom Kindesschutz zu Kindesrechten, 2005; *H. Gummersbach,* Die Subjektstellung des Kindes, 2005; *A. Lorenz,* Kinderrechte und Kinderautonomie, ZKJ 2016, 44 und 84; *H. P. Moritz,* ZKJ 2016, 88. **Rechtsvergleichung:** *D. Schwab/ D. Henrich* (Hrsg.), Entwicklungen des europäischen Kindschaftsrecht, 2. Aufl. 1996.

§ 44. Von der väterlichen Gewalt zu den Rechten des Kindes

546   **1. Römisches und germanisches Recht.** Der Mensch kommt hilflos auf die Welt und bedarf für relativ lange Zeit der Fürsorge, die in allen Kulturen in erster Linie von der Familie, besonders von den Eltern geleistet wird. Die existentielle Abhängigkeit des Kindes bringt Rechtsverhältnisse besonderer Prägung hervor, die starkem geschichtlichen Wandel unterworfen sind. Das römische und das germanische Recht stellten die Macht des Vaters über die Kinder (patria potestas, Munt) als Wesenselement heraus. Der junge Mensch ist eingebunden in den Verband der Familie, über die das Familienoberhaupt herrscht. Noch der Schwabenspiegel (um 1270) verzeichnet das Recht des Vaters, seine Kinder im Falle der Not zu verkaufen. Auch nachdem solche Rechtssätze unter dem Einfluss des Christentums überwunden waren, blieb die Hausherrschaft des Vaters das bestimmende Strukturprinzip: Der Vater übte eine weithin unkontrollierte Straf- und Züchtigungsgewalt aus, bestimmte die Lebensführung und entschied darüber, wann die Söhne durch Gründung einer eigenen Haushaltung, die Töchter durch Heirat aus der väterlichen Gewalt ausscheiden konnten.

547   **2. Frühe Neuzeit.** Der Obrigkeitsstaat der frühen Neuzeit legte erkennbaren Wert auf die patriarchalische Struktur der Familie. Der

Gehorsam der Kinder gegenüber der väterlichen Autorität erschien als Vorschule zum Untertanengehorsam gegenüber der Obrigkeit (öffentliche Strafen für aufsässige Kinder!). Der Staat übte eine strenge Kontrolle über die häusliche und insbesondere religiöse Erziehung. Die Verantwortung des Hausvaters für ein ehrbares, christliches und obrigkeitstreues Verhalten der Hausgenossen („Frau, Kind und Gesind") wurde zu einem Instrument in der Hand des Polizeistaates, der gegen nachlässige Hausväter mit Strafen vorging. Dabei konnten sich auch Emanzipationseffekte zugunsten der Kinder ergeben, etwa die Klagebefugnis von Söhnen und Töchtern gegen die unbegründete Verweigerung der elterlichen Heiratserlaubnis.

3. Aufklärung. Das Zeitalter der Aufklärung gelangte zu einer 548
neuen Deutung des Kindschaftsverhältnisses. An die Stelle der Herrschaft trat die Sorgepflicht als Grundlage der Beziehung zwischen Eltern und Kind. Die mit der elterlichen Gewalt gegebenen Bestimmungsbefugnisse über die Kinder erschienen in einem neuen Licht, nämlich als bloße Mittel zu dem Zweck, die Kinder zur Selbstständigkeit zu führen. Ausgangspunkt dieser Konzeption waren nicht Vater- oder Elternrechte, sondern die Menschenrechte des Kindes, die mit elterlicher Hilfe zu wahren und zu entfalten sind. Damit sind Kindesrecht und Elternrecht einander gegenüber gestellt. Der somit mögliche Rechtskonflikt zwischen Kind und Eltern setzt Entscheidungs- und Überwachungskompetenzen des Staates voraus. Eine gemäßigte Verwirklichung solcher Grundvorstellungen findet sich vor allem im preußischen Allgemeinen Landrecht von 1794.

4. Einführung eines festen Mündigkeitsalters. Bleibendes Ergeb- 549
nis der aufgeklärten Bestrebungen war die Einführung eines festen Mündigkeitsalters, mit dessen Erreichen die elterliche Gewalt automatisch endet. Zwar kannte auch das ältere Recht bestimmte Altersstufen. Ein automatisches Erlöschen der väterlichen Gewalt war aber selbst mit dem Erreichen des 25. Lebensjahres nicht verbunden, es bedurfte darüber hinaus der elterlichen Zustimmung. Regelungen, wonach der volljährig Gewordene *kraft Gesetzes* aus der väterlichen Gewalt ausscheidet, wurden im 19. Jahrhundert eingeführt (etwa durch den französischen Code Civil von 1804: 21 Jahre). Auch das BGB wählte zunächst das vollendete 21. Lebensjahr als Mündigkeitstermin. Seit 1975 tritt die Volljährigkeit mit Vollendung des 18. Lebensjahres ein.

550   **5. Neunzehntes Jahrhundert.** Gegenüber den Bestrebungen der Aufklärung machten sich im 19. Jahrhundert restaurative Tendenzen bemerkbar. Die Familientheorie der Restauration deutete den familiären Innenraum als einen sittlichen und intimen Bereich, der von Rechtskonflikten und staatlicher Einmischung möglichst frei zu halten war. Diese Vorstellung stärkte wiederum die Autorität des Ehemannes und Vaters als Garant der Einheit und Geschlossenheit der Familie und wendete sich gegen staatliche Kontrolle. Zugleich wurde die Substanz der Eltern-Kind-Beziehung aus dem Rechtsbereich herausgenommen und primär *psychisch-emotional* gedeutet. In der Änderung der Sprachgewohnheiten (Ansprache der Eltern mit „Du" statt dem förmlichen „Ihr") fand dieser Wandel einen sinnfälligen Ausdruck.

551   **6. Zwanzigstes Jahrhundert.** Einen grundlegenden Wandel erfuhr das Kindschaftsrecht im 20. Jahrhundert.

a) Die Einführung der Gleichberechtigung der Frau auf allen Gebieten des Rechts erwies sich als starker Motor der Reformen. Die Mutter trat nun gleichberechtigt neben den Vater als Inhaberin der elterlichen Sorge und Verantwortung. Die Gleichberechtigung ermöglicht zugleich den rechtlich ausgetragenen Konflikt zwischen den Eltern in Angelegenheiten der Erziehung.

b) In den modernen Gesellschaften tritt der Staat als Instanz der Erziehung, Ausbildung und Jugendhilfe zunehmend in Erscheinung. Familiäre und außerfamiliäre Erziehung ergänzen sich und konkurrieren miteinander. Für die Rechtspositionen des Kindes hat folglich das Öffentliche Recht (Jugendschutz, Jugendhilfe, Schulrecht) wachsende Bedeutung gewonnen.

c) Der intime Charakter des Eltern-Kind-Verhältnisses hat sich als bleibend erwiesen. Im Hinblick darauf ist die fortschreitende Bedeutung des öffentlichen Erziehungs- und Ausbildungssystems nicht bloß als Funktionsverlust der Familie zu deuten. Vielmehr bietet gerade die Elternfamilie schwer ersetzbare Bedingungen für eine persönlichkeitsbildende Individualerziehung.

d) Persönlichkeit und Rechte des Kindes bilden, anknüpfend an die Gedanken der Aufklärung, den gedanklichen Ausgangspunkt der Rechtsreformen. Der junge Mensch erscheint als Träger eines Anspruchs auf Schutz und Erziehung, der sich gegen Staat und Gesellschaft richtet, aber auch die Deutung des Eltern-Kind-Verhältnisses prägt. Elterliche Bestimmungsbefugnisse erscheinen als bloße Mittel, deren Einsatz nur so weit gerechtfertigt erscheint, als das Ziel der Pflege und Erziehung des Kindes es erfordert.

7. Grundlegende Reformgesetze. Die Theorie der Kindesrechte 552 kennzeichnet unser heutiges Familienrecht. Sie stand an der Wiege des **Gesetzes zur Neuregelung der elterlichen Sorge** vom 18.7.1979, das den Pflichtcharakter des Elternrechts stark hervorhob. Auf diesem Gesetz beruht die terminologische Ersetzung des Begriffs „elterliche Gewalt" durch „elterliche Sorge". Auch das **Kindschaftsrechtsreformgesetz** vom 16.12.1997 ist der Idee des Kindesrechts verpflichtet. So wird zum ersten Mal in der deutschen Rechtsentwicklung dem Kind selbst ein eigenes Recht auf Umgang mit seinen Eltern gesetzlich garantiert (§ 1684 I). Auf Sicherung und Förderung der Kindesrechte zielt auch die **UNO-Konvention über die Rechte des Kindes** vom 20.11.1989 ab, der die Bundesrepublik zugestimmt hat (BGBl. 1992 I S. 121). S. auch das Europäische Übereinkommen vom 25.1.1996 über die Ausübung von Kinderrechten (BGBl. 2001 II S. 1074).

§ 45. Die elterliche Verantwortung

Literatur: *D. Reuter,* Elterliche Sorge und Verfassungsrecht, AcP 192 (1992), 107; *M. Jestaedt,* Kindesrecht zwischen Elternverantwortung und Staatsverantwortung; Brühler, Schriften zum Familienrecht Bd. 19, 65; *G. Britz,* JZ 2014, 1069; FamRZ 2015, 793; *S. Hammer,* FF 2014, 428; *S. Heilmann,* NJW 2014, 2904.

1. Das Eltern-Kind-Verhältnis. Das Rechtsverhältnis des Kindes 553 zu seinen Eltern durchläuft zwei Phasen. Bis zur Volljährigkeit des Kindes trifft die Eltern eine gesteigerte Verantwortung für das Kind; im Mittelpunkt steht die elterliche Sorge für den noch unselbstständigen jungen Menschen. Mit Erreichen des Mündigkeitsalters geht die Eltern-Kind-Beziehung in ein allgemeines verwandtschaftliches Verhältnis über, zeigt aber auch hier noch erhebliche Nachwirkungen der elterlichen Verantwortung, besonders wenn der Volljährige noch bei den Eltern lebt (s. § 1603 II 2) oder noch keine wirtschaftliche Eigenständigkeit erlangt hat.

2. Elterliche Verantwortung. Das Verhältnis zwischen den Eltern 554 und dem minderjährigen Kind ist von der in Art. 6 II GG umschriebenen Rechts- und Pflichtenlage geprägt: Die Eltern sind „zuvörderst" verpflichtet und zugleich berechtigt, ihre Kinder **zu pflegen und zu erziehen.** Diese Aussage scheint sich nur auf die Funktionen der elterlichen Sorge zu beziehen, greift aber weiter. Das elterliche Sorgerecht ist zwar das wichtigste, aber nicht das einzige Feld, auf dem sich die elterliche Verantwortung verwirklicht. Hinzu kommt weiterhin das Recht und die Pflicht, mit dem Kind Umgang zu pflegen ("Umgangsrecht") und die Pflicht, die Existenz des Kindes wirtschaftlich sicherzustellen (Unterhalt). Dass jeden Elternteil eine letzte Verantwortung für das Kind trifft, auch wenn er kein Sorgerecht innehat, zeigt das Recht jedes Elternteils, von dem anderen Auskunft über die persönlichen Verhältnisse des Kindes zu verlangen (§ 1686). Die elterliche Verantwortung bildet folglich den Oberbegriff für mehrere Pflichtenkreise.

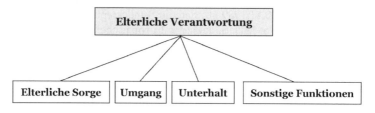

555   **3. Elterliche Sorge.** Die elterliche Sorge für das minderjährige Kind gliedert sich in Funktionen auf:

a) Die Eltern sorgen für das leibliche Wohl und die gesunde äußere Entwicklung des Kindes (**Pflege,** Art. 6 II 1 GG, § 1631 I BGB).

b) Sie fördern die geistige und seelische Entwicklung des Kindes, um es zu Selbstständigkeit, Fähigkeit zum sozialen Leben und wirtschaftlicher Eigenständigkeit hinzuführen (**Erziehung,** Art. 6 II 1 GG, 1631 I BGB).

Pflege und Erziehung werden unter dem Begriff **Personensorge** zusammengefasst (§ 1626 I 2).

c) Die Eltern nehmen die Vermögensinteressen des Kindes wahr und verwalten insbesondere sein Vermögen im Kindesinteresse (**Vermögenssorge,** § 1626 I 2).

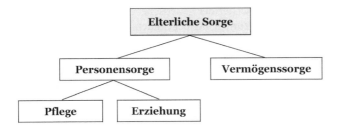

4. Elternrecht und Verfassung. a) Die Garantie des Elternrechts 556
durch **Art. 6 II GG** sieht die Rechtsstellung der Eltern in einer starken Pflichtbindung. Recht und Pflicht sind zwei Seiten derselben Sache: Pflege und Erziehung sind das natürliche Recht der Eltern und
die zuvörderst ihnen obliegende Pflicht, über deren Erfüllung die
staatliche Gemeinschaft wacht. Nach der Interpretation des BVerfG
garantiert Art. 6 II GG den Vorrang, die Eigenständigkeit und Selbstverantwortlichkeit der Eltern bei Pflege und Erziehung ihrer Kinder
im Sinne eines klassischen Grundrechts. Das Elternrecht beruht auf
dem Grundgedanken, dass in aller Regel den Eltern das Wohl des
Kindes mehr am Herzen liegt als irgendeiner anderen Person oder Institution (BVerfGE 61, 358, 371). Das Elternrecht ist daher Freiheitsrecht und gewährt Abwehrrechte gegen staatliche Eingriffe, die nicht
durch das staatliche Wächteramt gedeckt sind (BVerfGE 24, 119, 138).
Art. 6 II GG schützt auch die freie Entscheidung der Eltern darüber,
wie sie ihrer natürlichen Elternverantwortung gerecht werden wollen
(BVerfGE 24, 119, 143; 61, 319, 347; FamRZ 1999, 285, 287). Über
den Charakter als Freiheitsrecht hinaus stellt Art. 6 II GG eine Richtlinie für staatliches Handeln dar (BVerfG NJW 1995, 1342, 1343).
Art. 6 II GG verbürgt nicht nur das Sorgerecht, sondern die elterliche
Verantwortung insgesamt. Daher ist auch das Recht jedes Elternteils,
mit dem Kind Umgang zu pflegen, von der Verfassungsgarantie umfasst (BVerfG FamRZ 1993, 662; 1995, 86; 2008, 845, Rn. 74).

b) Wie heute selbstverständlich sind auch Mutter und Vater eines 557
nichtehelichen Kindes Träger des Elternrechts und der Elternverantwortung. In diesem Zusammenhang misst das BVerfG dem Gesetzgeber die Aufgabe zu, bei der Ausgestaltung des Elternrechts den unterschiedlichen Lebenssituationen Rechnung zu tragen (BVerfG
FamRZ 2003, 285, 287). Die Anerkennung der Vaterschaft begründet
eine verfassungsrechtlich geschützte Elternschaft selbst dann, wenn

der Anerkennende weder der genetische Vater ist noch eine sozial-familiäre Beziehung zum Kind begründet hat (BVerfG FamRZ 2014,
449 Rn. 97). Auch der **leibliche Vater,** der (noch) nicht rechtlich als
solcher anerkannt ist, steht unter dem Schutz des Art. 6 II 1 GG, soweit es um sein Interesse geht, die Möglichkeit der rechtlichen Anerkennung seiner Vaterschaft zu erhalten; ihm muss die Möglichkeit eröffnet werden, die rechtliche Vaterposition zu erlangen, wenn der
Schutz der familiären Beziehung des Kindes zu seiner „sozialen Familie" dem nicht entgegensteht (BVerfG FamRZ 2003, 816, 818,
→ Rn. 584). Hingegen kommt der sozial-familiären Beziehung für
sich gesehen nicht die Elternqualität des Art. 6 II GG zu (BVerfG
FamRZ 2013, 521, 524 f.; wohl aber fällt sie unter den Schutz der Familie nach Art. 6 I GG).

558   **5. Rechte des Kindes.** Die Kinder stehen den Eltern als **Träger eigener Menschenwürde und eigener Persönlichkeitsrechte** gegen-
über (BVerfG 24, 119, 144). Aus Art. 6 II 1 GG leitet das BVerfG
auch ein **Recht des Kindes auf Pflege und Erziehung durch seine
Eltern** ab (BVerfG FamRZ 2008, 845, Rn. 72; 2013, 521 Rn. 41;
2014, 449 Rn. 103). Elternrecht ist Grundrecht und Grundpflicht zugleich („dienendes Grundrecht", BVerfGE 59, 360, 376; 61, 358, 372).
Die verfassungsrechtliche Garantie des Elternrechts setzt voraus, dass
die Eltern bereit und in der Lage sind, ihr Erziehungsrecht zum Wohl
des Kindes wahrzunehmen; nur unter dieser Voraussetzung kann davon ausgegangen werden, dass der mit dem Elternrecht verbundenen
Verantwortung entsprochen wird (BVerfGE 56, 363, 382; 61, 358,
372). Daraus folgt zugleich ein **verfassungsrechtlicher Schutzan-
spruch des Kindes** gegenüber seinen Eltern: Das Kind hat nach
Art. 2 I, II 1 i. V. m. Art. 6 II 2 einen **Anspruch auf den Schutz des
Staates,** wenn die Eltern ihrer Pflege- und Erziehungsverantwortung
nicht gerecht werden oder wenn sie ihrem Kind den erforderlichen
Schutz und die notwendige Hilfe aus anderen Gründen nicht bieten
können (BVerfG FamRZ 2017, 524 Rn. 39).

559   **6. Das staatliche Wächteramt.** a) Über die Betätigung der elterlichen Verantwortung wacht die staatliche Gemeinschaft (**Art. 6 II 2
GG**). Der Grundrechtsschutz des Art. 6 II 1 darf nur für ein Handeln
in Anspruch genommen werden, das bei weitester Anerkennung der
Selbstverantwortlichkeit der Eltern noch als Pflege und Erziehung
gewertet werden kann, nicht für das Gegenteil: die Vernachlässigung
des Kindes. Das Wächteramt des Staates resultiert aus dem Anspruch

des Kindes als Grundrechtsträger auf staatlichen Schutz (→ Rn. 558).
Richtpunkt der staatlichen Kontrolle ist das Wohl des Kindes
(BVerfGE 59, 360, 376 und öfter). Doch hat der Staat bei Ausübung
des Wächteramtes dem grundsätzlichen Vorrang der Eltern Rechnung zu tragen: Nicht jedes Versagen oder jede Nachlässigkeit berechtigt dazu, die Eltern von der Pflege und Erziehung auszuschalten
oder gar selbst diese Aufgabe zu übernehmen (BVerfGE 24, 119,
144 f.; FamRZ 2017, 524 Rn. 43). Es gehört nicht zur Ausübung des
staatlichen Wächteramts, gegen den Willen der Eltern für eine best-
mögliche Förderung der Fähigkeiten des Kindes zu sorgen (BVerfG
FamRZ 2014, 1270 Rn. 21; FamRZ 2015, 112 Rn. 23; BGH FamRZ
2016, 1752 Rn. 28). Der Staat darf seine eigenen Vorstellungen von einer gelungenen Kindererziehung grundsätzlich nicht an die Stelle der
elterlichen Vorstellungen setzen (BVerfG FamRZ 2015, 112 Rn. 29).
Für Eingriffe in das Elternrecht gelten die Grundsätze der Erforderlichkeit und Verhältnismäßigkeit (BVerfGE 7, 320, 323; → Rn. 801).
Unterstützende Maßnahmen sind, soweit möglich und ausreichend,
Eingriffen in die elterliche Sorge vorzuziehen (BVerfGE 60, 79, 93;
FamRZ 2017, 534 Rn. 43).

b) Eine besondere Akzentuierung erfährt das Elternrecht in **Art. 6**   560
III GG: Gegen den Willen der Erziehungsberechtigten dürfen Kinder
nur aufgrund eines Gesetzes und nur dann **von der Familie getrennt**
werden, wenn die Erziehungsberechtigten versagen oder wenn die
Kinder aus anderen Gründen zu verwahrlosen drohen. Um eine
Trennung des Kindes von seinen Eltern zu rechtfertigen, muss das elterliche Fehlverhalten ein solches Ausmaß erreichen, dass das Kind
bei den Eltern in seinem körperlichen, geistigen oder seelischen
Wohl nachhaltig gefährdet wäre (BVerfG FamRZ 2014, 1270 Rn. 21;
2015, 112 Rn. 23; 2016, 22 Rn. 17). Eine nachhaltige Gefährdung setzt
voraus, dass bereits ein Schaden des Kindes eingetreten ist oder eine
gegenwärtige Gefahr in einem solchen Maße besteht, dass sich bei ihrer weiteren Entwicklung eine erhebliche Schädigung mit ziemlicher
Sicherheit voraussehen lässt (BVerfG FamRZ 2014, 907 Rn. 18; 2014,
1772 Rn. 25; FamRZ 2017, 524 Rn. 44). Die Trennung der Kinder
von den Eltern stellt nach Auffassung des BVerfG den stärksten Eingriff in das Elternrecht dar und darf „nur im äußersten Fall" erfolgen
(BVerfG FamRZ 2014, 1270 Rn. 38). Sie unterliegt strenger, über die
gewöhnlichen Maßstäbe hinausgehender verfassungsgerichtlicher
Kontrolle. Der Verhältnismäßigkeitsgrundsatz ist strikt zu beachten
(BVerfG FamRZ 2014, 1266 Rn. 28 ff.; 2014, 1270 Rn. 19 ff.; 2016,

439 Rn. 12). Bei Gefahrenabwägung sind auch die schädigenden Folgen einer Trennung des Kindes von den Eltern und einer Fremdunterbringung zu berücksichtigen (BVerfG FamRZ 2014, 1270 Rn. 31). Andererseits ist der Staat bei einer drohenden nachhaltigen Kindeswohlgefährdung auch **verpflichtet, das Kind** im äußersten Fall **von seinen Eltern zu trennen** oder eine Trennung aufrechtzuerhalten (BVerfG FamRZ 2017, 524 Rn. 42). Die familiengerichtliche Entscheidung in konkreten Fällen gleicht oft einer schwierigen Gratwanderung zwischen übermäßigem Eingriff und Verweigerung lebensnotwendiger Hilfe.

561 **7. Trennung und Scheidung der Eltern.** Die Elternrechtsgarantie geht zunächst von dem Regelfall aus, dass das Kind mit den Eltern in einer Familiengemeinschaft zusammenlebt und Mutter und Vater das Kind gemeinsam pflegen und erziehen (BVerfGE 31, 194, 205). Doch hebt das Getrenntleben der Eltern oder ihre Scheidung das Elternrecht nicht auf. Wenn sich freilich geschiedene Eltern nicht über die Ausübung der Elternsorge einigen können, so ist der Staat befugt, über den Ausgleich der widerstreitenden Elterninteressen zu entscheiden. Bei der Gestaltung des Sorgerechts in solchen Fällen ist der Staat nicht an die strengen Voraussetzungen gebunden, die sonst für einen Eingriff in das elterliche Sorgerecht vorliegen müssen (BVerfGE 61, 358, 374). Sind sich die getrennten oder geschiedenen Eltern über die Ausübung des Sorgerechts hingegen einig, so gelten die allgemeinen Schranken für staatliche Eingriffe; der Staat kann nur intervenieren, soweit das Wohl des Kindes gefährdet ist.

§ 46. Einheitliches Kindschaftsrecht

Literatur: *M. Löhnig/A. Gietl/M. Preisner,* Das Recht des Kindes nicht miteinander verheirateter Eltern, 3. Aufl. 2010. **Geschichte:** *A. Leineweber,* Die rechtliche Beziehung des nichtehelichen Kindes zu seinem Erzeuger in der Geschichte des Privatrechts, 1978; *S. Buske,* Fräulein Mutter und ihr Bastard. Eine Geschichte der Unehelichkeit in Deutschland 1900–1970, 2004; *D. Schwab,* JAmt 2006, 549; *S. Hähnchen,* JZ 2015, 708.

562 **1. Die Problematik.** Das Kindschaftsrecht war herkömmlich zweigeteilt: Zunächst regelte das Gesetz das Recht des ehelichen Kindes als die vorausgesetzte Normalität, dann wurden die Rechtsverhältnisse des nichtehelichen Kindes als Besonderheit angefügt. Diese Konzeption hat der deutsche Gesetzgeber mit den seit 1.7.1998 gel-

tenden Reformgesetzen zugunsten eines einheitlichen Kindschaftsrechts aufgegeben: Die einzelnen Regelungsbereiche sind nun für
alle Kinder im Prinzip einheitlich gestaltet. Der Begriff „nichteheliches Kind" kommt im Gesetz gar nicht mehr vor, das Gesetz behilft
sich mit Umschreibungen (Kind, dessen Eltern „bei Geburt des Kindes nicht miteinander verheiratet" sind, § 1626a I). Gleichwohl ergibt
sich auch innerhalb dieses einheitlichen Rechts *bei bestimmten Einzelfragen* das Bedürfnis für unterschiedliche Regelungen.

2. Die frühere Benachteiligung nichtehelicher Kinder. In der 563
Schaffung des einheitlichen Kindschaftsrechts kommt eine grundlegende historische Umwertung zum Ausdruck. Die europäische
Rechtsgeschichte zeigt uns die unehelichen Kinder als stark benach-
teiligte Personen. Ihre geminderte Rechtstellung geht auf kirchliche
Bestrebungen zurück, die monogame Ehe als einzig legitime Ge-
schlechtsverbindung durchzusetzen. Seit dem Mittelalter wurde die
rechtliche Verbindung des nichtehelichen Kindes zu seinem Vater gelöst und seine Rechtsstellung allgemein stark gemindert. Zum Teil
wurden dem Kind sogar die Rechte der mütterlichen Verwandtschaft
versagt (noch das preußische Allgemeine Landrecht von 1794). Von
kirchlichen und weltlichen Ämtern, von qualifizierten Berufen und
von Zünften waren nichtehelich Geborene weithin ausgeschlossen.

3. Die Konzeption des BGB. Die moderne Entwicklung setzt mit 564
der Aufklärung ein. Die Idee der staatsbürgerlichen Gleichheit bedingte im Rahmen des öffentlichen Rechts die Gleichstellung von
ehelich und nichtehelich Geborenen. Trotzdem verbesserte sich die
familien- und erbrechtliche Stellung der Nichtehelichen nur langsam.
Das BGB in seiner ursprünglichen Fassung trennte Kind und Vater
durch eine Fiktion: „Ein uneheliches Kind und dessen Vater gelten
nicht als verwandt" (§ 1589 II). Gleichwohl war der Vater zum Unterhalt des Kindes verpflichtet. Im Verhältnis zur Mutter und ihren
Verwandten wurde das Kind wie ein eheliches behandelt, doch wurde
die Mutter für unfähig gehalten, die volle elterliche Sorge auszuüben;
sie erhielt nur ein tatsächliches Personensorgerecht, während die gesetzliche Vertretung und die Vermögenssorge einem Vormund übertragen wurden.

4. Das Verfassungsgebot des Art. 6 V GG. Das Inkrafttreten des 565
Grundgesetzes musste ein neues Kindschaftsrecht nach sich ziehen,
doch erscheint die Entwicklung auffällig verzögert. Das Verfassungs-

gebot des Art. 6 V GG hätte den Gesetzgeber veranlassen müssen, alsbald auch die familienrechtliche Stellung der nichtehelichen Kinder grundlegend zu reformieren. Nach dieser Bestimmung sind den „unehelichen" Kindern durch die Gesetzgebung die gleichen Bedingungen für ihre leibliche und seelische Entwicklung und ihre Stellung in der Gesellschaft zu schaffen wie den ehelichen Kindern. Das BVerfG stellte alsbald klar, dass es sich um ein bindendes Verfassungsgebot an den Gesetzgeber handelt (BVerfGE 8, 210, 216). Bei jeder Regelung, die zwischen ehelichen und nichtehelichen Kindern unterscheidet, ist zu prüfen, ob es für die Ungleichbehandlung überzeugende Gründe gibt, und selbst dann ist sie nach Möglichkeit anderweit auszugleichen (BVerfGE 85, 80). Ein weiterer verfassungsrechtlicher Impuls zu grundlegenden Reformen ging von **Art. 6 II GG** aus: Das BVerfG erkennt auch den Vater eines nichtehelichen Kindes als Träger des Elternrechts an (BVerfGE 92, 158) und begrenzt auch aus dieser Sicht die Gestaltungsmöglichkeiten des Gesetzgebers.

566   **5. Das Nichtehelichengesetz von 1969.** Der Verfassungslage zum Trotz blieb der Gesetzgeber lange säumig. Erst ein Monitum des BVerfG (BVerfGE 25, 167) bildete den Anlass für das Nichtehelichengesetz vom 19.8.1969, das eine Verbesserung für die nichtehelichen Kinder bedeutete, aber auf halbem Wege stehen blieb. Der grundlegende Unterschied zwischen ehelichen und nichtehelichen Kindern blieb bestehen, der Verfassungsauftrag des Art. 6 V GG sollte durch eine gewisse Annäherung ihrer Rechtsstellung erfüllt werden. So wurden im Verhältnis zum Vater die Rechtsbeziehungen des Kindes gestärkt, vor allem sein Unterhaltsanspruch. Das Kind erhielt auch nach dem Vater und seiner Verwandtschaft ein gesetzliches Erbrecht, das aber in der Regel nicht durch dingliche Teilhabe am Nachlass, sondern durch einen bloß schuldrechtlichen Erbersatzanspruch verwirklicht wurde. Die sorgerechtliche Stellung der Mutter wurde insbesondere dadurch verbessert, dass die obligatorische Vormundschaft abgeschafft wurde. Nun hatte also die Mutter die elterliche Sorge inne, in der Regel aber beschränkt durch eine Amtspflegschaft für bestimmte Angelegenheiten, in denen man den Müttern kein hinreichendes Durchsetzungsvermögen zutraute (Feststellung der Vaterschaft, Unterhalt, Erb- und Pflichtteilsrechte des Kindes). Begrifflich ging das Gesetz vom Terminus „unehelich" zu „nichtehelich" über, während im GG selbst weiterhin von „unehelichen" Kindern die Rede ist.

6. Impulse des BVerfG. Die durch das Nichtehelichengesetz ge- 567
schaffene Lage blieb nach verbreiteter Auffassung hinter den Postula-
ten der Verfassung zurück. Impulse für eine neue Gesetzgebung gingen von Entscheidungen des Bundesverfassungsgerichts aus (z. B.:
BVerfGE 84, 168 betreffend den Verlust der elterlichen Sorge der
Mutter bei Ehelicherklärung des Kindes durch den Vater; BVerfGE
92, 158 betreffend Rechtsstellung des nichtehelichen Vaters bei der
Adoption seines Kindes). Die daran anknüpfenden Reformvorstel-
lungen folgten dem Gedanken, dass auch das nichteheliche Kind ein
„Recht auf beide Eltern" hat und die Position des nichtehelichen Vaters seinem Elternrecht entsprechen muss.

7. Die Reformgesetze 1997/1998. Aus dieser rechtspolitischen 568
Stimmungslage heraus sind die im Jahre 1998 in Kraft getretenen Reformgesetze mit breiter parlamentarischer Zustimmung entstanden.
Der Gesetzgeber hat an die Stelle eines Gesamtkonzepts den Weg
mehrerer Einzelgesetze gewählt:

a) Das **Kindschaftsrechtsreformgesetz** vom 16.12.1997 führte ein
einheitliches Kindschaftsrecht auf den Gebieten der elterlichen Sorge,
des gegenseitigen Umgangs von Eltern und Kind, des Abstammungsrechts, des Namensrechts und des Adoptionsrechts ein.

b) Das **Beistandschaftsgesetz** vom 4.12.1997 beseitigte das Rechtsinstitut der gesetzlichen Amtspflegschaft für nichteheliche Kinder.
Nunmehr kann für die Bereiche der Feststellung der Vaterschaft und
der Geltendmachung von Unterhaltsansprüchen die Beistandschaft
des Jugendamts *beantragt* werden. Im Unterschied zur früheren
Amtspflegschaft ist die neue Amtsbeistandschaft für den sorgeberechtigten Elternteil freiwillig.

c) Das **Kindesunterhaltsgesetz** vom 6.4.1998 zielte auf eine er-
leichterte Geltendmachung und Durchsetzung der Unterhaltsansprüche des Kindes ab und wird gleichfalls vom Gedanken des einheitlichen Kindschaftsrechts geprägt.

d) Das **Erbrechtsgleichstellungsgesetz** vom 16.12.1997 stellte eheliche und nichteheliche Kinder erbrechtlich völlig gleich. Die bisherigen Sondervorschriften für die Erbfolge im Verhältnis von nichtehe-
lichem Vater und Kind und den jeweiligen Verwandten sind ersatzlos
gestrichen.

3. Kapitel. Die Abstammung

Literatur: *T. Helms,* Die Feststellung der biologischen Abstammung, 1999; *T. Helms,* Rechtliche, biologische und soziale Elternschaft – Herausforderungen durch neue Familienformen (Gutachten F zum 71. Deutschen Juristentag), 2016; *T. Helms/J. Kieninger/Chr. Rittner,* Abstammungsrecht in der Praxis, 2010; *H. F. Gaul,* FamRZ 1997, 1441; *B. Heiderhoff,* FamRZ 2008, 1901; FamRZ 2010, 8; *D. Schwab,* FamRZ 2008, 23; *T. Helms,* FamRZ 2010, 1 und StAZ 2014, 225; *D. Coester-Waltjen,* FamRZ 2013, 1693; *S. Arnold,* JR 2015, 235; *A. Dutta,* JZ 2016, 845; *M. Wellenhofer,* FamRZ 2016, 1333. Rechtsprechungsberichte: *W. Keuter,* FamRZ 2015, 799; 2016, 945; 2017, 769; *M. Wellenhofer,* NZFam 2016, 741. Rechtsvergleichung: *A. Spickhoff et al.,* Streit um die Abstammung, ein europäischer Vergleich, 2007. S. auch vor → Rn. 620.

§ 47. Einführung

569   **1. Genetische Abstammung und rechtliche Zuordnung.** Die Abstammung ordnet das Kind seinen Eltern zu, damit zugleich der Verwandtschaft, die durch die Eltern vermittelt wird. Die Abstammung hat also eine grundlegende, statusbegründende Funktion. Die Rechtsordnung knüpft die Abstammung grundsätzlich an die genetische Herkunft an: Das Kind soll dem Mann und der Frau zugeordnet werden, aus deren Keimzellen sich sein Leben gebildet hat. Doch ist das nur die allgemeine Zielrichtung, von der die gesetzlichen Regelungen im Detail abweichen. Um das Abstammungsrecht zu verstehen, muss man daher die *genetische Beziehung* von der *rechtlichen Zuordnung* unterscheiden: Es kann durchaus vorkommen, dass ein Mann ein Kind zeugt, das rechtlich einem anderen zugeordnet wird und bleibt (Beispiel: Das von einer Ehefrau geborene Kind stammt nicht von ihrem Ehemann, sondern von ihrem Liebhaber; wird die eheliche Abstammung nicht angefochten, so fallen leibliche und rechtliche Vaterschaft dauerhaft auseinander). Das Gesetz toleriert solche Abweichungen im gewissen Umfang mit Rücksicht auf den Willen und die Interessen der Beteiligten (Rechtssicherheit, Familienfrieden, Wohl des Kindes). Die Abstammung im rechtlichen Sinn ist zwar auf die „natürliche" ausgerichtet, aber von ihr zu unterscheiden, weil das Ziel nicht vollkommen erreicht werden kann und manchmal auch nicht soll.

Die Aussagen des Gesetzes über Vaterschaft und Mutterschaft sind im rechtlichen Sinne zu verstehen. Wenn § 1592 sagt „Vater eines Kindes ist der

Mann, der ...", so wird unter den dort genannten Voraussetzungen die Vaterschaft *rechtlich* begründet, auch wenn *faktisch* ein anderer Mann der Vater ist.

2. Korrektur der rechtlichen Zuordnung, Recht auf Kenntnis 570
der Abstammung. Das mögliche Auseinanderfallen von genetischer
und rechtlicher Zuordnung verlangt nach der Möglichkeit von Korrekturen. Als Instrument hierfür dient die Anfechtung der Vaterschaft durch Antrag beim Familiengericht (→ Rn. 590). Darüber hinaus ergibt sich die Frage, ob das Kind ein Recht auf Kenntnis seiner
wirklichen genetischen Herkunft hat und ob auch den rechtlichen
oder potenziellen genetischen Eltern ein rechtliches Instrument zur
Verfügung steht, um die genetische Abstammung eines Kindes klären
zu lassen (→ Rn. 629).

3. Soziales Eltern-Kind-Verhältnis. Das Leben eines Menschen 571
kann es mit sich bringen, dass auch ohne biologische Abstammung
oder rechtliche Zuordnung ein psychisches Eltern-Kind-Verhältnis
entsteht, etwa wenn ein Kind bei Pflegeeltern aufwächst oder als
Baby im Krankenhaus verwechselt und einer „falschen Mutter" übergeben wurde. Wir sprechen dann von psychischer oder sozialer Elternschaft. Diese Art des Eltern-Kind-Verhältnisses wird bei der
rechtlichen Zuordnung des Kindes zunächst außer Acht gelassen:
Nicht das seelische Eltern-Kind-Verhältnis, sondern die genetische
Abstammung bestimmt die rechtliche Zuordnung. Doch muss das
Recht bei der Regelung konkreter Fragen des Kindschaftsrechts auf
die **Realität der gewachsenen Bindungen** Rücksicht nehmen (vgl.
die Probleme der Familienpflege und der Stieffamilie, → Rn. 751, 757).

§ 48. Mutterschaft

Literatur: *A. Röthel/B. Heiderhoff* (Hrsg.), Regelungsaufgabe Mutterstel-
lung: Was kann, was darf, was will der Staat?, 2016.

Seit der Kindschaftsrechtsreform von 1998 enthält das BGB eine 572
Definition der Mutterschaft: Mutter ist die Frau, die das Kind geboren hat (§ 1591). Zu dieser Aussage sah sich der Gesetzgeber veranlasst, nachdem es durch die Techniken künstlicher Fortpflanzung
möglich geworden ist, dass eine Frau ein genetisch nicht von ihr abstammendes Kind zur Welt bringt (Eispende, Embryonenspende, s.
→ Rn. 609). Zuvor war es streitig gewesen, wer in diesem Fall als
Mutter anzusehen sei. Die Klärung in § 1591 bedeutet: Es gibt keine

„gespaltene Mutterschaft", Mutter im Rechtssinne ist einzig die Gebärende. Es gibt auch keine Möglichkeit, deren Mutterschaft anzufechten. Über die Mutterschaft kann auch nicht durch Vereinbarungen zwischen der Eispenderin und der Gebärenden disponiert werden.

Das Gesetz zum Ausbau der Hilfen für Schwangere und zur Regelung der vertraulichen Geburt vom 28.8.2013 (BGBl. I S. 3458; in Kraft seit 1.5.2014) sieht ein Verfahren vor, nach dem eine Frau **anonym** gebären kann. Eine derartige „vertrauliche Geburt" ändert nichts an der Abstammung, wohl aber hat sie Auswirkungen auf die elterliche Sorge. Dazu *E. Becker,* FS Brudermüller, 2014, 1; *T. Helms,* FamRZ 2014, 609, 613. Zu den weiteren Fragen künstlicher Fortpflanzung → Rn. 620. Zum Recht des Kindes auf Kenntnis seiner Abstammung → Rn. 629.

§ 49. Vaterschaft

I. Übersicht

573   Bei der Vaterschaftszurechnung ergeben sich auch nach heutigem Recht noch Unterschiede bei ehelichen und nichtehelichen Kindern. Sind die Eltern bei Geburt miteinander verheiratet, so wird das Kind dem Ehemann ohne weiteres zugeordnet, während beim nichtehelichen Kind besondere Akte erfordert sind. § 1592 erklärt denjenigen Mann zum Vater eines Kindes

1. der zum Zeitpunkt der Geburt mit der Mutter verheiratet war, oder
2. der die Vaterschaft anerkannt hat,
3. oder dessen Vaterschaft gerichtlich festgestellt ist.

Die Zurechnungen nach § 1592 Nr. 1 und 2 können durch die Anfechtung der Vaterschaft wieder beseitigt werden (§ 1599 I, §§ 1600 ff.). Im Anfechtungsverfahren wird derjenige als Vater vermutet, dessen Vaterschaft nach § 1592 Nr. 1 oder 2 „besteht" (§ 1600c I), doch kann die Vermutung widerlegt werden. Solange aber nicht rechtskräftig festgestellt ist, dass der betreffende Mann als Vater des Kindes ausscheidet, sind die Vaterschaftszuweisungen des § 1592 Nr. 1 und 2 maßgeblich.

Das gilt auch, wenn die Frage der Abstammung als **Inzidentfrage** in anderen Verfahren, etwa einem Unterhaltsprozess, eine Rolle spielt, z. B. wenn es vor Anfechtung der Vaterschaft um den Betreuungsunterhalt der geschiedenen

Mutter geht (BGH FamRZ 1985, 51). Doch lässt die Rechtsprechung in besonderen Fällen auch eine Inzidentfeststellung der Vaterschaft zu, → Rn. 618).

Die drei Zurechnungsgründe schließen sich gegenseitig aus. Ist **574** z. B. der Ehemann der Kindesmutter nach § 1592 Nr. 1 als Vater anzusehen, dann kann, solange nicht dessen Vaterschaft rechtskräftig angefochten ist, nicht ein anderer Mann wirksam die Vaterschaft anerkennen (§ 1594 II, Ausnahme § 1599 II). Auch die gerichtliche Feststellung der Vaterschaft nach § 1592 Nr. 3 setzt voraus, dass keine Vaterschaft aus den vorher genannten Gründen besteht (§ 1600d I). Es empfiehlt sich folglich, bei einer Prüfung der Vaterschaft die Reihenfolge der Zurechnungsgründe in § 1592 einzuhalten.

II. Vaterschaft kraft Ehe

1. Grundsatz. Für das Bestehen der Vaterschaft eines Ehemannes **575** genügt die Tatsache, dass er im Zeitpunkt der Geburt des Kindes mit der Mutter verheiratet war (§ 1592 Nr. 1). Es gilt nach wie vor der Satz des römischen Rechts „pater is est, quem nuptiae demonstrant" (Digesten 2,4,5). Zweck der Regel ist es, den Status des in einer Ehe geborenen Kindes auf eine verlässliche Grundlage zu stellen. Für eine Anerkennungserklärung des Ehemannes ist kein Raum. Die Ehe muss gültig geschlossen sein; dass ein Aufhebungsgrund besteht, schadet nicht. Hingegen vermag der Tatbestand einer „Nicht-Ehe" (→ Rn. 62) die Vaterschaft nicht zuzuordnen.

2. Vorehelich geborene Kinder. Maßgebend ist der Zeitpunkt der **576** Geburt, nicht der Zeitpunkt des Eintritts der Schwangerschaft. Ein Kind, das *vor* der Eheschließung geboren ist, wird dem Ehemann also nicht kraft § 1592 Nr. 1 zugerechnet. Vielmehr erfolgt die Zuordnung der Vaterschaft in solchem Fall nach § 1592 Nr. 2 oder 3. Die nachfolgende Eheschließung verändert den Status des Kindes nicht.

Das Rechtsinstitut der **Legitimation durch nachfolgende Ehe,** durch die das Kind den Status eines ehelichen Kindes seiner Eltern erlangte, ist durch die Reform des Kindschaftsrechts zum 1.7.1998 abgeschafft. Doch hat die nachfolgende Heirat der Kindeseltern nach wie vor eine wichtige Konsequenz: Mit der Heirat erhalten die Eltern automatisch das gemeinsame Sorgerecht für das Kind (§ 1626a I Nr. 2). Das ist vor allem für die Fälle bedeutsam, in denen die Mutter zunächst gemäß § 1626a III die Sorge allein ausübte.

3. Nachehelich geborene Kinder. Ist das Kind nach Scheidung **577** oder Aufhebung der Ehe geboren, so wird es dem Ehemann nicht

kraft Ehe zugerechnet, und zwar auch dann nicht, wenn es noch
während bestehender Ehe gezeugt wurde. Für ein Kind, das relativ
kurze Zeit vor der Ehescheidung gezeugt wurde, ist nach Auffassung
des Gesetzes die Vaterschaft des Ehemannes unwahrscheinlich. Natürlich kann der Ehemann auch in solchen Fällen der Vater sein,
doch erfolgt dann die Vaterschaftszurechnung nach § 1592 Nr. 2
oder 3. Entscheidend ist der Zeitpunkt der Rechtskraft des Schei-
dungs- oder Aufhebungsbeschlusses: Ist das Kind auch nur einen
Tag vor Eintritt der Rechtskraft geboren, so gilt noch die Zurechnung kraft Ehe. Keine Rolle spielt das Getrenntleben der Eltern:
Auch ein Kind, das z. B. ein Jahr nach der Trennung der Eltern geboren wurde, wird dem Ehemann gemäß § 1592 Nr. 1 zugerechnet, solange dessen Vaterschaft nicht erfolgreich angefochten ist.

578   **4. Tod des Ehemanns.** Besonderheiten gelten für den Fall, dass das
Kind geboren wird, nachdem die Ehe durch Tod des Ehemannes aufgelöst ist. Hier weicht das Gesetz mit gutem Grund von der strikten
Ausrichtung am Geburtszeitpunkt ab, weil in solchen Fällen die
Wahrscheinlichkeit durchaus gegeben ist, dass das Kind vom Ehemann stammt. Die Regeln des § 1593 zielen daher darauf ab, die Zurechnung kraft Ehe auf diejenigen Kinder zu erweitern, die während
bestehender Ehe gezeugt, aber erst nach dem Tod des Vaters geboren
sind. Zu diesem Zweck arbeitet das Gesetz mit einer **Empfängniszeit**: Ein Kind, das innerhalb von 300 Tagen nach dem Tod des Ehemannes geboren ist, wird dem Verstorbenen noch kraft Ehe zugerechnet (§§ 1593 S. 1, 1592 Nr. 1). Steht fest, dass das Kind mehr als
dreihundert Tage vor seiner Geburt empfangen wurde, dann ist dieser
erweiterte Zeitraum maßgebend (§ 1593 S. 2).

Es kann vorkommen, dass nach den genannten Regeln ein Kind **kraft Ehe
gleichzeitig zwei Vätern** zugerechnet werden müsste, wenn nämlich die Mutter alsbald nach dem Tod des ersten Ehemannes eine neue Ehe eingeht. **Beispiel:** Der erste Ehemann verstirbt am 15.8.2016, am 9.1.2017 heiratet die Ehefrau erneut, am 15.3.2017 wird das Kind geboren. Diesem wird der erste
Ehemann gemäß § 1593 S. 1, der zweite Ehemann gemäß § 1592 Nr. 1 als Vater
kraft jeweiliger Ehe zugerechnet. Das Gesetz löst den Konflikt durch den
Vorrang des neuen Ehemannes, nur er ist als Vater des Kindes anzusehen
(§ 1593 S. 3). Wird freilich die Vaterschaft des neuen Ehemannes erfolgreich
angefochten, so gilt die Zurechnung an den früheren Ehemann gemäß § 1593
S. 1 (§ 1593 S. 4).

579   **5. Vaterschaftsanerkennung vor Rechtskraft der Scheidung.**
Eine weitere Ausnahme von der strikten Orientierung am Zeitpunkt

der Geburt macht das Gesetz in den Fällen, in denen das Kind zwar noch vor Rechtskraft des Scheidungsbeschlusses geboren wurde, aber gleichwohl ein Dritter die Vaterschaft anerkennen will (§ 1599 II). Da ein solcher Eingriff in die durch Ehe vermittelte Zurechnung problematisch erscheint, versucht das Gesetz, die Ausnahmeregelung in Grenzen zu halten. Damit ein während der Ehe geborenes Kind nicht dem Ehemann zugerechnet wird, müssen folgende Voraussetzungen erfüllt sein:

a) Das Kind ist *nach Anhängigkeit des Scheidungsantrags,* aber *vor Rechtskraft des Scheidungsbeschlusses* geboren.

b) Ein anderer Mann erkennt die Vaterschaft an, und zwar spätestens bis zum Ablauf eines Jahres nach Rechtskraft des Scheidungsbeschlusses. Die Anerkennung ist auch schon während bestehender Ehe möglich (§ 1599 II 1 Hs. 2/Nichtgeltung des § 1594 II), ferner auch schon vor Geburt des Kindes (§ 1594 IV). Die Anerkennung bedarf in solchen Fällen neben den sonst nötigen Zustimmungen auch der Zustimmung des Ehemannes (§ 1599 II 2); auch diese kann schon vor Geburt des Kindes erklärt werden (§ 1599 II 2 mit § 1594 IV). Die Anerkennung wird frühestens mit Rechtskraft des Scheidungsbeschlusses wirksam (§ 1599 II 3).

Um die komplizierte Regelung zu verstehen, muss man ihren **580** Zweck begreifen. Kinder, die zwar während bestehender Ehe, aber in Scheidungsnähe geboren werden, stammen in der Regel nicht mehr vom Ehemann ab. Bliebe es ausnahmslos bei der Zurechnung kraft Ehe, so würden solche Kinder auf jeden Fall dem Ehemann zugewiesen, auch wenn dies evident falsch ist und sogar ein Dritter sich als wirklicher Vater bekennt; eine Korrektur der Zurechnung würde an sich ein erfolgreiches Anfechtungsverfahren voraussetzen. Um den Beteiligten ein solches Verfahren zu ersparen, schränkt § 1599 II die Zurechnung kraft Ehe unter den genannten Voraussetzungen ein. Ist der Tatbestand des § 1599 II 1 gegeben, so entfällt die Vaterschaft des Ehemannes, einer Anfechtung bedarf es nicht. Fehlt hingegen eines der Erfordernisse, so besteht die Vaterschaft des Ehemannes nach § 1592 Nr. 1.

Zu den Problemen des § 1599 II: *B. Veit,* FamRZ 1999, 902; *G. Wagner,* FamRZ 1999, 7.

Beispiel: Die Ehe der Meisels ist gescheitert, sie leben seit über einem Jahr getrennt. Frau Meisel unterhält schon seit geraumer Zeit eine Beziehung zu Herrn Nachtmann. Nach Ablauf des Trennungsjahres stellt Frau Meisel

Scheidungsantrag. Drei Monate später wird ihre Tochter Sabine geboren, einen Monat darauf wird die Ehe geschieden. Sabine ist noch bei bestehender Ehe geboren, also würde sie grundsätzlich Herrn Meisel nach § 1592 Nr. 1 zugerechnet; die Zuordnung zu ihrem wirklichem Vater Nachtmann würde die erfolgreiche Anfechtung der Vaterschaft Meisels und sodann die Vaterschaftsanerkennung oder -feststellung Nachtmanns voraussetzen. Die Notwendigkeit eines Anfechtungsverfahrens will das Gesetz aber vermeiden, sofern Nachtmann die Vaterschaft bis spätestens ein Jahr nach Rechtskraft der Scheidung anerkennt. Er kann dies sogar schon während bestehender Ehe tun. Also kann wie folgt verfahren werden: Herr Nachtmann erkennt die Vaterschaft schon vor rechtskräftiger Scheidung an, wozu er allerdings die Zustimmung von Herrn Meisel braucht. Geschieht dies, so wird die Anerkennung mit Rechtskraft des Scheidungsbeschlusses wirksam: Sabine hat dann von diesem Augenblick an (§ 1594 I!) nicht mehr Herrn Meisel, sondern Herrn Nachtmann zum Vater.

III. Vaterschaft kraft Anerkennung

581 **1. Voraussetzungen.** Die Anerkennung der Vaterschaft (§ 1592 Nr. 2, §§ 1594–1598) geschieht durch einseitige, formbedürftige, aber nicht empfangsbedürftige Willenserklärung des Mannes, der sich als Vater bekennt. Die Vaterschaftsanerkennung bedarf der Zustimmung der Mutter (§ 1595 I). Die Zustimmung des Kindes ist nur nötig, wenn der Mutter für den Bereich der Abstammung nicht die elterliche Sorge zusteht (z. B. weil sie ihr gemäß § 1666 insoweit entzogen ist oder bei volljährigem Kind).

582 **2. Wirksame Erklärung.** Die Erklärung der Anerkennung muss, um wirksam zu sein, folgenden Anforderungen genügen:

a) Sie muss öffentlich beurkundet sein (§ 1597 I). Zuständig ist der Notar oder das Standesamt (§ 44 I PStG); ferner genügt die Erklärung zur Niederschrift des Gerichts im Kindschaftsprozess (§ 180 FamFG). Ist die Form nicht gewahrt, so ist die Erklärung nichtig (§ 125).

b) Sie kann nicht wirksam unter einer Bedingung oder Zeitbestimmung erfolgen (§ 1594 III).

c) Die Anerkennung kann nicht durch einen Bevollmächtigten erklärt werden (§ 1596 IV).

d) Ist der anerkennende Mann geschäftsunfähig, so handelt für ihn sein gesetzlicher Vertreter, z. B. sein Betreuer, welcher aber der Zustimmung des Betreuungsgerichts bedarf (§ 1596 I 3).

e) Ist der Anerkennende beschränkt geschäftsfähig, so kann er wegen der Höchstpersönlichkeit der Angelegenheit nur selbst anerkennen, bedarf aber der Zustimmung seines gesetzlichen Vertreters (§ 1596 I 1, 2).

f) Die Anerkennung kann nicht wirksam werden, solange die Vaterschaft eines anderen Mannes, etwa kraft Ehe oder kraft Anerkennung, besteht (§ 1594 II; siehe aber die Sonderregel des § 1599 II 1 → Rn. 579).

Ein weiterer Unwirksamkeitsgrund wurde neuestens für „**missbräuchliche Anerkennungen der Vaterschaft**" eingeführt (**§ 1597a I**, Gesetz vom 20.7.2017, BGBl. I S. 2780; dazu *A. Sanders,* FamRZ 2017, 1189). Die Vorschrift verbietet Vaterschaftsanerkennungen, welche „gerade" darauf abzielen, die rechtlichen Voraussetzungen für die erlaubte Einreise oder den erlaubten Aufenthalt des Kindes, der Mutter oder des Anerkennenden bzw. für die Einreise oder den Aufenthalt des Kindes durch dessen Erwerb der deutschen Staatsangehörigkeit zu schaffen (§ 1597a I). Liegen konkrete Anhaltspunkte für einen solchen Missbrauch vor, so hat die beurkundende Stelle das Verfahren auszusetzen und die Entscheidung der Ausländerbehörde einzuholen. Solange das Verfahren ausgesetzt ist, kann die Vaterschaftsanerkennung **nicht wirksam beurkundet** werden (§ 1598 I 2 i. V. m. § 1597a III 1); Gleiches gilt, wenn die Behörde den Missbrauch rechtskräftig festgestellt hat (§ 1598 I 2 i. V. m. § 1597a III 2). Dieselben Gründe führen zur Unwirksamkeit der mütterlichen Zustimmung (§ 1598 I 2 i. V. m. § 1597a IV). Ein Missbrauch liegt selbstverständlich nicht vor, wenn der Anerkennende tatsächlich der leibliche Vater des Kindes ist (§ 1597a V).

3. Zeitpunkt der Anerkennung. Die Anerkennung kann schon **583** **vor Geburt** des Kindes erfolgen (§ 1594 IV). Im weiteren Verlauf unterliegt sie **keiner Frist:** Sie kann auch noch erfolgen, nachdem das Kind volljährig geworden ist. Da sich im Hinblick auf notwendige Zustimmungen der Vorgang hinziehen kann, gibt § 1597 III dem Mann ein Widerrufsrecht, wenn die Anerkennung ein Jahr nach der Beurkundung noch nicht wirksam geworden ist. Form und Modalitäten des Widerrufs entsprechen weitgehend denen der Anerkennungserklärung (§ 1597 III 2).

Die **vorgeburtliche Anerkennung** setzt voraus, dass das Kind schon gezeugt ist. Sie wird frühestens mit der Geburt des Kindes wirksam (BGH FamRZ 2016, 1849 Rn. 29). Streitig ist, ob die pränatale Anerkennung auch dann mit der Geburt wirksam wird, wenn die Mutter nach Anerkennung, aber vor Geburt einen anderen Mann geheiratet hat; die h. M. rechnet in diesem Fall das Kind trotz anderweitiger Anerkennung dem Ehemann zu, dessen Vaterschaft dann nur durch Anfechtung beseitigt werden kann.

584   **4. Zustimmung der Mutter.** Die Vaterschaftsanerkennung bedarf der Zustimmung der Kindesmutter (§ 1595 I). Die Zustimmung der Mutter kann in keinem Fall ersetzt werden; sie hat es also in der Hand, ob der „sich bekennende" Vater zum Ziel kommt oder nicht. Verweigert die Mutter die Zustimmung, obwohl der Anerkennende der wirkliche Vater ist, so bleibt diesem nur die Möglichkeit, seine Vaterschaft durch gerichtliche Feststellung (§ 1592 Nr. 3) zu sichern (→ Rn. 614).

Für die Zustimmungserklärung gelten grundsätzlich die gleichen Regeln wie für die Anerkennung: Sie müssen öffentlich beurkundet werden (§ 1597 I), sind bedingungsfeindlich (§ 1595 III mit § 1594 III) und können nicht durch Bevollmächtigte erklärt werden (§ 1596 IV). Bei fehlender oder beschränkter Geschäftsfähigkeit der Mutter gilt das für die Anerkennung Gesagte (s. § 1596 I 4). Auch ist die Zustimmung schon vorgeburtlich zulässig (§ 1595 III mit § 1594 IV). Eine Frist ist auch hier nicht gesetzt, so dass sich zwischen Anerkennung und Zustimmung ein erheblicher Zeitraum schieben kann.

585   **5. Zustimmung des Kindes.** Diese ist **in der Regel nicht erforderlich.** Nur wenn der Mutter das elterliche Sorgerecht nicht zusteht, sei es allgemein, sei es bezogen auf Abstammungsfragen, muss die Zustimmung des Kindes *zusätzlich* gegeben sein (§ 1595 II).

Für den Fall, dass die Zustimmung des Kindes erforderlich ist, gelten folgende Regeln: Die Zustimmung ist nicht empfangsbedürftig, bedarf der öffentlichen Beurkundung (§ 1597 I), ist bedingungsfeindlich (§ 1595 III mit § 1594 III) und kann nicht durch Bevollmächtigte erklärt werden (§ 1596 IV). Sonderregeln gelten im Falle fehlender oder geminderter Geschäftsfähigkeit: Für das geschäftsunfähige oder das noch nicht 14-jährige Kind kann nur der gesetzliche Vertreter zustimmen. Das Kind, das 14 Jahre alt und beschränkt geschäftsfähig ist, kann nur selbst zustimmen, bedarf aber seinerseits der Zustimmung seines gesetzlichen Vertreters (§ 1596 II).

586   **6. Zustimmung des Ehemannes.** Ausnahmsweise muss auch die Zustimmung des Ehemannes der Mutter hinzutreten, nämlich wenn gemäß § 1599 II durch die Anerkennung die Vaterschaftszurechnung kraft Ehe beseitigt werden soll (§ 1599 II 2).

587   **7. Bestandskraft der Erklärungen.** Da die Erklärungen den Status des Kindes verändern, sind sie mit besonderer Bestandskraft ausgestattet. Anerkennung, Zustimmungen und Widerruf sind nur unwirksam, wenn sie den Erfordernissen der für diese Erklärungen gegebenen besonderen Vorschriften (§§ 1594–1597) nicht genügen (§ 1598 I). Die allgemeinen Unwirksamkeitsgründe für Willenserklärungen und Rechtsgeschäfte kommen nicht zum Zug, z. B. weder

§§ 134, 138 noch §§ 116 ff. Ein nicht ernstlich gemeintes Vaterschafts-anerkenntnis ist also entgegen § 118 voll gültig, selbst arglistige Täuschung des Anerkennenden rechtfertigt keine Anfechtung nach § 123. Um eine fehlerhafte Anerkennung zu beseitigen steht allein das Anfechtungsverfahren nach § 1600 zur Verfügung.

8. Wirksamwerden der Anerkennung. Erst wenn sämtliche erfor- 588 derlichen Erklärungen – Anerkennung und die nötigen Zustimmungen – vorliegen, wird die Anerkennung **wirksam,** dann aber automatisch, d. h. ohne Einschaltung eines Gerichts oder einer Behörde. Die Vaterschaftsanerkennung wird im Geburtenregister vermerkt (§ 27 I PStG), dies ist aber keine Voraussetzung ihrer Wirksamkeit.

9. Zeitpunkt der Wirksamkeit. Den Zeitpunkt der Wirksamkeit 589 des Anerkenntnisses betreffend gibt **§ 1594 I** die Grundregel: Die Rechtswirkungen der Anerkennung können erst von dem Zeitpunkt an geltend gemacht werden, zu dem die Anerkennung wirksam wird, d. h. zu dem alle notwendigen Erklärungen in der vorgeschriebenen Form und mit zulässigem Inhalt vorliegen, es sei denn, dass sich aus dem Gesetz etwas anderes ergibt. Nicht ganz geklärt scheint, was das genau bedeutet. Wenn das Gesetz nur sagen wollte, dass man sich auf die Anerkennung erst berufen kann, wenn ihre sämtlichen Wirksamkeitsvoraussetzungen vorliegen, dann wäre das eine Banalität. Dem Sinn des § 1594 I kommen wir näher, wenn wir die Frage der Rückwirkung ins Auge fassen. Die Vaterschaftsanerkennung hat den Sinn, einer natürlichen Vaterschaft zur rechtlichen Anerkennung zu verhelfen; dann ist der Anerkennende aber Vater nicht erst ab Anerkennung, sondern von Anfang an. § 1594 I beschäftigt sich folglich mit der Frage, ob die anerkannte Vaterschaft **auch für die Zeit vor Wirksamwerden der Anerkennung** geltend gemacht werden kann und zieht hier eine Sperre ein, die nur bei gesetzlichen Ausnahmen überwunden werden soll. Das bedeutet insbesondere, dass elterliche Sorge und gesetzliche Vertretung nicht rückwirkend umgestaltet werden, sondern mit Wirkung ex-nunc. Für die Unterhaltspflichten legt das Gesetz eine Ausnahme fest (§ 1613 II Nr. 2).

IV. Die Anfechtung der Vaterschaft

1. Sinn der Regelung. Nicht immer ist der Mann, dem ein Kind 590 kraft Ehe zugeordnet ist oder der seine Vaterschaft anerkannt hat, der wirkliche Vater. Um das Abweichen der gesetzlichen Vaterschaftszuordnungen von der Realität korrigieren zu können, sieht das Gesetz die Möglichkeit vor, die Vaterschaft bei Gericht anzufechten. Die Anfechtung geschieht durch einen Antrag des Anfechtungsberechtigten beim Familiengericht (§ 23a I Nr. 1 GVG; §§ 111 Nr. 3, 169 Nr. 4 FamFG). Das Verfahren hat die Feststellung zum Ziel, dass der Mann, für den eine Vaterschaft kraft Ehe oder Anerkennung besteht, nicht der Vater des Kindes ist. Da der Status eines Kindes nicht endlos unsicher sein darf, ist die Ausübung des Anfechtungsrechts an Fristen gebunden (§ 1600b).

591 **2. Anfechtungsberechtigte.** Die Befugnis zur Anfechtung (§ 1600 I) haben a) der **Mann,** dem das Kind kraft Ehe oder Vaterschaftsanerkennung zugerechnet wird, b) die **Mutter** und c) das **Kind** selbst. d) Aufgrund einer Entscheidung des BVerfG (FamRZ 2003, 816) ist darüber hinaus auch demjenigen, der **als leiblicher Vater des Kindes** in Betracht kommt, unter bestimmten Voraussetzungen ein Anfechtungsrecht eingeräumt worden. Hingegen sind weder die Eltern des Mannes, für den eine Vaterschaft besteht, noch sonstige Verwandte zur Anfechtung berechtigt. Das ist vor allem für das Erbrecht wichtig: Stirbt z. B. der Mann, für den die Vaterschaft besteht, und hinterlässt mehrere Kinder als gesetzliche Erben, so kann nicht eines der Kinder die Abstammung eines anderen durch Vaterschaftsanfechtung in Zweifel ziehen.

Auch dann, wenn der anfechtende Mann während des Verfahrens stirbt, sind seine Eltern nicht befugt, die Fortsetzung des Verfahrens gemäß § 181 FamFG zu verlangen (BGH FamRZ 2015, 1787; str.).

Durch Gesetz vom 13.3.2008 war die Befugnis zur Vaterschaftsanfechtung unter bestimmten engen Voraussetzungen auch **staatlichen Behörden** zugestanden worden. Die Regelung ist vom BVerfG wegen Verstoßes gegen Art. 16 I, Art. 6 I und II 1 GG für verfassungswidrig erklärt worden (FamRZ 2014, 449; Vorlage BGH FamRZ 2012, 1489). Siehe nun aber → Rn. 582.

592 **3. Anfechtung durch den rechtlichen Vater oder durch die Mutter (§ 1600 I Nr. 1).** Die Anfechtung ist an keine weiteren sachlichen Voraussetzungen gebunden. Weder der Zulässigkeit noch der Begründetheit steht die Tatsache entgegen, dass sich zwischen dem Kind und dem Vater eine persönliche Bindung entwickelt hat, die durch die erfolgreiche Anfechtung abrupt zerstört zu werden droht. Das Kindeswohl wird nicht geprüft.

Die Rspr. verlangt als Voraussetzung der Schlüssigkeit des Anfechtungsantrags einen sog. **Anfangsverdacht,** d. h. der Anfechtende muss Umstände vortragen, die bei objektiver Betrachtung geeignet sind, Zweifel an der Abstammung des Kindes vom rechtlichen Vater zu wecken und die Abstammung von einem anderen Mann als nicht ganz fernliegend erscheinen zu lassen (BGH FamRZ 2005, 340; 2006, 686). Der Anfangsverdacht kann nicht auf **heimliche Vaterschaftstests** gestützt werden, die ohne Zustimmung des Kindes bzw. des Sorgeberechtigten veranlasst wurden (BVerfGE 117, 202; BGH FamRZ 2005, 340; 2008, 501). Doch kann der rechtliche Vater, der anfechten will, zunächst ein Verfahren zur Abstammungsklärung nach § 1598a vorschalten (→ Rn. 631 ff.); ergibt sich hieraus, dass er nicht der genetische Vater sein kann, dann ist zugleich der Anfangsverdacht erhärtet.

4. Anfechtung durch das Kind. Auch das Kind hat ein eigenständiges Anfechtungsrecht, das verfassungsrechtlich verankert ist (BVerfGE 79, 256; 90, 263). In der Regel steht die Anfechtung zu einem Zeitpunkt an, in dem das Kind noch minderjährig ist. Nach § 1600a III kann in solchem Fall nur der gesetzliche Vertreter anfechten. Eine Mitwirkung des Kindes ist selbst dann nicht erforderlich, wenn es schon 14 Jahre alt geworden ist. Freilich ist die Anfechtung durch gesetzliche Vertreter nur zulässig, wenn sie dem Wohl des Kindes dient (§ 1600a IV). **593**

Die Regel des § 1600a III bedeutet praktisch, dass für das minderjährige Kind seine Eltern gemeinsam handeln, wenn gemeinschaftliche elterliche Sorge besteht (vgl. BGH FamRZ 2009, 861), sonst der allein Sorgeberechtigte. Die – etwa nach § 1626a III – allein sorgeberechtigte Mutter kann folglich wählen, ob sie die Vaterschaftsanfechtung im eigenen Namen oder im Namen des Kindes betreiben will. Sie wird das Erstere vorziehen, weil in diesem Fall die Kindeswohlprüfung nach 1600a IV entfällt (eine merkwürdige Regelung!). Das Anfechtungsrecht steht, sofern die Frist gewahrt ist, auch noch dem volljährig gewordenen Kind zu, s. → Rn. 598, 599.

5. Anfechtung durch den potenziellen leiblichen Vater. Diese Befugnis ist durch Gesetz vom 23.4.2004 (BGBl. I S. 598) aufgrund einer Entscheidung des BVerfG (FamRZ 2003, 816) eingeführt worden. Die erfolgreiche Vaterschaftsanfechtung ist in diesem Fall aber nur unter engen Voraussetzungen möglich: **594**

a) Der Mann muss an Eides Statt versichern, der Mutter während der Empfängniszeit „beigewohnt" zu haben (§ 1600 Abs. 1 Nr. 2).

b) Zwischen dem Kind und dem ihm bisher zugeordneten Vater darf nach § 1600 II keine sozial-familiäre Beziehung bestehen (Voraussetzung der Begründetheit, BGH FamRZ 2007, 538, 540). Dabei ist es als sozial-familiäre Beziehung anzusehen, wenn der rechtliche Vater „zum maßgeblichen Zeitpunkt für das Kind tatsächliche Verantwortung trägt oder getragen hat" (§ 1600 III 1). Die Übernahme einer solchen Verantwortung liegt nach § 1600 III 2 in der Regel dann vor, wenn der rechtliche Vater mit der Mutter verheiratet ist oder mit dem Kind längere Zeit in häuslicher Gemeinschaft zusammengelebt hat. Vorausgesetzt ist, dass der rechtliche Vater die tatsächliche Verantwortung für das Kind im Zeitpunkt der Anfechtung *noch trägt* (BGH FamRZ 2007, 538, 541). Ist der rechtliche Vater schon gestorben, so ist entscheidend, ob im Zeitpunkt des Todes eine derartige „sozial-familiäre Beziehung" bestanden hat.

c) Schließlich muss sich der anfechtende Mann als der wirklich leibliche Vater des Kindes erweisen (§ 1600 II).

595 Wichtig ist, den **Zweck der Regelung** zu erfassen.

Die Voraussetzung a) soll verhindern, dass beliebige Männer ohne hinreichenden Anlass Anfechtungsverfahren betreiben und bestehende Familiengemeinschaften stören. Das Erfordernis der Versicherung an Eides statt hält – so ist die Hoffnung des Gesetzes – vor leichtfertig erhobenen Anträgen ab.

Die Voraussetzung b) will die bestehende Familiengemeinschaft schützen: Auch wenn das Kind z. B. nicht vom Ehemann der Mutter abstammt, so hat es in aller Regel in Gemeinschaft mit dem Ehepaar als Kind gelebt und hat im Ehemann seinen psychischen Vater gefunden. Es sollen die gewachsenen sozialen Bindungen des Kindes in der bisherigen Familie geschützt werden (dazu BGH FamRZ 1999, 716). Die Regelung verstößt nicht gegen die EMRK (EGMR FamRZ 2012, 691). Dass keine Ausnahmen zugelassen werden, ist rechtspolitisch umstritten (vgl. *Helms*, FamRZ 2016, 1384).

Die Voraussetzung c) soll verhindern, dass ein Kind durch das Anfechtungsverfahren vaterlos wird. Es kann sich nämlich herausstellen, dass zwar das Kind nicht vom rechtlichen Vater abstammt, aber auch nicht das Kind des Anfechtenden ist. Dann ist die Anfechtung erfolglos und die bisherige Zuordnung bleibt aufrechterhalten.

Beispiel: Eine nicht verheiratete Frau bekommt ein Kind, möchte aber mit dem Vater des Kindes nichts weiter zu tun haben. Mit ihrer Zustimmung erkennt ein anderer Mann, mit dem sie und das Kind gar nicht zusammenleben, die Vaterschaft an. Der so begründeten rechtlichen Vaterschaft dieses Mannes entspricht keine soziale Elternbeziehung. Der wirkliche Vater kann die Vaterschaft des Anerkennenden anfechten.

596 Die sozial-familiäre Beziehung des Kindes zum rechtlichen Vater schließt das Anfechtungsrecht des leiblichen Vaters selbst dann aus, wenn *zuvor* bereits zwischen diesem und dem Kind eine sozial-familiäre Beziehung bestanden hatte. Diese Auffassung ist umstritten, wird aber vom BVerfG als verfassungsmäßig beurteilt (kein Verstoß gegen Art. 6 II GG; BVerfG FamRZ 2014, 191; 2015, 817; dazu *Helms*, FamRZ 2014, 277; auch kein Verstoß gegen Art. 8 und 14 EMRK, EGMR FamRZ 2016, 437).

Beispiel: Eine Ehefrau bringt ein Kind zur Welt, das nicht vom Ehemann stammt. Sie trennt sich vom Ehemann und zieht mit dem Kind zum leiblichen Vater, mit dem sie einige Monate zusammenlebt. Dann versöhnt sie sich mit dem Ehemann und kehrt mit Kind zu ihm zurück. Der leibliche Vater hat nach dem Gesetz nun keine Möglichkeit, die Vaterschaft des Ehemannes anzufechten, weil das Kind jetzt – im Zeitpunkt einer möglichen Anfechtung – mit dem Ehemann zu einer sozial-familiären Beziehung verbunden ist. Die sozial-familiäre Beziehung zum leiblichen Vater, die früher bestanden hatte, ändert daran nichts.

Der **Begriff der sozial-familiären Beziehung** wirft Fragen auf. **Beispiel:** Dem Ehepaar Meister wird ein Kind geboren. Ein Jahr später erfährt Herr Meister, dass in der fraglichen Zeit seine Frau einen Geliebten namens Seiler hatte. Er betreibt erfolgreich ein Scheidungsverfahren, ein Jahr später wird die Ehe geschieden. Herr Meister denkt aber nicht daran, die Vaterschaft anzufechten, zu sehr ist ihm das Kind ans Herz gewachsen; er zahlt auch Unterhalt für das Kind und übt mit der Mutter das Sorgerecht gemeinsam aus. Nun möchte Herr Seiler die Vaterschaft des Herrn Meister anfechten. Besteht eine „sozial-familiäre Beziehung" zwischen dem Kind und Herrn Meister, die nach § 1600 II, III einer erfolgreichen Anfechtung im Wege steht? Verheiratet ist Herr Meister mit der Mutter nicht mehr, er lebt auch nicht mit dem Kind in einem Haushalt zusammen. Doch wird man sagen müssen, dass Herr Meister eine tatsächliche Verantwortung für das Kind trägt. Die tatsächliche Verantwortung für ein Kind kann auch ein Mann tragen, der gleichzeitig in einer anderen Familie lebt (s. den Fall OLG Hamm FamRZ 2016, 1185).

Es kann vorkommen, dass sowohl zum rechtlichen als auch zum leiblichen Vater gleichzeitig eine sozial-familiäre Beziehung besteht. Nach umstrittener Auffassung ist die Anfechtung durch den leiblichen Vater dann nicht ausgeschlossen (OLG Hamm FamRZ 2016, 2135 m. Anm. *M. Reuß*).

6. Anfechtungsfristen. a) Der Anfechtungsantrag muss binnen einer **Frist von zwei Jahren** gestellt werden (§ 1600b I 1). Die Frist beginnt mit dem Zeitpunkt, in dem der Anfechtungsberechtigte von den Umständen erfährt, die gegen die bestehende Vaterschaft sprechen (§ 1600b I 2), jedoch keinesfalls schon vor Geburt des Kindes und bevor die angefochtene Vaterschaftsanerkennung wirksam geworden ist (§ 1600b II 1). **597**

b) Besonderheiten der Fristwahrung gelten für das **Anfechtungsrecht des Kindes.** Das Wissen des gesetzlichen Vertreters wird dem Kind zugerechnet (§ 166 I; BGH FamRZ 2017, 123 Rn. 10). Hat es der gesetzliche Vertreter verabsäumt, rechtzeitig die Anfechtung zu betreiben, dann kann das Kind trotzdem nach Eintritt der Volljährigkeit anfechten. Für den Fristverlauf ist dann der Zeitpunkt maßgebend, in dem das Kind selbst von den die Vaterschaft anzweifelnden **598**

Umständen erfahren hat. Die Frist beginnt frühestens mit Eintritt der Volljährigkeit (§ 1600b III).

Eine entsprechende Regelung gilt, soweit der gesetzliche Vertreter eines geschäftsunfähigen Anfechtungsberechtigten es versäumt hat, rechtzeitig anzufechten (§ 1600b IV).

599   c) Das **Anfechtungsrecht des Kindes lebt erneut auf,** wenn es Kenntnis von Umständen erlangt, aufgrund derer die Folgen der Vaterschaft für es *unzumutbar* werden; die 2-Jahres-Frist beginnt mit diesem Zeitpunkt erneut (1600b VI). Gedacht ist beispielsweise an Fälle, in denen sich der Mann schwerer Verfehlungen gegen das Kind schuldig gemacht oder ein öffentliches Verhalten an den Tag gelegt hat, das den guten Ruf und die Lebenschancen des Kindes gefährdet.

Beispiel: Ein volljähriges Kind erfährt, dass es nicht vom Ehemann der Mutter abstammt. Es lässt die ihm nach § 1600b III gegebene Anfechtungsfrist verstreichen, da es keinen Sinn darin sieht, die gewachsene Verbindung zu zerschneiden. Später erfährt es, dass der Mann einen Tötungsversuch an der Mutter begangen hat. Die Aufrechterhaltung der Kind-Vater-Beziehung ist nun für das Kind unzumutbar geworden, es erhält erneut die Möglichkeit, binnen zwei Jahren die Vaterschaft anzufechten.

600   d) Auch für den **Mann, der seine eigene Vaterschaft geltend machen** will (§ 1600 I Nr. 2), beginnt die Frist zu laufen, sobald er von den Umständen erfährt, die gegen die bestehende Vaterschaft sprechen. Dabei wird der Lauf der Frist nicht dadurch gehindert, dass zwischen dem Kind und dem rechtlichen Vater eine sozial-familiäre Beziehung besteht (§ 1600b I 2 Hs. 2).

Beispiel: Die Ehefrau gesteht ihrem Geliebten Franz, dass nur er der Vater ihres vor einem Jahr geborenen Kindes sein könne, da sie mit ihrem Ehemann in der fraglichen Zeit keinen Geschlechtsverkehr gehabt habe. Spätestens jetzt beginnt für Franz, wenn er die Vaterschaft des Ehemannes anfechten will, die Zwei-Jahres-Frist zu laufen, obwohl er in diesem Zeitpunkt gar nicht anfechten könnte, weil der rechtliche Vater mit der Mutter des Kindes verheiratet ist (§ 1600 III 2).

Auch wenn die sozial-familiäre Beziehung, welche die Anfechtung hindert, nach Ablauf der Anfechtungsfrist beendet wird, lebt das Anfechtungsrecht des angeblichen leiblichen Vaters nicht erneut auf (OLG Karlsruhe FamRZ 2016, 1382 m. krit. Anm. *Helms*).

601   **7. Verfahren.** Für das Anfechtungsverfahren sind die Familiengerichte zuständig (§ 23b I GVG; §§ 111 Nr. 3, 169 Nr. 4 FamFG). Das Verfahren wird durch Antrag eingeleitet. Zu beteiligen sind jedenfalls das betroffene Kind, der rechtliche Vater und die Mutter (§ 172 I FamFG). Einem minderjährigen Beteiligten ist ein Verfahrensbeistand zu bestellen, wenn dies zur Wahrnehmung seiner Interessen erforderlich ist (§ 174 FamFG). Das Gericht ermittelt den Sachverhalt von Amts wegen (§ 26, s. aber § 177 I FamFG). Stirbt ein Beteiligter vor Rechtskraft der Endentscheidung, so wird das Verfahren nur fortgesetzt, wenn ein Beteiligter dies innerhalb eines Monats verlangt (§ 181 FamFG).

Dass auch **nach dem Tod** des Kindes oder des rechtlichen Vaters angefochten werden kann, ist von erheblicher Tragweite: Der rechtliche Vater kann auch noch nach dem Tod des Kindes das Band der Abstammung durchschneiden wie umgekehrt das Kind nach dem Tode des rechtlichen Vaters. Auswirkungen ergeben sich vor allem im Erbrecht.

Wenn ein **Elternteil im Namen des minderjährigen Kindes** anfechten will, ist zu unterscheiden. 602

– Die **materielle Entscheidung,** ob überhaupt im Namen des Kindes angefochten werden soll, treffen der oder die Inhaber der Personensorge (BGH FamRZ 2009, 861 Rn. 30); bei Meinungsverschiedenheit kann nach § 1628 vorgegangen werden.

– Das **Verfahren** betreffend gilt: Der Vater kann gemäß § 1795 II, § 181 i. V. m. § 1629 II 1 im Anfechtungsverfahren das Kind nicht vertreten, ebenso wenig die Mutter, wenn sie mit dem Vater verheiratet ist (§ 1795 I 1,3 i. V. m. § 1629 II 1; BGH FamRZ 2012, 859). In solchen Fällen muss, wenn die Vaterschaft im Namen des Kindes angefochten werden soll, ein Ergänzungspfleger (§ 1909 I 1) bestellt werden. Will die *allein sorgeberechtigte* Mutter eines *nichtehelichen Kindes* in dessen Namen das Anfechtungsverfahren betreiben, so ist der Hinderungsgrund des § 1795 I 1, 3 nicht gegeben (BGH FamRZ 2017, 123 Rn. 13; str.); doch kann ihr bei konkretem Interessengegensatz die Vertretung für das Verfahren entzogen und ein Ergänzungspfleger bestellt werden (§ 1796 i. V. m. § 1629 II 3). Bei *gemeinsamem Sorgerecht* für ein nichteheliches Kind sind nicht nur der Vater, sondern auch die Mutter von der Vertretung im Anfechtungsverfahren ausgeschlossen, es ist ein Ergänzungspfleger einzuschalten (str.). Zu den weiteren **Modalitäten der Anfechtung** s. § 1600a.

8. Begründetheit des Antrags. Der Anfechtungsantrag ist nur 603 dann begründet, wenn zur Überzeugung des Gerichts feststeht, dass der Mann, dem das Kind bisher kraft Ehe oder Anerkennung zugerechnet war, nicht leiblicher Vater des Kindes ist. Das muss bewiesen sein. Auch noch im Anfechtungsverfahren gilt die Vermutung, dass das Kind von dem Mann abstammt, dem es nach § 1592 Nr. 1, 2 bzw. § 1593 zugeordnet ist (§ 1600c I); diese Vermutung muss also widerlegt werden. Bleiben Zweifel, so ist der Antrag abzuweisen. Hingegen muss kein anderer Mann als Vater festgestellt sein (ausgenommen im Fall des § 1600 I Nr. 2, → Rn. 605).

Gemäß § 1600c II gilt die Vaterschaftsvermutung des § 1600c I im Anfechtungsverfahren nicht, wenn der Mann anficht und seine Vaterschaftsanerkennung unter einem **Willensmangel nach § 119 I oder § 123** litt, etwa wenn die Mutter die Anerkennung durch arglistige Täuschung herbeigeführt hat. Steht ein solcher Willensmangel fest, so genügen schwerwiegende Zweifel an der Vaterschaft, um dem Anfechtungsantrag zum Erfolg zu verhelfen.

604   **9. Wirkung der Entscheidung.** a) Die Endentscheidung, die dem Anfechtungsantrag stattgibt, beseitigt die Vaterschaftszurechnung **rückwirkend** auf den Zeitpunkt, in dem sie begründet worden war, bei ehelichen Kindern also rückwirkend auf den Zeitpunkt der Geburt. Es entfallen mit Wirkung von Anfang an („ex-tunc") alle Rechtwirkungen, die mit der angefochtenen Vaterschaft verbunden waren. Frühere Unterhaltsleistungen des vermeintlichen Vaters an das Kind entbehren des rechtlichen Grundes, die frühere Zuerkennung eines gesetzlichen Erbrechts nach dem vermeintlichen Vater oder seinen Verwandten erweist sich als falsch. Es ist dann der Rechtszustand maßgebend, der ohne die Zurechnung kraft Ehe oder ohne die Anerkennung gegeben wäre. Der rechtskräftige Beschluss wirkt, soweit über die Abstammung entschieden wird, für und gegen alle (§ 184 II FamFG).

605   b) Der stattgebende Beschluss gestaltet den Status des Kindes in der Regel **bloß negativ.** Wer der wirkliche Vater ist, wird im Anfechtungsverfahren nicht bindend festgestellt, sondern, wenn nötig, in einem nachfolgenden Vaterschaftsverfahren geklärt. Etwas anderes gilt bei einem **erfolgreichen Anfechtungsantrag des leiblichen Vaters** (§ 1600 I Nr. 2): Hier ist Voraussetzung, dass der Anfechtende als leiblicher Vater feststeht. Der erfolgreiche Antrag hat dann folgerichtig auch die Wirkung, dass die Vaterschaft des Anfechtenden positiv festgestellt ist (§ 182 I FamFG).

10. Folgeansprüche

Literatur zu den Folgeansprüchen: *Chr. Huber,* FamRZ 2004, 145; *M. Löhnig,* FamRZ 2003, 1354; *A. Schwonberg,* FamRZ 2008, 449; *M. Löhnig/ M. Preisner,* NJW 2013, 2080; *A. Erbarth,* NJW 2013, 3478; *C. Schmidt,* NJW 2015, 2693; *R. Frank*, FamRZ 2017, 161; *A. D. Wendelmuth,* FF 2017, 16.

a) Unterhaltsregress gegen den wirklichen Vater. aa) Oft hat der 606
„Scheinvater" lange Zeit **Unterhaltsleistungen an das Kind** erbracht,
die aufgrund der Anfechtung des rechtlichen Grundes entbehren.
Doch wird der Kondiktionsanspruch gegen das Kind regelmäßig an
§ 818 III scheitern (vgl. BGH FamRZ 1981, 30). Den Regress gegen
den wirklichen Vater erleichtert die Vorschrift des § 1607 III 2: Wenn
ein „Dritter als Vater" Unterhalt leistet, geht der Unterhaltsanspruch,
den das Kind gegen den eigentlich unterhaltspflichtigen Vater hat, auf
den Dritten kraft Gesetzes über (→ Rn. 942).

bb) Möglicherweise hat der Scheinvater **der Mutter Betreuungs-** 607
unterhalt geleistet (§ 1570; § 1615 l II 2) und möchte diese Aufwendungen vom wirklichen Vater ersetzt haben. Fraglich ist, ob auch insoweit ein Forderungsübergang nach § 1607 III 2 anzunehmen ist.
Das hat der BGH im Hinblick darauf bejaht, dass auf den Betreuungsunterhalt der Mutter eines nichtehelichen Kindes gemäß
§ 1615 l III 1 die Regeln über den Verwandtenunterhalt Anwendung
finden (BGH FamRZ 2012, 200 Rn. 14). Diese Rechtsmeinung ist
zweifelhaft. Denn § 1607 III 2 bezieht sich ausdrücklich auf den
Fall, dass eine Person *als Vater dem Kind* Unterhalt gewährt hat.
Nach richtiger Ansicht ist der Scheinvater in diesem Fall auf die allgemeinen zivilrechtlichen Anspruchsgrundlagen verwiesen.

cc) Über den Unterhaltsregress hinaus können dem „Scheinvater" 608
gegen den wirklichen Vater **deliktische Ansprüche** zustehen. Die
bloße Ehestörung begründet einen Deliktsanspruch freilich nicht (s.
BGHZ 26, 217; 57, 229). Für einen Anspruch aus § 823 I bedürfte es
der Verletzung eines absoluten Rechtsguts. Die Unterhaltung einer
ehewidrigen Beziehung erfüllt dieses Erfordernis nicht, weil Ehestörungen nicht in den Schutzzweck der deliktischen Haftungstatbe-
stände einbezogen sind (BGH FamRZ 1990, 367, 368 f.; 2013, 939
Rn. 15; → Rn. 150 ff.). In Betracht kommt allenfalls ein Anspruch aus
§ 826, doch wird es beim wirklichen Vater gewöhnlich schon am
Schädigungsvorsatz fehlen. Die Voraussetzungen eines Anspruchs
aus **Geschäftsführung ohne Auftrag** und aus **ungerechtfertigter**
Bereicherung sind in derartigen Fällen gleichfalls zu prüfen, doch
fehlt es in der Regel an den Voraussetzungen. Bei der GoA mangelt
es meist am Willen, ein fremdes Geschäft zu führen.

b) Auskunftsanspruch gegen die Mutter. aa) **Rechtsprechung** 609
des BGH. Wenn dem „Scheinvater", der dem Kind Unterhalt geleistet hat, die Identität des leiblichen Vaters unbekannt ist, verlangt er

häufig entsprechende Aufklärung von der Mutter. Die Familiengerichte gewährten grundsätzlich einen solchen Anspruch aus Treu und Glauben (§ 242): Die Mutter hatte auf Verlangen Auskunft über diejenigen Männer zu geben, die ihr während der Empfängniszeit beigewohnt haben (BGHZ 191, 259 Rn. 17; BGH FamRZ 2013, 939 Rn. 29; 2014, 1440 Rn. 13 ff.). Der Anspruch wurde unter der Voraussetzung gewährt, dass der Scheinvater ohne diese Auskunft sein Recht nicht verfolgen und die Mutter die Auskunft unschwer erteilen kann. Die rechtliche Verbundenheit, welche die Auskunftspflicht rechtfertigt, wurde entweder in der Ehe oder dem familienrechtlichen Verhältnis gesehen, das zwischen Mutter und Scheinvater durch das Zusammenwirken bei der Vaterschaftsanerkennung entstanden ist (BGHZ 191, 259 Rn. 20; BGH FamRZ 2013, 939 Rn. 30 ff.). Dabei wurde gesehen, dass eine solche Auskunftspflicht in das Persönlichkeitsrecht der Mutter eingreift und daher im konkreten Fall der Mutter zumutbar sein muss (BGH FamRZ 2014, 1440 Rn. 15). Doch wiegt nach Auffassung des BGH das Persönlichkeitsrecht der Mutter nicht schwerer als der Anspruch des Scheinvaters auf effektiven Rechtsschutz nach Art. 20 III GG (BGH FamRZ 2012, 200 Rn. 26). Letztlich setzte sich der Auskunftsanspruch gegen das Recht der Mutter auf den Schutz ihrer Intimsphäre durch (s. den Fall BGH FamRZ 2014, 1440).

610   bb) **Korrektur durch das BVerfG.** Nach Auffassung des BVerfG (FamRZ 2015, 729) kann hingegen ein Anspruch, der zur Preisgabe des Intimlebens verpflichtet, um dem Scheinvater den Unterhaltsregress zu ermöglichen, nicht aus der Generalklausel des § 242 hergeleitet werden. Die Familiengerichte überschreiten mit der genannten Judikatur die Grenzen richterlicher Rechtsfortbildung. Dem liegt eine andere Gewichtung der Persönlichkeitsrechte der Mutter zugrunde: Der Schutz der Privat- und Intimsphäre hat einen hohen Rang und umfasst die Selbstbestimmung darüber, ob, in welcher Form und wem Einblick in das eigene Geschlechtsleben gewährt wird. Das schließt Auskunftsansprüche der beschriebenen Art nicht für alle Fälle aus, doch bedarf es einer klaren gesetzlichen Regelung. Bis eine solche geschaffen sein wird, ist die beschriebene Rechtsprechung der Familiengerichte gegenstandslos.

611   c) **Schadensersatzansprüche gegen die Mutter.** aa) **Deliktische Ansprüche** des Scheinvaters gegen die Mutter auf Ersatz der durch die unrichtige Vaterschaftszurechnung entstandenen Schäden sind nur sehr eingeschränkt gegeben. Bei scheinehelichen Kindern wäre ein **Anspruch aus § 823 I** (Recht auf ungestörte Ehe) denkbar, doch steht dem die Auffassung des BGH entgegen, dass Ehestörungen wie etwa der Ehebruch einen innerehelichen Vorgang darstellen und nicht dem Schutzzweck des Deliktsrechts unterfallen (BGHZ 57, 229, 232; BGH FamRZ 2013, 939 Rn. 15). Ein **Anspruch aus § 826** ist nur begründet, wenn der Mutter vorsätzliches sittenwidrig-schädigendes Verhalten zur Last gelegt werden kann. Die Wertung als „sittenwidrig" darf nicht aus der Ehewidrigkeit als solcher gefolgert werden, sondern muss sich auf zusätzliche Bewertungsmaßstäbe stützen („aus eigenständigen Wertungsbereichen", BGH FamRZ 2013, 939 Rn. 17). Das wird bejaht, wenn die Mutter Zweifel des Scheinvaters an der Abstammung des Kindes durch unzutreffende Angaben oder ausdrückliches Leugnen des Treuebruchs zerstreut oder wenn sie ihn sonst durch Täuschung oder Drohung von der Vaterschaftsanfechtung abhält (BGH FamRZ 1990, 367, 369; 2013, 939 Rn. 18). Gleiches gilt, wenn die Mutter eines nichtehelichen Kindes ihren Lebensgefährten durch die Beteuerung, nur er komme als Vater in Frage, zu einer unrichtigen Vaterschaftsanerkenntnis veranlasst. Hingegen begründet der Umstand, dass die Mutter einen Treuebruch, aus dem das Kind stammen könnte, nicht von sich aus offenbart hat (bloßes Verschweigen), keinen Anspruch des Scheinvaters aus § 826 (BGH FamRZ 1990, 367, 369; 2013, 939 Rn. 18).

bb) Ein Schadensersatzanspruch könnte sich **aus allgemeinem** **Leistungsstörungsrecht** (§ 280 I) ergeben, wenn der Schaden (rechtsgrundlose Unterhaltsleistungen) darauf beruht, dass die Mutter schuldhaft ihre Auskunftspflicht nicht erfüllt hat (soweit eine solche Pflicht besteht, → Rn. 609, 582a). Ein derartiger Anspruch könnte nach BGH indes nur zum Zug kommen, wenn der Scheinvater den ihm entstandenen Schaden und den Ursachenzusammenhang mit der Pflichtverletzung darlegen kann. Dies ist so lange nicht der Fall, als die Person des leiblichen Vaters nicht feststeht; denn der Unterhaltsregress nach § 1607 III 2 findet nur in der Höhe statt, in welcher der wirkliche Vater nach seinen Lebensverhältnissen und seiner Leistungsfähigkeit verpflichtet gewesen wäre (in diesem Sinne BGH FamRZ 2013, 939 Rn. 39ff.). 612

d) **Rückforderung von Zuwendungen.** Hat ein Ehemann seiner Frau Vermögenswerte in der irrigen Annahme geschenkt, leiblicher Vater des in der Ehe geborenen Kindes zu sein, so kommt eine An- 613 fechtung der Zuwendung wegen arglistiger Täuschung (§ 123) und somit eine Rückforderung aus § 812 I bzw. § 985 in Frage. Die Täuschung besteht im pflichtwidrigen Verschweigen der Tatsache, dass auch ein anderer Mann der leibliche Vater des Kindes sein kann (BGH FamRZ 2012, 1363 Rn. 26 ff.). In solchen Fällen lässt sich ein Schadensersatzanspruch auch aus § 280 I begründen: Bei den Vertragsverhandlungen über die Schenkung trifft die Mutter eine Offenbarungspflicht über die Möglichkeit, dass das Kind nicht vom schenkenden Ehemann abstammt (§§ 241 II, 311 II Nr. 2); die Pflichtverletzung liegt im Verschweigen dieser Tatsache (OLG München FamRZ 2013, 823). Ein Rückforderungsrecht kann auch aus § 313 I begründet sein, wenn die leibliche Vaterschaft zur Geschäftsgrundlage der Schenkung gemacht geworden ist (BGH FamRZ 2012, 1363 Rn. 21).

V. Die gerichtliche Feststellung der Vaterschaft

614   **1. Antrag auf Feststellung der Vaterschaft; Verfahren.** Besteht keine Vaterschaft kraft Ehe oder Anerkennung (§ 1592 N.1, 2) oder wurde eine solche Vaterschaftszurechnung erfolgreich angefochten, so ist die Vaterschaft durch gerichtliche Entscheidung festzustellen (§ 1600d I). Zuständig ist das Familiengericht zuständig (§ 23a I 1 GVG, §§ 111 Nr. 3, 169 Nr. 1 FamFG). Das Verfahren wird nicht vom Amts wegen, sondern *nur auf Antrag* (§ 171 I FamFG) eingeleitet. Der Antrag geht auf die Feststellung, dass ein bestimmter Mann der leibliche Vater des Kindes und somit als dessen *rechtlicher* Vater anzusehen ist. Wer **antragsberechtigt** ist, wird im Gesetz nicht ausdrücklich geregelt, doch sind dies nach dem Sinn des Verfahrens nur das Kind, die Mutter und der Mann, um dessen Vaterschaft es geht. Im Verfahren gilt das Prinzip der Amtsermittlung. Zum Verfahren §§ 169–185 FamFG.

Vor der Geburt des Kindes ist eine Vaterschaftsfeststellung nach deutschem Recht nicht möglich (BGH FamRZ 2016, 1849 Rn. 28 betr. im Ausland extrakorporal aufbewahrte Embryos).

Die Regelung, wonach es kein Recht des potenziellen Vaters auf Feststellung seiner genetischen Vaterschaft *neben* der rechtlichen Vaterschaft eines anderen Mannes gibt, verstößt nicht gegen das GG (BVerfG FamRZ 2008, 2257).

Zum Ausschluss der Vaterschaftsfeststellung bei Samenspende → Rn. 627.

615   **2. Antrag der Mutter insbesondere.** Hat die Mutter eines nichtehelichen Kindes das Sorgerecht allein inne, so kann sie den Antrag entweder im eigenen Namen oder als gesetzliche Vertreterin im Namen des Kindes (§ 1629 I 3) stellen. Als Inhaberin des Sorgerechts für das Kind ist die Mutter *verpflichtet,* die Klärung der Vaterschaft und die rechtliche Zuordnung des Kindes zum Vater zu betreiben. Unterlässt sie dies, weil sie glaubt, auf den Vater Rücksicht nehmen zu sollen, so kann das Familiengericht zugunsten der Interessen des Kindes eingreifen, z. B. durch Entzug der elterlichen Sorge für die Abstammungsfrage und Bestellung eines Pflegers für diese Aufgabe (§ 1909 I).

3. Begründetheit des Antrags. a) Der beteiligte Mann ist als Vater **616** des Kindes festzustellen, wenn das Kind genetisch unmittelbar von ihm abstammt. Die Ermittlung dieses Sachverhalts geschieht unter Beiziehung von medizinisch-naturwissenschaftlichen Sachverständigen, deren Gutachten zusammen mit sonstigen Erkenntnisquellen die Basis der Vaterschaftsfeststellung oder verbleibender Zweifel hieran bilden (BGH FamRZ 2006, 1745). Das Gericht stellt die Vaterschaft fest, wenn diese nach allen vorliegenden Erkenntnissen und Umständen mit an Sicherheit grenzender Wahrscheinlichkeit anzunehmen ist (vgl. BGH FamRZ 1978, 526; NJW 1991, 2961; 1994, 1348).

Bei den **naturwissenschaftlichen Methoden** für die Vaterschaftsbegutachtung (biostatische DNA-Gutachten; Blutgruppen-Gutachten) haben sich im Verlauf der letzten Jahrzehnte erhebliche Fortschritte ergeben. Die Richtigkeitsgewähr einer Feststellung oder eines Ausschlusses der Vaterschaft erreicht Werte knapp unter 100 %. Näheres in der Richtlinie der Gendiagnostikkommission vom 17.7.2012 (Bundesgesundheitsblatt 2013, 169).

b) Um die Vaterschaftsfeststellung zu erleichtern, stellt das Gesetz **617** eine **Vaterschaftsvermutung** auf: Es wird der Mann als Vater vermutet, der während der für die Zeugung in Betracht kommenden Zeit (Empfängniszeit) Geschlechtsverkehr mit der Mutter hatte (vom Gesetz noch altdeutsch „Beiwohnung" genannt, § 1600d II 1). Als Empfängniszeit ist der Zeitraum vom 300. bis zum 181. Tag vor Geburt des Kindes festgelegt (§ 1600d III 1). Steht fest, dass das Kind außerhalb dieses Zeitraums empfangen wurde, so gilt dieser abweichende Zeitraum (§ 1600d III 2). Die Vermutung wirkt nur, wenn die Beiwohnung in der Empfängniszeit feststeht. Sie ist zudem widerlegbar: Sie gilt nicht, wenn gleichwohl schwerwiegende Zweifel an der Vaterschaft des Mannes bestehen (§ 1600d II 2).

4. Wirkung der feststellenden Entscheidung. Die rechtskräftige **618** Endentscheidung, welche die Vaterschaft des Mannes feststellt, wirkt für und gegen alle (§ 184 I, II FamFG), d. h. auch für und gegen Personen, die nicht am Verfahren teilgenommen haben. Die Entscheidung bildet die Grundlage für die Geltendmachung aller Rechtswirkungen des Kind-Eltern-Verhältnisses, und zwar auch für die Vergangenheit. Freilich können diese Rechtswirkungen erst von dem Zeitpunkt an **geltend gemacht** werden, da der Mann rechtskräftig als Vater festgestellt ist, soweit sich aus dem Gesetz nichts anderes ergibt (§ 1600d IV). Dass die rechtskräftige Feststellung zurückwirkt, ist vor allem für den Unterhaltsregress des Scheinvaters wichtig (→ Rn. 606).

In besonders gelagerten Einzelfällen lässt die Rechtsprechung ein **Unterhaltsregressverfahren** des „Scheinvaters" gegen den mutmaßlichen „Erzeuger" **auch schon vor gerichtlicher Feststellung** von dessen Vaterschaft zu; in diesen Fällen wird die Vaterschaft im Regressverfahren *inzident* geprüft (BGH FamRZ 2008, 1424 Rn. 28 ff.; 2012, 200 Rn. 14 ff.; 2012, 437). Voraussetzung einer solchen Abweichung vom Prinzip des § 1600d IV ist, dass eine gerichtliche Vaterschaftsfeststellung voraussichtlich auf längere Zeit nicht stattfinden wird, z. B. weil die Mutter die Auskunft über den mutmaßlichen leiblichen Vater des Kindes verweigert (s. den Fall BGH FamRZ 2012, 200). Ferner dürfen durch eine solche Verfahrensweise die Interessen des Kindes nicht beeinträchtigt werden. Schließlich muss der „Scheinvater" seine Vaterschaft wirksam angefochten haben (BGH FamRZ 2012, 437).

619   **5. Negative Feststellung.** Es ist auch möglich, beim Familiengericht einen Antrag auf Feststellung des **Nichtbestehens eines Eltern-Kind-Verhältnisses** zu stellen (§§ 111 Nr. 3, 169 Nr. 1 FamFG). Das Rechtsschutzinteresse an einem solchen Antrag hat z. B. ein Mann, dessen Vaterschaft vom Kind oder von dessen gesetzlichen Vertreter öffentlich behauptet wird oder der die Unwirksamkeit einer von ihm erklärten Anerkennung der Vaterschaft geltend macht. Aber auch das Kind und die Mutter können Interesse an einer derartigen negativen Feststellung haben. Die Abweisung eines solchen Antrags setzt sachlich voraus, dass der Mann, um dessen Vaterschaft es geht, als leiblicher Vater des Kindes feststeht. Deshalb spricht das Gericht in der Beschlussformel positiv aus, dass der betreffende Mann als Vater festgestellt ist (§ 182 II FamFG).

VI. Besonderheiten bei der künstlichen Zeugung

Literatur: Siehe vor → Rn. 569, ferner *H. Deichfuß*, Abstammungsrecht und Biologie, 1991; *J. Hager*, Die Stellung des Kindes nach heterologer Insemination, 1997; *A. Wohn*, Medizinische Reproduktionstechniken und das neue Abstammungsrecht, 2001; *U. Wanitzek*, Rechtliche Elternschaft bei medizinisch unterstützter Fortpflanzung, 2002; *A. Bernard,* Kinder machen. Neue Reproduktionstechnologien und die Ordnung der Familie, 2014; *D. Coester-Waltjen et al.* (Hrsg.), „Kinderwunschmedizin" – Reformbedarf im Abstammungsrecht?, 2015; *I. Plettenberg,* Vater, Vater, Mutter, Kind, 2016; *A. Spickhoff,* AcP 197 (1997), 398; *U. Wanitzek,* FamRZ 2003, 730; *H. Büttner,* FS D. Schwab, 2005, 735; *J. Hager,* ebenda, 773; *A. Spickhoff,* ebenda, 923; *Th. Kingreen,* FamRZ 2013, 641; *M. Wellenhofer,* FamRZ 2013, 825; *D. Kaiser,* FS Brudermüller, 2014, 357; *N. Dethloff,* JZ 2014, 922; *E. Schumann,* MedR 2014, 736; *A. Dutta,* JZ 2016, 845; *B. Heiderhoff,* NJW 2016, 2629; *P. M. Reuß,* StAZ 2015, 353; *Chr. Motejl,* FamRZ 2017, 345. Rechtsvergleichung: *A. Spickhoff et al.* (Hrsg.), Streit um die Abstammung, ein europäischer Vergleich, 2007; *A. Dutta/ D. Schwab et al.* (Hrsg.), Künstliche Fortpflanzung und europäisches Familienrecht, 2015; *T. Helms,* StAZ 2013, 114; *ders.,* FF 2015, 234.

1. Methoden künstlicher Fortpflanzung. Fortschritte der Medizin haben Methoden künstlicher Fortpflanzung möglich gemacht, an die bei Schaffung des BGB nicht zu denken war. Hauptsächlich geht es um folgende Techniken:

– **Künstliche Insemination:** Eine Frau wird durch künstliche Zuführung des Samens eines Mannes befruchtet (Befruchtung „in vivo"). Stammt der Samen vom Ehemann, so spricht man herkömmlich von „homologer", andernfalls von „heterologer" Insemination. Die Herkunft des Samens kann bewusst verschleiert werden (anonyme Samenbanken, Verwendung von Samencocktails).

– **Extrakorporale Befruchtung:** Einer Frau wird eine Eizelle entnommen und außerhalb des Körpers befruchtet (Befruchtung „in vitro"). Der so entstandene Embryo wird in die Gebärmutter einer Frau transferiert, und zwar entweder derselben Frau, von der die Eizelle stammt, oder einer anderen Frau; im letzten Fall spricht man von „Eispende", auch „Embryonenspende". Auch hier lassen sich „homologe" und „heterologe" Konstellationen im oben genannten Sinne zu unterscheiden. Doch wird das Begriffspaar in diesem Zusammenhang auch anders verwendet („heterolog", wenn die Eizelle von einer anderen als der gebärenden Frau stammt).

– Es ist zudem möglich, eine auf natürliche Weise befruchtete Eizelle einer Frau zu entnehmen und auf eine andere Frau zu übertragen.

2. Mutterschaft. Mutter im Rechtsinn ist einzig und unanzweifelbar die Frau, die das Kind geboren hat (§ 1591). Mutter ist die Gebärende also auch dann, wenn die – gleichwie befruchtete – Eizelle nicht von ihr stammt (Eispende, Eymbryonenspende). Die Eispenderin als solche hat nach der Konzeption des Gesetzes keinerlei Rechtsbeziehung zu dem Kind, es gibt keine gespaltene Mutterschaft. Es gibt auch kein Verfahren, mit dem die volle und ausschließliche Mutterschaft der Gebärenden angezweifelt werden könnte (keine Mutterschaftsanfechtung).

Mutter ist auch die sogenannte **Ersatzmutter** („Leihmutter"). Das ist nach § 13a des Adoptionsvermittlungsgesetzes die Frau, die bereit ist, sich einer Befruchtung zu unterziehen oder einen nicht von ihr stammenden Embryo auszutragen *und* das sodann von ihr geborene Kind anderen Personen zu überlassen (etwa zur Adoption). Die Vermittlung derartiger Ersatzmütter ist untersagt (§ 13c des Gesetzes). Sämtliche Vereinbarungen der Ersatzmutter, durch die sie sich verpflichtet, das Kind nach der Geburt anderen zu überlassen, sind unwirksam.

622 **3. Vaterschaft.** Grundlegend anders ist die Lage bei der Vaterschaft. Das künstlich erzeugte Kind kann einem Mann kraft Ehe oder kraft Anerkennung zugerechnet sein (§ 1592 Nr. 1, 2), doch hat diese Vaterschaft nur Bestand, wenn sie nicht wirksam angefochten wird. Ein Anfechtungsantrag kann auch darauf gestützt werden, dass der bei einer künstlichen Zeugung verwendete Samen nicht vom Ehemann oder vom Anerkennenden stammt. Hat die Anfechtung Erfolg, so ist der Weg frei für ein Vaterschaftsfeststellungsverfahren mit dem Ziel, denjenigen als Vater festzustellen, von dem das Kind genetisch abstammt.

623 **4. Einschränkung der Vaterschaftsanfechtung.** Es fragt sich, ob ein rechtlicher Vater seine Vaterschaft auch dann anfechten kann, wenn er der heterologen Zeugung **zugestimmt** hat.

Beispiel: Ein Ehemann ist unfruchtbar. Da er und seine Frau sich sehnlich ein Kind wünschen, willigt er darin ein, dass seine Frau sich mit dem Samen eines unbekannten Dritten künstlich befruchten lässt. Nach Geburt des Kindes kommt es zur Entfremdung des Mannes gegenüber seiner Frau. Er ficht die Vaterschaft an.

Die früher streitige Frage ist durch die im Jahre 2002 eingefügte Vorschrift des **§ 1600 IV** entschieden: Wenn das Kind mit Einwilligung des Mannes und der Mutter durch künstliche Befruchtung mittels Samenspende eines Dritten gezeugt worden ist, so kann die Vaterschaft weder durch den Mann noch durch die Mutter angefochten werden. Unberührt bleibt freilich die Anfechtungsbefugnis des Kin-

des. Zur Frage, ob auch dem Samenspender ein Recht zur Anfechtung zusteht → Rn. 624.

Zum obigen Beispiel: Da das Kind mit Einwilligung des Ehemannes und
der Mutter gezeugt wurde, ist das Anfechtungsrecht des Ehemannes ausgeschlossen; auch die Mutter kann die Vaterschaft des Ehemannes nicht anfechten (§ 1600 IV). Das Kind könnte hingegen von seinem Anfechtungsrecht Gebrauch machen.

5. Die Rechtstellung des Samenspenders. a) Grundsätzlich kann **624**
der Mann, mit Hilfe dessen Samenspende ein Kind gezeugt worden
ist, nach § 1600d I als Vater festgestellt werden. Das gilt freilich nicht,
solange die Vaterschaft eines anderen Mannes kraft Ehe oder Anerkennung besteht. Doch öffnet die erfolgreiche Anfechtung der anderweitig bestehenden Vaterschaft den Weg dafür, dass der Samenspender entweder selbst die Vaterschaft anerkennen oder gerichtlich als
Vater festgestellt werden kann. Da die Samenspende als „Beiwohnung" im Sinne des § 1600 I Nr. 2 verstanden wird (FamRZ 2013,
1209 Rn. 14), kann auch der Samenspender selbst diese Anfechtung
betreiben, außer wenn zwischen dem Kind und dem rechtlichen Vater eine sozial-familiäre Beziehung besteht (§ 1600 II).

b) Fraglich ist, ob der Anfechtung durch den Samenspender die **625**
Vorschrift des **§ 1600 IV** entgegenstehen kann. Dagegen spricht der
Wortlaut der Vorschrift, die sich nur auf das Anfechtungsrecht des
rechtlichen Vaters und der Mutter bezieht. Doch nimmt die Rechtsprechung zutreffend an, dass der Samenspender konkludent auf
sein Anfechtungsrecht verzichtet, wenn schon die Zeugung des Kindes auf einer Abrede zwischen ihm, der Mutter und dem Wunschvater beruht (BGH FamRZ 2013, 1209 Rn. 21 ff.). Ist hingegen kein
Wunschvater vorhanden, der einwilligen könnte (z. B. bei einer lesbi-
schen Mutter), so steht dem Anfechtungsrecht des Samenspenders
und der folgenden Feststellung seiner Vaterschaft nichts im Wege
(BGH FamRZ 2013, 1209 Rn. 24 f.)

c) Meist wollen die Samenspender anonym bleiben. Eine Garantie **626**
hierfür kann ihnen aber nach geltendem deutschem Recht nicht gegeben werden. Das Kind hat aufgrund seines allgemeinen Persönlich-
keitsrechts einen **Anspruch** aus § 242 gegen den Arzt (bzw. die Einrichtung für Reproduktionsmedizin) **auf Auskunft** über die Identität
des Samenspenders (BGH FamRZ 2015, 642).

Der BGH deutet den Vertrag zwischen den rechtlichen Eltern des Kindes
und dem Arzt, der die Insemination durchführt, als **Vertrag mit Schutzwir-**

kung zugunsten des Kindes (BGH FamRZ 2015, 642 Rn. 14). Den Auskunftsanspruch haben auch minderjährige Kinder, die dann von ihren Eltern vertreten werden (BGH FamRZ 2015, 642 Rn. 22). In konkreten Fällen ist nach BGH zu prüfen, ob dem Arzt die Auskunft zumutbar ist; hierbei können die durch die ärztliche Schweigepflicht geschützten Belange des Samenspenders berücksichtigt werden; doch kommt im Rahmen dieser Abwägung der Rechtsposition des Kindes erhebliches Gewicht zu (BGH FamRZ 2015, 642 Rn. 49 ff.). Auf das Auskunftsrecht des Kindes können die Eltern nicht verzichten (BGH FamRZ 2015, 642 Rn. 63; OLG Hamm FamRZ 2013, 637). Vereitelt der Arzt, der die künstliche Fortpflanzung durchführt, die Feststellbarkeit der genetischen Vaterschaft, so kann er dem Kind wegen Eingriffs in dessen Persönlichkeitsrecht **schadensersatzpflichtig** werden (§ 823 I).

627 d) Im Interesse von Samenspendern und Wunscheltern ist für die Zeugung eines Kindes durch heterologe Samenspende eine ab 1.7.2018 geltende Sonderregelung geschaffen (Gesetz zur Regelung des Rechts auf Kenntnis der Abstammung bei heterologer Verwendung von Samen vom 17.7.2017, BGBl. I S. 2513). Das Gesetz enthält genaue Vorgaben für **ärztlich unterstützte künstliche Befruchtungen** mit Hilfe heterologer Samenspende, die in bestimmten Einrichtungen durchgeführt werden. Die Geburt eines so gezeugten Kindes ist an das „Deutsche Institut für Medizinische Dokumentation und Information" (DIMDI) zu melden, das die betreffenden Daten für die Dauer von 110 Jahren in ein Samenspenderregister einträgt. Wird so verfahren, dann kann der **Samenspender nicht als Vater** dieses Kindes **festgestellt** werden (§ 1600d IV neu); damit ist eine gerichtliche Vaterschaftsfeststellung nach § 1600d ausgeschlossen. Wohl aber hat das Kind einen Anspruch auf **Auskunft** aus dem Samenspenderregister. Nach Vollendung des 16. Lebensjahres kann das Kind den Anspruch nur selbst geltend machen (§ 10 I 2 des Gesetzes); vorher kann es der gesetzliche Vertreter im Namen des Kindes. Hingegen besteht kein Anspruch des Samenspenders auf Auskunft über die Identität des mit seinem Samen gezeugten Kindes, auch kein Anspruch der Mutter auf Auskunft über die Identität des Samenspenders.

Bei dieser Regelung ist Folgendes zu beachten:
– Der Ausschluss der Vaterschaftsfeststellung ist nur vorgesehen, wenn bei der künstlichen Befruchtung die Voraussetzungen des genannten Gesetzes eingehalten wurden. Bei Zeugung durch anderweitige Samenspende (z. B. durch Befruchtung ohne ärztliche Unterstützung mittels „Becherspende") gilt das in → Rn. 624–626 Gesagte.
– Hat das künstlich gezeugte Kind aufgrund seines Auskunftsanspruches erfahren, wer sein wirklicher Vater ist, so fragt sich, ob es nun die Vaterschaft

seines rechtlichen Vaters anfechten kann. Die rechtlichen Eltern können es
nach § 1600 IV nicht. Über das Anfechtungsrecht des Kindes ist im Gesetz
nichts gesagt.
– Tritt das Kind, das aufgrund seines Auskunftsanspruchs die Identität des
Samenspenders erfahren hat, an diesen heran, so entsteht m. E. unter den
Voraussetzungen des § 1686a dessen Recht auf Umgang mit dem Kind.
Das Kind ist allerdings nicht verpflichtet, nach Erhalt der Auskunft den Sa-
menspender zu kontaktieren.

6. Unterhaltspflicht des Wunschvaters. Es gibt Fälle, in denen der 628
Plan eines Paares, mit Hilfe des Samens eines Dritten eine gemeinsame rechtliche Elternschaft zu begründen, fehlschlägt. Das ist z. B.
der Fall, wenn der „Wunschvater" später, nachdem das Kind geboren
ist, entgegen der Absprache nicht mehr bereit ist, die Vaterschaft
anzuerkennen. Dann fragt sich, ob er nicht gleichwohl für den Unterhalt des Kindes einzustehen hat. Die Rspr. stützt einen solchen Anspruch auf einen zwischen Mutter und Wunschvater abgeschlossenen
Vertrag zugunsten des Kindes (→ Rn. 918).

VII. Das Recht auf Kenntnis der Abstammung

Literatur: *H. v. Sethe,* Die Durchsetzbarkeit des Rechts auf Kenntnis der
eigenen Abstammung aus der Sicht des Kindes, 1995; *P. Meyer,* Das Recht
auf Kenntnis der eigenen Abstammung als Element der Persönlichkeitsentwicklung, 2005; *Chr. Hohmann-Dennhardt,* Abstammungsklärung – Persönlichkeitsrecht und Menschenwürde, Schriften zum Notarrecht 13 (2009), 139;
M. Löhnig, NJW 2014, 2571; *Th. Rauscher,* JZ 2015, 620; *R. Frank,* FamRZ
2017, 161; *B. Spilker,* FF 2017, 92. **Zu § 1598a:** *R. Frank/T. Helms,* FamRZ
2007, 1277; *T. Helms,* FamRZ 2008, 1033; *ders.,* FS Frank, 2008, S. 255; *D.
Schwab,* FamRZ 2008, 23; *M. Wellenhofer,* NJW 2008, 1185; *E. Hammer-
mann,* FamRB 2008, 150; *A. Genenger,* JZ 2008, 1031; *T. Helms/D. Balzer,*
ZKJ 2009, 348; *M. Reuß,* NJW 2015, 1506; *H. Grziwotz,* FF 2016, 48; *J. C.
Scherpe,* FamRZ 2016, 1824.

1. Grundlagen. a) Es kann sein, dass eine rechtliche Verwandt- 629
schaftsbeziehung im Einzelfall mit der wirklichen genetischen Abstammung nicht übereinstimmt. Darüber hinaus gibt es Fälle, in denen die Vaterschaft ungeklärt bleibt, weil z. B. die Mutter eines
nichtehelichen Kindes nicht bereit ist, Auskunft über den möglichen
Vater zu geben. Das Auseinanderfallen von genetischer Herkunft und
rechtlicher Zuordnung wie auch die Ungewissheit der Abstammung
berühren die persönlichen Interessen der Beteiligten an der Kenntnis
der Abstammung unmittelbar. Mit der vom Gesetz herkömmlich angebotenen Möglichkeit der Anfechtung einer Vaterschaft kann zwar

eine genetisch falsche Zuordnung der Vaterschaft korrigiert werden, doch wird dieses Instrument nicht in jedem Fall den berechtigten Interessen gerecht. Wenn es dem rechtlichen Vater z. B. nur um die Klärung geht, ob das Kind von ihm abstammt, ohne dass er sogleich das rechtliche Band mit ihm lösen will, erweist sich die Anfechtung als „überschießendes" Mittel.

630 b) Das **BVerfG** hat in diesem Zusammenhang aus dem Recht auf freie Entfaltung der Persönlichkeit (Art. 2 I GG) und aus der gebotenen Achtung der Menschenwürde (Art. 1 I GG) ein Recht auf **Kenntnis der Abstammung** hergeleitet. Zunächst hat es ein höchstpersönliches **Recht des Kindes** auf Kenntnis **seiner eigenen genetischen Abstammung** begründet (BVerfGE 79, 256; 90, 263; 96, 56): Zwar verleihe Art. 2 I i. V. m. Art. 1 I GG kein Recht auf Verschaffung von Kenntnissen der eigenen Abstammung, schütze aber vor der Vorenthaltung erlangbarer Informationen durch staatliche Organe. In einem zweiten Schritt hat das BVerfG aus denselben Grundrechtspositionen auch für den **Mann** ein Recht auf Kenntnis eingeräumt, ob **ein Kind von ihm abstammt** (BVerfGE 117, 202). Das Gericht verlangte die Einrichtung eines Verfahrens, durch das die Abstammung eines Kindes von seinem rechtlichen Vater geklärt werden kann, ohne dass zugleich diese Vaterschaft angefochten werden muss.

631 **2. Verfahren der Abstammungsklärung, § 1598a.** a) Der Aufforderung des BVerfG ist der Gesetzgeber durch Gesetz vom 28.3.2008 (BGBl. I S. 441) nachgekommen. Der eingefügte § 1598a gewährt zur Klärung der leiblichen Abstammung eines Kindes **Ansprüche**
– auf **Einwilligung** in eine genetische Abstammungsuntersuchung *und*
– auf **Duldung** der Entnahme einer für diese Untersuchung geeigneten genetischen Probe (Blut, Speichel etc.).

632 b) Diese Ansprüche bestehen **nur zwischen bestimmten Personen,**
– entweder für den rechtlichen Vater gegenüber Mutter und Kind;
– oder für die Mutter gegenüber dem rechtlichen Vater und dem Kind;
– oder für das Kind gegenüber dem rechtlichen Vater und der Mutter.

Dass die Mutter als Verpflichtete ins Spiel kommt, hat damit zu tun, dass die genetische Vaterschaft zuverlässiger festgestellt oder ausgeschlossen werden kann, wenn auch genetische Proben der Mutter vorliegen. Nicht unter den „Klärungsberechtigten" findet sich der potenzielle leibliche Vater (gebilligt durch BVerfG FamRZ 2008, 2257); dieser kann von einer Person, die behauptet sein Kind zu sein, seinerseits nicht aus § 1598a belangt werden (BVerfG FamRZ 2016, 877). Auch weitere Verwandte wie Großeltern und Geschwister sind von der „Klärungsberechtigung" ausgeschlossen. Andererseits bestehen die Ansprüche unabhängig vom Alter. Also kann auch der 80-jährige Vater gegenüber seiner 60-jährigen Tochter die genannten Ansprüche geltend machen (und umgekehrt). Ob auch nach dem Tod einer der genannten Personen das Verfahren betrieben werden kann, wird diskutiert.

Dass der potenzielle leibliche Vater weder zu den Anspruchsberechtigten noch zu den Verpflichteten gehören soll, ist rechtspolitisch umstritten. Das BVerfG hat erkennen lassen, dass der Gesetzgeber wohl ein Klärungsverfahren auch gegenüber dem angeblichen leiblichen Vater einführen könnte, sieht aber dazu keine verfassungsrechtliche Notwendigkeit (BVerfG FamRZ 2016, 877 Rn. 70; dazu *A. Spickhoff*, FamRZ 2016, 885; *J. C. Scherpe*, FamRZ 2016, 1824).

c) Der Klärungsanspruch setzt nicht voraus, dass substantiierte **633** Zweifel an der Abstammung vorgetragen werden (kein Erfordernis eines „Anfangsverdachts"!). Der Anspruch ist jedoch nicht gegeben, wenn die leibliche Abstammung bereits durch ein naturwissenschaftliches Gutachten geklärt ist. Nur wenn ein solches Gutachten fehlerhaft erscheint oder zu keiner hinreichenden Gewissheit führt, kann weiterhin der Klärungsanspruch gegeben sein (BGH FamRZ 2017, 219 Rn. 14; str. → *Schwonberg*, FamRZ 2017, 222).

d) Das Gericht hat das Verfahren auszusetzen, wenn und solange **634** die Klärung der leiblichen Abstammung die Gefahr einer erheblichen, für das Kind unzumutbaren **Beeinträchtigung seines Wohles** begründen würde (§ 1598a III). Ein minderjähriges Kind kann in dem Klärungsverfahren nicht durch seinen Vater und seine Mutter vertreten werden (§ 1629 IIa); es ist also ein Ergänzungspfleger (§ 1909 I 1) zu bestellen.

e) **Gegenstand des Antrags** ist nicht die Klärung der Abstammung **635** selbst, sondern sind nur die in → Rn. 631 genannten Verpflichtungen. Ihre Erfüllung kann dadurch **erzwungen** werden, dass das Gericht auf Antrag die geschuldete Einwilligung ersetzt und anordnet, dass die betreffende Person die Entnahme einer genetischen Probe dulden muss; diese Duldung ist dann erzwingbar (§ 96a FamFG). Hat der Antragsteller die genetische Probe erhalten, so liegt es an ihm, die

Proben – zusammen mit einer eigenen genetischen Probe – in einem geeigneten Institut untersuchen zu lassen. Die Antragsgegner haben dann ein **Recht auf Einsicht** in die erstatteten Abstammungsgutachten oder auf Aushändigung einer Abschrift (§ 1598a IV), gleichgültig, zu welchem Resultat das Gutachten gelangt ist.

636   f) **Bestätigt das Gutachten** die bestehende **Vaterschaft,** so sind die Auswirkungen hauptsächlich psychischer Natur. **Verneint** das Gutachten die Möglichkeit, dass das Kind vom rechtlichen Vater abstammt, so kann die Vaterschaft auf dieser Grundlage angefochten werden, soweit die Voraussetzungen der Anfechtung gegeben sind. Anfechtungsberechtigt sind dann auch die „Klärungsverpflichteten", z. B. die Mutter, wenn der rechtliche Vater das Verfahren nach § 1598a betrieben hatte. Es darf freilich die Anfechtungsfrist für den Betreffenden noch nicht verstrichen sein.

Dabei ist zu beachten, dass durch den Antrag des „Klärungsberechtigten", die Einwilligung zu ersetzen und die Duldung der Probeentnahme anzuordnen, der Lauf der Anfechtungsfrist gehemmt wird (§ 1600b V 1). Hingegen beginnt die Anfechtungsfrist mit Kenntnis des Untersuchungsergebnisses nicht neu zu laufen.

637   f) Die **Klärung der Mutterschaft** ist zwar nicht das Ziel des § 1598a, aber von seinem Wortlaut auch nicht ausgeschlossen. Das Gutachten kann zum Ergebnis kommen, dass das Kind genetisch (auch) nicht von der Mutter abstammt. Dann gilt: Handelt es sich um das Kind, das die Mutter geboren hat (z. B. im Fall einer Eispende), so gibt es keine Anfechtung (§ 1591). Handelt es sich um ein Kind, das die Frau nicht geboren hat, sondern das im Krankenhaus nur verwechselt wurde, so ist sie nicht rechtliche Mutter des Kindes, der dazu gehörige Mann auch nicht der rechtliche Vater; die wahren Eltern müssen dann ermittelt werden. Vgl. *B. Veit/K. Hinz,* FamRZ 2010, 505; *R. Frank,* FamRZ 2015, 1149.

638   3. **Zum Verfahren.** Die Geltendmachung der Ansprüche aus § 1598a gehört zu dem „Abstammungssachen". Zuständig sind die Familiengerichte (§ 23a I 1 Nr. 1, § 23b I GVG, §§ 111 Nr. 3, 169 Nr. 2, 3 FamFG). Es gelten im Allgemeinen gleiche Verfahrensregeln wie bei anderen Abstammungssachen. Vor der Entscheidung *soll* das Gericht ein Kind über 14 Jahren persönlich anhören, ein jüngeres Kind *kann* es anhören (§ 175 II FamFG).

639   4. **Weitere Folgen des Rechts auf Kenntnis der Abstammung.** Durch die Einführung des § 1598a sind nicht alle Informationsinteressen gewahrt. Denn das neue Instrument hilft nicht, wenn es darum geht, eine wirkliche Abstammung festzustellen (außer, wenn die bestehende Zuordnung durch das Gutachten bestätigt wird). Ein „potentieller genetischer Vater" ist nach § 1598a weder berechtigt noch verpflichtet. Deshalb ist nach wie vor die Rechtsprechung von Bedeutung, die insbesondere dem Kind helfen will, an Informationen über seinen (wirklichen) Vater zu gelangen. Die Rechtsprechung bejaht überwiegend einen **Anspruch des Kindes gegenüber seiner Mutter, Auskunft** über die Person seines wirklichen oder eines potentiellen Vaters zu gewähren (s. LG Passau FamRZ 1988, 144; OLG Stuttgart FamRZ 1993, 733; zur Beweislast, wenn die Mutter behauptet, den Namen des Mannes nicht zu wissen: OLG Köln FamRZ 1994, 1197). Als Rechtsgrundlagen werden § 242 und § 1618a herangezogen. Dem Recht des Kindes auf Kenntnis seiner Abstammung steht freilich das Persönlichkeitsrecht der Mutter, insbesondere der Schutz ihrer Intimsphäre gegenüber; erst die Abwägung zwischen diesen Rechten führt im konkreten Fall zum Ergebnis. Folgerichtig kommt es darauf an, welche Interessen des Kindes auf dem Spiel stehen. Nach Auffassung des BVerfG (BVerfGE 96, 56 ff.) steht den Gerichten bei Abwägung zwischen den widerstreitenden Grundrechten ein weiter Spielraum zur Verfügung. Doch dürfte die Position der Mutter relativ schwach sein, wenn sie durch die Vorenthaltung der Informationen die Zurechnung des Kindes zu einem Vater überhaupt verhindert (vgl. OLG Stuttgart FamRZ 1993, 733). Zum Auskunftsanspruch bei Samenspende → Rn. 626.

Das Verfahren nach § 1598a kann nur klären, ob das Kind vom rechtlichen Vater abstammt oder nicht. Im letzteren Falle bleibt offen, wer der wirkliche Vater ist, an dessen Identität der rechtliche Vater aber ein Interesse haben kann, z. B. um nach der Anfechtung Unterhaltsregress zu nehmen. In diesem Zusammenhang geben die Familiengerichte dem Scheinvater unter bestimmten Voraussetzungen einen **Anspruch gegen die Mutter auf Auskunft über die Identität des (möglichen) leiblichen Vaters** (dazu → Rn. 609, 610).

4. Kapitel. Die allgemeinen Wirkungen der Kindschaft

§ 50. Der Name des Kindes

I. Allgemeines. Der Vorname

640   **1. Bedeutung des Namens.** Der Name ist ein wichtiges Zuordnungsmerkmal des Menschen: Mit Hilfe des Namens findet er seine eigene Identität, mit Hilfe des Namens wird er zugleich in der Gesellschaft identifiziert. Schon den Kindern ist der Name wichtig, offenkundig auch dem Gesetzgeber, der das Namensrecht in rascher Folge ändert. Im deutschen Recht besteht nur in begrenztem Umfang Namensfreiheit. Zwar hängt der Name einer Person zum Teil von privatautonomen Akten ab. Von dem Augenblick an, in dem von der Namenswahl Gebrauch gemacht wurde, ist jedoch der Name einer Person festgelegt und kann nur unter besonderen Voraussetzungen geändert werden.

641   **2. Vorname.** Den Vornamen erhält das Kind durch Bestimmung seiner sorgeberechtigten Eltern. Können diese sich nicht einigen, so kann der Streit nach § 1628 ausgetragen werden. Nicht selten weigert sich der Standesbeamte, unübliche oder von den Eltern selbst erfundene Namen in das Geburtenregister einzutragen. Doch sind die Eltern in der Wahl des Vornamens des Kindes grundsätzlich frei. Ihr Bestimmungsrecht leitet sich aus Art. 6 II GG her und findet allein dort seine Grenze, wo seine Ausübung das Kindeswohl zu beeinträchtigen droht (BVerfGE 104, 373, 385; BVerfG FamRZ 2009, 294; BGH FamRZ 2008, 1331). Das ist hauptsächlich der Fall, wenn abzusehen ist, dass das Kind durch den gewählten Namen der Lächerlichkeit preisgegeben wird. So ist die Bezeichnung „Lord" als Vorname abgelehnt worden (OLG Zweibrücken FamRZ 1993, 1242). Ebenso werden Vornamen abgelehnt, die herkömmlich dem anderen Geschlecht zugeordnet werden (außer „Maria" für Knaben, wenn damit ein zweiter, männlicher Vorname verbunden wird).

II. Die Bestimmung des Familiennamens – Grundsätze

642   **1. Miteinander verheiratete Eltern.** a) Sind die Eltern des Kindes bei seiner Geburt miteinander verheiratet und tragen sie einen ge-

meinsamen **Ehenamen** (§ 1355 I 1, II), so erhält das Kind automatisch diesen Ehenamen als Geburtsnamen (§ 1616).

b) Sind die Eltern zwar miteinander verheiratet, haben sie aber **keinen gemeinsamen Ehenamen** gewählt (§ 1355 I 3), so muss der Kindesname **bestimmt** werden. Diese Namensbestimmung ist Funktion des Sorgerechts. Sind also, wie üblich, die Eltern gemeinsam sorgeberechtigt, so bestimmen sie durch Erklärung gegenüber dem Standesbeamten als Namen des Kindes den Namen, den der Vater oder die Mutter im Zeitpunkt der Namensbestimmung trägt (§ 1617 I 1). Ein Doppelnamen aus Mutter- und Vatername ist nicht zulässig (verfassungsgemäß, BVerfG FamRZ 2002, 306). Die Bestimmung gilt dann automatisch auch für die weiteren gemeinsamen Kinder (§ 1617 I 3; verfassungsgemäß, BVerfG FamRZ 2002, 877).

2. Nicht miteinander verheiratete Eltern. Das unter 1b Gesagte   **643** gilt auch, wenn die Eltern *nicht miteinander verheiratet* sind und im Zeitpunkt der Namensbestimmung *das gemeinsame Sorgerecht* innehaben.

Beispiel: Frau Adorf und Herr Biedermann leben zusammen und erwarten ein Kind. Schon vor Geburt hat Herr Biedermann die Vaterschaft anerkannt und haben beide Eltern Sorgeerklärungen abgegeben (§§ 1594 IV, 1626b II). Mit Geburt des Kindes haben beide gemeinsam das Sorgerecht inne. Sie können nun als Geburtsnamen des Kindes entweder „Adorf" oder „Biedermann" wählen. Diese Namenswahl gilt für die weiteren gemeinsamen Kinder.

3. Unterbleiben der Namensbestimmung. Es ist denkbar, dass die   **644** Eltern die nötige Namensbestimmung verabsäumen, z. B. weil sie sich über den Geburtsnamen des Kindes nicht einigen können. Für diesen Fall ist folgendes Verfahren vorgesehen. Ist binnen eines Monats nach der Geburt der Geburtsname des Kindes nicht bestimmt, so überträgt das Familiengericht das Namensbestimmungsrecht auf einen Elternteil (§ 1617 II 1); der Kreis der wählbaren Namen verändert sich dadurch nicht (§ 1617 II 2). Das Gericht kann dem betreffenden Elternteil eine Frist setzen, nach deren fruchtlosen Ablauf das Kind den Namen des Bestimmungsberechtigten erhält (§ 1617 II 3, 4). Eine kuriose Regelung!

Beispiel wie oben, aber: Frau Adorf und Herr Biedermann haben auch einen Monat nach der Geburt keinen Geburtsnamen für das Kind gewählt. Dann kann das Familiengericht das Bestimmungsrecht auf Frau Adorf allein übertragen und ihr eine Frist zur Namensbestimmung setzen. Verstreicht diese Frist, ohne dass Frau Adorf die Namensbestimmung vornimmt, so heißt das Kind Adorf.

645   **4. Alleiniges Sorgerecht.** a) Steht einem Elternteil das Sorgerecht allein zu, so erhält das Kind kraft Gesetzes als Geburtsnamen den Namen, den der Sorgeberechtigte zur Zeit der Geburt des Kindes führt (§ 1617a I). Das gilt nur dann nicht, wenn die Eltern miteinander verheiratet sind und einen gemeinsamen Ehenamen führen; in diesem Fall erhält das Kind als Geburtsnamen den Ehenamen der Eltern (§ 1616).

> **Beispiel:** Frau Düster und Herr Eichberger sind nicht miteinander verheiratet. Ihnen wird ein Sohn geboren. Sorgeerklärungen werden nicht abgegeben, das Sorgerecht wird auch nicht gerichtlich geregelt. In diesem Fall hat die Mutter bei Geburt das Sorgerecht allein inne (§ 1626a III), der Sohn erhält somit kraft Gesetzes den Namen Düster als Geburtsnamen.

646   b) Der allein sorgeberechtigte Elternteil kann freilich durch Erklärung gegenüber dem Standesbeamten dem Kind den Namen des anderen Elternteils erteilen (§ 1617a II 1). Dazu bedarf es der Einwilligung des anderen Elternteils und, wenn das Kind das 5. Lebensjahr vollendet hat, auch der Einwilligung des Kindes (§ 1617a II 2). Zu den Modalitäten dieser Erklärungen beachte § 1617a II 3, 4 mit § 1617c I.

> **Beispiel** wie oben: Frau Düster entschließt sich sechs Jahre nach der Geburt des Kindes, diesem den Namen Eichberger zu erteilen. Sie kann das durch öffentlich beglaubigte (§ 1617a II 3) Erklärung gegenüber dem Standesamt, wenn Herr Eichberger einwilligt. Ferner ist die Einwilligung des Sohnes nötig, da dieser schon das 5. Lebensjahr vollendet hat. Da der Sohn noch nicht 14 Jahre alt ist, kann die sorgeberechtigte Mutter dessen Einwilligung in seinem Namen erklären (§ 1617a II 4 mit § 1617c I 2 – Umkehrschluss).

III. Spätere Änderungen

647   **1. Namenswechsel der Eltern.** Ändert sich der Name der Eltern, so entsteht die Frage, ob der Name, den das Kind nach den obigen Regeln erworben hat, davon berührt wird. Grundsätzlich behält das Kind den einmal erworbenen Geburtsnamen, doch werden davon Ausnahmen gemacht:

a) Ehegatten können auch noch nachträglich einen gemeinsamen Ehenamen bestimmen (§ 1355 III). Entschließen sie sich dazu, *nachdem* bereits ein Kind geboren ist und einen Namen durch elterliche Bestimmung erhalten hat, und wählen sie einen anderen Namen, als das Kind trägt, so gilt (§ 1617c I):

– Ist das Kind unter fünf Jahren, so wechselt sein Name automatisch; es erhält nun den Ehenamen seiner Eltern als neuen Geburtsnamen;
– Hat das Kind das 5. Lebensjahr bereits vollendet, so erhält es den Ehenamen nur, wenn es sich der Namensgebung durch öffentlich beglaubigte Erklärung gegenüber dem Standesbeamten anschließt. Für diese Erklärung gelten die allgemeinen Regeln für Erklärungen Minderjähriger und für die gesetzliche Vertretung. Abweichend davon ist jedoch bestimmt, dass das Kind ab vollendetem 14. Lebensjahr die Erklärung nur selbst abgeben kann; freilich bedarf es der Zustimmung des gesetzlichen Vertreters (§ 1617c I 2), regelmäßig also der sorgeberechtigten Eltern. Ist das Kind volljährig, so kommt es ausschließlich auf seine Erklärung an.

Beispiel: Frau Kant hat Herrn Leibniz geheiratet, ohne einen Ehenamen zu wählen. Sie haben einen Sohn Franz, für den sie den Geburtsnamen Kant wählen. Als Franz 10 Jahre alt ist, entschließen sich die Eheleute, den gemeinsamen Ehenamen Leibniz anzunehmen. Der Ehename erstreckt sich auf Franz nur, wenn er sich der Namensgebung anschließt. Das kann er, weil er beschränkt geschäftsfähig ist, selbst tun, freilich mit Zustimmung seiner sorgeberechtigten Eltern (§§ 106, 107). In seinem Namen können aber auch die Eltern die Erklärung abgeben, da Franz noch nicht 14 Jahre alt ist (§ 1617c I 2).

b) Gleiches gilt, wenn sich der Ehename, der Geburtsname des **648** Kindes geworden ist, ändert, oder wenn in den Fällen der §§ 1617, 1617a, 1617b der Familienname eines Elternteils, von dem der Geburtsname des Kindes abgeleitet ist, verändert wird (§ 1617c II). Allerdings zählen hierher nicht Namensänderungen des betreffenden Elternteils, die sich durch Eheschließung oder Begründung einer eingetragenen Lebenspartnerschaft ergeben.

Beispiel: Frau Hausberger hat eine nichteheliche Tochter. Da keine Sorgerechtserklärungen abgegeben wurden und das Sorgerecht nicht gerichtlich geregelt ist, hat Frau Hausberger allein das Sorgerecht inne; die Tochter erhält daher „Hausberger" als Geburtsnamen. Später wird Frau Hausberger von dem reichen Geschäftsmann Kleindienst, dessen Haushalt sie führt, adoptiert und heißt jetzt Kleindienst (§ 1767 II mit § 1757 I 1). Die Tochter erhält auch diesen Namen automatisch, wenn sie noch nicht fünf Jahre alt ist; andernfalls nur, wenn sie sich der Namensgebung anschließt (Modalitäten wie oben). Würde hingegen Herr Kleindienst und Frau Hausberger heiraten und das Ehepaar den Ehenamen Kleindienst annehmen, so wäre keine Namenserstreckung auf die Tochter möglich. S. aber § 1618!

2. Änderungen des Sorgerechts. Veränderungen im Sorgerecht **649** lassen den Geburtsnamen des Kindes grundsätzlich unberührt. Auch hiervon macht das Gesetz eine Ausnahme: Wird die *gemeinsame Elternsorge* erst begründet, nachdem das Kind bereits einen Geburtsnamen erworben hat, so können die Eltern binnen drei Monaten den Namen des Kindes neu bestimmen (§ 1617b I 1). Die zur Auswahl stehenden Namen bestimmen sich nach § 1617 I 1. Wenn das Kind bereits das 5. Lebensjahr vollendet hat, so ist allerdings seine Zustimmung erforderlich (§ 1617b I 3); für diese Anschlusserklärung gelten die oben genannten Modalitäten (§ 1617b I 4).

Beispiel: Frau Fichte und Herr Hegel sind nicht miteinander verheiratet und haben einen gemeinsamen Sohn Karl. Sorgeerklärungen wurden zunächst nicht abgegeben, das Sorgerecht wurde auch nicht gerichtlich geregelt. Das Sorgerecht übt infolgedessen Frau Fichte allein aus (§ 1626a III), Karl trägt also den Geburtsnamen Fichte (§ 1617a I). Als Karl zehn Jahre alt ist, gibt das Paar Sorgeerklärungen ab, so dass sie nun die elterliche Sorge gemeinsam innehaben (§ 1626a I Nr. 1). Nun haben sie die Möglichkeit, binnen dreier Monate nach Wirksamkeit der Sorgeerklärungen den Geburtsnamen Karls neu zu bestimmen. Als Alternative zu „Fichte" steht freilich nur „Hegel" zur Verfügung (§ 1617 I 1). Da Karl das 5. Lebensjahr vollendet hat, ist seine Zustimmung erforderlich (Modalitäten wie in den obigen Fällen, s. § 1617b I 4 mit § 1617c I 2, 3).

650   **3. Scheinvaterschaft.** Ist der Familienname eines Mannes zum Geburtsnamen des Kindes geworden, der in Wirklichkeit nicht der Vater ist, so kann das Interesse bestehen, diesem Sachverhalt durch Änderung des Kindesnamens Rechnung zu tragen. § 1617b II gibt dem Kind und, sofern das Kind noch nicht 5 Jahre alt ist, auch dem Mann das Recht, durch einen Antrag an den Standesbeamten eine Namensänderung herbeizuführen. Das Kind erhält dann den Namen, den die Mutter im Zeitpunkt seiner Geburt geführt hat. Vorausgesetzt ist bei alledem, dass das Nichtbestehen der Vaterschaft rechtskräftig festgestellt ist. Nicht genügt eine Abstammungsklärung nach § 1598a. Für den Antrag des Kindes gelten die genannten Bestimmungen des § 1617c I 2, 3 (§ 1617b II 3).

IV. Namenserteilung, § 1618

651   **1. Zweck.** Probleme um den Kindesnamen können entstehen, wenn die Eltern eines Kindes sich trennen und der Elternteil, bei dem das Kind lebt, anderweitig heiratet und einen neuen Ehenamen annimmt. Nun trägt der das Kind betreuende Elternteil einen anderen Namen als das Kind. Das Kind kann sich der Namensänderung des betreuenden Elternteils auch nicht anschließen, weil § 1617c nicht

für Namensänderungen gilt, die durch (erneute) Eheschließung eines Elternteils herbeigeführt wurden (§ 1617c II Nr. 2). § 1618 ermöglicht es nun, auf zivilrechtlichem Wege dem Kind in solchen Fällen den **neuen Ehenamen zu erteilen,** freilich unter erheblichen Einschränkungen, weil eine Namensänderung sowohl die Interessen des Kindes als auch des anderen Elternteils stark tangiert. Die Namenserteilung geschieht durch Erklärungen des sorgeberechtigten Elternteils und seines Ehegatten gegenüber dem Standesbeamten. – Zur Erteilung eines Lebenspartnerschaftsnamens s. § 9 V LPartG.

2. Voraussetzungen. Für die Erteilung des neuen Ehenamens **652** müssen folgende Voraussetzungen erfüllt sein:

a) Es muss sich um ein minderjähriges Kind handeln.

b) Dem Elternteil, der zusammen mit seinem Ehegatten seinen Ehenamen erteilen will, steht die elterliche Sorge allein oder gemeinsam mit dem anderen Elternteil zu.

c) Der einbenennende Elternteil und sein Ehegatte haben das Kind in ihrem gemeinsamen Haushalt aufgenommen.

d) Der andere Elternteil muss zustimmen, wenn ihm die elterliche Sorge gemeinsam mit dem einbenennenden Elternteil zusteht oder wenn das Kind seinen Namen führt (§ 1618 S. 3). Freilich kann die Zustimmung durch das Familiengericht ersetzt werden, wenn die Namensänderung zum Wohl des Kindes erforderlich ist (§ 1618 S. 4; dazu Fälle OLG Karlsruhe FamRZ 2013, 226; OLG Schleswig FamRZ 2013, 227).

e) Ferner muss das Kind, wenn es das 5. Lebensjahr vollendet hat, zustimmen (§ 1618 S. 3). Für diese Erklärung gelten die beschriebenen Regeln des § 1617c I 2, 3 (§ 1618 S. 6).

f) Die genannten Erklärungen müssen öffentlich beglaubigt werden (§ 1618 S. 5).

3. Möglichkeiten. Die Namenserteilung kann in der Weise eines **653** **vollständigen Namensaustausches** erfolgen. Als weitere Möglichkeit lässt das Gesetz aber auch die **Bildung eines Doppelnamens** aus dem bisher geführten Kindesnamen und dem neuen Ehenamen des sorgeberechtigten Elternteils zu (Voranstellung oder Anfügung nach Wahl, § 1618 S. 2). Es können auf diese Weise also echte Doppelnamen entstehen.

Beispiel: Frau Huber hat Herrn Schulze geheiratet, als Ehenamen wird Schulze gewählt, die Kinder heißen also Schulze. Dann wird die Ehe geschieden, Frau Schulze erhält die alleinige Sorge. Sie heiratet nun Herrn Tandler, als Ehename wird Tandler bestimmt. Die nunmehrige Frau Tandler heißt also anders als ihre Kinder. Die Eheleute Tandler könnten den Kindern von Frau Tandler aus erster Ehe nun ihren Ehenamen erteilen, wenn die Kinder in ihrem Haushalt leben, und zwar entweder in Form des Namens „Tandler" oder einer Kombination „Tandler-Schulze" oder „Schulze-Tandler". Zu einer solchen Namenserteilung bedürfen sie der Zustimmung der Kinder, wenn diese über fünf Jahre alt sind, sowie der Zustimmung von Herrn Schulze, weil die Kinder bisher seinen Namen führen. Die Zustimmung von Herrn Schulze könnte durch das Familiengericht ersetzt werden, wenn die Namensänderung zum Wohl der Kinder erforderlich ist.

Nicht selten wird versucht, nach Scheidung einer Ehe die Änderung des Kindesnamens durch **öffentlich-rechtliche Namensänderung** zu erreichen, z. B. wenn das Kind, das den Vaternamen trägt, bei der Mutter lebt und nun deren Namen erhalten soll. Für eine Namensänderung nach § 3 NamÄndG sind die Verwaltungsbehörden zuständig, die auf Antrag prüfen, ob für die Namensänderung ein **wichtiger Grund** gegeben ist. Solange das Kind minderjährig ist, können allein die sorgeberechtigten Eltern den Antrag an die Behörde stellen. Besteht gemeinsame Sorge und können sich die Eltern über einen solchen Antrag an die Behörde nicht einigen, so kann sich der interessierte Elternteil an das Familiengericht nach § 1628 mit dem Begehren wenden, ihm die Entscheidung über die Einleitung eines Namensänderungsverfahrens allein zu übertragen. Dem darf nur stattgegeben werden, wenn die Namensänderung für das Kindeswohl erforderlich ist (BGH FamRZ 2017, 119).

§ 51. Beistand und Rücksicht

Literatur: *G. Knöpfel,* FamRZ 1985, 554; *M. Coester,* Festgabe B. Schnyder, 1995, 101; *D. Schwab,* ebenda, 647.

654   **1. Reichweite und Rechtsnatur.** § 1618a unterstellt das gegenseitige Verhalten von Eltern und Kindern einem allgemeinen Gebot: Sie sind einander Beistand und Rücksicht schuldig. Diese Maxime gilt auch für volljährige Kinder. Sinn der Vorschrift ist es, den partnerschaftlichen Charakter des Eltern-Kind-Verhältnisses und die gegenseitige lebenslange Solidarität zu verdeutlichen. Über die Rechtsnatur der Gebote des § 1618a bestehen unterschiedliche Auffassungen. Es handelt sich um **echte Rechtspflichten,** die – ähnlich wie die persönlichen Ehepflichten – nicht durch unmittelbaren Rechtszwang sanktioniert sind, gleichwohl aber auf die familiären Rechtsverhältnisse einzuwirken vermögen.

655   **2. Bedeutung im Einzelnen.** Über folgende mögliche Auswirkungen der Maxime besteht weitgehende Einigkeit.

a) Aus § 1618a können zwar **nicht ohne weiteres Leistungsansprüche** zwischen Kindern und Eltern hergeleitet werden, die im Gesetz nicht vorgesehen sind. Wohl aber kann § 1618a als Argumentationshilfe bei der Begründung von subjektiven Rechten dienen, die im Grundgesetz ihre eigentliche Fundierung haben (z. B. Anspruch des Kindes auf Information über seine Abstammung, dazu → Rn. 639).

b) Der Verstoß gegen die allgemeine Beistands- und Rücksichtspflicht bildet **keine eigenständige Grundlage für Schadensersatzansprüche**. Rücksichtloses Handeln oder unterlassener Beistand können zu Ersatzpflichten also nur nach Maßgabe der allgemeinen Anspruchsgrundlagen (Vertragsrecht, Delikt) oder des Unterhaltsrechts führen.

c) Die in § 1618a normierte gegenseitige Schutzpflicht begründet im Verhältnis unter Eltern und Kindern eine **strafrechtliche Garantenstellung** (§ 13 I StGB) zumindest in den Fällen, in denen sie in einer Hausgemeinschaft zusammenleben (BGH FamRZ 2017, 406).

d) Rechtliche Bedeutung kann § 1618a aber für die **Begrenzung subjektiver Rechte** gewinnen. So kann sich die rücksichtslose Verfolgung von Ansprüchen der Eltern gegen die Kinder und umgekehrt im Lichte des § 1618a als unzulässige Rechtsausübung darstellen. Eine Unterhaltsbestimmung durch die Eltern nach § 1612 II kann bei Verstoß gegen das Gebot der Rücksichtnahme unwirksam sein (BayObLG NJW-RR 1989, 1487). Bei grobem Verstoß gegen die Maximen des § 1618a kann ein Unterhaltsanspruch verwirkt sein (OLG Bamberg FamRZ 1992, 717). § 1618a wird insbesondere für die **Präzisierung von Generalklauseln** (§§ 138, 242) fruchtbar gemacht.

e) Die Gebote des § 1618a gewinnen auch Bedeutung für die **Rechtsbeziehungen zu Dritten**. So behandelt die Rechtsprechung Bürgschaften oder Schuldbeitritte von Kindern für ihre Eltern als sittenwidrig, wenn die Eltern die Kinder entgegen dem Gebot zur Rücksichtnahme dazu veranlasst und die Gläubiger diesen Pflichtverstoß für sich ausgenutzt haben (BGH NJW 1994, 1341; 1997, 52).

f) Die Gebote des § 1618a sind bei der **Auslegung** familienrechtlicher Vorschriften und bei der näheren Inhaltsbestimmung familiärer Rechte und Pflichten heranzuziehen.

§ 52. Die Dienstleistungspflicht des Kindes, § 1619

Literatur: *H. Fenn,* Die Mitarbeit in Diensten Familienangehöriger, 1970.

656   **1. Übersicht.** Ausdruck der familiären Solidarität (§ 1618a) ist die dem Kind auferlegte Pflicht zur Dienstleistung in Hauswesen und Geschäft der Eltern, soweit dies seinen Kräften und seiner Lebensstellung entspricht (§ 1619). Die Pflicht besteht unter der Voraussetzung, dass das Kind
– dem elterlichen Hausstand angehört und
– entweder von den Eltern erzogen oder von ihnen unterhalten wird.

Die unentgeltliche Mitarbeit nach § 1619 wird auch dem volljährigen Kind angesonnen, wenn es bei den Eltern lebt und von ihnen Unterhaltsleistungen empfängt. Die Durchsetzung der Pflicht gegenüber Minderjährigen erfolgt mit den allgemeinen Mitteln des elterlichen Sorgerechts. Von Volljährigen kann Leistung verlangt werden, die Entscheidung ist aber in analoger Anwendung des § 120 III FamFG nicht vollstreckbar. Auch verpflichtet die Vernachlässigung der geschuldeten Mitarbeit nicht zum Schadensersatz.

657   **2. Mithilfe im Haushalt.** Unproblematisch ist die Pflicht zur Mithilfe im Haushalt. Es entspricht dem Gedanken des § 1618a, dass sich alle Familienmitglieder für die Bedürfnisse der familiären Lebensgemeinschaft nach Kräften einsetzen. Für minderjährige Kinder ist die Heranziehung im Rahmen des Haushalts ein wichtiges Element der sozialen Erziehung, die selbstverständlich die schulische Belastung und das Freizeitbedürfnis der Kinder in Rechnung stellen muss. Auch die Situation der Eltern ist zu berücksichtigen (Doppelverdienerehe, BGH NJW 1972, 1716, 1718). Eigentümlich muten die im Schadensersatzrecht zu treffenden Festlegungen auf bestimmte Arbeitsstunden an (7 Wochenstunden bei 14-jährigem Kind, BGH FamRZ 1973, 535, 536).

658   **3. Dienste im Erwerbsbetrieb.** a) Als antiquiert erscheint hingegen die allgemeine Dienstleistungspflicht des Hauskindes im Erwerbsbetrieb der Eltern. Die Vorschrift stammt aus einer Zeit, in der in weit größerem Umfang Familie und Betriebsstätte zusammenfielen. Sie spielt heute vornehmlich im landwirtschaftlichen und handwerklichen Bereich eine Rolle. Die Rechtfertigung der betrieblichen Mitarbeitspflicht ist kontrovers. Von Sonderfällen unterhaltsrechtlicher Notwendigkeit abgesehen besteht die Dienstpflicht gemäß dem Prinzip der gegenseitigen Rücksicht und des gegenseitigen Beistandes.

b) Für das **minderjährige oder in einer außerhäuslichen Berufs-** **659** **ausbildung befindliche Kind** bedeutet dies: Die Eltern sind in erster Linie verpflichtet, dem Kind nach Möglichkeit eine neigungs- und begabungsgerechte Berufsausbildung zu gewähren (§ 1631a, § 1610 II). Dieses Ziel geht der Mitarbeitspflicht im eigenen Betrieb stets vor (s. BGH FamRZ 1960, 359, 360). Befindet sich das Kind in einer außerhäuslichen Berufs- oder Schulausbildung, so beschränkt sich die Mitarbeitspflicht auf das Maß, das ohne Überforderung und Überanstrengung nebenbei geleistet werden kann. Je weniger der Elternbetrieb auf die Mitarbeit angewiesen ist, umso weniger kann verlangt werden.

c) Beim **volljährigen Kind,** das ganz oder zu einem erheblichen **660** Teil im Elternbetrieb tätig ist (etwa der Bauernsohn, der auf dem Hof der Eltern arbeitet) kommt ein anderes Element ins Spiel, nämlich die einvernehmliche familiäre Lebensgestaltung. Die nach § 1619 geschuldete Mitarbeit basiert hier zugleich auf einer familiären Willensübereinkunft zwischen Eltern und Kind (deutlich in BGH FamRZ 1972, 87, 88), wonach das Kind weiterhin bei den Eltern bleibt und im Betrieb tätig wird. Solche Konventionen bilden häufig keine Arbeitsverträge, sondern einvernehmliche Ausgestaltungen der in § 1619 gesetzlich begründeten Mitarbeitspflicht. Für eine Mitarbeitspflicht ist dann kein Raum mehr, wenn das Kind seine volle Arbeitskraft für eine anderweitige Berufstätigkeit einsetzt (BGH FamRZ 1998, 101).

Die Unterscheidung zwischen familienrechtlich begründeter Dienstleistung **661** und Arbeitsvertrag ist wichtig, wenn das Kind durch Verschulden Dritter getötet oder verletzt wird. Die Eltern haben nach **§ 845** einen **Ersatzanspruch** nur **für die entgangenen Dienste,** zu denen das Kind **kraft Gesetzes** (§ 1619) verpflichtet war, nicht für vertraglich geschuldete Dienste. Im Einzelfall zwischen gesetzlich und arbeitsvertraglich begründeten Diensten zu unterscheiden, ist allerdings schwierig. Entscheidend ist, ob das Kind absprachegemäß ähnlich wie andere Arbeitnehmer eine Gegenleistung für die geleistete Arbeit erhält (dann Arbeitsvertrag). Der Empfang von Unterhalt (BGH FamRZ 1973, 298, 299) und Taschengeld sowie die bloße Erwartung späterer Betriebsübernahme oder Erbeinsetzung (BGH FamRZ 1960, 101, 102) bilden kein Entgelt in diesem Sinn (anders möglicherweise bei verbindlicher Zusage der Erbeinsetzung, BGH FamRZ 1973, 298, 299). Ein Anspruch aus § 845 besteht für die Eltern nicht, soweit das verletzte Kind wegen des Ausfalls seiner Arbeitskraft eigene Ansprüche gegen den Schädiger hat, ferner soweit sich dem Kind die Möglichkeit bietet, seine Arbeitskraft außerhalb des Elternbetriebs anderweitig zu verwerten (BGH FamRZ 1978, 22, 24).

Dem Kind, das in der Erwartung späterer Betriebsübernahme im Elternbetrieb gearbeitet hat, räumt die Rechtsprechung bei Fehlschlag dieser Erwartung einen Bereicherungsanspruch wegen Zweckverfehlung (§ 812 I 2 Alt. 2) auf Vergütung der geleisteten Dienste ein (BGH FamRZ 1960, 101, 102; 1972, 87, 88; 1973, 298, 299; anders bei Annahme eines entgeltlichen Arbeitsvertrags, hier kommt § 612 I zum Zuge, BGH FamRZ 1965, 317, 319).

5. Kapitel. Die elterliche Sorge

Literatur: s. vor → Rn. 553; ferner: *B. Hoffmann,* Personensorge, 2. Aufl. 2013; *D. Zorn,* Das Recht der elterlichen Sorge. 3. Aufl. 2015; *T. Fröschle,* Sorge und Umgang, 2013; *M. Preisner,* Das gesetzliche mittreuhänderische Schuldverhältnis kraft gemeinsamer Elternschaft, 2014; *D. Schwab,* Elterliche Sorge und Religion, FamRZ 2014, 1. Rechtsprechungsübersichten: *Y. Döll/U. Wanitzek,* FamRZ 2016, 1317; 2017, 1195; *B. Jokisch,* FuR 2016, 33, 85, 145.

§ 53. Begriff

662   Die wichtigste Funktion der elterlichen Verantwortung ist die „elterliche Sorge", d. h. **die Pflicht und das Recht** der Eltern, für ihre minderjährigen Kinder zu sorgen (§ 1626 I 1). Diese Sorgepflicht ist umfassend: Sie ist auf Wahrung und Förderung der körperlichen, geistigen, seelischen, sozialen und wirtschaftlichen Interessen des Kindes gerichtet. Ziel ist die Hinführung des jungen Menschen zur persönlichen und wirtschaftlichen Selbstständigkeit. Deshalb ist die Elternsorge nicht nur auf Erhaltung der Rechtsgüter des Kindes, sondern zugleich auf die Entfaltung seiner Kräfte und Fähigkeiten ausgerichtet. Die elterliche Sorge ist mit Bestimmungsbefugnissen verbunden, die auch von Dritten zu achten sind. Die wichtigsten davon sind die gesetzliche Vertretung sowie die Bestimmungsbefugnisse über Aufenthalt und Umgang des Kindes.

663   Das Gesetz legt die Aufgaben der Eltern nicht in einem detaillierten Katalog fest: Alle Angelegenheiten sind eingeschlossen, soweit sie nicht durch besondere Vorschrift oder kraft besonderer Rechtsnatur ausgenommen sind. Das BGB unterscheidet zwei große Felder der elterlichen Sorge: die **Personensorge** und die **Vermögenssorge** (§ 1626 I 2). Die Hauptsache ist die Personensorge, deren Inhalt und Mittel zunächst dargestellt werden sollen.

Die **Abgrenzung** zwischen dem Recht, für die Person des Kindes zu sorgen (Personensorge) und der Sorge für sein Vermögen (Vermögenssorge) bereitet gelegentlich Probleme, weil der Bereich der wirtschaftlichen Mittel im unmittelbaren Zusammenhang mit dem persönlichen Leben des Kindes stehen kann. So wird die Geltendmachung von Unterhaltsansprüchen des Kindes zur Personensorge gerechnet. Hingegen ist die Verwaltung von Einkünften aus einem Vermögen, welches das Kind geerbt hat, Vermögenssorge, auch wenn die Einkünfte im konkreten Fall dem Unterhalt des Kindes dienen.

§ 54. Der Erwerb der elterlichen Sorge

I. Überblick

1. Regelungsbedarf. Das Recht, für ein Kind zu sorgen, kommt 664 natürlicherweise seinen Eltern gemeinschaftlich zu. Eines besonderen rechtlichen Begründungsaktes für die elterliche Sorge bedarf es daher an sich nicht: Steht nach den Regeln des Abstammungsrechts fest, wer die Eltern im rechtlichen Sinne sind, so wäre damit ohne weiteres auch die Frage des Sorgerechts geklärt. Doch ergibt sich ein Bedarf für differenzierte Regelungen daraus, dass ein Kind nicht immer in eine feste Partnerschaftsbeziehung hinein geboren wird. Manchmal wollen die Eltern trotz des gemeinsamen Kindes nichts miteinander zu tun haben. Das Kind hingegen braucht stabile Bedingungen für seine Entwicklung. Oft steht in dem Zeitpunkt, in dem ein Kind geboren wird, auch noch gar nicht fest, wer der Vater ist. Auch können sich im Verlauf der Zeit Umstände ergeben, die eine Änderung der zunächst gegebenen Sorgerechtslage notwendig machen. Daher sieht das Gesetz Regeln darüber vor, wie die elterliche Sorge in den unterschiedlichen Lebenskonstellationen erworben wird und wie sie sich infolge weiterer Entwicklungen verändern kann.

2. Grundtypen. Das Gesetz unterscheidet zwei Grundtypen der 665 Zuordnung: die **gemeinsame Sorge** und die **Alleinsorge eines Elternteils.** Im letzteren Fall ist das Band zwischen dem Kind und dem „nicht sorgeberechtigten Elternteil" keineswegs völlig durchschnitten: Es bleibt wechselseitig das Recht auf Umgang, die gesetzliche Unterhaltpflicht und eine latente „Restverantwortung" für das Kind, die je nach dem Verlauf der Dinge zum Erwerb des Sorgerechts führen kann. Über diese Konstellationen hinaus kennt das Gesetz **Kombinationen von gemeinsamer Sorge und Alleinsorge,** die z. B. anlässlich der Trennung des Elternpaares entstehen können. Ferner

kann in die Ausübung der elterlichen Sorge ein **Dritter** in rechtlich
verbindlicher Weise eingeschaltet sein, z. B. Pflegeeltern, die gemäß
§ 1630 III die Rechtsstellung eines Pflegers erhalten haben. Und
schließlich kann es in Ausnahmefällen sein, dass *anstelle* der Eltern
ein Vormund das Sorgerecht ausübt (§ 1793), wenn die Eltern ausfallen oder ihnen das Sorgerecht entzogen werden muss.

666   **3. Arten des Erwerbs.** Den Erwerb des Sorgerechts betreffend
kann man unterscheiden:

a) **Unmittelbar auf Gesetz** beruht die elterliche Sorge der Eltern,
die bei Geburt des Kindes miteinander verheiratet sind, sowie der Eltern, die später heiraten (§ 1626a I Nr. 2). Für ein nichteheliches Kind
hat kraft Gesetzes die Mutter das alleinige Sorgerecht, solange keine
Sorgeerklärungen abgegeben werden oder das Sorgerecht vom Gericht nicht anderweitig geregelt wird (§ 1626a III). Dem stehen weitere Erwerbsgründe gleich: Besteht gemeinsames Sorgerecht der Eltern und stirbt einer von ihnen, so kommt dem Überlebenden
automatisch die alleinige Sorge zu (§ 1680 I; s. ferner § 1680 III,
§ 1678 I).

b) Eltern eines nichtehelichen Kindes begründen das gemeinsame
Sorgerecht **durch Willenserklärungen,** wenn sie bekunden, die Sorge
gemeinsam übernehmen zu wollen (§ 1626a I Nr. 1).

c) Sorgerechtsregelungen durch **gerichtliche Entscheidung** können aus unterschiedlichen Gründen nötig werden, z. B. aus Anlass
der Trennung des Elternpaares. Auch die Sorge für ein nichteheliches
Kind kann gerichtlich geregelt werden (→ Rn. 685).

II. Elterliche Sorge für eheliche Kinder

667   **1. Elterliche Sorge kraft Ehe.** a) Sind die Eltern des Kindes im
Zeitpunkt seiner Geburt miteinander verheiratet, haben sie kraft Gesetzes das Sorgerecht gemeinsam inne. Das wird im Gesetz nicht aus-

drücklich gesagt, sondern als Selbstverständlichkeit unterstellt. Maßgeblich ist die Vorstellung, dass das eheliche Kind gewöhnlich in eine
funktionierende Elternfamilie hineingeboren wird. Die gemeinsame
Sorge tritt kraft Ehe selbst dann ein, wenn die Eltern zur Zeit der Geburt des Kindes getrennt leben; der Besonderheit dieser Situation
wird in diesem Fall durch die Regelung des § 1687 Rechnung getragen (→ Rn. 828). Die gemeinsame Sorge besteht, bis dieser Rechtszustand kraft Gesetzes (z. B. bei Tod eines Elternteils) oder kraft Gerichtsentscheidung verändert wird. Die Scheidung der Ehe beseitigt
für sich gesehen das gemeinsame Sorgerecht nicht.

b) Entscheidend ist der Zeitpunkt der Geburt. Wird das Kind **nach**   668
Scheidung oder Aufhebung der Ehe geboren, so tritt das gemeinsame Sorgerecht nicht automatisch ein. Vielmehr besteht die Lage
wie sonst bei nichtehelichen Kindern; der Weg zur gemeinsamen
Sorge führt dann entweder über Sorgeerklärungen oder über eine gerichtliche Entscheidung, ansonsten wird die Mutter alleinige Inhaberin der elterlichen Sorge (§ 1626a III). Es gibt also Fälle, in denen das
Sorgerecht für ein aus einer Ehe stammendes Kind nicht automatisch
beiden Eltern gemeinsam zusteht. Wird das Kind **nach dem Tod des**
mit der Mutter verheirateten Vaters geboren, so wird die Mutter
von vornherein allein sorgeberechtigt.

c) Die Zurechnung der Sorge kraft Gesetzes durch Ehe setzt vo-   669
raus, dass beide Ehegatten als **Eltern im Rechtssinne** feststehen. Insbesondere muss die rechtliche Vaterschaft des Ehemannes bestehen.
Daher entfällt das gemeinsame Sorgerecht, wenn die Vaterschaft
rechtskräftig angefochten ist. Gleichfalls führt die Ehe des Kindesvaters mit der Eispenderin, die das Kind nicht geboren hat, nicht zum
Sorgerecht des Ehepaares, da die Ehefrau nicht Mutter im Rechtssinne ist (§ 1591).

2. Nachfolgende Heirat der Eltern. Wird das Kind vor der Heirat   670
seiner Eltern geboren, so ist es nichtehelich. Wenn keine Sorgeerklärungen abgegeben werden und das Sorgerecht nicht gerichtlich geregelt wird, besteht Alleinsorge der Mutter (§ 1626a III). Doch führt in
diesem Fall die nachfolgende Heirat der Eltern ohne weiteres zur gemeinsamen Sorge kraft Gesetzes (§ 1626a I Nr. 2). Die gemeinsame
Sorge kann in solchen Fällen allerdings auch schon vor der Heirat
durch beiderseitige Sorgeerklärungen (§ 1626a I Nr. 1) oder durch
Gerichtsentscheid (§ 1626a I Nr. 3) begründet werden. Im letzteren
Fall kann die nachfolgende Eheschließung für das Sorgerecht von Be-

deutung sein, wenn gerichtlich nur eine partielle gemeinsame Sorge angeordnet war.

Beispiel: Anna und Bertram sind nicht miteinander verheiratet. Sie haben eine Tochter namens Carla. Sorgeerklärungen werden nicht abgegeben. Auf Antrag des Bertram überträgt das Gericht die elterliche Sorge auf dem Gebiet der Aufenthaltsbestimmung auf beide Eltern gemeinsam. Im Übrigen bleibt Anna allein sorgeberechtigt (§ 1626a III). Schließen später Anna und Bertram miteinander die Ehe, so sind sie damit auch für die Bereiche gemeinsam sorgeberechtigt, für die bisher Anna allein zuständig war.

III. Elterliche Sorge für nichteheliche Kinder

Literatur: *M. Coester*, FamRZ 2012, 1337; *B. Heiderhoff*, JZ 2013, 82; *P. Huber/ J. Antomo*, FamRZ 2013, 665; *M. Schneider*, MDR 2013, 309; *D. Coester-Waltjen*, FamRZ 2013, 1693; *P. Finger/ H. Daschenko*, FuR 2013, 558; *R. Frank*, StAZ 2013, 269; *W. Dürbeck*, ZKJ 2013, 330; *D. Büte*, FuR 2013, 311; *S. Heilmann*, NJW 2013, 1473; *S. Willutzki*, FPR 2013, 240; *H. Fahl*, NZFam 2014, 155; *K. Lack*, FamRZ 2014, 1337.

671   **1. Übersicht.** Die tatsächliche Familiensituation, in die nichteheliche Kinder hineingeboren werden, kann sehr unterschiedlich sein. Häufig sind die Eltern ähnlich wie Ehegatten zu einer Lebensgemeinschaft verbunden, die gemeinsame Elternsorge erscheint dann als logische Konsequenz. Nicht selten bleiben sich die Eltern aber fremd, obwohl sie ein gemeinsames Kind haben, und planen keine gemeinsame Zukunft. Dann kann das gemeinsame Sorgerecht, das ein beständiges und förderliches Zusammenwirken der Eltern erfordert, für das Kind problematisch werden. Das ist der Grund, warum das deutsche Recht bei nichtehelichen Kindern nicht einfach automatisch das gemeinsame Sorgerecht eintreten lässt, sondern eine differenzierende Lösung anbietet.

672   Der **Weg zur heutigen Regelung** war langwierig und verlief in Etappen. Das BGB von 1900 hatte den Vater eines nichtehelichen Kindes noch ganz vom Sorgerecht ausgeschlossen. Eine grundlegende Änderung erfolgte erst durch das Kindschaftsrechtsreformgesetz von 1997 (→ Rn. 552). Dieses beließ es grundsätzlich bei der gesetzlichen Alleinsorge der Mutter, eröffnete aber den Weg zur gemeinsamen Sorge, wenn beide Eltern erklärten, die Sorge gemeinsam übernehmen zu wollen (Sorgeerklärungen). Freilich konnte kein Elternteil dazu gezwungen werden. Das bedeutete praktisch, dass es im Belieben der Mutter stand, ob sie den Vater am Sorgerecht beteiligen oder das Sorgerecht allein ausüben wollte.

Diese Gesetzeslage wurde vom BVerfG für **verfassungswidrig** er- **673** klärt, weil sie das Elternrecht des Vaters verletzt (BVerfG FamRZ 2010, 1403). Auch der Europäische Gerichtshof für Menschenrechte erblickte in der genannten Regelung einen Verstoß gegen das Diskriminierungsverbot des Art. 14 i. V. m. Art. 8 EMRK (EGMR FamRZ 2010, 103). Die somit nötige Neuregelung erfolgte durch das **Gesetz zur Reform der elterlichen Sorge nicht miteinander verheirateter Eltern** vom 16.4.2013, in Kraft getreten zum 19.5.2013. Danach kann das gemeinsame Sorgerecht für nichteheliche Kinder außer durch Sorgeerklärungen auch durch familiengerichtliche Entscheidung auf Antrag eines Elternteils begründet werden (§ 1626a II). Wird die gemeinsame Sorge weder durch Sorgeerklärungen noch durch Gerichtsentscheid herbeigeführt, bleibt es bei der Alleinsorge der Mutter (§ 1626a III).

2. Sorgerecht kraft Mutterschaft. Für den Fall, dass die Eltern bei **674** Geburt des Kindes nicht miteinander verheiratet sind, sieht das Gesetz das **alleinige Sorgerecht der Mutter** vor (§ 1626a III), solange nicht beide Eltern erklärt haben, die Sorge gemeinsam übernehmen zu wollen oder das Familiengericht eine anderweitige Regelung getroffen hat. Das alleinige Sorgerecht der Mutter kraft Gesetzes garantiert, dass das neugeborene Kind vom ersten Augenblick seines Lebens an eine rechtlich autorisierte Fürsorgeperson hat. Das ist besonders wichtig, wenn dem Kind noch kein Vater rechtlich zugeordnet ist. Die zunächst eingetretene Alleinsorge der Mutter kann jederzeit später durch Sorgeerklärungen oder eine gerichtliche Sorgerechtsregelung beendet werden. Anstelle des mütterlichen Alleinsorgerechts tritt von vornherein die gemeinsame Sorge ein, wenn der Vater schon vor der Geburt des Kindes die Vaterschaft anerkannt hat (§ 1594 IV) und beide Eltern schon zu dieser Zeit Sorgeerklärungen abgegeben haben (§ 1626b II).

3. Gemeinsame Sorge kraft Sorgeerklärung. a) Voraussetzun- **675** **gen.** Eltern, die bei Geburt des Kindes nicht miteinander verheiratet sind, können auf einfache Weise bewirken, dass ihnen das Sorgerecht gemeinsam zusteht. Es genügt, wenn sie *beide* erklären, die Sorge gemeinsam übernehmen zu wollen („Sorgeerklärung", § 1626a I Nr. 1). Für die Sorgeerklärungen sind vom Gesetz einige Regeln vorgegeben, die strikt einzuhalten sind:

- Die Erklärungen bedürfen der öffentlichen Beurkundung
  (§ 1626d I), zuständig sind die Notare und das Jugendamt (§ 59 I 1
  Nr. 8 SGB VIII).
- Die Eltern können die Erklärung nur jeweils selbst abgeben
  (§ 1626c I), Vertretung und Botenschaft scheiden aus.
- Sorgeerklärungen können nicht unter einer Bedingung oder Zeitbestimmung abgegeben werden (§ 1626b I).
- Die Sorgeerklärungen müssen den Willen zur Ausübung des *gemeinsamen* Sorgerechts zweifelsfrei bekunden. Die Erklärung
  etwa, der Vater solle das Sorgerecht allein ausüben, entspricht nicht
  dem gesetzlichen Inhalt der Sorgeerklärung und ist wirkungslos.

676   **b) Partielle Übernahme der gemeinsamen Sorge?** Nach dem
Wortlaut des Gesetzes kann nur die gesamte elterliche Sorge durch
Erklärungen gemeinsam übernommen werden, nicht etwa ein Teil daraus. Dagegen sind Bedenken geäußert worden: Wenn durch gerichtliche Entscheidung eine partielle gemeinsame Sorge eingerichtet werden kann (z. B. § 1626a II), müsse eine solche Gestaltung auch den
Sorgeerklärungen offen stehen. Doch macht es einen Unterschied,
ob die schwierige Konstruktion einer gemeinsamen Teilsorge mit ihren Abgrenzungsproblemen auf einer richterlichen Abwägung des
Kindeswohls beruht oder auf bloßen Erklärungen der Eltern, die zudem nicht juristisch beraten sein müssen.

Beispiel: Ein Kind wird geboren. Die Eltern sind nicht verheiratet und leben auch nicht zusammen. Die Mutter hat gegen eine gemeinsame Sorge an
sich nichts einzuwenden, möchte aber sicherstellen, dass das Kind bei ihr
lebt. Nach Absprache geben Mutter und Vater jeweils formgerecht die Erklärung ab, dass sie das Sorgerecht gemeinsam ausüben wollen, dass aber die Befugnis zur Bestimmung des Aufenthalts des Kindes allein bei der Mutter bleiben solle. Derartige „partielle" Sorgeerklärungen entsprechen nach h. M. nicht
den gesetzlichen Anforderungen.

677   **c) Rechtsnatur.** Die Sorgeerklärungen bilden keinen Vertrag zwischen Mutter und Vater, sondern **„parallel laufende Erklärungen".**
Gleichzeitige Anwesenheit ist nicht erforderlich; die Eltern müssen
noch nicht einmal zum selben Notar gehen. Da die Sorgeerklärung
keinen Adressaten hat und also mit der bloßen Abgabe wirksam
wird, könnte es theoretisch vorkommen, dass der erklärende Vater
gar nicht weiß, ob auch schon die Mutter eine Erklärung abgegeben
hat, und umgekehrt. Zwar hat die beurkundende Stelle die Abgabe
der Sorgeerklärungen dem zuständigen Jugendamt mitzuteilen

(§ 1626d II), doch ist die Mitteilung keine Voraussetzung ihrer Wirksamkeit.

d) Zeitpunkt der Erklärungen. Die Sorgeerklärungen können 678
auch schon **vor Geburt des Kindes** abgegeben werden (§ 1626b II),
nicht aber schon vor der Zeugung („Wenn wir einmal Kinder haben
sollten ...“). Freilich tritt die Wirkung des gemeinsamen Sorgerechts
erst mit der Geburt des Kindes ein. Eine Ausschlussfrist ist für Sorgeerklärungen nicht vorgesehen. Die gemeinsame Sorge kann also jederzeit bis zur Volljährigkeit des Kindes begründet werden.

e) Bestandskraft der Erklärungen. Das Gesetz stattet die Sorgeer- 679
klärungen im Interesse des Kindes mit einer besonderen Bestandskraft aus: Sorgeerklärungen und etwa nötige Zustimmungen sind gemäß § 1626e nur unwirksam, wenn sie „den Erfordernissen der
vorstehenden Vorschriften nicht genügen“ (gemeint sind §§ 1626a–
d). Das bedeutet insbesondere, dass Willensmängel keine Bedeutung
haben sollen; selbst eine arglistige Täuschung (§ 123 I) macht die Erklärung nicht anfechtbar.

Eine Ungeschicklichkeit ist dem Gesetzgeber insofern unterlaufen, als er
zwar die Sorgeerklärung eines beschränkt Geschäftsfähigen geregelt hat, nicht
aber diejenige eines **Geschäftsunfähigen.** Wollte man hier § 1626e wörtlich
anwenden, so wäre die Sorgeerklärung eines Geschäftsunfähigen voll wirksam, da sich aus den „vorstehenden Vorschriften“ nichts anderes ergibt. Das
kann aber vom Gesetzgeber nicht gewollt sein. Dem Sinn des § 1626c II ist
zu entnehmen, dass ein Geschäftsunfähiger keine wirksame Sorgeerklärung
abgeben kann. Die Frage ist umstritten: Nach anderer Meinung kann der Geschäftsunfähige ohne weiteres eine gültige Sorgeerklärung abgeben, nach einer
vermittelnden Ansicht kann er es mit Zustimmung des gesetzlichen Vertreters.

f) Vorrang gerichtlicher Entscheidungen. Eine **Sperre** für Sorge- 680
erklärungen errichtet **§ 1626b III:** Mit der Abgabe von Sorgeerklärungen können keine gerichtlichen Sorgerechtsentscheidungen abgeändert werden. Ist das Sorgerecht zum Beispiel durch gerichtliche
Entscheidung nach § 1671 einem Elternteil allein zugewiesen worden,
so können die Eltern nicht einfach dadurch zum gemeinsamen Sorgerecht zurückkehren, dass sie Sorgeerklärungen abgeben. Sie müssen
vielmehr versuchen, die gerichtliche Sorgerechtsregelung wiederum
durch eine Gerichtsentscheidung abändern zu lassen (§ 1696 I).

Beispiel: Ein nicht verheiratetes Paar hat ein Kind, beide Eltern geben Sorgeerklärungen ab. Dann trennen sie sich, der Mutter wird gemäß § 1671 I die
Alleinsorge zugewiesen. Dann ziehen die Kindeseltern wieder zusammen. Sie

möchten jetzt wiederum zum gemeinsamen Sorgerecht gelangen. Sie können das aber nicht dadurch, dass sie nun Sorgeerklärungen abgeben; diese wären unwirksam (§ 1626b III). Vielmehr sind sie darauf verwiesen, gemäß § 1696 I eine Abänderung der Sorgerechtsentscheidung wegen geänderter Verhältnisse zu erreichen.

681   **g) Wirkung.** Sind beiderseits Sorgeerklärungen abgegeben, die den gesetzlichen Anforderungen entsprechen, so tritt ohne weiteres die gemeinsame Sorge ein. Entscheidender Zeitpunkt ist also die Abgabe der jeweils *zweiten* Erklärung (sofern nicht, wie vernünftig, beide Erklärungen gleichzeitig erfolgen). Ob die gemeinsame Sorge dem Kindeswohl dient, wird vorher von keiner amtlichen Stelle geprüft. Für den Rechtsverkehr ist nicht ohne weiteres ersichtlich, ob und seit wann die gemeinsame Sorge besteht.

Es gibt keinen Ausweis, der den Eltern die gemeinsame Sorge amtlich bestätigt. Umgekehrt kann die nach § 1626a III allein sorgeberechtigte Mutter vom zuständigen Jugendamt eine Bescheinigung darüber verlangen, dass *keine* Sorgeerklärungen abgegeben sind und die gemeinsame Sorge auch nicht gerichtlich angeordnet wurde. Zu diesem Zweck wird bei den Jugendämtern ein Sorgeregister geführt (§ 58a SGB VIII).

682   **h) Getrennt lebende Eltern.** Die Sorgeerklärungen sind auch dann wirksam, wenn die Eltern im Zeitpunkt der Abgabe nicht zusammen leben. Die gemeinsame Sorge soll auch in den Fällen begründet werden können, in denen eine Lebensgemeinschaft weder verwirklicht noch geplant ist. Freilich ist bei getrennt lebenden Eltern die gemeinsame Sorge nicht vollkommen: Es gilt dann die *Alleinzuständigkeit* des Elternteils, bei dem sich das Kind rechtmäßig aufhält, für die Entscheidung in *Angelegenheiten des täglichen Lebens* (§ 1687 I 2, 3). Der Wirksamkeit der Sorgeerklärungen steht auch nicht entgegen, dass ein Elternteil anderweitig verheiratet ist. Es kann also ein verheirateter Mann zugleich eine eheliche Familie haben und mit einer anderen Frau zur Ausübung des gemeinsamen Sorgerechts verbunden sein.

683   **i) Änderung.** Ist die gemeinsame Sorge einmal durch Sorgeerklärungen begründet, so unterliegt ihre Fortdauer nicht mehr der Privatautonomie der Eltern. Besinnen diese sich eines anderen, so können sie nicht etwa durch gegenläufige Erklärungen das gemeinsame Sorgerecht wieder beseitigen. Vielmehr kann die Sorgerechtslage nur mehr durch eine gerichtliche Entscheidung geändert werden, z. B. wenn die Eltern sich trennen und einer von ihnen nach § 1671 I die Alleinsorge für sich beantragt.

j) Flankierende Vereinbarungen. Häufig entsteht der Wunsch, vor **684** Abgabe von Sorgeerklärungen die künftigen Lebensverhältnisse des Kindes durch flankierende Vereinbarung zu regeln, z. B. darüber, bei welchem Elternteil es leben wird, was nach einer Trennung geschehen soll, etc. Auf keinen Fall können derartige Modalitäten zur Geltungsbedingung der Sorgerechtserklärung gemacht werden (§ 1626b I). Ob und in welchem Sinne solche Absprachen bindend sind, ist ungeklärt. M. E. sind sie im Streitfall vom Familiengericht als maßgebend anzuerkennen, soweit ihr Inhalt nicht dem Kindeswohl zuwiderläuft.

Literatur: *St. Hammer*, Elternvereinbarungen im Sorge- und Umgangsrecht, 2004; *D. Schwab*, DNotZ 1998, 437; *ders.*, in: S. Hofer/D. Schwab/D. Henrich (Hrsg.), From Status to Contract?, 2005, 35; *B. Knittel*, ZfJ 2000, 140; *N. Dethloff*, JAmt 2005, 213.

4. Gemeinsame Sorge kraft gerichtlicher Entscheidung. a) Über- **685** **blick.** Auch wenn die Eltern oder einer von ihnen keine Sorgeerklärung abgeben, kann es seit 2013 (→ Rn. 673) zur gemeinsamen Sorge kommen. Auf Antrag eines Elternteils überträgt das Familiengericht die elterliche Sorge insgesamt oder teilweise auf beiden Eltern gemeinsam, wenn dies **dem Kindeswohl nicht widerspricht** (§ 1626a II 1). Dies kann auch dann geschehen, wenn die Mutter die gemeinsame Sorge ablehnt. Es wird die Vermutung aufgestellt, dass die gemeinsame Sorge dem Kindeswohl nicht widerspricht, sofern der andere Elternteil keine Gründe vorträgt, die der gemeinsamen Sorge entgegenstehen können und solche Gründe auch sonst nicht ersichtlich sind (§ 1626a II 2). Die Chancen der Mütter, sich erfolgreich gegen das gemeinsame Sorgerecht zu wehren, sind zudem durch Verfahrensvorschriften gemindert: Für eine Stellungnahme kann das Gericht der Mutter eine Ausschlussfrist setzen (§ 155a II 2 FamFG). Sind Gründe, die der gemeinsamen Sorge entgegenstehen können, nicht geltend gemacht und auch sonst nicht ersichtlich, dann soll das Gericht seine Entscheidung im schriftlichen Verfahren ohne persönliche Anhörung der Eltern und ohne Anhörung des Jugendamts treffen (§ 155a III 1 FamFG) – es soll also kurzer Prozess gemacht werden.

b) Die Prüfung des Kindeswohls. Wird ein Antrag auf gemein- **686** same Sorge gestellt, so prüft das Gericht, ob diese Gestaltung dem Kindeswohl widerspricht. Nach BGH ist die gemeinsame Elternsorge das gesetzliche Leitbild, wenn keine dagegen Gründe vorliegen (BGH FamRZ 2016, 1439 Rn. 11). Die Gründe, von der gemeinsamen Sorge abzuweichen, sollen die gleichen sein, die im Falle der Elterntrennung dafür sprechen, die gemeinsame Sorge aufzuheben – die Regeln des § 1626a II 1 und des § 1671 I 2 Nr. 2 sollen also in einen Gleichklang gebracht werden. Folglich kommt es darauf an, ob im konkreten Fall die **Alleinsorge eines Elternteils dem Kindeswohl besser entspricht** (BGH FamRZ 2016, 1439 Rn. 13).

687 **c) Gestörtes Verhältnis zwischen den Eltern.** Besonders streitig ist die Frage, ob und in welchen Fällen ein **gestörtes persönliches Verhältnis der Eltern** gegen eine gemeinsame Elternsorge ins Feld geführt werden kann (Fälle: OLG Koblenz FamRZ 2014, 319; OLG Brandenburg FamRZ 2014, 1856; KG FamRZ 2014, 1375). Zutreffend verlangt der BGH für die Ausübung der gemeinsamen Sorge ein Mindestmaß an Übereinstimmung in den wesentlichen das Kind betreffenden Bereichen und insgesamt eine tragfähige soziale Beziehung zwischen den Eltern (BGH FamRZ 2016, 1439 Rn. 22). Die Verweigerungshaltung eines Elternteils genügt für sich gesehen nicht, um das gemeinsame Sorgerecht abzulehnen, wohl kann aber eine schwerwiegende und nachhaltige Störung der Kommunikation unter den Eltern die Befürchtung begründen, dass die Ausübung der gemeinsamen Sorge keine für das Kind günstigen Auswirkungen haben wird. Hierbei genügt die begründete Besorgnis, dass die Eltern in Zukunft nicht in der Lage sein werden, ihre Streitigkeiten in wesentlichen Bereichen der elterlichen Sorge konstruktiv und ohne gerichtliche Auseinandersetzungen beizulegen (BGH FamRZ 2016, 1439 Rn. 24, 27).

688 **d) Gerichtliche Prüfung.** Ob die Übertragung der gemeinsamen Sorge dem Kindeswohl widerspricht, hat das Gericht durch einzelfallbezogene und umfassende Prüfung aller Umstände **von Amts wegen** zu ermitteln (BGH FamRZ 2016, 1439 Rn. 19, 34). Diese Prüfungspflicht ist nach dem Gesetzeswortlaut **eingeschränkt**, wenn der ablehnende Elternteil (in der Regel die Mutter) keine Gründe gegen die gemeinsame Sorge vorträgt und solche Gründe „auch sonst nicht ersichtlich" sind; dann ist der Weg zum rigorosen Verfahren nach § 155a III FamFG eröffnet. Doch dürfen an die Obliegenheit zur Darlegung solcher Gegengründe keine zu hohen Anforderungen gestellt werden: Es genügt, wenn konkrete tatsächliche Umstände dargelegt werden oder erkennbar sind, die ein Indiz gegen die gemeinsame elterliche Sorge sein können (BGH FamRZ 2016, 1439 Rn. 32). M. E. wäre eine gerichtliche **Entscheidung über das Sorgerecht ohne umfassende Prüfung des Kindeswohls** wegen Verletzung der Kindesrechte ohnehin **verfassungswidrig**.

Der gerichtlichen Verantwortung entspricht, dass vor der Entscheidung das **Kind** selbst gemäß den Regeln des § 159 FamFG **anzuhören** ist, in der Regel auch Kinder unter 14 Jahren mit Ausnahme von „sehr jungen Kindern" (BGH FamRZ 2016, 1439 Rn. 46). Das gilt auch, wenn nach § 155a FamFG im schriftlichen Verfahren entschieden wird (BGH FamRZ 2016, 1439 Rn. 31).

e) Zeitpunkt. Die möglichen Irritationen für die Situation der **689** nichtehelichen Kinder werden dadurch vermehrt, dass das Gesetz für den Antrag auf die gemeinsame Sorge keinerlei Frist vorsieht. Ein Vater kann die Einrichtung des gemeinsamen Sorgerechts also auch dann noch beantragen, wenn das Kind schon jahrelang unter der Alleinsorge seiner Mutter gestanden und bei ihr gelebt hat. Möglicherweise wird so dem Kind ein abrupter Wechsel seiner Lebensverhältnisse zugemutet.

f) Folgen der Übertragung der gemeinsamen Sorge. Wird an- **690** tragsgemäß die gemeinsame Sorge übertragen, so üben von der Wirksamkeit des Beschlusses an beide Eltern zusammen die Personen- und Vermögenssorge aus; beiden steht die gesetzliche Vertretung des Kindes zu. Freilich gilt dies uneingeschränkt nur, wenn die Eltern zusammen leben. Sind sie getrennt, so besteht die gemeinsame Zuständigkeit nur für die Entscheidung in Angelegenheiten, deren Regelung für das Kind von erheblicher Bedeutung ist (§ 1687 I 1), während über die Angelegenheiten des täglichen Lebens derjenige befindet, bei dem sich das Kind gewöhnlich aufhält (§ 1687 I 2). Dabei ist zu bedenken, dass sich die Frage, bei wem das Kind lebt, mit der Übertragung des gemeinsamen Sorgerechts neu stellt.

g) Teilübertragung. Wie das Gesetz ausdrücklich klarstellt, kann **691** das Gericht auch einen Teil der Sorge auf beide Eltern gemeinsam übertragen, während das Sorgerecht im Übrigen allein bei der Mutter bleibt. Auch hier ist Voraussetzung, dass die beantragte Sorgerechtsgestaltung dem Kindeswohl nicht widerspricht. Auch wenn die Begründung der gemeinsamen Sorge insgesamt begehrt wird, kann das Gericht hinter dem Antrag zurückbleiben und nur einen Teil der gemeinsamen Sorge zuweisen. Diese Lösung bietet sich an, wenn sichergestellt werden soll, dass durch die Änderung des Sorgerechts das Kind nicht aus seinem bisherigen Lebensumfeld gerissen oder in ein seinem Wohl schädliches Verfahren involviert wird.

Beispiel: Herr Maier und Frau Möller lernen sich im Urlaub kennen. Aus der flüchtigen Bekanntschaft geht eine Tochter hervor, die den Vornamen Gisela erhält. Da sich Herr Maier für seine Tochter nicht interessiert, werden weder Sorgeerklärungen abgegeben noch wird eine gerichtliche Sorgeregelung beantragt. Gisela lebt bei ihrer allein sorgeberechtigten Mutter und deren Lebensgefährten Krause. Als Gisela acht Jahre alt geworden ist, beginnt ihr Vater, sich für sie zu interessieren und beantragt die Übertragung des gemeinsamen Sorgerechts. Frau Möller wehrt sich dagegen und fürchtet, der Vater könnte Gisela bei sich haben und darüber einen Elternstreit nach § 1628 auslösen wollen, der das Kind irritieren würde. Wenn die Befürchtungen von Frau Möller begründet sind, könnte eine Lösung darin bestehen, das gemeinsame Sorgerecht zu übertragen, davon aber das Recht zur Aufenthaltsbestimmung auszunehmen, das bei Frau Möller verbliebe.

692   **5. Alleinsorge des Vaters. a) Überblick.** Schließlich kann der Vater nach § 1671 II beim Familiengericht auch beantragen, ihm selbst die alleinige Sorge zu übertragen, wenn er getrennt von der Mutter lebt und diese *bisher* das Sorgerecht nach § 1626a III *allein* ausübte. Doch darf die Mutter auf diese Weise nur in zwei Fallkonstellationen aus dem Sorgerecht verdrängt werden:

a) wenn sie zustimmt, oder

b) wenn eine gemeinsame Sorge nicht in Betracht kommt und zu erwarten ist, dass die Übertragung auf den Vater dem Wohl des Kindes am besten entspricht.

Der Antrag kann jederzeit gestellt werden. Liegt keine der Voraussetzungen des § 1671 II 2 vor, so kommt eine Übertragung der Alleinsorge auf den Vater nicht in Betracht.

Beachte: Bestand schon das gemeinsame Sorgerecht und will der Vater nun die Sorge für sich allein, so ist nicht § 1671 II, sondern § 1671 I einschlägig (→ Rn. 838).

693   **b) Sorgerechtswechsel mit Zustimmung der Mutter.** Stimmt die Mutter zu (§ 1671 II 2 Nr. 1), so erlegt das Gesetz dem Gericht gleichwohl die Prüfung auf, ob der beantragte Sorgerechtswechsel dem Kindeswohl widerspricht; in diesem Fall muss der Antrag abgewiesen werden. Vom vollendeten 14. Lebensjahr an ist das Kind zudem befugt, der Sorgerechtsübertragung auf den Vater zu widersprechen. Der Widerspruch bewirkt, dass der Sorgerechtswechsel nicht auf die Zustimmung der Mutter gestützt werden darf; dann kommt aber möglicherweise eine Übertragung nach § 1671 II 2 Nr. 2 in Frage.

694   **c) Sorgerechtswechsel gegen den Willen der Mutter.** Der dekretierte Wechsel von der Alleinsorge der Mutter zu derjenigen des Vaters (§ 1671 II 2 Nr. 2) bildet einen starken Eingriff in die sorgerechtliche Lage und gewöhnlich auch in das Leben des Kindes. Er ist besonders problematisch, wenn der Mutter auf diese Weise das Sorgerecht gegen ihren Willen entzogen werden soll. Dies bedarf aus der Sicht des Kindeswohls triftiger Gründe (BVerfG FamRZ 2010, 1403 Rn. 68). Daher gibt das Gesetz der gemeinsamen Sorge den Vorzug: Auch wenn sich die Alleinsorge der Mutter für das Kind als problematisch erwiesen hat, muss zunächst überlegt werden, ob nicht die Übertragung der Sorge auf beide Eltern die Schwierigkeiten beheben kann. Zudem verlangt das Gesetz, dass der Wechsel zur Alleinsorge des Vaters dem Kindeswohl *am besten entspricht*: Es muss also gefragt werden, ob der bisherige Zustand oder das gemeinsame Sorgerecht nicht mindestens gleich gute Lösungen sind. Kommt keine dieser Gestaltungen in Frage, so muss das Gericht nach § 1666 eingreifen und einen Pfleger oder Vormund bestellen (→ Rn. 791).

Beispiel: Die Mutter der 10-jährigen Helena, die nichtehelich geboren ist, übt die elterliche Sorge nach § 1626a III allein aus. Der Vater hält fortlaufend Kontakt zu Helena. Er gewinnt den Eindruck, dass die Mutter das Kind in Angelegenheiten der Schule nicht hinreichend unterstützen kann. Der Vater, der selbst Lehrer ist und zusammen mit Ehefrau und ehelichen Kindern lebt, möchte, dass das Kind zu ihm und seiner Familie zieht und möchte auch das alleinige Sorgerecht.
Hier wäre zu überlegen, ob die schulischen Probleme von Helena nicht auf andere Weise gelöst werden können als durch den abrupten Wechsel des Sorgerechts, z. B. durch Nachhilfe, die der Vater seinem Kind auch ohne Sorgerecht geben kann.

Die Befugnis des Gerichts, der Mutter eines nichtehelichen Kindes das nach § 1626a III bestehende Alleinsorgerecht zu entziehen und auf den Vater zu übertragen, beruht auf der Entscheidung des BVerfG vom 27.7.2010 (FamRZ 2010, 1403 – Verfassungswidrigkeit des bisherigen § 1672). Der Gesetzgeber hat dem mit Gesetz vom 16.4.2013 (→ Rn. 673) Rechnung getragen.

§ 55. Die Personensorge

I. Inhalt und Befugnisse

1. Inhalt. Die Personensorge (§ 1626 I 1, § 1631) betrifft alle Betreuungsaufgaben, die sich nicht als bloße Vermögensverwaltung darstellen. Sie umfasst die **Pflege** des Kindes, d. h. die Sorge für sein leibliches Wohl und seine gesunde äußere Entwicklung, sowie seine **Erziehung,** das heißt die Sorge für seine geistige, seelische und so-

ziale Entwicklung. Wahl und Förderung von Schul- und Berufsausbildung gehören ebenso dazu wie die religiöse Erziehung (dazu ein
spezielles Gesetz über die religiöse Kindererziehung vom 15.7.1921,
das noch immer Geltung hat). Ausfluss der Personensorge ist die
Pflicht und das Recht, das Kind zu beaufsichtigen (§ 1631 I). Daraus
kann eine Haftung der Eltern für Schäden folgen, die das Kind widerrechtlich einem Dritten zufügt (§ 832 I), z. B. wenn der Minderjährige
bei unzureichend beaufsichtigter Internetnutzung die Urheberrechte
Dritter verletzt (BGH FamRZ 2016, 220). Die Personensorge bezieht
sich auch auf die Angelegenheiten, die mit Namen und Status des
Kindes zu tun haben: Die personensorgeberechtigten Eltern bestimmen den Vornamen und, soweit eine Wahlmöglichkeit besteht, auch
den Familiennamen des Kindes (→ Rn. 642).

696　　**2. Faktische und rechtliche Fürsorge.** Die Personensorge äußert
sich in faktischem wie in rechtsgeschäftlichem Handeln. Im Vordergrund steht nicht das Rechtsgeschäft: Pflege und Erziehung geschehen in täglicher Fürsorge und fortlaufender Begegnung der Eltern
mit ihren Kindern. Zwischen ihnen bildet sich eine psychische Bindung als Grundlage des Erziehungsverhältnisses. Es wäre ein grund-
legendes Missverständnis, dem aber manche Juristen unterliegen,
würde man die elterliche Sorge als bloßes Rechtsverhältnis begreifen,
nur weil auch Rechtspositionen damit verbunden sind. Vielmehr ist
die rechtliche Seite bloß die Konsequenz aus einer vom Recht vorausgesetzten persönlichen Verbindung von Eltern und Kind: Diese zu
schützen und mit den nötigen rechtlichen Instrumenten auszustatten,
ist der Zweck der gesetzlichen Regelungen.

697　　**3. Bestimmungsbefugnisse.** Mit der Personensorge sind den Eltern Befugnisse verliehen, die ihnen eine Leitungsautorität gegenüber
dem Kind verleihen und die auch von Dritten zu achten sind. Diese
Befugnisse sind nach heutigem Verständnis nicht die Hauptsache,
sondern bloße **Mittel zum Zweck,** die Interessen des Kindes zu wahren und zu fördern. Sie sind nur um einer sinnvollen Erziehung
willen gegeben und daher immanent begrenzt. Je weiter das Kind in
seiner Entwicklung fortschreitet, desto mehr fällt sein Selbstbestimmungsinteresse ins Gewicht (§ 1626 II).

　　a) Unter den Bestimmungsrechten der sorgeberechtigten Eltern ist
an erster Stelle die **gesetzliche Vertretung** (§ 1629) zu nennen, die
auch auf dem Gebiet der Personensorge besteht. Mit Ausübung des
Vertretungsrechts können die Eltern auf die Rechts- und Pflichten-

lage einwirken, in der sich das Kind befindet, sei es, indem sie im Namen des Kindes Rechtsgeschäfte abschließen, sei es, indem sie zu Geschäften des beschränkt geschäftsfähigen Kindes ihre Zustimmung erteilen (§ 107).

Im Bereich der Personensorge umfasst die gesetzliche Vertretung auch die Einwilligung in eine Heilbehandlung, soweit das Kind selbst nicht dazu fähig ist (→ Rn. 740). In eine **Sterilisation** des Kindes können sie aber in keinem Fall einwilligen, auch das Kindes selbst kann es nicht (**§ 1631c**).

b) Den Eltern obliegt es, den **Aufenthalt** ihres minderjährigen **698** Kindes **zu bestimmen** (§ 1631 I), d. h. festzulegen, an welchem Ort und in welcher Wohnstätte das Kind dauernd oder vorübergehend weilen soll oder darf. Die Ausübung dieser Befugnis gegenüber dem Kind ist kein Rechtsakt; wohl aber ist die Aufenthaltsbestimmung für Dritte rechtlich verbindlich. Halten Dritte das Kind an einem anderen als dem von den Sorgeberechtigten bestimmten Ort fest, so greifen sie in eine absolut geschützte Rechtsposition ein (§ 823 I). Zudem gewährt § 1632 I einen speziellen familienrechtlichen Anspruch auf **Herausgabe des Kindes** gegenüber jedem, der es dem Personensorgeberechtigten widerrechtlich vorenthält.

Das Aufenthaltsbestimmungsrecht ist durch **§ 1631b I** einge- **699** schränkt: Eine **Unterbringung** des Kindes, die mit **Freiheitsentziehung** verbunden ist, bedarf der Genehmigung des Familiengerichts. Die Genehmigung muss vom Sorgeberechtigten beantragt werden (OLG Frankfurt a. M. FamRZ 2015, 2070; a. A. OLG Dresden FamRZ 2017, 621). Die Unterbringung ist zulässig, solange sie zum Wohl des Kindes, insbesondere zur Abwendung einer erheblichen Selbst- oder Fremdgefährdung erforderlich ist und der Gefahr nicht auf andere Weise begegnet werden kann (§ 1631b S. 2). Freiheitsentziehende Unterbringung ist daher z. B. ausgeschlossen, wenn das Kindeswohl durch Erziehung in einem offenen Heim gewahrt werden kann (BGH FamRZ 2012, 1556). Ohne gerichtliche Genehmigung ist eine Freiheitsentziehung nur zulässig, wenn mit einem Aufschub Gefahr verbunden wäre; aber auch dann ist die Genehmigung unverzüglich nachzuholen (§ 1631b S. 3).

Genehmigungspflichtig ist vor allem die Unterbringung des Kindes in geschlossenen Heil- und Pflegeanstalten, in denen die Insassen auf beschränktem Raum festgehalten werden und der Aufenthalt ständig überwacht wird. Nicht unter die Vorschrift fällt die Unterbringung in einem gewöhnlichen Internat, auch wenn dessen Ordnung gewisse Ausgangsbeschränkungen (z. B. für jüngere Jugendliche zur Nachtzeit) vorsieht.

Einer gerichtlichen Genehmigung bedürfen unter bestimmten Voraussetzungen auch **sonstige freiheitsentziehende („unterbringungsähnliche") Maßnahmen**: Die Genehmigung ist erforderlich,
wenn dem Kind, das sich in einem Krankenhaus, einem Heim oder
einer sonstigen Einrichtung aufhält, durch mechanische Vorrichtun-
gen, Medikamente oder auf andere Weise über einen längeren Zeitraum oder regelmäßig in nicht altersgerechter Weise die Freiheit entzogen werden soll (§ 1631b II, eingefügt durch Gesetz vom
17.7.2017, BGBl. I S. 2424). Fraglich ist hier vor allem, was als
„nicht altersgerecht" anzusehen ist. Das Genehmigungserfordernis
betrifft nicht Kinder, die in ihrer Familie leben. Zu den Problemen
Götz, FamRZ 2017, 1289).

700   c) Ferner haben die Sorgeberechtigten die Befugnis, den **Umgang
des Kindes mit anderen Personen zu bestimmen**, d. h. festzulegen,
mit wem es persönlichen oder telefonischen Kontakt aufnehmen und
unterhalten darf oder soll. Auch diese Bestimmungsbefugnis ist für
Dritte verbindlich (§ 1632 II). Sie ist Teil des elterlichen Sorgerechts
(BGH FamRZ 2017, 1752 Rn. 39) und – wie andere Lenkungsbefug-
nisse – bloßes Mittel zum Zweck der Erziehung und der Wahrung
des Kindeswohls. So können die Eltern z. B. dem Kind Kontakt mit
Personen, die ihm gefährlich werden können (etwa Drogendealern)
verbieten und solche Verbote verbindlich auch an Dritte richten. Bei
gemeinsamem Sorgerecht üben die Eltern das Umgangsbestimmungsrecht gegenüber Dritten gemeinsam aus (bei Meinungsverschiedenheiten → §§ 1627, 1628). Das Bestimmungsrecht gegenüber Dritten
unterliegt den allgemeinen Schranken des Sorgerechts; die Ausübung
kann den Eltern also unter den Voraussetzungen des § 1666 entzogen
werden (BGH FamRZ 2017, 1752 Rn. 46). Eine besondere Problematik kann die Umgangsbestimmung im Verhältnis zu heranwachsen-
den Kindern gewinnen (z. B. Verbote an die 16-jährige Tochter, ihren
wesentlich älteren Freund zu treffen, → Rn. 748).

701   In einigen Fällen ist das Umgangsbestimmungsrecht durch förmliche **Rechte auf Umgang** mit dem Kind eingeschränkt. Das gilt vor
allem für das Umgangsrecht der Eltern selbst, dessen Tragweite und
Grenzen sich primär nach den besonderen Regeln des § 1684 richten
(→Rn. 853). Auch das **Recht des Kindes** auf Umgang mit seinen Eltern beschränkt die im Sorgerecht begründeten Bestimmungsbefugnisse. Allgemein erklärt § 1626 III 1, dass der Umgang des Kindes
mit den Eltern in der Regel zu seinem Wohl gehört.

Auch **dritte Personen** können ein besonderes **Recht auf Kontakt** mit dem Kind haben (§§ 1685, 1686a, → Rn. 872). Als Grundlage dient hier die gesetzliche Maxime, dass der Umgang mit Personen, „zu denen das Kind Bindungen besitzt", in der Regel zu seinem Wohl gehört, wenn die Aufrechterhaltung dieser Bindungen für seine Entwicklung förderlich ist (§ 1626 III 2). Freilich ist hier Vorsicht am Platze: Was dem Kindeswohl dient, beurteilen in erster Linie die sorgeberechtigten Eltern. Förmliche Umgangsrechte bedürften stets besonderer gesetzlicher Grundlage.

d) Die Sorge für die **religiöse Erziehung** umfasst die Befugnis, das 702 Kind auch schon in frühem Alter einer Religionsgemeinschaft zuzuführen (z. B. durch die christliche Taufe) und an religiösen Riten teilnehmen zu lassen. In diesem Zusammenhang ist streitig geworden, ob die **Beschneidung männlicher Kinder**, wie sie in einigen Weltreligionen üblich ist, trotz Einwilligung der Eltern als rechtswidrige Körperverletzung anzusehen ist (LG Köln NJW 2012, 2128). Der durch Gesetz vom 20.12.2012 eingefügte § 1631d bejaht das Recht der Eltern, in die Beschneidung eines noch nicht selbstbestimmungsfähigen Kindes einzuwilligen, wenn bestimmte Regeln eingehalten werden und die Beschneidung nicht das Kindeswohl gefährdet.

4. Verheiratetes Kind. Ist ein minderjähriges Kind verheiratet oder 703 verheiratet gewesen, so war nach bisheriger Regelung die Personensorge der Eltern auf die gesetzliche Vertretung beschränkt (§ 1633), es entfielen also die tatsächliche Fürsorge und Erziehung, während die Vermögenssorge ungeschmälert bei den Eltern verblieb. Nach dem nunmehr Eheschließungen Minderjähriger untersagt sind (→ Rn. 77), glaubte der Gesetzgeber, diese Regelung ersatzlos aufheben zu können. Das übersieht, dass es auch künftig verheiratete Minderjährige geben wird.

II. Das Wohl des Kindes als Maßstab

Literatur: *M. Coester,* Das Kindeswohl als Rechtsbegriff, 1982; ferner Lit. → vor Rn. 546. Zur gewaltfreien Erziehung: *G. Zenz,* Kindesmisshandlung und Kindesrechte, 1979; *M. Furthmann,* Der Schutz der Kindesseele vor Verletzungen, 2015; *A. Hoyer,* FamRZ 2001, 521 (Strafrecht); *P. Huber/H. Scherer,* FamRZ 2001, 797; *D. Kellner,* NJW 2001, 796.

1. Kindeswohl und Elternrecht. Richtschnur der elterlichen Sorge 704 ist das Wohl des Kindes. Dieser Begriff wird vom Gesetz allenthalben verwendet (vgl. nur §§ 1626 III, 1666 I, 1697a). Er drückt zunächst

aus, dass es bei der Ausübung der Elternsorge primär nicht um die
Eigeninteressen der Eltern gehen darf, sondern um die Interessen
des Kindes. Positiv gewendet sagt die Kindeswohlformel, dass die Eltern auf dasjenige Sorgeverhalten festgelegt sind, das voraussichtlich
der Integrität und der Entfaltung des Kindes am besten dient. Das
darf nicht so verstanden werden, als sollten oder könnten die staatlichen Organe sogleich einschreiten, wenn nach ihrer Meinung das
Kindeswohl nicht optimal angestrebt oder erreicht wird. Vielmehr
ist den Eltern mit dem natürlichen Recht auf Pflege und Erziehung
ihrer Kinder (Art. 6 II GG) auch die Befugnis zugewiesen, innerhalb
bestimmter Grenzen das Kindeswohl zu konkretisieren und die taug-
lichen Mittel nach ihrer Einschätzung auszuwählen. Es ist nicht erlaubt, eine „Staatserziehung" zu etablieren, bei der die Eltern nur
noch als Erfüllungsgehilfen politischer Zielsetzungen fungieren. Das
staatliche Wächteramt (Art. 6 II 2 GG) tritt erst dann auf den Plan,
wenn die Eltern das Kindeswohl grob verfehlen.

705   **2. Gesetzliche Erziehungsmaximen.** a) Der Gesetzgeber hat einige konkretere Postulate hinzufügt, um seine Auffassung vom Kindeswohl zu verdeutlichen. Gemäß § 1626 II sollen die Eltern die
wachsende Fähigkeit und das wachsende Bedürfnis des Kindes zu
selbstständigem, verantwortungsbewusstem Handeln berücksichtigen
(S. 1). Sie sollen Fragen der elterlichen Sorge mit dem Kind, soweit
nach dessen Entwicklungsstand angezeigt, besprechen und Einvernehmen mit dem Kind anstreben (S. 2). Beide Aussagen spiegeln die
Grundauffassung wieder, dass die Selbstständigkeit des Kindes als
Ziel der Erziehung nicht mit einem Schlage, etwa dem Erreichen der
Volljährigkeit, erreicht wird, sondern Ergebnis eines fortlaufenden
Prozesses mit vielen Zwischenstufen ist. Die Eltern sollen dem durch
das Einbeziehen des jungen Menschen in die Entscheidungen Rechnung tragen. Streitig ist die Rechtsnatur der Maximen des § 1626 II
(„Hinweise für die Eltern"?, „Leitlinien"?). Sie sind nach meiner
Auffassung als Konkretisierungen des Begriffs „Kindeswohl" aufzu-
fassen und spielen somit hauptsächlich dort eine Rolle, wo eine Entscheidung nach diesem Kriterium auszurichten ist.

706   b) Nach § 1631a sind die Eltern gehalten, in **Angelegenheiten der
Ausbildung und des Berufs** auf Eignung und Neigung des Kindes
Rücksicht zu nehmen. Bei Zweifeln soll der Rat eines Lehrers oder
einer anderen geeigneten Person eingeholt werden. Bei groben Verstößen gegen die Regeln der §§ 1626 II und § 1631a kommen Maß-

nahmen nach § 1666 in Betracht. Die Verletzung der Pflichten aus § 1631a kann sich zudem auch im Unterhaltsrecht auswirken (→ Rn. 958 ff.).

3. Umgang des Kindes mit Dritten. Nach § 1626 III 1 gehört es in 707 der Regel zum Wohl des Kindes, mit beiden Elternteilen Umgang zu haben. Das Gleiche soll für den Umgang mit anderen Personen gelten, zu denen das Kind Bindungen „besitzt", wenn die Aufrechterhaltung dieser Bindungen für die Entwicklung des Kindes förderlich ist (→ Rn. 701).

4. Gewaltfreie Erziehung. a) Das Kind hat ein Recht auf gewalt- 708 freie Erziehung (§ 1631 II 1). Körperliche Bestrafungen, seelische Verletzungen und andere entwürdigenden Maßnahmen sind für unzulässig erklärt (§ 1631 II 2). Die Vorschrift schränkt das grundrechtlich verbürgte Elternrecht in Bezug auf die erlaubten Mittel der Erziehung ein. Die speziellen Verbote des § 1631 II 2 verstehen sich als Konkretisierungen des allgemeinen Gewaltverbots nach S. 1 (BT-Drs. 14/1242, 7). Im Gesetzgebungsverfahren wurde betont, das Ziel der gewaltfreien Erziehung könne nicht erzwungen werden, entscheidend sei die Einsicht der Erziehungsberechtigten (BT-Drs. 14/3781, 6 f.).

b) Die in § 1631 II 2 verwendeten Begriffe lassen sich wie folgt um- 709 schreiben.

– **Körperliche Bestrafungen** sind körperliche Einwirkungen auf das Kind, die Schmerzen oder Unwohlsein verursachen und den Sinn haben, als Reaktion auf ein missliebiges Betragen des Kindes dessen künftiges Verhalten zu steuern. Die Voraussetzungen einer „Misshandlung" im strafrechtlichen Sinne (§ 223 StGB) müssen nicht unbedingt gegeben sein. Doch scheiden geringfügige Einwirkungen aus dem Begriff „körperliche Bestrafung" aus.

– Der Begriff der **seelischen Verletzung** bedarf vorsichtiger Interpretation, um unangemessene staatliche Interventionen zu vermeiden. Verboten sind grausame Verhaltensweisen gegenüber dem Kind, die ohne körperliche Einwirkung geschehen können, z. B. wenn das Kind in verletzender Weise dem Gespött anderer preisgegeben wird.

– **Sonstige entwürdigende Maßnahmen,** die nicht bereits unter die „seelische Verletzung" fallen, sind bei Kindern denkbar, die das entwürdigende Verhalten als solches (noch) nicht empfinden.

710   c) Bei der Auslegung des § 1631 II ist zu beachten, dass sich das
Gewaltverbot auf **Erziehungsmaßnahmen** bezieht, nicht unbedingt
also auf Maßnahmen der Pflege und des Schutzes. Die Eltern sind
selbstverständlich befugt, auch mit Gewalt ein Kind daran zu hindern, unter ein Auto zu laufen, das widerstrebende kleinere Kind zu
baden oder einem Kind Gegenstände wegzunehmen, mit denen es
sich oder anderen einen Schaden zufügen könnte.

711   d) Verstoßen Eltern in gravierender Weise gegen die Regeln des
§ 1631 II, so ist das **Familiengericht** mit Unterstützung des Jugendamts berufen, gemäß § 1666 mit geeigneten Mitteln einzugreifen, z. B.
besondere Verhaltensregeln anzuordnen. Als ultima ratio kann das
Sorgerecht zum Teil oder ganz entzogen werden (§ 1666 III Nr. 6).

§ 56. Die gesetzliche Vertretung

I. Grundsätze

712   **1. Sorgerecht und gesetzliche Vertretung.** Um die Eltern in die
Lage zu versetzen, das Kind auch rechtsgeschäftlich und im Prozess
zu repräsentieren, ist ihnen die gesetzliche Vertretungsmacht eingeräumt, soweit das Sorgerecht reicht (§ 1629 I 1). Demzufolge können
die sorgeberechtigten Eltern im Namen des Kindes und mit Wirkung
für das Kind Willenserklärungen abgeben und empfangen (§ 164), vor
Gericht klagen und verklagt werden (§ 51 I, § 52 ZPO). Dies gilt für
den Bereich der Personensorge ebenso wie für die Vermögenssorge.
Aus Geschäften in Ausübung dieser Vertretungsmacht wird allein
das Kind berechtigt und verpflichtet. Dieses haftet für ein Verschulden des gesetzlichen Vertreters wie für eigenes (§ 278 S. 1 BGB,
§ 51 II ZPO).

713   **2. Art und Weise der Ausübung.** Die gesetzliche Vertretung wird
in der Weise ausgeübt, dass die Eltern **im Namen des Kindes** rechtsgeschäftlich handeln (§ 164 I, III). Ist das Kind **beschränkt geschäftsfähig**, so kann es nach den Regeln der allgemeinen Rechtsgeschäftslehre (§§ 107 ff.) auch selbst handeln, teils ohne Zustimmung des
gesetzlichen Vertreters (z. B. bei Geschäften, die dem Kind lediglich
einen rechtlichen Vorteil bringen), teils mit dessen Zustimmung.
Auch die Befugnis, einem Geschäft des beschränkt geschäftsfähigen
Kindes durch Zustimmung zur Wirksamkeit zu verhelfen, ist eine

Funktion der gesetzlichen Vertretung. Die gesetzliche Vertretungsmacht kann also in **doppelter Weise ausgeübt** werden:
– durch Handeln der Eltern im Namen des Kindes
– oder durch Zustimmung zu einem Rechtsgeschäft, welches das beschränkt geschäftsfähige Kind selbst vorgenommen hat.

3. Rechtsgeschäfte der Eltern im eigenen Namen. Oft handeln   714
die Eltern zwar **im Interesse des Kindes, aber nicht in seinem Namen,** vielmehr so, dass sie nur selbst berechtigt und verpflichtet sein
wollen. Geschäfte für den Lebensbedarf der Kinder (Kleidung, Spielzeug und dergleichen) schließen die Eltern gewöhnlich im eigenen
Namen ab (oft Schlüsselgewaltgeschäfte nach § 1357!) und sind dann
auch nur selbst berechtigt und verpflichtet. Das Kind selbst kann in
solchen Fällen nach den Grundsätzen des Vertrags mit Schutzwirkung zugunsten Dritter in die vertraglichen Sorgfaltspflichten des
Geschäftspartners einbezogen sein.

Beispiel: Die Eltern mieten eine Wohnung, in der sie mit ihren minderjährigen Kindern leben wollen. Üblicherweise schließen sie den Mietvertrag nicht
(auch) im Namen der Kinder ab, sondern nur im eigenen, obwohl die Wohnung auch den Kindern zugutekommen soll. Es liegt im Allgemeinen auch
kein echter Vertrag zugunsten der Kinder vor, der ihnen eigene Ansprüche
auf Vertragserfüllung verschaffen würde. Aber die Kinder sind in die Schutzwirkungen des Vertrags einbezogen, etwa in die Pflicht des Vermieters, die
Mieträume und den Zugang gefahrlos zu halten.

Bei Beurteilung der Rechtslage muss also darauf geachtet werden, ob die Eltern *im Namen der Kinder* handeln wollten oder *im eigenen Namen,* wenngleich im Kindesinteresse. Die Eltern fungieren als gesetzliche Vertreter üblicherweise bei Geschäften, die der Verwaltung des Kindesvermögens dienen
oder bei denen sich die eigene Berechtigung des Kindes aus dem Sinn des Geschäfts ergibt (Arbeits- und Lehrverträge, Beitrittserklärung zu einem Sportverein). Bei Verfügungen über Gegenstände des Kindesvermögens *müssen* die
Eltern im Namen des Kindes handeln (sonst Verfügung Nichtberechtigter,
§ 185), ebenso bei der gerichtlichen Geltendmachung von Ansprüchen des
Kindes (Ausnahme: Unterhaltsansprüche nach § 1629 III).

II. Gemeinschaftliche Vertretung

1. Die Vertretung als Funktion des Sorgerechts. Wie gezeigt,   715
steht die elterliche Sorge entweder beiden Elternteilen gemeinsam zu
oder einem Elternteil allein. Das gilt auch für die gesetzliche Vertretung, die entweder **gemeinschaftliche Vertretung** (§ 1629 I 2) oder
Alleinvertretung (§ 1629 I 3) ist. Ob das eine oder das andere im
konkreten Fall gegeben ist, richtet sich nach dem Sorgerecht. Bei der

Alleinvertretung entstehen keine Probleme der Kooperation, wohl aber bei der gemeinschaftlichen Vertretung.

716   **2. Gemeinschaftliche Vertretung als Grundtypus.** Soweit die elterliche Sorge den Eltern gemeinsam obliegt, vertreten sie das Kind gemeinschaftlich (§ 1629 I 2). Bei der **Abgabe von Willenserklärungen** müssen folglich *beide Eltern* handeln (etwa durch Unterschrift beider Teile unter einen im Namen des Kindes geschlossenen Vertrag). Ein Elternteil kann den anderen bevollmächtigen, in einer bestimmten Angelegenheit oder einem bestimmten Kreis von Geschäften Erklärungen zugleich als sein Untervertreter abzugeben. Eine solche **Unterbevollmächtigung** kann durch konkludentes Handeln geschehen, z. B. dadurch, dass die Eltern einverständlich bestimmte Bereiche unter sich aufteilen. Handelt **ein Elternteil ohne die nötige Mitwirkung des anderen,** so gelten die allgemeinen Regeln über die Vertretung ohne Vertretungsmacht (§§ 177 ff.).

Wenn **nur ein Elternteil** im Namen des Kindes auftritt, stellt sich die Frage, ob der Adressat ohne weiteres davon ausgehen darf, dass dieser Elternteil allein zu handeln befugt ist. Das ist grundsätzlich zu verneinen: Die Geschäftspraxis muss sich daran gewöhnen, dass im Regelfall das gemeinsame Sorgerecht besteht und sich entsprechend vergewissern. Die Vollmacht des anderen Teils darf nicht ohne weiteres nach den Grundsätzen der Anscheinsvollmacht fingiert werden. Meldet z. B. nur ein Elternteil das Kind in einem Kindergarten an, so kann die darin liegende *Einwilligung in die Beteiligung dieser Einrichtung an der Erziehung* nur von beiden sorgeberechtigten Eltern wirksam erklärt werden (→ Rn. 749).

Für Einwilligung in eine *medizinische Behandlung* vertritt der BGH (NJW 1988, 2946) eine differenzierende Lösung: Bei leichteren Erkrankungen dürfe der Arzt ungefragt auf eine Ermächtigung des handelnden Elternteils vertrauen; in schwereren Fällen müsse er nachfragen, könne dann aber auf die Auskunft des handelnden Elternteils vertrauen, wenn keine Verdachtsmomente entgegenstehen; bei schwierigen und weitreichenden Entscheidungen (Herzoperation) müsse sich der Arzt vergewissern, dass der andere Elternteil einverstanden ist. Die Frage, inwieweit Dritte auf die hinreichende Vertretungsmacht eines allein handelnden Elternteils vertrauen dürfen, erscheint generell noch nicht hinreichend gelöst.

Beachte: Bei schuldrechtlichen Verpflichtungen, welche die Eltern nicht im Namen des Kindes, sondern nur *im eigenen Namen* eingehen (z. B. Entgeltpflicht aus Schulvertrag), kann jeder Elternteil allein handeln; er wird nur allein verpflichtet, wenn er nicht vom anderen bevollmächtigt ist oder im Rahmen der Schlüsselgewalt (§ 1357) handelt.

3. Alleinvertretung in Ausnahmefällen. Auch bei gemeinsamem **717** Sorgerecht kann in einer Reihe von Fällen ein Elternteil das Kind ausnahmsweise allein vertreten:

a) **Erklärungen gegenüber dem Kind** (§ 131) sind wirksam, auch wenn sie nur einem vertretungsbefugten Elternteil gegenüber abgegeben werden (§ 1629 I 2 Hs. 2 BGB, § 171 III ZPO).

b) Können sich die Eltern über eine Angelegenheit oder eine Art von Angelegenheiten **nicht einigen,** so kann das Familiengericht auf Antrag die Entscheidung auf einen Elternteil übertragen (§ 1628, s. → Rn. 735). Dann umfasst die übertragene Entscheidungsbefugnis auch die alleinige gesetzliche Vertretung in dieser Angelegenheit (§ 1629 I 3).

Beispiel: Die Eltern können sich nicht darüber einigen, ob der 14-jährige Sohn dem Sportverein beitreten soll. Auf Antrag des Vaters wird ihm gemäß § 1628 in dieser Angelegenheit die Entscheidungsbefugnis eingeräumt. Er kann nun entweder im Namen des Kindes den Beitritt erklären oder der Beitrittserklärung des Kindes durch seine Zustimmung zur Wirksamkeit verhelfen (§ 107).

Wird einem zunächst unzulässigerweise allein handelnden Ehegatten die Entscheidungsbefugnis nach § 1628 I übertragen, dann kann er das Geschäft selbst genehmigen (§ 1629 I 3).

c) Auch sonst kann es vorkommen, dass bei grundsätzlich gemein- **718** samer Sorge ein Elternteil **für einen bestimmten Bereich** das alleinige Sorgerecht ausübt; dann steht ihm in diesem Bereich auch das alleinige Vertretungsrecht zu (§ 1629 I 3).

Beispiel: Ein Kind erkrankt, nur eine Operation kann helfen. Dem Vater ist das Sorgerecht auf dem Gebiet der Gesundheitsfürsorge gemäß § 1666 I entzogen, weil er aus religiösen Gründen jegliche Operation ablehnt. Die Mutter, die insoweit allein das Sorgerecht ausübt (§ 1680 III mit I), hat in diesem Bereich auch die alleinige Vertretung (§ 1629 I 3).

Beachte: Ist ein Elternteil gemäß § 1629 II 1 i. V. m. § 1795 von der Vertretung ausgeschlossen, so wächst nicht etwa dem anderen die Alleinvertretung zu. Vielmehr ist in diesem Fall auch der andere von der Vertretung ausgeschlossen (→ Rn. 731).

d) Bei **Gefahr im Verzug** kann jeder Elternteil auch allein alle **719** Rechtshandlungen vornehmen, die zum Wohl des Kindes notwendig sind (§ 1629 I 4). Der andere Elternteil ist unverzüglich zu informieren.

Der Begriff „Gefahr in Verzug" ist recht unbestimmt gewählt. Es muss sich um eine Gefahr für wichtige Rechtsgüter oder Rechte des Kindes handeln, die nur durch unverzügliches Handeln des betreffenden Elternteils abzuwenden ist. Die Situation muss sich als so dringlich darstellen, dass eine Rücksprache mit dem anderen Elternteil nicht abgewartet werden kann. In Betracht kommt z. B. die Einwilligung in eine plötzlich notwendig gewordene ärztliche Behandlung.

720   e) Eine Sonderregel gilt für die **Geltendmachung von Unterhaltsansprüchen** im Namen des Kindes gegen einen Elternteil. Leben die Eltern getrennt und besteht gemeinsames Sorgerecht, so stehen der Geltendmachung der Ansprüche des Kindes gegen den barunterhaltspflichtigen Elternteil rechtliche Hindernisse im Weg: Der Unterhaltsschuldner kann schwerlich im Namen des Kindes gegen sich selbst prozessieren, der andere Elternteil ist allein nicht vertretungsbefugt, zudem noch – wenn es sich um Ehegatten handelt – nach §§ 1629 II 1/1795 I Nr. 3 von der Vertretung ausgeschlossen. Um einer Gefährdung des Kindesunterhalts vorzubeugen, verleiht § 1629 II 2 demjenigen Elternteil, in dessen Obhut sich das Kind befindet, die Befugnis, Unterhaltsansprüche des Kindes gegen den anderen Elternteil in alleiniger Vertretung geltend zu machen.

Beispiel: Die Eltern eines nichtehelichen Kindes üben kraft Sorgeerklärungen die gemeinsame Sorge aus. Sie trennen sich, das Kind bleibt bei der Mutter. Die Mutter kann nun, obwohl an sich nach wie vor gemeinsame Sorge und damit Gesamtvertretung besteht, den Unterhaltsanspruch des Kindes gegen den Vater im Namen des Kindes allein geltend machen (§ 1629 II 2).

Sind die **Eltern** (noch) miteinander **verheiratet,** so gilt die weitere Sonderregel des § 1629 III: Solange die Eltern getrennt leben oder eine Ehesache zwischen ihnen anhängig ist, kann ein Elternteil gegen den anderen Unterhaltsansprüche des minderjährigen Kindes nur im eigenen Namen, folglich in Verfahrensstandschaft geltend machen. Die so erwirkte Entscheidung oder ein zwischen den Eltern geschlossener Vergleich wirkt dann aber auch für und gegen das Kind (§ 1629 III 2). Die Regelung des § 1629 III wurde durch Gesetz vom 20.11.2015 (BGBl. I S. 2010) sinngemäß auch auf Eltern ausgedehnt, die in eingetragener Lebenspartnerschaft leben. – Zur Geltendmachung des Kindesunterhalts bei Praktizierung des **Wechselmodells** OLG Celle FamRZ 2015, 590; OLG Hamburg FamRZ 2015, 591; OLG Frankfurt a. M. FamRZ 2017, 289 (Entscheidung nach § 1628).

721   f) Generell verändert sich die Vertretungslage von dem Augenblick an, da gemeinsam sorgeberechtigte Eltern „nicht nur vorübergehend" voneinander **getrennt leben.** Dann ist trotz fortdauernder gemeinsamer Sorge ihr gegenseitiges Einvernehmen nur noch für Angelegenheiten erforderlich, deren Regelung für das Kind von erheblicher Be-

deutung ist. Für **Angelegenheiten des täglichen Lebens** entscheidet hingegen der Elternteil, bei dem sich das Kind gewöhnlich aufhält, allein (§ 1687 I 1–3). Diese Einteilung betrifft nicht nur das Innenverhältnis unter den Eltern, sondern schlägt auch auf die gesetzliche Vertretung durch (Näheres zu § 1687 → Rn. 828).

III. Grenzen der gesetzlichen Vertretung – Übersicht

1. Gesetzliche Schranken. Die gesetzliche Vertretungsmacht ist im 722 Rahmen des Sorgerechts grundsätzlich unbeschränkt. Doch sieht das Gesetz einige Beschränkungen und Ausschlussgründe vor, teils um in höchstpersönlichen Angelegenheiten den Willen des heranreifenden Kindes zu berücksichtigen, teils um Schädigungen der Kindesinteressen zu verhüten.

a) In bestimmten Angelegenheiten kann nur das Kind – sei es selbstständig, sei es mit Zustimmung der Sorgeberechtigten – handeln (→ Rn. 739 ff.).

b) Zu Geschäften, die vom Gesetz für besonders wichtig oder riskant gehalten werden, bedarf der gesetzliche Vertreter der Genehmigung des Familiengerichts (→ Rn. 724, 766).

c) Wegen der Gefahr von Interessenkollisionen ist in gewissen Fällen der Ausschluss der Eltern von der Vertretung angeordnet (→ Rn. 729).

d) Soweit für eine Angelegenheit oder einen bestimmten Kreis von Angelegenheiten ein Pfleger bestellt ist, steht diesem auch die Vertretungsmacht zu; die Eltern sind insoweit ausgeschlossen (§ 1630 I).

e) Die gesetzliche Vertretung ist schließlich insoweit ausgeschlossen, als der Minderjährige durch Ermächtigungen zum selbstständigen Betrieb eines Erwerbsgeschäfts (§ 112) oder zur Eingehung eines Dienstverhältnisses (§ 113) für einen bestimmten Geschäftskreis als unbeschränkt geschäftsfähig behandelt wird.

2. Haftungsbeschränkung

Literatur: *M. Habersack*, FamRZ 1999, 1; *K. Muscheler*, WM 1998, 2271; *C. Bittner*, FamRZ 2000, 325; *H. P. Glöckner*, FamRZ 2000, 1397.

Nach einer Entscheidung des BVerfG (BVerfGE 72, 155) kann die 723 elterliche Vertretungsmacht nicht so weit gehen, dass die Eltern das Kind mit erheblichen, in Ausübung der Vertretungsmacht aufgenommenen Schulden in die Selbstständigkeit entlassen dürften; dem volljährig werdenden Kind muss Raum bleiben, sein weiteres Leben selbst und ohne unzumutbare Belastungen, die es nicht selbst zu verantworten hat, zu gestalten. Dieser Entscheidung trägt das **Gesetz zur Beschränkung der Haftung Minderjähriger** Rechnung: § 1629a beschränkt die Haftung des Kindes für Verbindlichkeiten, welche die Eltern in Ausübung der gesetzlichen Vertretungsmacht für das Kind begründet haben, auf dasjenige Kindesvermögen, das bei Eintritt der Volljährigkeit vorhanden ist.

IV. Vorbehalt gerichtlicher Genehmigung

724   1. **Genehmigungsbedürftige Geschäfte.** Rechtsgeschäfte, zu denen der gesetzliche Vertreter der gerichtlichen Genehmigung bedarf, finden sich über das gesamte BGB verstreut. Die wichtigsten ergeben sich aus der Verweisung des § 1643 I auf Beschränkungen, die für Vormünder gelten (§ 1821, § 1822 Nr. 1, 3, 5, 8–11), sowie aus § 1643 II und § 112. Unter den für Eltern genehmigungspflichtigen Geschäften sind insbesondere hervorzuheben:

a) die **Verfügung über Grundstücke oder Grundstücksrechte** (§ 1821 I Nr. 1) außer über Hypotheken, Grundschulden und Rentenschulden (§ 1821 II), sowie die **Eingehung einer Verpflichtung** zu einer solchen Verfügung (§ 1821 I Nr. 4);

b) die Verfügung über eine **Forderung auf Übertragung eines Grundstücks** oder auf Begründung oder Übertragung eines Grundstücksrechts oder auf Befreiung eines Grundstücks von einem solchen Recht (§ 1821 I Nr. 2, beachte wiederum II); ferner die Eingehung einer Verpflichtung zu einer solchen Verfügung (§ 1821 I Nr. 4);

c) ein Vertrag, der auf den **entgeltlichen Erwerb eines Grundstücks** oder Grundstücksrechts gerichtet ist (§ 1821 I Nr. 5, wiederum mit den Ausnahmen des § 1821 II);

d) ein Rechtsgeschäft, welches das Kind zu einer Verfügung über sein **Vermögen im Ganzen** oder eine **Erbschaft** oder über seinen künftigen gesetzlichen Erbteil oder künftigen Pflichtteil verpflichtet; ferner die Verfügung über den Anteil des Kindes an einer Erbschaft (§ 1822 Nr. 1);

e) Miet- und Pachtverträge sowie sonstige Verträge, die das Kind zu **wiederkehrenden Leistungen verpflichten**, wenn das Vertragsverhältnis länger als ein Jahr über Eintritt der Volljährigkeit des Kindes hinaus fortdauern soll (§ 1822 Nr. 5);

f) die **Aufnahme von Geldkredit** im Namen des Kindes (§ 1822 Nr. 8; nicht hierunter fällt der gewöhnliche Kauf unter Eigentumsvorbehalt);

g) die Ausstellung einer **Inhaber-Schuldverschreibung** oder die Eingehung einer **Wechselverbindlichkeit** (§ 1822 Nr. 9);

h) die Eingehung einer **Bürgschaft** und die sonstige Übernahme einer fremden Verbindlichkeit (§ 1822 Nr. 10);

i) die Erteilung einer **Prokura** (§ 1822 Nr. 11);

j) die Ermächtigung des beschränkt geschäftsfähigen Kindes zum selbstständigen **Betrieb eines Erwerbsgeschäfts** (§ 112 I) und die Rücknahme einer solchen Ermächtigung (§ 112 II); ferner Verträge, die auf den entgeltlichen Erwerb oder die Veräußerung eines Erwerbsgeschäfts gerichtet sind, sowie **Gesellschaftsverträge**, die zum Betrieb eines Erwerbsgeschäfts geschlossen werden (§ 1822 Nr. 3);

k) die **Ausschlagung einer Erbschaft** oder eines Vermächtnisses und der **Verzicht auf einen Pflichtteil** (§ 1643 II, Ausnahme gemäß § 1643 II 2). Zum *Erbverzicht* s. § 2347.

2. Die Entscheidung des Gerichts. Über die Erteilung der Geneh- 725 migung entscheidet das Familiengericht nach dem Maßstab des Kindeswohls. Die Genehmigung ist den vertretungsbefugten Eltern (nicht dem Geschäftspartner!) gegenüber zu erklären (§ 1828/§ 1643 III). Den Eltern verbleibt so die Freiheit, von der erteilten Genehmigung Gebrauch zu machen oder nicht. Für Geschäfte nach § 1822 Nr. 8–10 kann den Eltern eine allgemeine Ermächtigung erteilt werden (§ 1825/§ 1643 III). Die Genehmigung deckt das Geschäft in dem Umfang ab, in dem es dem Gericht zur Beurteilung vorgelegen hat. Gehen die Eltern darüber hinaus, so ist § 139 entsprechend anzuwenden.

3. Negativattest. Kommt das Gericht zu dem Ergebnis, seine Ge- 726 nehmigung sei nicht erforderlich, so macht es den Eltern, welche die Genehmigung beantragt haben, entsprechende Mitteilung; dieses sogenannte Negativattest kann indes irrig sein, das Vertrauen der Beteiligten in seine Richtigkeit wird nicht geschützt (BGHZ 44, 325).

4. Rechtsgeschäfte ohne erforderliche Genehmigung. a) Schlie- 727 ßen die Eltern einen **Vertrag** ohne die erforderliche Genehmigung, so entsteht ein Schwebezustand, der gemäß § 1643 III/§§ 1828–1831 wie folgt beendet werden kann:

– Genehmigt das Gericht nachträglich, so wird der Vertrag von Beginn an wirksam (§ 184 entsprechend, str.), allerdings noch nicht mit der Genehmigung selbst, sondern erst, sobald die Eltern dem Geschäftspartner gegenüber davon Mitteilung machen (§ 1829 I 1,

2). Die Eltern sind also nicht gezwungen, von der erteilten Genehmigung Gebrauch zu machen (RGZ 76, 364; 132, 257, 261).

– Das Geschäft wird ferner wirksam durch Genehmigung des inzwischen volljährig gewordenen Kindes (§ 1829 III).

– Verweigert das Gericht die Genehmigung und teilen die Eltern dies
dem Geschäftspartner mit (§ 1829 I 1, 2), so wird der Vertrag hinfällig.

– Das Gleiche gilt, wenn der Vertragspartner die Eltern zur Mitteilung darüber auffordert, ob die Genehmigung erteilt sei, und
wenn die Eltern nicht binnen vier Wochen das Vorliegen der Genehmigung mitteilen (§ 1829 II). Unter diesen Voraussetzungen
wird das Geschäft selbst dann hinfällig, wenn das Gericht noch
gar nicht entschieden oder den Eltern gegenüber die Genehmigung
erteilt hat.

– Der Geschäftspartner kann das Geschäft widerrufen, wenn die Eltern der Wahrheit zuwider die Genehmigung des Familiengerichts
behauptet haben (§ 1830). Der Widerruf ist ausgeschlossen, wenn
dem Geschäftspartner das Fehlen der Genehmigung bei Vertrags-
abschluss bekannt war, ferner ab dem Zeitpunkt, da die Eltern
dem Geschäftspartner von der nachträglichen Genehmigung des
Familiengerichts Mitteilung gemacht haben.

728 b) **Einseitige Rechtsgeschäfte** ohne die erforderliche Genehmigung sind von Anfang an unwirksam (§ 1831 S. 1). Eine Heilung
durch nachträgliche Genehmigung ist hier nicht möglich.

V. Ausschluss wegen möglicher Interessenkollisionen

729 1. **Ausschlussgründe.** Die gesetzliche Vertretung wird in Fällen
ausgeschlossen, in denen der Vertreter der Gefahr von Interessenkollisionen ausgesetzt ist. Die Einzelheiten ergeben sich aus der Verweisung auf Vorschriften des Vormundschaftsrechts (§ 1629 II 1 i. V. m.
§ 1795; § 1629 II 3 i. V. m. § 1796).

a) Gemäß der allgemeinen Regel des § 181 (§ 1795 II) können die
Eltern kein Rechtsgeschäft im Namen des Kindes mit sich selbst im
eigenen Namen oder als Vertreter eines anderen abschließen, außer
wenn es sich um die bloße Erfüllung einer Verbindlichkeit handelt.
Es gelten die allgemeinen Auslegungsgrundsätze zu § 181.

b) Ausgeschlossen ist die Vertretung ferner bei einem Rechtsgeschäft, das der Vertreter im Namen des Kindes mit seinem Ehegatten oder eingetragenen Lebenspartner oder einem seiner Verwandten

in gerader Linie vornehmen will, es sei denn, dass das Rechtsgeschäft ausschließlich in der Erfüllung einer Verbindlichkeit besteht (§ 1795 I Nr. 1).

c) Der Ausschluss besteht ferner bei gewissen Rechtsgeschäften, welche eine gesicherte Forderung, die das Kind gegen den gesetzlichen Vertreter hat, betreffen (§ 1795 I Nr. 2).

d) Soweit die Eltern das Kind nach § 1795 I Nr. 1, 2 bei Rechtsgeschäften nicht vertreten können, sind sie auch bei Rechtsstreitigkeiten als Vertreter ausgeschlossen (§ 1795 I Nr. 3).

e) In einem Verfahren auf Abstammungsklärung können die Eltern das Kind generell nicht vertreten (§ 1629 IIa).

f) Über diese Fälle hinaus kann das **Familiengericht** den Eltern die **Vertretung** für einzelne Angelegenheiten oder für einen bestimmten Geschäftskreis **entziehen,** wenn sich im konkreten Fall eine erhebliche Interessenkollision ergibt (§ 1629 II 3/§ 1796). Das gilt nach ausdrücklicher Bestimmung des Gesetzes aber nicht für die Feststellung der Vaterschaft.

2. Ausnahmen. Die Vertretungsverbote des § 181 und § 1795 I setzen nicht voraus, dass dem Kindesvermögen im konkreten Fall eine Gefährdung droht. Es genügt die in den beschriebenen Konstellationen üblicherweise enthaltene abstrakte Möglichkeit der Benachteiligung. Der Ausschluss der Vertretungsmacht entfällt hingegen, wenn das Geschäft seiner Art nach keine Gefahr für die Kindesinteressen bringen kann, weil es dem Kind **lediglich einen rechtlichen Vorteil** verschafft (Erlass einer Forderung im Fall des § 181, BGHZ 59, 236; Schenkung von unbelasteten Grundstücken im Fall des § 1795 I Nr. 1, BGH FamRZ 1975, 480).   730

Ausnahmen vom Vertretungsverbot nach § 1795 I bestehen für die Geltendmachung von Unterhaltsansprüchen des Kindes durch einen Elternteil gegen den anderen (§ 1629 II 2 und III, → Rn. 720).

3. Ausschluss auch des anderen Elternteils. Treffen die Gründe des § 181 oder § 1629 II 1 für einen sorgeberechtigten Elternteil zu, so ist **auch der andere** von der Vertretung **ausgeschlossen** (kein Fall des § 1678 I!). Für das in Aussicht genommene Geschäft ist folglich ein Pfleger zu bestellen (§ 1909 I 1).   731

4. Rechtsfolgen. Tätigen die Eltern ein Rechtsgeschäft entgegen einem Vertretungsverbot, so handeln sie als Vertreter ohne Vertretungsmacht (§§ 177 ff.). Ein Vertrag kann daher durch den Pfleger   732 oder das inzwischen volljährig gewordene Kind genehmigt werden, hingegen nicht durch das Gericht. Dieses kann auch nicht von vorneherein die Eltern vom Verbot des Selbstkontrahierens entbinden.

§ 57. Meinungsverschiedenheiten bei gemeinsamem Sorgerecht

Literatur *F. R. Osthold,* Die rechtliche Behandlung von Elternkonflikten, 2016.

1. Das Grundprinzip der Gemeinsamkeit

733   Steht das Sorgerecht nur einem Elternteil zu, so entscheidet er in den Kindesangelegenheiten allein, der andere hat ihm dabei – trotz Umgangsrecht – nichts hineinzureden. Ganz anders die Lage in den weit überwiegenden Fällen, in denen das gemeinsame Sorgerecht der Eltern besteht. Dann sind Mutter und Vater in der Ausübung der Elternsorge gleichberechtigt und gleichermaßen verpflichtet. Gemeinschaftlichkeit und Gleichrangigkeit binden die Elternteile stark aneinander. Sie haben die elterliche Sorge in eigener, dabei aber gemeinschaftlicher Verantwortung und im gegenseitigen Einvernehmen zum Wohl des Kindes auszuüben (§ 1627 S. 1). Sie sind auch gegenseitig zur Mitwirkung an der Erfüllung dieser Aufgabe verpflichtet.

Nach *M. Preisner* (vor → Rn. 662, 277 ff.) besteht – über das gemeinsame Sorgerecht hinaus – zwischen den Eltern ein gesetzliches mittreuhänderisches Schuldverhältnis, dessen Verletzung schuldrechtliche Sanktionen auslösen kann. Inwieweit man zur dogmatischen Erfassung der elterlichen Kooperationspflichten das Schuldrecht bemühen muss, bedarf der Diskussion.

2. Funktionsteilungen

734   Die gemeinsame Verantwortung steht einvernehmlichen Funktionsteilungen nicht im Weg. Diese bilden sich häufig „stillschweigend" durch faktisches Verhalten. Bei der Hausfrauenehe übernimmt die Mutter üblicherweise die Pflege der Kinder, während der berufstätige Vater sich hauptsächlich auf eine Beteiligung an der Erziehung beschränkt. Das Einvernehmen über derartige Aufgabenteilungen hebt die Verantwortung jedes Elternteils für den Gesamtbereich des Kindeswohls nicht auf. Abreden zwischen den Eltern über diesen

Gegenstand sind keine Rechtsgeschäfte (str.). Eine Bindung an sie ergibt sich nur mittelbar, nämlich aus der Pflicht der Ehegatten zur Rücksichtnahme aufeinander (§ 1353 I 2) und aus dem Postulat des Kindeswohls, das häufig die Kontinuität getroffener Bestimmungen erfordert. Unter keinen Umständen können Teile der elterlichen Sorge (etwa die Zuständigkeit für Schulfragen) bindend an den anderen Elternteil „abgetreten" werden.

Einigungen der personensorgeberechtigten Eltern über die **religiöse Erziehung** des Kindes sind kraft ausdrücklicher gesetzlicher Bestimmung jederzeit widerruflich und werden durch den Tod eines Ehegatten aufgelöst (§ 1 des Gesetzes über die religiöse Kindererziehung).

Die Gleichberechtigung der Eltern scheint beim **ungeborenen Kind** ein abruptes Ende zu finden: Nach herrschender Theorie und Rechtspraxis trifft die Entscheidung über einen straflosen **Schwangerschaftsabbruch** (§ 218a StGB) allein die Mutter (s. demgegenüber AG Köln FamRZ 1985, 519; *I. Mittenzwei*, AcP 1987, 247; *W. Bienwald*, FamRZ 1985, 1096).

3. Meinungsverschiedenheiten

Bei Meinungsverschiedenheiten müssen die Eltern versuchen, sich 735 zu einigen (§ 1627 S. 2). Die gefundene Übereinstimmung ist ebenso wenig Rechtsgeschäft wie die Abreden über Aufgabenteilungen. Wird keine Einigung erzielt, so gebührt keinem Elternteil der Vorrang (BVerfGE 10, 59). Ein solcher Vorrang kann auch nicht für künftige Fälle vereinbart werden. Wird in wichtigen Angelegenheiten kein Einvernehmen erzielt, so blockieren sich die Eltern zum Nachteil des Kindes. Daher gibt das Gesetz den Eltern die Möglichkeit, das **Familiengericht** um eine **Entscheidung** anzurufen (§ 1628).

Voraussetzungen eines gerichtlichen Eingreifens in den Elternzwist sind:

a) der Antrag eines Elternteils (also keine Entscheidung von Amts wegen oder aufgrund der Anrufung durch das Kind!);

b) die Eltern können sich in einer einzelnen Angelegenheit oder in einer bestimmten Art von Angelegenheiten der elterlichen Sorge nicht einigen;

c) die Regelung dieser Angelegenheit(en) ist für das Kind von erheblicher Bedeutung.

Die Einschränkung auf **Angelegenheiten von erheblicher Bedeutung** (c) soll das Gericht von einem Eingreifen in die Familienautonomie abhalten, wenn es sich nur um Dinge handelt, die genauso gut ungeregelt bleiben können, wenn dem Kind also aus der fortbestehenden Uneinigkeit seiner Eltern

kein nennenswerter Nachteil droht. Erhebliche Bedeutung wurde zugemessen
z. B. der Wahl der Schulart (OLG Dresden FamRZ 2017, 39), der Entscheidung über Schutzimpfungen (BGH FamRZ 2017, 1057; OLG Frankfurt
a. M. FamRZ 2016, 834; OLG Jena FamRZ 2016, 1175); der Entscheidung
über riskante Auslandsreisen des Kindes (OLG Frankfurt a. M. FamRZ
2016, 1595; KG FamRZ 2016, 2111); der Wahl der Religion (OLG Karlsruhe
FamRZ 2016, 1376; OLG Stuttgart FamRZ 2016, 1378). Auch alltägliche Angelegenheiten können Grundfragen der Erziehung aufwerfen und „erheblich"
werden (etwa die Dauer der Nutzung des Internets).

4. Entscheidung des Gerichts

736   a) Wenn sich die Eltern nicht einigen können, so entscheidet das
Familiengericht. Allerdings trifft es keine Regelung in der Sache, es
hat sich vielmehr darauf zu beschränken, die Entscheidungsbefugnis
in der umstrittenen Angelegenheit einem Elternteil zu übertragen.
Vorzuziehen ist derjenige Elternteil, dessen Standpunkt nach der
Überzeugung des Gerichts sachlich besser begründet ist. Kriterium
ist hauptsächlich das Kindeswohl.

> **Beispiel:** Streiten Vater und Mutter, ob das Kind eine weiterführende Schule
> besuchen soll oder nicht, so muss sich das Gericht ein Bild von dessen Bega-
> bung und Neigung und von den finanziellen Möglichkeiten der Familie ma-
> chen. Es überträgt die Entscheidung demjenigen Teil, für dessen Standpunkt
> nach den konkreten Umständen die besseren Gründe sprechen.

b) § 1628 lässt es zu, dass einem Elternteil die Entscheidungsbefugnis nicht bloß für eine aktuelle Einzelfrage (Wahl des Vornamens,
Einschulung in eine bestimmte Schule) übertragen wird, sondern für
künftige Entscheidungen in einer bestimmten **Art von Angelegenheiten** (dazu BVerfGE 10, 59, 86). Das läuft auf eine Aufspaltung
des elterlichen Sorgerechts hinaus und ähnelt der Möglichkeit, bei
Trennung einem Elternteil eine partielle Alleinsorge einzuräumen
(→ Rn. 845). Ein derart gravierender Eingriff in das gemeinsame Sorgerecht kommt m. E. nur dann in Betracht, wenn die Eltern auf einem Gebiet so zerstritten sind, dass auch künftig mit einem gedeihlichen Zusammenwirken im Kindesinteresse nicht zu rechnen ist.
§ 1628 ist auch anwendbar, wenn die gemeinsam Sorgeberechtigten
getrennt leben.

c) Der Beschluss, der einem Elternteil die Entscheidung überträgt,
muss die betroffene Angelegenheit oder Art von Angelegenheiten
exakt umschreiben. Die Übertragung wirkt auch im **Außenverhält-**

nis; dem entscheidungsbefugten Elternteil steht insoweit die alleinige gesetzliche Vertretungsmacht zu (§ 1629 I 3).

5. Abweichungen vom Antrag

Das Gericht darf über den Antrag nicht hinausgehen. Ihm ist es **737** verwehrt, die Entscheidungsbefugnis über Angelegenheiten einzuräumen, für die sie nicht begehrt ist. Hingegen darf das Gericht dem Antrag *teilweise* entsprechen. Es darf mit der Übertragung der Entscheidungsbefugnis auch Beschränkungen und Auflagen verbinden (§ 1628 S. 2). Es darf aber keine eigene Sachentscheidung in der streitigen Angelegenheit treffen (BVerfG FamRZ 2003, 511).

Verfahren: Das Verfahren aufgrund § 1628 ist „Kindschaftssache", zuständig ist das Familiengericht (§ 23b I GVG; §§ 111 Nr. 2, 151 Nr. 1 FamFG). Eine Anhörung des Kindes erfolgt gemäß § 159 FamFG. Seine Wünsche sind nach dem Grundsatz des § 1626 II von Bedeutung. Zu beachten ist das Beschwerderecht des Vierzehnjährigen nach § 60 FamFG. Für Streitigkeiten um die religiöse Kindererziehung gelten die Sondervorschriften des „Gesetzes über die religiöse Kindererziehung" vom 15.7.1921.

§ 58. Elternwille und Selbstbestimmung

1. Das Spannungsverhältnis

Zwischen den Eltern und dem Kind entsteht ein psychisch tief ver- **738** wurzeltes Spannungsverhältnis als Grundbedingung der Erziehung. Die Auseinandersetzung des Kindes mit Person, Willen und Vorstellungen der Eltern bildet ein wesentliches Element der Sozialisation, d. h. des allmählichen Eintritts des Kindes in die Welt der Erwachsenen. Das Spannungsverhältnis äußert sich auch in Konflikten, die eine natürliche Begleiterscheinung des Erziehungsverhältnisses sind und in ihrem Kern nicht als Rechtskonflikte missdeutet werden dürfen. Im Streit um früheres oder späteres Zubettgehen steht nicht Kindesrecht gegen Elternrecht, sondern verwirklicht sich eine lebendige personale Beziehung. Wieweit die Eltern sich gegen den Willen des Kindes durchsetzen oder umgekehrt, ist eine Frage der tatsächlichen Autorität und der pädagogischen Einsicht. Eigener Wille und eigene Vorstellungen des Kindes sind wichtige Elemente seiner Entwicklung, die in Stufen zur völligen Selbstständigkeit führt. Die vernünftige Erziehung unterdrückt das Bedürfnis nach Selbstbehauptung nicht und beschränkt die Durchsetzung der elterlichen Autorität auf das Maß und die Mittel, die nach dem Alter und Entwicklungsstand des Kindes und nach Art des Problems angemessen sind. Die elterliche Führung zieht sich allmählich von selbst zurück, je weiter sich der junge Mensch der vollen Selbstverantwortlichkeit nähert. Diese Gedanken finden in den Maximen des § 1626 II Ausdruck (→ Rn. 705). Darüber hinaus gibt das Gesetz in bestimmten höchstpersönlichen Bereichen dem Willen des Kindes stärkeres Gewicht (→ Rn. 739–741).

2. Teilmündigkeit

739   In einigen Angelegenheiten kann das Kind nur selbst und ohne Mitwirkung der Sorgeberechtigten handeln (vorgezogene Teilmündigkeit). So steht dem Kind ab Vollendung des 14. Lebensjahres die Entscheidung darüber zu, zu welchem religiösen Bekenntnis es sich halten will; schon ab 12 Jahren kann das Bekenntnis nicht mehr gegen den Willen des Kindes geändert werden (§ 5 des Gesetzes über die religiöse Kindererziehung). Der Minderjährige kann ab Vollendung des 16. Lebensjahres ein notarielles Testament errichten (§ 2229 II, beachte § 2247 IV); er bedarf dazu nicht der Zustimmung des gesetzlichen Vertreters (§ 2229 II). Der gesetzliche Vertreter kann nicht im Namen des Minderjährigen testieren (§ 2064).

Vgl. ferner § 1600a II (Anfechtung der Vaterschaft), § 1750 III 2 (Einwilligung in die Adoption), § 2347 II 1 (Erbverzicht).

3. Einwilligung in eine Heilbehandlung

740   Nach der herrschenden strafrechtlichen Doktrin kann ein Minderjähriger selbstständig in eine **Heilbehandlung einwilligen,** wenn er die „natürliche Einsichtsfähigkeit" in die Bedeutung und Tragweite des Eingriffs hat (BGHSt 12, 379; BGH NJW 1972, 335). Das soll insbesondere für Jugendliche ab etwa 14 Jahren in Betracht kommen. Die Zivilrechtsprechung, wo die Frage gleichfalls beim Rechtfertigungsgrund der Einwilligung in eine unerlaubte Handlung relevant ist, folgt diesem Ansatz (BGHZ 29, 33), gleichwohl mit größerer Vorsicht: Bei einem aufschiebbaren Eingriff soll die Einwilligung eines 16-Jährigen nicht genügen (BGH VersR 1972, 153). Grundlage der Theorie von der „natürlichen Einsichtsfähigkeit" ist die Auffassung, die Einwilligung in die Beeinträchtigung personaler Rechtsgüter bilde keine Willenserklärung. Von der Einwilligung in die ärztliche Behandlung als solcher sind begleitenden schuldrechtlichen Verträge (Arzt- und Krankenhausverträge) zu unterscheiden; soweit der Minderjährige selbst aus ihnen verpflichtet werden soll, ist die Zustimmung der Eltern erforderlich.

Auch wenn es auf die Einwilligung der Eltern ankommt, gesteht die Rechtsprechung dem Minderjährigen ein **Vetorecht** zu, wenn die ärztliche Maßnahme nur „relativ indiziert" ist und erhebliche Folgen für die künftige Lebensgestaltung des Minderjährigen hat. Voraussetzung ist, dass der Minderjährige „über eine ausreichende Urteilsfähigkeit verfügt" (BGH FamRZ 2007, 130). In solchem Fall ist das ärztliche Aufklärungsgespräch auch mit dem Minderjährigen zu führen. Zu den Problemen: *M. Nebendahl*, MedR 2009, 197.

Umstritten ist, ob eine minderjährige Schwangere selbstständig wirksam in einen **Schwangerschaftsabbruch** einwilligen kann (§ 218a StGB) oder hierzu die Zustimmung des Personenberechtigten notwendig ist, vgl. AG Celle NJW 1987, 2307; AG Neunkirchen FamRZ 1988, 876; *I. Scherer*, FamRZ 1997, 589; *A. Amendt-Traut/ J. Bongartz*, FamRZ 2016, 5.

4. Erfordernis eigenen Handelns des Kindes

Eine Bindung der Sorgeberechtigten an den Kindeswillen kann dadurch erreicht werden, dass in bestimmten Fällen das beschränkt geschäftsfähige Kind nur selbst handeln kann, wenngleich mit Zustimmung der Sorgeberechtigten: so bei der Einwilligung des beschränkt geschäftsfähigen Kindes ab dem 14. Lebensjahr in seine Adoption (§ 1746 I 3) oder bei der Anerkennung der Vaterschaft (§ 1596 I 1, 2 und II 2). Diese Konstruktion stellt sicher, dass eine Entscheidung nicht gegen den Willen des Kindes getroffen werden kann.   **741**

5. Verfahrensrechtliche Positionen des Kindes

Eine Berücksichtigung des Willens und der Vorstellungen des Kindes bei wichtigen Entscheidungen wird dadurch gefördert, dass dem Kind gewisse **verfahrensrechtliche Positionen** in den seine Person oder sein Vermögen betreffenden Verfahren vor den Familiengerichten eingeräumt werden.   **742**

a) In einem Verfahren in Kindschaftssachen hat das Familiengericht Gericht das Kind **persönlich anzuhören,** wenn es das 14. Lebensjahr vollendet hat. Davon kann abgesehen werden, wenn das Verfahren ausschließlich das Kindesvermögen betrifft (§ 159 I FamFG). Das Kind unter 14 Jahren ist persönlich anzuhören, wenn die Neigungen,

Bindungen oder der Wille des Kindes für die Entscheidung von Bedeutung sind oder wenn eine persönliche Anhörung aus sonstigen Gründen angezeigt erscheint (§ 159 II FamFG). Nur aus schwerwiegenden Gründen darf das Gericht von einer gebotenen Anhörung absehen (§ 159 III FamFG). Das Kind ist über das Verfahren in einer geeigneten, seinem Alter entsprechenden Weise zu informieren; ihm ist Gelegenheit zur Äußerung zu geben (§ 159 IV FamFG).

b) In Verfahren nach dem FamFG sind beschränkt Geschäftsfähige ab 14 Jahren **verfahrensfähig**, soweit sie in einem ihre Person betreffenden Verfahren ein ihnen nach bürgerlichem Recht zustehendes Recht geltend machen (§ 9 I Nr. 3 FamFG).

c) Ein unter elterlicher Sorge oder Vormundschaft stehendes Kind kann ab vollendetem 14. Lebensjahr in allen seine Person betreffenden Angelegenheiten ohne Mitwirkung seines gesetzlichen Vertreters gegen eine gerichtliche Entscheidung das **Beschwerderecht** ausüben (§ 60 FamFG); das gilt nicht, wenn es geschäftsunfähig (§ 104 Nr. 2) ist. Dem beschwerdefähigen Kind ist die Entscheidung selbst bekannt zu machen (§ 164 FamFG).

6. Konflikte zwischen Kind und Eltern

743   Meinungsverschiedenheiten zwischen Eltern und Kind sollen im Allgemeinen nicht in einem Gerichtsverfahren ausgetragen werden. Eine Regelung, wie sich § 1628 für den Streit unter den Eltern vorsieht, sieht das Gesetz für den Eltern-Kind-Konflikt nicht vor. Ein Kind kann sich also nicht an das Familiengericht mit dem Antrag wenden, den Eltern eine längere abendliche Ausgeherlaubnis zu gebieten. Die Grenze bildet § 1666: Es kann sein, dass Eltern die Selbstbestimmung des Kindes in einer sein Wohl gefährdenden Weise unterdrücken; dann sind – auch auf Anregung des Kindes selbst – gerichtliche Maßnahmen möglich und angezeigt. In einigen Fällen sieht das Gesetz vor, dass Meinungsverschiedenheiten zwischen Eltern und Kindern Gegenstand eines gerichtlichen Verfahrens werden können. So kann das Kind ab 14 Jahren dem Antrag seiner getrennt lebenden Eltern, einem von ihnen allein das Sorgerecht zu übertragen, widersprechen (§ 1671 I Nr. 1; II Nr. 1).

§ 59. Der Schutz der elterlichen Sorge

I. Elterliche Sorge als Rechtsposition

Die elterliche Sorge bedarf des rechtlichen Schutzes gegenüber un-   744
erwünschten Einmischungen Dritter in das Sorgeverhältnis. Dem dienen die Befugnisse des § 1632 und die Anerkennung der Elternsorge
als absolutes Recht nach § 823 I (RGZ 141, 319; BGH FamRZ 1990,
966). Die elterliche Sorge ist als deliktisch geschütztes Recht auch im
Verhältnis der Eltern untereinander zu achten. So kann die widerrechtliche Entführung eines Kindes durch einen Elternteil für den anderen einen Schadensersatzanspruch auf Ersatz der Kosten begründen, die für die Wiedererlangung des Kindes angefallen sind (BGH
FamRZ 1990, 966).

II. Der Herausgabeanspruch nach § 1632 I

1. Voraussetzungen. Die Personensorge umfasst das Recht, die   745
Herausgabe des Kindes von jedem zu verlangen, der es den Eltern
oder einem Elternteil widerrechtlich vorenthält. § 1632 I bildet die
Grundlage sowohl eines Vorgehens der Eltern gegen Dritte als auch
eines Elternteils gegen den anderen.

„**Vorenthalten**" setzt voraus, dass sich das Kind im Einflussbereich des Antragsgegners befindet und dass dieser durch sein Verhalten die Durchsetzung
der elterlichen Aufenthaltsbestimmung vereitelt oder erschwert. Bloße Gewährung von Unterkunft und Verpflegung soll dazu nicht ausreichen (OLG
Düsseldorf NJW 1968, 453 f.; LG Köln FamRZ 1972, 376). Richtiger ist es,
nach dem Alter des Kindes zu unterscheiden: Bei Kindern bis etwa 14 Jahren
bedeutet die Aufnahme ohne Willen der Eltern eine Vorenthaltung; bei reiferen
Jugendlichen kann § 1632 I gegeben sein, wenn sie unter psychischen oder
physischen Druck gesetzt werden. In anderen Fällen handelt es sich um ein
Problem der Umgangsbestimmung nach § 1632 II (etwa in dem Fall, dass die
Eltern eines jungen Mannes dessen 17-jährige Verlobte bei sich aufnehmen).
Die **Widerrechtlichkeit** beurteilt sich nach dem Willen des Personensorgeberechtigten. Der Antragsgegner kann sich nicht allgemein darauf berufen,
dass er im Interesse des Kindeswohls handle. Doch ist der Antrag zurückzu-
weisen, wenn die Herausgabe nach § 1666 I als Gefährdung des Kindeswohls
zu beurteilen wäre (etwa bei abruptem Milieuwechsel) oder sonst als rechtsmissbräuchlich erscheint (BGH NJW 1951, 309).

2. Einzelfragen. Der Anspruch ist Ausfluss der Befugnis zur Auf-   746
enthaltsbestimmung (§ 1631 I). Sind beide Elternteile sorgeberechtigt,

so ist der Anspruch gegen einen Dritten von beiden gemeinsam oder von einem Elternteil mit Zustimmung des anderen geltend zu machen. Sind sich die Eltern nicht einig, so ist zunächst nach § 1628 zu verfahren; bei Gefährdung des Kindes kommt ein Einschreiten des Familiengerichts von Amts wegen gemäß § 1666 I in Betracht. Das Herausgabeverlangen eines Elternteils gegenüber dem anderen wird zumeist bei Getrenntleben der Eltern relevant. Der Herausgabeanspruch steht dem Elternteil, der die Personensorge oder zumindest das Aufenthaltsbestimmungsrecht allein ausübt, gegen den anderen Elternteil zu. Bei derartigen Verfahren ist zu prüfen, ob die begehrte Herausgabe das Kindeswohl gefährden würde.

Trennen sich die sorgeberechtigten Eheleute und ist noch keine Entscheidung über die weitere Gestaltung des Sorgerechts getroffen, so ist ein Streit um den Aufenthalt des Kindes m.E. nicht nach § 1632 I, sondern zunächst nach § 1628 oder 1671 zu entscheiden. § 1632 I kommt aber zum Zug, wenn das Kind demjenigen Elternteil, dem das alleinige Aufenthaltsbestimmungsrecht übertragen ist, ohne seinen Willen entzogen wird.

Beispiel: Eine Ehefrau verlässt heimlich mit den Kindern die eheliche Wohnung und zieht zu ihren Eltern. Der Ehemann möchte, dass wenigstens die Kinder in die Ehewohnung zurückkehren und bei ihm leben. Er kann aber, solange er nicht das alleinige Sorge- oder Aufenthaltsbestimmungsrecht hat, nicht nach § 1632 I, III vorgehen. Vielmehr muss er zunächst versuchen, das alleinige Recht zur Aufenthaltsbestimmung gemäß § 1671 oder 1628 zu erhalten, zumindest in Form einer einstweiligen Anordnung. Gelingt ihm dies, so kann er nach § 1632 I gegen die Ehefrau vorgehen, wenn diese die Kinder nicht freiwillig herausgibt.

Verfahren: Zuständig das Familiengericht (§ 1632 III; § 23b I GVG; §§ 111 Nr. 2, 151 Nr. 3 FamFG). Das Kind ist gemäß § 159 FamFG anzuhören.

III. Die Bestimmung des Umgangs nach § 1632 II

747 **1. Befugnis zur Umgangsbestimmung.** Die Personensorge umfasst die Befugnis, die Kontakte, die das Kind zu Dritten haben soll („Umgang"), zu bestimmen. Zu diesem Zweck kann können die sorgeberechtigten Eltern auch Verbote aussprechen. Dem Kind gegenüber ist die Durchsetzung des Elternwillens auch auf diesem Gebiet nicht primär ein Rechtsproblem, sondern eine Frage der inneren Autorität. Die Eltern können, wenn sie sich nicht durchsetzen, das Familiengericht zu Hilfe rufen (§ 1631 III). Darüber hinaus stellt § 1632 II klar, dass die Eltern den Umgang des Kindes auch **mit Wirkung gegenüber Dritten** bestimmen können. Die elterlichen Anordnun-

gen sind für Dritte, denen sie bekannt werden, verbindlich. Das Zuwiderhandeln bildet einen unerlaubten Eingriff in das Sorgerecht.

2. Durchsetzung und Grenzen. Auf Antrag der Eltern schreitet **748** das Familiengericht gegen Dritte, die der elterlichen Umgangsbestimmung zuwiderhandeln, durch Gebote oder Verbote ein. Problematisch ist, bis zu welcher Grenze derartige Maßnahmen gegen einen Dritten gerechtfertigt sind, wenn ein schon relativ selbstständiger Jugendlicher (ab etwa 16 Jahren) einen den Eltern unerwünschten Kontakt mit einer anderen Person sucht. Da die Eltern das wachsende Bedürfnis des Kindes zur Selbstbestimmung achten sollen (§ 1626 II), wird man bei Umgangsverboten für Kinder, die sich schon der Volljährigkeit nähern, triftige oder zumindest plausible Gründe verlangen müssen. Nach anderer Ansicht endet das Umgangsbestimmungsrecht der Eltern auch in diesen Fällen erst bei der Gefährdung des Kindeswohls (§ 1666 I). Einer Begründung bedarf ein Umgangsverbot zweifellos dann, wenn das Kind zu der betreffenden Person eine positive soziale Beziehung aufgebaut hat (§ 1626 III 2).

Der Antrag, gegen einen Dritten vorzugehen, muss von beiden Eltern gestellt werden, wenn sie die Personensorge gemeinsam ausüben. Sind sich die Eltern über den Umgang des Kindes mit Dritten nicht einig, so sind sie auf die Möglichkeiten des § 1628 verwiesen. Leben die Eltern getrennt und ist keine Sorgeregelung erfolgt, so fragt sich, ob die Umgangsbestimmung gegenüber Dritten zu den Angelegenheiten des täglichen Lebens gehört, über die der Elternteil allein bestimmen kann, bei dem das Kind dauernd lebt (§ 1687). Das ist für Routinefälle des Alltags (Umgang mit den Nachbarn, mit anderen Kindern) zu bejahen. Andererseits kann die Umgangsfrage auch zu den grundlegenden Entwicklungsproblemen gehören, insbesondere bei Personen nach § 1626 III 2.

Verfahren: Über Streitigkeiten, die zwischen den Eltern und Dritten über die Umgangsbestimmung entstehen, entscheidet das Familiengericht (§ 1632 III; § 23b I GVG; §§ 111 Nr. 2, 151 Nr. 1 FamFG). Besonderheiten gelten, wenn dritte Personen ein Recht zum Umgang mit dem Kind beanspruchen (§ 1685, → Rn. 872 ff.).

§ 60. Die Einbeziehung Dritter

I. Einwilligung

Die elterliche Sorge ist höchstpersönliche Pflicht. Die Eltern kön- **749** nen ihr Sorgerecht grundsätzlich nicht auf einen Dritten übertragen.

Wohl aber können sie Dritte *in stets widerruflicher Weise* an der Erfüllung ihrer Aufgaben beteiligen, z. B. die Nachbarn für bestimmte
Zeit um die Beaufsichtigung des Kindes bitten, die alltägliche Betreuung zum Teil einem oder einer Hausangestellten überlassen oder das
Kind in ein Internat geben. Rechtlicher Kern der erlaubten Einmischung Dritter ist die *Einwilligung* der sorgeberechtigten Eltern.
Soweit der Dritte befugt sein soll, im Namen des Kindes rechtsgeschäftlich zu handeln, ist eine entsprechende Bevollmächtigung (Un-
tervollmacht zur gesetzlichen Vertretungsmacht) nötig. Bei gemeinsamem Sorgerecht ist die Zustimmung beider Eltern zur Einbeziehung
Dritter erforderlich, außer wenn die Eltern getrennt leben und es sich
um eine Angelegenheit des täglichen Lebens handelt (§ 1687 I).

Die **Einwilligung** hat die Erlaubnis zum Inhalt, Funktionen der elterlichen
Sorge wahrzunehmen; sie stellt einen Rechtfertigungsgrund für die sonst
unerlaubte Einmischung Dritter dar. Die Einwilligung ist (ähnlich wie bei
§ 185 I) strikt von den sie begleitenden schuldrechtlichen Verpflichtungsgeschäften zu unterscheiden, z. B. von dem entgeltlichen Vertrag, den die Eltern
über die Aufnahme des Kindes in ein Internat mit dessen Inhaber schließen.
Mag auch der obligatorische Vertrag bindend sein, d. h. die Eltern für bestimmte Zeit zur Zahlung verpflichten, so ist es die Einwilligung selbst nie-
mals. Die Eltern können das Kind also jederzeit aus dem Internat holen,
auch wenn ihre finanziellen Verbindlichkeiten aus dem schuldrechtlichen Vertrag weiterlaufen sollten.

II. Familienpflege

Literatur: *L. Salgo*, Pflegekindschaft und Staatsintervention, 1987; *D.
Schwab/G. Zenz*, Gutachten zum 54. Deutschen Juristentag 1982; *L. Salgo*,
FamRZ 1999, 337; *S. Heilmann*, ZKJ 2014, 48 (Umgangsrecht); *S. Heilmann/
L. Salgo*, FamRZ 2014, 705; *B. Veit*, FS Brudermüller, 2014, 845.

750   **1. Sinn und Probleme.** In manchen Fällen sind die Eltern nicht imstande oder willens, ihre Kinder selbst zu erziehen. In dieser Lage ist
an eine Freigabe der Kinder zur Adoption zu denken, doch fällt der
Entschluss hierzu oft schwer und wäre bei vorübergehenden Hinder-
nissen auch vielfach unangemessen. Als Alternative bietet sich an, das
Kind in Familienpflege zu geben, d. h. bei anderen Personen, die dazu
bereit sind, aufwachsen zu lassen (Pflegeperson, Pflegeeltern). Das
KJHG sieht diese Möglichkeit auch als Sozialleistung vor (§ 33 SGB
VIII). Das Auseinanderfallen von rechtlicher und faktischer Elternschaft kann Probleme bereiten. Denn einerseits entfalten sich Bindungen der Kinder an die Pflegeeltern, im Idealfall entsteht für das

Kind eine stabile Lebenswelt in der Pflegefamilie. Andererseits bleiben die leiblichen Eltern Inhaber des Sorgerechts, kraft dessen sie sich jederzeit einmischen und sogar die Herausnahme des Kindes aus der Pflegefamilie verlangen können (Aufenthaltsbestimmungsrecht, § 1631 I). Deshalb versucht das Gesetz, die Interessen des Kindes an der Stabilität seiner Lebensverhältnisse durch bestimmte Einschränkungen des Sorgerechts der leiblichen Eltern zu schützen. Zudem will es die Befugnisse der Pflegeeltern bei der Kindesbetreuung klären und stärken.

Die Pflegekinder stehen unter dem besonderen Schutz der Jugendämter. Wer ein Pflegekind aufnehmen will, bedarf der Erlaubnis des Amtes (§ 44 I SGB VIII), das auch gewisse Aufsichtsfunktionen ausübt (§ 44 III SGB VIII). Von dem Erlaubnisvorbehalt sind Personen, die mit dem Kind bis einschließlich zum dritten Grad verwandt oder verschwägert sind, befreit (§ 44 I 2 Nr. 3 SGB VIII).

2. „Kleines Sorgerecht" für die Pflegeperson. Wenn das Kind für   751
längere Zeit in Familienpflege lebt, kommt der Pflegeperson die Befugnis zu, in **Angelegenheiten des täglichen Lebens** zu entscheiden und den Sorgerechtsinhaber insoweit zu vertreten (§ 1688 I 1). Zudem ist die Pflegeperson befugt, den Arbeitsverdienst des Kindes zu verwalten sowie Unterhalts-, Versicherungs-, Versorgungs- und sonstige Sozialleistungen für das Kind geltend zu machen und zu verwalten (§ 1688 I 2). Schließlich kommt ihr bei Gefahr in Verzug auch das Notvertretungsrecht gemäß § 1629 I 4 zu (§ 1688 I 3). Der Inhaber der elterlichen Sorge kann allerdings diese Befugnisse ausschließen, indem er „etwas anderes erklärt" (§ 1688 III 1). Zudem kann das Familiengericht die genannten Befugnisse der Pflegeperson einschränken oder ausschließen (§ 1688 III 2).

Die Regelung des § 1688 wirft eine grundsätzliche Frage auf: Handelt es sich um eine gesetzliche Vertretungsmacht der Pflegeeltern oder um eine Handlungsmacht aufgrund gesetzlich vermuteter Einwilligung des Sorgerechtsinhabers? Für letzteres spricht dessen Möglichkeit, durch Erklärung die Befugnisse der Pflegeeltern auszuschließen. Diese Möglichkeit ist andererseits nicht gegeben, wenn sich das Kind auf Grundlage einer Bleibeanordnung in der Pflegefamilie aufhält, so dass für diese Fälle eine gesetzliche Vertretungsmacht angenommen werden muss. Dem Sorgerechtsinhaber steht es frei, in jederzeit widerruflicher Weise der Pflegeperson über § 1688 I hinausgehende Ermächtigungen zu erteilen. § 1688 I 2 lässt es zu, dass die Pflegeeltern die leiblichen Eltern im Namen des Kindes auf Unterhalt in Anspruch nehmen.

752 **3. Gerichtliche Bleibeanordnung.** a) Besonders wichtig zum Schutz des Pflegekindes ist die Vorschrift des § 1632 IV: Wollen die Eltern das Kind von der Pflegeperson wegnehmen, so kann das Familiengericht anordnen, dass das Kind bei der Pflegeperson verbleibt, wenn und solange das Kindeswohl durch die Wegnahme gefährdet würde (Bleibeanordnung). Diese gerichtliche Maßnahme kann auf Antrag der Pflegeperson oder von Amts wegen ergehen. Sie setzt voraus, dass sich das Kind schon seit längerer Zeit in Familienpflege befindet. Gegenüber dem Entzug des Sorgerechts nach § 1666 I stellt sie das weniger einschneidende Mittel dar (BGH FamRZ 2014, 543 Rn. 17 ff.)

753 b) Die Bleibeanordnung schränkt das Elternrecht erheblich ein. Sie muss daher aus dringenden **Gründen des Kindeswohls** angezeigt sein (BGH FamRZ 2014, 543 Rn. 21). Dabei macht es in der Bewertung einen Unterschied, ob die Eltern die Kindeserziehung wieder selbst übernehmen wollen oder ob sie das Kind herausverlangen, um es in eine andere Pflegefamilie oder ein Heim zu geben. Im zweiten Fall ist dem Herausgabeverlangen nur stattzugeben, wenn mit hinreichender Sicherheit eine Gefährdung des körperlichen, seelischen oder geistigen Wohls des Kindes ausgeschlossen werden kann (BVerfG FamRZ 1987, 786). Aber auch dann, wenn die Eltern das Kind wieder bei sich haben wollen, muss ernsthaft geprüft werden, ob sie wirklich in der Lage sind, das Kind ohne Gefährdung seines Wohls zu betreuen und ob das Kind seine Herausnahme aus der Pflegefamilie psychisch verkraften kann (BVerfG 2017, 524 Rn. 45). Das Kind darf aus seiner Pflegefamilie nur herausgenommen werden, wenn die körperlichen, geistigen oder seelischen Beeinträchtigungen als Folge der Trennung von seinen bisherigen Bezugspersonen „noch hinnehmbar" sind (BVerfG FamRZ 2014, 1266 Rn. 31; 2017, 524 Rn. 528). Besondere Vorsicht ist am Platz, wenn das Pflegeverhältnis im Kleinkindalter begründet wurde und sich zu einer faktischen Eltern-Kind-Beziehung entwickelt hat. Andererseits betont das BVerfG, die Zusammenführung des Kindes mit seinen leiblichen Eltern dürfe nicht immer schon dann ausgeschlossen sein, wenn das Kind in den Pflegepersonen seine „sozialen Eltern" gefunden hat (BVerfG FamRZ 2014, 1266 Rn. 32) – die Gerichte sehen sich oft äußerst schwierigen Entscheidungen zwischen Kindeswohl und Elternrecht gegenüber (vgl. den Fall OLG Köln FamRZ 2017, 290).

754 c) Die Bleibeanordnung nimmt den leiblichen Eltern nicht das **Recht zum Umgang** mit ihrem Kind; dieses Recht darf nur zur Abwehr konkreter Gefährdungen der seelischen oder körperlichen Entwicklung des Kindes eingeschränkt oder befristet ausgeschlossen werden (BVerfG FamRZ 2013, 361).

4. Übertragung von Sorgeangelegenheiten auf die Pflegeperson. 755 Mit Zustimmung der Eltern kann der Pflegeperson eine über § 1688 hinausgehende Rechtsstellung eingeräumt werden. Das Familiengericht kann, wenn die Eltern das Kind für längere Zeit in Familienpflege geben, Angelegenheiten der elterlichen Sorge auf die Pflegeperson übertragen (**§ 1630 III**), z. B. das Aufenthaltsbestimmungsrecht, die Gesundheitsfürsorge, die Bestimmung in Schul- und Ausbildungsangelegenheiten, auch die gesamte Personensorge (OLG Celle FamRZ 2017, 450; str.). Die Pflegeeltern erhalten dann die Rechtsstellung eines Pflegers (§§ 1630 I 3, 1909 I), d. h. ein echtes Sorgerecht, das in dem angeordneten Bereich die elterliche Sorge ausschließt. Insoweit haben sie auch die gesetzliche Vertretung inne. Eine derart schwerwiegende Einschränkung des elterlichen Sorgerechts setzt einen Antrag der Eltern oder der Pflegeperson voraus; die Zustimmung der Eltern ist stets erforderlich (§ 1630 III 1, 2).

III. Der Schutz der Stieffamilie

1. Regelungsbedarf. Auch die Bindungen des Kindes zu einem 756 Stiefelternteil bedürfen des Schutzes. Es kommt häufig vor, dass ein Elternpaar sich trennt und der Elternteil, bei dem sich das Kind aufhält, anderweitig heiratet oder sonst eine neue Partnerschaft begründet. Es entwickeln sich dann üblicherweise auch Bindungen des Kindes zum neuen Partner oder zur neuen Partnerin dieses Elternteils, die das Verhältnis des Kindes zum anderen Elternteil stark belasten können. Kommt es hier zu Konflikten, so befindet sich das Recht in einer schwierigen Lage: Einerseits soll das Verhältnis des Kindes zu dem nicht betreuenden Elternteil möglichst erhalten werden, auch dessen Elternrecht möglichst ungeschmälert bleiben; andererseits ist das faktische Kind-Eltern-Verhältnis zum Stiefelternteil vor schädlichen Störungen zu bewahren.

2. Gerichtliche Bleibeanordnungen. Für außergewöhnliche Fall- 757 konstellationen sieht § 1682 die Möglichkeit von **gerichtlichen Bleibeanordnungen** vor:

a) Das Kind hat seit längerer Zeit zusammen mit einem Elternteil und dessen Ehegatten gelebt; es ist ein Ereignis eingetreten, durch

das dem *anderen* Elternteil das Sorgerecht oder zumindest die Aufenthaltsbestimmung alleine zusteht; dieser andere Elternteil will das
Kind aus der Stieffamilie wegnehmen. Dann kann das Familiengericht
von Amts wegen oder auf Antrag des Stiefelternteils anordnen, dass
das Kind bei diesem verbleibt, wenn und solange das Kindeswohl
durch die Wegnahme gefährdet würde. Die Regelung ist auf die Fälle
der §§ 1678, 1680 und 1681 beschränkt.

Beispiel: Die Eltern sind nach der Trennung weiterhin gemeinsam sorgeberechtigt, das Kind lebt beim Vater. Dieser heiratet erneut, das Kind befindet
sich im Haushalt, den der Vater mit seiner Ehefrau führt. Nach einiger Zeit
stirbt der Vater. Die elterliche Sorge und damit das Aufenthaltsbestimmungsrecht steht nun der Mutter allein zu, in aller Regel wird sie also das Kind
zu sich nehmen. Nun kann es aber sein, dass das Kind enge Beziehungen zur
Ehefrau des verstorbenen Vaters entwickelt hat. Nach § 1682 S. 1 soll das Gericht anordnen können, dass das Kind bei der Ehefrau verbleibt, wenn durch
die Wegnahme das Kindeswohl gefährdet wäre.

758   b) Eine Bleibeanordnung kann auch ergehen, wenn das Kind längere Zeit in einem Haushalt mit einem Elternteil und dessen eingetragenen Lebenspartner oder einer nach § 1685 I umgangsberechtigten
volljährigen Person gelebt hat, z. B. mit umgangsberechtigten Großeltern oder volljährigen Geschwistern (§ 1682 S. 2).

Beispiel: Nach ihrer Scheidung üben die Eltern das Sorgerecht gemeinsam
aus, nach der Trennung lebt das Kind mit der Mutter und deren Eltern in einem Haushalt zusammen. Wenn die Mutter nach einiger Zeit stirbt, kommt
das Sorgerecht automatisch dem Vater allein zu (§ 1680 I). Dieser kann aufgrund seines Aufenthaltsbestimmungsrechts das Kind zu sich nehmen. Auch
hier kann aber das Gericht unter den genannten Voraussetzungen anordnen,
dass das Kind bei den Großeltern verbleibt (§ 1682 S. 2).

759   c) Die Bleibeanordnung nach § 1682 bedeutet einen gravierenden
Eingriff in das Elternrecht: Dem Elternteil, dem nach Ausfall des
anderen das Sorgerecht zukommt, sieht sich im selben Atemzuge
durch eine gerichtliche Anordnung gehindert, das Kind faktisch zu
pflegen und zu erziehen. Die Möglichkeit ist auf äußerste Fälle zu beschränken, in denen aus dem Überwechseln des Kindes zum (jetzt)
Sorgeberechtigten erhebliche Gefahren für die körperliche oder seelische Integrität des Kindes erwachsen würden. Auch steht die Bleibeanordnung unter der Zielsetzung, das Kind auf die Dauer dem Sorgeberechtigten zuzuführen (zeitlich begrenzte Anordnungen). Wenn
das Gericht eine Bleibeanordnung erlässt, so erhält die Betreuungsperson kraft Gesetzes **Entscheidungsbefugnis und Vertretungs-**

macht in Angelegenheiten des täglichen Lebens und weiteren Angelegenheiten (s. § 1688 IV, I).

3. Mitsorgerecht von Stiefeltern. Nach § 1687b hat der **Ehegatte**   760
des allein sorgeberechtigten Elternteils ein begrenztes „Mitsorgerecht", und zwar in doppelter Hinsicht:
- Im Einvernehmen mit dem sorgeberechtigten Elternteil hat der Ehegatte die Befugnis zur Mitentscheidung an **Angelegenheiten des täglichen Lebens** des Kindes (§ 1687b I). Das Familiengericht kann diese Befugnisse einschränken oder ausschließen, wenn dies zum Wohl des Kindes erforderlich ist (§ 1687 III).
- Bei **Gefahr im Verzug** ist der Ehegatte befugt, alle Rechtshandlungen vorzunehmen, die zum Wohl des Kindes notwendig sind; der sorgeberechtigte Elternteil ist von solchen Maßnahmen unverzüglich zu unterrichten (§ 1687b II). Diese Kompetenz steht dem Ehegatten auch ohne Einvernehmen mit dem Sorgeberechtigten zu.

Die Befugnisse bestehen nicht mehr, wenn der Sorgeberechtigte und sein Ehegatte getrennt leben (§ 1687b IV). Die Einigung zwischen dem sorgeberechtigten Elternteil und dem Stiefelternteil ist m. E. jederzeit widerruflich.

Beispiel: Das Ehepaar Fischer hat eine Tochter Anja (6 Jahre). Die Ehe wird geschieden. Das Familiengericht weist die elterliche Sorge Frau Fischer allein zu. Frau Fischer heiratet nun Herrn Schröder, in dessen Wohnung sie mit Anja einzieht. Wenn sich die neuen Eheleute darauf einigen, hat Herr Schröder nun das beschriebene Mitsorgerecht für Anja, mit dem aber keine gesetzliche Unterhaltspflicht verbunden ist. Herrn Fischer bleibt hingegen nur das Umgangsrecht und allerdings die Pflicht, für den wirtschaftlichen Unterhalt von Anja aufzukommen (§ 1601).

IV. Bestellung eines Pflegers

Die elterliche Sorge kann dadurch beschränkt sein, dass für be-   761
stimmte Angelegenheiten oder für Personensorge oder Vermögenssorge aus besonderen gesetzlichen Gründen ein Pfleger bestellt werden muss (§ 1909 I), z. B. wenn den Eltern das Sorgerecht in bestimmten Angelegenheiten entzogen wird, um einer Gefährdung des Kindes vorzubeugen (§ 1666 I). Für Angelegenheiten, für die der Pfleger bestellt ist, sind dann die Eltern nicht zuständig und haben auch keine gesetzliche Vertretungsmacht (§ 1630 I). Steht die Personensorge oder Vermögenssorge dem Pfleger, der jeweils andere Be-

reich den Eltern zu, so kann es zu Meinungsverschiedenheiten über Angelegenheiten kommen, die sowohl den einen wie den anderen Bereich berühren. Ergibt sich hier kein Einvernehmen zwischen Eltern und Pfleger, so entscheidet das Familiengericht (§ 1630 II).

§ 61. Besonderheiten der Vermögenssorge

I. Allgemeines

762 Ziele der Vermögenssorge (§ 1626 I 2) sind primär die Erhaltung, Vermehrung und Verwendung des Vermögens im Kindesinteresse. Die starke eigennützige Komponente, die der väterlichen Gewalt früher innewohnte, ist der Vermögenssorge heute fremd. Als Folge der familiären Solidarität (§ 1618a) bleibt gleichwohl eine gewisse Beteiligung der Familie an den Vermögenseinkünften des Kindes aufrechterhalten (§ 1649 II). Die Vermögenssorge äußert sich in Rechtsgeschäften (gesetzliche Vertretung) wie in tatsächlichen Verwaltungsmaßnahmen. Kraft des Sorgerechts sind die Eltern befugt, die dem Kind gehörenden Sachen in Besitz zu nehmen.

Die **Besitzverhältnisse** werden überwiegend wie folgt gedeutet: Die Eltern sind unmittelbare, das Kind ist mittelbarer Besitzer der dem Kind gehörenden Sachen; die elterliche Sorge wird somit als Besitzmittlungsverhältnis nach § 868 begriffen. Überlassen die Eltern die tatsächliche Gewalt dem Kind (Spielzeug), so ist dieses Besitzdiener (§ 855) an den eigenen Sachen. Kinder in schon fortgeschrittenem Alter können jedoch den unmittelbaren Besitz schon selbst innehaben.

763 Der elterlichen Sorge unterliegt das **gesamte Kindesvermögen** (Ausnahme § 1638: Vermögen, das dem Kind mit der Bestimmung zugewendet ist, dass die Eltern es nicht verwalten sollen). Der Kontinuität des Kindesvermögens dient die **Surrogation nach § 1646**: Erwerben die Eltern mit Mitteln des Kindes eine bewegliche Sache, so geht das Eigentum unmittelbar (ohne Durchgangserwerb!) auf das Kind über. Gleiches gilt von Rechten an beweglichen Sachen und Rechten, die durch bloßen Abtretungsvertrag (§ 398) übertragen werden können (§ 1646 II).

Bei der Anwendung des § 1646 I ist zu beachten:
– Die Vorschrift kommt nicht zum Zug, wenn die Eltern im Namen des Kindes erwerben (dann § 164 I). § 1646 gilt also für das Handeln im eigenen Namen, aber auf Rechnung des Kindes, dem gleichwohl die Wirkungen einer direkten Stellvertretung beigemessen sind.

– Erwerb „mit Mitteln des Kindes" bedeutet, dass die Eltern die Gegenleistung dem Kindesvermögen entnehmen oder eine Forderung des Kindes einziehen. Stammen die Mittel teils aus dem Kindes-, teils aus dem Elternvermögen, so entsteht Miteigentum je nach Beteiligung.

– Die Surrogation tritt nicht ein, wenn die Eltern nicht für Rechnung des Kindes erwerben *wollen*; das Vorhandensein dieses Willens bei Abschluss des Erwerbsgeschäfts (der aber dem Geschäftspartner nicht kundgegeben sein muss) haben die Eltern im Streitfall zu beweisen.

– Für Grundstückserwerb gilt § 1646 nicht. Doch sind die Eltern verpflichtet, ein aus Mitteln des Kindes erworbenes Grundstück auf das Kind zu übertragen.

II. Regeln der Vermögensverwaltung

1. Vermögensanlage. In der Vermögensverwaltung sind die Eltern **764** allgemein dem Kindeswohl verpflichtet und zudem durch spezielle Regeln gebunden. **Geld** des Kindes ist nach den Grundsätzen einer wirtschaftlichen Vermögensverwaltung anzulegen, soweit es nicht zur Bestreitung von Ausgaben bereitzuhalten ist (§ 1642). Die Eltern sind zur sorgfältigen Vermögensverwaltung verpflichtet. Soweit das Gesetz keine Einschränkungen vorsieht, steht ihnen ein weiter Entscheidungsspielraum über die Vermögensanlage zu. Für den wirtschaftlichen Erfolg ihrer Maßnahmen trifft sie dem Kind gegenüber keine Garantenpflicht. Das Familiengericht kann Anordnungen über die Vermögensanlage treffen (§ 1667 II).

2. Bindung bei Zuwendungen. Bei Vermögenserwerb des Kindes **765** durch letztwillige Verfügung oder durch unentgeltliche Zuwendung sind die Eltern an die Anordnungen gebunden, die der Verfügende oder Zuwendende getroffen hat (§ 1639).

3. Erforderliche Genehmigungen. Zu nachteiligen, riskanten oder **766** besonders wichtigen Rechtsgeschäften bedürfen die Eltern nach Maßgabe des § 1643 der Genehmigung des Familiengerichts (Verweisung auf einen Teil der für Vormünder geltenden Genehmigungsvorbehalte, → Rn. 724 ff.). Das gilt auch, wenn das Geschäft durch das beschränkt geschäftsfähige Kind selbst abgeschlossen wurde und zu seiner Wirksamkeit der Zustimmung des gesetzlichen Vertreters bedarf. Gegenstände, die nur mit Genehmigung des Familiengerichts veräußert werden dürfen, können die Eltern auch nicht ohne eine solche Genehmigung dem Kind für die Erfüllung eines von diesem geschlossenen Vertrages oder zur freien Verfügung (§ 110) überlassen (§ 1644). Ohne familiengerichtliche Erlaubnis sollen die Eltern kein neues Erwerbsgeschäft im Namen des Kindes beginnen (§ 1645). Ferner bedarf die Ermächtigung zum Betrieb eines Erwerbsgeschäfts gemäß § 112 der gerichtlichen Genehmigung.

767 **4. Vertretungsverbote.** Die Vermögenssorge ist ferner durch Vertretungsverbote beschränkt. Außer den Beschränkungen der Vertretungsmacht nach § 181 und § 1629 II, III (→ Rn. 729) ist insbesondere § 1641 zu beachten: Die Eltern können nicht in Vertretung des Kindes **Schenkungen** machen, außer solchen, durch die einer sittlichen Pflicht oder der Rücksicht auf den Anstand entsprochen wird. Diesem Gebot zuwider getätigte Geschäfte sind nach § 134 nichtig (keine Anwendung des § 177). Einer Schenkung, die das beschränkt geschäftsfähige Kind selbst vornimmt, können die Eltern auch durch ihre Zustimmung nicht zur Wirksamkeit verhelfen.

768 **5. Inventarisierungspflicht.** Nach § 1640 sind die Eltern gehalten, über Kindesvermögen ein Verzeichnis zu errichten, dieses mit der Versicherung der Richtigkeit und Vollständigkeit zu versehen und dem Familiengericht einzureichen. Die Inventarisierungspflicht besteht freilich nicht allgemein, sondern nur bei bestimmten Erwerbsvorgängen (Vermögenserwerb von Todes wegen, Vermögen, welches das Kind sonst anlässlich eines Sterbefalls erwirbt, Abfindungen, die anstelle von Unterhalt gewährt werden, unentgeltliche Zuwendungen).

III. Verwendung des Kindesvermögens

769 **1. Vermögenseinkünfte.** Aus Einkünften aus dem Kindesvermögen sind zunächst die Kosten der ordnungsmäßigen Vermögensverwaltung zu bestreiten, soweit sie tatsächlich anfallen. Die danach verbleibenden Vermögenseinkünfte sind für den Unterhalt des Kindes zu verwenden (§ 1649 I 1). Der **Stamm des Kindesvermögens** darf nur dann angegriffen werden, wenn sonst – auch unter Berücksichtigung der Unterhaltsansprüche – der Kindesunterhalt gefährdet wäre (Umkehrschluss aus § 1602 II).

Dabei ist zu beachten, dass das minderjährige Kind gegen seine Eltern keinen Unterhaltsanspruch hat, soweit seine Vermögens- und Arbeitseinkünfte ausreichen (§ 1602 II). Die Tatsache, dass das Kind eigenes Vermögen hat, verändert den für seine Unterhaltsansprüche maßgeblichen Standard (§ 1610 I) grundsätzlich nicht, solange es mit den Eltern zusammenlebt. Wenn die Vermögenseinkünfte den angemessenen Unterhalt des Kindes übersteigen, liegt es zunächst bei den Eltern, inwieweit sie das Unterhaltsniveau des Kindes anheben wollen; erzieherische Gründe sprechen gegen eine Heraushebung des begüterten Kindes gegenüber den anderen Familienmitgliedern.

2. Einkünfte des Kindes aus Arbeit oder Erwerbsgeschäft. Derartige Einkünfte sind ebenfalls für seinen Unterhalt zu verwenden, aber nur soweit die Vermögenseinkünfte des Kindes dazu nicht ausreichen. Auf diese ist also vorrangig zurückzugreifen (§ 1649 I 2). Damit soll vermieden werden, dass die Eltern den Unterhalt des Kindes aus dessen Arbeitseinkommen bestreiten, um dann nach § 1649 II an seinen Vermögenseinkünften zu partizipieren. 770

3. Überschüssige Einkünfte. Einkünfte, die nicht für die genannten Zwecke verwendet werden, sind anzulegen. Doch gestattet § 1649 II 1 den Eltern, überschüssige Vermögenseinkünfte (nicht aber sonstiges Einkommen!) für ihren eigenen Unterhalt und den Unterhalt der minderjährigen Geschwister des Kindes zu verwenden, soweit dies der Billigkeit entspricht. Damit wird den Eltern nach dem Gedanken einer allgemeinen Familiensolidarität noch ein gewisser Rest von Nutznießung am Kindesvermögen zugestanden. 771

Zu beachten ist: Sind die Eltern unterhaltsbedürftig (§ 1602 I), während das Kind etwa aufgrund einer größeren Erbschaft oder aus Arbeit über erhebliche Einkünfte verfügt, so ist das Kind den Eltern unterhaltspflichtig, § 1649 II 1 kommt nicht zum Zug. Das Nutznießungsrecht nach § 1649 II 1 besteht also gerade dann, wenn die Eltern und Geschwister auf die Vermögenseinkünfte des Kindes unterhaltsrechtlich nicht angewiesen sind. So ist es zu verstehen, dass die Nutznießungsbefugnis nur nach Maßgabe der Billigkeit unter Berücksichtigung der Vermögens- und Erwerbsverhältnisse der Beteiligten besteht, etwa dann, wenn eine in beschränkten finanziellen Verhältnissen lebende Familie durch die Verwendung der überschüssigen Kindeseinkünfte eine spürbare Erleichterung ihrer Lage erfahren kann.

§ 62. Ansprüche zwischen Kind und Eltern aus der Durchführung der Sorge

1. Aufwendungsersatz. Die Durchführung der elterlichen Sorge als fremdnütziger Tätigkeit wirft Fragen auf, die aus dem Auftragsrecht bekannt sind. So gewährt § 1648 den Eltern einen Anspruch gegen das Kind auf Ersatz der Aufwendungen, die sie bei Ausübung der elterlichen Sorge (auch der Personensorge) für erforderlich halten durften und die sie nach Unterhaltsrecht nicht selbst zu tragen haben. 772

773 **2. Herausgabe, Rechenschaft.** Endet oder ruht die Vermögenssorge, so haben die Eltern dem Kind das Vermögen herauszugeben und auf Verlangen über die Verwaltung Rechenschaft abzulegen (§ 1698 I). Über die Nutzungen des Vermögens ist nur insoweit Rechenschaft abzulegen, als Grund zu der Annahme besteht, dass die Nutzungen entgegen den Vorschriften des § 1649 verwendet worden sind (§ 1698 II). Zur Befugnis der Geschäftsführung über die Beendigung der elterlichen Sorge hinaus s. §§ 1698a, 1698 b.

774 **3. Schadensersatz.** Wenn die Eltern ihre Pflichten gegenüber den Kindern verletzen, können sie ihnen unter bestimmten Voraussetzungen zum Schadensersatz verpflichtet sein. Dazu finden sich in **§ 1664** folgende Aussagen: Die Eltern haben bei Ausübung der elterlichen Sorge dem Kind nur für die eigenübliche Sorgfalt (§ 277) einzustehen (§ 1664 I). Sind für einen Schaden beide Eltern verantwortlich, so haften sie als Gesamtschuldner (§ 1664 II). Über die Tragweite des § 1664 I bestehen unterschiedliche Auffassungen.

775 a) Nach der weit überwiegenden Rechtsmeinung betrifft § 1664 I über seinen Wortlaut hinaus nicht nur den Maßstab des Vertretenmüssens (abweichend von § 276 I 1), sondern bildet zugleich eine **Anspruchsgrundlage** (OLG Köln NJW-RR 1997, 1436; OLG Bremen FamRZ 2015, 861). Die Vorschrift wäre danach wie folgt zu lesen: „Die Eltern sind den Kindern zum Ersatz der Schäden verpflichtet, die sie durch pflichtwidriges Handeln bei Ausübung der elterlichen Sorge den Kindern zugefügt haben; dabei haben sie nur für die Sorgfalt einzustehen, die sie in eigenen Angelegenheiten anzuwenden pflegen." Auf der Basis dieser Meinung ist weiter streitig, ob die Milderung des Haftungsmaßstabs sich nur auf die aus § 1664 I hergeleiteten Ansprüche bezieht oder auch auf Ansprüche aus anderen Normen. Nach der erstgenannten Auffassung müssten die Eltern im Rahmen der Deliktshaftung ihren Kindern für jede Fahrlässigkeit einstehen (dazu differenzierend BGH NJW 1988, 2667, 2669; OLG Hamm NJW 1993, 542).

776 b) Nach anderer Auffassung betrifft § 1664 I gemäß seinem Wortlaut **nur den Haftungsmaßstab** und bildet keine Anspruchsgrundlage. Schadensersatzansprüche des Kindes bedürfen daher nach dieser Auffassung einer Begründung aus den allgemeinen Haftungsnormen, und in diesem Rahmen hätte § 1664 I dann eine haftungserleichternde Bedeutung. Als Anspruchsgrundlagen kommen zweifelsfrei die Tatbestände des Deliktsrechts in Frage. Dabei kann man erwägen, die gesetzlichen Regeln über die elterliche Vermögensverwaltung als Schutzgesetze im Sinne des § 823 II anzusehen. Folgerichtig betrifft die Haftungserleichterung des § 1664 I gerade auch diese Anspruchsgrundlagen. Darüber hinaus lässt sich überlegen, ob zwischen Eltern und Kind nicht ein schuldrechtsähnliches Pflichtverhältnis der Rücksichtnahme nach Art des § 241 II anzunehmen ist, dessen zurechenbare Verletzung zu einem Schadensersatzanspruch nach § 280 I führen kann. Freilich ist es m. E. problematisch, die primär persönlich geprägten familienrechtlichen Beziehungen in ihrem Kern dem Schuldrecht zuzuordnen.

Die Entscheidung zwischen den beiden Meinungen fällt nicht leicht. Die **777** h. M. (a) kann die Eltern mit kaum erträglichen Schadensersatzansprüchen bedrohen, wenn jedes Handeln, das aus richterlicher, ex-post gewonnener Sicht als Pflichtverletzung gedeutet wird, einen Schadensersatzanspruch auszulösen vermag. Die gleiche Gefahr beschwört die Meinung (b) herauf, wenn man jedwede Pflichtverletzung der Eltern als „positive Forderungsverletzung" deutet, die Ansprüche nach § 280 I i. V. m. § 241 II auslösen kann. Andererseits greift der Schutz der Kinder zu kurz, wenn man auf Basis der Meinung (b) Schadensersatzpflichten der Eltern nur aus Delikt herleitet. Ich schließe mich daher der h. M. (a) an, wonach § 1664 I sowohl eine eigenständige Anspruchsgrundlage als auch eine Haftungserleichterung bietet. Die Haftungserleichterung erstreckt sich auch auf Deliktsansprüche, soweit die von den Eltern begangene unerlaubte Handlung in einem inneren Zusammenhang mit der Ausübung der elterlichen Verantwortung steht (Beispiel: OLG Düsseldorf FamRZ 2000, 438); das ist bei Ansprüchen, die bei Teilnahme am öffentlichen Straßenverkehr aus Verkehrsunfällen entstehen, nicht der Fall.

Die Haftung aus § 1664 I kann auch einen nicht sorgeberechtigten Elternteil aus Anlass der **Ausübung des Umgangsrechts** treffen (BGH NJW 1988, 2667, 2268), nicht aber andere, mit Gestattung der Eltern in die Kindespflege eingeschaltete Personen (BGH NJW 1996, 53 – Hauswirtschaftspraktikantin). Die Bedeutung des § 1664 wächst, je mehr Dritte – sei es als Mitverantwortliche eines Schadens, sei es durch Zugriff auf einen behaupteten Anspruch des Kindes – die aus § 1664 hergeleiteten Ansprüche für sich nutzen (s. nur den Fall LG Bochum NJW-RR 1994, 1375).

§ 63. Staatliche Unterstützung der elterlichen Sorge

I. Einleitung

Nicht immer sind die Eltern ihrer Erziehungsaufgabe voll gewach- **778** sen. Die Wirklichkeit der Lebenssituation junger Menschen in ihren Familien ist nicht selten erschreckend. Die politische Gemeinschaft reagiert auf die Gefährdung der Kinder auf zweierlei Weise: durch **Hilfe,** die sie den Erziehungsberechtigten bei der Durchführung ihrer Aufgabe gewährt, und durch **hoheitlichen Eingriff** in das Sorgerecht. Dabei hat die Hilfe, soweit sie möglich und ausreichend ist, den Vorrang vor dem Eingriff. Die staatliche Unterstützung der Sorgeberechtigten wird hauptsächlich durch die **Gerichte** und durch die **Jugendämter** geleistet. Die Rechtsgrundlagen für die Tätigkeit des Jugendamtes finden sich in §§ 1712 ff. sowie im 8. Buch des Sozialgesetzbuchs (Kinder- und Jugendhilfegesetz – KJHG).

II. Unterstützung durch das Familiengericht

779   Nach § 1631 III hat das **Familiengericht** die Eltern auf Antrag bei der Ausübung der Personensorge in geeigneten Fällen zu unterstützen. In Betracht kommen Ermahnungen und Verwarnungen an das Kind, deren amtlicher Charakter das Kind vielleicht beeindruckt, darüber hinaus aber auch Zwangsmaßnahmen (Beispiel: Rückführung des aus dem Elternhaus entwichenen Kindes oder seine Verbringung in ein Internat), soweit die Gewaltanwendung dem Wohl und dem Reifegrad des jungen Menschen nicht zuwiderläuft (dazu BayObLG FamRZ 1974, 534; BGH FamRZ 1975, 273, 276) und mildere Mittel gescheitert oder aussichtslos sind (OLG Düsseldorf NJW-RR 1994, 1288).

III. Die Beistandschaft des Jugendamtes

780   **1. Beistandschaft nur auf Antrag.** Besondere Unterstützungsmöglichkeiten sind für einen Elternteil vorgesehen, dem die elterliche Sorge allein obliegt oder in dessen Obhut sich das Kind befindet. Dieser Elternteil kann beim Jugendamt den schriftlichen Antrag auf Beistandschaft in bestimmten Angelegenheiten (Feststellung der Vaterschaft, Geltendmachung von Unterhaltsansprüchen) stellen (§ 1712 I). Mit Zugang des Antrags wird das Jugendamt unmittelbar kraft Gesetzes Beistand des Kindes (§ 1714) in dem beantragten Umfange. Einer gerichtlichen Anordnung der Beistandschaft bedarf es nicht.

781   **2. Antragsrecht.** Den Antrag kann der Elternteil stellen, dem für den Aufgabenkreis der beantragten Beistandschaft die alleinige elterliche Sorge zusteht, bei gemeinsamer Sorge derjenige Elternteil, in dessen alleiniger Obhut sich das Kind befindet (§ 1713 I 1, 2). Ferner kann ein nach § 1776 berufener Vormund des Kindes den Antrag stellen (§ 1713 I 3). Gleichgültig ist, ob die Eltern des Kindes miteinander verheiratet sind oder nicht. Bei *alleiniger Teilsorge* kommt es darauf an, dass dem Antragsteller gerade für die Angelegenheit, in der das Jugendamt Beistand werden soll, die alleinige Kompetenz zukommt.

Beispiel: Nach Trennung der bisher gemeinsam sorgeberechtigten Eltern wird gemäß § 1671 der Mutter das alleinige Personensorgerecht übertragen, während die Vermögenssorge gemeinsam bleibt. Die Mutter kann nun die Beistandschaft für die Geltendmachung von Unterhaltsansprüchen beantragen, weil diese Angelegenheit zur Personensorge gehört und damit in ihre Zuständigkeit fällt.

3. Antrag vor der Geburt. Ein Elternteil kann den Antrag schon vor der Geburt stellen, wenn ihm die elterliche Sorge zustünde, wenn das Kind bereits geboren wäre (§ 1713 I 1), z. B. die (werdende) nichteheliche Mutter, sofern keine beiderseitigen Sorgeerklärungen abgegeben sind. **782**

Die werdende Mutter kann den Antrag auch dann stellen, wenn das Kind. sofern es bereits geboren wäre, unter Vormundschaft stünde (§ 1713 II 1). Dies kommt bei geschäftsunfähigen und beschränkt geschäftsfähigen Müttern in Betracht (§ 1673 I, II). Die Antragsbefugnis ist für diese Fälle wie folgt geregelt: Für die geschäftsunfähige werdende Mutter stellt den Antrag ihr gesetzlicher Vertreter; ist die werdende Mutter in der Geschäftsfähigkeit beschränkt, so kann sie den Antrag nur selbst stellen und bedarf hierfür nicht der Zustimmung ihres gesetzlichen Vertreters (§ 1713 II 2, 3).

4. Betroffene Angelegenheiten. Die Angelegenheiten, für die das Jugendamt als Beistand fungieren kann, sind eng umschrieben. **783**

a) Die **Feststellung der Vaterschaft** (§ 1712 I Nr. 1) bezieht sich auf Verfahren nach § 1600d, nicht aber auf die Zustimmung zur Vaterschaftsanerkennung, die von Seiten des Kindes in der Regel nicht mehr notwendig ist (→ Rn. 585), ferner nicht auf die Anfechtung einer bestehenden Vaterschaft, auch nicht auf das Verfahren der Vaterschaftsklärung nach § 1598a.

b) Die **Geltendmachung von Unterhaltsansprüchen** (§ 1712 I Nr. 2) umfasst sämtliche dem Kind zustehenden Ansprüche auf Unterhalt, also auch die gegen die weiteren Verwandten gerichteten Ansprüche.

5. Das Jugendamt als Pfleger. Der Zugang des Antrags beim Jugendamt bewirkt ohne weiteres den Eintritt der Beistandschaft des Jugendamts im beantragten Geschäftskreis (§ 1714 I). Das Jugendamt **784**

erhält die Stellung eines Pflegers in den Kindesangelegenheiten, für welche die Beistandschaft zulässigerweise beantragt ist (§ 1716 S. 2); ihm wächst in diesen Angelegenheiten auch die Befugnis zur gesetzlichen Vertretung zu (§§ 1915 I, 1793). Im Unterschied zur gewöhnlichen Pflegschaft verdrängt die gesetzliche Vertretungsmacht des Beistandes aber nicht die Befugnisse des antragstellenden Elternteils: Die elterliche Sorge wird durch die Beistandschaft nicht eingeschränkt (§ 1716 S. 1), so dass auch der antragstellende Elternteil in den betreffenden Angelegenheiten handlungsfähig bleibt. Auch wenn der Antrag vor Geburt des Kindes gestellt wird, tritt die Beistandschaft des Jugendamt mit Zugang des Antrags ein (§ 1714 S. 2). Damit kann das Jugendamt bereits vor der Geburt tätig werden, z. B. eine einstweilige Verfügung auf Unterhaltszahlung gegen den Vater beantragen (§ 247 FamFG).

785 **6. Ende der Beistandschaft.** Die Beistandschaft kann jederzeit durch Antrag des betreffenden Elternteils beendet werden. Sie endet automatisch, sobald ein solches Verlangen dem Jugendamt in schriftlicher Form zugegangen ist (§ 1715 I, § 1714). Sie endet ferner, wenn die Antragsberechtigung entfällt (§ 1715 II). Auch wenn die Angelegenheit erledigt, z. B. die Vaterschaft rechtswirksam festgestellt ist, erlöschen die Befugnisse des Beistands (§ 1716 S. 2 mit § 1918 III).

786 **7. Besonderheiten bei nichtehelichen Kindern.** Nach wie vor bedürfen die Mütter nichtehelicher Kinder in manchen Fällen besonderer Unterstützung, insbesondere wenn sich die Väter ihrer Verantwortung entziehen wollen. Daher hat das Jugendamt – unabhängig von einem Antrag auf Beistand – bei Geburt eines nichtehelichen Kindes der Mutter Beratung und Unterstützung zu offerieren (§ 52a I SGB VIII). Es hat der Mutter ein persönliches Gespräch anzubieten (§ 52a I 3, 4 SGB VIII) und dabei unter anderem auf die Möglichkeit der Beistandschaft hinzuweisen (§ 52a I 2 Nr. 4 SGB VIII). Erscheint das Kindeswohl als gefährdet, z. B. weil die Mutter die dringend nötige Hilfe bei Durchsetzung der Kindesinteressen nicht in Anspruch nimmt, so muss das Jugendamt sich an das Familiengericht wenden, damit dieses die notwendigen Maßnahmen ergreifen kann (§ 8a II 1 SGB VIII mit § 1666 BGB).

IV. Kinder- und Jugendhilfe

1. Begriff und Ziel. Unter Kinder- und Jugendhilfe versteht man 787
die Tätigkeit der Jugendämter und der vom Staat anerkannten sozialen Organisationen zur Förderung des Jugendwohls. Der Einfachheit halber verwenden wir im Folgenden den Begriff „Jugendhilfe". Gedanklicher Ausgangspunkt ist das **Recht des jungen Menschen** auf **Förderung seiner Entwicklung** und auf **Erziehung** zu einer eigenverantwortlichen und gemeinschaftsfähigen Persönlichkeit (§ 1 I SGB VIII). Dieses Recht soll die Jugendhilfe insbesondere dadurch verwirklichen, dass sie
– junge Menschen in ihrer Entwicklung fördert und zur Vermeidung und zum Abbau von Benachteiligungen beiträgt;
– Eltern und andere Erziehungsberechtigte berät und unterstützt;
– Kinder und Jugendliche vor Gefahren für ihr Wohl schützt;
– dazu beiträgt, „positive Lebensbedingungen" für junge Menschen und ihre Familien sowie eine kinder- und familienfreundliche Umwelt zu erhalten oder zu schaffen (§ 1 III SGB VIII).

2. Verhältnis zum Elternrecht. Bei seiner Tätigkeit respektiert die 788
Jugendhilfe den Vorrang des verfassungsrechtlich verbürgten Elternrechts (Wiederholung des Art. 6 II GG in § 1 II SGB VIII!). Die Jugendhilfe ist daher hauptsächlich als Hilfe für die Eltern konzipiert; diesen werden in erster Linie Leistungsansprüche eingeräumt; sie bestimmen, inwieweit Leistungen in Anspruch genommen werden. Nach § 36 SGB I kann der Jugendliche ab vollendetem 15. Lebensjahr Anträge auf Sozialleistungen (hier: Leistungen der Jugendhilfe) selbst stellen und solche Leistungen entgegennehmen; der gesetzliche Vertreter kann diese „Sozialrechtsmündigkeit" indes durch schriftliche Erklärung einschränken. Ferner haben nach § 8 II SGB VIII Kinder und Jugendliche das Recht, sich in allen Angelegenheiten der Erziehung und Entwicklung an das Jugendamt zu wenden. Sie können in besonderen Not- und Konfliktlagen vom Jugendamt sogar in der Weise beraten werden, dass die Sorgeberechtigten nichts davon erfahren (s. § 8 III SGB VIII).

3. Träger der Jugendhilfe. Die Jugendhilfe wird nicht nur durch 789
den Staat, sondern auch durch kirchliche oder privatrechtlich tätige Organisationen geleistet, die vom Staat gemäß § 75 SGB VIII anerkannt sind (freie Jugendhilfe). Deren Leistungen gegenüber ist die öf-

fentliche Jugendhilfe subsidiär (§ 4 II SGB VIII). Freilich bleiben
Eingriffsbefugnisse den staatlichen Instanzen vorbehalten.

790   **4. Hilfe und Eingriff.** Bei der Jugendhilfe steht die Gewährung
von sozialen Leistungen im Vordergrund. Eingriffe in das elterliche
Sorgerecht erfolgen durch die Gerichte aufgrund der einschlägigen
Vorschriften des BGB. Gleichwohl steht das Jugendamt im Zwiespalt
zwischen Hilfe und Eingriff – für viele Eltern eine Hemmschwelle.
Das Jugendamt unterstützt die Gerichte und wirkt an einschlägigen
Verfahren mit (§ 50 I SGB VIII). Zur Abwendung von Gefahren für
das Kindeswohl hat es das Gericht anzurufen. In Eil- und Notfällen
kann das Jugendamt auch von sich aus eingreifen (§ 42 SGB VIII).

Als **Hilfeleistungen** der Jugendhilfe kommen in Betracht: Förderung der
familiären Erziehung (z. B. Beratung der Eltern, Angebote der Familienfrei-
zeit und Familienerholung, Beratung und Unterstützung insbesondere von
Alleinerziehenden und für Trennungs- und Scheidungsfälle); Förderung von
Kindern in Tageseinrichtungen und in Tagespflege; Hilfe zur Erziehung
(z. B. Erziehungsberatung, Erziehung in einer Pflegefamilie, Erziehung in einer Tagesgruppe, Heimerziehung, Sicherstellung von Unterhalt etc). Die Hilfen zur Erziehung setzen gewöhnlich den Antrag oder die Zustimmung der
Sorgeberechtigten voraus. Unter den Voraussetzungen der §§ 1666, 1666a
können jedoch einige solcher Hilfen (z. B. Heimerziehung) vom Familiengericht ohne Zustimmung der Eltern angeordnet werden.

§ 64. Das staatliche Wächteramt

Literatur: *J. Goldstein/A. Freud/A. J. Solnit,* Jenseits des Kindeswohls,
1974; *M. Hinz,* Kindesschutz als Rechtsschutz und elterliches Sorgerecht,
1976; *G. Zenz,* Kindesmisshandlung und Kindesrechte, 1979; *S. Simitis u. a.,*
Kindeswohl, 1979; *M. Coester,* Das Kindeswohl als Rechtsbegriff, 1982; *A.
Freud/A. J. Solnit/S. Goldstein,* Das Wohl des Kindes, 1988; *M. Coester,* Der
staatliche Eingriff in das Elternrecht, Brühler Schriften zum Familienrecht
Bd. 16, 2010, 60; *R. W. Röchling,* FamRZ 2007, 1775; *Th. Meysen,* JAmt
2008, 233; *F. Becker-Stoll,* FamRZ 2010, 77; *L. M. Peschel-Gutzeit,* FS Coester-Waltjen, 2015, 173; *T. A. Heiß,* NZFam 2015, 491, 532; *M. Coester,*
NZFam 2016, 577.

I. § 1666 als Fundamentalnorm

791   Erfüllt die elterliche Sorge ihre Aufgabe im Einzelfall nicht und gerät das Kind dadurch in Gefahr, so hat der Staat das Kind auch gegenüber seinen Eltern zu schützen. Kompetenzen dafür sind dem Fami-

liengericht eingeräumt, das von Amtswegen und in Zusammenwirken mit dem Jugendamt Ermittlungen anstellen und Anordnungen treffen kann. Fundamentalnorm ist § 1666. Diese Vorschrift ermächtigt das Familiengericht zum Einschreiten gegen die Eltern und gegen Dritte bei Gefährdungen des Kindeswohls im Bereich der Personensorge und auch bei Gefährdungen des Kindesvermögens.

Entsetzliche Fälle von Misshandlung und Vernachlässigung von Kindern haben den Gesetzgeber im Jahre 2008 veranlasst, die Vorschrift des § 1666 und einige andere Vorschriften des Kindschaftsrechts neu zu fassen (Gesetz zur Erleichterung familiengerichtlicher Maßnahmen bei Gefährdung des Kindeswohls vom 4.7.2008, BGBl. I S. 1188).

II. Die Gefährdung des persönlichen Wohls des Kindes

1. Die Voraussetzungen im Überblick. Das Eingreifen des Ge-   792
richts ist zur Wahrung des körperlichen, geistigen und seelischen Wohls des Kindes unter **zwei Voraussetzungen** statthaft und geboten:

a) Das körperliche, geistige oder seelische **Wohl des Kindes** ist **gefährdet.**

b) Die Eltern sind **nicht gewillt oder in der Lage,** die Gefahr von dem Kind abzuwenden.

Nach der früheren Fassung des § 1666 I war zusätzlich erforderlich, dass die Gefährdung des Kindes durch *bestimmte Verhaltensweisen* verursacht war (missbräuchliche Ausübung der elterlichen Sorge, Vernachlässigung des Kindes, unverschuldetes Versagen der Eltern, Verhalten Dritter). Diese Voraussetzungen sind entfallen. Für das gefährdete Kind ist rasche Hilfe nötig, gleichgültig, welche Ursachen für seine Lage maßgeblich sind.

2. Die Gefährdung des Kindeswohls. a) Der **Begriff** „Gefährdung   793
des Kindeswohls" bezieht sich auf alle schwerwiegenden Beeinträchtigungen der Integritäts- und Entfaltungsinteressen des jungen Menschen. Die **Integritätsinteressen** umfassen die Wahrung der körperlichen wie psychischen Gesundheit, die Versorgung mit Nahrung, Kleidung und Wohnung und das Mindestmaß an persönlicher Zuwendung. Bei Gefährdungen in diesem Bereich muss der Staat rasch und konsequent handeln. Die **Entfaltungsinteressen** beziehen sich auf die Entwicklung durch Erziehung, durch geeignete soziale Kontakte, durch Schul- und Berufsausbildung, durch die Pflege geistiger und kultureller Interessen, mit zunehmendem Alter auch auf die Möglichkeit zu wachsender Selbstbestimmung. Im Bereich der Ent-

faltungsinteressen ist dem Staat Zurückhaltung auferlegt, da es in einer pluralistischen Gesellschaft unterschiedliche Auffassungen über die „beste Erziehung" gibt. Der Staat darf grundsätzlich nicht eigene Vorstellungen von einer gelungenen Kindererziehung an die Stelle der elterlichen Vorstellungen setzen (BVerfG FamRZ 2015, 112 Rn. 29). Gleichwohl gibt es allgemein zu akzeptierende Erziehungsziele: Erlangung innerer und äußerer Selbstständigkeit, Entwicklung der sozialen Fähigkeiten (Integration in das soziale Leben, Achtung der Rechtsgüter anderer), Entfaltung des geistigen und seelischen Potenzials. Dabei sollte man sich jedoch bewusst bleiben, dass die Erziehungsziele nicht vollkommen erreicht werden können; nur grobe Zielverfehlungen geben Anlass für staatliches Einschreiten. Voraussetzung ist stets eine konkrete und aktuelle Gefährdung des Kindes (BGH NJW 1956, 1434).

794 b) Hauptfälle des § 1666 I bilden **Verhaltensweisen der Eltern**, die dem Kindeswohl in gravierender Weise zuwiderlaufen: schwere Verstöße gegen das Recht des Kindes auf gewaltfreie Erziehung, körperliche und seelische Misshandlungen (§ 1631 II), Zufügung seelischer Qualen, Einschüchterung, Verweigerung der Zustimmung zu notwendigen ärztlichen Maßnahmen, unzureichende Versorgung, mangelnde persönliche Zuwendung oder Aufsicht, körperliche und seelische Vernachlässigung, Untätigkeit im Bereich der Erziehung, abrupte Veränderungen der Lebensumwelt des Kindes (BGH FamRZ 1963, 560, 563), hartnäckige Vereitelung des Umgangsrechts des anderen Elternteils (dazu BGH FamRZ 2012, 99), Weigerung, schulpflichtige Kinder zur Schule zu schicken (BGH FamRZ 2008, 45; OLG Nürnberg FamRZ 2016, 564), mangelnde Rücksichtnahme auf Eignung und Neigung des Kindes in Angelegenheiten der Ausbildung und des Berufs (§ 1631a), Verleitung zur Kriminalität oder Prostitution. Das Gericht kann auch gegen einen Elternteil vorgehen, der das Kind in eine häusliche Gemeinschaft verbringt, in der ihm sexuelle Übergriffe drohen (s. den Fall BGH FamRZ 2017, 212). Besondere Bedeutung erlangt heute der Bereich der Kommunikation des Kindes via Internet; auch hier können Maßnahmen gegen Eltern erforderlich werden, welche die „digitale Erziehung" und die nötige Aufsicht vernachlässigen (s. den Fall AG Hersfeld FamRZ 2016, 2114).

795 c) Auf **Verschulden** der Eltern kommt es bei alledem nicht an. Das Gericht hat also auch dann einzuschreiten, wenn die Kindeswohlgefährdung auf einer psychischen Erkrankung, auf krankhaftem Alko-

holismus oder auf einer Zwangslage beruht. Ob ein „unverschuldeten Versagen" der Eltern dafür ursächlich ist, muss und darf nach der Neufassung des § 1666 I nicht mehr geprüft werden.

d) Auch die Gefährdung des Kindeswohls durch das **Verhalten ei-** **796** **nes Dritten** ermächtigt und verpflichtet das Familiengericht zum Einschreiten. Es kann gegen Dritte direkt vorgehen (§ 1666 IV), z. B. einem Zuhälter verbieten, Kontakte mit einer Minderjährigen zu suchen. Stets bleibt jedoch ein Bezug zum Verhalten der Eltern: Auch hier setzt das Eingreifen des Familiengerichts voraus, dass die Eltern nicht gewillt oder in der Lage sind, die Gefahr abzuwenden. Die Eltern können sich selbst an das Familiengericht wenden, um Maßnahmen gegen Dritte zu veranlassen.

3. Mangelnde Fähigkeit oder Bereitschaft der Eltern. Das Ein- **797** greifen des Gerichts setzt stets voraus, dass die Eltern nicht in der Lage oder nicht bereit sind, die Gefahr von ihrem Kind abzuwenden. Auch hier kommt es auf Verschulden nicht an. Sofern es an der Bereitschaft fehlt, ist zunächst zu versuchen, die Eltern durch Aufklärung zu einem kindeswohlverträglichen Verhalten zu veranlassen; bei schwerwiegenden Gefährdungen ist aber auch hier der sofortige Zugriff nötig.

4. Die möglichen Maßnahmen. a) Die Maßnahmen, mit denen das **798** Gericht der Gefährdung des Kindes begegnen kann, waren früher im Gesetz nicht näher beschrieben, sondern der Einschätzung der Gerichte überlassen. Seit der Neufassung des § 1666 im Jahr 2008 führt das Gesetz nunmehr den Gerichten einen ausführlichen Katalog von möglichen Schutzanordnungen vor Augen. Dem Familiengericht ist aufgetragen, für die *konkrete* Situation diejenige Maßnahme zu finden, welche die Gefährdung des Kindeswohls abwendet, ohne mehr als nötig in das Elternrecht einzugreifen.

b) **§ 1666 Abs. 3** zählt „insbesondere" folgende **mögliche Maß-** **799** **nahmen** auf:

– Gebote an die Eltern, öffentliche Hilfen in Anspruch zu nehmen (Gesundheitsfürsorge, Kinder- und Jugendhilfe);

– Gebote, für die Einhaltung der Schulpflicht zu sorgen;

– Verbote, die Familienwohnung oder eine bestimmte andere Wohnung zu nutzen, z. B. wenn dies nötig ist, um einer Gefährdung des Kindes durch Gewalthandlungen zu begegnen;

- aus gleichem Grund: Verbote, sich in einem bestimmten Umkreis der Wohnung aufzuhalten oder bestimmte Orte aufzusuchen, an denen sich das Kind regelmäßig aufhält;
- Verbote, Kontakt mit dem Kind aufzunehmen oder ein Zusammentreffen mit ihm herbeizuführen;
- Ersetzung von Erklärungen des Inhabers der elterlichen Sorge, z. B. der Einwilligung des Kindes in eine notwendige Heilbehandlung;
- teilweise oder vollständige Entziehung der elterlichen Sorge.

800　c) Die Aufzählung der möglichen Maßnahmen in Abs. 3 ist **nicht abschließend** (BGH FamRZ 2017, 212 Rn. 23, „insbesondere"). Es kommen also über den Katalog hinaus Ermahnungen, Verwarnungen, Weisungen, Gebote oder Verbote bestimmter das Kindeswohl gefährdender Verhaltensweisen oder Unterbringung des Kindes in einem Heim oder in einer anderen Familie Betracht. Allerdings sieht der BGH (a. a. O.) für erhebliche Eingriffe in das Elternrecht nur dann eine hinreichende gesetzliche Grundlage, wenn es sich um die in Abs. 3 genannten „oder diesen vergleichbare" Maßnahmen handelt; danach käme im Katalog des Abs. 3 zugleich eine gewisse Beschränkung der dem Gericht zur Verfügung stehenden Mittel zum Ausdruck (m. E. abzulehnen). Soweit sich die Maßnahmen des Abs. 3 nicht speziell gegen die Eltern richten, können sie auch gegen Dritte angeordnet werden.

801　**5. Erforderlichkeit, Eignung und Verhältnismäßigkeit der Maßnahmen.** a) Das Gericht hat sich auf die Maßnahmen zu beschränken, die geeignet und erforderlich sind, um die Gefahr vom Kind abzuwenden. Staatliche Eingriffe unterliegen nach BVerfG strengen Voraussetzungen (→ Rn. 560). Das Prinzip der **Erforderlichkeit** verlangt eine konkrete Gefährdung des Kindeswohls, zu deren Abwendung die sorgeberechtigten Eltern nicht gewillt oder in der Lage sind. Dabei muss die gegenwärtige Gefahr bestehen, dass bei der weiteren Entwicklung der Dinge eine erhebliche Schädigung des Kindeswohls „mit hinreichender Wahrscheinlichkeit zu erwarten" ist; an die Wahrscheinlichkeit des Schadenseintritts sind umso geringere Anforderungen zu stellen, je schwerer der drohende Schaden wiegt (BGH FamRZ 2017, 212 Rn. 13 f.). Unter den geeigneten Maßnahmen ist diejenigen zu wählen, die am wenigsten in das Elternrecht eingreift (BVerfG FamRZ 2012, 1127 Rn. 30; 2014, 1270 Rn. 35; BGH FamRZ 2016, 1752 Rn. 22). **Geeignet** sind nur Maßnahmen, die eine effektive

Gefahrenabwehr gewährleisten (BVerfG FamRZ 2014, 1270 Rn. 30).
Auch das mildeste Mittel kann ungeeignet sein, wenn es mit ander-
weitigen Beeinträchtigungen des Wohl des Kindes einhergeht und zu
keiner Verbesserung von dessen Situation führt (BGH FamRZ 2016,
1752 Rn. 23).

b) Weiterhin ist der Grundsatz der **Verhältnismäßigkeit** der Mittel   802
zu beachten: Die Schwere des Eingriffs muss in einem angemessenen
Verhältnis zum angestrebten Erfolg stehen (BVerfG FamRZ 2002,
1021, 1023; 2010, 713; BGH FamRZ 2012, 99 Rn. 27 ff.). Es ist das
Verhältnis zwischen der Schwere des Eingriffs und seiner Folgen,
dem Gewicht des Schadens für das Kind und dem Grad der Gefahr
zu prüfen (BGH FamRZ 2017, 212 Rn. 27; vgl. BVerfG FamRZ
2012, 1127 Rn. 25 ff). Verlangen die Eltern die Herausgabe ihres Kindes von dessen Pflegeeltern und geht es allein darum, dass das Kind
nicht zur Unzeit aus der Pflegefamilie genommen werden soll, ist
eine Verbleibensanordnung nach § 1632 IV als das mildere Mittel einem Sorgerechtsentzug nach § 1666 I vorzuziehen (BGH FamRZ
2014, 543 Rn. 17 ff.).

6. Trennung von den Eltern, Entziehung der elterlichen Sorge.   803
Das Erforderlichkeitsprinzip wird vom Gesetz für **besonders einschneidende Maßnahmen** verdeutlicht:

a) Nach **Art. 6 III GG** dürfen Kinder nur aufgrund eines Gesetzes
von ihrer Familie getrennt werden, wenn die Erziehungsberechtigten versagen oder wenn die Kinder aus anderen Gründen zu verwahrlosen drohen. Ein elterliches Fehlverhalten muss ein solches
Ausmaß erreichen, dass das Kind bei seinem Verbleiben in der Familie in seinem körperlichen, geistigen oder seelischen Wohl nachhaltig
gefährdet wäre (BVerfGE 60, 79, 91; → Rn. 560).

b) Maßnahmen, mit denen eine Trennung des Kindes von der elterlichen Familie verbunden ist, sind nur zulässig, wenn der Gefahr
nicht auf andere Weise, auch nicht durch öffentliche Hilfen, begegnet
werden kann (§ 1666a I 1).

c) Die **gesamte Personensorge** darf nur **entzogen** werden, wenn
andere Maßnahmen erfolglos geblieben sind oder wenn anzunehmen
ist, dass sie zur Abwendung der Gefahr nicht ausreichen (§ 1666a II).
Hier sind Erforderlichkeit und Verhältnismäßigkeit besonders streng
zu prüfen. Nach BGH muss eine gegenwärtige Gefahr in einem solchen Maß gegeben sein, dass sich ohne Sorgerechtsentzug eine erhebliche Schädigung des geistigen oder leiblichen Wohls des Kindes „mit

ziemlicher Sicherheit" voraussehen lässt (BGH FamRZ 2017, 212 Rn. 11, 27).

804   **7. Wirkung von Maßnahmen gegen einen Elternteil.** Sind die Eltern gemeinsam sorgeberechtigt und werden einem Elternteil die gesamte elterliche Sorge oder Teile davon entzogen, so übt der andere Elternteil die Sorge allein aus (§ 1680 III mit § 1680 I). In solchen Fällen hat das Gericht zu prüfen, ob im konkreten Fall nicht auch dem anderen Elternteil das Sorgerecht entzogen werden muss, weil er nicht in der Lage ist, das Sorgerecht allein auszuüben oder den Übergriffen des Partners Einhalt zu gebieten. Wird die Sorge der Mutter entzogen, die nach § 1626a III allein sorgeberechtigt ist, so ist das Sorgerecht dem Vater zu übertragen, wenn dies dem Wohl des Kindes nicht widerspricht (§ 1680 III mit § 1680 II).

Soweit keinem der Elternteile das Sorgerecht zukommt oder übertragen werden kann, ist ein Pfleger (§ 1909 I 1), unter den Voraussetzungen des § 1773 I ein Vormund zu bestellen.

805   **8. Verfahren, Änderung von Maßnahmen.** a) Zuständig für Maßnahmen nach §§ 1666, 1666a sind die Familiengerichte (§ 23b I; §§ 111 Nr. 2, 151 Nr. 1 FamFG). Das Gericht leitet das Verfahren von Amts wegen ein; es kann dazu von jedermann angeregt werden (§ 24 FamFG). Das Verfahren ist vorrangig und beschleunigt durchzuführen (§ 155 I FamFG).

Das Gericht soll mit den Eltern und in geeigneten Fällen auch mit dem Kind erörtern, wie die Gefährdung des Kindeswohls abgewendet werden kann; es hat es das persönliche Erscheinen der Eltern zu diesem Termin anzuordnen (§ 157 I, II FamFG). Unverzüglich ist der Erlass einer einstweiligen Anordnung zu prüfen (§ 157 III FamFG). Kommt die (teilweise) Entziehung der Personensorge in Frage, so ist für das Kind in der Regel ein Verfahrensbeistand zu bestellen (§ 158 II Nr. 2 FamFG). Das Kind ist nach § 159 FamFG persönlich anzuhören.

806   b) Eine Entscheidung zum Sorgerecht hat das Gericht zu **ändern,** wenn dies aus triftigen, das Kindeswohl nachhaltig berührenden Gründen angezeigt ist (§ 1696 I 1). Eine Kindesschutzmaßnahme nach §§ 1666, 1667 ist aufzuheben, wenn eine Kindeswohlgefährdung nicht mehr besteht oder die Erforderlichkeit der Maßnahme entfallen ist (§ 1696 II, dazu den Fall BVerfG FamRZ 2016, 439). Eine länger dauernde Maßnahme hat das Gericht in angemessenen Zeitabständen zu überprüfen (§ 166 II FamFG); selbst wenn es von einer Maßnahme des Kindesschutzes abgesehen hat, soll es die Entscheidung in der Regel nach drei Monaten überprüfen (§ 166 III FamFG).

III. Die Gefährdung des Kindesvermögens

1. Übersicht. § 1666 I ermächtigt das Familiengericht auch zu   807
Maßnahmen bei einer Gefährdung des Kindesvermögens. Voraussetzungen sind
(1) die Gefährdung des Vermögens des Kindes und
(2) die mangelnde Bereitschaft oder Fähigkeit der Eltern, die Gefahr abzuwenden.
Es gelten die zur Anwendung des § 1666 bei der Personensorge gemachten Ausführungen sinngemäß.

2. Vermögensgefährdung. Der Tatbestand einer Vermögensge-   808
fährdung liegt vor, wenn die Eltern durch eigennützige oder wirtschaftlich unsinnige Maßnahmen die Schmälerung oder den Verlust des vorhandenen Kindesvermögens oder eine unangemessene Verschuldung des Kindes riskieren. Nach § 1666 II ist eine Vermögensgefährdung in der Regel anzunehmen, wenn der Sorgeberechtigte seine Unterhaltspflicht gegenüber dem Kind oder seine mit der Vermögenssorge verbundenen Pflichten verletzt oder einschlägige gerichtliche Anordnungen nicht befolgt.

3. Maßnahmen. Die möglichen gerichtlichen Maßnahmen unter-   809
liegen den Geboten der Eignung zur Gefahrenabwehr, der Erforderlichkeit und der Verhältnismäßigkeit. Beispiele für gerichtliche Anordnungen bietet § 1667. So können die Eltern verpflichtet werden, ein Verzeichnis über das Kindesvermögen bei Gericht einzureichen und über ihre Verwaltung Rechnung zu legen (§ 1667 I). Das Gericht kann Formen der Geldanlage vorschreiben und die Geldabhebung von einer gerichtlichen Genehmigung abhängig machen (§ 1667 II) und schließlich den Elternteil, der das Vermögen des Kindes gefährdet, zur Sicherheitsleistung verpflichten (§ 1667 III). Wenn keine andere Maßnahme hilft, ist den Eltern oder einem Elternteil das Recht zur Vermögenssorge teilweise oder ganz zu entziehen. Gegen Dritte kann das Gericht in Vermögensangelegenheiten nicht vorgehen (Umkehrschluss aus § 1666 IV). Zu Verfahren und Abänderbarkeit → Rn. 806.

Dem Gesetzgeber ist insofern ein Fehler unterlaufen, als die nach § 1667 I und II möglichen Maßnahmen nicht auf die Voraussetzungen des § 1666 I Bezug nehmen. Doch ist dies zu verlangen, wenn Art. 6 II GG nicht verletzt sein soll: § 1667 knüpft an den Eingriffstatbestand des § 1666 I an und bringt gesetzliche Beispiele für die aufgrund dieses Tatbestands möglichen Maßnahmen.

IV. Maßnahmen des Jugendamts

810   Die Tätigkeit der Jugendämter versteht sich nach modernem Jugendhilferecht in erster Linie als Gewährung von Leistungen. Doch spielen die Jugendämter auch im Rahmen des staatlichen Wächteramtes eine bedeutende Rolle. Sie unterstützen Familiengerichte in Angelegenheiten der Personensorge, wirken in einer Reihe von Gerichtsverfahren förmlich mit (§ 50 I, § 52 SGB VIII) und haben das Gericht anzurufen, wenn sie dessen Eingreifen zur Abwendung einer Gefährdung des Kindeswohls für erforderlich halten (§ 8a II SGB VIII).

811   Obwohl bei der Kinder- und Jugendhilfe das Hilfeangebot die Hauptsache ist, kommen den Jugendämtern auch wichtige Schutzaufgaben zu. Bestimmte **Maßnahmen** zum Schutz von Kindern und Jugendlichen kann das Jugendamt auch ohne gerichtliche Anordnung treffen, z. B. ein Kind in Obhut nehmen (d. h. bei einer geeigneten Person oder in einer Einrichtung unterbringen), wenn das Kind darum bittet oder wenn eine dringende Gefahr für das Kindeswohl diese Maßnahme erfordert (Näheres §§ 8a und 42 SGB VIII). Voraussetzung ist, dass die Personensorgeberechtigten nicht widersprechen oder eine Entscheidung des Familiengerichts nicht rechtzeitig eingeholt werden kann. In solchen Fällen hat das Amt die Erziehungsberechtigten unverzüglich zu unterrichten. Widersprechen diese der Maßnahme, so ist ihnen das Kind unverzüglich zu übergeben, sofern nach der Einschätzung des Jugendamts eine Gefährdung des Kindeswohls nicht besteht oder die Personensorge- oder Erziehungsberechtigten bereit und in der Lage sind, die Gefährdung abzuwenden; andernfalls ist eine Entscheidung des Familiengerichts über die erforderlichen Maßnahmen herbeizuführen (§ 42 III SGB VIII). Das Gericht hat auch tätig zu werden, wenn die Erziehungsberechtigten nicht erreichbar sind. Während der Inobhutnahme ist das Jugendamt berechtigt, alle Rechtshandlungen vorzunehmen, die zum Wohl des Kindes notwendig sind (§ 42 II 4 SGB VIII); insoweit ist es auch gesetzlicher Vertreter des Kindes.

V. Gerichtliche Maßnahmen bei Verhinderung der Eltern

Sind die Eltern tatsächlich oder rechtlich verhindert, die elterliche   812
Sorge oder gewisse Sorgefunktionen auszuüben, so fällt dem Familiengericht gemäß § 1693 die Aufgabe zu, die im Interesse des Kindes
notwendigen Maßregeln zu treffen. Bei Verhinderung eines Elternteils greift § 1693 nur, soweit die Sorge nicht dem anderen Elternteil
obliegt und von ihm ausgeübt werden kann. Als Maßnahmen kommen etwa die Unterbringung des Kindes, die Bestellung eines Pflegers, in Eilfällen die Abgabe von Erklärungen im Namen des Kindes
in Betracht.

Mit Hilfe des § 1693 dürfen die strengen Eingriffsvoraussetzungen des
§ 1666 nicht umgangen werden. Sind die Eltern zur Sorgetätigkeit objektiv in
der Lage, so ist ausschließlich § 1666 einschlägig.

§ 65. Veränderungen der elterlichen Sorge

I. Überblick

Die einmal begründete elterliche Sorge kann sich unter bestimmten   813
Voraussetzungen ändern. Die Änderung tritt entweder durch Erklärungen der Eltern oder kraft Gesetzes oder durch gerichtliche Entscheidung ein.

a) Kraft der von beiden Eltern zu einem beliebigen Zeitpunkt nach
der Geburt des Kindes abgegebenen **Sorgeerklärungen** verwandelt
sich, wie dargestellt, die bisherige alleinige Sorge der Mutter eines
nichtehelichen Kindes in die gemeinsame Sorge beider Eltern
(§ 1626a I Nr. 1).

b) Änderungen **kraft Gesetzes** sind vor allem für den Fall vorgesehen, dass bisher die Eltern die *gemeinsame* Sorge innehatten und
sodann ein Elternteil stirbt oder aus sonstigem Grund ausfällt
(§§ 1680 I, III; 1681; 1678 I). Kraft Gesetzes endet die Elternsorge
auch, sobald das Kind volljährig wird.

c) Die Möglichkeiten, die Sorgerechtslage durch **gerichtliche Entscheidung** zu verändern, sind vielfältig.

Die wichtigsten Konstellationen:
- Wenn ein Elternteil die elterliche Sorge *allein* innehat und sodann stirbt
  oder sonst ausfällt, so geht das Sorgerecht nicht automatisch auf den anderen Elternteil über. Vielmehr ist eine Entscheidung des Familiengerichts

nötig. Dieses überträgt die elterliche Sorge unter bestimmten Voraussetzungen dem anderen Elternteil (§§ 1680 II, III; 1681 I; 1678 II).

– Die elterliche Sorge kann durch gerichtliche Entscheidung anlässlich des Getrenntlebens auf einen Elternteil allein übertragen werden (§ 1671 I und II); ebenso kann eine Alleinsorge durch Gerichtsbeschluss in eine gemeinsame verändert werden (§ 1626a II).

– Gerichtliche Eingriffe in das Sorgerecht können aufgrund § 1666 bei drohender Gefährdung des Kindeswohls erfolgen.

II. Das Ruhen der elterlichen Sorge

814   **1. Voraussetzungen.** Für bestimmte Fälle ordnet das Gesetz das Ruhen der elterlichen Sorge an. Damit ist ausgesagt, dass der betroffene Elternteil das Sorgerecht zwar noch innehat, zu seiner Ausübung aber nicht berechtigt ist (§ 1675). Die elterliche Sorge eines Elternteils ruht

a) wenn das Familiengericht feststellt, dass er die Sorge auf längere Zeit nicht ausüben kann (§ 1674 I; z. B. bei längerer Strafhaft);

b) wenn er geschäftsunfähig ist (§ 1673 I);

c) wenn er beschränkt geschäftsfähig ist (§ 1673 II 1).

Nach § 1674a I ruht die elterliche Sorge einer Mutter von vorn herein, wenn sie ihr Kind nach § 25 I des Schwangerschaftskonfliktgesetzes vertraulich geboren hat.

815   **2. Minderjährige Eltern.** Ist der minderjährige Elternteil beschränkt geschäftsfähig, so steht ihm gleichwohl die Personensorge neben dem gesetzlichen Vertreter des Kindes zu; von der gesetzlichen Vertretung ist er aber auch in Angelegenheiten der Personensorge ausgeschlossen (§ 1673 II 2). Ist der beschränkt geschäftsfähige Elternteil an sich allein sorgeberechtigt und kommt ein Sorgerecht des anderen Elternteils nicht in Frage (vgl. § 1678 I Hs. 2), so muss folglich ein Vormund bestellt werden (§ 1773 I).

Beispiel: Eine 17-jährige, unverheiratete junge Frau bekommt ein Kind, der Vater ist unbekannt. Ihr steht die elterliche Sorge daher an sich allein zu (§ 1626a III), doch ruht das Sorgerecht (§ 1673 II 1). Da der unbekannte Vater als Sorgeberechtigter ausscheidet, muss ein Vormund bestellt werden (§ 1773 I). Daneben steht der jungen Mutter das Personensorgerecht zu, allerdings ohne Vertretungsbefugnisse (§ 1673 II 2).

816   **3. Wirkungen des Ruhens.** Ruht die elterliche Sorge eines Elternteils, so übt der andere Teil das Sorgerecht allein aus (§ 1678 I Hs. 1). Das gilt freilich nicht, wenn dem vom Ruhen betroffenen Elternteil die Sorge gemäß § 1671 oder § 1626a III allein zustand. In diesen Fällen ist eine gerichtliche Entscheidung erforderlich, sofern keine Aussicht besteht, dass der Grund des Ruhens wegfallen werde. Das Familiengericht hat dann die elterliche Sorge dem anderen Elternteil zu übertragen, wenn dies dem Wohl des Kindes nicht widerspricht (§ 1678 II).

4. Tatsächliche Verhinderung. Ähnlich wie das Ruhen der Elternsorge wird der Fall behandelt, dass ein Elternteil tatsächlich verhindert ist, die elterliche Sorge auszuüben, auch wenn eine gerichtliche Feststellung nach § 1674 I nicht ergangen ist. Auch dann übt bei gemeinsamem Sorgerecht der andere Elternteil die Sorge allein aus (§ 1678 I Hs. 1).   **817**

III. Die Beendigung der elterlichen Sorge

1. Volljährigkeit des Kindes. Die elterliche Sorge endet bestimmungsgemäß mit der Volljährigkeit des Kindes. Freilich endet damit nicht auch schon die elterliche Verantwortung insgesamt. Diese zeigt sich in der fortdauernden Unterhaltspflicht zur Gewährung einer angemessenen Berufsausbildung (→896). Gegenüber den noch im Elternhaus lebenden volljährigen Schulkindern hat diese Unterhaltspflicht sogar einen besonderen Rang (§§ 1603 II 2; 1609 Nr. 1).   **818**

2. Tod eines Elternteils. a) Die elterliche Sorge endet mit dem Tod des Elternteils. Bestand gemeinsame Sorge, so steht dann das Sorgerecht dem überlebenden Elternteil allein zu (§ 1680 I).   **819**

b) Bestand gemäß § 1626a III oder § 1671 Alleinsorge des Verstorbenen, so bedarf es einer gerichtlichen Entscheidung (§ 1680 II). In diesen Fällen hat das Familiengericht das Sorgerecht dem überlebenden Elternteil zu übertragen, wenn dies dem Wohl des Kindes nicht widerspricht (§ 1680 II). Kommt eine solche Übertragung im konkreten Fall nicht in Frage, so muss ein Vormund für das Kind bestellt werden.

3. Entziehung des Sorgerechts. Die elterliche Sorge endet ferner, soweit sie einem Elternteil durch gerichtliche Entscheidung entzogen wird (§ 1666 III Nr. 6).   **820**

a) Bestand in diesem Fall gemeinsame Sorge, so steht das Sorgerecht dem anderen Elternteil allein zu (§ 1680 III mit § 1680 I). Muss beiden Eltern das Sorgerecht ganz oder teilweise entzogen werden, so ist ein Vormund oder Pfleger zu bestellen (§ 1773 I, § 1909 I).

b) Ist ein Elternteil gemäß § 1626a III oder § 1671 allein sorgebe-
rechtigt und wird ihm die Sorge entzogen, so hat das Gericht die
Sorge auf den anderen Elternteil zu übertragen, wenn dies dem
Wohl des Kindes nicht widerspricht (§ 1680 III mit § 1680 II; dazu
BVerfG FamRZ 2008, 2185). Das gilt auch im Fall des Teilentzugs
(BGH FamRZ 2010, 1242 Rn. 10), mit der Folge, dass es zu einem
gespaltenen Sorgerecht kommen kann.

Beispiel: Die Mutter eines nichtehelichen Kindes ist allein sorgeberechtigt,
weil weder Sorgeerklärungen abgegeben wurden noch eine gerichtliche Regelung erfolgt ist. Der Vater hält Umgangskontakt mit dem Kind. Es stellt sich
heraus, dass die von einer Ärztephobie heimgesuchte Mutter durch Verweigerung nötiger medizinischer Behandlungen das Wohl des Kindes gefährdet. Ihr
wird vom Familiengericht daher die Gesundheitssorge entzogen. Dann ist
nach § 1680 III, II zu entscheiden, ob dieser Teil der Sorge dem Vater zu übertragen ist. Geschieht dies, so bleibt die alleinige Sorge für die übrigen Lebens-
bereiche bei der Mutter.

821   **4. Übertragung der Alleinsorge.** Das Sorgerecht eines Elternteils
endet auch durch gerichtliche Übertragung der Alleinsorge auf den
anderen Elternteil aus Anlass des Getrenntlebens der Eltern
(§ 1671 I, II).

§ 66. Die elterliche Sorge bei Trennung und Scheidung

Literatur: *S. Simitis u. a.,* Kindeswohl, 1979; *R. Lamprecht,* Kampf ums
Kind, 1982; *U. Jopt,* Im Namen des Kindes, 1992; *J. S. Wallerstein/S. Blakes-
lee,* Gewinner und Verlierer, dt. Übersetzung 1989; *O. Kraus (Hrsg.),* Die
Scheidungsweisen, 1993; *F. R. Osthold,* Die rechtliche Behandlung von Eltern-
konflikten, 2016; *J. S. Wallerstein/J. Lewis,* FamRZ 2001, 65; *D. Schwab,* FS
Gaul, 1997; *ders.,* FamRZ 1998, 457; *St. Zimmermann,* DNotZ 1998, 404; *W.
Born,* FamRZ 2000, 396; *B. Veit,* FS D. Schwab, 2005, 947; *St. Hammer,*
FamRZ 2005, 1209 (zu Vereinbarungen); *R. Schilling,* NJW 2007, 3233; *S.
Heilmann,* NJW 2012, 16; *ders.,* NJW 2015, 3346; *G. Britz,* FF 2015, 387; *A.
Splitt,* FF 2017, 47.

I. Einführung

822   **1. Die Problematik.** Von der Trennung und Scheidung der Eltern
werden minderjährige Kinder besonders hart getroffen. Die Lebenswelt, in der sie aufgewachsen sind, droht zu zerbrechen. Zumindest
geraten sie in die Gefahr, einen der beiden Elternteile zu verlieren,
auch wenn sie mit ihm durch Umgangskontakte verbunden bleiben.

Die Kinder werden bei Trennung der Eltern oft auch dadurch belastet, dass diese „um das Kind kämpfen", d. h. darum streiten, bei wem das Kind künftig leben, wer das Sorgerecht ausüben und wie der Umgang mit dem nicht sorgeberechtigten Elternteil gestaltet werden soll. In diesem Kampf werden manchmal auch hässliche Mittel wie unbegründete Vorwürfe des Kindesmissbrauchs und gegenseitige Herabwürdigung der Eltern nicht gescheut. Andererseits stellt sich bei Vätern und Müttern, denen es nicht gelingt, das Kind bei sich behalten zu dürfen, häufig Resignation ein – die Besuche werden seltener, das Interesse an dem Kind erlahmt. Das Kindeswohl wird stark beeinträchtigt, wenn sich die Eltern nicht auf ein verständnisvolles Zusammenwirken verständigen, um dem Kind Mutter *und* Vater als Bezugspersonen zu erhalten.

2. Wechsel der gesetzlichen Konzepte. Die Gestaltung des Sorgerechts bei Elterntrennung erweist sich als außerordentlich schwierig. Damit hängt es zusammen, dass der Gesetzgeber die einschlägigen Regeln häufig verändert.   **823**

a) Die **Scheidungsrechtsreform** (1977) hatte festlegt, dass im Scheidungsfall die elterliche Sorge in der Regel einem Elternteil allein übertragen werden sollte.

b) Die **Sorgerechtsreform** von 1980 engte die Entscheidungsmöglichkeit des Familiengerichts weiter ein: Im Falle der Scheidung sollte das Sorgerecht *ausnahmslos* entweder Mutter oder Vater allein übertragen werden, selbst wenn diese die gemeinsame Sorge wünschten.

c) Das **BVerfG** erklärte 1982 diese Regelung indes für verfassungswidrig: Auch nach der Scheidung müsse den Eltern die gemeinsame Sorge belassen werden, wenn sie willens sind, die Sorge weiterhin gemeinsam auszuüben und wenn sie beide „voll erziehungsfähig" sind (BVerfGE 61, 358).

d) Die fällige Gesetzesreform erfolgte durch das **Kindschaftsrechtsreformgesetz** zum 1.7.1998. Dieses Gesetz zielt darauf ab, einen Streit um das Kind bei Scheitern der Paarbeziehung möglichst zu vermeiden und dem Kind möglichst beide Eltern als Sorgeberechtigte zu erhalten. Anknüpfungspunkt der Regelung ist nicht die *Ehescheidung,* sondern die faktische *Trennung* des Elternpaares.

II. Das Sorgerecht – kein obligatorisches Thema des Scheidungsprozesses

824 Die Scheidung der Eltern führt nach heute geltendem Recht nicht dazu, dass sich das Familiengericht obligatorisch mit der künftigen Gestaltung der elterlichen Sorge befassen muss. Die Tatsache, dass ein Scheidungsverfahren läuft oder dass die Ehe der Eltern rechtskräftig geschieden ist, hat als solche keine materiell-rechtlichen Auswirkungen auf das Sorgerecht. Der Antrag auf Scheidung muss die Mitteilung über Name, Geburtsdaten und gewöhnlichen Aufenthaltsort der gemeinsamen minderjährigen Kinder enthalten (§ 133 I Nr. 1 FamFG). Ferner wird die Erklärung erfordert, ob die Ehegatten Vereinbarungen über die elterliche Sorge, den Umgang, den Kindesunterhalt, den Unterhalt der Ehegatten selbst sowie Ehewohnung und Haushaltsgegenstände getroffen haben (§ 133 I Nr. 2 FamFG). Das Schicksal der Kinder wird im Scheidungsverfahren auf diese Weise zwar angesprochen, aber nicht mit dem Ziel einer Entscheidung über das Sorgerecht.

825 Etwas anderes gilt freilich dann, wenn ein Ehegatte während des Scheidungsverfahrens vor Schluss der mündlichen Verhandlung im ersten Rechtszug die Einbeziehung der Sorgerechtsfrage in den **Verfahrensverbund** beantragt. Dann wird das Sorgerechtsverfahren mit dem Scheidungsverfahren verbunden, außer wenn das Gericht dies aus Gründen des Kindeswohls nicht für sachgerecht hält (§ 137 III FamFG). Der Verbund kann aus Gründen des Kindeswohls jederzeit wieder aufgelöst werden (§ 140 II Nr. 3 FamFG). In den anderen Fällen läuft das Sorgerechtsverfahren als „isoliertes Verfahren"; es kann dem Scheidungsprozess vorangehen oder nachfolgen, oder – und das ist die Hoffnung des Gesetzgebers – ganz unterbleiben.

III. Fortdauer der gemeinsamen Sorge kraft Gesetzes

826 **1. Grundsätzliche Fortdauer.** Die Trennung der Eltern und auch ihre Scheidung lassen grundsätzlich das gemeinsame Sorgerecht weiter bestehen. Dazu bedarf es keines Richterspruchs, die gemeinsame Sorge beruht **unmittelbar auf dem Gesetz.** Erst wenn ein Elternteil beim Familiengericht den Antrag nach § 1671 stellt, ihm allein das Sorgerecht zu übertragen, kommt es zu einem Gerichtsverfahren. Und auch dann ist nicht gesagt, dass der Antrag Erfolg hat (→ Rn. 838 ff.); es kann also durchaus sein, dass der Antrag abgewiesen und die gemeinsame Sorge daher aufrechterhalten wird, obwohl ein Elternteil sie nicht mehr will. Das gemeinsame Sorgerecht besteht, bis eine anderweitige gerichtliche Entscheidung erfolgt. Dabei hat das Gericht im Regelfall keine Befugnis, von Amts wegen ein Sorgerechtsverfahren einzuleiten (anders nur unter den Voraussetzungen des § 1666, → Rn. 847).

2. Veränderung der Struktur bei Getrenntleben. Die gemeinsame   **827** Elternsorge verändert freilich im Zustand des Getrenntlebens der Eltern ihre Struktur. Denn die Eltern leben nicht mehr in einer Gemeinschaft zusammen, also wird das Kind gewöhnlich entweder bei der Mutter oder dem Vater leben. Eine Gemeinsamkeit der alltäglichen faktischen Pflege und Erziehung ist dann meist nicht mehr möglich. Mit der „gemeinsamen Sorge" nach Trennung ist zudem nichts darüber ausgesagt, bei welchem Elternteil das Kind leben soll. Darüber müssen sich die Eltern einigen. Können sie es nicht, so wird ein Elternteil (oder beide) beim Familiengericht entweder für sich nach § 1671 die Alleinsorge beantragen oder nach § 1628 die Entscheidungsbefugnis über den Aufenthalt des Kindes begehren. Die Eltern können also auch unter dem Dach des gemeinsamen Sorgerechts durchaus streiten, und zwar um vieles: um den Aufenthalt (§ 1628), den Umgang (§ 1684 III), den Unterhalt und natürlich um Fragen der Erziehung (§ 1628). Die „gemeinsame Sorge nach der Scheidung" beschreibt keine Realität, sondern ist eine juristische Konstruktion. Sie bietet eine von mehreren Möglichkeiten für Eltern, trotz ihrer Trennung die Verantwortung für die Kinder in wichtigen Angelegenheiten gemeinsam zu tragen.

Übersicht: Mögliche Konflikte bei gemeinsamem Sorgerecht

Aufenthalt des Kindes	§ 1628
Erziehungsfragen	§ 1628
Umfang der Befugnis zur alleinigen Entscheidung	§ 1687 II
Umgang des Kindes mit den Eltern	§ 1684 III, IV
Auskunft über die persönlichen Verhältnisse des Kindes	§ 1686 S. 2
Unterhalt	s. § 1629 II, III

3. Die Aufspaltung des Sorgerechts nach § 1687. a) Dem Um-   **828** stand, dass das Kind nach der Elterntrennung trotz gemeinsamer Sorge meist bei *einem* Elternteil lebt, trägt § 1687 I 1–3 Rechnung. Wenn die Eltern getrennt leben, so ist ihr Einvernehmen nur in solchen Angelegenheit erforderlich, „deren Regelung für das Kind von

erheblicher Bedeutung ist". In „Angelegenheiten des täglichen Lebens" hingegen entscheidet derjenige Elternteil allein, bei dem sich
das Kind mit Einwilligung des anderen Elternteils oder aufgrund gerichtlicher Entscheidung gewöhnlich aufhält (§ 1687 I 2). Das gemeinsame Sorgerecht nach der Trennung der Eltern ist also eigentlich
ein gespaltenes Sorgerecht: Es gibt einen Bereich der gemeinsamen
Zuständigkeit (Angelegenheiten von erheblicher Bedeutung) und einen Bereich alleiniger Zuständigkeit des Elternteils, bei dem das
Kind lebt (Angelegenheiten des täglichen Lebens).

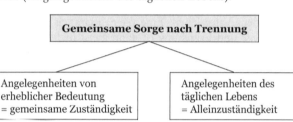

Gemeinsame Sorge nach Trennung

Angelegenheiten von erheblicher Bedeutung = gemeinsame Zuständigkeit	Angelegenheiten des täglichen Lebens = Alleinzuständigkeit

829   b) Die **Angelegenheiten des täglichen Lebens** werden wie folgt legal definiert: Es sind „in der Regel solche, die häufig vorkommen und
die keine schwer abzuändernden Auswirkungen auf die Entwicklung
des Kindes haben" (§ 1687 I 3). Die Unterscheidung zwischen den
beiden Arten von Kindesangelegenheiten bereitet Schwierigkeiten.

Beispiel: Die Eltern leben getrennt und haben das gemeinsame Sorgerecht.
Es geht darum, ob die 10-jährige, bei der Mutter lebende Tochter a) gegen
Grippe mit Antibiotika behandelt werden soll, b) gegen Zecken geimpft werden, c) einer aufschiebbaren Mandeloperation unterzogen, d) am Herzen ope-
riert werden soll. Was kann die Mutter allein entscheiden, wozu braucht sie
die Zustimmung des Vaters? Bei a) handelt es sich eindeutig um eine Angelegenheit des täglichen Lebens, bei d) um eine Entscheidung von erheblicher
Bedeutung, dies wohl auch bei c); bei b) kann man zweifeln.

830   c) Die **Alleinzuständigkeit für Angelegenheiten des täglichen
Lebens** besteht nur unter folgenden **Voraussetzungen:**
  – Die Eltern müssen „nicht nur vorübergehend" getrennt leben.
    Maßgebend ist der Begriff des Getrenntlebens in § 1567; doch ist
    das versöhnungsbedingte Zusammenleben nach § 1567 II hier
    nicht als Getrenntleben einzuordnen. Wenn die bisher getrennt le-
    benden Eltern wieder zusammenziehen, lebt die gemeinschaftliche
    Zuständigkeit für alle Angelegenheiten automatisch wieder auf.

– Der ständige Aufenthalt des Kindes bei einem Elternteil muss rechtmäßig, d. h. entweder mit dem anderen Elternteil abgesprochen oder durch gerichtliche Entscheidung bestimmt sein. Ist dies nicht der Fall, so bleibt es beim vollen gemeinsamen Sorgerecht.

d) Die Unterscheidung der Zuständigkeiten hat, obwohl es im Gesetz nicht ausdrücklich gesagt ist, **Außenwirkung:** Der Elternteil, bei dem sich das Kind gewöhnlich aufhält, übt auch die gesetzliche Vertretung in „Angelegenheiten des täglichen Lebens" allein aus, im Übrigen gilt Gesamtvertretung. Das ist auch bei der Anwendung der §§ 106 ff. im allgemeinen Minderjährigenrecht zu beachten: Soweit im Rahmen des § 1687 Alleinzuständigkeit eines Elternteils besteht, ist dieser zur Einwilligung in Rechtsgeschäfte des beschränkt geschäftsfähigen Kindes allein befugt. **831**

e) Die Befugnis zur Alleinentscheidung kann durch das Familiengericht **eingeschränkt oder ausgeschlossen** werden, wenn dies zum Wohl des Kindes erforderlich ist (§ 1687 II). Soweit dies geschieht, greift wiederum die gemeinsame Zuständigkeit Platz. Hingegen ist nicht vorgesehen, dass das Gericht den Kreis der Alleinzuständigkeit erweitern kann. Dies kann aber dadurch erreicht werden, dass einem Elternteil durch gerichtliche Entscheidung nach § 1671 das alleinige Sorgerecht für einen Teil der Kindessorge eingeräumt wird (→ Rn. 845). **832**

4. Gefahr im Verzug, Vollmachten. Über die Regelung des § 1687 I hinaus bleibt beiden gemeinsam sorgeberechtigten Eltern die Befugnis nach § 1629 I 4, für das Kind bei Gefahr in Verzug allein zu handeln (§ 1687 I 5). Im Übrigen können sich die Eltern, soweit ihre Zuständigkeit reicht, einander durch **Vollmachten** mehr Handlungsfreiheit einräumen, als der gesetzlichen Vertretungslage entspricht. Die Vollmachten sind allerdings jederzeit frei widerruflich: Kein Elternteil kann ohne gerichtliche Entscheidung über die ihm gesetzlich eingeräumten Sorgebefugnisse unwiderruflich disponieren. **833**

Beispiel: Die gemeinsam sorgeberechtigten Eltern leben getrennt, das Kind wohnt beim Vater. Die Mutter erteilt dem Vater Vollmacht, sie bei der Ausübung der elterlichen Sorge in Schulangelegenheiten zugleich mitzuvertreten, auch wenn es sich um erhebliche Angelegenheiten handelt. Solche Vollmachten (eigentlich: Untervollmachten zur gesetzlichen Vertretung) sind wirksam, können aber nur widerruflich erteilt werden.

834   **5. Befugnisse des anderen Elternteils.** Ein alleiniges Entscheidungsrecht in Angelegenheiten des täglichen Lebens erhält schließlich auch der andere Elternteil für die Zeit, in der sich das Kind z. B. im Rahmen des Umgangsrechts (§ 1684) bei ihm aufhält (§ 1687 I 4). Allerdings beschränkt sich diese Befugnis auf Angelegenheiten der *tatsächlichen* Betreuung, bezieht sich also nicht auf Rechtsgeschäfte. Bei Gefahr im Verzug besteht die Handlungsmacht nach § 1687 I 5 mit § 1629 I 4.

835   **6. Besonderheiten beim Wechselmodell.** a) Die gemeinsame Sorge kann auch in der Form realisiert werden, dass das Kind abwechselnd bei Vater und bei der Mutter lebt (Wechselmodell). Das kann z. B. in der Form geschehen, dass das Kind sowohl in der Wohnung des Vaters als auch in der Wohnung der Mutter ein Zimmer hat und wochenweise seinen Aufenthalt wechselt. Wenn die Verweildauer bei Mutter und Vater ungefähr gleich ist, spricht man von „paritätischem Wechselmodell". Das Wechselmodell wird von manchen Psychologen und Gerichten mit der Begründung favorisiert, eine Entfremdung zwischen dem Kind und einem der Elternteile könne auf diese Weise vermieden werden. Im praktischen Leben stößt eine solche Gestaltung aber auf große Hindernisse, zumal unter den Bedingungen des heutigen Schulwesens. Das Leben des Kindes bildet eine Einheit, die nicht um der Interessen der Erwachsenen willen aufgespaltet werden sollte. Das Wechselmodell *kann* zum Wohl des Kindes gelingen, wenn die Eltern nicht weit auseinander wohnen und wenn zwischen ihnen wirklich Einigkeit herrscht (vgl. OLG Karlsruhe FamRZ 2015, 1736). Verfassungsrechtlich genießt das Wechselmodell vor anderen Gestaltungen des Sorgerechts keinen Vorrang (vgl. BVerfG FamRZ 2015, 1585 Rn. 12 ff.).

836   b) Rechtstechnisch kann das Wechselmodell unterschiedlich ausgestaltet werden:
– **Sorgerechtliche Variante:** Die Eltern üben die *gemeinsame Sorge* aus, die Befugnis zur Aufenthaltsbestimmung wird aber geteilt; jeder Elternteil übt in den Zeiten, in denen das Kind absprachegemäß bei ihm lebt, diese Befugnis allein aus. Dann bestimmen die Eltern über die übrigen Angelegenheiten von erheblicher Bedeutung gemeinsam (§ 1687 I 1), über Angelegenheiten des täglichen Lebens hat derjenige die alleinige Entscheidung, bei dem sich das Kind in dem festgelegten Zeitabschnitt befindet (§ 1687 I 2). Theoretisch lässt sich dieses Ergebnis auch erzielen, wenn ein Elternteil an sich das *al-*

leinige Sorgerecht innehat, das Aufenthaltsbestimmungsrecht aber entsprechend geteilt wird.

– **Umgangsrechtliche Variante:** Entweder ein Elternteil übt das Sorgerecht allein aus oder es ist bei gemeinsamer Sorge festgelegt, dass das Kind grundsätzlich bei ihm lebt. Ein Wechselmodell kann nun auf die Weise herstellt werden, dass dem anderen Elternteil ein „erweitertes Umgangsrecht" gewährt wird, das sich nicht nur auf die üblichen begrenzten Kontakte beschränkt, sondern einem turnusmäßigen Aufenthaltswechsel des Kindes bei Vater und Mutter hinausläuft. Die Sorgerechtslage bleibt dabei unverändert. Ob diese Gestaltung den gesetzlichen Vorgaben entspricht, ist streitig (verneinend z. B. OLG Nürnberg FamRZ 2016, 2119). Der BGH hat sich aber für ihre Zulässigkeit entschieden; auch eine richterliche Umgangsregelung könne dieses Modell anordnen (BGH FamRZ 2017, 532 Rn. 15 ff.). Ist bei dieser Variante der eine Elternteil allein sorgeberechtigt, so hat der andere während des Aufenthalts des Kindes bei ihm freilich nur die Befugnisse des § 1687 I 4, d. h. die alleinige Entscheidung in Angelegenheiten der *tatsächlichen* Betreuung; er ist auch in diesen Angelegenheiten nicht gesetzlicher Vertreter.

c) Sehr umstritten ist, ob ein Wechselmodell vom Gericht auch **837** dann angeordnet werden kann, wenn ein **Elternteil dem widerspricht** („oktroyiertes Wechselmodell"). Das wurde bis vor kurzem von der überwiegenden Rechtsprechung verneint (z. B. OLG Hamm NJW 2012, 398; OLG München FamRZ 2013, 1822; KG FamRZ 2014, 50; OLG Saarbrücken FamRZ 2015, 62; OLG Naumburg FamRZ 2015, 764; OLG Schleswig FamRZ 2016, 1945; OLG Jena FamRZ 2016, 2126). Der BGH hat hingegen entschieden, dass ein paritätisches Wechselmodell zumindest in Form einer *Umgangsregelung* auch dann gerichtlich angeordnet werden kann, wenn ein Elternteil es ablehnt; es komme auf das Kindeswohl im konkreten Fall an (BGH FamRZ 2017, 532). Ob das Wechselmodell auch durch *Sorgerechtsregelung* einem unwilligen Elternteil aufgezwungen werden kann, bleibt dabei zunächst offen (BGH FamRZ 2017, 532 Rn. 15), wäre indes folgerichtig.

Gegen das einem Elternteil aufgezwungene Wechselmodell sprechen indes starke Argumente des Kindeswohls. Auch der BGH setzt eine „Kommunikations- und Kooperationsfähigkeit der Eltern" voraus (FamRZ 2017, 532 Rn. 25) und spricht von „erhöhtem Abstimmungs- und Kooperationsbedarf"; bei bestehender hoher Konfliktbelastung bei den Eltern entspreche das Wechselmodell in der Regel nicht dem Kindeswohl (FamRZ 2017, 532 Rn. 30, 31).

Auch legt das Gericht Wert auf die Beachtung des Kindeswillens (FamRZ 2017, 532 Rn. 34). Offenbar hält der BGH aber eine ersprießliche Zusammenarbeit der Eltern für das Kindeswohl trotz einiger Differenzen für möglich. Das oktroyierte Wechselmodells wird voraussichtlich zu einer Häufung von Verfahren führen, die ein erhebliches Schädigungspotenzial für die Kinder in sich birgt.

Zu den Problemen: *Kinderrechtekommission des DFGT,* FamRZ 2014, 1157; 2017, 584; *H. Sünderhauf,* FamRB 2013, 290, 327; *B. Jokisch,* FuR 2014, 25; *St. Hammer,* FamRZ 2015, 1433; 2016, 915; *J. Salzgeber,* FamRZ 2015, 2018; *St. Heilmann,* NJW 2015, 3346; *H. Kindler/S. Walper,* NZFam 2016, 820; *A. Balomatis,* NZFam 2016, 833; *K.-P. Horndasch,* FuR 2016, 558.

IV. Alleiniges Sorgerecht auf Antrag

838   **1. Übersicht.** Trennen sich Eltern, die bisher gemeinsam sorgeberechtigt waren, kann jeder Elternteil beim Familiengericht beantragen, dass ihm die elterliche Sorge allein übertragen wird, und zwar entweder zu einem Teil oder ganz (§ 1671 I). Dem Antrag ist jedoch nur in zwei Fällen stattzugeben:
– entweder wenn der andere Elternteil zustimmt (§ 1671 I 2 Nr. 1)
– oder wenn nach Überzeugung des Gerichts zu erwarten ist, dass die Aufhebung der gemeinsamen Sorge und die Übertragung auf den Antragsteller dem Wohl des Kindes am besten entspricht (§ 1671 I 2 Nr. 2).

Diese Regelung gilt für alle Fälle, in denen bisher das gemeinsame Sorgerecht beider Eltern bestand, also auch bei nichtehelichen Kindern, für die Mutter und Vater die gemeinsame Sorge ausüben.

839   **2. Erforderlicher Antrag.** Der Antrag eines Elternteils ist unabdingbare Voraussetzung einer Entscheidung nach § 1671 I. Der Antrag muss darauf gerichtet sein, *dem Antragsteller* das alleinige Sorgerecht zu verschaffen. Er kann jederzeit nach Eintritt des dauernden Getrenntlebens gestellt werden, z. B. auch noch mehrere Jahre nach der Trennung.

840   **3. Alleinsorge mit Zustimmung des anderen Elternteils.** Die Übertragung der Alleinsorge mit Zustimmung des anderen Elternteils (§ 1671 I 2 Nr. 1) basiert auf dem gemeinsamen, für das Gericht grundsätzlich verbindlichen Elternwillen (Art. 6 II 1 GG). Das Gericht hat keine Befugnis, von den Eltern eine sachliche Begründung zu verlangen. Die Bindung an den in Antrag und Zustimmung bekundeten Elternwillen ist aufgehoben,

– wenn das **Kind** das 14. Lebensjahr vollendet hat und der gewünschten Übertragung der Alleinsorge **widerspricht**;
– oder wenn durch die Übertragung der Alleinsorge das **Wohl des Kindes gefährdet** würde (§ 1697a).

Der **Widerspruch des Kindes** bewirkt nicht, dass sich das Gericht in jedem Fall nach dem Kindeswillen richten müsste. Vielmehr entfällt zunächst nur die Bindung des Gerichts an den Elternwillen. Kommt das Gericht zur Überzeugung, dass die Einräumung der Alleinsorge trotz des Widerstands des Kindes die beste Lösung darstellt, so wird es dem Antrag gleichwohl stattgeben. Der Widerstand des Kindes hat aber bei der Abwägung erhebliches Gewicht.

4. Alleinsorge bei Elternstreit. a) Die zweite Alternative des   841
§ 1671 I 2 betrifft die Konstellation, dass die Eltern sich über die Alleinsorge eines Teils nicht einig sind. Auch dann kann jeder Elternteil beim Familiengericht beantragen, ihm die alleinige Sorge ganz oder auf Teilgebieten zu übertragen. Freilich errichtet das Gesetz für die Erfolgschancen eines solchen Antrags hohe Hürden. Das Gericht hat dem Antrag nur dann stattzugeben, wenn es nach den konkreten Umständen eine **zweifache Erwartung** hegen kann:
– *Erstens* muss erwartet werden können, dass die **Aufhebung der gemeinsamen Sorge** dem Wohl des Kindes am besten entspricht. Nach Überzeugung des Gerichts muss also die Alleinsorge für das Kind die bessere Lösung sein als die gemeinsame Zuständigkeit beider Eltern. Dafür spricht z. B., dass sich die Eltern schon in der Vergangenheit nicht als fähig erwiesen haben, für das Kindeswohl zusammenzuarbeiten; oder dass sie hochgradig verfeindet sind; oder dass ein Elternteil sich gegenüber dem Kind vergangen oder es schwer misshandelt hat.
– *Zweitens* muss zu erwarten sein, dass die Übertragung der Alleinsorge **gerade auf den Antragsteller** dem Wohl des Kindes am besten entspricht. Hier kommt es darauf an, ob bei Alleinsorge des Antragstellers dem Kind die besseren Entwicklungsmöglichkeiten eröffnet werden („Förderprinzip"), ob diese Alleinsorge auch den gewachsenen Bindungen des Kindes am besten entspricht und ob mit der beantragten Gestaltung des Sorgerechts dem Kind seine bisherige Lebenswelt möglichst erhalten wird („Kontinuitätsprinzip"). Auch der Wille des Kindes hat Gewicht.

b) Zur Frage, unter welchen Voraussetzungen bei Elternstreit die   842
gemeinsame Sorge zugunsten der alleinigen zu beenden ist, gibt es
gegensätzliche Grundauffassungen.

- Die *eine* besagt: Die Fortdauer der gemeinsamen Sorge nach Scheidung der Eltern ist der normative Regelfall, Abweichungen davon bedürfen zwingender Begründung. Meinungsverschiedenheiten unter den Eltern über das Sorgerecht oder Fragen der Erziehung genügen nicht, um von der gemeinsamen Sorge abzugehen. Den Eltern ist die Aufgabe gestellt, sich um des Kindes willen zu einigen.
- Die *andere* Auffassung wendet demgegenüber ein, Gemeinsamkeit lasse sich nicht verordnen (BGH FamRZ 1999, 1646). Danach hat, wenn die getrennten Eltern sich nicht einig sind, die gemeinsame Sorge keinen Vorrang (BVerfG FamRZ 2015, 1585 Rn. 11; BGH FamRZ 2016, 1439 Rn. 35). Von der gemeinsamen Sorge ist abzuweichen, wenn und soweit die Alleinsorge eines Elternteils dem Kindeswohl besser entspricht (BGH FamRZ 2016, 1439 Rn. 13). Nach zutreffender Auffassung setzt die gemeinsame Ausübung der Verantwortung für das Kind eine tragfähige soziale Beziehung zwischen den getrennten Eltern und ein Mindestmaß an Übereinstimmung in wichtigen Kindesangelegenheiten voraus (BVerfG FamRZ 2015, 1585 Rn. 11; BGH FamRZ 2016, 1429 Rn. 23).

843 c) Schwerwiegende und nachhaltige **Kommunikationsstörungen unter den Eltern** in wesentlichen Kindesangelegenheiten sind nach herrschender Rechtsprechung geeignet, eine Entscheidung zugunsten der alleinigen Sorge zu begründen (BGH FamRZ 2008, 592). Der BGH stellt darauf auf, welche Auswirkungen die mangelnde Einigungsfähigkeit der Eltern voraussichtlich auf die Entwicklung und das Wohl des Kindes haben wird; die Kommunikation unter den Eltern sei bereits dann schwer und nachhaltig gestört, wenn die Eltern zwar miteinander in Kontakt treten, hierbei aber regelmäßig nicht in der Lage sind, sich sachlich über die Belange des Kindes auszutauschen und auf diesem Wege zu einer gemeinsamen Entscheidung zu gelangen (BGH FamRZ 2016, 1439 Rn. 24).

Nach Auffassung des BGH kann auch aus der neuen Sorgerechtsregelung für nichteheliche Kinder (→ Rn. 685) kein allgemeines Regel-Ausnahmeverhältnis zugunsten der gemeinsamen Sorge hergeleitet werden (BGH FamRZ 2016, 1439 Rn. 35, 36; str.). Der BGH löst eine möglich Diskrepanz zwischen den Regelungen des § 1671 I 2 und § 1626a II durch einheitliche Grundsätze auf: Die gemeinsame Sorge bei Elterntrennung (§ 1671 I 2 Nr. 2) ist unter den gleichen Voraussetzungen aufzuheben, wie ein Antrag nach § 1626a II auf Einrichtung der gemeinsamen Sorge abzulehnen wäre (BGH FamRZ 2016, 1439 Rn. 14).

d) Gelegentlich wird vorgeschlagen, die Übertragung der alleinigen **844**
Sorge an einen Elternteil könne dadurch vermieden werden, dass –
bei grundsätzlicher Fortdauer der gemeinsamen Sorge – der eine Elternteil dem anderen die Vollmacht erteilt, ihn bei allen das Kind betreffenden Angelegenheiten zu vertreten („**Sorgerechtsvollmacht**",
→ Rn. 833). Solange sich beide Eltern an eine solche Vereinbarung
halten, kann sich die Praxis so behelfen. Entsteht aber bei der Durchführung dieses Modells Streit, so ist das Sorgerecht gerichtlich zu regeln; über das Sorgerecht kann nicht durch bloßen Vertrag mit bind-
ender Wirkung disponiert werden (zum Problem *B. Hoffmann*,
FamRZ 2011, 1544; *G. Geiger/S. Kirsch*, FamRZ 2009, 1879).

5. Partielle Alleinsorge. Soweit die beschriebenen Voraussetzun- **845**
gen gegeben sind, ist auch die Übertragung einer partiellen Alleinsorge zulässig (Übertragung eines „Teils der elterlichen Sorge"). Welche Aufgabenkreise aus dem Gesamtbereich der Elternsorge auf diese
Weise herausgeschnitten werden können, ist im Gesetz nicht näher
festgelegt. Denkbar ist z. B. die Übertragung der alleinigen Zuständigkeit nur für die Vermögenssorge oder einen Teil davon (z. B. Verwaltung einer angefallenen Erbschaft), ferner auch für die Personensorge oder einen engeren Bereich (z. B. Aufenthaltsbestimmung,
Gesundheitsfürsorge). Weist das Gericht einen Teil der Sorge einem
Elternteil allein zu, so bleibt das Übrige in gemeinsamer Zuständigkeit (unbeschadet der Regelung des § 1687). Diese Aufspaltung wirkt
sich folgerichtig auf die Befugnis zur gesetzlichen Vertretung aus.

In den Fällen des § 1671 I 2 Nr. 2 (Sorgerechtsstreit) kann das Gericht einem Antrag auf Zuweisung des gesamten Sorgerechts auch *zum Teil* stattgeben, wenn es zur Überzeugung gelangt, dass die Einräumung des alleinigen
Sorgerechts nur für einen Teil der Angelegenheiten dem Wohl des Kindes am
besten entspricht. Doch ist davor zu warnen, in streitigen Fällen Teillösungen
zu favorisieren: Fortwährende Konflikte, und wenn auch nur auf Teilgebieten
des Lebens, belasten das Kind.

6. Verhältnis zu § 1628. In den streitigen Fällen, in denen eine par- **846**
tielle Alleinsorge angestrebt wird, fragt sich, ob das Ergebnis statt
über § 1671 I auch mit Hilfe einer Entscheidung nach § 1628 erreicht
werden kann. Denn nach dieser Vorschrift kann das Familiengericht
bei Meinungsverschiedenheiten die Entscheidung einem Elternteil allein übertragen, und zwar nicht nur in Bezug auf eine einzelne Angelegenheit, sondern auch auf eine „bestimmte Art von Angelegenheiten". Die Anwendungsfelder der Vorschriften überschneiden sich.

Ein Unterschied kann darin gefunden werden, dass § 1628 mehr auf aktuelle Meinungsverschiedenheiten bezogen, § 1671 I mehr auf Dauerlösungen ausgerichtet ist, doch ist eine exakte Unterscheidungslinie nicht zu finden.

Beispiel: Die gemeinsam sorgeberechtigten Eltern trennen sich, die Mutter möchte sicherstellen, dass das Kind weiterhin bei ihr lebt. Ist dies streitig, so kann sie dies erreichen a) entweder dadurch, dass sie Antrag auf Alleinsorge oder auf partielle Alleinsorge (Aufenthaltsbestimmungsrecht) nach § 1671 I stellt oder b) dadurch, dass sie einen Antrag nach § 1628 einreicht, ihr die alleinige Entscheidung über den Aufenthalt des Kindes zu übertragen.

V. Sorgerechtsregelungen nach § 1666

847   **1. Sorgerechtsregelungen von Amts wegen.** Sorgerechtsregelungen nach § 1671 setzen stets den Antrag eines Elternteils voraus. Gleichwohl gibt es Fälle, in denen das Gericht von Amts wegen einschreiten muss, um einer Gefährdung des Kindes zu begegnen. Rechtsgrundlage hierfür ist § 1666. Diese Vorschrift ermächtigt das Familiengericht, alle zur Abwendung der Gefahr erforderlichen Maßnahmen zu treffen. Dazu gehören auch Umgestaltungen der elterlichen Sorge, soweit diese als geeignet und erforderlich erscheinen, die Gefahr abzuwehren.

– So kann das Gericht einem Elternteil die Sorge ganz oder teilweise entziehen (beachte § 1666 III Nr. 6, § 1666a II). Dann übt – wenn gemeinsames Sorgerecht bestand – der andere Elternteil das Sorgerecht insoweit allein aus (§ 1680 I, III);

– Es kann auch beiden Elternteilen das Sorgerecht teilweise entzogen werden. Dann ist insoweit ein Pfleger für das Kind zu bestellen (§ 1909 I);

– Schließlich gibt es Fälle, in denen beiden Elternteilen das Sorgerecht ganz entzogen werden muss (beachte § 1666a I). Dann muss für das Kind ein Vormund bestellt werden (§ 1773 I).

Ein Pfleger oder Vormund muss auch dann bestellt werden, wenn dem allein sorgeberechtigten Elternteil das Sorgerecht teilweise oder ganz entzogen wird und eine Übertragung auf den anderen Elternteil nicht in Betracht kommt (etwa weil er gestorben ist oder weil die Sorgerechtsübertragung auf ihn dem Kindeswohl widerspräche, s. § 1680 II, III).

848   **2. Verhältnis von § 1671 und § 1666.** Zwischen den Verfahren nach § 1666 und § 1671 kann es zu einer Konkurrenz kommen, z. B. wenn ein Elternteil bei Trennung die Alleinsorge für sich begehrt und gleichzeitig das Gericht Anlass sieht, von Amts wegen eine Sorgere-

gelung zu treffen. Dann ist die Abwehr der Kindesgefährdung nach
§ 1666 vorrangig: Einem Antrag nach § 1671 darf nicht stattgegeben
werden, soweit die elterliche Sorge aufgrund anderer Vorschriften,
insbesondere aufgrund § 1666, abweichend geregelt werden muss
(§ 1671 IV). § 1666 verdrängt die Möglichkeit einer Entscheidung
aufgrund des § 1671 I nicht völlig; es ist nur gesagt, dass einem Antrag aus § 1671 *insoweit* nicht stattgegeben werden kann, *als* nach
§ 1666 eine vom Antrag *abweichende* Regelung zu treffen ist.

Beispiel: Der Vater beantragt nach der Scheidung von der Mutter mit deren
Zustimmung, ihm das alleinige Sorgerecht zu übertragen. Das Gericht erhält
Kenntnis von erheblichen Kindesmisshandlungen durch den Vater, die dazu
zwingen, ihm das Sorgerecht nach § 1666 I zu entziehen. Das Gericht darf
dem Antrag (trotz Einigkeit der Eltern!) nicht stattgeben und muss nach
§ 1666 verfahren. Denn die Entscheidung, die nach dieser Vorschrift zu treffen
ist, steht in völligem Gegensatz zum Antrag nach § 1671.

VI. Besonderheiten bei nichtehelichen Kindern

Die Regelung des **§ 1671 I** gilt auch, wenn sich Eltern eines nicht-   **849**
ehelichen Kindes trennen, die bisher das gemeinsame Sorgerecht ausgeübt haben. Besteht hingegen Alleinsorge der Mutter nach § 1626a
III, so ist die Vorschrift nicht anwendbar. In diesem Fall kann der Vater aber nach **§ 1671 II** beim Familiengericht beantragen, ihm die alleinige Sorge zu übertragen (→ Rn. 692).

VII. Zum Verfahren

Literatur: *L. Salgo,* Der Anwalt des Kindes, 1996; *C. Steindorff-Classen,*
Das subjektive Recht des Kindes auf seinen Anwalt, 1998; *R. Balloff,* Kinder
vor dem Familiengericht, 2. Aufl. 2015.

a) Das Sorgerechtsverfahren ist „Kindschaftssache", zuständig ist   **850**
das Familiengericht (§ 23a I 1 Nr. 1, § 23b I GVG, §§ 111 Nr. 2, 151
Nr. 1 FamFG). Es gilt der Grundsatz der Amtsermittlung (§ 26
FamFG). Das Kind ist selbst Beteiligter des Verfahrens, weil sein
Recht durch das Verfahren unmittelbar betroffen wird (§ 7 II Nr. 1
FamFG; BGH FamRZ 2011, 1788). Das Kind ist persönlich anzuhören, wenn es das 14. Lebensjahr vollendet hat (§ 159 I FamFG). Aber
auch jüngere Kinder sind im Sorgerechtsverfahren in aller Regel anzuhören, weil ihre Neigungen, Bindungen und ihr Wille wichtige Gesichtspunkte des Kindeswohls sind (BGH FamRZ 2016, 1439 Rn. 44;
ausgenommen ganz junge Kinder). Persönlich anzuhören sind ferner
die Eltern (§ 160 FamFG). Auch das Jugendamt muss angehört wer-

den (§ 162 I FamFG), es ist zudem auf seinen Antrag am Verfahren förmlich zu beteiligen (§ 162 II 2 FamFG).

851   b) Da streitige Sorgerechtsverfahren die betroffenen Kinder stark belasten, sind besondere **Verfahrensmaximen** vorgesehen: Das Gericht soll in jeder Lage des Verfahrens auf ein Einvernehmen der Beteiligten hinwirken, wenn dies dem Kindeswohl nicht widerspricht (§ 156 I 1 FamFG). Es soll auf die Beratungsangebote der Jugendhilfe und auf die Möglichkeit der Mediation oder sonstiger außergerichtlicher Streitbeilegung hinweisen (§ 156 I 1, 2 FamFG). Das Gericht kann für das minderjährige Kind einen **Verfahrensbeistand** („Anwalt des Kindes") bestellen, soweit dies zur Wahrnehmung der Kindesinteressen erforderlich ist (§ 158 I, II FamFG). Das Kind ab 14 Jahren ist unter den Voraussetzungen des § 60 FamFG selbstständig beschwerdeberechtigt; ihm muss die Entscheidung selbst bekannt gemacht werden (§ 164 FamFG). Zum Verfahrensverbund → Rn. 825.

VIII. Die Änderung von Sorgerechtsentscheidungen

852   Ist das Sorgerecht durch Entscheidung des Familiengerichts einem Elternteil allein übertragen (§ 1671 I), so ist diese Rechtslage maßgeblich, solange das Gericht nicht eine anderweitige Sorgerechtsregelung getroffen hat. Das gilt sogar dann, wenn die Eltern sich wieder versöhnen: Auch die Wiederherstellung der Lebensgemeinschaft der Eltern lässt die gerichtlich übertragene Alleinsorge nicht automatisch entfallen. Die Eltern können freilich bei Gericht beantragen, die bisher bestehende Sorgeregelung abzuändern und ihnen nun die gemeinsame elterliche Sorge zu übertragen. Das Gericht hat seine Anordnungen zu ändern, wenn dies aus triftigen, das Wohl des Kindes nachhaltig berührenden Gründen angezeigt ist (§ 1696 I 1).

§ 67. Recht auf Umgang und Auskunft

Literatur zum Umgangsrecht: *S. Simitis u. a.,* Kindeswohl, 1979; *M. Völker/M. Clausius,* Das familienrechtliche Mandat – Sorge- und Umgangsrecht, 7. Aufl. 2016; *A. Altrogge,* Umgang unter Zwang, 2007; *L. Salgo,* FS D. Schwab, 2005, 891; *Th. Rauscher,* JZ 2008, 944; *I. Rakete-Dombek,* FPR 2008, 492; *M. Kölch/J. Fegert,* FamRZ 2008, 1573; *R. Zuck,* FamRZ 2010, 1946; *St. Heilmann,* NJW 2012, 16; *ders.,* FamRZ 2014, 1753; *L. Salgo,* FamRZ 2013, 343: *M. Bergmann,* FF 2014, 345; *T. Obermann,* FamRZ 2016, 1031.

I. Der Umgang zwischen Kind und Eltern

1. Grundsätze. a) In vielen Fällen lebt das Kind nicht bei seinen 853
Eltern oder nur bei einem Elternteil. Das Gesetz sieht darin einen potentiellen Störungszustand im Eltern-Kind-Verhältnis, weil mangelnde Kontakte das Kind dem Vater oder der Mutter zu entfremden
drohen. § 1626 III 1 erklärt daher, dass zum Wohl des Kindes in der
Regel der Umgang mit beiden Elternteilen gehört. Daraus folgt ein
förmliches Umgangsrecht des Kindes mit jedem Elternteil (§ 1684 I
Hs. 1). Damit korrespondiert eine Pflicht und ein Recht der Eltern,
mit dem Kind Umgang zu pflegen (§ 1684 I Hs. 2). Das Umgangsrecht der Eltern erwächst aus dem natürlichen Elternrecht und der
damit verbundenen Verantwortung (BVerfGE 64, 180, 188; BVerfG
FamRZ 2007, 105; 2013, 433 Rn. 20; 2016, 1917 Rn. 18; EGMR
FamRZ 2001, 341; FamRZ 2002, 381).

b) Nach einer verbreiteten Formulierung ermöglicht das Umgangs- 854
recht dem betreffenden Elternteil, sich von dem körperlichen und
geistigen Befinden des Kindes und von seiner Entwicklung fortlaufend persönlich zu überzeugen, die verwandtschaftlichen Beziehungen zu ihm aufrechtzuerhalten, einer Entfremdung vorzubeugen
und dem Liebensbedürfnis Rechnung zu tragen (BVerfGE 31, 194,
206; FamRZ 2016, 1917 Rn. 18). Entscheidend ist, dass *beide Eltern*
die *Verantwortung für das Kind* tragen, gleichgültig wie das Sorgerecht im konkreten Fall geregelt ist. Dieser Verantwortung können
sie nur gerecht werden, wenn sie mit dem Kind in fortlaufendem
Kontakt verbunden sind. Auch der nicht sorgeberechtigte Teil kann
jederzeit in die Lage kommen, die alleinige Verantwortung für das
Kind übernehmen zu müssen.

c) Der Umgang geschieht durch zeitlich begrenzte Kontakte (ge- 855
meinsame Wochenende, Tages- oder Halbtagesbesuche, Telefonate,
Briefe, auch gemeinsame Reisen und sonstige Unternehmungen).
Über Art und Häufigkeit des Umgangs entscheidet primär die Verständigung unter den Eltern. Im Hinblick darauf, dass dem Kind ein
eigenständiges Recht auf Umgang zusteht und seine Persönlichkeitsrechte betroffen sind, sind auch seine Wünsche angemessen zu berücksichtigen.

d) Über die **konkrete Ausgestaltung der einzelnen Kontakte** ent- 856
scheidet der Umgangsberechtigte. Er bestimmt also darüber, wo die
Kontakte stattfinden, was gemeinsam unternommen wird und auch,
ob Dritte dabei zugegen sein dürfen, etwa der neue Partner des Um-

gangsberechtigten. Soweit es für die Durchführung des Umgangs angemessen erscheint, sind die Bestimmungsbefugnisse des Sorgeberechtigten (vor allem Aufenthaltsbestimmung) eingeschränkt. Der Umgangsberechtigte unterliegt dabei dem Wohlverhaltensgebot (§ 1684 II 1), vor allem darf er die Erziehung durch den sorgeberechtigten Elternteil nicht erschweren oder untergraben. **Wille und Wünsche des Kindes** sind auch bei Durchführung des Umgangs altersgemäß zu beachten.

857   **2. Fallkonstellationen.** Recht und Pflicht zum Umgang bestehen unabhängig von der sorgerechtlichen Lage. Das Umgangsrecht wird besonders in folgenden Fällen akut:

– Dem einen Elternteil ist die alleinige Sorge oder das alleinige Personensorge- oder Aufenthaltsbestimmungsrecht übertragen. Der andere ist dann ganz oder überwiegend auf den Umgang mit dem Kind beschränkt, auf welchen das Kind aber einen Anspruch hat.

– Es besteht gemeinsames Sorgerecht, aber das Kind lebt (hauptsächlich) bei einem Elternteil. Dann hat der andere abgesehen von den aus dem Sorgerecht resultierenden Mitbestimmungsrechten das Recht und die Pflicht zum Umgang. Zum Umgang beim Wechselmodell → Rn. 836.

– Das Kind lebt in einer Pflegefamilie; dann haben beide leiblichen Eltern die Pflicht und das Recht zum Umgang mit dem Kind (dazu BVerfG FamRZ 2007, 335; OLG Hamm FamRZ 2016, 1778).

– Den Eltern musste die elterliche Sorge entzogen und das Kind anderen Personen anvertraut werden; auch dann besteht das Umgangsrecht der Eltern, soweit seine Ausübung nicht das Kindeswohl gefährdet.

858   **3. Umgang und Kindeswohl.** a) Der Umgang zwischen Kind und Eltern dient zweifellos dem Kindeswohl, wenn die getrennt lebenden Eltern sich auf ein vernünftiges Arrangement einigen und den Bedürfnissen des Kindes und des umgangssuchenden Elternteils in einiger Harmonie Rechnung tragen. Das ist zum Glück häufig, leider aber nicht immer der Fall. Sobald zwischen den Eltern der Streit um den Umgang beginnt, drohen schädigende Entwicklungen, in denen das Kind hin und her gerissen wird. Grund der Streitigkeit ist oft das Misstrauen des Elternteils, der mit dem Kind zusammenlebt, der andere werde ihm das Kind entfremden oder auf eine Änderung des Sorgerechts hinarbeiten. Auf der anderen Seite kann der umgangsbe-

rechtigte Elternteil sein Recht dazu benutzen, einen Fuß in der Türe zum Leben des Ex-Partners zu behalten und ihn mit übertriebenen Wünschen zu verunsichern. Manchmal dienen die Auseinandersetzungen über den Umgang auch der Fortsetzung von Feindseligkeiten zwischen den Eltern. Ein kluges Recht wird alles tun, um Elternstreit über den Umgang mit dem Kind vermeiden zu helfen. Das Gericht soll auch in Umgangsangelegenheiten in jeder Lage des Verfahrens auf ein Einvernehmen der Beteiligten hinwirken (vgl. § 156 FamFG). Doch gelingt das bei weitem nicht immer. Es ist eine traurige Wahrheit: Im Streit zwischen den Eltern um Sorgerecht und Umgang gibt es gewöhnlich einen sicheren Verlierer, nämlich das Kind.

b) Grundsätzlich ist zu beachten, dass es bei Auseinandersetzungen um den Umgang nicht nur um das verfassungsrechtlich verbriefte Recht des Umgangsberechtigten, sondern gleichzeitig auch um die **Grundrechte des Kindes** geht (BVerfGE 31, 194, 205; FamRZ 2016, 1917 Rn. 19). Es ist also falsch, wenn Gerichte *nur* das Umgangsrecht der Eltern zum Ausgangspunkt nehmen und prüfen, ob es zwingende Gründe für seine Beschränkung gibt – vielmehr kann es zu einem Widerstreit zwischen den Grundrechtspositionen des Kindes und der Eltern kommen, der nur durch offene Abwägung der Schutzinteressen zu lösen ist. **859**

4. Wohlverhaltensgebot, § 1684 II. a) Das Gesetz gebietet den Eltern, alles zu unterlassen, was das Verhältnis zum jeweils anderen Elternteil beeinträchtigt oder die Erziehung erschwert (§ 1684 II 1). Dieses so genannte Wohlverhaltensgebot ist Ausfluss der gemeinsamen Elternverantwortung, die ein Zusammenwirken zum Wohl des Kindes verlangt, gleichgültig wie das Sorgerecht geregelt ist. Die Bedeutung der Vorschrift reicht über die Umgangsfrage hinaus und betrifft das gesamte Verhalten der Eltern gegenüber dem Kind. Den Umgang betreffend ist der **sorgeberechtigte Elternteil** gehalten, die Bereitschaft des Kindes zum Umgang mit dem anderen in zumutbarer Weise zu fördern und zur Verwirklichung des Umgangs beizutragen (z. B. Übergabe des Kindes am vereinbarten Treffpunkt etc.). Der **Umgangsberechtigte** hat alles zu unterlassen, was die vom anderen Elternteil praktizierte Erziehung unterlaufen könnte. Dass es den Eltern untersagt ist, das Kind durch negative Werturteile über den jeweils anderen Teil zu verunsichern, versteht sich von selbst. Das Wohlverhaltensgebot gilt auch für Dritte, in deren Obhut sich das Kind befindet (z. B.: Großeltern, Vormund; § 1684 II 2). **860**

861 b) Der **Verstoß gegen das Wohlverhaltensgebot** kann zum Eingreifen des Familiengerichts führen (Einschränkung des Umgangs, Neuregelung des Sorgerechts). Das Gericht kann die Eltern auch durch Anordnungen zur Pflichterfüllung anhalten (§ 1684 III 2), z. B. einem Elternteil untersagen, sich beim Kind negativ über den anderen zu äußern. Als besondere Sanktion für Pflichtverletzung sieht das Gesetz die Einrichtung einer Umgangspflegschaft vor (§ 1684 III 2–5, → Rn. 863).

862 **5. Regelung durch das Familiengericht.** a) Nach § 1684 III 1 kann das Familiengericht über den **Umfang** des Umgangsrechts entscheiden und seine **Ausübung** näher **regeln.** Auch Dritte (etwa die neue Frau des Kindesvaters) können in die Regelung einbezogen werden. Das Gericht kann auch Anordnungen gegen einen Elternteil erlassen, die ihn zum **Wohlverhalten** (§ 1684 II) verpflichten. Nach dem gesetzlichen Wortlaut ist für eine gerichtliche Regelung **kein Antrag** erforderlich. Doch wäre es eine unzulässige Einmischung in das Elternrecht, wenn das Gericht gegen den Wunsch beider Eltern eine Umgangsregelung träfe (str.). Gerichtliche Umgangsregelungen (genaue Festlegung der Tage und Zeiten, sogar: Zahl der Telefonate und Briefe) wirken starr und lebensfremd. Einvernehmliche Regelungen, die auch eine vereinbarte Flexibilität zulassen, sind gerichtlichen Fixierungen vorzuziehen. Was Art und Umfang der Kontakte betrifft, haben sich gerichtliche Standards herausgebildet, die nach dem Alter des Kindes variieren und an die konkreten Lebensumstände anzupassen sind. Die Eltern sind an diese Standards aber nicht gebunden; sich können sich auf andere – großzügigere oder eingeschränkte – Modalitäten einigen.

863 b) Für problematische Fälle ist die Möglichkeit vorgesehen, zur Sicherung des Umgangs einen Pfleger zu bestellen (**Umgangspflegschaft,** § 1684 III 3–5), wenn ein Elternteil oder beide die Wohlverhaltenspflicht dauerhaft oder wiederholt erheblich verletzen. Der Umgangspfleger hat die Aufgabe, vom obhutführenden Elternteil die Herausgabe des Kindes zur Durchführung des Umgangs mit dem anderen Elternteil zu verlangen und für die Dauer des Umgangs dessen Aufenthalt zu bestimmen. In diesem Umfang wird das elterliche Sorgerecht eingeschränkt und der Pfleger zum gesetzlichen Vertreter des Kindes (§ 1630 I). Freilich entscheidet der Umgangspfleger nicht über Häufigkeit, Dauer und Ausgestaltung der Umgangskontakte, diese Fragen sind im Streitfall durch das Gericht zu bestimmen (BVerfG

FamRZ 2009, 1472 Rn. 34, OLG Stuttgart FamRZ 2014, 1794). Wohl aber kann der Pfleger bei Uneinigkeit der Eltern äußere Modalitäten festlegen (Ort, Reise etc., OLG Hamm FamRZ 2014, 1792).

Ob einem Ergänzungspfleger darüber hinaus auch die Befugnis zur *Entscheidung über den Umgang selbst* eingeräumt werden kann, ist streitig (*St. Heilmann,* FamRZ 2014, 1753). Die Umgangspflegschaft ist ein für die Beteiligten und namentlich das Kind äußerst belastendes Mittel, das Umgangsrecht durchzusetzen. Ob dem Kindeswohl tatsächlich mit dieser Zwischenschaltung einer möglicherweise fremden Person in die persönliche Begegnung mit seinen Eltern gedient ist, unterliegt Zweifeln.

c) Bei ihrer Entscheidung sind die Familiengerichte an **Grundsätze** **864** gebunden, die das **Bundesverfassungsgericht** (BVerfG FamRZ 2007, 105, 1078, 1625) entwickelt hat: Bei der gerichtlichen Festlegung des Umgangs sind die Besonderheiten des Einzelfalls und der Wille des Kindes zu berücksichtigen, soweit das mit seinem Wohl vereinbar ist. Die Familiengerichte haben sich konkret auf die Persönlichkeit, Interessen und Situation des Kindes und der Eltern einzulassen. Das Gericht muss auch das kleinere Kind anhören, um ihm die Gelegenheit zu geben, seine persönlichen Beziehungen zu den Eltern erkennbar werden zu lassen. Ein Umgang, der mit einer Übernachtung verbunden ist, darf nicht einfach mit der Begründung versagt werden, das noch nicht schulpflichtige Kind sei zu jung dafür (in einem der Fälle war das Kind 3 Jahre alt). Gleiches gilt für Ferienumgänge.

d) Soweit es zum Wohl des Kindes erforderlich ist, kann das Fami- **865** liengericht das Umgangsrecht **einschränken** oder **ausschließen** (§ 1684 IV 1). Ausschluss oder Einschränkung auf längere Zeit oder unbefristet dürfen nur ergehen, wenn andernfalls das Wohl des Kindes gefährdet wäre (§ 1684 IV 2). Einschränkung oder Ausschluss des Umgangs sind veranlasst, wenn nach den Umständen des Einzelfalls der Schutz des Kindes dies erfordert, um eine Gefährdung der seelischen oder körperlichen Entwicklung abzuwehren (BVerfGE 31, 194, 209; FamRZ 2013, 433 Rn. 20; 2016, 1917 Rn. 19). Ein Umgangsausschluss kommt vor allem in Frage, wenn dem Kind im Rahmen der Kontakte Misshandlungen und sonstige gravierende Übergriffe drohen. Auch die Gefährdung der betreuenden Mutter durch den Umgang kann den Ausschluss rechtfertigen (BVerfG FamRZ 2013, 433 Rn. 24). Die Gründe für einen Ausschluss sind in der Regel nicht als dauerhaft anzusehen (EGMR FamRZ 2017, 891), es kann also eine andere Umgangsregelung erfolgen, wenn die Ausschlussgründe entfallen sind.

Bei Ausschluss und Einschränkungen des Umgangsrechts ist in jedem Fall zu prüfen, ob die konkrete Maßnahme **verhältnismäßig ist** (BVerfG FamRZ 2017, 1917 Rn. 28). Das ist nicht der Fall, soweit die Gefährdung des Kindeswohls durch mildere Mittel vermieden werden kann (z. B. begleiteter Umgang, → Rn. 867).

866   e) Besonders problematisch sind gerichtliche Umgangsregelungen, wenn der Umgang **gegen den Willen** des Kindes angeordnet werden soll. Da auch die Grundrechte des Kindes betroffen sind, haben Wille und Neigungen des Kindes ein großes Gewicht. Mit zunehmendem Alter kommt seiner Selbstbestimmung vermehrte Bedeutung zu (BVerfG FamRZ 2016, 1917 Rn. 19). Das Kind ist im Umgangsverfahren nach § 159 FamFG anzuhören. Im konkreten Fall hat das Familiengericht zu prüfen, ob eine Anordnung des Umgangs gegen den Willen des Kindes bei diesem seelische Schädigungen hervorrufen kann (BVerfG FamRZ 2013, 433 Rn. 35; 2015, 1093 Rn. 17; 2016, 1917 Rn. 23). Ein gegen den ernsthaften Widerstand des Kindes erzwungener Umgang kann durch die Erfahrung der Missachtung der eigenen Persönlichkeit mehr schaden als nutzen (BVerfG FamRZ 2015, 1093 Rn. 17; 2016, 1917 Rn. 20). Auch der vom anderen Elternteil beeinflusste Wille ist realer Wille und zu beachten, „wenn er Ausdruck echter und damit schützenswerter Bindungen ist" (zutreffend BVerfG FamRZ 2016, 1917 Rn. 20).

867   f) Als Form der Einschränkung nennt das Gesetz die Möglichkeit des **begleiteten Umgangs:** Bei dieser Variante darf der Umgang nur stattfinden, wenn ein mitwirkungsbereiter Dritter anwesend ist (§ 1684 IV 3, 4). Begleiteter Umgang ist als besonders kritisch anzusehen, wenn er wegen vorausgegangener Gewalt gegen Kind oder Mutter mit Angstgefühlen des Kindes verbunden ist.

Beispiel: Der Vater hat das Kind schwer misshandelt. Es kann nicht verantwortet werden, ihm den Umgang allein mit dem Kind zu gestatten. Der Umgang kann so geregelt werden, dass der Vater sein Kind in Anwesenheit eines Mitarbeiters des Jugendamts sehen darf. Doch kann auch dies im Einzelfall dem Kind schädlich sein, wenn die Begegnungen nicht angstfrei verlaufen.

868   g) Gerichtliche Umgangsregelungen sind mit den Zwangsmitteln der §§ 89, 90 FamFG **vollstreckbar** (Ordnungsgeld, Ordnungshaft, Anwendung unmittelbaren Zwangs). **Gegen das Kind** selbst darf zur Verwirklichung des Umgangsrechts **keine unmittelbare Gewalt** zugelassen werden (§ 90 II 1 FamFG). Unbestreitbar wirkt aber auch der Zwang, der gegenüber dem obhutführenden Elternteil ausgeübt wird, häufig auf das Kind zurück. Einer gerichtlichen Umgangsregelung steht es gleich, wenn das Gericht einen von den Eltern geschlossenen Vergleich billigt (**gerichtlich gebilligter Vergleich**, §§ 156 II, § 86 I Nr. 2 FamFG).

Zum Verfahren: Es gilt weitgehend das Gleiche wie für das Sorgerechtsverfahren (→ Rn. 850). Zuständig sind die Familiengerichte (§§ 23a I 1 Nr. 1, 23b I GVG; §§ 111 Nr. 2, 151 Nr. 2 FamFG). Anhörungen nach §§ 159–162 FamFG; Bestellung eines Verfahrensbeistands nach § 158 I, II Nr. 5 FamFG. Auch das Verfahren über eine Umgangsregelung kann in den Verbund mit einem Scheidungsverfahren geraten (§ 137 III FamFG). Entsteht ein Streit zwischen den Eltern um die Durchführung einer Umgangsregelung, die das Gericht entschieden oder gebilligt hat, so findet auf Antrag eines Elternteils ein **gerichtliches Vermittlungsverfahren** statt (§ 165 FamFG). Bleibt dieses Verfahren erfolglos, so prüft das Gericht, ob es Ordnungsmittel ergriffen, die Umgangsregelung verändert oder sogar die elterliche Sorge neu geregelt werden muss (§ 165 V FamFG). Gerichtliche Umgangsregelungen und gerichtlich gebilligte Vergleiche unterliegen der **Abänderung** nach § 1696.

5. Das Umgangsrecht des Kindes. Gewöhnlich ist es der umgangsberechtigte Elternteil, der sich wegen einer Umgangsregelung an das Gericht wendet. Es ist aber auch denkbar, dass das Kind selbst die Initiative ergreift. Das eigene Umgangsrecht des Kindes richtet sich gegen beide Eltern: *Der Elternteil, in dessen Obhut es sich befindet*, muss ihm den Umgang mit dem anderen Elternteil gestatten. Der *andere Elternteil* ist dem Kind **zur Ausübung des Umgangs grundsätzlich verpflichtet** (BVerfG FamRZ 2008, 845, Rn. 75 f.). Doch setzt das BVerfG dem Einsatz von Zwang gegen den Umgangsverpflichteten Grenzen: Ein Umgang mit dem Kind, der nur mit Zwangsmitteln gegen den Umgangsberechtigten durchgesetzt werden kann, diene in der Regel nicht dem Kindeswohl; der Einsatz von **Zwangsmitteln** gegen den Elternteil, der zum Umgang nicht bereit sei, stelle in der Regel einen nicht gerechtfertigten Eingriff in dessen Persönlichkeitsrecht dar. Damit ist die elterliche Verpflichtung zum Umgang nur sehr schwach normiert. Es stellt sich die Frage, ob folgerichtig nicht gleiche Erwägungen anzustellen sind, wenn das Umgangsrecht **gegen den Willen des Kindes** durchgesetzt werden soll. Denn auch in diesem Fall kann das so erzwungene Umgangsrecht ungeeignet sein, „zu einer gedeihlichen Persönlichkeitsentwicklung des Kindes beizutragen" (nach BVerfG FamRZ 2008, 845, Rn. 81). Nicht anders als das Sorgerecht findet das Umgangsrecht im Wohl des Kindes seine immanente Schranke.

6. Kosten des Umgangs. Die Kosten des Umgangs (Fahrt- und Übernachtungskosten, Verpflegung des Kindes) hat der umgangsbe-

869

870

rechtige Elternteil grundsätzlich selbst zu tragen (BGH FamRZ 2005, 706, 707; 2007, 707, 709). Ist er dem Kind unterhaltspflichtig, so darf er diese Kosten weder bei der geschuldeten Summe noch beim Ansatz seines Nettoeinkommens in Anschlag bringen. Doch gibt es hier Grenzen, wenn der Umgangsberechtigte in beengten finanziellen Verhältnissen lebt und die Umgangskosten zu Lasten seines Existenzminimums aufbringen müsste (dann unter Umständen Erhöhung seines Selbstbehalts gegenüber dem Unterhaltsanspruch des Kindes, s. BGH FamRZ 2005, 706, 707).

871   **7. Schadensersatz bei Umgangsvereitelung.** Vereitelt der Sorgeberechtigte den durch Gerichtsbeschluss festgelegten Umgang, so kann er verpflichtet sein, dem Umgangsberechtigten einen hieraus entstehenden Schaden zu ersetzen.

> **Beispiel:** An dem gerichtlich festgelegten Tag, an dem der Vater um 9 Uhr das Kind bei der Mutter abholen soll, erscheint der Vater vergeblich an der Wohnungstür der Mutter, weil diese mit dem Kind verreist ist. Die Fahrtkosten hat der Vater also sinnlos aufgewendet.

Als Rechtsgrundlage für einen solchen Ersatzanspruch dient die Rechtsfigur der „positiven Vertragsverletzung" (BGH FamRZ 2002, 1099; § 280 I i. V. m. § 241 II): Nach Auffassung des BGH besteht zwischen den Elternteilen ein Rechtsverhältnis, das den einen Elternteil verpflichtet, auch auf die Vermögensbelange des Umgangsberechtigten Bedacht zu nehmen. Der Schadensersatzanspruch setzt eine schuldhafte Pflichtverletzung des zur Gewährung des Umgangs verpflichteten Elternteils (OLG Frankfurt a. M. FamRZ 2016, 387) und einen dadurch beim anderen verursachten Schaden voraus. Fraglich ist, ob ein solcher Ersatzanspruch auch gegeben sein kann, wenn der schuldhaft vereitelte Umgang nicht vom Gericht festgelegt oder gebilligt, sondern nur unter den Eltern vereinbart war. Darüber hinaus ergibt sich aus dieser Rechtsprechung das Grundproblem, inwieweit *das gesamte Rechtsverhältnis zwischen den für das Kind verantwortlichen Elternteilen* die gegenseitige Verpflichtung in sich schließt, auf die Vermögensbelange des anderen Rücksicht zu nehmen (dazu *M. Preisner,* → vor Rn. 662, 300 ff.).

II. Umgangsrechte nahe stehender Personen, § 1685

Literatur: *E. Höfelmann,* FamRZ 2004, 745; *D. Schwab,* Metamorphosen der Verantwortung, FS Renesse, 2005, 131; *ders.,* Rechte am Kind ohne Verantwortung? FS Coester-Waltjen, 2015, 223; *S. Heilmann*, ZKJ 2014, 48 (Pflegekind); *E. und B. Spangenberg*, FamRZ 2017, 426 (Großeltern).

1. Umgangsberechtigte. Außer den Eltern ist bestimmten weiteren Personen ein Umgangsrecht gegenüber dem Kind eingeräumt, nämlich   872

a) den Großeltern des Kindes (§ 1685 I),

b) den Geschwistern des Kindes (§ 1685 I),

c) engen Bezugspersonen des Kindes, wenn diese für das Kind „tatsächliche Verantwortung" tragen oder getragen haben (§ 1685 II 1). Das Verhältnis zu dem Kind, das durch das Tragen „tatsächlicher Verantwortung" entsteht, nennt das Gesetz im Anschluss an das BVerfG eine **sozial-familiäre Beziehung**. Nach Auffassung des Gesetzes ist das Kind in der Regel mit jeder Person „sozial-familiär" verbunden, die mit dem Kind **längere Zeit in häuslicher Gemeinschaft gelebt** hat (§ 1685 II 2). Außer Stief- und Pflegeeltern kommen vor allem Personen in Betracht, die mit dem sorgeberechtigten Elternteil eine gewisse Zeit lang ehelos zusammengelebt haben. Waren das mehrere hintereinander, so können die Kinder einer Ansammlung von Umgangsberechtigten begegnen.

§ 1685 II ist durch Gesetz vom 23.4.2004 (BGBl. I S. 598) neu gefasst. Zuvor hatte das Umgangsrecht nur den Ehegatten, früheren Ehegatten bzw. Lebenspartnern, die mit dem Kind längere Zeit in häuslicher Gemeinschaft gelegt haben, sowie Pflegeeltern zugestanden. Das BVerfG (FamRZ 2003, 816, 822) sah in dieser Regelung insofern einen Verstoß gegen Art. 6 I GG, als der **leibliche Vater des Kindes**, der nicht als rechtlicher Vater anerkannt war, bei den Umgangsberechtigten nicht berücksichtigt wurde, selbst wenn zwischen ihm und dem Kind bereits eine psychische Bindung entstanden war (→ Rn. 875).

2. Kindeswohl. Das förmliche Umgangsrecht der in § 1685 genannten Personen setzt voraus, dass der Umgang **dem Wohl des Kindes dient.** Dies zu beurteilen steht primär in der Erziehungskompetenz der sorgeberechtigten Eltern. Dabei sollen sie die Maxime des § 1626 III 2 beachten: Zum Wohl des Kindes gehört danach der Umgang mit Personen, zu denen das Kind Bindungen besitzt, die seinem Wohl förderlich sind. Die Förderlichkeit für das Kindswohl muss positiv feststehen, bevor im Konfliktfall die sorgeberechtigten Eltern zur Gewährung des Umgangs gezwungen werden können. Dem Kind selbst ist im Rahmen des § 1685 kein eigenes Umgangsrecht eingeräumt.   873

Die Regelung des § 1685 II bedeutet m. E. einen **verfassungswidrigen Eingriff in das Elternrecht.** Unter den Bestimmungsbefugnissen, die den Eltern die Erziehung ermöglichen soll, kommt der Bestimmung des Umgangs, d. h. der Kontakte zu anderen Personen, die das Kind haben darf oder soll, zentrale Bedeutung zu. Die Schaffung förmlicher Umgangsrechte dritter Personen bedeutet einen unmittelbaren Eingriff in die Erziehungskompetenz. Die Unzulässigkeit eines solchen Verfahrens wird auch nicht dadurch behoben, dass das Umgangsrecht Dritter nur besteht, wenn der Umgang dem Wohl des Kindes dient. Aufgabe des Staates ist es, über die Ausübung der elterlichen Verantwortung zu wachen (§ 6 II GG), also gegen kindschädliches Verhalten einzuschreiten, nicht aber den Eltern positiv vorzuschreiben, was dem „Wohl des Kindes dient". Denn genau dies einzuschätzen, bildet die Kernkompetenz der elterlichen Sorge.

874   **3. Gerichtliche Regelung.** Bei Konflikten soll § 1684 II–IV entsprechend gelten (§ 1685 III 1). Auch das führt zu einer verfassungswidrigen Einschränkung der Erziehungskompetenz der Eltern. Denn der Verweis bedeutet: Im Streitfall könnte das Familiengericht das Umgangsrecht z. B. einer früheren Pflegeperson nur einschränken, soweit dies zum Wohl des Kindes erforderlich ist, bei Einschränkungen für längere Zeit wäre sogar drohende Kindeswohlgefährdung erforderlich (§ 1684 IV). Das widerspricht den fundamentalen Voraussetzungen eines staatlichen Eingriffs in die Elternsorge, wie sie in § 1666 vorbildlich formuliert sind. Im Gegenüber von mehreren Umgangsberechtigten droht zudem eine Zersplitterung des Alltagslebens des Kindes. Die Umgangsrechte des § 1685 sind in Wahrheit von völlig anderer Qualität als das der Eltern. Deshalb haben die Umgangsrechte der Eltern den Vorrang vor denen weiterer Personen (BVerfG FamRZ 2007, 335). Freilich sollen auch diese durch massiven Zwang durchsetzbar sein (§§ 89, 90 FamFG). In höchstem Maße bedenklich ist die durch das FamFG eingeführte Regelung, wonach zur Durchsetzung des Umgangs Dritter sogar die Anordnung einer Umgangspflegschaft in Betracht kommt (§ 1685 III 2: unter den Voraussetzungen des § 1666 I).

III. Umgangsrecht des leiblichen, nicht rechtlichen Vaters, § 1686a

Literatur: *M. Clausius,* MDR 2013, 685; *B. Hoffmann,* FamRZ 2013, 1077; *W. Keuter,* ZKJ 2013, 484; 2014, 16; *M. Löhnig,* FamRZ 2013, 1866 (dazu *E. Spangenberg/ G. Wohlgemuth,* FamRZ 2014, 355); *L. M. Peschel-Gutzeit,* NJW 2013, 2465; *M. Löhnig,* FamRZ 2015, 806; *D. Schwab,* FS Coester-Waltjen, 2015, 223.

Solange ein Mann nicht als Vater im Rechtssinne anerkannt ist, hat 875
er keine elterlichen Rechte, selbst wenn er der leibliche Vater ist. Der
Weg zu Vaterrechten führt über die rechtliche Zuordnung kraft Ehe,
Anerkennung oder Feststellung der Vaterschaft. Es gibt indes Fälle,
in denen der leibliche Vater nicht rechtlicher Vater werden will oder
kann (z. B. weil seine Befugnis zur Anfechtung einer bestehenden anderer Vaterschaft an § 1600 II scheitert). Dann stellt sich die Frage, ob
er nicht doch wenigstens ein Recht auf den Umgang mit dem Kind
haben kann. Das **BVerfG** hatte dies für den Fall bejaht, dass zwischen
dem leiblichen Vater und dem Kind bereits eine „sozial-familiäre Beziehung" entstanden war (BVerfG FamRZ 2003, 816, 822). Demzufolge wurde anerkannt, dass auch der leibliche Vater „enge Bezugs-
person" des Kindes im Sinne des Umgangsrechts nach § 1685 II sein
kann, z. B. wenn er mit Mutter und Kind eine Zeit lang zusammengelebt hat. Die bloße Bereitschaft, *künftig* Verantwortung für das
Kind zu übernehmen, reichte hingegen nach Auffassung des BVerfG
nicht aus, um ein Umgangsrecht zu begründen (BVerfG FamRZ
2006, 1661). Diese Einschränkung wurde vom **EGMR** (FamRZ
2011, 269 und 1641, 1715) als Verstoß gegen das Recht auf Achtung
des Privat- und Familienlebens (Art. 8 I EMRK) beanstandet.

Der Gesetzgeber hat daraufhin das Umgangsrecht des leiblichen, 876
nicht rechtlichen Vaters durch Gesetz vom 4.7.2013 (BGBl. I S
2176) gesondert geregelt. Dem leiblichen Vater wird ein Umgangsrecht auch dann gewährt, wenn **bisher noch kein sozial-familiäres
Verhältnis** zwischen ihm und dem Kind entstanden ist. Das Recht
auf Umgang besteht nach § 1686a I aber nur unter folgenden Voraussetzungen:

a) Der Mann, der das Recht auf Umgang geltend macht, muss der
leibliche Vater des Kindes sein (s. auch BVerfG FamRZ 2015, 1263
Rn. 38). Das Bestehen der leiblichen Vaterschaft des Antragstellers
ist, wenn erforderlich, im Verfahren *inzident* zu prüfen (beachte
§ 167a II FamFG). Der Antrag ist von vornherein nur zulässig,
wenn der Antragsteller an Eides Statt versichert, der Mutter während
der Empfängniszeit beigewohnt zu haben (§ 167a I FamFG); eine solche Zusicherung erübrigt sich, wenn seine leibliche Vaterschaft bereits anderweitig geklärt ist (BGH FamRZ 2016, 2082 Rn. 21).

b) Es muss die *rechtliche Vaterschaft eines anderen Mannes* bestehen. Ist dies nicht der Fall, so soll der leibliche Vater darauf verwiesen
sein, die rechtliche Vaterschaft anzustreben.

c) Der leibliche Vater muss ein *ernsthaftes Interesse* an dem Kind gezeigt haben.

d) Der Umgang muss *dem Wohl des Kindes dienen.* Dies muss nach den konkreten Lebensumständen positiv festgestellt werden. Die beharrliche Weigerung der rechtlichen Eltern, den Umgang zu gewähren, rechtfertigt allein die Versagung des Umgangs nicht; die damit verbundene Befürchtung, die rechtlichen Eltern würden durch den Umgang psychisch überfordert und so das Kindeswohl beeinträchtigt, bedarf nach BGH strenger Überprüfung (BGH FamRZ 2016, 2082 Rn. 35 f.).

877   Im Übrigen gelten die allgemeinen Regeln über den Elternumgang; eine Umgangspflegschaft darf allerdings nur angeordnet werden, wenn anders das Kindeswohl gefährdet wäre (§ 1686a II 2 i. V. m. § 1666 I).

Kann der leibliche Vater sein Umgangsrecht durchsetzen, so sieht sich das Kind zwei Vätern gegenüber: dem rechtlichen Vater, den die Elternpflichten treffen, und dem leiblichen, mit dem es nur über die fortlaufenden Kontakte verbunden ist und der sich beliebig auch wieder verabschieden kann (vgl. den Fall OLG Karlsruhe FamRZ 2015, 1624). Im Rahmen der Kindeswohlprüfung soll das Gericht das Kind über seine wahre Abstammung aufklären, wenn es die Eltern nicht tun (BGH FamRZ 2016, 2081 Rn. 51); das ist folgerichtig, bildet aber einen tiefen Eingriff in das Vertrauensverhältnis zwischen Kind und Eltern und bestärkt die Bedenken gegen das Umgangsrecht von Personen, die für das Kind keine Verantwortung tragen (→ Rn. 873). – Für die genetische Mutter, die das Kind nicht geboren hat (Eispenderin), ist vom Gesetz kein Umgangsrecht vorgesehen (für analoge Anwendung des § 1686a *M. Löhnig,* FamRZ 2015, 806).

Diskutiert wird, ob der umgangsberechtigte Dritte **Aufwendungen**, die er im Rahmen des Umgangs für das Kind macht (Nahrungskosten, Freizeitkosten, Reisekosten), als Geschäftsführer ohne Auftrag (§§ 677, 683 S. 1, 670) von den unterhaltspflichtigen Eltern ersetzt verlangen kann (so *Löhnig,* FamRZ 2013, 1866). Das ist abzulehnen: Es fehlt am „fremden Geschäft". Die Umgangsrechte Dritter werden vom EGMR aus dem *Recht des Umgangsberechtigten auf sein (beabsichtigtes) Privat- und Familienleben* hergeleitet. Die Verwirklichung dieses eigenen Rechts geht auf eigene Kosten. Dass der Umgang nur gewährt wird, wenn er dem Kindeswohl dient, stellt nur eine *Begrenzung,* nicht eine *Begründung* des Umgangsrechts dar; er macht den Umgang des Dritten weder zur Angelegenheit des Kindes (das hier kein Recht auf Umgang hat!) noch seiner Eltern. Den Unterhalt, den die Eltern dem Kind schulden, könnte der Umgangsberechtigte zudem nur leisten, wenn die Eltern gemäß § 1612 II 1 eine derartige Bestimmung träfen.

IV. Anspruch auf Auskunft

Literatur: *M. Clausius*, FamRB 2015, 65.

Der Elternteil, bei dem das Kind nicht lebt, will in der Regel über   **878**
die persönlichen Verhältnisse des Kindes informiert sein. Anders
könnte er seiner elterlichen Verantwortung auch nicht gerecht werden, gleichgültig wie das Sorgerecht im Einzelnen geregelt ist. Deshalb gewährt § 1686 jedem Elternteil unabhängig vom Sorgerecht einen Anspruch gegen den andern, ihm bei berechtigtem Interesse
Auskunft über die persönlichen Verhältnisse des Kindes zu erteilen,
soweit dies dem Wohl des Kindes nicht widerspricht. In Frage
kommt vor allem der Auskunftsanspruch des Elternteils, bei dem
das Kind nicht lebt, gegen den anderen, bei dem sich das Kind ständig
befindet. Auch bei gemeinsamem Sorgerecht und bei Durchführung
eines Wechselmodells kann § 1686 relevant werden. Die Auskunftspflicht setzt nicht notwendig voraus, dass sich das Kind in der Obhut
des Verpflichteten befindet, sie kann also auch denjenigen Elternteil
treffen, der nur ein Umgangsrecht ausübt (BGH FamRZ 2017, 378
Rn. 13 ff.) und bezieht sich dann auf die im Rahmen des Umgangs gegebenen Verhältnisse. Über den Wortlaut der Norm hinaus aus-
kunftsverpflichtet sind auch Vormünder oder Ergänzungspfleger, die
eine vergleichbare Stellung wie Eltern einnehmen (BGH FamRZ
2017 Rn. 21 ff.), nach Auffassung des BGH aber nicht Pflegeeltern,
wenn das Sorgerecht beim Jugendamt liegt (m. E. nicht überzeugend).

Der Auskunftsanspruch § 1686 bezieht sich die persönlichen, nicht   **879**
die wirtschaftlichen Verhältnisse des Kindes. Er setzt das berechtigte
Interesse an der verlangten Information voraus. Interessengrundlage
ist die elterliche Verantwortung, die ohne Kenntnisse über die tatsächliche Lebenssituation des Kindes nicht ausgeübt werden kann.
Diese bestimmt auch Art und Umgang der zu gewährenden Auskunft, die das gesundheitliche und seelische Befinden, Schule und
Ausbildung (Überlassung von Zeugniskopien) und soziale Entwicklung umfasst. Hingegen kann kein detaillierter Bericht über Tagesab-
läufe verlangt werden.

Das Auskunftsverlangen ist nur gegeben, soweit es dem Kindes-   **880**
wohl nicht widerspricht. Das könnte z. B. der Fall sein, wenn als
Zweck nicht die Verwirklichung der elterlichen Verantwortung, sondern das Eindringen in die Intimsphäre eines fast volljährigen Jugendlichen erkennbar wird. Über Streitigkeiten entscheidet das Familiengericht (§ 151 Nr. 2 FamFG).

Ein Auskunftsrecht hat auch der **leibliche, nicht rechtliche Vater** gegenüber der Mutter und dem rechtlichen Vater (§ 1686a I Nr. 2). Die Voraussetz-
zungen sind im Prinzip die gleichen wie für das Umgangsrecht (→ Rn. 876);
doch ist nicht erforderlich, dass die Erteilung der Auskunft dem Kindeswohl
dient; es genügt auch hier, wenn sie dem Kindeswohl *nicht widerspricht*.

6. Kapitel. Die Annahme als Kind

Literatur: *R. Behrentin* (Hrsg.), Handbuch Adoptionsrecht, 2017; *G. Mül-
ler/R. Sieghörtner/N. Emmerling de Oliveira*, Adoptionsrecht in der Praxis,
3. Aufl. 2016; *R. Frank*, FamRZ 2007, 1693; FamRZ 2017, 497; *A. Botthof*,
FamRZ 2016, 768.

§ 68. Einführung

881   **1. Geschichte.** Bereits das römische und das germanische Recht
kannten die Möglichkeit, ein Kindschaftsverhältnis künstlich durch
Rechtsakt zu begründen. Voraussetzungen, Rechtsnatur und Wirkungen dieses Vorgangs, den unser Recht „Annahme als Kind" oder
„Adoption" nennt, sind historisch und rechtsvergleichend betrachtet
variabel. In der rechtlichen Konstruktion unterscheidet man insbesondere das **Vertragssystem** (Adoption durch Vertrag zwischen
dem Annehmenden und dem Kind) und das **Dekretsystem** (Adoption durch staatlichen Hoheitsakt). Beträchtliche Unterschiede gibt
es auch in der Frage, ob das Kindschafts- und Verwandtschaftsverhältnis mit allen seinen Wirkungen hergestellt wird (Volladoption)
oder auf Teilwirkungen beschränkt bleibt. Die Rechtsentwicklung
neigt heute in vielen Staaten zur Volladoption und zum Dekretsystem. Es ist außerdem die Tendenz erkennbar, Adoptionen nicht unnötig zu behindern, sondern durch staatliche Adoptionsvermittlung
sogar zu fördern. In der Bundesrepublik hat eine grundlegende Reform des Adoptionsrechts durch das zum 1.1.1977 in Kraft getretene
Adoptionsgesetz stattgefunden, dem ein Adoptionsvermittlungsge-
setz zur Seite steht. Eine weitere Novellierung des Adoptionsrechts
erfolgte durch das KindRG zum 1.7.1998.

882   **2. Dekretsystem.** Aufgrund der Reformen erfolgt die Annahme als
Kind durch **Beschluss des Familiengerichts auf Antrag des Annehmenden** (§ 1752). Trotz des somit eingeführten Dekretsystems bleibt
der Konsens zwischen den Beteiligten ein wesentliches Element. Er-

forderlich sind die Einwilligung des Kindes (§ 1746) und darüber hinaus die Einwilligung seiner Eltern (§ 1747). Zudem kann die Einwilligung des Ehegatten oder Lebenspartners des Annehmenden oder des zu Adoptierenden erforderlich sein (§ 1749, § 9 VI LPartG). Das Vorliegen aller dieser Zustimmungen vermag aber die Adoption noch nicht zu rechtfertigen: Dem Gericht obliegt es, die innere Berechtigung der Adoption unter dem Kriterium des Kindeswohls (§ 1741 I) und der Interessen anderer (§ 1745) zu überprüfen.

3. Volladoption. Das deutsche Recht hat sich, was die Wirkungen **883** betrifft, für die Volladoption entschieden. Dies gilt ungeschmälert für die Annahme eines *minderjährigen Kindes* als den typischen Fall. Die Annahme eines *Volljährigen* als Kind hat hingegen dem Grundsatz nach nur beschränkte Wirkung, sie erstreckt sich nicht auf die Verwandten des Annehmenden (§ 1770 I), kann aber unter bestimmten Voraussetzungen ebenfalls mit den Wirkungen der Volladoption durchgeführt werden (§ 1772). Die Adoption Volljähriger ist die Ausnahme und nur zulässig, wenn sie sich als „sittlich gerechtfertigt" darstellt (§ 1767 I). Die folgende Darstellung beschränkt sich auf die Minderjährigenadoption, deren Regeln auch für die Annahme Volljähriger sinngemäß gelten, soweit sich aus den §§ 1768–1772 nichts anderes ergibt.

§ 69. Voraussetzungen der Adoption

I. Überblick

1. Regelungsbedarf. Das Herausnehmen eines Kindes aus dem **884** Gefüge seiner bisherigen familienrechtlichen Beziehungen und sein Verpflanzen in die Familie des Annehmenden bilden existentielle Vorgänge und berühren auch stark die Interessen der beiderseitigen Angehörigen. Der komplexen Interessenlage entspricht eine Häufung von Voraussetzungen, die sicherstellen soll, dass die Adoption auf festem innerem wie äußerem Fundament durchgeführt wird.

2. Antrag. Die Initiative geht, rechtlich betrachtet, vom Anneh- **885** menden aus. Erforderlich ist ein notariell beurkundeter *Antrag* an das Familiengericht, der weder bedingt oder befristet noch durch Vertreter gestellt werden kann (§ 1752 II). Der Antragsteller muss im Regelfall mindestens 25 Jahre alt sein. Ein Alter von 21 Jahren genügt, wenn jemand das Kind seines Ehegatten annehmen will (§ 1743 S. 1). Nimmt ein Ehepaar ein Kind gemeinschaftlich an, so muss wenigstens ein Partner mindestens 25-jährig, der andere mindestens 21-jährig sein (§ 1743 S. 2).

886   **3. Zulässige Adoptionsformen.** Die Adoption muss in der beantragen Weise zulässig sein. Hier ist zu unterscheiden:

a) Ein Ehepaar kann ein Kind im Regelfall nur gemeinschaftlich annehmen (§ 1741 II 2/§ 1754 I). Die auf einen Ehegatten beschränkte Adoption ist aber zugelassen, wenn der andere Ehegatte nicht adoptieren kann, weil er geschäftsunfähig oder noch nicht 21 Jahre alt ist (§ 1741 II 4). Die gemeinschaftliche Adoption ist auch für gleichgeschlechtliche Ehegatten möglich.

b) Ferner kann jemand das Kind seines Ehegatten (etwa aus erster Ehe) adoptieren. Dies hat dann die Wirkung, dass das Kind die Stellung eines gemeinschaftlichen Kindes des Ehepaares erhält (Stiefkindadoption, § 1754 I). Diese Möglichkeit besteht indes nicht für Partner einer nichtehelichen Lebensgemeinschaft; hier kann ein Partner das Kind des anderen nicht mit der Wirkung adoptieren, dass es gemeinsames Kind des Paares wird (BGH FamRZ 2017, 626 Rn. 15, str.).

c) Die Möglichkeit der Stiefkindadoption ist seit der Novellierung des Lebenspartnerschaftsgesetzes im Jahre 2004 auch dem eingetragenen Lebenspartner eines Elternteils eröffnet (→ Rn. 1108).

d) Wer *nicht verheiratet* ist, kann ein Kind nur allein annehmen (§ 1741 II 1). Eine gemeinschaftliche Adoption durch ein unverheiratetes Paar ist derzeit nach deutschem Recht nicht möglich (BGH FamRZ 2017, 626 Rn. 11).

e) Solange das Adoptionsverhältnis besteht, kann das Kind bei Lebzeiten des Annehmenden nicht auch von einem anderen adoptiert werden. Eine Ausnahme gilt für den Ehegatten: Hat der Annehmende später geheiratet, so kann sich der Ehepartner nunmehr der Adoption gleichsam anschließen (§ 1742; Wirkung: § 1754 I).

887   **4. Erforderliche Einwilligungen.** Erforderlich ist eine Reihe von Einwilligungen, nämlich des Kindes, das angenommen werden soll, seiner Eltern und – sofern vorhanden – seines Ehegatten sowie des Ehegatten des Annehmenden (nachfolgend → Rn. 889 ff.).

888   **5. Gerichtliche Entscheidung.** Schließlich bedarf es eines Adoptionsbeschlusses des Familiengerichts (§ 1752), das den Antrag auch unter dem Gesichtspunkt des Kindeswohls (§ 1741 I 1) und der Interessen bestimmter anderer Personen (§ 1745) prüft.

II. Die Einwilligungen insbesondere

1. Form der Einwilligung. Die erforderlichen Einwilligungen des 889 Kindes, seiner Eltern und der Ehegatten bedürfen der notariellen Beurkundung, sind bedingungs- und befristungsfeindlich und – von Ausnahmen abgesehen – persönlich zu erklären und unwiderruflich (§ 1750 I–III). Sie werden wirkungslos, wenn der Antrag auf Adoption zurückgezogen oder abgewiesen wird (§ 1750 IV 1).

2. Einwilligung des Kindes. Wesentliches Erfordernis ist die Ein- 890 willigung des Kindes (§ 1746). Ist es beschränkt geschäftsfähig und 14 Jahre alt, so kann es die Erklärung nur selbst mit Zustimmung des gesetzlichen Vertreters abgeben (§ 1746 I 3). Im Übrigen handelt der gesetzliche Vertreter (§ 1746 I 2), also die sorgeberechtigten Eltern.

Die Einwilligungserklärung des nach § 1746 I 3 handlungsfähigen Kindes kann nicht ersetzt werden. Das Selbstbestimmungsrecht des 14-jährigen Kindes wird außerdem dadurch gewahrt, dass es die Einwilligung bis zur Wirksamkeit des Adoptionsbeschlusses ohne Zustimmung des gesetzlichen Vertreters widerrufen kann (§ 1746 II).

3. Einwilligung der Kindeseltern. a) Grundlegende Voraussetzung 891 ist die Einwilligung der Kindeseltern (§ 1747 I 1). Das gilt unabhängig davon, ob sie das Sorgerecht innehaben oder nicht. Der beschränkt geschäftsfähige Elternteil kann nur persönlich einwilligen und bedarf hierzu nicht der Zustimmung seines gesetzlichen Vertreters (§ 1750 III); bei dauernder Geschäftsunfähigkeit ist die Einwilligung entbehrlich (§ 1747 IV). Auch der Vater eines nichtehelichen Kindes muss einwilligen (Besonderheiten → Rn. 896).

b) Zum Schutze der Eltern vor unüberlegten Schritten verlangt 892 § 1747 II 1, dass das Kind im Zeitpunkt der elterlichen Einwilligung **mindestens 8 Wochen alt** sein muss. Der nichteheliche Vater kann hingegen schon vor der Geburt des Kindes einwilligen (§ 1747 III Nr. 1). Die einmal erteilte Einwilligung ist **unwiderruflich**, verliert aber ihre Kraft, wenn die Adoption nicht binnen 3 Jahren seit Wirksamkeit der Einwilligungserklärung erfolgt, ferner bei Rücknahme oder Ablehnung des Adoptionsantrags (§ 1750 IV).

893   c) Die Person des Annehmenden brauchen die Eltern nicht zu kennen; sie muss aber im Zeitpunkt der Abgabe der Einwilligungserklärung schon feststehen (§ 1747 II 2), andernfalls ist die Erklärung unwirksam. Das Gesetz ermöglicht somit die **Inkognito-Adoption** (z. B.: die Eltern stimmen der Adoption durch eine Person zu, die unter einer Nummer auf der Liste einer Adoptionsvermittlungsstelle geführt wird). Auf diese Weise soll die Lösung der Eltern von ihrem Kind gefördert werden. Unstatthaft hingegen ist die **Blanko-Adoption** (Freigabe des Kindes zur Adoption, ohne dass der Annehmende schon feststeht).

894   d) Die Einwilligung eines Elternteils ist **entbehrlich,** wenn er zur Abgabe einer Erklärung dauernd außerstande oder sein Aufenthalt dauernd unbekannt ist (§ 1747 IV 1).

Der Aufenthalt einer Mutter, die nach § 25 I des Schwangerschaftskonfliktgesetzes *anonym* geboren hat, *gilt* in diesem Zusammenhang als dauernd unbekannt, bis sie gegenüber dem Familiengericht die für den Geburtseintrag erforderlichen Angaben macht (§ 1747 IV 2). Solange dies nicht geschieht, ist ihre Einwilligung in die Adoption entbehrlich.

895   e) Die Einwilligung kann in bestimmten Fällen **durch familiengerichtliche Entscheidung ersetzt werden** (§ 1748). Es ist also die Adoption gegen den Willen eines Elternteils oder sogar beider Eltern möglich, wenn anders schwerer Schaden vom Kind nicht abgewendet werden kann (zur verfassungsrechtlichen Zulässigkeit BVerfGE 24, 119; BVerfG FamRZ 2002, 535). Der Grundtatbestand des § 1748 I 1 setzt voraus,

– dass der Elternteil seine Pflichten gegenüber dem Kind anhaltend gröblich verletzt hat oder durch sein Verhalten gezeigt hat, dass ihm das Kind gleichgültig ist,

– und dass ein Unterbleiben der Adoption dem Kind zu unverhältnismäßigem Nachteil gereichen würde.

Besonders schwere Pflichtverletzung steht der anhaltenden gleich, wenn das Kind voraussichtlich dauernd nicht mehr der Obhut des Elternteils anvertraut werden kann (etwa wegen eines Verbrechens gegen das Kind). Bei bloßer Gleichgültigkeit hat zuvor eine Belehrung durch das Jugendamt zu erfolgen (Näheres § 1748 II BGB, § 51 I, II SGB VIII).

Die Ersetzung der Einwilligung ist ferner möglich, wenn ein Elternteil wegen besonders schwerer geistiger Gebrechen zur Betreuung des Kindes dauernd unfähig ist und wenn das Kind ohne die Adoption nicht in einer Familie aufwachsen könnte und dadurch in seiner Entwicklung schwer gefährdet wäre (§ 1748 III).

4. Zur Rechtsstellung des Vaters eines nichtehelichen Kindes 896 **insbesondere. a) Einwilligung.** Früher hatte der Vater eines nichtehelichen Kindes bei dessen Adoption durch Dritte eine nur schwache Rechtstellung. Diese durch Rechtsreformen seit 1997 wesentlich gestärkt (Grundlage: BVerfGE 92, 158 und EGMR FamRZ 1995, 113). Doch gelten nach wie vor Besonderheiten. Zur Adoption eines nichtehelichen Kindes ist grundsätzlich auch die **Einwilligung** des Vaters eines nichtehelichen Kindes **erforderlich.** Hat die Mutter das alleinige Sorgerecht inne, so kann der Vater schon vor der Geburt des Kindes einwilligen (§ 1747 III Nr. 1). Besteht noch keine rechtliche Vaterschaft, so gilt im Rahmen des Adoptionsverfahrens der Mann als Vater, der glaubhaft macht, dass er der Mutter zur Empfängniszeit beigewohnt hat (§ 1747 I 2 mit § 1600d II 1). Dem steht bei künstlicher Zeugung der Mann gleich, der glaubhaft macht, als Samenspender genetischer Vater des Kindes zu sein (BGH FamRZ 2015, 828 Rn. 13). Das hat zur Folge, dass das Familiengericht den Samenspender vom laufenden Adoptionsverfahren benachrichtigen muss, sofern er nicht auf seine Beteiligung von vornherein verzichtet hat (wie regelmäßig bei der anonymen Samenspende, BGH FamRZ 2015, 828 Rn. 17 ff.).

Nach *M. Löhnig/I. Riege* (FamRZ 2015, 9) soll der Mann, der glaubhaft macht, der Mutter zur Empfängniszeit beigewohnt zu haben, *zusätzlich zu einem vorhandenen rechtlichen Vater* einwilligen müssen, sodass in diesem Fall also zwei „Väter" zustimmen müssten (oder noch mehr, wenn weiteren Männern die Glaubhaftmachung gelingt). Das ist abzulehnen; die bloße Behauptung der Beiwohnung zur Empfängniszeit kann eine derart starke, die Adoption verhindernde Position nicht begründen.

b) Ersetzung der Einwilligung. Auffälligerweise kann die Einwil- 897 ligung des Vaters eines nichtehelichen Kindes unter erleichterten Bedingungen durch Gerichtsbeschluss ersetzt werden, wenn die Mutter das alleinige Sorgerecht ausübt (§ 1626a III). In diesem Fall genügt es, wenn das Unterbleiben der Annahme dem Kind zu unverhältnismäßigem Nachteil gereichen würde (§ 1748 IV). Doch legt die Rechtsprechung der Adoption eines nichtehelichen Kindes gegen den Willen seines Vaters hohe Hürden in den Weg: Bei der Anwendung des § 1748 IV ist eine umfassende Interessenabwägung zwischen den Interessen des Kindes und des Vaters geboten (BVerfG FamRZ 2006, 94; 2006, 1355). Der unverhältnismäßige Nachteil für das Kind ist nur gegeben, wenn die Adoption einen so erheblichen Vorteil für das Kind bietet, dass ein sich verständig um sein Kind sorgender Elternteil auf der Erhaltung des Verwandtschaftsbandes nicht bestehen würde (BGH FamRZ 2005, 891; siehe den Fall KG FamRZ 2016, 2019).

898   **c) Der Antrag des Vaters auf Sorgerechtsübertragung.** Wenn die allein sorgeberechtigte Mutter das Kind zur Adoption geben möchte, soll dem Vater vorrangig die Chance gesichert werden, selbst sorgeberechtigt zu werden und so die Adoption durch einen Dritten zu verhindern. Stellt der Vater gemäß § 1671 II den Antrag, auf ihn die Alleinsorge zu übertragen oder beantragt er nach § 1626a II die Einrichtung des gemeinsamen Sorgerechts, so ist vorrangig über diese Begehren zu entscheiden. Die Adoption durch einen Dritten darf in diesem Fall erst ausgesprochen werden, nachdem über den betreffenden Antrag des Vaters entschieden ist (§ 1747 III Nr. 3). Hat der Vater mit einem der Anträge Erfolg, so ist geklärt, dass die Annahme durch eine dritte Person unter den gegebenen Umständen ausscheidet. Der Vater soll also nicht dulden müssen, dass sein Kind in fremde Hände kommt, wenn er bereit und in der Lage ist, selbst die Sorge zu übernehmen oder sich daran zu beteiligen.

Beispiel: Die ledige Frau Hinz hat mit Herrn Kunz ein gemeinsames Kind. Die Kindeseltern leben nicht zusammen. Auch werden keine Sorgeerklärungen abgegeben; Herr Kunz ist durchaus damit einverstanden, dass das Kind unter der Sorge der Mutter lebt, und will sich auf einen regelmäßigen Umgang mit dem Kind beschränken. Frau Hinz merkt nach einiger Zeit, dass es ihr nach ihren Lebensumständen schwer fällt, das Kind selbst zu erziehen. Sie denkt daran, das Kind adoptieren zu lassen. Das Ehepaar Lautmann ist bereit, das Kind zu adoptieren; ein Adoptionsantrag wird gestellt. Als Herr Kunz davon erfährt, möchte er verhindern, dass das Kind in fremde Hände kommt; bevor dies geschieht, möchte er lieber selbst die elterliche Sorge übernehmen. Er stellt nach § 1671 II den Antrag, ihm die elterliche Sorge allein zu übertragen. Dann muss, bevor über die Adoption befunden werden kann, zunächst über diesen Antrag entschieden werden (§ 1747 III Nr. 3). Wird die Elternsorge antragsgemäß auf den Vater übertragen, so darf die Adoption nicht ausgesprochen werden. Ebenso wäre die Lage, wenn Herr Kunz nach § 1626a II die Einrichtung des gemeinsamen Sorgerechts für sich und Frau Hinz beantragen würde. Würden die entsprechenden Anträge freilich vom Gericht abgelehnt, so wäre der Weg zur Adoption frei.

Ruht die elterliche Sorge der Mutter aufgrund ihrer Einwilligung in die Adoption (§ 1751 I 1) und beantragt der Vater sodann die Begründung der *gemeinsamen* Sorge nach § 1626a II, so ist dies als Antrag auf Übertragung der *alleinigen* Sorge gemäß § 1671 II anzusehen (§ 1671 III 1); dem Antrag ist stattzugeben, soweit das alleinige Sorgerecht des Vaters dem Kindeswohl nicht widerspricht (§ 1671 III 2).

Der Vater kann durch öffentlich beurkundete Erklärung darauf **899** verzichten, einen Antrag nach § 1626a II oder § 1671 II zu stellen (§ 1747 III Nr. 2). In diesem Fall könnte er durch solche Anträge das Adoptionsverfahren nicht aufhalten. Ob der Verzicht bewirken kann, dass der Vater die genannten Anträge überhaupt nicht mehr stellen kann, erscheint zweifelhaft.

5. Einwilligung des Ehegatten oder Lebenspartners des Anneh- **900** **menden.** Ferner verlangt § 1749 I die Einwilligung des Ehegatten des Annehmenden. Da einem Ehepaar in der Regel nur die gemeinsame Adoption offen steht, kommt dieses Erfordernis bloß in Ausnahmefällen zum Zug. Praktisch bedeutsamer kann werden, dass nach § 9 VI LPartG die Einwilligung des **Lebenspartners** erforderlich wird.

Die Modalitäten der Erklärung sind die gleichen wie bei der Einwilligung der Kindeseltern (§ 1750 I–III). Die Einwilligungen sind auch unter gleichen Voraussetzungen entbehrlich (§ 1749 III). Der Adoptierende kann an das Familiengericht den Antrag stellen, die Einwilligung seines Ehegatten bzw. Lebenspartners zu **ersetzen.** Diesem Antrag darf nicht stattgegeben werden, wenn berechtigte Interessen des anderen Teils und der Familie der Adoption entgegenstehen (§ 1749 I 2, 3).

6. Einwilligung des Ehegatten oder Lebenspartners des Anzu- **901** **nehmenden.** Ist das anzunehmende Kind verheiratet (was bei minderjährigen Personen selten vorkommen wird), so war bisher auch die Einwilligung seines Ehegatten erfordert (§ 1749 II). Diese Regelung ist druch das Gesetz zur Bekämpfung von Kinderehen (→ Rn. 77) ersatzlos gestrichen. Das Erfordernis bleibt aber bei der Adoption eines Volljährigen (§ 1767 II 2).

III. Adoptionspflege

1. Erfordernis der Pflege. Um die Chancen für die Entwicklung **902** einer Eltern-Kind-Beziehung beurteilen zu können, soll das Gericht die Annahme erst aussprechen, nachdem der Annehmende das zu adoptierende Kind eine angemessene Zeit in Pflege gehabt hat (§ 1744). Das Pflegeverhältnis vor der Adoption bedarf der rechtlichen Ausgestaltung. Die diesbezüglichen Regelungen des § 1751 gehen sehr weit.

903 **2. Ruhen des Sorgerechts.** Mit der Einwilligung eines Elternteils in die Adoption ruht sein Sorgerecht und das Recht auf Umgang mit dem Kind (§ 1751 I 1). Das Jugendamt wird Vormund, es sei denn, dass der andere Elternteil das Sorgerecht allein ausübt oder dass schon ein Vormund bestellt ist (§ 1751 I 2). Diese Folgen treten allerdings nicht ein, wenn das Kind eines Ehegatten oder Lebenspartners adoptiert und damit gemeinschaftliches Kind werden soll (§ 1751 II). Ferner hat der Annehmende während der Adoptionspflege die Befugnis, in Angelegenheiten des täglichen Lebens zu entscheiden und das Kind insoweit zu vertreten (§ 1751 I 4 mit § 1688 I).

904 **3. Unterhaltsanspruch.** Von dem Augenblick an, in dem die Eltern des Kindes die Einwilligung zur Adoption erteilt haben und das Kind in die Obhut des Annehmenden mit dem Ziel der Adoption aufgenommen worden ist, entsteht kraft Gesetzes ein Unterhaltsanspruch des Kindes gegen den Annehmenden. Dieser haftet vor den Verwandten des Kindes (§ 1751 IV 1). Entsprechendes gilt für eine vorrangige Unterhaltspflicht beider Ehegatten, wenn ein Ehegatte das Kind seines Ehepartners annehmen will (§ 1751 IV 2).

§ 70. Das Adoptionsdekret und seine Wirkungen

I. Die Entscheidung des Familiengerichts

905 **1. Prüfung durch das Gericht.** Das zuständige Gericht prüft die genannten gesetzlichen Erfordernisse sowie die sachliche Rechtfertigung der Adoption. Dem Adoptionsbegehren darf nur stattgegeben werden, wenn es dem Wohl des Kindes dient und wenn zu erwarten ist, dass zwischen dem Annehmenden und dem Kind ein Eltern-Kind-Verhältnis entsteht (§ 1741 I). Andererseits hat das Gericht auch entgegenstehende Belange der Kinder des Annehmenden oder des Anzunehmenden zu berücksichtigen. Es darf die Annahme ferner dann nicht aussprechen, wenn zu befürchten ist, dass Interessen des Anzunehmenden durch die Kinder des Annehmenden gefährdet werden. Vermögensrechtliche Interessen sollen bei alledem nicht ausschlaggebend sein (§ 1745).

906 **2. Verfahren.** Das Adoptionsverfahren ist Familiensache, zuständig sind die Familiengerichte (§§ 23a Abs. 1 1 Nr. 1, 23b I GVG; §§ 111 Nr. 4, §§ 186–199 FamFG). Der Annehmende und das Kind

sind persönlich anzuhören (§ 192 FamFG), ferner deren Kinder (§ 193 FamFG) sowie, wenn der Anzunehmende minderjährig ist, das Jugendamt (§ 194 I FamFG). Das Gericht entscheidet über den Adoptionsantrag durch Beschluss. Wird die Annahme als Kind ausgesprochen, so wird der Beschluss mit der Zustellung an den Annehmenden wirksam (§ 197 I, II FamFG). Er ist nicht anfechtbar und unabänderlich (§ 197 III FamFG, s. aber → Rn. 912 ff.).

3. Postmortale Adoption. Nach dem **Tod des Kindes** kann die 907 Adoption nicht mehr durchgeführt werden (§ 1753 I), wohl aber nach dem **Tod des Annehmenden,** wenn dieser zuvor den Antrag beim Familiengericht eingereicht oder bei oder nach der notariellen Beurkundung des Antrags den Notar damit betraut hatte, den Antrag einzureichen (§ 1753 II). In den zuletzt genannten Fällen wird die Annahme mit Zustellung an das Kind wirksam (§ 197 II FamFG) und wirkt auf die Zeit vor dem Tod des Annehmenden zurück (§ 1753 III); das Kind hat also in Bezug auf den Verstorbenen das gesetzliche Erb- und Pflichtteilsrecht.

II. Die Wirkungen der Annahme

Mit der Adoption des minderjährigen Kindes treten hauptsächlich 908 folgende **Wirkungen** ein:

1. Kindschafts- und Sorgerecht. Der Angenommene erhält die rechtliche Stellung eines Kindes des Annehmenden (§ 1754 II). Für ein minderjähriges Kind erhält der Annehmende somit die elterliche Sorge (§ 1754 III). Überhaupt treten alle Wirkungen des Eltern-Kind-Verhältnisses ein. Bei der Adoption durch Ehegatten erhält der Angenommene die Stellung als ihr *gemeinschaftliches Kind* (§ 1754 I); das Sorgerecht steht ihnen gemeinsam zu (§ 1754 III). Gleiches gilt, wenn jemand das Kind seines Ehegatten oder Lebenspartners adoptiert (§ 1754 I, III; § 9 VII 2 LPartG).

2. Neue Verwandtschaft. Das Kind und seine Abkömmlinge tre- 909 ten gegenüber dem Annehmenden und seinen Verwandten in die vollen **verwandtschaftsrechtlichen Beziehungen** ein (gesetzliches Erbrecht, Unterhaltsansprüche nach §§ 1601 ff.). Der Unterhaltsanspruch des Adoptivkindes ist gleichrangig mit dem eines leiblichen Kindes des Annehmenden (Anwendung des § 1609 Nr. 1, s. BGH FamRZ 1984, 378).

910   **3. Erlöschen der bisherigen Verwandtschaft.** Das Verwandtschaftsverhältnis des Kindes und seiner Abkömmlinge zu den bisherigen Verwandten (§ 1755 I 1) erlischt. Hierbei sind indes einige Besonderheiten zu beachten.

a) Adoptiert ein Ehegatte das Kind seines Ehegatten oder Lebenspartners, so erlischt die Verwandtschaft des Kindes nur im Verhältnis
zum anderen Elternteil und dessen Verwandten (§ 1755 II).

Beispiel: Der Ehemann adoptiert das nichteheliche Kind seiner Frau. Damit
erlischt die Verwandtschaft des Kindes zu seinem leiblichen Vater und dessen
Verwandten, selbstverständlich aber nicht zur Mutter und ihren Verwandten.
Das Kind ist vielmehr kraft Adoption als gemeinschaftliches Kind seiner Mutter und ihres Ehemannes anzusehen (§ 1754 I).

b) Sind die Annehmenden mit dem Kind im 2. oder 3. Grad verwandt oder verschwägert, so erlischt das Verwandtschaftsverhältnis
des Kindes nur zu den leiblichen Eltern, nicht zu den übrigen Verwandten (§ 1756 I, beachte für das Erbrecht § 1925 IV).

Beispiel: Das Kind wird nach schwerem Versagen der Eltern vom Bruder
der Mutter und dessen Frau adoptiert. Es erlischt dann die Verwandtschaft
zu Vater und Mutter, aber weder die Verwandtschaft zu den Verwandten der
Mutter (die ja überwiegend identisch sind mit den Verwandten des annehmenden Onkels) noch zu den Verwandten des Vaters. Folglich ergibt sich für das
Kind in diesem Fall eine Mehrung der verwandtschaftlichen Beziehungen.

c) Nimmt jemand das Kind seines Ehegatten oder Lebenspartners
an, so erlischt das Verwandtschaftsverhältnis nicht im Verhältnis zu
den Verwandten des anderen Elternteils, wenn dieser die elterliche
Sorge hatte und verstorben ist (§ 1756 II).

Beispiel: Herr und Frau Hummel sind verheiratet und haben eine minderjährige Tochter Tina. Herr Hummel stirbt. Frau Hummel heiratet Herrn
Kienzle; dieser adoptiert Tina. An sich würden durch die Adoption die Ver-
wandtschaftsbeziehungen zu den Verwandten von Herrn Hummel erlöschen.
Dem steht § 1756 II entgegen; die Adoption durch den neuen Ehemann der
Mutter soll Tina nicht ihrer Beziehungen zu den Verwandten ihres verstorbenen leiblichen Vaters berauben. Nach der Adoption hat Tina also eine doppelter väterliche Verwandtschaft, nämlich nach ihrem leiblichen Vater und nach
ihrem Adoptivvater (inklusive gesetzliches Erbrecht!).

911   **4. Namen.** a) Die Zugehörigkeit des Kindes zum Annehmenden
wirkt sich auch im Namensrecht aus. Das Kind erhält als Geburtsnamen den Familiennamen des Annehmenden (§ 1757 I); ein Begleitname des Annehmenden nach § 1355 IV wird nicht berücksichtigt.

Probleme ergeben sich bei der Adoption durch ein Ehepaar, wenn dieses keinen gemeinsamen Ehenamen führt; hier muss der Name des Kindes bestimmt werden (§ 1757 II unter Rückgriff auf Regelungen der §§ 1617 I, 1617c I 2).

b) Das Gericht kann dem neuen Namen des Kindes den bisherigen Familiennamen voranstellen oder anfügen, wenn dies aus schwerwiegenden Gründen zum Wohl des Kindes erforderlich ist (§ 1757 IV 1 Nr. 2). Dazu bedarf es des Antrags des Annehmenden und der Einwilligung des Kindes. Das Gericht kann aus Gründen des Kindeswohls auch den Vornamen des Kindes ändern oder dem Kind einen oder mehrere neue Vornamen beigeben (§ 1757 IV 1 Nr. 1).

Zu den Mitwirkungsrechten des Kindes hierbei s. § 1757 IV 2 mit § 1746 I 2, 3).

§ 71. Die Aufhebung der Adoption

1. Übersicht. Die Annahme als Kind ist prinzipiell unanfechtbar 912 und endgültig: Das neue Eltern-Kind-Verhältnis muss sich auf festem rechtlichem Fundament entwickeln können. Weder Fehler des Adoptionsverfahrens noch eine problematische Entwicklung im Verhältnis zwischen dem Annehmenden und dem Kind rechtfertigen grundsätzlich die Lösung des Adoptionsverhältnisses. Doch erkennt das Gesetz Ausnahmen von diesem Grundsatz an. Eine Aufhebung der Adoption durch richterliche Entscheidung mit Wirkung für die Zukunft ist für zwei Fallgruppen vorgesehen:
– wenn bestimmte für die Adoption erforderliche Erklärungen nicht oder nicht wirksam abgegeben wurden (§§ 1760–1762);
– wenn die Aufhebung aus schwerwiegenden Gründen zum Wohl des Kindes erforderlich ist, sofern das Kind dadurch nicht familienlos wird (§ 1763).

2. Aufhebung wegen Erklärungsmängel. a) Diese erfolgt auf An- 913 trag desjenigen, ohne dessen erforderliche Erklärung die Adoption durchgeführt worden ist (§ 1762 I 1). Dabei kommen als **Aufhebungsgründe** (§ 1760 I) nur in Betracht: das Fehlen eines wirksamen Adoptionsantrages durch den Annehmenden (§ 1752), das Fehlen der wirksamen Einwilligung des Kindes (§ 1746) und das Fehlen einer wirksamen Einwilligung der Eltern des Kindes bzw. eines Elternteils (§ 1747). Fehlende Einwilligung des Ehegatten (des Annehmenden oder des Adoptierten) begründet hingegen die Aufhebbarkeit nicht.

b) Die Gründe, aus denen eine abgegebene Erklärung als **unwirksam** anzusehen ist, sind abschließend aufgezählt (§ 1760 II). Unter anderem sind als unwirksam zu behandeln: die Erklärung durch einen Geschäftsunfähigen, die Einwilligung durch das noch nicht 14-jährige Kind entgegen § 1746 I 2, Erklärungen unter dem Einfluss grundlegender Irrtümer (z. B. Irrtum in der Person, nicht aber Eigenschaftsirrtum!), Erklärungen aufgrund arglistiger Täuschung über wesentliche Umstände (beachte aber die weitere Einschränkung des § 1760 IV) oder aufgrund widerrechtlicher Drohung. Die Elterneinwilligung betreffend ist auch die entgegen § 1747 II 1 verfrühte Erklärung unwirksam (§ 1760 IIe).

c) Die Unwirksamkeit einer Erklärung wird dadurch **geheilt,** dass sie der Erklärende später wirksam nachholt oder sonst (wenngleich formlos!) zu erkennen gegeben hat, dass das Annahmeverhältnis aufrechterhalten werden soll (§ 1760 III). Entsprechendes gilt, wenn im Adoptionsverfahren unzutreffend die Entbehrlichkeit der Einwilligung eines Elternteils (§ 1747 IV) angenommen worden war (§ 1760 V). Überdies sind drei Jahre nach Wirksamkeit des Adoptionsdekrets alle Erklärungsmängel geheilt (§ 1762 II 1).

914 d) Fehlt es an einer (wirksamen) **Einwilligung, die ersetzt werden kann** (§ 1748, § 1746 III), so kann das Annahmeverhältnis gleichwohl nicht aufgehoben werden, wenn die betreffende Erklärung entweder im Adoptionsverfahren hätte ersetzt werden können oder wenn zumindest jetzt – im Zeitpunkt der Entscheidung über den Aufhebungsantrag – die Voraussetzungen der Ersetzung vorliegen (§ 1761 I).

e) Generell darf das Annahmeverhältnis nicht aufgehoben werden, wenn dadurch das **Kindeswohl erheblich gefährdet** würde, außer wenn Interessen des Annehmenden, welche die Kindesgefährdung überwiegen (!), die Aufhebung erfordern (§ 1761 II).

f) Die Aufhebbarkeit ist schließlich dadurch wesentlich eingeschränkt, dass sie nur **zeitlich begrenzt** geltend gemacht werden kann. Wie erwähnt, sind mit Ablauf von drei Jahren seit der Adoption die Erklärungsmängel geheilt. Auch vor Ablauf dieses Zeitraums muss der Aufhebungsantrag binnen Jahresfrist gestellt werden (Einzelheiten des Fristverlaufs in § 1762 II).

Der **Aufhebungsantrag** bedarf notarieller Beurkundung (§ 1762 III) und ist persönlich zu stellen. Der beschränkt Geschäftsfähige bedarf nicht der Zustimmung seines gesetzlichen Vertreters. Für Geschäftsunfähige muss der gesetzliche Vertreter handeln, ferner für das adoptierte Kind, das noch nicht 14 Jahre alt ist (§ 1762 I 2–4).

3. Aufhebung im Kindesinteresse. a) Das Gesetz kennt überdies **915**
die **Aufhebung** des Annahmeverhältnisses zu einem minderjährigen
Kind **von Amts wegen im Kindesinteresse** (§ 1763). Diese gerichtliche Befugnis tritt nicht an die Stelle der familiengerichtlichen Kontrolle nach den allgemeinen Vorschriften (insbesondere § 1666), sondern kommt zusätzlich zum Zuge.

Eine Aufhebung ist generell nur statthaft, wenn sie aus schwerwiegenden Gründen zum Wohl des Kindes erforderlich ist (§ 1763 I).
Doch bestehen zum Schutz des Kindes weitere Einschränkungen,
die dem Kind eine Familienbindung erhalten sollen. So darf eine
Adoption nur aufgehoben werden, wenn ein leiblicher Elternteil zur
Ausübung der elterlichen Sorge bereit ist oder wenn die Aufhebung
eine erneute Adoption des Kindes ermöglichen soll (§ 1763 IIIa Alt. 2
und III b). Soll bei einem gemeinschaftlich angenommenen Kind das
Annahmeverhältnis nur zu einem der Ehegatten aufgehoben werden
(§ 1763 II), so ist diese Aufhebung aus schwerwiegenden Gründen
des Kindeswohls nur zulässig, wenn der andere Ehegatte zur Betreuung des Kindes bereit ist und die Ausübung der elterlichen Sorge
durch ihn dem Kindeswohl nicht zuwiderläuft (§ 1763 IIIa Alt. 1).

Die Aufhebung nach § 1763 ist nicht mehr möglich, sobald das
Kind volljährig geworden ist (selbst bei schwersten Verfehlungen
des Adoptierenden gegen das Kind, BGH FamRZ 2014, 930).

b) Der **Aufhebungsbeschluss** wird mit Rechtskraft wirksam **916**
(§ 198 II FamFG) und entfaltet grundsätzlich keine Rückwirkung
(§ 1764 I 1). Mit Rechtskraft erlischt demzufolge das mit der Adoption begründete Verwandtschaftsverhältnis des Kindes und seiner
Abkömmlinge zu den bisherigen Verwandten (§ 1764 II) und lebt
das Verwandtschaftsverhältnis zu den leiblichen Verwandten wieder
auf (§ 1764 III). Die elterliche Sorge für ein minderjähriges Kind fällt
jedoch nicht automatisch auf die leiblichen Eltern zurück: Das Familiengericht hat diesen das Sorgerecht zurück zu übertragen, soweit es
dem Kindeswohl nicht widerspricht, anderenfalls dem Kind einen
Vormund oder Pfleger zu bestellen (§ 1764 IV).

7. Kapitel. Das Unterhaltsrecht

Literatur: S. vor → Rn. 407. Ferner *I. Götz*, Unterhalt für volljährige Kinder, 2007; *J. Hauß*, Elternunterhalt, 5. Aufl. 2015; *M. Hillebrecht*, Aszendentenunterhalt, 2012; *H. Scholz*, FamRZ 2007, 2021; *R. Vossenkämper*, FamRZ 2008, 201; *J. Soyka*, FuR 2008, 157; *H.-J. Dose*, FamRZ 2013, 993; *W. Viefhues*, FuR 2015, 66; *H. Schürmann*, FF 2015, 392; *R. Bömelburg*, FF 2015, 273, 350. Rechtsvergleichend: *D. Martiny*, Unterhaltsrang und -rückgriff, 2 Bde, 2000; *D. Schwab/D. Henrich (Hrsg.)*, Familiäre Solidarität. Die Begründung und die Grenzen der Unterhaltspflicht unter Verwandten im europäischen Vergleich, 1997.

§ 72. Zu den Unterhaltspflichten im Allgemeinen

917   **1. Gesetzliche Unterhaltspflichten.** Der Unterhaltsanspruch berechtigt eine Person, die Mittel zur Bestreitung ihres Lebensbedarfs ganz oder teilweise von einer anderen zu verlangen. Derartige Ansprüche entstehen üblicherweise unmittelbar kraft Gesetzes, und zwar
- zwischen Ehegatten (→ Rn. 160, 392),
- zwischen den Partnern aufgelöster Ehen (→ Rn. 407 ff.),
- zwischen Verwandten in gerader Linie (§ 1601),
- zwischen den Eltern eines nichtehelichen Kindes (→ Rn. 974 ff.),
- zwischen eingetragenen Lebenspartnern (→ Rn. 1099, 1121).

918   **2. Vertragliche Unterhaltspflichten.** Unterhaltsansprüche können auch aufgrund Vertrages entstehen, z. B. zwischen Stiefeltern und Stiefkindern, möglicherweise auch zwischen den Partnern einer nichtehelichen Lebensgemeinschaft. Unterhaltsverträge bedürfen, soweit in ihnen kein Schenkungsversprechen zu sehen ist (§ 518), keiner besonderen rechtsgeschäftlichen Form. Eine Unterhaltsvereinbarung kann auch aus „konkludentem Verhalten" hergeleitet werden, doch ist bei der Annahme eines Bindungswillens für die Zukunft Vorsicht geboten (z. B. Aufnahme des Stiefkindes in das Haus des Stiefvaters – Unterhaltsverpflichtung für die Zukunft?). Vertragliche Unterhaltsansprüche können auch aus Anlass einer heterologen Insemination entstehen (BGH FamRZ 1995, 861, 865; 2015, 2134).

Beispiel: Ein unverheiratetes Paar wünscht sich ein Kind, der Mann ist jedoch zeugungsunfähig. Mit seiner Zustimmung wird die Frau mit ärztlicher

Hilfe mit dem Samen eines anderen Mannes künstlich befruchtet. Ein Kind wird geboren. Der Lebensgefährte lehnt es aber nun ab, die Vaterschaft des Kindes anzuerkennen. Ist er dem Kind gleichwohl zum Unterhalt verpflichtet?

Die Rspr. sieht in der Zustimmung des „Wunschvaters" zur heterologen Insemination eine Willenserklärung gegenüber der Kindesmutter, mit der er seine Bereitschaft bekundet, die Stellung als Vater des Kindes einzunehmen. Mit dem Einverständnis der Mutter kommt ein Vertrag auch zugunsten des Kindes zustande, der den Mann verpflichtet, wie ein rechtlicher Vater für dessen Unterhalt einzustehen (BGH FamRZ 2015, 2134; OLG Stuttgart FamRZ 2015, 514). Daneben besteht kraft Gesetzes ein Anspruch des Kindes auch gegen den Samenspender, wenn dieser als rechtlicher Vater festgestellt wird oder die Vaterschaft anerkennt (→ Rn. 624).

3. Durchsetzung und Verfahren. Unterhaltsansprüche können, **919** soweit sie auf wirtschaftliche Leistungen gerichtet sind, mit einem Leistungsantrag bei Gericht geltend gemacht werden. Für Verfahren über gesetzliche Unterhaltspflichten sind die Familiengerichte ausschließlich zuständig (§ 23b I GVG; §§ 111 Nr. 8, § 231 I FamFG). Das FamFG hält für Unterhaltssachen ausführliche Spezialvorschriften bereit (§§ 231–260 FamFG). Die Unterhaltsachen nach § 231 I gehören zu den „Familienstreitsachen", bei denen im Allgemeinen nach den Regeln der ZPO verfahren wird (s. die genaue Bestimmung in § 113 I–III FamFG). Trotzdem hat sich durch das FamFG die Terminologie geändert: Die Unterhaltsansprüche werden nicht mehr durch „Klage", sondern durch „Antrag" geltend gemacht, es gibt keinen „Unterhaltsprozess" mehr, sondern ein „Unterhaltsverfahren" (§ 113 V FamFG). Über den Antrag wird nicht durch „Urteil", sondern durch „Beschluss" entschieden. Die Entscheidung kann auch zu künftig fällig werdenden wiederkehrenden Leistungen verpflichten. Unterhaltsentscheidungen sind nach allgemeinen Regeln vollstreckbar. Rechtskräftige Unterhaltstitel unterliegen der **Möglichkeit der Abänderung**, wenn sich die zugrunde liegenden tatsächlichen oder rechtlichen Verhältnisse wesentlich geändert haben (Näheres §§ 238–240 FamFG).

4. Beweislast und Auskunftsanspruch. Wer einen Unterhaltsan- **920** spruch geltend macht, trägt die Darlegungs- und Beweislast für diejenigen Tatsachen, welche die Regelvoraussetzungen erfüllen. Der Klärung dienen **Ansprüche auf Auskunft** über die wirtschaftlichen Verhältnisse der an einem Unterhaltsrechtsverhältnis beteiligten Personen (§§ 1605, 1580). Verwandte in gerader Linie sind gegenseitig zu

Auskünften über ihr Einkommen und ihr Vermögen verpflichtet, soweit dies zur Feststellung von Unterhaltsansprüchen erforderlich ist (§ 1605 I 1). Auf Verlangen sind Einkommensbelege (§ 1605 I 2), ferner ein Verzeichnis der Einnahmen und Ausgaben (§ 260 I) vorzulegen, dessen Vollständigkeit gemäß § 260 II nach bestem Wissen an Eides Statt zu versichern ist. Das Recht auf Auskunft umfasst auch die Unterrichtung über mögliche Unterhaltsansprüche, die dem Pflichtigen gegenüber Dritten zustehen (BGH FamRZ 2011, 21 Rn. 11 ff.). **Zusätzlich** sind dem Gericht auch **verfahrensrechtliche Befugnisse** eingeräumt, um zu den nötigen Informationen zu gelangen (§ 235 FamFG). Das Gericht kann auch direkt von Arbeitgebern, Versorgungseinrichtungen und Finanzämtern Auskünfte einholen (§ 236 FamFG).

921 **5. Verhältnis zu öffentlichen Sozialleistungen.** Den zivilrechtlichen Unterhaltsansprüchen stehen Ansprüche auf öffentlich-rechtliche Sozialleistungen gegenüber. Im Verhältnis dieser Berechtigungen zueinander ergeben sich viele Probleme. Grundsätzlich ist eine Person unterhaltsrechtlich nicht bedürftig, soweit sie anderweitige Ansprüche hat und durchsetzen kann (BGH FamRZ 2015, 1467 Rn. 11 – Leistungen aus der Grundsicherung nach § 41 SGB XII). Etwas anderes gilt, soweit die öffentlichen Sozialleistungen nur **nachrangig** gegenüber der der zivilrechtlichen Unterhaltspflicht gewährt werden (z. B. Sozialhilfe gemäß § 2 SGB XII). So ist vorgesehen, dass der Träger der Sozialhilfe für die Zeit, für die er einem Bedürftigen Hilfe gewährt, **Regress** bei dessen Unterhaltspflichtigen nehmen kann; bei bestimmten Unterhaltsansprüchen ist ein gesetzlicher Forderungsübergang (cessio legis) auf den Sozialhilfeträger angeordnet (§ 94 SGB XII). Ein ähnliches Verfahren kennt das Recht der **Ausbildungsförderung**: Leisten die Eltern dem auszubildenden Kind nicht den ihnen nach dem Bundesausbildungsförderungsgesetz angesonnenen Unterhaltsbetrag, so kann vom Staat die Ausbildungsfinanzierung vorausgeleistet werden; soweit dies geschieht, geht der Unterhaltsanspruch des Kindes gegen seine Eltern auf den Staat über (§§ 36, 37 BAföG).

§ 73. Die Unterhaltspflicht unter Verwandten

I. Voraussetzungen, Inhalt, Grenzen

1. Betroffene Verwandte. Nur Verwandte in gerader Linie trifft 922
kraft Gesetzes eine gegenseitige Unterhaltspflicht: Die Eltern sind
den Kindern, die Großeltern den Eltern und deren Abkömmlingen
und jeweils umgekehrt die Kinder den Eltern und Großeltern unterhaltspflichtig. Geschwister sind einander nach deutschem Recht nicht
zum Unterhalt verbunden. Die Unterhaltspflicht der Eltern gegenüber ihren minderjährigen Kindern ist als Unterfall der allgemeinen
Verwandtensolidarität begriffen, doch gelten hier besondere Regeln
(→ Rn. 944 ff.).

2. Voraussetzung: Bedürftigkeit. Ein Unterhaltsanspruch zwi- 923
schen Verwandten entsteht, wenn und soweit zwei **Voraussetzungen**
gegeben sind: Der Beanspruchende muss bedürftig, der in Anspruch
Genommene leistungsfähig sein. **Bedürftigkeit** bedeutet das Unvermögen, sich selbst angemessen zu unterhalten (§ 1602 I). Sie setzt
voraus, dass der Betroffene weder aus zumutbarer Arbeit noch aus
Vermögenseinkünften noch aus der zumutbaren Verwertung seines
Vermögensstamms noch aus sonstigen Einkünften seinen Lebensbedarf hinreichend bestreiten kann. Zugemutet werden auch Tätigkeiten
außerhalb des erlernten Berufs und der bisherigen Lebensstellung.
Auch der Umstand, dass der Unterhaltsuchende minderjährige Kinder zu betreuen hat, stellt ihn nicht ohne weiteres von der Obliegenheit frei, sich den Unterhalt so weit wie möglich durch eigene Erwerbstätigkeit zu sichern (BGH FamRZ 1985, 273, 1245).

3. Voraussetzung: Leistungsfähigkeit. a) Leistungsfähig ist der 924
Verwandte, soweit er Unterhalt gewähren kann, **ohne seinen eigenen
angemessenen Unterhalt zu gefährden** (§ 1603 I); dabei sind seine
sonstigen Verpflichtungen zu berücksichtigen. Die Leistungsfähigkeit
beurteilt sich nicht stets nach den tatsächlichen Einkünften, sondern
danach, was der in Anspruch Genommene bei zumutbarem Einsatz
seiner Arbeitskraft erzielen *könnte*. Nach der klaren Aussage des
§ 1603 I müssen dem Unterhaltsverpflichteten die Mittel für den eigenen angemessenen Unterhalt verbleiben, bevor er in Anspruch genommen werden kann. Der auferlegte Unterhalt darf nicht zu einer
unverhältnismäßigen Belastung des Schuldners führen (BVerfG

FamRZ 2001, 1685). Wie der BGH (FamRZ 2002, 1700; 2003, 1179) betont, braucht der Unterhaltsverpflichtete eine spürbare und dauerhafte Senkung seines berufs- und einkommenstypischen Unterhaltsniveaus grundsätzlich nicht hinzunehmen, es sei denn, dass er einen nach den Verhältnissen unangemessenen Aufwand betreibt oder ein Leben im Luxus führt. Die Leistungsfähigkeit in diesem Sinne ist jeweils nach den *konkreten* Einkommens- und Vermögensverhältnissen zu prüfen.

925 b) Die Leistungsfähigkeit ist auch gegeben, soweit der Verpflichtete **verwertbares Vermögen** hat. Doch braucht er den Vermögensstamm für bedürftige Verwandte nur anzugreifen, soweit es ihm möglich bleibt, seinen eigenen angemessenen Unterhalt aus dem ihm verbleibenden Vermögen dauerhaft zu befriedigen (BGH FamRZ 2013, 203 Rn. 37). Dabei ist auch das Interesse des Verpflichteten an einer angemessenen eigenen Altersvorsorge zu berücksichtigen. (Näheres BGH FamRZ 2004, 792, 1184; 2006, 1511; 2013, 203 Rn. 35 ff.; 2013, 1554 Rn. 23 ff.).

Diese Grundsätze sind insbesondere für die Fälle entwickelt worden, in denen volljährige Kinder wegen der Pflegekosten ihrer gebrechlich gewordenen Eltern von den Trägern öffentlicher Sozialleistungen aus abgeleitetem Recht auf Unterhalt in Anspruch genommen werden (**„Elternunterhalt"**). Die Praxis gesteht diesen Kindern von ihrem Einkommen einen erhöhten Selbstbehalt zu (Düsseldorfer Tabelle vom 1.1.2017: mindestens monatlich 1.800 EUR); nur die Hälfte des darüber hinausgehenden Einkommens muss für den Elternunterhalt eingesetzt werden (im Grundsatz gebilligt BGH FamRZ 2002, 1698, 1701). Auch muss das unterhaltspflichtige Kind nicht alles Vermögen für den Elternunterhalt einsetzen; ein gewisses Schonvermögen für die eigene Altersvorsorge bleibt unangetastet, desgleichen der Wert der für eigene Wohnzwecke genutzten Immobilie (BGH FamRZ 2013, 1554). Gleiche Grundsätze gelten, wenn Enkel die Großeltern auf Unterhalt in Anspruch nehmen (BGH FamRZ 2006, 1099) oder wenn die Eltern ihre erwachsenen Kinder unterhalten sollen (BGH FamRZ 2012, 530; Beispiel: die Tochter ist geschieden, der Ehemann im Ausland verschwunden, die Tochter kann wegen Betreuung ihrer Kinder nicht erwerbstätig sein und verlangt von ihren Eltern Unterhalt).

926 **4. Zu deckender Lebensbedarf.** Der zu gewährende Unterhalt umfasst den gesamten Lebensbedarf (Nahrung, Wohnung, Gesundheitssorge, gesellschaftliche Bedürfnisse, Freizeit) einschließlich der Kosten einer angemessenen Schul- und Berufsausbildung und sonstiger Erziehungsmaßnahmen (§ 1610 II). Nicht hierzu zählen Unterhaltspflichten, die der Bedürftige seinerseits zu erfüllen hat, weil sich sonst eine indirekte Ausweitung von Unterhaltspflichten ergäbe. Der Ver-

wandtenunterhalt umfasst ferner nicht die Kosten einer Altersversorgung.

5. Unterhaltsmaß. Die Lebensbedürfnisse einer Person können in   927
unterschiedlicher Qualität und Quantität befriedigt werden. Der Unterhalt ist in dem Maß zu gewähren, das der Lebensstellung des Bedürftigen entspricht. Dieser Standard, „angemessener Unterhalt" genannt, orientiert die Höhe des Unterhaltsanspruchs an den (bisherigen) Lebens-, Einkommens- und Vermögensverhältnissen des Unterhaltsberechtigten. Es geht also keineswegs nur um das Notwendigste. Freilich ist zu beachten, dass der in Anspruch Genommene nur soweit unterhaltspflichtig ist, als ihm seinerseits der seiner Lebensstellung entsprechende Unterhalt verbleibt (§ 1603 I).

6. Art der Unterhaltsleistung. Der Unterhaltsanspruch geht auf   928
Zahlung einer monatlich im Voraus zu gewährenden **Geldrente** (§ 1612 I 1, III). Bei Vorliegen besonderer Gründe kann der Verpflichtete verlangen, dass er stattdessen Naturalleistungen erbringen darf (§ 1612 I 2). Über die laufende Rente hinaus hat der Verpflichtete auch für einen **Sonderbedarf,** d. h. für den Anfall eines unregelmäßigen und außergewöhnlich hohen Lebensbedarfs (§ 1613 II), durch Sonderleistungen aufzukommen (Aufwendungen für eine kostspielige Operation, Prozesskostenvorschuss).

7. Unterhalt für die Vergangenheit. a) Das die Unterhaltspflicht   929
begründende Rechtsverhältnis als Ganzes ist unverjährbar (§ 194 II). Die konkret entstandenen Unterhaltsansprüche verjähren nach der Regel des § 195. Darüber hinaus beschränkt das Gesetz die Geltendmachung des Unterhalts für die Vergangenheit (§ 1613), weil Bestehen und Umfang einer Unterhaltspflicht häufig ungewiss sind und der Schuldner nicht mit hohen Unterhaltsrückständen überrascht werden soll. Die gleiche Sperre gilt für Schadensersatzansprüche wegen Nichterfüllung. Daher kann die Unterhaltsrente für bereits vergangene Zeitabschnitte im Allgemeinen nur ab dem Zeitpunkt verlangt werden (§ 1613 I 1), zu welchem der Verpflichtete
– entweder zur Erteilung von Auskunft über Einkünfte und Vermögen aufgefordert worden
– oder mit der Unterhaltsleistung in Verzug gekommen
– oder auf Unterhalt verklagt worden ist.

Der Unterhalt kann dann schon ab dem ersten Tag des Monats verlangt werden, in den das Ereignis fällt (§ 1613 I 2).

930   b) Von der Zeitsperre macht das Gesetz allerdings wichtige **Ausnahmen,** in denen der Unterhaltsschuldner keinen Schutz verdient. Ohne Einschränkung kann Unterhalt für die Vergangenheit für die Zeiträume verlangt werden, in denen der Berechtigte aus rechtlichen Gründen an der Geltendmachung des Unterhalts verhindert war. Dem steht die Verhinderung aus tatsächlichen Gründen gleich, wenn diese in den Verantwortungsbereich des Unterhaltspflichtigen fallen (§ 1613 II Nr. 2a und b). In diesen beiden Fällen ist der Unterhaltsschuldner aber wiederum vor unzumutbaren Überraschungen durch eine Härteklausel geschützt: Unterhalt für die vergangenen Zeiträume kann gleichwohl nicht oder nur in Teilbeträgen oder erst später verlangt werden, soweit die volle oder sofortige Erfüllung für den Verpflichteten eine unbillige Härte bedeuten würde (§ 1613 III).

Beispiel: Ein Kind wird geboren, die Mutter ist nicht verheiratet. Wer der Vater ist, bleibt einige Zeit ungewiss. Drei Jahre nach der Geburt erkennt ein Mann die Vaterschaft an. Erst mit Bestehen der Vaterschaftszuordnung kann das Kind seinen Unterhaltsanspruch (§ 1601) gegen den Vater geltend machen, vor der Anerkennung war es rechtlich gehindert. Also kann es ohne die Sperre des § 1613 I seine Unterhaltsansprüche auch für die vergangenen Jahre verlangen (§ 1613 II Nr. 2a). Dieses Ergebnis ist an der Härteklausel des § 1613 III 1 zu messen. Doch ist es im Allgemeinen nicht unbillig, wenn der Vater zum Unterhalt auch für die vergangenen Jahre verpflichtet wird; denn er kann unter gewöhnlichen Umständen durch das Unterhaltsverlangen nicht überrascht sein, da er wusste, dass er als Vater zumindest in Betracht kam; je nach den wirtschaftlichen Verhältnissen des Vaters ist aber die Gewährung von Raten oder sonst eine Stundung zu überlegen, soweit die Versorgungslage des Kindes nicht die sofortige und volle Zahlung erheischt.

931   c) Die Sperre des § 1613 I gilt ferner nicht für Ansprüche auf **Sonderbedarf.** Für diese Ansprüche gilt gemäß § 1613 II Nr. 1 eine Spezialregelung: Die Forderung kann nur im Verlauf eines Jahres seit ihrem Entstehen geltend gemacht werden, ohne diese Einschränkung allerdings, wenn der Verpflichtete vor Jahresablauf in Verzug geraten oder verklagt worden ist (§ 1613 II Nr. 1 Hs. 2).

932   **8. Härteklausel.** Die Unterhaltspflicht **mindert sich oder entfällt** bei Vorliegen gravierender Tatbestände, die dem Schuldner die Leistung ganz oder zum Teil unzumutbar machen (**§ 1611 I**). Dies ist der Fall, wenn der Berechtigte
   – durch eigenes sittliches Verschulden bedürftig geworden ist (etwa durch Verschwendung oder Verlust des Vermögens in der Spielbank)

– oder vorher seine eigene Unterhaltspflicht gegenüber dem jetzigen Unterhaltsschuldner gröblich vernachlässigt hat (s. den Fall OLG Frankfurt a. M. FamRZ 2016, 1855).

– oder sich vorsätzlich einer schweren Verfehlung gegen den Unterhaltsschuldner oder dessen nahe Angehörige schuldig gemacht hat; dieser Fall setzt Verschulden und damit Verschuldensfähigkeit voraus (BGH FamRZ 2010, 1888 Rn. 39).

Folge ist die Minderung des Unterhaltsanspruchs nach Billigkeitsgrundsätzen bis hin zum völligen Wegfall bei grober Unbilligkeit.

Fraglich ist, ob die **Weigerung** des Unterhaltsberechtigten, **mit dem Pflichtigen persönliche Kontakte zu pflegen,** als vorsätzliche schwere Verfehlung angesehen werden kann.

– Handelt es sich um den **Unterhaltsanspruch eines volljährigen Kindes,** das den Kontakt zu den unterhaltspflichtigen Eltern abgebrochen hat, so stellt nach BGH die Ablehnung des persönlichen Kontakts durch das Kind im Allgemeinen keine schwere Verfehlung dar, welche die Verwirkung des Anspruchs rechtfertigen könnte (BGH NJW 1995, 1215). Das gilt sicherlich für den Ausbildungsunterhalt des volljährigen, aber ökonomisch noch nicht selbstständigen Kindes, dessen Zweck noch dem Minderjährigenunterhalt nahe steht. Im Übrigen kommt es auf eine umfassende Abwägung aller maßgeblichen Umstände an, insbesondere darauf, ob die Kontaktweigerung in konkreten Fall einen schweren Verstoß gegen die Pflichten zu Beistand und Rücksicht (§ 1618a) darstellt.

– Wird das Kind von seinen Eltern in Anspruch genommen („**Elternunterhalt**"), die ihrerseits den Kontakt mit ihm verweigern, so kann eine Verfehlung der Eltern ebenfalls darin gesehen werden, dass sie gegen das Beistands- und Rücksichtsgebot des § 1618a verstoßen (BGH FamRZ 2014, 541 Rn. 14). Freilich besteht bei einer Entfremdung des persönlichen Verhältnisses nicht allgemein eine Pflicht zur Aufrechterhaltung von Kontakten. Um § 1611 I anwenden zu können, muss konkret begründet werden, dass die Eltern schutzwürdige Belange des Kindes tiefgreifend beeinträchtigt haben (BGH FamRZ 2014, 541 Rn. 14). Im Fall, dass die die Eltern bis zur Volljährigkeit ihres Kindes ihre Pflichten erfüllt und erst dann die Kontakte zu ihm abgebrochen haben, verneint der BGH das Vorliegen einer schweren Verfehlung (BGH FamRZ 2014, 541 Rn. 24), sofern sich aus den weiteren Umständen nichts anderes ergibt. Zur Problematik: *Viefhues,* FamRZ 2014, 624.

9. Erlöschen. Die Unterhaltspflicht **erlischt** mit dem Tod des Be- 933 rechtigten wie des Verpflichteten. Soweit Unterhalt für die Vergangenheit verlangt werden kann oder der Unterhaltsanspruch für im Voraus zu bewirkende Leistungen im Zeitpunkt des Todes schon fällig war (beachte § 1612 III 2), bleibt der Anspruch jedoch aufrechterhalten (§ 1615 I). Im Range nach den Erben (§ 1968) treffen den Unterhaltsschuldner auch die Beerdigungskosten beim Tod des Berechtigten (§ 1615 II).

934   **10. Vertragliche Modifikationen, Verzicht.** Der gesetzliche Unterhaltsanspruch kann grundsätzlich durch **Verträge** ausgestaltet werden. Dem setzt jedoch **§ 1614 I** Grenzen: Für die Zukunft kann auf einen Unterhaltsanspruch unter Verwandten nicht verzichtet werden. Auch ein Teilverzicht ist unwirksam. Doch ist im Sinne vernünftiger, situationskonformer Regelungen ein gewisser Spielraum für vertragliche Modifikationen zu lassen, so lange dem Berechtigten im Großen und Ganzen das gesetzliche Unterhaltsmaß verbleibt.

Prüfung eines Unterhaltsanspruchs unter Verwandten

1. Verwandtschaft in gerader Linie? (§ 1601)
2. Bedürftigkeit des Unterhaltssuchenden (§ 1602) unter Berücksichtigung des Unterhaltsmaßes (§ 1610)? Frage also: Kann der Unterhaltssuchende seinen angemessenen Unterhalt (§ 1610) aus tatsächlichen oder zumutbar erzielbaren eigenen Einkünften oder aus zumutbarer Verwertung seines Vermögens bestreiten?
3. Leistungsfähigkeit des in Anspruch Genommenen? (§ 1603)
4. Inhalt des Anspruchs (§ 1612)

Einwendungen:
1. Soweit Unterhalt für die Vergangenheit verlangt wird: Sperren des § 1613?
2. Erlöschen durch Tod?
3. Härteklausel? (§ 1611)
4. Abweichende Regelung durch Vertrag? (soweit zulässig, § 1614)

Einreden:
1. Verjährung? (§ 195)

II. Konkurrierende Unterhaltsansprüche und -pflichten

935   **1. Mehrheit von Unterhaltspflichtigen.** Hat ein Bedürftiger gesetzliche Unterhaltsansprüche gegen mehrere Personen, so ergibt sich das Problem, in welcher Reihenfolge die Unterhaltsschuldner verpflichtet sind. Möglich ist, dass die Unterhaltsschuldner *gleichrangig haften* (und zwar dann nicht als Gesamtschuldner, sondern anteilig nach ihren wirtschaftlichen Verhältnissen) *oder* aber dass *einer vor dem anderen* haftet. Soweit ein Unterhaltsschuldner vorrangig oder zu einem bestimmten Anteil gleichrangig haftet, ist der Berechtigte den übrigen Unterhaltsschuldnern gegenüber nicht bedürftig.

Im Einzelnen gilt: **936**

a) Der Ehegatte des Bedürftigen haftet im Grundsatz vor dessen Verwandten, auch vor dessen Eltern. Ist jedoch der Ehegatte außerstande, ohne Gefährdung des eigenen angemessenen Unterhalts zu leisten, dann haften insoweit die Verwandten vor dem Ehegatten (§ 1608). Dem Ehegatten steht der eingetragene Lebenspartner gleich.

b) Beim Verwandten-Unterhalt haften die Abkömmlinge vor den Verwandten der aufsteigenden Linie (§ 1606 I: also die Kinder bedürftig gewordener Eltern vor deren Eltern). Im Verhältnis unter mehreren unterhaltspflichtigen Abkömmlingen bzw. unter mehreren Verwandten der aufsteigenden Linie haften die näheren vor den entfernteren Verwandten (§ 1606 II, z. B. gegenüber den bedürftigen Großeltern deren Kinder vor den Enkeln).

c) Gleich nahe Verwandte haften anteilig nach ihren Erwerbs- und Vermögensverhältnissen (§ 1606 III 1). Folglich haften Vater und Mutter gegenüber ihren Kindern nicht als Gesamtschuldner, sondern zu dem auf sie jeweils treffenden Anteil als Teilschuldner (BGH FamRZ 1971, 569). Zum Ausgleich, wenn einer der Unterhaltspflichtigen mehr leistet als seinem Anteil entspricht, → Rn. 943.

d) Soweit ein Verwandter mangels Leistungsfähigkeit nicht unterhaltspflichtig ist, trifft die Unterhaltsverbindlichkeit den im Range nach ihm haftenden Verwandten (§ 1607 I). Das Prinzip gilt entsprechend, wenn von anteilig haftenden Verwandten der eine wegen § 1603 ausfällt, zu Lasten der übrigen gleichrangigen Unterhaltsschuldner (z. B. ein Elternteil ist nicht leistungsfähig; das Kind kann dann vom anderen Elternteil den vollen Unterhalt verlangen).

2. Mehrheit von Unterhaltsgläubigern. Probleme der Reihen-   **937** folge ergeben sich auch, wenn jemand mehreren Bedürftigen gegenüber unterhaltspflichtig ist und seine Leistungsfähigkeit nicht für alle ausreicht. Hier gilt nach den Regeln des **§ 1609**:

a) Vorrangig ist den **minderjährigen Kindern** Unterhalt zu leisten. Den minderjährigen Kindern stehen volljährige Kinder bis zur Vollendung ihres 21. Lebensjahres gleich, solange sie im Haushalt ihrer Eltern (oder eines Elternteils) leben und sich noch in der allgemeinen Schulausbildung befinden (§ 1609 Nr. 1 mit § 1603 II 2). Alle diese Kinder haben unter sich gleichen Rang.

b) Den zweiten Rang nehmen Mütter und Väter ein, die **wegen der
Betreuung eines Kindes unterhaltsberechtigt** sind oder im Fall einer Scheidung wären, sowie Ehegatten und geschiedene Ehegatten
bei einer **Ehe von langer Dauer** (§ 1609 Nr. 2).

c) Im dritten Rang stehen die sonstigen Ehegatten und geschiedenen Ehegatten (§ 1609 Nr. 3).

d) Den vierten Rang nehmen die übrigen Kinder ein, also die verheirateten und die **volljährigen Kinder** (§ 1609 Nr. 4), soweit diese
nicht unter den Erstrang fallen.

e) In den weiteren Rängen folgen Enkel und sonstige Abkömmlinge (§ 1609 Nr. 5), dann die Eltern des Unterhaltspflichtigen
(§ 1609 Nr. 6), dann die weiteren Verwandten der aufsteigenden Linie, wobei die näheren vor den entfernteren den Vorzug genießen
(§ 1609 Nr. 7).

938 **3. Wirkung der Rangfolge.** Die Rangfolge bedeutet: Soweit der
Verpflichtete vorrangig Unterhalt zu leisten hat, mindert sich seine
Leistungsfähigkeit gegenüber den nachrangigen Unterhaltsgläubigern. Kann der Schuldner die Ansprüche von gleichrangig Berechtigten nicht vollständig erfüllen, so ist der geschuldete Unterhaltsbetrag
anteilig herabzusetzen; dabei ist die Dringlichkeit der Bedürfnisse zu
berücksichtigen (Näheres → Rn. 461).

Literatur zum Rangproblem: *F. Klinkhammer*, FamRZ 2007, 1205; *H.
Schürmann*, FamRZ 2008, 313.

III. Der Unterhaltsregress

939 **1. Rückforderung.** Soweit jemand einem anderen Unterhalt leistet,
obwohl er dazu überhaupt nicht oder nur nachrangig verpflichtet
war, wird er häufig seine Leistung rückgängig machen oder Ersatz
dafür verlangen wollen. In Betracht kommt die Rückforderung vom
Empfänger oder der Regress gegen denjenigen, der in Wirklichkeit
oder vorrangig den Unterhalt hätte leisten müssen.

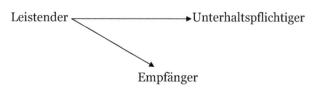

Im **Verhältnis zum Empfänger** kommt in erster Linie ein Anspruch aus Leistungskondiktion in Betracht (§ 812 I 1). Sie setzt voraus, dass die Leistung ohne rechtlichen Grund erfolgte. Ferner ist die Sperre des § 814 zu beachten, wonach der Bereicherungsanspruch nicht gegeben ist, wenn der Leistende gewusst hat, dass er zur Leistung nicht verpflichtet war oder wenn die Leistung einer sittlichen Pflicht oder der Rücksicht auf den Anstand entsprach. Ein Bereicherungsanspruch ist grundsätzlich gegeben, wenn der Leistende irrtümlich glaubte, zur Unterhaltszahlung verpflichtet zu sein, und wenn auch Sitte und Anstand ihm eine solche Zahlung nicht zumuteten.

2. Rückgriff auf andere Unterhaltsschuldner. Der Leistende kann aber auch Rückgriff auf den eigentlich oder vorrangig Unterhaltspflichtigen nehmen wollen. Nach allgemeinem Zivilrecht kommen diesbezüglich Ansprüche aus Geschäftsführung ohne Auftrag, ungerechtfertigter Bereicherung, seltener auch aus unerlaubter Handlung in Betracht. Diese Anspruchsgrundlagen bereiten freilich erhebliche rechtliche Probleme. Daher erleichtert das Unterhaltsrecht in bestimmten typischen Fällen den Rückgriff durch Anordnung eines gesetzlichen Forderungsübergangs: Soweit der Leistende anstelle des eigentlich oder vorrangig Unterhaltspflichtigen den Unterhalt des Empfängers bestreitet, geht dessen Unterhaltsanspruch auf den Leistenden kraft Gesetzes über. Der Leistende kann dann aus abgeleitetem Recht gegen den Pflichtigen vorgehen. 940

3. Gesetzlicher Forderungsübergang. Der gesetzliche Forderungsübergang ist jedoch auf **folgende Fälle beschränkt:** 941

a) Ein Verwandter leistet Unterhalt, weil die Rechtsverfolgung gegen einen anderen (vorrangig oder gleichrangig verpflichteten) Verwandten im Inland ausgeschlossen oder wesentlich erschwert ist und dadurch dessen Unterhaltsleistungen ausfallen (§ 1607 II 2).

Beispiel: Der bedürftige Vater hat einen Sohn und einen Enkel. Der Sohn entzieht sich der Unterhaltspflicht durch Flucht nach Südamerika, der Enkel bestreitet den Unterhalt. Der Sohn wäre im Range vor dem Enkel zum Unterhalt verpflichtet; die Unterhaltspflicht des Enkels aktualisiert sich aufgrund der Ausfallvorschrift des § 1607 II 1. Doch geht nach § 1607 II 2 der Unterhaltsanspruch des Vaters gegen seinen Sohn auf den leistenden Enkel über.

b) Ein Verwandter leistet Unterhalt, obwohl der Ehegatte des Empfängers vorrangig zum Unterhalt verpflichtet wäre (§ 1608 S. 1); dessen Leistungen fallen aus, weil die Rechtsverfolgung gegen ihn im

Inland ausgeschlossen oder erheblich erschwert ist (§ 1608 S. 3 mit § 1607 II). Gleichgestellt ist der umgekehrte Fall: Ein nachrangig zum Unterhalt verpflichteter Ehegatte leistet anstelle des vorrangig haftenden Verwandten (§ 1608 S. 2 und 3 mit § 1607 II 2).

c) Anstelle eines unterhaltspflichtigen Elternteils leistet ein anderer, *nicht unterhaltspflichtiger* Verwandter dem Kind Unterhalt, weil die Rechtsverfolgung gegen den Elternteil aus den Gründen des § 1607 II 1 ausfällt (§ 1607 III 1, erster Fall).

942 d) Anstelle eines unterhaltspflichtigen Elternteils, dessen Leistungen aus den Gründen des § 1607 II 1 ausfallen, kommt der Ehegatte des anderen Elternteils für den Unterhalt des Kindes auf (§ 1607 III 1, zweiter Fall).

Beispiel: Anstelle des unterhaltspflichtigen Vaters eines Kindes, gegen den die Rechtsverfolgung im Inland erschwert ist, leistet der (neue) Ehemann der Mutter den Unterhalt für das Kind.

e) Ein Dritter leistet einem Kind „als Vater" Unterhalt (§ 1607 III 2). Hier ist gedanklich vorausgesetzt, dass der Leistende nur vermeintlicher Vater (Scheinvater) ist und daher anstelle des wirklichen Vaters leistet. Wiederum unter der Voraussetzung, dass die Rechtsverfolgung gegen den wirklich Pflichtigen im Inland ausgeschlossen oder erheblich erschwert ist, geht der Unterhaltsanspruch des Kindes gegen den wahren Unterhaltsschuldner, also den wirklichen Vater, kraft Gesetzes über. Die Erschwerung der Rechtsverfolgung ist schon dadurch gegeben, dass das Kind gegen den wirklichen Vater solange nicht vorgehen kann, bis die Vaterschaft des Leistenden rechtskräftig angefochten wurde. Der Unterhaltsregress schließt auch den Unterhalt für die Vergangenheit ein, da das Kind insoweit aus rechtlichen Gründen an der Geltendmachung seines Anspruch gegen den wirklichen Vater gehindert war (§ 1613 II Nr. 2a). Die ihm erwachsenen **Kosten des Anfechtungsverfahrens** kann der „Scheinvater" gleichfalls analog § 1607 III 2 vom wirklichen Erzeuger des Kindes ersetzt verlangen (BGHZ 57, 229).

Beispiel: Die Ehefrau bringt ein Kind zur Welt. Nach drei Jahren schöpft der Ehemann den Verdacht, ein anderer Mann könnte der Vater sein. Er ficht seine Vaterschaft erfolgreich und rechtskräftig an. Als Vater erweist sich ein Berufskollege der Frau. Der Anspruch des Kindes auf Unterhalt gegen den wirklichen Vater geht nach § 1607 III 2 auf den Ehemann über, soweit dieser den Unterhalt an das Kind geleistet hat, und zwar auch hinsichtlich der in den vergangenen Jahren dargebrachten Unterhaltsleistungen ohne die zeitliche Sperre des § 1613 I.

Der gesetzliche Forderungsübergang kann **nicht zum Nachteil des Unterhaltsberechtigten** geltend gemacht werden (§ 1607 IV). Der Regress des Scheinvaters muss z. B. zurücktreten, wenn die Durchsetzung des Regresses die aktuellen Unterhaltsansprüche des Kindes gegen den wirklichen Vater wegen dessen begrenzter Leistungsfähigkeit gefährden würde.
Die Verjährung des Regressanspruches (§ 195) beginnt frühestens am Schluss des Jahres, in dem die erfolgreiche Anfechtung der Vaterschaft rechtskräftig geworden ist (BGH FamRZ 2017, 900 Rn. 14).

4. Familienrechtlicher Ausgleichsanspruch. Haften mehrere Unterhaltsverpflichtete als Teilschuldner anteilig nach ihren Erwerbs- und Vermögensverhältnissen (§ 1606 III 1), so kommt es vor, dass einer von ihnen mehr, der andere hingegen weniger leistet, als dies der gesetzlichen Regel entspräche. Es stellt sich dann die Frage, ob der überschüssig Leistende vom anderen einen Ausgleich verlangen kann. Da die anteilig Haftenden keine Gesamtschuldner sind, kommt § 426 als Anspruchsgrundlage nicht in Betracht. Auch die Voraussetzungen eines Regresses nach § 1607 sind in der Regel nicht gegeben. Aus Gerechtigkeitserwägungen hat die Rspr. einen besonderen „familienrechtlichen Ausgleichsanspruch" entwickelt. Der Anspruch setzt voraus: a) der eine Teil hat mehr geleistet, als seinen Erwerbs- oder Vermögensverhältnissen entspräche; b) der andere Teil hat weniger Unterhalt erbracht als er nach seinen Verhältnissen schuldete; c) der eine Teil hat mit seiner Leistung eine Verbindlichkeit erfüllt, die sich im Verhältnis zum Unterhaltsgläubiger als Verpflichtung des anderen darstellt (BGH FamRZ 1994, 1102); d) der überschüssig Leistende hat von vornherein die Absicht gehabt, von dem anderen Ersatz zu verlangen (BGH FamRZ 1989, 850, 852; 2013, 1027 Rn. 13 – offen bei Unterhalt nach Scheidung); e) soweit Ausgleich für rückständige Unterhaltsleistungen verlangt wird, müssen die Voraussetzungen des § 1613 gegeben sein (BGH FamRZ 1984, 775, 776; 2013, 1027 Rn. 14; zur Problematik *S. Zwirlein,* FamRZ 2015, 896; *T. Langheim,* FamRZ 2013, 1529).

Beispiel: Nachdem ihre Kinder volljährig geworden sind, gehen die Eheleute Pogner beide einer vollen Erwerbstätigkeit nach. Der Ehemann ist Goldschmied, die Ehefrau Opernsängerin. Die Monatseinkünfte der beiden sind ungefähr gleich hoch. Über die Studienwahl der Tochter Eva – sie studiert Betriebswirtschaft – ist Frau Pogner nicht glücklich: „So etwas Kommerzielles finanziere ich nicht!". Herr Pogner hat mehr Verständnis und leistet Eva den gesamten ihr nach den elterlichen Einkünften zustehenden Unterhalt. Er hat nun möglicherweise gegen seine Frau einen Ausgleichsanspruch in der Höhe, in der Frau Pogner nach § 1606 III 1 anteilig verpflichtet gewesen wäre. Vo-

943

raussetzung ist, dass Herr Pogner von vorn herein deutlich macht, dass er seine Ehefrau auf Regress in Anspruch nehmen werde.

§ 74. Die Unterhaltspflicht der Eltern gegenüber den Kindern

Literatur: S. vor → Rn. 408 und → Rn. 917, ferner: *T. Langheim,* FamRZ 2015, 632; *M. Volker,* FuR 2015, 570; *C. Huber,* NZFam 2016, 289; *R. Bömelburg,* FF 2016, 272, 340; *I. Rasch,* FamRZ 2016, 472.

I. Gesteigerte Unterhaltspflicht

944   **1. Minderjährige Kinder.** Die Pflicht der Eltern, ihre Kinder zu unterhalten, ist im Gesetz als Unterfall des allgemeinen Verwandtenunterhalts geregelt, doch ergeben sich hier grundlegende Besonderheiten. Denn dem minderjährigen Kind gegenüber verlangt schon das Prinzip der elterlichen Verantwortung, den Lebensbedarf des Kindes sicherzustellen. Wenn es Aufgabe der Eltern ist, den Kindern die Entwicklung zur Selbstständigkeit zu ermöglichen, dann müssen sie auch nach Kräften die wirtschaftlichen Mittel dafür zur Verfügung stellen. Darüber hinaus ergibt sich ein enger Zusammenhang zwischen elterlicher Sorge und Unterhalt: Der Elternteil, der das Kind betreut, erfüllt in der Regel schon durch seine Pflege- und Erziehungsleistung seine Unterhaltspflicht (§ 1606 III 2).

945   **2. Volljährige Kinder.** Grundsätzlich anders stellt sich die Unterhaltspflicht der Eltern gegenüber ihren volljährigen Kindern dar. Hier ist im Normalfall davon auszugehen, dass die Kinder für sich selbst verantwortlich sind. Die Voraussetzungen, unter denen sie noch von den Eltern Unterhalt verlangen können, entsprechen daher den Grundsätzen des allgemeinen Verwandtenunterhalts. Doch gilt dies nicht ohne Ausnahmen: Auch bei Kindern, die schon volljährig geworden sind, kann die elterliche Verantwortung unterhaltsrechtlich noch nachwirken. Denn oft hat das Kind bei Erreichen des 18. Lebensjahres noch keine ökonomische Selbstständigkeit erlangt, sondern befindet sich in der **Schul- oder Berufsausbildung.** Die unterhaltsrechtliche Lage muss hier anders gesehen werden, als in dem Fall, dass die Kinder schon eine selbstständige Stellung erreicht haben oder es zumutbar hätten können und sodann bedürftig geworden sind. Die Fortdauer einer besonderen Nähe zu den Eltern ergibt

sich besonders bei den volljährig gewordenen **Schulkindern, die noch im Elternhaus leben.** Das Gesetz stellt sie in einigen Beziehungen bis zur Vollendung des 21. Lebensjahres den minderjährigen Kindern gleich (§ 1603 II 2, § 1609 Nr. 1).

3. Verheiratete Kinder. Die grundsätzliche Differenzierung der 946 Unterhaltspflicht der Eltern gegenüber minderjährigen (und ihnen gleichgestellten) und volljährigen Kindern war bisher für den Fall aufgehoben, dass das unterhaltsbedürftige Kind verheiratet ist. Verheiratete Kinder, selbst minderjährige, wurden in Bezug auf die Unterhaltsverpflichtung der Eltern vom Gesetz wie volljährige behandelt. Diese Regelung ist durch das Gesetz zur Bekämpfung von Kinderehen (→ Rn. 77) eliminiert.

4. Besonderheiten des Kindesunterhalts. Für den Unterhaltsan- 947 spruch der Kinder gegen ihre Eltern formuliert das Gesetz aus den genannten Gründen eine Reihe von Besonderheiten, die teils nur für minderjährige Kinder – hier teils unter Einschluss der im Hause lebenden, noch nicht 21 Jahre alten Schulkinder –, teils auch für Volljährige gelten. Diese Besonderheiten werden nachfolgend dargestellt. Soweit sie nicht vorliegen, bemisst sich der Unterhaltsanspruch eines Sohnes oder einer Tochter gegen die Eltern nach den allgemeinen Grundsätzen des Verwandtenunterhalts (BGH FamRZ 2012, 1553 Rn. 16).

Beispiel: Der 38-jährige Sohn hat Architektur studiert, sich zunächst erfolgreich als selbstständiger Architekt niedergelassen und gerät später in wirtschaftliche Schwierigkeiten. Er nimmt seine Eltern auf Unterhalt in Anspruch. Deren Verpflichtung richtet sich nach allgemeinem Verwandtenunterhalt ohne jede Besonderheit; der Sohn wird in keiner Hinsicht einem minderjährigen Kind gleichgestellt. Die Eltern hatten ihre Pflicht zur Gewährung einer Berufsausbildung erfüllt und der Sohn daraufhin eine eigene Lebensstellung erlangt (BGH FamRZ 2012, 1553; dort auch zur Höhe des Selbstbehalts).

II. Bedürftigkeit

1. Keine Erwerbsobliegenheit. Das minderjährige Kind ist grund- 948 sätzlich nicht gehalten ist, seinen Unterhalt durch eigene Erwerbstätigkeit zu sichern: Erziehungs- und Ausbildungsziel stehen dem entgegen. Das Gleiche gilt auch für das volljährige Kind, das sich noch in einer von den Eltern zu finanzierenden Berufsausbildung befindet, insbesondere noch zur Schule geht oder studiert. Das ist im Gesetz nicht gesagt, aber aus der elterlichen Verantwortung abzuleiten. Ausnahmen können sich für volljährige Kinder ergeben, wenn eine Erwerbstätigkeit mit der Ausbildung problemlos verbunden werden kann und sich die Eltern in schwierigen finanziellen Verhältnissen befinden; dann kann im Einzelfall auch ein Teilerwerb des eigenen Unterhalts durch Ferienjobs und dergleichen zugemutet werden.

949 **2. Vermögen.** Ein minderjähriges Kind wird im Gegensatz zu sonstigen Unterhaltsberechtigten nicht darauf verwiesen, den Stamm seines Vermögens anzugreifen, um seinen Unterhalt zu bestreiten. Das ergibt sich aus dem Rückschluss aus § 1602 II: Die Bedürftigkeit entfällt, soweit das Kind Vermögens*einkünfte* und Arbeitserträge erzielt, nicht aber, soweit es von der Vermögenssubstanz leben könnte. Nur soweit die Eltern nicht leistungsfähig sind, muss das Kind notfalls auch die Substanz seines Vermögens angreifen (§ 1603 II 3).

III. Leistungsfähigkeit

950 **1. Grundsätze.** Den minderjährigen Kindern gegenüber können sich die Eltern nicht darauf berufen, dass sie durch ihre Unterhaltsleistung ihren eigenen angemessenen Unterhalt gefährden würden. Vielmehr sind alle verfügbaren Mittel zum Eltern- und Kindesunterhalt gleichmäßig zu verwenden (§ 1603 II 1), d. h. in gleicher Weise nach Dringlichkeit der Bedürfnisse. Auch in der Not sind die Eltern zu absoluter Solidarität mit ihren minderjährigen Kindern verpflichtet. Diesen sind in diesem Zusammenhang die volljährigen Kinder bis zum 21. Lebensjahr gleichgestellt, solange sie bei den Eltern leben und sich in einer allgemeinen Schulausbildung befinden (§ 1603 II 2). Die Eltern können sich auf mangelnde Leistungsfähigkeit insoweit berufen, als ein anderer unterhaltspflichtiger Verwandter vorhanden ist oder das Kind den Stamm seines Vermögens verwerten kann (§ 1603 II 3).

951 **2. Erwerbsobliegenheit; Selbstbehalt.** § 1603 II verpflichtet die Eltern im Bedarfsfall zu einem möglichst effektiven Einsatz ihrer Arbeitskraft, notfalls sogar der Substanz ihres Vermögens (BGH FamRZ 1989, 170), um den Kindesunterhalt leisten zu können. Grundsätzlich sind sie zu einer vollen Berufstätigkeit verpflichtet (BGH FamRZ 2017, 109 Rn. 18), außer wenn konkret dargetan werden kann, dass die Erwerbsfähigkeit krankheitsbedingt eingeschränkt ist. Reichen Einkünfte aus einer Erwerbstätigkeit nicht aus, so ist eine mögliche und zumutbare Nebentätigkeit aufzunehmen (BGH

FamRZ 2014, 637 Rn. 18; 2014, 1992 Rn. 19). Unterlässt der Unterhaltsverpflichtete eine ihm zumutbare Erwerbstätigkeit, so werden
entsprechende Einkünfte zu seinen Lasten fiktiv angesetzt, soweit
sie realistisch erzielbar erscheinen (BGH FamRZ 2014, 637 Rn. 9;
2017, 109 Rn. 19; zu den Grenzen der Anrechnung BVerfGE 68,
256, 270). Die Beweislast für mangelnde Leistungsfähigkeit trägt der
Unterhaltspflichtige. Andererseits werden Einkünfte, die der Verpflichtete aus einer ihm *nicht zugemuteten* Tätigkeit erzielt, nur eingeschränkt berücksichtigt (BGH FamRZ 2011, 454 Rn. 50 ff.).

Die Praxis belässt dem unterhaltspflichtigen Elternteil gegenüber minderjährigen und diesen gleichgestellten Kindern von seinem Einkommen den so-
genannten **notwendigen Selbstbehalt** (Düsseldorfer Tabelle 1.1.2017: 1.080
EUR monatlich für Erwerbstätige, sonst 880 EUR), um zu vermeiden, dass
er selbst sozialhilfebedürftig wird. Der Selbstbehalt kann im Einzelfall anders
angesetzt, z. B. gesenkt werden, wenn der Unterhaltspflichtige mit einem
neuen Partner zusammenlebt und dadurch Lebenshaltungskosten einspart
(BGH FamRZ 2008, 594 Rn. 30 ff.). **Volljährigen Kindern** gegenüber wird
der Selbstbehalt des Unterhaltsschuldners bedeutend höher angesetzt (**angemessener Selbstbehalt**, zurzeit in der Regel mindestens 1.300 EUR monatlich). Hatte das volljährige Kind bereits eine wirtschaftliche Selbstständigkeit
erlangt und dann wieder verloren, so wird der Selbstbehalt der unterhaltspflichtigen Eltern in gleicher Weise angesetzt wie bei unterhaltspflichtigen
Kindern gegenüber ihren Eltern (→ Rn. 925).

3. Minderung der Leistungsfähigkeit durch neue Ehe? Wird die   952
Ehe der Eltern geschieden, so kann sich derjenige Elternteil, der nicht
die Obhut über die Kinder führt, seiner Unterhaltspflicht gegenüber
den Kindern nicht einfach dadurch entledigen, dass er eine neue Ehe
eingeht und in dieser die Rolle des „Hausmannes" bzw. der „Hausfrau" übernimmt. Problematisch wird die Lage, wenn auch aus der
neuen Ehe Kinder hervorgehen.

Beispiel: Der vordem berufstätige Mann hat aus geschiedener Ehe zwei
Kinder. Er heiratet erneut, führt jetzt den Haushalt und betreut das aus der
neuen Ehe hervorgegangene Kind, während die Frau berufstätig ist.

Zutreffend stellt die Rechtsprechung die Gleichrangigkeit der Kinder aus
beiden Ehen heraus. Die Übernahme der Kindesbetreuung in der neuen Ehe
ist dem Geschiedenen nur dann eingeräumt, wenn dadurch die Unterhaltsver-
hältnisse in der neuen Ehe wesentlich günstiger gestaltet werden können (z. B.
wenn die neue Ehefrau durch ihre Erwerbstätigkeit sehr viel mehr verdient,
als dies der Mann könnte). Auch dann aber bleibt der Mann zur Aufnahme
einer Nebentätigkeit verpflichtet, um den minderjährigen Kindern aus erster
Ehe Barunterhalt leisten zu können (BGHZ 75, 272; BGH FamRZ 1987,

472; 2006, 1827 – zur Verfassungsmäßigkeit dieser Rechtsprechung BVerfG FamRZ 1985, 143). Unterlässt der Mann eine solche Tätigkeit, so ist ihm ein entsprechendes Einkommen fiktiv zuzurechnen. Gleiche Grundsätze gelten, wenn der Unterhaltspflichtige in einer nichtehelichen Gemeinschaft die Hausmannsrolle übernimmt (BGH FamRZ 2001, 614). Diese Rechtsprechung setzt voraus, dass aus der neuen Verbindung betreuungsbedürftige Kinder hervorgehen. Ist dies nicht der Fall, so kann sich der Unterhaltspflichtige gegenüber den Kindern aus erster Ehe nicht auf geminderte Erwerbsfähigkeit berufen, nur weil er in der neuen Ehe die Haushaltführung übernimmt (BGH FamRZ 2001, 1065).

953   **4. Verbesserung der Leistungsfähigkeit durch neue Ehe.** Umgekehrt kann sich die Wiederheirat des barunterhaltspflichtigen Elternteils zugunsten des Kindes aus erster Ehe auch positiv auswirken, wenn die Eheschließung die Unterhaltslage dieses Elternteils verbessert (BGH FamRZ 2002, 742).

Beispiel: Nach der Scheidung lebt das Kind beim Vater. Die barunterhaltspflichtige, erwerbstätige Mutter heiratet einen Mann, der erheblich mehr verdient als sie und der ihren angemessenen Unterhalt sicherstellen kann. Die Mutter hat nun einen höheren Kindesunterhalt zu zahlen als wenn sie nicht geheiratet hätte.

IV. Das Maß des Unterhalts im Allgemeinen

954   **1. Grundsätze.** Für das Maß des Unterhalts gelten die allgemeinen Grundsätze des § 1610. Doch bestimmen sich bei minderjährigen Kindern die Bedürfnisse nach den Entwicklungszielen der Personensorge einschließlich einer begabungs- und neigungsgerechten Ausbildung. Üblicherweise wird in den Familien nicht über Unterhaltsleistungen abgerechnet. Die Bezifferung des Kindesunterhalts wird vor allem in den Fällen notwendig, in denen die Eltern getrennt leben oder geschieden sind.

955   **2. Mindestunterhalt.** a) Das Unterhaltsrechtsänderungsgesetz 2008 hat die **gesetzliche Festlegung eines Mindestunterhalts** von minderjährigen Kindern eingeführt (§ 1612a I). Mindestunterhalt ist derjenige Betrag, den der unterhaltspflichtige Elternteil, seine Leistungsfähigkeit vorausgesetzt, mindestens leisten muss. Die Festlegung des Mindestunterhalts hat auch Bedeutung für das „vereinfachte Verfahren". Das Kind kann von einem Elternteil, mit dem es nicht in einem Haushalt lebt, den Unterhalt als Prozentsatz des jeweiligen Mindestunterhalts verlangen (§ 1612a I 1).

b) Der Mindestunterhalt richtet sich nach dem steuerfrei zu stellenden sächlichen Existenzminimum des Kindes (§ 1612a I 2) und wird durch Rechtsverordnung des Bundesministeriums der Justiz und für Verbraucherschutz festgelegt (§ 1612a IV; Verordnung vom 3.12.2015). Da Kinder unterschiedlichen Alters einen unterschiedlich hohen Bedarf haben, sind nach § 1612a I 3 die Beträge nach Altersklassen variiert.

Für die Zeit ab dem 1.1.2017 beträgt der Mindestunterhalt des Kindes nach der genannten Verordnung bis zur Vollendung des 6. Lebensjahres 87 % = 342 EUR, sodann bis zur Vollendung des 12. Lebensjahres 100 % = 393 EUR, sodann bis zur Vollendung des 18. Lebensjahres 117 % = 460 EUR.

3. Unterhalt nach Tabelle. Der gesetzlich festgelegte Mindestun- 956 terhalt ist auch die Ausgangsbasis der bei den Gerichten weithin angewendeten **Düsseldorfer Tabelle** (Stand: 1.1.2017, → Rn. 457). Sie geht von den oben genannten Beträgen für den Mindestunterhalt aus und steigert sie je nach Einkommen des unterhaltspflichtigen Elternteils. Ist das Einkommen der Eltern so hoch, dass es die Tabellen nicht mehr berücksichtigen, so muss das Kind seinen Lebensbedarf konkret darlegen, wenn es einen über die Höchstbeträge der Tabelle hinausgehenden Unterhalt verlangt (BGH FamRZ 2000, 358).

4. Anrechnung des Kindergeldes. Bei der Höhe des Kindesunter- 957 halts ist zu berücksichtigen, dass den unterhaltspflichtigen Eltern in der Regel ein staatliches Kindergeld gewährt wird, um ihnen die Unterhaltslast zu erleichtern. Handelt es sich um ein minderjähriges Kind, dessen Eltern getrennt oder geschieden sind, so wird das Kindergeld üblicherweise voll an denjenigen Elternteil ausgezahlt, der das Kind betreut. Da aber das Kindergeld auch dem barunterhaltspflichtigen Elternteil zugutekommen soll, bestimmt das Gesetz, dass sich der „Barbedarf" des Kindes in Höhe der *Hälfte des Kindergelds* mindert (§ 1612b I S. 1 Nr. 1) Die Hälfte des Kindergeldes ist also abzuziehen. Wichtig indes: Eine Anrechnung unterbleibt, soweit aufgrund verminderter Leistungsfähigkeit des Unterhaltspflichtigen der geschuldete Unterhalt nicht das Existenzminimum des Kindes erreicht.

Bei **volljährigen Kindern** wird das Kindergeld, das sie z. B. während einer Ausbildung erhalten, voll von ihrem Bedarf abgezogen.

V. Die Kosten einer Ausbildung insbesondere

Literatur: *D. Schwab*, FS Jauch, 1990, 201; *I. Götz*, FamRZ 2012, 1610

958 **1. Grundsatz.** Unter den Bedarfsposten für die noch nicht zur Selbstständigkeit gelangten Kinder spielen die Kosten für eine begabungs- und neigungsgerechte Berufs- und Schulausbildung eine besondere Rolle. Dem Kind wird grundsätzlich keine eigene Erwerbstätigkeit zugemutet, solange es sich einer solchen Ausbildung unterzieht, um eine angemessene berufliche und wirtschaftliche Selbstständigkeit zu erlangen. Die Eltern sind also verpflichtet, während dieser Zeit sowohl den allgemeinen Unterhalt des Kindes (Wohnung, Nahrung etc.) zu bestreiten als auch für die speziellen Ausbildungskosten aufzukommen. Umgekehrt ist das Kind gehalten, die Ausbildung in angemessener Zeit aufzunehmen, zielstrebig zu betreiben und in üblicher Zeit zu beenden (Gegenseitigkeitsprinzip, vgl. BGH FamRZ 2013, 1375 Rn. 14).

959 **2. Dauer, Zweitausbildung.** Die Pflicht zur Ausbildungsfinanzierung besteht über das Erreichen des Volljährigkeitsalters hinaus, wenn der berufsqualifizierende Abschluss nach Art der Ausbildung erst später erreicht wird (Studium). Das Gleiche gilt, wenn besondere Umstände die Ausbildung verzögern (z. B. Krankheit, psychische Probleme, Schwangerschaft). Die Ausbildung ist dann aber alsbald zu beginnen. Eine lange Verzögerung des möglichen Ausbildungsbeginns kann zum Verlust des Anspruchs auf Ausbildungsfinanzierung führen (BGH FamRZ 2011, 1560 Rn. 16). Freilich gestehen die Gerichte dem Kind eine gewisse „Orientierungsphase" für die Wahl der Ausbildung zu. Die Zeit, bis zu der die Ausbildung spätestens aufgenommen werden muss, ist nicht fest bestimmt, sondern hängt von den Umständen ab (s. den Fall BGH FamRZ 2013, 1375: unter besonderen Umständen erst drei Jahre nach Schulabschluss). Der Unterhalt ist für eine angemessene Dauer geschuldet, in der bei zielstrebigem Arbeiten das Ausbildungsziel erreicht werden kann; individuelle Umstände sind dabei zu berücksichtigen.

Die Pflicht zur Finanzierung einer kostspieligen Ausbildung besteht für die Eltern freilich nur in den Grenzen des Zumutbaren. Insbesondere darf den Eltern mit kleineren und mittleren Einkommen nicht die Last einer expansiven Bildungspolitik um den Preis einer unbilligen Senkung ihres Lebensstandards auferlegt werden. Die Grenzen der Zumutbarkeit sind insbesondere zu beachten, wenn das Kind eine **Zweitausbildung** wünscht oder wenn sich das Kind nach berufsqualifizierendem Abschluss in der gleichen Fachrichtung weiter-

bilden oder wenn es das Fach wechseln will (s. BGHZ 69, 190). Der BGH
öffnet dem Anspruch des Kindes auf Finanzierung einer zweiten Ausbildung
ein weites Tor (BGH FamRZ 1989, 853; 1991, 322; wiederum einschränkend
BGH FamRZ 1992, 1407 – kein Jurastudium für Speditionskaufmann; vgl.
ferner BGH FamRZ 2000, 420; 2001, 1601; 2006, 1100; 2017, 785 – Bank-
lehre/Lehramtsstudium).

3. Obliegenheiten des Auszubildenden. Dem Schüler oder Stu-   960
denten obliegt es, die Ausbildung zielstrebig zu betreiben (BGH
FamRZ 1998, 671). Eine nachhaltige Vernachlässigung des Studiums,
die nicht auf Krankheit oder anderen gewichtigen Gründen beruht,
führt zum Verlust des Anspruchs auf Ausbildungsfinanzierung. Das
gilt indes nicht schon bei Verzögerungen durch „vorübergehendes,
leichteres Versagen" (BGH FamRZ 2000, 420, 421; 2011, 1560
Rn. 15 ff.). Dem Studierenden steht ein gewisser Spielraum beim Aufbau seines Studiums zu; auch die Finanzierung von Auslandsseme-
stern kann von leistungsfähigen Eltern geschuldet sein, wenn dadurch
die fachliche Qualifikation oder die Berufsaussichten gefördert werden (in diesem Sinn BGH FamRZ 1992, 1064).

4. Höhe des Unterhalts. Bei der Höhe des Unterhalts der in Aus-   961
bildung befindlichen Kinder herrscht eine zurückhaltende Tendenz
vor. Zwar teilen die Auszubildenden auch nach Eintritt der Volljährigkeit die Lebensstellung der Eltern (§ 1610 I), doch ergibt sich daraus nicht ohne weiteres ein Anspruch auf eine dem Lebensstil der
Eltern entsprechende, möglicherweise üppige Lebensgestaltung
(BGH FamRZ 1983, 473, 474).

Die **Düsseldorfer Tabelle** (1.1.2017) beziffert den Unterhaltsbedarf eines
Studierenden in der Regel auf monatlich 735 EUR. Bei hohem Einkommen
der Eltern hat der Unterhaltsberechtigte seinen konkreten Bedarf darzulegen
und zu beweisen, wenn er mehr als den in der Tabelle vorgesehenen Regelsatz
verlangen will (BGH FamRZ 2001, 1603). Meist läuft dies darauf hinaus, dass
der Regelsatz um mäßige Zuschläge aufgestockt wird. Freilich lässt der BGH
auch erkennen, dass die Gewöhnung an einen während des Zusammenlebens
mit den Eltern gepflogenen aufwändigen Lebensstil berücksichtigt werden
kann (BGH FamRZ 2001, 1603).

Die Ausbildungsfinanzierung wird durch **staatliche Leistungen** insbesondere nach dem Bundesausbildungsförderungsgesetz (BAföG) erleichtert. Die
staatliche Hilfe ist von den wirtschaftlichen Verhältnissen der Eltern und des
Ehegatten des Auszubildenden abhängig, doch muss die zivilrechtliche Unterhaltspflicht völlig unabhängig von den öffentlich-rechtlichen Förderrichtlinien
beurteilt werden (BGHZ 69, 190, 193).

VI. Art des Unterhalts

962   **1. Unterhalt durch Pflege und Erziehung.** Den Unterhalt für **minderjährige Kinder** betreffend begreift das Gesetz auch die von den Eltern geleistete Pflege und Erziehung als Unterhaltsleistungen an das Kind, auch wenn die Verpflichtung hierzu schon aufgrund der elterlichen Sorge besteht. Nach § 1606 III 2 erfüllt daher der Elternteil, der ein Kind „betreut", seine Unterhaltsverpflichtung ihm gegenüber bereits durch die Pflege und Erziehung. Das gilt freilich nur „in der Regel": Es sind Fälle denkbar, in denen die kindesbetreuende Mutter gleichwohl auch Beiträge zum wirtschaftlichen Bedarf des Kindes schuldet, etwa wenn sie in guten Vermögensverhältnissen lebt und kein anderer Unterhaltsschuldner zur Verfügung steht.

Die Vorschrift des § 1606 III 2 gibt zu vielen Fragen Anlass: Bleibt der betreuende Elternteil anteilmäßig zu finanziellen Unterhaltsleistungen aus seinen *Vermögens*einkünften verpflichtet? (m. E. zu bejahen). Hat der betreuende Elternteil finanzielle Beiträge aus einem Arbeitseinkommen zu leisten, das er trotz der Kinderbetreuung erzielt? Zu den streitigen Problemen hat der BGH (FamRZ 1980, 994; 1981, 543) wie folgt Stellung genommen: Mit der Kindererziehung wird die Unterhaltspflicht *in der Regel* vollständig erfüllt, so dass der betreuende Elternteil daneben weder aus Vermögens- noch aus Arbeitseinkünften Geldleistungen schuldet. Das soll auch dann gelten, wenn sein Einkommen den eigenen Bedarf übersteigt. Dass Verwandte in die tatsächliche Betreuung eingeschaltet werden (Beispiel: Das Kind befindet sich tagsüber bei der Großmutter) ändert daran nichts. Eine Barunterhaltspflicht des betreuenden Elternteils kann nur in Ausnahmefällen angenommen werden, beispielsweise wenn ohne seine Beteiligung ein erhebliches finanzielles Ungleichgewicht zwischen den Elternteilen entstünde (BGH FamRZ 1991, 182, 183; BGHZ 189, 284; FamRZ 2013, 1558).

963   Leisten die Elternteile die **Pflege und Erziehung des Kindes zu gleichen Teilen** (z. B.: bei Trennung lebt das Kind wochenweise abwechselnd bei Vater und bei Mutter), so haben sie zusätzlich und anteilig für den Barunterhalt des Kindes aufzukommen (BGH FamRZ 2016, 1053 Rn. 15; 2017, 437 Rn. 20; a. A. *Maaß*, FamRZ 2016, 603). Auch in diesen Fällen erfüllt die Kindesbetreuung im jeweiligen Zeitabschnitt nicht den gesamten Unterhaltsanspruch des Kindes, vielmehr ist auch hier Unterhalt für die wirtschaftlichen Bedürfnisse (Barbedarf) zusätzlich zu leisten (BGH FamRZ 2017, 437 Rn. 20). Der BGH bemisst den Bedarf des Kindes nach den beiderseitigen Einkommen der Eltern zuzüglich der durch das Wechselmodell entstehenden Mehrkosten (Fahrkosten, Wohnkosten). Der von Vater und Mutter zu tragende Anteil richtet sich nach dem Verhältnis ihrer Nettoeinkommen (abzüglich Selbstbehalt, BGH FamRZ 2017, 437 Rn. 41). Das Kindergeld ist auch hier zur Hälfte auf den Barbedarf anzurechnen und kommt den Eltern gemäß ihrer diesbezüglichen Beteiligungsquote zugute (BGH FamRZ 2016, 1053 Rn. 29; FamRZ 2017, 437 Rn. 47). Die andere Hälfte des Kindergeldes, die für die Betreuungsleistung gewährt wird, kommt beiden Eltern zu gleichen Teilen zu.

Diese Grundsätze betreffen das „paritätische Wechselmodell", zumindest bei geteiltem Sorgerecht (ob auch bei der umgangsrechtlich konstruierte Variante, erscheint offen). Eine andere Lage ergibt sich, wenn das „Wechselmodell" so praktiziert wird, dass das deutliche **Schwergewicht der Betreuung** bei einem Elternteil verbleibt. Dann trifft die Barunterhaltspflicht allein den anderen Elternteil; die Höhe richtet sich nach dessen Einkommen (BGH FamRZ 2014, 917; 2015, 236 Rn. 19 ff.).

Die unterhaltsrechtliche Lage beim Wechselmodell in allen Varianten ist stark umstritten (s. OLG Dresden FamRZ 2016, 470; KG FamRZ 2016, 832; *K. Scheiwe*, FF 2013, 280; *G. Wohlgemuth*, FamRZ 2016, 1427; 2017, 676; *E. Spangenberg*, FamRZ 2014, 88; 2016, 1426; *M. Wellenhofer*, JuS 2014, 1128: *Chr. Seiler*, FamRZ 2015, 1845; *M. Maaß*, FamRZ 2016, 603; 2017, 673; *M. Weber*, NZFam 2016, 829.

964 Es kommt vor, dass der einzig unterhaltspflichtige Elternteil das Kind nicht selbst betreut, sondern die **Pflege und Erziehung anderen überlässt**. Dann schuldet er dem Kind selbstverständlich den Barunterhalt, darüber hinaus aber auch den durch Pflege und Erziehung zu erbringenden „Betreuungsunterhalt". Da dieser nicht in Natur geleistet wird, ist er als zusätzliche Geldsumme geschuldet, die grundsätzlich der Höhe des Barunterhalts entspricht. **Beispiel:** Der verwitwete Vater einer minderjährigen Tochter überlässt die Erziehung den Großeltern, bei denen sie auch wohnt. Der Vater schuldet (1) den nach den Tabellen bemessenen Barunterhalt; (2) grundsätzlich die gleiche Summe zusätzlich als „Betreuungsunterhalt" (BGH FamRZ 2006, 1597).

965 **2. Elterliche Bestimmung über die Art der Unterhaltsgewährung.** a) Während der Unterhalt im Allgemeinen durch eine Geldrente zu gewähren ist (§ 1612 I 1), haben die Eltern gegenüber ihren **unverheirateten Kindern** ein Bestimmungsrecht: Sie können bestimmen, in welcher Art und für welche Zeit im Voraus der Unterhalt gewährt werden soll (§ 1612 II 1). Sie können daher ihre Unterhaltspflicht auch anders als durch monatliche Geldzahlung erfüllen, nämlich durch Naturalleistungen (Sorgetätigkeit, Kost, Kleidung, Wohnung). Bei Ausübung des Bestimmungsrechts müssen die Eltern auf die Belange des Kindes die gebotene Rücksicht nehmen (§ 1612 II 1 letzter Hs.).

966 b) Dem **minderjährigen Kind** gegenüber ist die Unterhaltsgewährung in Natur der Regelfall, da es mit den Eltern zusammenlebt und deren Pflege- und Erziehungsleistungen als Unterhalt angesehen werden. Geldleistungen reduzieren sich hier üblicherweise auf das Taschengeld und ähnliche Zuwendungen. Die Unterhaltsleistung hat in solchen Fällen einen engen Bezug zur Personensorge: Art der Unterhaltsgewährung, Erziehungsziel und Erziehungsmethoden müssen im Einklang miteinander stehen. Das Bestimmungsrecht über die Art des Unterhalts ist folglich Ausfluss der Personensorge; steht das Personensorgerecht beiden Eltern gemeinsam zu, so können sie die Bestimmung nur gemeinsam treffen (BGH FamRZ 1983, 892; 1984, 37); vermögen sie sich nicht zu einigen, so gilt § 1628.

Der nicht personensorgeberechtigte Elternteil hat das Bestimmungsrecht nur in dem Ausnahmefall, dass das Kind in seinen Haushalt aufgenommen ist (§ 1612 II 3); im Übrigen ist er „barunterhaltpflichtig".

967 c) Auch **volljährige unverheiratete Kinder** können von den Eltern gemäß § 1612 II 1 auf Kost und Logis im Elternhaus verwiesen werden. Die Unterhaltsbestimmung geschieht in diesem Fall durch einseitige empfangsbedürftige Willenserklärung der Eltern gegenüber dem Kind (BGH FamRZ 1983, 369), die auch in schlüssigem Verhalten zum Ausdruck kommen kann. Streitig ist, wem das Bestimmungsrecht nach § 1612 II 1 gegenüber dem volljährigen Kind zusteht, wenn die Eltern getrennt leben oder geschieden sind. Nach verbreiteter Auffassung steht auch in einem solchen Fall die Bestimmungsbefugnis den Eltern gemeinsam zu (bei Elternstreit wird die analoge Anwendung des § 1628 erwogen). Vorzug verdient die entgegengesetzte Meinung: Das Bestimmungsrecht hat derjenige Elternteil, der auf Unterhalt in Anspruch genommen wird und bereit ist, dem Kind den vollen Unterhalt zu gewähren; doch kann er nicht grundlos von getroffenen Vereinbarungen abweichen (BGH FamRZ 1983, 892) und nicht einseitig in schutzwürdige Belange des anderen Elternteils eingreifen (BGH FamRZ 1984, 37; BayObLG FamRZ 2000, 976). Diese Grundsätze gelten auch, wenn der Bestimmende an sich nur einen Teil des Unterhalts schuldet, sofern er den vollen

Unterhalt in Natur anbietet (str.) und auf die Interessen des anderen Elternteils hinreichend Rücksicht nimmt (BGH FamRZ 1988, 831); die Absicht, beim anderen Elternteil Regress zu nehmen, soweit dieser Unterhalt schuldet, macht für sich gesehen die Bestimmung nicht unwirksam (BGH FamRZ 1988, 831). Schwierig wird die Rechtslage, wenn beide Elternteile anteilig zum Unterhalt verpflichtet sind und jeder von ihnen die Bestimmung trifft, das Kind solle bei ihm Naturalunterhalt empfangen.

d) § 1612 II eröffnet den Eltern die Möglichkeit, auch noch auf die **968** Lebensführung des volljährigen Kindes Einfluss zu nehmen (als legitim bejaht von BGH FamRZ 1981, 250, 252; BayObLG FamRZ 2000, 976, 977). Doch kann die Bestimmung, das volljährige Kind solle weiter bei den Eltern wohnen, unzumutbar in dessen Selbstbestimmungsinteressen eingreifen. In solchen Fällen wird die gesetzliche Einschränkung, dass auf die Belange des Kindes die gebotene Rücksicht zu nehmen ist (§ 1612 II 1), besonders bedeutsam.

Beispiele: Gegen die Zumutung, noch im Elternhaus wohnen zu sollen, sprechen folgende Fallumstände: Misshandlungen des Kindes, Gängelung, unangemessene Wohnbedingungen, nicht gerechtfertigte Einmischung in die Lebensführung (KG FamRZ 1969, 610; OLG Bremen FamRZ 1976, 702; BayObLG FamRZ 1977, 263), zu weite Entfernung zwischen Elternhaus und Ausbildungsstätte (vgl. OLG Hamburg FamRZ 1987, 1183); tiefgreifende Zerrüttung des Verhältnisses zwischen Eltern und Kind (OLG Hamm FamRZ 1986, 384; BayObLG FamRZ 1989, 1298, 1300). Doch genügt nicht schon der einseitige Wunsch des Kindes, das Elternhaus zu verlassen, ebenso nicht ein gespanntes persönliches Verhältnis, das nicht den Grad einer tiefgreifenden Entfremdung erreicht (s. den Fall BayObLG FamRZ 1989, 1298).

e) Nehmen die Eltern bei ihrer Bestimmung, den Unterhalt in Na- **969** tur zu gewähren, **nicht die gebotene Rücksicht** auf die Belange des Kindes, kann das Familiengericht im Unterhaltsverfahren **von der Bestimmung abweichen** und dem Kind auf seinen Antrag hin Unterhalt in Form einer Geldrente gewähren. Sieht das Gericht indes keinen Grund, von der elterlichen Bestimmung abzuweichen, so ist der Zahlungsantrag des Kindes unbegründet.

VII. Härteklausel

Dem Prinzip gesteigerter Elternverantwortung entspricht es, dass **970** die Eltern sich gegenüber ihren minderjährigen Kindern nicht auf die Härteklausel des § 1611 I berufen können; insoweit kann der Kin-

desunterhalt nicht verwirkt werden (§ 1611 II), gleichgültig wie sich
die Kinder gegenüber den Eltern verhalten. Für Extremfälle – man
denke an einen Tötungsversuch des minderjährigen Kindes gegenüber einem Elternteil – kann eine Verwirkung nach allgemeinen
Grundsätzen (§ 242) gegeben sein.

VIII. Das vereinfachte Verfahren zur Geltendmachung des Kindesunterhalts

971   Für den Unterhaltsanspruch eines minderjährigen Kindes gegen einen Elternteil, mit dem es nicht in einem Haushalt lebt, ist ein verein-
fachtes Verfahren vorgesehen, das die Verfolgung des Unterhaltsanspruchs beschleunigen und erleichtern soll (§§ 249–260 FamFG).
Das vereinfachte Verfahren ist nur zulässig, wenn der geltend ge-
machte Unterhalt das 1,2-fache des Mindestunterhalts (→ Rn. 944)
nicht übersteigt (§ 249 I FamFG).

Die Verfahrensregeln verfolgen das Ziel, das Verfahren zu beschleunigen,
insbesondere den in Anspruch genommenen Elternteil zu veranlassen, Einwendungen alsbald geltend zu machen (§ 252 III FamFG), auch die möglichen
Einwendungen zu beschränken (§ 252 II FamFG). Durch Beschluss wird der
vom Elternteil an das Kind zu leistende Unterhalt festgesetzt („Festsetzungsbeschluss", § 253 I FamFG). Gegen den Festsetzungsbeschluss kann Beschwerde erhoben werden (§ 256 FamFG). Jede Partei kann allerdings durch
Antrag bewirken, dass die Unterhaltssache aus dem vereinfachten in das streitige Verfahren überführt wird (§ 255 FamFG).

972   Der Kindesunterhalt kann im vereinfachten Verfahren entweder als
bestimmter Zahlungsbetrag oder **dynamisch** als Prozentsatz des für
die jeweilige Altersgruppe des Kindes maßgeblichen Mindestunterhalts geltend gemacht werden. Die dynamische Variante hat erhebliche Vorteile: Denn bei ihr verändert sich die Unterhaltshöhe in
Zukunft automatisch, wenn die jeweiligen Beträge für den Mindestunterhalt erhöht werden. Der im Festsetzungsbeschluss festgelegte
Prozentsatz nimmt im weiteren Verlauf Bezug auf den *jeweils gültigen* Mindestunterhaltsbetrag. Die geschuldete Summe kann also im
Einklang mit der allgemeinen Entwicklung steigen, ohne dass eine
Abänderung des Titels nötig wäre.

§ 75. Besonderheiten bei nichtehelichen Kindern

Literatur zu § 1615 l: *M. Löhnig/A. Gietl/M. Preisner,* Das Recht des Kindes nicht miteinander verheirateter Eltern, 3. Aufl. 2010; *R. Schilling,* FamRZ 2006, 1; *D. Schwab,* FamRZ 2007, 1053; *R. Wever,* FamRZ 2008, 553; *U. Foerste,* JZ 2008, 37; *U. Ehinger,* FPR 2010, 389; *M. Löhnig/M. Preisner,* FamRZ 2010, 2029; *D. Hoffmann,* FF 2015, 296; *W. Viefhues,* FuR 2015, 686; 2016, 27, *H. Borth,* FamRZ 2016, 269.

I. Unterhalt des Kindes

Für den Unterhaltsanspruch des nichtehelichen Kindes gelten seit   973
der Kindschaftsrechtsreform des Jahres 1998 die allgemeinen Vorschriften, wie § 1615a ausdrücklich klarstellt. Eine Besonderheit zugunsten des Kindes fügt § 247 FamFG hinzu: Im Wege der **einstweiligen Anordnung** kann bereits **vor Geburt des Kindes** die Verpflichtung zur Unterhaltszahlung für die ersten drei Lebensmonate des Kindes ausgesprochen werden. Den Antrag kann auch die Mutter stellen (§ 247 II 1 FamFG). Er ist gegen den Mann zu richten, der gemäß § 1600d II, III als Vater vermutet wird. Auch **nach Geburt des Kindes, aber vor Klärung der Vaterschaft** ist eine Unterhaltsregelung durch einstweilige Anordnung möglich, sobald ein Vaterschaftsfeststellungsverfahren anhängig ist (§ 248 FamFG).

II. Unterhalt der das Kind betreuenden Mutter

1. Übersicht. Einen Unterhaltsanspruch hat auch die Mutter gegen   974
den Vater des Kindes. Der Anspruch ist wie folgt gestuft.

a) **Ohne weitere Voraussetzungen** hat der Vater der Mutter Unterhalt für die Zeit von sechs Wochen vor bis acht Wochen nach Geburt des Kindes zu gewähren (§ 1615 l I 1). Hinzu kommen die Kosten, die auch außerhalb dieses Zeitraums infolge der Schwangerschaft oder Entbindung entstehen (§ 1615 l I 2).

b) Über dieses Minimum hinaus steht der Mutter ein Unterhaltsanspruch gegen den Vater unter **weiteren Voraussetzungen** zu, die in § 1615 l II alternativ formuliert sind:

Entweder die Mutter ist nicht erwerbstätig, weil sie infolge der Schwangerschaft oder einer schwangerschafts- oder geburtsbedingten Krankheit dazu außerstande ist (§ 1615 l II 1).

Oder die Mutter pflegt und erzieht das Kind und deshalb kann von ihr keine oder keine volle Erwerbstätigkeit erwartet werden (§ 1615 l II 2–5).

Die nach § 1615 l II begründeten Unterhaltsansprüche sind zeitlich begrenzt (→ Rn. 976).

975   **2. Der Anspruch wegen Kindesbetreuung insbesondere (§ 1615 l II 2–5).** a) Dieser Anspruch ist durch die Reform des Unterhaltsrechts zum 1.1.2008 neu gestaltet. Maßgebend ist die Entscheidung des BVerfG vom 28.2.2007 (BVerfGE 118, 45), wonach es gegen Art. 6 V GG verstößt, wenn das Gesetz die Dauer des Unterhaltsanspruchs wegen Kindesbetreuung für eheliche und nichteheliche Kinder unterschiedlich bestimmt. Daher wurden die Ansprüche aus § 1570 und § 1615 l in Bezug auf die Dauer der Unterhaltsgewährung wegen Kindesbetreuung nahezu gleichförmig geregelt.

976   b) Wie bei § 1570 weist der Anspruch der kindesbetreuenden Mutter gegen den Vater eine **zeitliche Stufung** auf:

– der Anspruch besteht in den **ersten drei Lebensjahren** des Kindes ohne Weiteres (§ 1615 l II 3), d. h. der Mutter wird in dieser Zeit keine Erwerbstätigkeit angesonnen. Zudem ist festgelegt, dass der Anspruch frühestens vier Monate vor Geburt des Kindes beginnt (§ 1615 l II 3).

– Die Unterhaltsberechtigung **verlängert sich** über die drei Jahre hinaus, solange und soweit dies der **Billigkeit** entspricht (§ 1615 l II 4). Dabei sind insbesondere die Belange des Kindes und die bestehenden Möglichkeiten der Kindesbetreuung zu berücksichtigen (§ 1615 II 5).

– Eine zusätzliche Verlängerung aus Gründen, die nicht aus dem Kindeswohl hergeleitet, sondern in der partnerschaftlichen Solidarität begründet sind (Vertrauensschutz), kennt § 1615 l nicht, insofern bleibt ein Unterschied zu § 1570 II. Doch meint die Gesetzesbegründung, dass auch bei § 1615 l **elternbezogene Gründe** für eine Verlängerung berücksichtigt werden können (BT-Drs. 16/ 6980 S. 10).

977   c) Die **Billigkeitsgründe** für eine Verlängerung des Anspruchs sind von der Mutter darzutun. Sie trägt die Beweislast für die entsprechenden Tatsachen (BGH FamRZ 2008, 1739, Rn. 97; 2015, 1369 Rn. 15). Die entscheidende Frage ist wie bei der geschiedenen Mutter, inwieweit eine volle oder teilweise Erwerbstätigkeit unter den konkreten

Umständen einer dem Kindeswohl entsprechenden persönlichen Erziehung des Kindes im Wege steht. Dafür kommt es auf die konkreten Lebensverhältnisse an (BGH FamRZ 2015, 1369 Rn. 20 ff.). Es gelten die gleichen Grundsätze wie für den Betreuungsunterhalt geschiedener Ehegatten (→ Rn. 413 ff.). Wie gesagt kann über die Betreuungsbedürfnisse der Kinder hinaus kann auch der Gedanke des Vertrauensschutzes eine Rolle spielen, wenn das Elternpaar zusammengelebt und sich auf eine bestimmte Gestaltung der Kindesbetreuung verständigt hatte („elternbezogene Gründe", s. BGH FamRZ 2008, 1739 Rn. 100; 2010, 357 Rn. 48; 2015, 1369 Rn. 14, 23; 2016, 887 Rn. 25).

3. Modalitäten. a) Auf die Unterhaltsansprüche der Mutter sind 978 die **Vorschriften über den Verwandtenunterhalt** anwendbar (§ 1615 l III 1). Voraussetzungen des Anspruchs sind also Bedürftigkeit der Mutter und Leistungsfähigkeit des Vaters nach allgemeinen Vorschriften.

b) Das **Unterhaltsmaß** richtet sich nach der **Lebensstellung der Mutter** (§ 1610 I), also nach ihren individuellen wirtschaftlichen Verhältnissen. Mindestens ist das Existenzminimums anzusetzen (Mindestbedarf, BGH FamRZ 2010, 357 Rn. 24, 38; derzeit 880 EUR/ Monat). Nicht relevant sind die „gemeinsamen Lebensverhältnisse" und der gemeinsam erreichte Lebensstandard, auch wenn die Kindeseltern zusammengelebt hatten (BGH FamRZ 2008, 1739; 2010, 357 Rn. 21). Diesem Ansatz folgend hatte der BGH zunächst die Bemessung an denjenigen wirtschaftlichen Verhältnissen der Mutter orientiert, die *bis zur Geburt des Kindes* gegeben waren; Maßstab war sonach das bis dahin nachhaltig erzielte monatliche Einkommen (BGH FamRZ 2010, 357 Rn. 15, 17). Diese Rechtsprechung ist nun zutreffend korrigiert: Die Lebensstellung der Mutter richtet sind nach den Einkünften, die sie *ohne Geburt und die Betreuung des Kindes jetzt* – im Zeitpunkt der Unterhaltsberechtigung *hätte* (BGH FamRZ 2015, 1369 Rn. 34). Das ist für Fälle wichtig, in denen die Mutter bei Geburt am Ende einer Ausbildung oder sonst vor einer beruflichen Änderung stand.

Beispiel: Die Mutter befindet sich bei Geburt des Kindes in einer betrieblichen Ausbildung mit einem Monatseinkommen von 600 EUR netto. Ohne die Geburt des Kindes hätte sie nach Vollendung der Ausbildung im Betrieb einen Job zu 2.000 EUR erhalten können. Maßgeblich für die Lebensstellung ist nicht die Ausbildungsvergütung, sondern das ohne das Kind jetzt mögliche Einkommen (dazu *Chr. Seiler*, FamRZ 2015, 1374).

Ob der Ausgangspunkt der Rspr. zutrifft, dass bei den Eltern eines nichtehelichen Kindes in keinem Fall von gemeinsamen Lebensverhältnissen die Rede sein kann, kann bezweifelt werden.

Beispiel: Ein Fußballstar lebt mit einer Frau zusammen, die bis dahin als Serviererin in einer Sportgaststätte arbeitete. Zwei Jahre später geht aus dieser Verbindung ein Kind hervor, weitere drei Jahre später trennt sich das Paar. Das bei der Mutter lebende Kind bedarf der persönlichen Betreuung. Somit hat die Mutter einen Anspruch aus § 1615 l II 2–5. Fraglich ist, wie die Höhe des Anspruchs bemessen werden soll. Angenommen, der Mann hatte zur Zeit der Geburt des Kindes und auch der Trennung ein Monatseinkommen von 80.000 EUR, die Frau verdiente als Serviererin bis zur Aufgabe ihres Jobs 1.400 EUR netto im Monat. Wird die Lebensstellung der Frau ausschließlich durch ihren früheren Job bestimmt? Verändert nicht das Zusammenleben und die gemeinsame Elternschaft mit einem Großverdiener auch die Lebensstellung der Mutter?

979   c) Die **Rangverhältnisse** sind durch das UnterhRÄndG mit Wirkung zum 1.1.2008 wesentlich umgestaltet. Nunmehr gelten folgende Rangregeln:

– Die Verpflichtung des Vaters geht der Verpflichtung der mütterlichen Verwandten der Mutter vor (§ 1615 l III 2).

– Konkurriert die Mutter mit anderen Unterhaltsgläubigern des Kindesvaters, so stehen an erster Rangstelle alle minderjährigen Kinder des Pflichtigen (einschließlich der bei den Eltern wohnenden Schulkinder bis 21 Jahre).

– Im Range danach teilt die Mutter gleichen Rang mit allen Unterhaltsberechtigten, die gegen den Kindesvater einen Anspruch wegen Kindesbetreuung haben oder bei einer Scheidung hätten (§ 1609 Nr. 2). Die geschiedene Ehefrau, die Anspruch aus § 1570 hat und die nichteheliche Mutter sind mit ihren Ansprüchen also gleichrangig. Diesen gleichen Rang teilt auch die (geschiedene) Ehefrau nach einer Ehe von langer Dauer (§ 1609 Nr. 2, letzter Hs.).

– Der Anspruch von sonstigen (geschiedenen) Ehefrauen rangiert hingegen *nach* dem Anspruch der nichtehelichen Mutter, etwa ein Anspruch wegen Krankheit (§ 1572) oder Erwerbslosigkeit (§ 1573 I).

– Die Ansprüche volljähriger Kinder nehmen die nächste Rangstufe ein, danach kommen die weiteren Verwandten des Kindesvaters (s. § 1609 Nr. 4–7, vgl. → Rn. 459).

980   d) Die **weiteren Modalitäten** des Anspruchs zeigen Ähnlichkeiten, aber auch Unterschiede zum Anspruch aus § 1570 – eine plausible Li-

nie ist noch nicht gefunden. So hat der BGH entschieden, dass der Unterhaltsanspruch der kindesbetreuenden Mutter analog § 1586 I erlischt, wenn sie eine Ehe eingeht (BGH FamRZ 2005, 347; 2016, 892 Rn. 14). Der Selbstbehalt, der dem Unterhaltspflichtigen zu belassen ist, ist bei § 1615 l der gleiche wie gegenüber geschiedenen Ehefrauen (Düsseldorfer Tabelle, Stand 1.1.2017: 1.200 EUR monatlich). Der BGH begrenzt die Höhe des Unterhalts auf den Betrag, der dem unterhaltspflichtigen Vater selbst verbleibt (sog. Halbteilungsgrundsatz, BGH FamRZ 2005, 442). Auf den Unterhaltsanspruch kann indes nicht im Voraus verzichtet werden (§ 1615 l III 1 i. V. m. § 1614 I).

Der Anspruch aus § 1615 l erlischt nicht mit dem Tode des Vaters (§ 1615 l III 4), sondern setzt sich gegen seine Erben fort. Der Anspruch besteht auch dann, wenn der Vater vor Geburt des Kindes gestorben oder wenn das Kind tot geboren ist (§ 1615n S. 1). Auch bei einer Fehlgeburt gelten die genannten Unterhaltsregeln sinngemäß (§ 1615n S. 2).

e) Die gesamte Regelung erscheint im Kontext mit dem übrigen **981** Unterhaltsrecht **unausgegoren und ist verfassungsrechtlich angreifbar.** So ist schwer verständlich, dass die Mutter eines nichtehelichen Kindes auf ihren Anspruch für die Zukunft nicht verzichten kann, während bei § 1570 grundsätzlich Vertragsfreiheit herrscht (§ 1585c S. 1, → Rn. 498). Einschränkungen der Privatautonomie haben Schutzfunktion, das bedeutet, dass die kindesbetreuende Ehefrau und damit ihr Kind weniger geschützt werden als die nichteheliche Mutter und ihr Kind. Problematisch erscheint zudem, dass der Unterhaltsanspruch der nichtehelichen Mutter durch sehr viel enger formulierte Härteklauseln eingeschränkt ist als derjenige einer geschiedenen Ehefrau (§ 1615 l III 1 i. V. m. § 1611 gegenüber §§ 1578b, 1579).

III. Betreuungsunterhalt des Vaters

Möglicherweise kommt auch dem Vater eines nichtehelichen Kin- **982** des die Aufgabe zu, das Kind zu pflegen und zu erziehen. Die Gleichberechtigung der Geschlechter verlangt für diesen Fall, dass der Anspruch auf Betreuungsunterhalt dem Vater gegen die Mutter zusteht. Deshalb verweist § 1615 l IV auf die für die Mutter geltenden Regeln der §§ 1615 l II 2 und III.

Die oft verwirrende Verweisungstechnik bringt auch hier Probleme. § 1615 l IV verweist zwar auf § 1615 l II 2, aber nicht auf den nachfolgenden S. 3 (An-

spruch mindestens für drei Jahre nach Geburt des Kindes, ab dann Verlängerung nach Billigkeit). Der kindesbetreuende Vater würde – nimmt man das
wörtlich – unterhaltsrechtlich anders behandelt als die Mutter in der gleichen
Lage. Ob es sich um ein Redaktionsversehen handelt, ist nicht sicher, nachdem
auch der Gesetzgeber des UnterhRÄndG die Vorschrift nicht verändert hat,
obwohl die Unstimmigkeit des Gesetzestextes bekannt war.

§ 76. Exkurs: Die Ausstattung

Literatur: *D. Jakob,* AcP 207 (2007), 198.

983   Über ihre Unterhaltspflichten hinaus wenden die Eltern den Kindern nicht selten eine Ausstattung zu, um ihnen den Start ins Leben
zu erleichtern. Die Eigenart des Eltern-Kind-Verhältnisses spricht dagegen, hier unterschiedslos das Schenkungsrecht anzuwenden. Nach
§ 1624 I *gilt* daher *nicht als Schenkung,* was die Eltern ihrem Kind im
Hinblick auf seine Eheschließung (Aussteuer) oder auf die Erlangung
einer selbstständigen Lebensstellung (etwa: Startkapital für ein Erwerbsgeschäft) zweckgebunden zugewendet haben. Vorausgesetzter
Zweck ist die „Begründung oder Erhaltung der Wirtschaft oder der
Lebensstellung", d. h. die Selbstständigkeit des Kindes im Bereich
der Lebensführung oder des wirtschaftlichen Erwerbs. Die Ausnahme vom Schenkungsrecht gilt nur, soweit die Ausstattung das
den Umständen, insbesondere den Vermögensverhältnissen der Eltern entsprechende Maß nicht übersteigt. Eine Verpflichtung zur
Ausstattung, insbesondere zur Gewährung einer Aussteuer für die
heiratende Tochter, besteht heute nicht mehr.

Nichtanwendung des Schenkungsrechts bedeutet insbesondere, dass *Aus-
stattungsversprechen* im Rahmen des § 1624 I nicht der Form des § 518 bedürfen und dass kein Widerruf wegen groben Undanks (§ 530) möglich ist (wohl
aber Rückforderung wegen Zweckverfehlung § 812 I 2).

Gewähren Eltern (bzw. der Elternteil) eine Ausstattung, die gleichzeitig
kraft Elternsorge oder Betreuung das Kindesvermögen zu verwalten haben,
so soll im Zweifel anzunehmen sein, dass die Ausstattung aus dem Kindesvermögen gewährt wird (§ 1625).

Teil III. Vormundschaft, Pflegschaft und Betreuung

1. Kapitel. Die Vormundschaft

Literatur: *H. Oberloskamp* (Hrsg.), Vormundschaft, Pflegschaft und Beistandschaft für Minderjährige, 3. Aufl. 2010; *D. Coester-Waltjen/V. Lipp/E. Schumann/B. Veit* (Hrsg.), Neue Perspektiven im Vormundschafts- und Pflegschaftsrecht, 2011; *A. Dutta/D. Schwab et al.* (Hrsg.), Vormundschaft in Europa, 2015; *B. Hoffmann*, FamRZ 2011, 1185; *B. Veit*, FamRZ 2012, 1841.

§ 77. Übersicht

1. Vormundschaft. Die Vormundschaft (von Munt = Schutzge- **984** walt) ist ein altes Rechtsinstitut. Sie bezeichnet herkömmlicherweise die rechtlich geregelte, umfassende Sorge für eine Person, die ihre Angelegenheiten nicht selbst wahrnehmen kann und für die – soweit es sich um Minderjährige handelt – auch nicht die Eltern als gesetzliche Vertreter fungieren. Nach der Abschaffung der Entmündigung durch das Betreuungsgesetz von 1992 beschränkt sich das Rechtsinstitut der Vormundschaft im deutschen Recht auf die **Fürsorge für minderjährige Personen**. Für Volljährige ist das neue Institut der Betreuung geschaffen worden.

2. Pflegschaft. Der Vormundschaft als dem umfassenden Sorge- **985** rechtsverhältnis steht die Pflegschaft (§§ 1909–1921) gleichsam als kleinere Schwester zur Seite: Pflegschaft bedeutet Sorgerecht für einen *beschränkten Kreis von Angelegenheiten*. Strukturell ist sie der Vormundschaft nachgebildet, die Regeln des Vormundschaftsrechts sind weitgehend anwendbar (§ 1915 I). Die Pflegschaft kann für Minderjährige, in bestimmten Fällen auch für Volljährige, für die Leibesfrucht und sogar für ein Sammelvermögen angeordnet werden.

3. Rechtliche Betreuung. Die rechtliche Betreuung (§§ 1896– **986** 1908i) bildet ein Rechtsinstitut eigener Art für Volljährige, die aufgrund einer psychischen Krankheit oder einer körperlichen, geistigen oder seelischen Behinderung ihre Angelegenheiten ganz oder teilweise nicht besorgen können. Solche Personen erhalten, sofern erfor-

derlich, auf Antrag oder von Amts wegen einen Betreuer, der als ihr
gesetzlicher Vertreter fungiert. Die Bestellung eines Betreuers beseitigt als solche nicht die Geschäftsfähigkeit des Betroffenen; ob dieser
geschäftsunfähig ist, richtet sich nach § 104 Nr. 2. Erscheint es notwendig, die geschäftliche Bewegungsfreiheit des Betreuten einzuschränken, so kann angeordnet werden, dass er zu Willenserklärungen der Einwilligung des Betreuers bedarf (§ 1903). Im Regelfall
bezieht sich das Amt des Betreuers nur auf bestimmte Aufgabenkreise, in denen der Betreuungsbedarf besteht; nur ausnahmsweise
kann die Betreuung alle Angelegenheiten des Betreuten umfassen.

987   **4. Die Fürsorge zwischen Privatrecht und öffentlichem Recht.**
In den Instituten der Vormundschaft, Pflegschaft und Betreuung treffen sich Privatrecht und Öffentliches Recht in besonderer Weise. Ursprünglich bildete *die Familie* die Schutzorganisation für hilfsbedürf-
tige Mitglieder (Waise, Witwen, Kranke). Doch schon im Mittelalter
sahen sich die Obrigkeiten veranlasst, das Vormundschaftswesen unter öffentliche Kontrolle zu stellen. Daraus entwickelte sich eine blei-
bende staatliche Kompetenz für die Organisation der Vormundschaft
bis hin zur Übernahme von Vormundschaften durch den Staat selbst
(Amtsvormundschaft). Der Staat sieht es als seine Aufgabe an, den
hinreichenden Schutz fürsorgebedürftiger Personen sicherzustellen;
insofern handelt es sich um eine öffentliche Aufgabe (BVerfGE 10,
302, 311). Doch wird diese Aufgabe aus mannigfachen Gründen regelmäßig nicht durch Behörden, sondern durch Privatpersonen erfüllt. Das Rechtsverhältnis zwischen Vormund und Mündel, Betreuer
und Betreutem gehört folglich dem Privatrecht an. Der öffentlich-
rechtliche Einschlag zeigt sich darin, dass diese Rechtsverhältnisse
durch gerichtlichen Akt entstehen und enden. Die staatlichen Gerichte üben zudem eine Kontrolle über die Tätigkeit der Sorgeperso-
nen aus.

§ 78. Begründung der Vormundschaft

988   **1. Arten der Entstehung.** Die Vormundschaft über eine Person
wird im Regelfall durch Anordnung des Familiengerichts begründet,
die von Amts wegen zu treffen ist (§ 1774 S. 1 BGB, § 151 Nr. 4
FamFG). Ausnahmsweise entsteht die Vormundschaft *kraft Gesetzes:*
Mit der Geburt eines nichtehelichen Kindes, das eines Vormunds bedarf, wird das Jugendamt ipso jure zum Vormund (§ 1791c I). Amts-

vormundschaft tritt auch ein mit Einwilligung der Eltern zur Adoption ihres Kindes (§ 1751 I 2).

2. Gerichtliche Anordnung. Die Begründung der Vormundschaft 989 durch gerichtliche Anordnung stützt sich auf unterschiedliche Tatbestände. Der Minderjährige erhält einen Vormund,

a) wenn er nicht unter elterlicher Sorge steht (z. B. der Vater ist verstorben, der Mutter ist das Sorgerecht entzogen),

b) oder wenn die Eltern weder im Bereich der Personensorge noch im Bereich der Vermögenssorge zur Vertretung des Minderjährigen berechtigt sind (§ 1773 I; z. B. wenn der Vater verstorben ist, die Sorge der Mutter wegen beschränkter Geschäftsfähigkeit ruht),

c) oder wenn der Familienstand des Minderjährigen nicht zu ermitteln ist („Findelkind", § 1773 II).

Die Vormundbestellung kann schon vor Geburt des Kindes mit Wirksamkeit von seiner Geburt an erfolgen (§ 1774 S. 2).

Die Anordnung der Vormundschaft kann auch aufgrund § 1666 notwendig werden.

§ 79. Auswahl und Bestellung des Vormunds

1. Arten der Vormundschaft. Dem Familiengericht obliegt auch 990 die Bestellung des Vormunds. Regelmäßig soll der Mündel *einen* Vormund erhalten (§ 1775). Doch können aus besonderen Gründen auch *mehrere* Vormünder bestellt werden, welche die Vormundschaft entweder gemeinschaftlich oder jeweils selbstständig in getrennten Wirkungsbereichen zu führen haben (§ 1797). Neben dem Vormund kann ein Gegenvormund bestellt werden (§ 1792), der die Amtsführung des Vormunds überwacht (§ 1799) und dessen Genehmigung der Vormund für bestimmte Geschäfte benötigt (§§ 1809, 1810, 1812).

Ein **Gegenvormund** soll bestellt werden, wenn Vermögen zu verwalten ist, außer wenn die Verwaltung nicht erheblich ist oder wenn die Vormundschaft von mehreren gemeinschaftlich zu führen ist (§ 1792 II). Vater oder Mutter können bei Benennung eines Vormunds die Bestellung eines Gegenvormunds ausschließen (§ 1852, § 1855, beachte § 1857!). Gegenüber dem Jugendamt als Vormund kann kein Gegenvormund bestellt werden (§ 1792 I 2).

2. Geeignete Vormünder. Entscheidendes Problem ist das Auffin- 991 den einer geeigneten Person, die eine Vormundschaft mit den nötigen Kenntnissen und angemessenem Einsatz zu führen in der Lage ist. Die Regelung des BGB war ursprünglich von der Vorstellung getragen, dass meist im Freundeskreis der Eltern oder unter den Verwandten eine fähige Persönlichkeit zur Verfügung steht, die das schwierige und zeitraubende Amt unentgeltlich auf sich nehmen kann (**Einzelvormund**). Die Wirklichkeit ist vielfach anders. Daher ist die Möglichkeit geschaffen worden, dass auch das **Jugendamt** zum Vormund bestellt werden kann, wenn eine als Einzelvormund geeignete Person nicht vorhanden ist (§ 1791b I, bestellte Amtsvormundschaft). Nach § 1791a kann ferner ein **rechtsfähiger Verein**, zum Vormund bestellt werden, wenn eine als Einzelvormund geeignete Person fehlt oder wenn der Verein von den Eltern des Mündels als Vormund berufen ist (Vereinsvormundschaft). Es kommen nur solche Vereine in Betracht, denen das Landesjugendamt die Erlaubnis zur Übernahme von Vormundschaften erteilt hat (§ 54 SGB VIII).

Man unterscheidet folglich **Einzelvormundschaft** (durch natürliche Personen, auch wenn mehrere Vormünder bestellt werden), **Vereinsvormundschaft** und **Amtsvormundschaft**. Der Verein bedient sich bei der Führung der Vormundschaft einzelner Mitglieder oder Mitarbeiter (§ 1791a III). Ähnlich wird die Amtsvormundschaft so verwirklicht, dass die Ausübung der Aufgaben eines Vormunds einzelnen Beamten oder Angestellten des Jugendamts übertragen wird; diese sind dann zur gesetzlichen Vertretung des Mündels befugt (§ 55 III 2 SGB VIII). Sie haben den persönlichen Kontakt mit dem Mündel zu halten und seine Pflege und Erziehung persönlich zu fördern und zu gewährleisten (§ 55 III 3 SGB VIII).

992   **3. Auswahl des Vormunds.** In der **Auswahl** des zu bestellenden Vormunds ist das Gericht an folgende Regeln gebunden:

a) Primär ist als Vormund berufen, wer von den Eltern des Mündels durch letztwillige Verfügung als Vormund benannt ist (§ 1776, § 1777 III). Die Eltern müssen im Zeitpunkt ihres Todes für Person und Vermögen des Kindes sorgeberechtigt gewesen sein (§ 1777 I). Bei unterschiedlichen Benennungen durch Vater und Mutter gilt die zeitlich letzte (§ 1776 II). Der durch die Eltern Berufene darf ohne seine Zustimmung nur in eng begrenzten Fällen übergangen werden (§ 1778). Auch ein Verein kann von den Eltern benannt werden (§ 1791a I), nicht aber das Jugendamt (§ 1791b I 2).

b) Ist die Vormundschaft nicht einer nach § 1776 berufenen Person zu übertragen, so wählt das Gericht den Vormund nach den Kriterien der Eignung aus (§ 1779). Bei der Auswahl sind der mutmaßliche Wille der Eltern, die persönlichen Bindungen des Mündels, die Verwandtschaft oder Schwägerschaft mit dem Mündel sowie dessen religiöses Bekenntnis zu berücksichtigen (§ 1779 II 2). Nahe Verwandte, die mit dem Kind familiär verbunden sind, sind im Rang vor dritten Personen in Betracht zu ziehen (BVerfG FamRZ 2014, 1801 Rn. 14 ff.). Die Einzelvormundschaft hat den Vorzug vor der Vereins- und Amtsvormundschaft (§§ 1791a I 2, § 1791b I 1); die Vereinsvormundschaft ihrerseits hat Vorrang vor der Vormundschaft des Amtes.

c) Zum Vormund kann nicht bestellt werden, wer geschäftsunfähig ist (§ 1780). Minderjährige oder unter Betreuung gestellte Personen sollen nicht zum Vormund bestellt werden (§ 1781). Außerdem soll nicht bestellt werden, wer durch letztwillige Verfügung der Eltern bzw. des längst lebenden Elternteils von der Vormundschaft ausgeschlossen ist (§ 1782). Das Jugendamt kann allerdings nicht ausgeschlossen werden (§ 1791b I 2).

4. Verpflichtung zur Übernahme des Amtes. Die vom Gericht **993** ausgewählte Person ist grundsätzlich zur Übernahme der Vormundschaft verpflichtet (§ 1785), anders nur bei Vereinen, deren Bestellung zum Vormund ihre Einwilligung voraussetzt (§ 1791a I 2). Wer im Übrigen die Übernahme der Vormundschaft verweigern will, muss einen der Ablehnungsgründe des § 1786 ins Feld führen können. Wer unbegründet ablehnt, riskiert die Aufbürdung von Zwangsgeld (§ 1788) und Schadensersatzpflichten (§ 1787).

5. Bestellung des Vormunds. Die ausgewählte Person wird durch **994** mitwirkungsbedürftigen Akt vom Familiengericht zum Vormund bestellt. Kern des Aktes ist die Verpflichtung des Ausgewählten zur treuen und gewissenhaften Führung der Vormundschaft (§ 1789). Diese Verpflichtung soll mittels Handschlags an Eides Statt erfolgen. Der Vormund erhält eine Bestallungsurkunde (§ 1791), die freilich keinen öffentlichen Glauben genießt. Die in §§ 1789, 1791 genannten Förmlichkeiten entfallen bei der Vereins- und Amtsvormundschaft; die Bestellung erfolgt hier durch Beschluss des Familiengerichts (§ 1791a II, § 1791b II).

§ 80. Die Ausübung der Personensorge

1. Anwendbare Vorschriften. Die Vormundschaft ersetzt die elter- **995** liche Sorge. Sie enthält infolgedessen die volle Personen- und Vermögenssorge und umfasst die Befugnis zur gesetzlichen Vertretung (§ 1793 I 1). Die Personensorge des Vormunds orientiert sich an den für Eltern gegebenen Bestimmungen (§ 1800/§§ 1631–1633). Auch gilt das Gebot der Rücksichtnahme auf die wachsende Selbstständigkeit des minderjährigen Mündels (§ 1626 II/§ 1793 I 2). Häufig nimmt der Vormund die tatsächliche Betreuung des Kindes nicht selbst wahr, sondern betraut damit eine Pflegefamilie oder ein Heim, während er selbst sich darauf beschränkt, für das Leben des Kindes den organisatorischen Rahmen bereit zu halten. Damit sich eine solche Vormundschaft nicht auf die bürokratische Verwaltung beschränkt, ist durch Gesetz vom 29.6.2011 (BGBl. I S. 1306) ausdrücklich die Verpflichtung des Vormunds festgelegt worden, mit dem Mündel persönlichen Kontakt zu halten. Der Vormund soll den Mündel in der Regel einmal im Monat in dessen üblicher Umgebung aufsuchen (§ 1793 Ia). Er hat die Pflege und Erziehung des Kindes persönlich zu fördern und – wie das Gesetz optimistisch sagt – „zu gewährleisten" (§ 1800 S. 2).

Das Sorgerecht des Vormunds kann im Einzelfall eingeschränkt sein, z. B. wenn für einen bestimmten Kreis von Angelegenheiten ein Pfleger bestellt ist. Ist die Mutter des Kindes beschränkt geschäftsfähig, so steht ihr neben dem Vormund die tatsächliche Personensorge zu (§ 1673 II 2). Es kann auch sein, dass mehrere Vormünder das Amt gemeinschaftlich oder in Funktionsteilung ausüben (§ 1797 I, II) oder dass ein Gegenvormund bestellt ist (§ 1799).

996   **2. Aufsicht des Familiengerichts.** Die Ausübung der Personensorge steht unter der Aufsicht des Familiengerichts, das hierin vom Jugendamt unterstützt wird. Vormund und Gegenvormund haben dem Gericht auf Verlangen jederzeit über die Führung der Vormundschaft und über die persönlichen Verhältnisse des Mündels Auskunft zu erteilen (§ 1839). Gegen Pflichtwidrigkeiten des Vormunds oder Gegenvormunds hat das Gericht durch geeignete Gebote und Verbote einzuschreiten. Der Einzelvormund kann zu ihrer Befolgung auch durch Zwangsgeld angehalten werden (§ 1837 III). Für Art und Umfang der zulässigen Maßnahmen gelten die §§ 1666, 1666a und 1696 entsprechend (§ 1837 IV). Hinzu kommt die Befugnis des Gerichts, den Einzelvormund zu entlassen, wenn die Fortführung des Amtes das Interesse des Mündels wegen pflichtwidrigen Verhaltens des Vormunds gefährden würde (§ 1886).

Der aufsichtlichen Funktion des Familiengerichts steht die helfende gegenüber: Das Gericht hat die Vormünder zu **beraten** und wirkt dabei mit, sie in ihr Amt **einzuführen** (§ 1837 I). Dem zuständigen Jugendamt gegenüber haben die Vormünder Anspruch auf regelmäßige, dem erzieherischen Bedarf des Mündels entsprechende Beratung und Unterstützung (§ 53 II SGB VIII).

3. Die religiöse Erziehung insbesondere. Eine besondere Ein- 997
griffskompetenz des Familiengerichts betrifft die religiöse Erziehung.
Dem Einzelvormund kann auf diesem Feld die Personensorge entzogen werden, wenn er nicht dem religiösen Bekenntnis angehört, in
dem der Mündel zu erziehen ist (§ 1801 I); es ist dann ein Pfleger zu
bestellen (§ 1909 I). Auch bei der Durchführung der Vereins- und
Amtsvormundschaft ist auf das religiöse Bekenntnis oder die Weltan-
schauung des Mündels und seiner Familie Rücksicht zu nehmen
(§ 1801 II).

§ 81. Gesetzliche Vertretung

1. Genehmigungsbedürftige Geschäfte. In der gesetzlichen Ver- 998
tretung unterliegt der Vormund strengeren Kontrollen und stärkeren
Beschränkungen als die Eltern. Der Kreis der Geschäfte, zu denen
der Vormund der Genehmigung des Familiengerichts bedarf, ist weiter gezogen als bei der elterlichen Sorge (vgl. §§ 1821–1823 mit
§§ 1643, 1645; hinzu kommen die sich aus der Hinterlegung von Vermögensgegenständen mit Sperrvermerk ergebenden Genehmigungsvorbehalte, §§ 1814–1820). Zu einer Reihe von Rechtsakten und
Maßnahmen der Vermögensverwaltung bedarf der Vormund außerdem wahlweise der Genehmigung des Gegenvormunds oder des Familiengerichts (s. §§ 1809–1813).

Zu Geschäften, die nach § 1812 und nach § 1822 Nr. 8–10 genehmigungsbe-
dürftig sind, kann das Gericht dem Vormund im Voraus eine **allgemeine Ermächtigung** erteilen (§ 1825). Der entsprechend befreite Vormund sowie Jugendamt und Verein als Vormund unterliegen den Beschränkungen der
§§ 1809, 1810 und 1812 nicht (§ 1852 II, § 1857a).
Genehmigungsverfahren: §§ 1828–1831. Zu hören sind gemäß § 1826 auch
der Gegenvormund und gemäß § 1847 auch Verwandte und Verschwägerte.

2. Beschränkungen der gesetzlichen Vertretungsmacht. a) Gleich 999
den Eltern sind auch Vormünder nach § 181 und § 1795 von der Vertretung ausgeschlossen (→ Rn. 729 ff.). Darüber hinaus kann das Familiengericht dem Vormund die Vertretungsmacht partiell entziehen
(§ 1796 I); dies soll nur geschehen, wenn sich bei einem Geschäft
oder in einem bestimmten Geschäftskreis eine Interessenkollision ergibt (§ 1796 II).
b) Beschränkungen der Vertretungsmacht ergeben sich bei der Vormundschaft über Minderjährige, die beschränkt geschäftsfähig sind,

aufgrund der Bestimmungen, die dem Selbstbestimmungsinteresse des jungen Menschen in persönlichen Angelegenheiten Rechnung tragen wollen (→ Rn. 739 ff.) sowie aufgrund von Ermächtigungen nach §§ 112, 113.

c) Ferner können Vormünder in Vertretung des Mündels keine Schenkungen machen. Ausgenommen sind Schenkungen, durch die einer sittlichen Pflicht oder einer auf den Anstand zu nehmenden Rücksicht entsprochen wird (§ 1804).

§ 82. Die Ausübung der Vermögenssorge

1000   1. **Grundsätze.** Die Vermögenssorge des Vormunds entspricht nach Umfang und Mitteln im Prinzip der Vermögenssorge durch die Eltern. Der Vormund ist befugt, die Vermögensgegenstände in Besitz zu nehmen. Er hat das Vermögen mit dem Ziel seiner Erhaltung, Vermehrung und zweckdienlichen Verwendung im Mündelinteresse zu verwalten. Über das bei Antritt des Amtes vorhandene und das vom Mündel später erworbene Vermögen ist ein Verzeichnis anzulegen und, versehen mit der Versicherung der Richtigkeit und Vollständigkeit, dem Familiengericht einzureichen (§ 1802).

1001   2. **Vermögensanlage.** In diesem Bereich ist der Vormund zum Teil detaillierten Regeln unterworfen.

a) **Geld** ist **verzinslich anzulegen,** soweit es nicht für Ausgaben bereitgehalten werden muss (§ 1806). Dabei soll der Vormund bestimmte Anlageformen wählen, die als wirtschaftlich besonders sicher gelten („mündelsichere Anlage", § 1807, etwa Pfandbriefe, hinreichend durch Hypotheken gesicherte Forderungen, Anlagen bei öffentlichen Sparkassen). Als mündelsicher werden auch die Anlagen bei sonstigen Kreditinstituten, z. B. Privatbanken, anerkannt, sofern sie einem ausreichenden Sicherungsfonds angehören (§ 1807 I Nr. 5). Geldanlagen bei Sparkassen und Banken sollen ferner nur so vorgenommen werden, dass der Vormund zum Abheben des Geldes die Genehmigung des Gegenvormunds oder des Familiengerichts benötigt („Sperrvermerk", § 1809). Das Gericht kann dem Vormund gestatten, von den Anlageformen des § 1807 abzuweichen und soll dies nur verweigern, wenn die beabsichtigte Art der Anlage den Grundsätzen einer wirtschaftlichen Vermögensverwaltung zuwiderlaufen würde (§ 1811).

b) **Inhaberpapiere** und mit Blankoindossament versehene **Order-** 1002
papiere hat der Vormund grundsätzlich mit der Bestimmung zu hin-
terlegen, dass die Herausgabe der Papiere nur mit Genehmigung des
Familiengerichts verlangt werden kann (§ 1814, s. auch die Möglichkeit des § 1815).

c) Zu **Verfügungen über Forderungen** und sonstige Rechte, kraft
welcher der Mündel eine Leistung verlangen kann, sowie zur Eingehung einer **Verpflichtung** zu einer solchen Verfügung bedarf der
Vormund der Genehmigung des Gegenvormunds oder des Familiengerichts (§ 1812, Ausnahmen § 1813).

Beschränkungen der Vermögensverwaltung ergeben sich ferner aus den allgemeinen Vorschriften, die ein Vertreterhandeln des Vormunds an die Genehmigung des Familiengerichts binden (namentlich §§ 1821, 1822, → Rn. 724 ff.).
Verwaltungsbeschränkungen können sich schließlich aus Anordnungen ergeben, die Dritte bei Zuwendungen an das Kind getroffen haben (§ 1803 I).

d) Von einigen (nicht allen!) Beschränkungen der Vermögensverwaltung kann der Vormund durch letztwillige Anordnungen des Vaters oder der Mutter befreit sein (§ 1852 II, §§ 1853–1857). Gesetzliche Befreiungen gelten für den Vereins- und Amtsvormund (§ 1857a).

3. Verwendung des Mündelvermögens. Die Verwendung des Ver- 1003
mögens hat ausschließlich im Interesse des Mündels zu erfolgen. Im
Vordergrund steht die Bestreitung seines Unterhalts, soweit dieser
nicht durch Unterhaltsansprüche gegen Dritte gedeckt werden kann.
Im Übrigen ist auf Vermögenserhaltung und -vermehrung hinzuar-
beiten (beachte das Schenkungsverbot nach § 1804). Der Vormund
darf Mündelvermögen weder für sich noch für den Gegenvormund
verwenden (§ 1805 S. 1). Tut er dies gleichwohl, so macht er sich
schadensersatz- und zinspflichtig (§§ 1833, 1834). Die Kosten der
Vermögensverwaltung gehen freilich zu Lasten des Mündels.

4. Gerichtliche Aufsicht. Das Familiengericht überwacht auch die 1004
Vermögensverwaltung durch den Vormund (§ 1837 II) mit Unterstützung des Jugendamts (§ 53 III 5 SGB VIII). Der Vormund ist dem
Gericht auskunftspflichtig (§ 1839) und hat ihm jährlich, mindestens
aber in Zeitabständen von 3 Jahren Rechenschaft zu legen (§§ 1840–
1843). Über die persönlichen Verhältnisse des Mündels hat der Vormund dem Gericht mindestens einmal jährlich zu berichten
(§ 1840 I). Gegen Pflichtwidrigkeiten muss das Gericht durch geeignete Gebote und Verbote einschreiten, zu deren Befolgung der Ein-

zelvormund durch Zwangsgeld angehalten werden kann (§ 1837 II,
III). In Betracht kommen Maßnahmen nach 1666 (§ 1837 IV), folglich auch die Entziehung der Vermögenssorge oder eines Teilbereichs
hieraus. Unter den Voraussetzungen des § 1886 ist die Entlassung des
Einzelvormunds anzuordnen.

§ 83. Das Rechtsverhältnis zwischen Vormund und Mündel

1005 **1. Unentgeltliche Geschäftsbesorgung.** Zwischen Vormund und
Mündel besteht ein gesetzliches Dauerschuldverhältnis eigener Art,
das wesentliche Elemente der unentgeltlichen Geschäftsbesorgung
enthält. Die Kosten der Führung der Vormundschaft gehen zu Lasten
des Mündels. Dem Vormund ist insoweit **Vorschuss** zu leisten
(§ 669/§ 1835 I), den er selbst dem Mündelvermögen entnehmen
kann (§ 181). Macht der Vormund **Aufwendungen** aus eigenem Vermögen, so kann er vom Mündel wie ein Beauftragter Ersatz verlangen (§ 670/§ 1835 I). Ist der Mündel mittellos, so kann der Vormund
Vorschuss und Ersatz aus der Staatskasse verlangen (§ 1835 IV). Ersetzt werden grundsätzlich nur Geld- und Sachaufwendungen einschließlich der Kosten einer angemessenen Haftpflichtversicherung
(§ 1835 II). Für Dienstleistungen, die der Vormund in eigener Person
erbringt, kann er nur dann Aufwendungsersatz verlangen, wenn die
Dienste zu seinem Gewerbe oder Beruf gehören (§ 1835 III; so etwa,
wenn der Vormund Bauhandwerker ist und Reparaturleistungen am
Haus des Mündels durchführt; oder wenn er Anwalt ist und für den
Mündel einen Prozess führt).

1006 **2. Entgeltlich geführte Vormundschaft.** Grundsätzlich wird die
Vormundschaft unentgeltlich geführt (§ 1836 I 1). Doch nötigt die
schwierige Suche nach geeigneten Vormündern zu Ausnahmen vom
diesem Prinzip. Deshalb sind die Möglichkeiten für eine entgeltliche
Führung der Vormundschaft wesentlich erweitert worden. Der Ent-
geltanspruch setzt eine **Bewilligung durch das Familiengericht** voraus. Diese kann in zwei Fällen gewährt werden:

a) **Berufsvormündern** steht grundsätzlich eine Vergütung zu. Der
Anspruch setzt die Feststellung des Gerichts voraus, dass der Vormund die Vormundschaft berufsmäßig führt (§ 1836 I 2). Diese Feststellung wird bereits bei der Bestellung des Vormunds getroffen. Die
Anerkennung als Berufsvormund hängt vom Umfang der übertragenen Vormundschaften ab. Das Vormünder- und Betreuervergütungs-

gesetz bietet hierzu eine nähere Beschreibung und regelt die Höhe der Vergütung. Es bestimmt auch, dass bei Mittellosigkeit des Mündels die Staatskasse für die Vergütung einsteht (§ 1 II 2).

b) Auch einem **Vormund, der nicht als Berufsvormund fungiert,** kann das Gericht eine angemessene Vergütung bewilligen, soweit der Umfang und die Schwierigkeit der Amtsführung dies rechtfertigen; dies gilt nicht, wenn der Mündel mittellos ist (§ 1836 II).

Keine Vergütung erhalten Amts- und Vereinsvormünder (§ 1836 III). Auch Aufwendungsersatz können diese nur insoweit verlangen, als das Einkommen und Vermögen ausreicht (§ 1835 V 1). Generell muss der Amts- und Vereinsvormund den Aufwand für allgemeine Verwaltungskosten und für die Kosten der Haftpflichtversicherung nach § 1835 II selbst tragen (§ 1835 V 2).

3. Haftung. Vormund wie Gegenvormund sind dem Mündel we- 1007 gen Schäden, die aus Pflichtverletzungen entstehen, voll ersatzpflichtig. Sie haben dabei Vorsatz und jeden Grad von Fahrlässigkeit zu vertreten (§ 1833 I, folglich keine Minderung des Haftungsmaßstabs wie bei den Eltern nach § 1664). Selbst für ein vom Gericht genehmigtes Geschäft kann die Haftung eintreten (BGH JZ 1964, 324). Sind mehrere Vormünder oder Vormund und Gegenvormund nebeneinander verantwortlich, so haften sie als Gesamtschuldner (§ 1833 II 1, für das Innenverhältnis beachte § 1833 II 2). Für Pflichtwidrigkeiten des Jugendamtes als Amtsvormund haftet die Körperschaft, bei der das Jugendamt errichtet ist (Art. 34 GG/§ 1833 BGB).

§ 84. Die Beendigung der Vormundschaft und des Amtes eines Vormunds

1. Beendigung der Vormundschaft. Die Vormundschaft endet 1008 kraft Gesetzes mit dem Wegfall ihrer Voraussetzungen (§ 1882). War die Vormundschaft aus § 1773 I begründet, so entfällt sie z. B., wenn der Mündel volljährig wird oder wenn die Eltern das Sorgerecht erlangen. Mit dem Tod des Mündels wird die Vormundschaft gleichfalls aufgelöst (Besonderheiten bei Verschollenheit und Todeserklärung, § 1884).

2. Beendigung des Vormundamtes. a) Die Auflösung der Vor- 1009 mundschaft im Ganzen darf mit der Beendigung des Amtes eines Vormunds nicht verwechselt werden. Scheidet ein Vormund aus Gründen, die bei ihm liegen, aus dem Amte aus, so wird die Vor-

mundschaft im Übrigen dadurch nicht berührt; es ist ein neuer Vormund zu bestellen. Das Amt des Vormunds endet, wenn er stirbt
oder wenn ihn das Gericht entlässt.

b) Das Gericht hat den Einzelvormund zu **entlassen,** wenn die
Fortführung des Amtes das Interesse des Mündels insbesondere im
Hinblick auf pflichtwidriges Verhalten des Vormunds gefährden
würde; ferner dann, wenn Umstände bekannt werden, die gemäß
§ 1781 den Vormund als untauglich erscheinen lassen (§ 1886). Auf eigenen Antrag ist der Vormund zu entlassen, wenn ein wichtiger
Grund vorliegt, insbesondere, wenn dem Vormund ein Ablehnungs-
grund nach § 1786 I Nr. 2–7 zugewachsen ist (§ 1889 I).

Der **Amts- oder Vereinsvormund** ist schon dann zugunsten eines anderen
Vormunds zu entlassen, wenn dies dem Wohl des Mündels dient und eine andere geeignete Person vorhanden ist (§ 1887). Das Jugendamt oder der Verein
können in solchem Fall ihre Entlassung selbst beantragen (§ 1889 II 1). Das
Jugendamt hat jährlich zu prüfen, ob im Interesse des Mündels seine Entlassung als Amtsvormund und die Bestellung einer Einzelperson oder eines Vereins angezeigt ist, und dem Gericht entsprechende Mitteilung zu machen (§ 56
IV SGB VIII). Ein Verein ist auf seinen Antrag als Vormund zu entlassen,
wenn er einen wichtigen Grund hierfür geltend machen kann (§ 1889 II 2).

1010   **3. Pflichten bei Beendigung.** Nach Beendigung des Amtes hat der
Vormund dem Mündel (bzw. dem neuen Vormund) das **Vermögen
herauszugeben** und über die Vermögensverwaltung **Rechenschaft
abzulegen** (§ 1890). Ist ein Gegenvormund bestellt, so wird erst diesem die Rechnung vorgelegt (§ 1891 I). Sodann hat der Vormund die
Rechnung dem Familiengericht einzureichen, das sie überprüft und
durch Verhandlung mit den Beteiligten ihre Abnahme vermittelt. Soweit die Rechnung als richtig anerkannt wird, hat das Gericht dies zu
beurkunden (§ 1892).

2. Kapitel. Die Pflegschaft

§ 85. Allgemeines

1011   **1. Begriff.** Die Pflegschaft bildet ein besonderes Rechtsinstitut der
Fürsorge für eine Person oder für ein Vermögen (etwa für einen
Nachlass, § 1961, oder ein Sammelvermögen, § 1914). Die Rechts-
grundlagen für die Anordnung einer Pflegschaft liegen im gesamten
Bereich des Bürgerlichen Rechts und auch im Öffentlichen Recht

verstreut. Mit dem Familienrecht haben viele Typen der Pflegschaft wenig oder nichts zu tun. In unserem Zusammenhang genügt ein Hinweis auf die Pflegschaften mit spezifisch familienrechtlichen Bezügen.

2. Unterschied zur Vormundschaft; anwendbare Vorschriften. 1012 Die Pflegschaft über eine Person ähnelt strukturell der Vormundschaft. Der Unterschied besteht darin, dass der Pfleger nur für einen **begrenzten Sorgebereich** zuständig ist. Auch fehlt es bei der Pflegschaft für Volljährige an der „bevormundenden" Stellung des Pflegers – der Pflegebefohlene bleibt seinerseits geschäftsfähig (zum Problem widersprüchlicher Geschäfte s. BGHZ 41, 303, 306).

Von Einzelfragen abgesehen, findet auf die Pflegschaft das **Vormundschaftsrecht** Anwendung (§ 1915 I). Abweichende Vorschriften betreffen insbesondere
– die Entbehrlichkeit eines Gegenpflegers (§ 1915 II),
– die Berufung einer Person als Pfleger (§§ 1916, 1917)
– und die Beendigung der Pflegschaft (§§ 1918, 1919, 1921).

3. Begründung der Pflegschaft. Die Pflegschaft entsteht entweder 1013 unmittelbar kraft Gesetzes oder durch gerichtliche Anordnung. Die Anordnung der Pflegschaft bedarf stets einer besonderen gesetzlichen Grundlage. Dem zuständigen Gericht obliegen auch Auswahl und Bestellung des Pflegers sowie die Überwachung und Unterstützung seiner Amtsführung.

Zuständigkeit: Welches Gericht funktionell zuständig ist, hängt von der Person desjenigen ab, für den die Pflegschaft bestellt werden soll. Die Pflegschaft für **Minderjährige** oder eine **Leibesfrucht** ist Kindschaftssache (§ 151 Nr. 5 FamFG), also Familiensache, für die das Familiengericht zuständig ist (23b I GVG; § 1915 I 3 BGB; § 111 Nr. 2 FamFG). Das Familiengericht ist auch für Auswahl und Bestellung des Pflegers zuständig. Betrifft die Pflegschaft eine **volljährige Person**, so sind die Betreuungsgerichte zuständig (§ 23c I GVG, § 1915 I 3 BGB, § 340 Nr. 1 FamFG).

§ 86. Arten der Pflegschaft

1. Ergänzungspflegschaft, § 1909. a) Familienrechtlich ist vor al- 1014 lem die Ergänzungspflegschaft (§ 1909 I) von Bedeutung. Sie tritt ergänzend zur elterlichen Sorge oder zur Vormundschaft hinzu, wenn und soweit die Eltern oder der Vormund an der Besorgung bestimmter Angelegenheiten für das Kind verhindert sind.

Beispiele: Eltern oder Vormund sind in einer Angelegenheit von der gesetzlichen Vertretung nach §§ 181, 1795 ausgeschlossen; bei einer Zuwendung an das Kind (den Mündel) ist bestimmt, dass die Eltern (der Vormund) das zugewendete Vermögen nicht verwalten sollen (§ 1909 I 2/§ 1638).

Soweit für Maßnahmen in Bezug auf die elterliche Sorge das Familiengericht zuständig ist, kann dieses auch die Pflegschaft anordnen, z. B. wenn zur Abwehr einer Gefährdung des Kindes ein Teilentzug der elterlichen Sorge und die Bestellung eines Pflegers erforderlich ist (§ 1666).

b) Die Auswahl des Pflegers erfolgt im Fall des § 1909 nicht nach den Vorschriften über die Berufung eines Vormunds (§ 1916), das Gericht kann also ohne Bindung an einen Elternvorschlag entscheiden. Ist eine als Einzelpfleger geeignete Person nicht vorhanden, so kann auch das Jugendamt zum Pfleger bestellt werden.

c) Die Ergänzungspflegschaft endet mit der Beendigung der elterlichen Sorge oder der Vormundschaft von selbst (§ 1918 I). War die Pflegschaft nur für einzelne Angelegenheiten angeordnet, so endet sie mit deren Erledigung (§ 1918 III). Im Übrigen ist eine Pflegschaft aufzuheben, wenn der Rechtsgrund ihrer Anordnung entfallen ist, § 1919.

1015   **2. Pflegschaft für eine Leibesfrucht, § 1912.** Diese wird zur Wahrung der künftigen Rechte eines noch nicht geborenen Kindes angeordnet, wenn für diese Rechte eine Fürsorge nötig ist. Eine derartige Notwendigkeit ergibt sich nicht, soweit den Eltern des Kindes die elterliche Sorge zustünde, wenn das Kind bereits geboren wäre; dann steht die Fürsorge den Eltern zu (§ 1912 II).

1016   **3. Ersatzpflegschaft, § 1909 III.** Nach § 1909 III ist die Pflegschaft anzuordnen, wenn die Voraussetzungen für die Anordnung einer Vormundschaft vorliegen, aber noch kein Vormund bestellt ist. Die Pflegschaft ermöglicht, dass in der Übergangszeit bis zur Bestellung des Vormunds dringliche Geschäfte des Pflegebefohlenen getätigt werden können.

Vgl. ferner die Pflegschaften nach § 1630 III und die Beistandschaft nach §§ 1712, 1716 S. 2. Nicht in den Kontext des Familienrechts gehören: Pflegschaft für einen abwesenden Volljährigen (§ 1911); für einen unbekannten oder ungewissen Beteiligten (§ 1913); für ein Sammelvermögen (§ 1914).

3. Kapitel. Die rechtliche Betreuung

Literatur: *A. Bauer/Th. Klie/J. Rink*, Betreuungs- und Unterbringungsrecht. Loseblatt; *W. Bienwald et al.*, Betreuungsrecht, 6. Aufl. 2016; *J. Damrau/W. Zimmermann*, Betreuungsgesetz, 4. Aufl. 2011; *G. Dodegge/A. Roth*, Betreuungsrecht. Systematischer Praxiskommentar, 4. Aufl. 2014; *A. Jürgens*, Betreuungsrecht, 5. Aufl. 2014; *Jürgens/Kröger/Marschner/Winterstein*, Betreuungsrecht kompakt, 8. Aufl. 2016; *B. Knittel*, Betreuungsgesetz (Loseblatt). Rechtsprechungsübersichten: *G. Dodegge*, NJW 2014, 2691; 2015, 2698; BtPrax 2017, 47; *S. Sonnenfeld*, FamRZ 2015, 1768; *D. Kurze*, NZFam 2014, 1027. **Grundlegend:** *V. Lipp*, Freiheit und Fürsorge: Der Mensch als Rechtsperson, 2000; *G. Müller*, Betreuung und Geschäftsfähigkeit, 1998; *K. A. von Sachsen Gessaphe*, Der Betreuer als gesetzlicher Vertreter für eingeschränkt Selbstbestimmungsfähige, 1999; *V. Lipp*, FamRZ 2013, 913. **Zur UN-Behindertenrechtskonvention** *V. Lipp*, FamRZ 2012, 669.

§ 87. Einführung

Durch das Betreuungsgesetz von 1990 sind die Rechtsinstitute der   **1017** Entmündigung, der Vormundschaft über Volljährige und der Pflegschaft über Gebrechliche (§ 1910 BGB a. F.) abgeschafft worden. An ihre Stelle ist das Institut der „rechtlichen Betreuung" getreten. Die Rollenbezeichnungen für die beteiligten Personen sind „Betreuter" und „Betreuer"; im Verfahren wird derjenige, um dessen Betreuung es geht, als „Betroffener" gekennzeichnet. Für die gerichtlichen Akte waren bis zum Inkrafttreten des FGG-Reformgesetzes (→ Rn. 25) die Vormundschaftsgerichte zuständig. Nunmehr liegt die Zuständigkeit bei den Betreuungsgerichten, die bei den Amtsgerichten gebildet sind (§ 23c GVG, § 271 FamFG).

§ 88. Bestellung des Betreuers

I. Voraussetzungen und Umfang

1. Bestellung auf Antrag oder von Amts wegen. Ein Betreuer   **1018** kann für eine volljährige Person bestellt werden, wenn und soweit sie aufgrund einer psychischen Krankheit oder einer körperlichen, geistigen oder seelischen Behinderung ihre Angelegenheiten ganz oder teilweise nicht besorgen kann (§ 1896 I 1). Die Bestellung erfolgt auf Antrag des Betroffenen oder von Amts wegen. Den Antrag kann auch ein Geschäftsunfähiger stellen (§ 1896 I 2). Bei bloß körperlicher Behinderung wird stets ein Antrag des Betroffenen verlangt, es sei denn, dass dieser seinen Willen nicht kundtun kann (§ 1896 I 3). Außerdem darf eine Betreuung nur für Aufgabenkreise bestellt werden, in denen eine Betreuung erforderlich ist (§ 1896 II 1).

1019   **2. Betreuung und Geschäftsfähigkeit.** Nach dem ursprünglichen Konzept des Betreuungsgesetzes war auch bei psychischer Krankheit und geistiger Behinderung nicht vorausgesetzt, dass der Betroffene in der Angelegenheit, für die ein Betreuer bestellt werden soll, geschäftsunfähig (§ 104 Nr. 2) ist. Die Bestellung eines Betreuers hat für sich gesehen auch keine Auswirkungen auf die Geschäftsfähigkeit. Das beziehungslose Nebeneinander der Betreuerbestellung und der Frage der Geschäftsfähigkeit verursachte Unklarheiten. Die Rechtsprechung verlangte daher zusätzlich, dass der Betroffene entweder mit der Betreuung einverstanden ist oder aufgrund der psychischen Krankheit oder geistigen oder seelischen Behinderung seinen Willen nicht frei bestimmen kann (BayObLG 1994, 720). Diesem Gedanken folgend wurde die Vorschrift des § 1896 Ia eingefügt, wonach **gegen den freien Willen** des Betroffenen ein Betreuer **nicht bestellt werden darf.**

1020   **3. Voraussetzungen im Überblick.** Die Bestellung eines Betreuers setzt folglich voraus:

a) Der Betroffene vermag krankheits- oder behinderungsbedingt seine eigenen Angelegenheiten ganz oder teilweise nicht zu besorgen.

b) Die Bestellung eines Betreuers ist in dem betreffenden Aufgabenkreis erforderlich.

c) Der freie Wille des Betroffenen steht der Bestellung eines Betreuers nicht entgegen (§ 1896 Ia), das bedeutet:

– entweder er kann einen freien Willen bilden und ist mit der Betreuerbestellung einverstanden,

– oder er ist – bezogen auf den in Aussicht genommenen Aufgabenkreis – nicht in der Lage, einen freien Willen zu bilden oder zu äußern.

d) Soweit die Betreuungsbedürftigkeit ausschließlich auf körperlicher Behinderung beruht, ist ein förmlicher Antrag des Betroffen erforderlich (§ 1896 I 3).

1021   **4. Keine Betreuung gegen den freien Willen des Betroffenen.** Gegen den freien Willen des Betroffenen darf eine Betreuung nicht eingerichtet werden (§ 1896 Ia). Dieser Grundsatz beruht auf dem Persönlichkeitsrecht nach Art. 2 I GG (BVerfG FamRZ 2015, 565 Rn. 26): Demjenigen, der sich selbst bestimmen kann, darf eine Betreuung nicht aufgezwungen werden. Widersetzt sich der Betroffene, so darf ein Betreuer also nur bestellt werden, wenn das Gericht– gestützt auf ein ärztliches Gutachten – feststellt, dass der Betroffene zur Frage einer der Betreuerbestellung im vorgesehen Aufgabenkreis einen freien Willen nicht zu bilden oder zu äußern vermag.

5. Der „freie Wille". Die Kriterien des „freien Willens" sind die gleichen wie bei § 104 Nr. 2. Dabei ist zu bedenken, dass es auf den jeweils betroffenen Aufgabenkreis ankommt. Der „freie Wille" setzt die Fähigkeit des Betroffenen voraus, im Grundsatz die für und gegen eine Betreuerbestellung sprechenden Gesichtspunkte zu erkennen und gegeneinander abzuwägen sowie Grund, Bedeutung und Tragweite einer Betreuung intellektuell zu erfassen (BGH FamRZ 2011, 630 Rn. 7). Das verlangt eine gewisse Einsicht in die eigene Krankheit oder Behinderung und ihre Folgen für die Lebensführung. Die Anforderungen an die Einsichtsfähigkeit hängen von dem Aufgabenkreis ab, für den der Betreuer bestellt werden soll; sie sind z. B. für den Bereich der Heilbehandlung anders einzuschätzen als etwa für eine komplizierte Vermögensverwaltung. 1022

Im **Verfahren** ist ein geschäftsunfähiger Betroffene **voll handlungsfähig:** Er kann wirksam den Antrag auf Bestellung eines Betreuers stellen (§ 1896 I 2) und ist auch sonst verfahrensfähig (§ 275 FamFG). Der Umstand allein, dass der Betroffene selbst den Antrag auf Betreuung gestellt hat, beweist folglich nicht unbedingt seine Fähigkeit zur freien Willensbestimmung.

6. Erforderlichkeit. Der Erforderlichkeitsgrundsatz bedingt, dass sich die Betreuung auf solche Angelegenheiten beschränkt, in welchen der Betroffene konkret der Hilfe bedarf. Daher ist eine Betreuung für *alle* Angelegenheiten des Betreuten nur in Ausnahmefällen statthaft. In der Regel wird sich die Betreuung auf bestimmte Aufgabenkreise beschränken, die bei der Bestellung zu präzisieren sind (z. B.: Gesundheitssorge, Aufenthaltsbestimmung, Vermögensverwaltung etc.). Ein Betreuer kann auch mit der Aufgabe einer bloßen Überwachung von Bevollmächtigten des Betroffenen betraut werden (Vollmachtsbetreuer, § 1896 III). Die Befugnis zur Telefon- und Postkontrolle hat der Betreuer nur, wenn sie ihm vom Gericht ausdrücklich eingeräumt ist (§ 1896 IV). Gleiches gilt für die Befugnis, in die Vornahme einer Sterilisation einzuwilligen (hier ist stets ein be- 1023 sonderer, auf diese Angelegenheit beschränkter Betreuer nötig, § 1899 II).

1024   **7. Ersetzung der Betreuung durch Vollmacht.** Der Erforderlichkeitsgrundsatz bedeutet auch, dass ein Betreuer nicht bestellt werden darf, soweit die Angelegenheiten durch einen **Bevollmächtigten** oder andere Hilfen ebenso gut besorgt werden können wie durch einen Betreuer (§ 1896 II 2). Damit ist Raum für eine rein privatrechtliche Organisation des Fürsorgebedürfnisses. Es kann jemand schon in gesunden Tagen einer Person seines Vertrauens Vollmachten für den Fall erteilen, dass er eines Tages betreuungsbedürftig wird. Vollmachten, die diesen Zweck verfolgen, werden **Vorsorgevollmachten** genannt (weil vorsorglich erteilt; sie ermächtigen aber nicht zur Vorsorge, sondern zur Fürsorge für die Angelegenheiten des Vollmachtgebers). Ihnen liegt schuldrechtlich zumeist ein Auftrag oder ein entgeltlicher Geschäftsbesorgungsvertrag zugrunde. Die Vollmachten überdauern den Eintritt der Geschäftsunfähigkeit (§ 104 Nr. 2) des Betroffenen. Soweit der Bevollmächtigte die Angelegenheiten des Betroffenen zu dessen Wohl wahrnehmen kann, ist die Bestellung eines Betreuers nicht erforderlich und damit unstatthaft.

Welche Rechtsmacht dem Bevollmächtigten eingeräumt wird, hängt ganz vom Inhalt der Vollmacht ab. Die Beschränkungen der gesetzlichen Vertretungsmacht, denen der Betreuer unterliegt, gelten für den Bevollmächtigten nicht. Doch sieht das Gesetz Ausnahmen vor. So muss auch der Bevollmächtigte eine gerichtliche Genehmigung einholen, bevor er im Namen des Betroffenen über eine Einwilligung über bestimmte medizinische Maßnahmen entscheidet oder eine Freiheitsentziehung des Betroffenen veranlasst (s. § 1904 V; § 1906 V; § 1906a V). Auf diesen gerichtlichen Schutz kann der Vollmachtgeber nicht verzichten (BVerfG FamRZ 2015, 1365). Der Vorsorgevollmacht liegt gewöhnlich das Schuldverhältnis des Auftrags (§ 662) zugrunde. Dieses kann vom Vollmachtgeber jederzeit widerrufen werden (§ 671 I), wie auch die Vorsorgevollmacht selbst frei widerruflich ist.

1025   **8. Gegenbetreuer, Betreuermehrheit.** Das Betreuungsrecht verweist u. a. auf die Vorschriften über die Gegenvormundschaft (§§ 1792, 1799 i. V. m. § 1908i I 1), sodass auch ein „Gegenbetreuer" bestellt werden kann. Auch können, soweit zweckmäßig, mehrere Betreuer bestellt werden (§ 1899), die entweder gemeinsam für einen Aufgabenkreis zuständig sind (gemeinschaftliche Betreuung) oder je einen eigenen Kreis selbstständig wahrnehmen (geteilte Betreuung). Ferner kann das Gericht einen Ersatzbetreuer ernennen für den Fall, dass der Betreuer verhindert ist (§ 1899 IV).

9. Zeitliche Beschränkung. Die Betreuerbestellung unterliegt einer 1026
zeitlichen Beschränkung steht: Im Bestellungsbeschluss hat das Gericht einen **Überprüfungszeitpunkt** festzulegen, der höchstens sieben Jahre nach Erlass der Betreuerbestellung liegen darf (§ 295 II
FamFG). Wird die Frist nicht eingehalten, so bleibt die Betreuerbestellung gleichwohl wirksam.

II. Die Person des Betreuers

1. Betreuertypen. Geeignete Personen zu finden, die bereit sind, 1027
eine Betreuung zu übernehmen, ist nicht leicht. Daraus erklärt sich
die Vielfalt der Betreuertypen, die das Gesetz vorsieht. Das Vorbild
ist, wie bei der Vormundschaft, die private Einzelperson, die eine Betreuung ehrenamtlich durchführt, doch erscheint es unmöglich, für
den gesamten Betreuungsbedarf derartige Idealisten zu finden. Daher
ist die Einschaltung von Vereinen und schließlich der Betreuungsbe-
hörde unvermeidbar. Freilich greift das Gesetz, was den Einsatz von
Vereinen und Behörden betrifft, zu einer interessanten Konstruktion.
Auch die Betreuungstätigkeit von Seiten der Vereine und Ämter soll
im Regelfall als Einzelbetreuung geleistet werden. Das wird dadurch
erreicht, dass nicht der Verein als solcher zum Betreuer bestellt wird,
sondern ein bestimmter Mitarbeiter des Vereins persönlich (sog.
„Vereinsbetreuer", § 1897 II 1). Parallel ist die Konstruktion beim
sog. „Behördenbetreuer" (§ 1897 II 2). Vereins- und Behördenbetreuer sind als Einzelpersonen bestellt, üben aber die Betreuungstätigkeit im Rahmen ihres Dienstverhältnisses aus. Nur in Ausnahmefällen kann der Verein als juristische Person oder die Behörde *als
solche* zum Betreuer bestellt werden (§ 1900).

Insgesamt lassen sich folgende Betreuertypen unterscheiden: 1028
a) der private, nicht professionelle Einzelbetreuer
b) der private Berufsbetreuer
c) der Vereinsbetreuer (§ 1897 II 1)
d) der Behördenbetreuer (§ 1897 II 2)
e) der Verein als Betreuer (§ 1900 I–III)
f) die Behörde als Betreuer (Amtsbetreuer) (§ 1900 IV).

Rangverhältnis: Die Formen e) und f) sind subsidiär gegenüber allen Formen der Einzelbetreuung (a bis d). Der private Berufsbetreuer (b) soll nur
dann bestellt werden, wenn keine andere geeignete Person zur Verfügung
steht, die zur ehrenamtlichen Führung der Betreuung (a) bereit ist
(§ 1897 VI). Daraus ergibt sich m. E. auch der Vorrang der privaten, insbeson-

dere ehrenamtlichen Betreuung (a) vor der Bestellung von Vereins- und Behördenbetreuern (c, d).

1029   **2. Auswahl, § 1897.** Die Auswahl der Betreuungsperson erfolgt nach der Eignung für die Aufgabe, die Angelegenheiten des Betreuten rechtlich zu besorgen und ihn in dem hierfür erforderlichen Umfang persönlich zu betreuen (§ 1897 I). Doch kommt dem Betroffenen ein gewichtiges Mitbestimmungsrecht zu: Schlägt er eine bestimmte Person als Betreuer vor, so ist das Gericht daran gebunden, sofern der Vorschlag nicht dem Wohl des Betroffenen zuwiderläuft (§ 1897 IV 1). Auch die Ablehnung einer in Aussicht genommenen Person durch den Betroffenen hat Gewicht (§ 1897 IV 2). Im Übrigen sind bei der Auswahl die verwandtschaftlichen und persönlichen Bindungen und die Gefahr von Interessenkonflikten zu berücksichtigen (§ 1897 V).

> **Zum Verfahren:** Durch die FGG-Reform sind 2009 Betreuungsgerichte gebildet worden, die für Betreuungs- und Unterbringungssachen zuständig sind (§ 23c GVG, §§ 271 ff. FamFG).

§ 89. Das Rechtsverhältnis der Betreuung

1030   **1. Grundsätze.** Die Aufgaben, Pflichten und Befugnisse des Betreuers richten sich nach dem ihm übertragenen Aufgabenkreis, der persönliche Angelegenheiten, Vermögensangelegenheiten oder auch beides umfassen kann. § 1901 I stellt klar, dass es wesentlich auf die **rechtliche Besorgung** der Angelegenheiten ankommt. Gleichwohl gilt das Prinzip der **persönlichen Betreuung** (§ 1897 I): Persönliche Zuwendung bildet die Basis des Vertrauensverhältnisses. Entscheidendes Kriterium für die Tätigkeit des Betreuers ist das **Wohl des Betreuten** (§ 1901 II 1). Dabei soll den **Wünschen und Lebensvorstellungen des Betreuten** erhöhte Bedeutung zukommen (s. § 1901 II 2 und III), das Element der Selbstbestimmung wird vom Gesetz stark hervorgehoben. Damit der Betreute seine Wünsche geltend machen kann, ist dem Betreuer auferlegt, wichtige Angelegenheiten mit seinem Schützling vor ihrer Erledigung zu besprechen (§ 1901 III 3). Wünschen des Betreuten *hat* der Betreuer zu folgen, soweit dies dessen Wohl nicht zuwiderläuft und für den Betreuer zumutbar ist (§ 1901 III 1). Innerhalb seines Aufgabenkreises hat der Betreuer therapeutische Möglichkeiten für den Betreuten zu fördern

(§ 1901 IV 1). Dem Berufsbetreuer kann die Erstellung eines Betreuungsplans aufgegeben werden (§ 1901 IV 2, 3).

2. Befugnisse des Betreuers. Die Betreuungstätigkeit umfasst 1031 Rechtsgeschäfte und sonstige Rechts- und Verfahrenshandlungen einschließlich der zu ihrer Vorbereitung und Durchführung nötigen faktischen Fürsorgeleistungen. Zur Durchführung seiner Tätigkeit sind dem Betreuer bestimmte Befugnisse eingeräumt, die in den Rechtsbereich des Betreuten eingreifen. Die wichtigste davon ist die gesetzliche Vertretung: Der Betreuer vertritt den Betreuten im Rahmen des übertragenen Aufgabenkreises gerichtlich und außergerichtlich (§ 1902). Darüber hinaus können dem Betreuer weitere Bestimmungsbefugnisse eingeräumt sein, etwa die Aufenthaltsbestimmung, die Umgangsbestimmung (§ 1908i I 1 i. V. m. § 1632 I–III), die Befugnis zur Einwilligung oder Nichteinwilligung in eine Heilbehandlung (§§ 1901a, 1901b, 1904, 1906 III, IIIa), wenn der Betreute nicht einwilligungsfähig ist; unter gleicher Voraussetzung zur Einwilligung in eine Sterilisation (§ 1905), zu einer freiheitsentziehenden Unterbringung (§ 1906 I) oder zur Einwilligung in die Vornahme unterbringungsähnlicher Maßnahmen (§ 1906 IV). Besondere Einschränkungen gelten, wenn eine medizinische Maßnahme dem natürlichen Willen des Betreuten widerspricht (sog. ärztliche Zwangsmaßnahme, § 1906a). Dem Betreuer kann auch die Befugnis zur Telefon- und Postkontrolle übertragen sein (beachte § 1896 IV).

3. Die gesetzliche Vertretung insbesondere. Die gesetzliche Vertretungsmacht des Betreuers (§ 1902) wird durch zahlreiche Vorschriften beschränkt. Zum einen gelten die meisten Einschränkungen des Vormundschaftsrechts über § 1908i I 1 entsprechend (z. B. Ausschluss der Vertretungsmacht nach §§ 1795, 1796; Vorschriften über Vermögensverwaltung nach §§ 1803, 1805 ff.; Genehmigungsvorbehalte nach §§ 1812, 1821, 1822 – außer Nr. 5 –). Hinzu kommen speziell für die Betreuung eingeführte weitere Genehmigungspflichten (Einwilligung oder Nichteinwilligung in ärztliche Maßnahmen unter besonderen Voraussetzungen, §§ 1904, 1906a; Einwilligung in die Sterilisation, § 1905; freiheitsentziehende Unterbringung und unterbringungsähnliche Maßnahmen, § 1906; Kündigung einer vom Betreuten gemieteten Wohnung, § 1907 I).

4. Handlungsfähigkeit des Betreuten. Obwohl der Betreuer in 1033 seinem Aufgabenkreis gesetzlicher Vertreter des Betreuten ist, bleibt

der Betreute selbst voll handlungsfähig, außer wenn er im konkreten
Fall nach § 104 Nr. 2 geschäftsunfähig ist. Eine Feststellung der Geschäftsunfähigkeit, auf die sich der Rechtsverkehr verlassen könnte,
gibt es nicht. Die Doppelzuständigkeit von Betreutem und Betreuer
wird problematisch, wenn in derselben Angelegenheit Betreuer und
geschäftsfähiger Betreuter nebeneinander handeln. Es gilt sodann:
Bei sich widersprechenden Geschäften (z. B. Betreuter kündigt ein
Mietverhältnis, Betreuer verlängert es) gilt das zeitlich frühere. Geschäfte, die nebeneinander bestehen können, sind beide gültig, auch
wenn sie zusammen nicht sinnvoll sind (z. B. Betreuer kauft eine Ki-
nokarte, Betreuter für denselben Abend eine Karte für ein Fußball-
spiel). Zweifelhaft ist, ob der geschäftsfähige Betreute den Betreuer
über den Rahmen der gesetzlichen Vertretungsmacht hinaus bevollmächtigen und sogar von den gesetzlichen Beschränkungen (etwa
§ 1821) entbinden kann. Folgerichtig muss dies bejaht werden. Un-
zweifelhaft unterliegt der geschäftsfähige Betreute selbst nicht den
gesetzlichen Beschränkungen wie der Betreuer. Verkauft also der geschäftsfähige Betreute ein Grundstück, so bedarf er keiner gerichtlichen Genehmigung nach § 1821.

Nach dem im Jahre 2002 eingefügten **§ 105a** kann auch eine **geschäftsunfähige Person** in gewissem Umfang wirksame Geschäfte vornehmen: Tätigt ein
volljähriger Geschäftsunfähiger ein Geschäft des täglichen Lebens, das mit ge-
ringwertigen Mitteln bewirkt werden kann, so gilt der von ihm geschlossene
Vertrag in Bezug auf Leistung und Gegenleistung als wirksam, sobald Leistung und Gegenleistung bewirkt sind. Das gilt aber nicht, wenn das Geschäft
eine erhebliche Gefahr für die Person oder das Vermögen der geschäftsunfähigen Person mit sich bringt. Die Anwendung der Vorschrift setzt nicht voraus,
dass der Betreffende unter Betreuung steht. Ist ein Betreuer bestellt, so wird
dessen Vertretungsmacht durch § 105a nicht eingeschränkt. Zu den Problemen
der Vorschrift: *Casper*, NJW 2002, 3425; *V. Lipp*, FamRZ 2003, 721; *M. Löh-
nig/Chr. Schärtl*, AcP 204 (2004), 25.

1034   **5. Einwilligungsvorbehalt, § 1903.** Das Gesetz erkennt an, dass
die Selbstverantwortlichkeit einer Person soweit gemindert sein
kann, dass zu ihrem eigenen Schutz eine Einschränkung ihrer Handlungsfähigkeit nötig ist. Daher kann das Betreuungsgericht anordnen,
dass der Betreute zu einer in den Aufgabenkreis des Betreuers fallenden Willenserklärung der Zustimmung des Betreuers bedarf (Einwilligungsvorbehalt, § 1903). Die Anordnung des Einwilligungsvorbe-
halts bildet einen gravierenden Eingriff in die Selbstbestimmung des
Betreuten und darf nur unter strengen Voraussetzungen (Abwendung

einer erheblichen Gefahr für Person oder Vermögen des Betreuten) erfolgen. Die Anordnung bewirkt, dass der Betreute nicht selbstständig rechtlich handeln kann. Das Gesetz verweist auf die Vorschriften, die für Willenserklärungen beschränkt geschäftsfähiger Minderjähriger maßgeblich sind (§§ 108–113 i. V. m. § 1903 I 2); gleiches gilt für den Empfang einer Willenserklärung (§ 131 II). Ist der Betreute dergestalt an die Zustimmung des Betreuers gebunden, so bleiben ihm dennoch Bereiche selbstständigen Handelns: so, wenn das Geschäft ihm lediglich einen rechtlichen Vorteil bringt (§ 1903 III 1) oder wenn seine Erklärung eine geringfügige Angelegenheit des täglichen Lebens betrifft (§ 1903 III 2). Das Gericht kann aber anordnen, dass auch die geringfügigen Angelegenheiten dem Einwilligungsvorbehalt unterfallen. Für bestimmte höchstpersönliche Erklärungen wie Eheschließung, Errichtung eines Testaments u. a. kann der Einwilligungsvorbehalt nicht angeordnet werden (s. 1903 II).

Zu beachten ist: Obwohl die §§ 108 ff. anwendbar sind, ist der Betreute nicht als „beschränkt geschäftsfähig" anzusehen, weil der Einwilligungsvorbehalt in der Regel nur einen begrenzten Geschäftskreis betrifft, der Betreute also im Übrigen voll handlungsfähig bleibt. Vorschriften des BGB, die Wirkungen an die „beschränkte Geschäftsfähigkeit" knüpfen, gelten bei unter Einwilligungsvorbehalt stehenden Betreuten nur, soweit das Betreuungsrecht ausdrücklich darauf verweist oder dies zum Schutz des Betreuten notwendig erscheint. Ferner: Ist ein Einwilligungsvorbehalt angeordnet, so kann der Betreute gleichwohl geschäftsunfähig sein (§ 104 Nr. 2). Dann laufen die §§ 108 ff. ins Leere, die Erklärungen des Betreuten sind unheilbar nichtig (§ 105 I, ebenso beim Empfang § 131 I), die Zustimmung des Betreuers kann als Neuvornahme gedeutet werden (§ 141 I). Die Geschäftsunfähigkeit einer Person muss im Prozess derjenige beweisen, der diese Einwendung gegen die Wirksamkeit einer Erklärung geltend macht.

6. Verweisung auf Vormundschaftsrecht. Im Übrigen gleicht das **1035** Rechtsverhältnis zwischen Betreuer und Betreutem demjenigen zwischen Vormund und Mündel. Wie der Vormund steht der Betreuer unter Aufsicht des Gerichts (§ 1837 II, III), das ihn auch zu beraten hat (§ 1837 I, jeweils i. V. m. § 1908i I 1). Die Haftung des Betreuers richtet sich nach § 1833. Aufwendungsersatz und Vergütung erhält der Betreuer entsprechend §§ 1835 ff. (i. V. m. § 1908i I 1). Die Vergütung betreffend ergibt sich Näheres aus dem „Vormünder- und Betreuervergütungsgesetz" vom 24.4.2005 (BGBl. I S. 1073).

Zur Unterstützung der Betreuer und der Betreuungsgerichte sind **Betreuungsbehörden** eingerichtet (s. Betreuungsbehördengesetz – BtBG, ent-

halten im BtG Art. 8). Diese stellen auch die Behördenbetreuer und übernehmen, soweit nötig, die Amtsbetreuungen nach § 1900 IV. Die Behördenorga-
nisation im Einzelnen wird durch Landesrecht bestimmt.

§ 90. Entlassung des Betreuers, Beendigung der Betreuung

1036   **1. Entlassung, § 1908b.** Der Betreuer kann aus unterschiedlichen
Gründen entlassen werden: wenn seine Eignung nicht mehr gewähr-
leistet ist oder ein anderer wichtiger Grund vorliegt (§ 1908b I); wenn
der Betreuer selbst seine Entlassung verlangt, weil ihm die Fortführung des Amtes unzumutbar ist (§ 1908b II); schließlich auch, wenn
der Betreute selbst eine gleich geeignete, bereitwillige Person vor-
schlägt (§ 1908b III). Vereins- und Behördenbetreuer sind auf Antrag
des jeweiligen Dienstherrn stets zu entlassen (§ 1908b IV), Verein
oder Behörde als Betreuer immer schon dann, wenn eine Einzelbetreuung möglich ist (§ 1908b V). Die Entlassung beendet das Amt
des Betreuers, hebt aber die übrigen Wirkungen des Betreuungsver-
hältnisses nicht auf, insbesondere bleibt ein angeordneter Einwilligungsvorbehalt bestehen; es ist dann alsbald ein neuer Betreuer zu
bestellen.

1037   **2. Aufhebung der Betreuung, § 1908d.** Demgegenüber bedeutet
Aufhebung der Betreuung die Beendigung aller Wirkungen des Be-
treuungsverhältnisses. Die Betreuung ist aufzuheben, wenn ihre Voraussetzungen weggefallen sind (§ 1908d I 1), wenn z. B. der Betreute
aufgrund erfolgreicher Therapie seine Angelegenheiten wieder selbst
besorgen kann. Der Betreute kann die Aufhebung beantragen; ist der
Betreuer auf Antrag des Betroffenen bestellt, so *muss* dem Aufhebungsantrag stattgegeben werden, außer wenn nunmehr die Anordnung der Betreuung von Amts wegen erforderlich ist (§ 1908d II).
Mit der Aufhebung der Betreuung fällt der angeordnete Einwilligungsvorbehalt von selbst weg. Der Einwilligungsvorbehalt kann
auch bei fortbestehender Betreuung aufgehoben werden, z. B. wenn
der Betroffene zwar noch einen Betreuer braucht, aber sein Zustand
sich soweit gebessert hat, dass eine Beschränkung seiner Handlungsfähigkeit nicht mehr nötig erscheint (§ 1908d I, IV).

Teil IV. Rechtsprobleme des nichtehelichen Zusammenlebens

Literatur: *R. Battes,* Nichteheliches Zusammenleben im Zivilrecht, 1983; *I. Schwenzer,* Vom Status zur Realbeziehung, 1987; *Th. Kingreen,* Die verfassungsrechtliche Stellung der nichtehelichen Lebensgemeinschaft, 1995; *E. Schumann,* Die nichteheliche Familie, 1998; *G. Brudermüller,* Paarbeziehungen und Recht, 2017; *D. Burhoff/V. Willemsen* (Hrsg.), Handbuch der nichtehelichen Lebensgemeinschaft, 4. Aufl. 2014; *H. Grziwotz,* Nichteheliche Lebensgemeinschaft, 5. Aufl. 2014; *R. Hausmann/G. Hohloch* (Hrsg.), Das Recht der nichtehelichen Lebensgemeinschaft, 2. Aufl. 2004; *M. Löhnig,* FamRZ 2001, 891; *H. Grziwotz,* 2014, 257; *W. Schulz,* FamRZ 2007, 593; *M. Schwab,* FamRZ 2010, 1701; *Th. Stein,* NZFam 2014, 303; *J.C. Scherpe,* JZ 2014, 659; *M. Wellenhofer,* FamRZ 2015, 973; *Chr. Moes,* FamRZ 2016, 757; *N. Grotkamp,* AcP 2016, 584. Rechtsvergleichend: *I. Kroppenberg/D. Schwab et al.* (Hrsg.), Rechtsregeln für nichteheliches Zusammenleben, 2009; *A. Dutta,* Paarbeziehungen jenseits der Ehe. Rechtsvergleichende und rechtspolitische Perspektiven, AcP 2016, 609.

§ 91. Einführung

Während über Jahrhunderte das **ehelose Zusammenleben** als Konkubinat bestraft und als sittenwidrig angesehen wurde, gehört es heute zu den **gesellschaftlich akzeptierten Lebensformen**. Streitigkeiten unter den Partnern besonders aus Anlass ihrer Trennung werfen die Frage nach der rechtlichen Behandlung des ehelosen Zusammenlebens auf. Ging es bis zur Aufhebung der landesrechtlichen Strafvorschriften (in Bayern z. B. 1970) hauptsächlich um negative Rechtswirkungen (Sittenwidrigkeit von Testamenten), so stellt sich nunmehr die Frage, ob die nichteheliche Gemeinschaft eine positive Rechtsgestalt hat. Die gleiche Problematik ergibt sich für das **Zusammenleben gleichgeschlechtlicher Paare**. Für diese hat der Gesetzgeber im Jahre 2002 parallel zum Eherecht die eingetragene Lebenspartnerschaft geschaffen (→ Rn. 1086 ff.). Diese Rechtsform kommt aber nur den Paaren zugute, die eine Lebenspartnerschaft beim Standesamt formgerecht begründen. Bei bloß faktischem Zusammenleben entstehen also die gleichen Rechtsfragen wie bei der nichtehelichen Lebensgemeinschaft heterosexueller Paare. Die hierfür entwickelten Rechtsgrundsätze sind entsprechend anwendbar.

1039   Zur Frage der rechtlichen Einordnung nichtehelicher Lebensgemeinschaften lassen sich drei **Grundauffassungen** ausmachen:
- Nach der einen soll die nichteheliche Gemeinschaft möglichst außerhalb der Rechtsordnung angesiedelt bleiben. Diese Meinung
lehnt besondere Rechtsregeln für nichteheliches Zusammenleben
ab und versucht darüber hinaus, die Anwendung auch des allgemeinen bürgerlichen Rechts in diesem Bereich auf ein Minimum
zu reduzieren.
- Die zweite Grundauffassung geht von der faktischen Ähnlichkeit
von Ehe und nichtehelicher Gemeinschaft aus und zielt darauf ab,
diese Lebensformen in gewissem Grade einander anzugleichen:
Die nichteheliche Gemeinschaft bleibt zwar im Hinblick auf den
Willen der Partner juristisch etwas anderes als die Ehe, doch kommen ihr gewisse „eheähnliche" Rechtswirkungen zu; sie erscheint
gleichsam als Ehe minderen Grades. Einige europäische Rechtsordnungen verfolgen dieses Konzept, indem sie neben die Ehe
eine weitere rechtlich geformte Paarbeziehung stellen (z. B. Frankreich: *pacte de solidarité*).
- Die dritte Meinung liegt zwischen den genannten. Die nichtehe-
che Gemeinschaft wird zwar als etwas grundsätzlich anderes angesehen als die Ehe; das rechtfertigt aber nicht den völligen Rückzug
der Rechtsordnung aus diesem Bereich. Zum einen gebührt den
Partnern bei Streitigkeiten untereinander ein Mindestmaß an
Rechtsschutz, den der Rechtsstaat nicht schlechthin versagen darf.
Zum anderen bilden auch die nichtehelichen Lebensgemeinschaften legitime Bereiche des Privatlebens und sind als solche schutz-
würdig. Daher soll ein gewisser Mindestrechtsschutz gewährt werden, ohne dass ein „eheähnliches Institut" entsteht. Diesem
Konzept folgt das derzeitige deutsche Recht.

1040   Neue Impulse gehen von der Reform des Kindschaftsrechts aus.
Die **gemeinsame Elternschaft** bindet nicht miteinander verheiratete
Eltern rechtlich weit enger aneinander als früher. Mit der Möglich-
keit, das gemeinsame Sorgerecht zu erwerben, ist ein wesentlicher
Unterschied zur ehelichen Elternschaft eingeebnet. Zwar können die
Eltern eines nichtehelichen Kindes das gemeinsame Sorgerecht auch
dann erwerben, wenn sie nicht zusammenleben. „Gemeinsame
Elternschaft" und „nichteheliches Zusammenleben" überschneiden
sich aber häufig – die elterliche Verantwortung begründet dann auch
Rechtswirkungen im Paarverhältnis (→ Rn. 733).

§ 92. Das anwendbare Recht

I. Übersicht

Für die derzeit geltende Rechtslage sind drei Rechtsebenen zu un-   1041
terscheiden:

(1) Gesetzesrecht, das ohne Rücksicht auf Rechtsgeschäfte gilt;
(2) Vertragsrecht aufgrund explizit geschlossener Vereinbarungen;
(3) Vertragsrecht aufgrund „stillschweigender" oder „konkludenter" Absprachen.

Die Kategorien (2) und (3) gehören an sich zusammen, müssen aber deshalb unterschieden werden, weil sich durch die Konstruktion von „stillschweigenden" Verträgen die Grenzen von Vertrags- und Gesetzesrecht verwischen können.

II. Gesetzesrecht ohne Rücksicht auf Verträge

1. Eherecht. Das Eherecht ist auf unverheiratet zusammenlebende   1042
Paare nicht anwendbar. Das gilt für alle Normen, die das jetzige oder frühere Bestehen einer Ehe voraussetzen. Das schließt nicht aus, einzelne auch für Ehegatten geltende Normen analog anzuwenden, wenn nicht speziell die Ehe, sondern das persönliche Näheverhältnis Grund der Regelung ist.

**2. Regelungen, die nichteheliche Lebensgemeinschaften typi-   1043
scherweise betreffen.** In neuerer Zeit hat der Gesetzgeber einige Regelungen geschaffen, die zwar über nichteheliche Lebensgemeinschaften hinausgreifen, sie aber typischerweise mit einschließen. Man kann hier gewisse Ansätze zu ihrer rechtlichen Erfassung sehen. So ist der Unterhaltsanspruch der nichtehelichen Mutter, die das Kind betreut, gegen den Vater stark ausgebaut worden (§ 1615 l, → Rn. 974 ff.). Das Gewaltschutzgesetz ermöglicht auch in Gewaltfällen unter nichtehelich Zusammenlebenden die Zuweisung der gemeinsamen Wohnung an die verletzte Person (→ Rn. 1056). Der „auf die Dauer angelegte gemeinsame Haushalt" ist auch Anknüpfungspunkt mietrechtlicher Positionen (z. B. § 563 II 4).

3. Regelungen über persönliche Näheverhältnisse. a) Einige ge-   1044
setzliche Vorschriften nehmen auf die persönliche Nähe, die zwischen Ehegatten, Verlobten und sonstigen Familienangehörigen zu

bestehen pflegt, besondere Rücksicht. Als Beispiel diene das Recht, vor Gericht das Zeugnis zu verweigern, wenn die als Zeuge benannte Person mit einer Prozesspartei verlobt, verheiratet oder in bestimmten Graden verwandt oder verschwägert ist oder früher verheiratet war (§ 383 I Nr. 1–3 ZPO; § 52 I StPO). Eine direkte Anwendung solcher Vorschriften auf die nichtehelichen Partner ist nicht möglich, weil es sich um Kataloge von Ausnahmefällen handelt. Die Frage ist aber, ob hier eine Analogie in Betracht kommt. Die dafür geforderte Regelungslücke kann durch den seit Inkrafttreten des Gesetzes erfolgten Wandel der Rechtsordnung und des sozialen Bewusstseins entstanden sein. Der Gesetzgeber hat die Partner von Konkubinaten damals nicht berücksichtigt, weil diese Lebensform gesetz- und sittenwidrig war; ist sie heute aber legitim, so verdient sie dieselbe Berücksichtigung wie das Verlöbnis und gewisse verwandtschaftliche Beziehungen. Ob man einen solchen Analogieschluss ziehen darf oder die Fortentwicklung des Rechts dem Gesetzgeber überlassen muss, ist streitig.

1045   b) Für § 1093 II hat der BGH die Analogie vollzogen. Der Inhaber eines dinglichen Wohnungsrechts, der nach dem Wortlaut der Norm „seine Familie" in die Wohnung aufzunehmen befugt ist, darf mithin auch seinen Lebensgefährten bei sich wohnen lassen (BGH FamRZ 1982, 774). Die gleiche Tendenz zeigt sich im Wohnungsmietrecht (→ Rn. 990).

c) Ähnlich ist entschieden worden, dass zu den „Familienangehörigen" eines Erblassers im Sinne des § 1969 auch die Lebensgefährtin gehört, die mit dem Erblasser in eheähnlicher Gemeinschaft gelebt hat; diese kann also, wenn der gesetzliche Tatbestand im Übrigen erfüllt ist, von den Erben für 30 Tage Unterhalt und Benutzung von Wohnung und Hausrat verlangen (OLG Düsseldorf FamRZ 1983, 274, sogar in direkter Anwendung der Norm; str.).

d) Auf der gleichen Linie liegt die Rechtsprechung des BGH im Versicherungsrecht. Nach § 86 III VVG (§ 116 VI SGB X) kann eine Versicherungsgesellschaft, die für einen Schaden aufzukommen hat, keinen Regress gegen einen mit dem Versicherten „in häuslicher Gemeinschaft lebenden Familienangehörigen" nehmen, auch wenn dieser für den Schaden verantwortlich ist (anders nur bei Vorsatz). Als „Familienangehörigen" erkennt der BGH auch den Partner einer nichtehelichen Lebensgemeinschaft an (BGHZ 180, 272).

e) Anders verhält sich bisher die Rechtsprechung bei der Anwendung des § 1362 I 1. Danach wird zugunsten der Gläubiger der Ehefrau oder des Ehemannes vermutet, dass die Sachen, die sich im Besitz eines von ihnen oder beider befinden, dem jeweiligen Schuldner gehören. Der BGH lehnt es ab, diese Vorschrift, welche die Gläubiger schützen soll, auf die Partner einer nichtehelichen Lebensgemeinschaft anzuwenden (BGHZ 170, 187).

f) Bei weiteren Vorschriften, welche die Beziehungen zu „Familienangehörigen", „Angehörigen", „Verwandten und Verschwägerten" berücksichtigen, ist die Erstreckung auf Partner nichtehelichen Zusammenlebens gleichfalls streitig oder doch unsicher. Das gilt für das oben genannte Zeugnis- und Eidesverweigerungsrecht ebenso wie für die strafrechtliche Angehörigeneigenschaft nach § 11 I Nr. 1 StGB.

4. Allgemeines Zivilrecht. Allgemeine Vorschriften des bürgerlichen Vermögensrechts sind auf ehelos zusammenlebende Paare ohne Besonderheiten anzuwenden. Das gilt abgesehen vom Vertragsrecht für Ansprüche aus Bereicherung und Delikt, aus Geschäftsführung ohne Auftrag, aus dem Sachenrecht (§§ 985 ff.) sowie für Auseinandersetzungsansprüche aus Gemeinschaftsrecht (z. B. Bruchteilsgemeinschaft bei Hausrat, der zu Miteigentum erworben wurde, §§ 749 ff.; Ausgleichsansprüche aus Gesamtgläubigerschaft, etwa bei gemeinschaftlichem Bankkonto, §§ 428, 430). Deliktsrechtlich bleiben trotz der engen Beziehung die Persönlichkeitsrechte im Verhältnis unter den Partnern unangetastet. Das Persönlichkeitsrecht eines Lebensgefährten kann dadurch verletzt sein, dass sich der andere auch nach Ende der Lebensgemeinschaft noch im Besitz von Fotos oder Filmen aus der gemeinsamen Intimsphäre befindet (BGH NJW 2016, 1094). **1046**

III. Ausdrücklich geschlossene Verträge

1. Vertragsfreiheit. Nach heute unbezweifelter Auffassung steht es den Partnern nichtehelichen Zusammenlebens frei, ihre gegenseitigen Rechtsverhältnisse durch Verträge zu regeln. Diese Verträge sind nicht deshalb sittenwidrig, weil sie das nichteheliche Zusammenleben fördern und gestalten. Das gilt z. B. für Schenkungen unter Lebenden und Verfügungen von Todes wegen. Die Rechtsprechung nahm Sittenwidrigkeit an, wenn durch Zuwendungen lediglich die außereheliche geschlechtliche Hingabe entlohnt oder der Partner zur Fortsetzung sexueller Beziehungen bestimmt werden sollte (BGHZ 52, 17, 20; 53, 369, 376; FamRZ 1984, 141). Dies trifft für nichteheliche Le- **1047**

bensgemeinschaften in aller Regel nicht zu. Allgemein formuliert die Rechtsprechung: Rechtsgeschäfte sind nicht deshalb sittenwidrig, weil sie der Verwirklichung einer auf Dauer angelegten, von inneren Bindungen getragenen Lebensgemeinschaft dienen (BGH FamRZ 1980, 664; 1991, 168). Das gilt für Zuwendungen ebenso wie für Absprachen über Wohnung, Hausrat und Unterhalt. Bei Testamenten ist die Sittenwidrigkeit einer Zuwendung z. T. auf mangelnde Rücksichtnahme auf die nächsten Angehörigen (Ehepartner und Kinder) gestützt worden (BGHZ 52, 17, 20; 53, 369, 376); auch das erscheint im Hinblick auf die Pflichtteilsberechtigung dieser Angehörigen als problematisch.

1048   **2. Grenzen.** Vereinbarungen können aber unter einem anderen Gesichtspunkt gegen die guten Sitten verstoßen, nämlich der unzulässigen Einschränkung der Selbstbestimmung im höchstpersönlich-sittlichen Bereich. Sogar das Eherecht scheut vor dem Einsatz von Rechtszwang zur Erfüllung personaler Pflichten zurück (→ Rn. 138 ff.). Umso mehr müssen Verträge als unstatthaft angesehen werden, mit denen ein bestimmtes persönliches Verhalten erzwungen oder die Lösung von der Partnerschaft verhindert werden soll. So entbehrt eine Absprache, mit der eine Frau sich zum Gebrauch empfängnisverhütender Mittel verpflichtet, der Wirksamkeit; aus dem Bruch einer solchen Vereinbarung können keine Schadensersatzansprüche hergeleitet werden (BGH JZ 1986, 1008). Gleiches gilt für sonstige Vereinbarungen über persönliches Verhalten in der Gemeinschaft (Abreden über Partnertreue, gemeinsames Leben oder Haushaltsführung); diese können durchaus als „Programm" niedergelegt werden, entbehren aber der rechtlichen Bindung. Weicht ein Partner davon ab, so ergibt sich für den anderen kein Schadensersatzanspruch aus „positiver Forderungsverletzung" (zur Problematik von Deliktsansprüchen in solchen Fällen BGH JZ 1986, 1008, 1010). Gleiches gilt für Absprachen, von denen ein rechtlicher oder faktischer Zwang zur Aufrechterhaltung der Lebensgemeinschaft ausgeht, etwa die Vereinbarung von Vertragsstrafen, Schadensersatzpflichten oder hohen Abfindungen für den Fall einseitiger Lösung. Hingegen können Regelungen über die Auseinandersetzung der Lebensgemeinschaft getroffen werden, die sich angesichts der erbrachten Leistungen und Opfer als angemessener Interessenausgleich darstellen.

IV. Konkludent oder stillschweigend geschlossene Verträge

1. Anwendung der allgemeinen Rechtsgeschäftslehre. Überwie- 1049
gend sehen die Lebensgefährten davon ab, schriftliche oder sonst ausdrückliche Verträge über ihr Zusammenleben oder für den Fall der
Trennung zu schließen. Das bedeutet aber nicht, dass dann keine
rechtsgeschäftlichen Beziehungen unter ihnen bestehen könnten; es
gelten die allgemeinen Regeln über schlüssig und stillschweigend geschlossene Verträge. Gibt etwa die Frau dem Mann Geld für seine beruflichen Zwecke, so kann es sich um ein Darlehen handeln, auch
wenn von Rückzahlung nicht ausdrücklich die Rede ist (anders, wenn
es sich nach dem Willen der Parteien um Schenkung handelt). Ebenso
kann ein Partner dem anderen einen ihm gehörigen Gegenstand leihen
oder ihn zur Besorgung seiner Angelegenheiten beauftragen.

2. Rechtsprechung. Die Rechtsprechung stand der Anerkennung 1050
von stillschweigend geschlossenen Verträgen im Rahmen der nichtehelichen Lebensgemeinschaft früher zurückhaltend gegenüber. Maßgebend dafür war die These, in einer nichtehelichen Lebensgemeinschaft sei grundsätzlich davon auszugehen, „dass persönliche und
wirtschaftliche Leistungen der Partner nicht miteinander abgerechnet, sondern ersatzlos von demjenigen Partner erbracht werden sollen, der dazu in der Lage ist" (BGH FamRZ 1981, 530; 2008, 247).
Demgegenüber erkennt der BGH nun an, dass auch zwischen Partnern ehelosen Zusammenlebens ein besonderer Kooperationsvertrag
möglich ist, dessen Geschäftsgrundlage durch das Scheitern der Beziehung entfallen kann (BGHZ 177, 193, Rn. 41 f.; BGH FamRZ
2011, 1563 Rn. 18 ff.). Die Lage ist also ähnlich wie bei Vermögensbeziehungen von Ehegatten, die in Gütertrennung leben (→ Rn. 322 ff.).
Wenn es um Zuwendungen geht, die über die Gestaltung des gemeinsamen Lebens hinaus dem Vermögens- oder Berufsbereich des anderen zugutekommen, ist zunächst zu prüfen, ob die Leistungen auf der
Grundlage eines zivilrechtlichen Vertrages erbracht wurden (Darlehen, Auftrag, Leistung im Rahmen einer Gesellschaft, Schenkung,
im Regelfall aber nicht bloße Gefälligkeit). Nimmt z. B. die Frau ein
Bankdarlehen auf, mit dessen Hilfe ein allein vom Mann benutztes
und ihm gehöriges Auto finanziert wird, so handelt die Frau, sofern
keine Schenkung vorliegt, im Rahmen eines Auftrags; sie kann ihre
Kreditaufwendungen nach § 670 vom Mann ersetzt verlangen (a. A.
BGH FamRZ 1981, 530, wo der Anspruch nur für die nach der Trennung gezahlten Raten anerkannt wurde).

§ 93. Einzelne Problemfelder

I. Mietwohnung

1051   **1. Gemeinsamer Mietvertrag.** Schließen beide Lebensgefährten den Mietvertrag, so sind sie Gesamthandsgläubiger (§ 432), haften andererseits für den Mietzins als Gesamtschuldner (§ 421). Stirbt einer der Mieter, so wird das Mietverhältnis durch den anderen allein fortgesetzt (§ 563a I). Zieht ein Partner aus, so ändert dies an der mietrechtlichen Lage nichts, insbesondere bleibt er Mietschuldner, bis das Mietverhältnis durch Vertragsänderung oder Kündigung umgestaltet ist. Die Kündigung muss einheitlich durch beide oder gegenüber beiden Mietern ausgesprochen werden (§ 351 S. 1 entsprechend). Streiten die Parteien anlässlich ihrer Trennung, wer von ihnen in der gemeinsamen Wohnung verbleiben darf, so ist § 1361b nicht anwendbar. Doch bietet das Gewaltschutzgesetz die Möglichkeit, die Wohnungsüberlassung an einen der Partner zu erreichen (→ Rn. 1056).

1052   **2. Wohnungsmiete durch einen Partner.** Häufig nimmt der eine Teil den anderen in seine von ihm gemietete Wohnung auf.

a) Die Frage, ob der Vermieter den Zuzug des Lebensgefährten zu dulden hat, ist in § 553 geregelt: Wenn nach Abschluss des Mietvertrages für den Mieter das Interesse entsteht, einen Teil des Wohnraums einem Dritten zum Gebrauch zu überlassen, so kann er **vom Vermieter die Erlaubnis** hierzu verlangen. Das ist vor allem der Fall, wenn es um die Aufnahme eines Partners geht, mit dem ein auf die Dauer angelegter gemeinsamer Haushalt geführt werden soll; gleichgültig ist dabei, ob es sich um eine hetero- oder homosexuelle Beziehung handelt. Der Anspruch auf die Erlaubnis besteht nicht, wenn in der Person des Dritten ein wichtiger Grund vorliegt, ferner wenn der Wohnraum übermäßig belegt würde oder dem Vermieter die Überlassung aus sonstigen Gründen nicht zugemutet werden kann (§ 553 I 2). Unter gewissen Voraussetzungen kann der Vermieter die Erlaubnis davon abhängig machen, dass sich der Mieter mit einer angemessenen Mieterhöhung einverstanden erklärt (§ 553 II).

1053   b) Der in die Mietwohnung aufgenommene Lebensgefährte erhält, wenn er nicht mit Zustimmung des Vermieters dem Vertrag beitritt, **keine eigene Rechtsposition** gegenüber dem Vermieter, haftet allerdings auch nicht für den Mietzins. Es ist jedoch anzunehmen, dass er in den Schutzbereich des Mietvertrages im Sinne der Lehre vom „Vertrag mit Schutzwirkung zugunsten Dritter" einbezogen ist; verletzt der Vermieter etwa seine Verkehrssicherungspflichten, so können folglich Ansprüche aus positiver Vertragsverletzung auch dem zu Schaden gekommenen Lebensgefährten zustehen (§ 280 I i. V. m. §§ 241 II, 311 III).

c) In der Regel ist der zuziehende Partner unmittelbarer Mitbesitzer der Wohnung (insoweit ist der Mieter mittelbarer Besitzer erster Stufe), genießt folglich **Besitzschutz**. Seine Berechtigung zum Mitbesitz und Mitgebrauch beruht freilich ausschließlich auf der jederzeit widerruflichen Gestattung des Mieters, der ihm also die Tür weisen kann. Die Parteien können für ihr Innenverhältnis etwas anderes vereinbaren, z. B. dass im Falle der Trennung der Partner während einer bestimmten Übergangzeit noch in der Wohnung verbleiben darf. Die Rechte des Vermieters können durch solche Absprachen indes nicht geschmälert werden. Entzieht der Mieter seinem Partner den Mitbesitz durch verbotene Eigenmacht (stellt er z. B. seine Habe vor die Tür und tauscht das Schloss zur Wohnungstür aus), so genießt der Partner den possessorischen Schutz des § 861. **1054**

d) Die Frage, ob der Lebensgefährte des Mieters nach dessen Tod **in das Mietverhältnis eintreten** kann, ist in § 563 II 4 geregelt. Personen, die mit dem Mieter einen auf Dauer angelegten gemeinsamen Haushalt führen, haben – im Range nach Ehegatten und eingetragenen Lebenspartnern – ein Eintrittsrecht. Der Eintritt erfolgt automatisch; doch kann der Lebensgefährte innerhalb eines Monats, nachdem er vom Tod des Mieters Kenntnis erlangt hat, dem Vermieter erklären, dass er das Mietverhältnis nicht fortsetzen wolle; dann gilt der Eintritt als nicht erfolgt (§ 563 III 1). **1055**

3. Trennung, Gewaltschutz. a) Im Falle der Trennung der Partner ist § 1361b nicht anwendbar, auch nicht analog. Derjenige Lebensgefährte, der in die Wohnung des anderen aufgenommen wurde, ohne selbst eine Rechtsposition daran zu begründen, hat im Trennungsstreit folglich keinen Anspruch auf die Wohnung. Abweichend davon ist durch das Gewaltschutzgesetz (→ Rn. 406) die Möglichkeit geschaffen, dem Opfer von Gewalttaten ein Nutzungsrecht an der Wohnung zu verschaffen. Die Wohnungszuweisung nach dem Gewaltschutzgesetz (§ 2) setzt voraus: **1056**

– Eine Person hat vorsätzlich den Körper, die Gesundheit oder die Freiheit der anderen widerrechtlich verletzt.

– Zum Zeitpunkt der Tat hat die verletzte Person mit dem Täter einen auf Dauer angelegten gemeinsamen Haushalt geführt.

1057 b) Liegen diese Voraussetzungen vor, so entsteht ein Anspruch der verletzten Person gegenüber der anderen, ihr die bisher gemeinsam genutzte Wohnung zur alleinigen Benutzung zu überlassen. Dabei ist gleichgültig, wer von den Partnern Eigentümer oder Mieter der Wohnung ist. Die dingliche und schuldrechtliche Lage wirkt sich lediglich in der Frage aus, ob die Wohnungszuweisung zu befristen ist und welche Dauer die Fristen haben können. Ist der Täter alleiniger Eigentümer oder Mieter, so ist die Wohnungsüberlassung auf maximal 6 Monate zu befristen; die Frist kann nur einmal verlängert werden. Bei Miteigentum oder gemeinsamer Miete ist gleichfalls eine Befristung vorgesehen, aber keine Höchstdauer bestimmt.

Der Anspruch auf Überlassung der Wohnung kann schon dann gegeben sein, wenn der eine Partner dem anderen mit einer Verletzung des Lebens, des Körpers, der Gesundheit oder der Freiheit **widerrechtlich gedroht** hat, sofern die Wohnungszuweisung erforderlich ist, um eine unbillige Härte zu vermeiden (§ 2 VI Gewaltschutzgesetz).

Für die Entscheidung über den Anspruch auf Überlassung der Wohnung ist das **Familiengericht** zuständig (§ 23b I 1 Nr. 1 GVG, § 111 Nr. 6 FamFG). Die Wohnungszuweisung kann durch Schutzmaßnahmen nach § 1 des Gewaltschutzgesetzes flankiert werden.

II. Haushaltsgegenstände

1058 **1. Grundsatz.** Jeder Partner bleibt Eigentümer der Haushaltsgegenstände, die er in die Gemeinschaft mitbringt, sofern nicht im Einzelfall eine Übereignung stattgefunden hat. An Sachen, die dem gemeinschaftlichen Gebrauch zugeführt sind, hat der andere die Befugnis zu Mitbesitz und Mitgebrauch; diese Berechtigung beruht auf einer jederzeit widerruflichen Gestattung des Eigentümers.

1059 **2. Während des Zusammenlebens angeschaffte Gegenstände.** Schwierig zu beurteilen sind oft die Eigentumsverhältnisse an den während des Zusammenlebens angeschafften Gegenständen. Bei den Erwerbsgeschäften des täglichen Lebens gibt der jeweils handelnde Partner dem Veräußerer gegenüber gewöhnlich nicht zu erkennen, ob er für sich oder für seinen Lebensgefährten oder für beide zu Miteigentum erwerben will. In diesen Fällen ist die Lehre vom „Erwerb für den, den es angeht" einzusetzen. Wer erwerben soll, bestimmt sich folglich nach der inneren Willensrichtung des Handelnden, wenn die Person des Erwerbers dem Veräußerer gleichgültig ist, wie insbesondere bei den Bargeschäften. Der somit entscheidende Wille des Handelnden ist freilich oft zweifelhaft. Man wird annehmen können, dass Haushaltsgegenstände, die aus einer gemeinsamen Kasse oder von einem gemeinsamen Konto finanziert werden oder bei denen beide die Schuldenhaftung übernehmen, im Zweifel zu Miteigentum erworben werden sollen, und hier wiederum im Zweifel je zur Hälfte. Was hingegen jemand ausschließlich aus eigenen Mitteln anschafft, wird allein von ihm selbst erworben, wenn nichts anderes aus den Fallumständen hervorgeht; das gilt erst recht für Gebrauchsgegenstände, die der Handelnde allein benutzt und finanziert.

3. Verpflichtungsgeschäfte. Eine Schlüsselgewalt nach Art des § 1357 gibt für die nichteheliche Gemeinschaft nicht. Eine analoge Anwendung dieser Vorschrift scheidet aus. Auch ihre Anwendung über die Grundsätze der Rechtsscheinshaftung ist abzulehnen (str., → Rn. 189). Das ist wichtig für die Verpflichtungsgeschäfte zur Anschaffung von Hausrat: Berechtigt und verpflichtet hieraus wird ausschließlich der Handelnde, wenn er nicht dem Geschäftspartner zu erkennen gibt, dass er (auch) für den Lebensgefährten handeln will, und entsprechend von diesem bevollmächtigt ist. Im Einzelfall kann eine Anscheinsvollmacht gegeben sein, so wenn ein Mann den Eindruck entstehen lässt, er werde für die Geschäfte der Partnerin haften. **1060**

4. Hausratsteilung nach allgemeinem Zivilrecht. Ein gerichtliches Hausratsverteilungsverfahren wie bei Scheidung der Ehe gibt es bei Beendigung der nichtehelichen Gemeinschaften nicht. Bei Trennung hat jeder das Recht zur Mitnahme und den Anspruch auf Herausgabe der ihm gehörigen Sachen. Miteigentum ist nach den Regeln über die Bruchteilsgemeinschaft auseinander zu setzen (§§ 749 ff.). Das Schicksal des Hausrats im Falle der Trennung kann durch ausdrückliche Verträge im Voraus geklärt werden. Zu erwägen ist die Anlegung von Inventarverzeichnissen, die über das Eigentum Auskunft geben; auch kann vereinbart werden, wie die Eigentumsverhältnisse an den künftig zu erwerbenden Sachen gestaltet sein sollen. **1061**

III. Unterhalt

1. Kein gesetzlicher Unterhalt aufgrund Zusammenlebens. Aus dem ehelosen Zusammenleben als solchem entsteht kein gesetzlicher **1062**

Unterhaltsanspruch, auch nicht für den Fall der Trennung. Deshalb kann dem Lebensgefährten auch kein Schadensersatzanspruch aus § 844 II zukommen, wenn etwa die haushaltsführende Frau durch Verschulden eines Dritten getötet wird. Die gegenseitig erbrachten Unterhaltsleistungen erfolgen gleichwohl nicht rechtsgrundlos; causa ist in der Regel nicht eine Schenkung, sondern die Zweckabsprache über die Führung eines gemeinsamen Haushalts.

1063   **2. Unterhaltsanspruch wegen Kindesbetreuung, § 1615 l.** Einen gesetzlichen Unterhaltsanspruch gemäß § 1615 l II 2 hat derjenige Elternteil, der gemeinsame Kinder pflegt und erzieht, gegenüber dem anderen (dazu → Rn. 974 ff.). Dieser Anspruch setzt nicht voraus, dass die Kindeseltern zusammenleben oder gelebt haben, doch wird er häufig in dem Fall aktuell, dass ein mit gemeinsamen Kindern nichtehelich zusammenlebendes Paar sich trennt.

1064   **3. Vertragliche Unterhaltsansprüche.** Unterhaltspflichten können darüber hinaus durch Vertrag begründet werden. Möglich sind insbesondere Unterhaltszusagen für den Fall der Trennung, sofern sie in den Leistungen des Empfängers für die Gemeinschaft begründet sind. Vor allem zugunsten einer Frau, die gemeinsame Kinder erzieht oder die um der Gemeinschaft willen auf Berufstätigkeit verzichtet hat, sind Unterhaltsverträge für wirksam zu halten; im Rahmen wirksamer Unterhaltsverträge ist auch die Vereinbarung einer angemessenen Abfindung möglich.

1065   Soweit vertragliche Unterhaltspflichten begründet werden, kann dies nicht zu Lasten gesetzlich Unterhaltsberechtigter geschehen. Ein Mann kann sich also seiner geschiedenen Frau gegenüber nicht auf mangelnde Leistungsfähigkeit berufen mit der Begründung, er müsse jetzt seiner Geliebten den vereinbarten Unterhalt zahlen. Umgekehrt kann die Aufnahme einer verfestigten Lebensgemeinschaft den gesetzlichen Unterhaltsanspruch, den ein Partner gegen einen früheren Ehegatten hat, gefährden (§ 1579 Nr. 2).

IV. Allgemeine Vermögensverhältnisse

1066   **1. Grundsätze.** a) Grundsätzlich ändert das ehelose Zusammenleben an den Vermögensverhältnissen nichts: **Jeder bleibt Inhaber seiner Vermögensrechte.** Was er während des Zusammenlebens hinzu erwirbt, erwirbt er für sich, sofern kein anderweitiger Wille zum Ausdruck kommt. Bei Immobilien bewirkt überdies das Grundbuchsystem die Eindeutigkeit der dinglichen Zuordnung. Freilich können die Partner auch gemeinschaftliches Vermögen bilden, z. B. ein Grundstück zu Miteigentum erwerben oder eine Gesellschaft (§ 705) gründen, in deren Rahmen Gesamthandseigentum entsteht.

b) Bleibt somit jeder Teil Inhaber seiner Vermögensrechte, so **1067** dürfte es bei Trennung eigentlich keine Probleme mit der Vermögensauseinandersetzung geben: Jeder behält, was ihm gehört. Gleichwohl wird am Ende des Zusammenlebens nicht selten um einen Vermögensausgleich gestritten. Die typischen Fälle liegen wie folgt: Ein Partner hat dem anderen Zuwendungen gemacht, die sich bei diesem vermögensbildend ausgewirkt haben; nach der Trennung will er sie zurück oder einen Ausgleich dafür. Oder ein Partner hat für den anderen während des Zusammenlebens Dienste geleistet (seine Kinder betreut, im Betrieb mitgearbeitet, ihn bei Krankheit gepflegt) und möchte jetzt eine Entschädigung. Manchmal sind es auch die Erben eines verstorbenen Lebensgefährten, die derartige Ansprüche geltend machen oder gegen die sich derartige Ansprüche richten.

c) Die juristische Schwierigkeit der Behandlung solcher Fälle liegt **1068** darin, dass mehrere Anspruchsgrundlagen herangezogen werden können, die kaum auf einen Nenner zu bringen sind. So kann derselbe Fall nach Schenkungsrecht, Gesellschaftsrecht, Auftragsrecht oder Bereicherungsrecht zu lösen sein, schwerlich aber mit diesen Instrumenten gleichzeitig. Wichtig ist in derartigen Fällen, die in Betracht kommenden Anspruchsgrundlagen sorgfältig zu prüfen. Dabei stehen ausdrückliche Vertragsregelungen an erster Stelle. Liegen solche nicht vor, so sind hauptsächlich die nachfolgenden Anspruchsgrundlagen zu erwägen. Im Ergebnis herrscht in der Rechtsprechung eine zurückhaltende Tendenz vor: Zuwendungen, mit denen die Partner das gemeinsame Leben ermöglichen und fördern wollten, sollen bei Trennung nicht ausgeglichen werden, desgleichen nicht persönliche Dienste und Opfer, die der eine Teil für den anderen erbracht hat. Hingegen kommen Ausgleichsansprüche dann in Betracht, wenn gemeinschaftlicher Vermögenseinsatz zur Bereicherung nur des einen Partners geführt hat (→ Rn. 1071 ff.).

2. Rechtsgemeinschaften. a) Soweit die Partner eine **Rechtsge-** **1069** **meinschaft** gebildet haben, erfolgt die Auseinandersetzung oder der Ausgleich nach den einschlägigen Vorschriften, also bei Bruchteilseigentum nach §§ 752 ff., bei Gesamthandsgemeinschaften nach §§ 730 ff.; bei Gesamtgläubigerschaft nach §§ 428, 430 (OLG Celle

FamRZ 1982, 63; bei Gesamtschuldnerschaft nach § 426. Bei Bankkonten, die auf den Namen eines Partners allein laufen, kann eine Innengemeinschaft bestehen (OLG Schleswig FamRZ 2016, 993, → Rn. 349).

b) Hinsichtlich der Bruchteilsgemeinschaft ist zu beachten: Der **gemeinschaftliche Besitz** für sich gesehen, etwa an der Wohnung, begründet keine Rechtsgemeinschaft, die nach §§ 752 ff. auseinanderzusetzen wäre. Zwar hat der BGH in anderem Zusammenhang den Mitbesitz als Rechtsgemeinschaft behandelt (BGHZ 62, 243, 245), doch ist dies zumindest für die Fälle abzulehnen, in denen der eine Mitbesitzer die Berechtigung des anderen zum Mitbesitz jederzeit beenden kann (so auch BGH FamRZ 1981, 530; a. A. KG NJW 1982, 1886).

c) Beruht die Beteiligung auf **Schenkung** (z. B. die Frau hat dem Mann einen Miteigentumsanteil an ihrem Hausgrundstück geschenkt), so kommt eine Rückforderung des Geschenks nach §§ 528 ff. in Betracht (→ Rn. 1070); dieser Anspruch kann dem Teilungsverlangen nach §§ 752 ff. einredeweise entgegengesetzt werden (§ 273 I).

1070   **3. Schenkungsrecht.** a) Hat ein Partner dem anderen während des Zusammenlebens eine Zuwendung gemacht, so kann Schenkung vorliegen. Dies ist freilich nicht der Fall, wenn die Zuwendung der Ausgestaltung des gemeinsamen Lebens dient (Unterhaltsleistungen, Mitbeteiligung an Haushaltsgegenständen, Finanzierung des gemeinsam benutzten Autos etc.); in solchen Fällen geschieht nach h. M. die Zuwendung in einem Gegenseitigkeitsverhältnis und daher nicht unentgeltlich im Sinne des § 516 („gemeinschaftsbezogene Zuwendungen").

b) Liegt eine Schenkung vor (z. B.: Der Mann schenkt der Frau einen Brillantring), kann das Zugewendete unter den Voraussetzungen der §§ 528 ff. zurückgefordert werden. Besondere Bedeutung kann im Zusammenhang mit der Trennung der Widerruf der Schenkung wegen groben Undanks erlangen (§§ 530, 531). In der einseitigen Abwendung vom Partner allein ist ein derartiger Undank freilich nicht zu sehen; doch kann sie sich in einer Weise vollziehen, die einen schweren Vertrauensbruch bedeutet und die Anwendung des § 530 rechtfertigt (vgl. OLG Hamm NJW 1978, 224: der Mann ließ sich von der Frau noch beschenken, als er sich bereits anderen Frauen zugewandt hatte).

c) Liegt keine Schenkung, sondern „gemeinschaftsbezogene Zuwendung" vor, so kommt eine Rückforderung nach den Grundsätzen der Störung der Geschäftsgrundlage gem. § 313 in Betracht, wenn die Lebensgefährten sich trennen (→ Rn. 1074).

4. Gesellschaftsrecht. a) Erhebliche Bedeutung kann das Recht der 1071 **BGB-Gesellschaft** (§ 705 ff.) für die Vermögensauseinandersetzung gewinnen. Entscheidend ist, inwieweit man dem ehelosen Zusammenleben einen Gesellschaftsvertrag zugrunde legen kann, der mangels ausdrücklicher Absprachen dem konkludent geäußerten Willen der Parteien zu entnehmen ist. Die persönliche Seite des Zusammenlebens ist einer solchen Verrechtlichung nicht zugänglich. Doch könnte man die wirschaftliche Seite des Zusammenlebens, das „gemeinsame Haushalten und Wirtschaften", als Gesellschaftszweck begreifen, den die Lebensgefährten auf rechtlich gesicherter Grundlage verfolgen wollen (Literaturmeinung). Man kann dann entweder eine Gesellschaft nach §§ 705 ff. annehmen, die als solche nach außen auftritt und bei der Gesamthandsvermögen gebildet wird, oder eine bloße **Innengesellschaft** ohne Gesamthandsvermögen. Auch im letzteren Fall können für die Auseinandersetzung bei Beendigung die §§ 730 ff. zur Anwendung kommen.

b) Nach der **Rechtsprechung des BGH** kommen gesellschafts- 1072 rechtliche Auseinandersetzungsansprüche zum Zuge, wenn die Partner über die Lebensgemeinschaft hinaus **Objekte gemeinsamer Wertschöpfung** bilden und dabei von der Vorstellung ausgehen, dass diese Objekte nicht nur während des Zusammenlebens von beiden genutzt werden, sondern dass sie ihnen wirtschaftlich gemeinsam gehören sollen (BGHZ 177, 193, Rn. 18 f.; BGH FamRZ 2011, 1563 Rn. 14; 2013, 1295 Rn. 15). Als Voraussetzung für den gesellschaftsrechtlichen Beteiligungsanspruch verlangt die Rechtsprechung das Zustandekommen eines entsprechenden Vertrages zwischen den Partnern: Wie bei Ehegatten ist ein zumindest schlüssig zustande gekommener Gesellschaftsvertrag die Grundlage (BGH FamRZ 2006, 607; 2011, 1563 Rn. 14; 2013, 1295 Rn. 26; anders noch BGHZ 84, 388).

c) Die **einschlägigen Fälle** sind so gestaltet, dass gemeinsamer Ein- 1073 satz von Arbeit und Kapital aus Gründen der rechtlichen Zuordnung (z. B. Grundeigentum) zu einer Wertbildung nur im Vermögen des einen Partners führt. Eindeutiger Anwendungsfall ist z. B. der Aufbau eines dem Mann gehörigen Betriebs unter finanziellem und persönlichem Einsatz der Frau (BGH FamRZ 1982, 1065). In Betracht kommt auch der Bau eines Hauses z. B. auf dem Grundstück der Frau mit finanzieller oder persönlicher Hilfe des Mannes (vgl. BGH FamRZ 1965, 368; 1985, 1232; 1993, 939). In den Eigenheimfällen sind die Ergebnisse aber bereits zweifelhaft, denn man kann den Auseinandersetzungsanspruch im Hinblick darauf ablehnen, dass den Zweck des Zusammenwirkens die Verwirklichung der Lebensgemeinschaft (gemeinsames Wohnen im Haus) bildet (vgl. die Fälle BGH FamRZ 1980, 664; 1983, 349; 1983, 791). Kein gesellschaftsrechtlicher Anspruch ergibt sich nach BGH-Grundsätzen bei gemeinschaftlich benutztem Hausrat (zu Heizöl s. BGH FamRZ 1983, 349), weil hier der Zweck der Verwirklichung des Zusammenlebens den Aspekt der Wertschöpfung eindeutig überwiegt. Aus der Tatsache, dass ein Partner während des Zusammenlebens die gemeinsamen Kinder betreut hat, während der andere erwerbstätig war, kann ein Gesellschaftsvertrag nicht geschlossen werden; aus diesem Sachverhalt allein kann also kein Anspruch auf Beteiligung an den Ersparnissen des erwerbstätigen Teils hergeleitet werden (s. den Fall OLG Bremen FamRZ 2013, 1826).

1074   **5. Gemeinschaftsbezogene Zuwendungen.** a) **Grundsatz:** Nachdem die Rechtsprechung es lange Zeit abgelehnt hatte, die Lehre von den „ehebedingten Zuwendungen" (→ Rn. 330) auch auf nichtehelich zusammenlebende Paare entsprechend anzuwenden, vollzog sich seit der BGH-Entscheidung vom 9.7.2008 (BGHZ 177, 193) ein grundlegender Wandel. Danach kann bei gemeinschaftsbezogenen Zuwendungen, denen kein Gesellschaftsvertrag zugrunde liegt, ein Anspruch auf Anpassung wegen Wegfalls der Geschäftsgrundlage (§ 313 I) nach den gleichen Regeln wie bei Ehegatten gegeben sein (bestätigt BGH FamRZ 2012, 1789 Rn. 23).

1075   b) **Voraussetzungen:** aa) Die Zuwendung ist gemeinschaftsbezogen, wenn sie der Ausgestaltung des gemeinsamen Lebens dient und ihr die Erwartung zugrunde liegt, die Lebensgemeinschaft werde Bestand haben (BGHZ 177, 193, Rn. 40; FamRZ 2010, 277 Rn. 24; 2013, 1295 Rn. 17). Es genügt, wenn die Zuwendung den Partner für den Fall abzusichern soll, dass der Zuwender während der Lebensgemeinschaft verstirbt (BGH FamRZ 2014, 1547 Rn. 10). Hingegen scheiden Leistungen aus, die im Rahmen des täglichen Zusammenlebens erbracht werden, ohne dass die Erwartung des Fortbestehens der Lebensgemeinschaft eine Rolle spielt (BGH FamRZ

2011, 1563 Rn. 19). Fortlaufende Aufwendungen, die für den gemeinsamen Haushalt gemacht wurden, sollen nicht später gegenseitig abgerechnet werden. Das gilt auch, wenn der Beitrag zu den laufenden
Kosten des Zusammenlebens durch größere Einmalzahlungen geleistet wird (BGH FamRZ 2013, 1295 Rn. 18).

bb) Der Anspruch setzt ferner voraus, dass dem Leistenden nach
der Trennung die Beibehaltung der so geschaffenen Vermögensverhältnisse nach Treu und Glauben nicht zuzumuten ist (BGHZ 177,
193 Rn. 44; BGH FamRZ 2013, 1295 Rn. 21). Für diese Wertung
kommt es auf die Umstände des Falles an (Einkommens- und Vermögensverhältnisse, Dauer des Zusammenlebens, Alter der Beteiligten,
Art und Umfang der erbrachten Leistungen), aber insbesondere darauf, inwieweit die Vermögensmehrung beim Empfänger noch vorhanden ist (BGH FamRZ 2011, 1563 Rn. 25; 2012, 1789 Rn. 27).

c) **Erstreckung auf Arbeitsleistungen**: Obwohl der BGH Dienst- 1076
leistungen nicht als Zuwendungen betrachtet, wendet er die genannten Grundsätze auf Arbeitsleistungen entsprechend an, die ein Partner für den anderen erbringt (z. B. Handwerkerleistungen in dessen
Immobilie), wenn sie zu einem messbaren und noch vorhandenen
Vermögenszuwachs bei dem anderen geführt haben (BGHZ 177,
193 Rn. 41; BGH FamRZ 2011, 1563 Rn. 20; 2013, 1295 Rn. 28, 29).
Ausgenommen sind auch hier Leistungen im Rahmen des täglichen
Zusammenlebens.

d) **Inhalt und Umfang**: Der Anspruch geht auf Vertragsanpassung 1077
(§ 313 I 1), in der Regel auf Zahlung eines angemessenen Ausgleichs
für die beim Empfänger bei Trennung noch vorhandene Vermögensmehrung. Das bedeutet nicht unbedingt, dass die erbrachten Leistungen voll zurückzugeben wären, denn der Leistende hat gewöhnlich
während des Zusammenlebens an ihnen bereits partizipiert. Entscheidend ist, inwieweit die Aufrechterhaltung der durch die Zuwendung
geschaffenen Vermögensverhältnisse dem Leistenden nach Treu und
Glauben zuzumuten ist.

Beispiel (BGHZ 177, 193): Eine Paar lebt nichtehelich zusammen. Zunächst
behält jeder seine Wohnung bei, dann erwirbt die Frau ein Grundstück, auf
dem ein Wohnhaus errichtet wird. Zu diesem Bau tragen beide Partner durch
finanzielle Mittel und Arbeitsleistungen bei. Nach Scheitern der Partnerschaft
verlangt der Mann Ausgleich für die von ihm für das Haus aufgewendeten finanziellen Mittel und Arbeitsleistungen.
Der BGH hält einen Anspruch aus § 313 wegen Wegfalls der Geschäftsgrundlage einer „gemeinschaftsbedingten Zuwendung" für möglich. Einen

Anspruch aus „Innengesellschaft" lehnt das Gericht ab, weil der Zweck der Zuwendungen nicht über die Verwirklichung der Lebensgemeinschaft hinausging (BGHZ 177, 193, Rn. 22; ähnlich der Fall BGH FamRZ 2011, 1563).

1078   e) **Todesfall**: Die Beendigung der Lebensgemeinschaft durch den *Tod des Zuwendenden* bedeutet in der Regel keinen Wegfall der Geschäftsgrundlage; in diesem Fall hatte die Lebensgemeinschaft aus der Sicht des Zuwendenden Bestand bis zu ihrem „natürlichen Ende" (BGH FamRZ 2010, 277 Rn. 26). Anders ist es, wenn der *Zuwendungsempfänger* stirbt und somit an dem Objekt nicht mehr partizipieren kann (BGH FamRZ 2010, 277 Rn. 27).

Beispiel: Ein Paar lebt ehelos in dem der Frau gehörigen Haus zusammen. Die Frau wendet dem Mann einen Bruchteil von ½ an diesem Hausgrundstück zu. Einen Monat nach der Übertragung stirbt der Mann an den Folgen eines Verkehrsunfalls. Hier kann die Geschäftsgrundlage der Zuwendung entfallen sein, weil die Vorstellung bestand, die Frau könne noch längere Zeit zusammen mit dem Partner an dem zugewendeten Objekt partizipieren.

1079   **6. Sonstige Rechtsgeschäfte.** Die Schwierigkeit der einschlägigen Fälle liegt darin, dass das Verhalten der Beteiligten beinahe beliebig interpretierbar ist, wenn nicht ausdrückliche Verträge Klarheit schaffen. So kommt die Konstruktion weiterer Vertragstypen in Betracht, wie etwa eines Auftrags (insbesondere bei Mithaftung für Verbindlichkeiten, die dem anderen Teil zugutekommen). Bei Dienstleistungen, die ein Partner dem anderen erbringt, wird unter Umständen auch die Annahme eines Dienstvertrages erwogen, aus dem folglich Vergütungsansprüche begründet werden können. Doch werden Arbeitsleistungen zugunsten des gemeinsamen Lebens in aller Regel nicht auf dienstvertraglicher Basis geleistet, hier kommt die Anwendung der Lehre von den gemeinschaftsbezogenen Zuwendungen dem Willen der Beteiligten am nächsten. Bei Mitarbeit im Betrieb des Lebensgefährten kann auch die Lehre des BAG von der fehlgeschlagenen Entlohnung zum Zuge kommen: Hat z. B. eine Frau im Betrieb des Mannes in berechtigter Erwartung künftiger Beteiligung am Erbe mitgearbeitet, und bleibt diese Entschädigung aus, weil das Testament formnichtig ist, so kann ein Vergütungsanspruch nach § 612 in Betracht kommen (BAG DB 1960, 1506). Auf keinen Fall aber können persönliche Dienste in der Gemeinschaft (Haushaltführung, Betreuung der Kinder des anderen, Pflege im Falle der Krankheit) als entgeltliche Dienstleistungen angesehen werden.

7. Bereicherungsrecht. a) Für die Rückforderung getätigter Leis-   1080
tungen im Rahmen der nichtehelichen Lebensgemeinschaft bleibt
schließlich noch der Anspruch aus ungerechtfertigter Bereicherung,
hier insbesondere die Zweckverfehlungskondiktion (§ 812 I 2 Alt. 2).
Man kann in der Abrede, mit beiderseitigen Leistungen eine Lebensgemeinschaft zu verwirklichen, eine Zweckabrede sehen, welche die
causa für diese Leistungen bildet. Die Frage aber ist, ob man bei
Trennung der Partner auf diese Weise zu einem Anspruch auf (teilweise) Herausgabe der erbrachten Leistungen kommt. Denn mit Verwendung der Leistung für die Lebensgemeinschaft war der Zweck ja
erfüllt und nicht verfehlt. Man könnte aber eine partielle Zweckverfehlung annehmen, soweit das Geleistete noch nicht in der Lebensgemeinschaft verbraucht wurde, sondern sich bei Trennung als Bereicherung im Vermögen des Empfängers niederschlägt (z. B. das vom
Mann mitfinanzierte und mitbenutzte, aber der Frau gehörende Automobil hat bei Trennung noch einen Vermögenswert). Um zur
Zweckverfehlungskondiktion zu gelangen, muss man annehmen,
dass in die Zweckabrede unter den Parteien auch die Vorstellung eingegangen ist, die Lebensgemeinschaft und damit die Möglichkeit der
Mitnutzung bestehe mindestens für die Nutzungsdauer des Objekts
(oder bis zum Tode eines Partners) fort.

b) Der BGH sah lange Zeit die Voraussetzungen der Zweckverfeh-   1081
lungskondiktion in solchen Fällen nicht für gegeben an (BGH
FamRZ 2008, 247, Rn. 18, 25), hat aber auch in dieser Hinsicht seine
Konzeption geändert und hält bei Zuwendungen unter den nichtehelichen Partnern bei Scheitern der Beziehung einen Kondiktionsanspruch für möglich (BGHZ 177, 193, Rn. 33, BGH FamRZ 2009,
849, Rn. 15; 2010, 277 Rn. 32). Es geht um Fälle, in denen Leistungen
erbracht wurden, die über das hinausgehen, was das tägliche Zusammenleben erst ermöglicht und die zu Vermögenswerten geführt haben, welche den Bestand der Lebensgemeinschaft überdauern, z. B.
bei Arbeitsleistungen, die in ein Objekt des Partners investiert wurden (BGH FamRZ 2013, 1295 Rn. 37). Der BGH verlangt als Voraussetzung eine konkrete Zweckabrede, die auch stillschweigend geschlossen werden kann. Der Tod des Zuwendenden bedeutet indes
keine Zweckverfehlung, weil der Zweck, zu Lebzeiten an dem Gegenstand teilzuhaben, erreicht worden ist (BGH FamRZ 2010, 277
Rn. 35).

c) Eine präzise Abgrenzung des Kondiktionsanspruchs zu dem aus
Wegfall der Geschäftsgrundlage steht noch aus.

Beispiel (wie oben → Rn. 1078). Der BGH hält sowohl eine Lösung des Falles nach § 812 I 2 also auch nach § 313 für möglich; § 313 komme in Frage, wenn „eine Zweckabrede nicht festzustellen ist" (BGHZ 177, 193 Rn. 40). Das spricht für den Vorrang des Kondiktionsanspruchs.

1082   **Prüfungsreihenfolge:**

Hat der Partner einer nichtehelichen Lebensgemeinschaft finanzielle Leistungen oder Arbeitsleistungen erbracht, die dem anderen wirtschaftlich zugutegekommen sind, und verlangt er nach Scheitern der Lebensgemeinschaft einen Ausgleich, so kommen folgende Anspruchsgrundlagen in Frage:

1. Ausdrücklich geschlossener Vertrag (Darlehen, Dienstvertrag, Auftrag, Schenkung etc.).
2. Konkludent/stillschweigend geschlossener Vertrag über eine Innengesellschaft.
3. Zweckverfehlungskondiktion (§ 812 I 2 Hs. 2).
4. Konkludent/stillschweigend geschlossener Vertrag über eine gemeinschaftsbedingte Zuwendung; Anspruch wegen Wegfalls der Geschäftsgrundlage (§ 313 I).

Prüfungsschemata für Innengesellschaft und Wegfall der Geschäftsgrundlage entsprechend → Rn. 329, 332.

1083   **8. Zur Schuldenhaftung.** a) Im Außenverhältnis bestimmt die Vertragslage gegenüber Dritten, wer für die während der Lebensgemeinschaft eingegangenen Verbindlichkeiten haftet. Haben z. B. beide gemeinsam einen Bankkredit aufgenommen, so haften die Partner der Bank als Gesamtschuldner auch dann noch, wenn sie sich getrennt haben und sogar, wenn der Kredit allein im Interesse des einen Partners lag.

1084   b) Soweit ein Partner als Gesamtschuldner den Gläubiger befriedigt, stellt sich die Frage nach dem Ausgleich im Innenverhältnis. Nach § 426 I 1 sind die Gesamtschuldner im Verhältnis zueinander im Zweifel zu gleichen Anteilen verpflichtet, doch kann von den Beteiligten etwas anderes bestimmt sein. In diesem Zusammenhang kommt die Auffassung des BGH zum Tragen, dass sich die Lebensgefährten bei Beiträgen zu ihrer Gemeinschaft gegenseitig keine Rechnung aufmachen wollten: „Ausgleichsansprüche scheiden ... grundsätzlich hinsichtlich solcher Leistungen aus, die ... das Zusammenleben erst ermöglicht haben, die also auf das gerichtet sind, was die Gemeinschaft Tag für Tag benötigt" (BGH FamRZ 2010, 542 Rn. 11). Das Gesamtschuldverhältnis wird nach Auffassung des BGH „durch die nichteheliche Lebensgemeinschaft überlagert" (BGH FamRZ 2010, 277 Rn. 17). Diente ein Kredit der gemeinsamen Lebensführung, so ist danach ein Regress des leistenden Partners bei dem anderen grundsätzlich nicht gegeben (BGH FamRZ 1981, 530, 531; vgl. auch LG Bamberg FamRZ 1988, 59: Bürgschaft für Kredite des anderen zur Anschaffung gemeinsam benutzter Gegenstände; kein Regress des in Anspruch genommenen Bürgen bei dem Partner nach § 774!). Auch die Mietschulden für die gemeinsam gemietete Wohnung betreffend hält der BGH diese Linie bei.

Beispiel: Ein Paar lebt in einer gemeinsam gemieteten Wohnung ehelos zusammen. Es entstehen Mietrückstände von 2.000 EUR, die der Mann schließlich begleicht. Nach der Trennung des Paares verlangt der Mann von seiner Partnerin aus § 426 I 1 die Hälfte des dafür aufgewendeten Betrages erstattet. Der BGH wies den Ausgleichsanspruch im Hinblick darauf ab, dass der Mann während des Zusammenlebens die gemeinsamen Unterhaltsbedürfnisse überwiegend aus seinem Einkommen bestritten und auch die Miete bezahlt hatte, während die Frau nicht erwerbstätig war. Daraus schloss das Gericht, dass eine anderweitige Bestimmung getroffen worden sei, wonach der Mann im Innenverhältnis die Mietkosten zu tragen habe. Dies gilt auch, wenn Mietrückstände, die während des Zusammenlebens entstanden waren, von dem Mann erst *nach Trennung* von seiner Partnerin beglichen wurden (s. den Fall BGH FamRZ 2010, 542).

V. Erbrecht

Unstreitig wird nach derzeitigem deutschen Recht an das ehelose Zusammenleben kein gesetzliches Erbrecht angeknüpft. Man kann lediglich daran denken, dem Überlebenden den „Dreißigsten" in analoger Anwendung des § 1969 zuzugestehen (→ Rn. 1045). Die Partner können sich durch Verfügung von Todes wegen zu Erben einsetzen oder mit einem Vermächtnis bedenken. Die den Ehegatten vorbehaltenen Testamentsformen stehen ihnen freilich nicht offen (gemeinschaftliches Testament, §§ 2265 ff.). Die letztwilligen Zuwendungen sind möglicherweise durch Pflichtteilsansprüche der nächsten Angehörigen des Verstorbenen belastet (§ 2303). Auch kommen die Privilegierungen, die das Erbschaftssteuerrecht Familienangehörigen gewährt, den Lebensgefährten nicht zugute.

1085

Teil V. Die eingetragene Lebenspartnerschaft

Literatur: *J. Braun*, Eingetragene Lebenspartnerschaft und Ehe, 2002; *M. Bruns/R. Kemper*, Lebenspartnerschaftsrecht, 2. Aufl. 2005; *K. Muscheler*, Das Recht der Eingetragenen Lebenspartnerschaft, 2. Aufl. 2004; *D. Schwab* (Hrsg.), Die eingetragene Lebenspartnerschaft, Text, Amtliche Materialien, Abhandlungen, 2002; *M. Wellenhofer-Klein*, Die eingetragene Lebenspartnerschaft, 2003; *H. Grziwotz*, FamRZ 2015, 2014; *K. F. Gärditz*, JZ 2011, 3067; *G. Britz*, StAZ 2016, 8; *D. Schwab*, FamRZ 2016, 1.

§ 94. Einleitung

1086   **1. Entstehungsgeschichte.** Im Jahre 2001 hat der Gesetzgeber das Rechtsinstitut der eingetragenen Lebenspartnerschaft geschaffen, das **Paaren des gleichen Geschlechts** eine **Rechtsform** für ihre Gemeinschaft bietet. Die Regelungen finden sich im „Gesetz über die Eingetragene Lebenspartnerschaft" (LPartG) vom 16.2.2001 (in Kraft ab 1.8.2001). Die Einführung des Rechtsinstituts bedeutet nach Auffassung des BVerfG keinen Verstoß gegen die Verfassung, auch nicht Art. 6 I GG (BVerfGE 105, 313). Schon bald wurde das LPartG im Sinne weiterer Angleichung an die Ehe novelliert (Gesetz zur Überarbeitung des Lebenspartnerschaftsrechts vom 15.12.2004).

1087   **2. Folgen der Einführung der gleichgeschlechtlichen Ehe (2017). a) Keine neue Begründung von Lebenspartnerschaften.** Aufgrund des Gesetzes vom 20.7.2017 ist gleichgeschlechtlichen Paaren in Deutschland auch der Weg zur Ehe eröffnet. Damit verliert die eingetragene Lebenspartnerschaft an Bedeutung. Denn in ihren Rechtswirkungen ist sie der Ehe weitestgehend gleichgestellt (abgesehen vor allem vom Adoptionsrecht →Rn. 1108). Um das Nebeneinander zweier fast identischer Formen zu vermeiden, ordnet das Gesetz an, dass ab Inkrafttreten des Gesetzes d. h. ab 1.10.2017 keine Lebenspartnerschaften mehr begründet werden können (Art. 3 III).

1088   **b) Umwandlung.** Damit ist das Lebenspartnerschaftsgesetz aber keineswegs obsolet. Denn mit Inkrafttreten des neuen Rechts gehen die bisherigen Lebenspartnerschaften nicht etwa kraft Gesetzes in Ehen über, sondern bleiben bestehen. Den Partnern wird die Möglichkeit eröffnet, durch **gegenseitige Erklärungen** vor dem Standesbeamten ihre bisherige Lebenspartnerschaft in eine Ehe umzuwandeln. Die Erklärungen müssen persönlich und bei gleichzeitiger Anwesenheit erfolgen und darauf gerichtet sein, eine Ehe auf Lebenszeit führen zu wollen (§ 20a I 1 LPartG). Sie können nicht unter einer Bedingung oder Zeitbestimmung abgegeben werden (§ 20a I 2 LPartG). Für Einzelheiten des standesamtlichen Verfahrens gelten Vorschriften über die Eheschließung entsprechend (§ 17a II PStG).

c) **Wirkung der Umwandlung.** Wenn die Lebenspartner von der 1089 Umwandlungsmöglichkeit Gebrauch machen, sollen sie so gestellt sein, als hätten sie schon an dem Tag geheiratet, an dem sie Lebenspartnerschaft begründet haben. Das ist der Sinn der etwas unklaren Vorschrift des Art. 3 III des Gesetzes – die Umwandlung soll rückwirkende Kraft haben. Das ist vor allem deshalb von Bedeutung, weil die Gleichstellung der Lebenspartnerschaft mit der Ehe nicht von vorherein konsequent durchgeführt worden ist, sondern sich zum Teil erst später aus verfassungsgerichtlichen Entscheidungen und Gesetzesänderungen ergab. Das Gesetz nimmt in Kauf, dass aufgrund der Rückwirkung sozial- und steuerrechtliche Entscheidungen neu getroffen werden müssen (BT-Drs. 18/6665 S. 10).

d) **Fortbestehen eingetragener Lebenspartnerschaften.** Wenn die 1090 Lebenspartner von der Umwandlungsmöglichkeit keinen Gebrauch machen, bleibt für sie das LPartG weiterhin maßgeblich. Auch wenn keine neuen Partnerschaften mehr begründet werden können, kann das Partnerschaftsrecht also noch lange Zeit aktuelles Recht bleiben. Es kann m. E. auch weiterhin reformiert werden (z. B. im Adoptionsrecht → Rn. 1108). Für die Zwecke der Darstellung in diesem Lehrbuch wird es indes genügen, die wenigen Unterschiede zum Eherecht hervorzuheben und im Übrigen auf das Eherecht zu verweisen.

3. **Terminologie.** Das Gesetz regelt die „eingetragene Lebenspart- 1091 nerschaft", doch wird dieser Begriff in vielen Bestimmungen nur verkürzt als „Lebenspartnerschaft" wiedergegeben. Es ist also zu beachten: Wo immer das Gesetz von „Lebenspartnerschaft" spricht, ist die besondere Form der *eingetragenen* Lebenspartnerschaft gemeint. Zum Eherecht bildet das Lebenspartnerschaftsrecht Parallelbegriffe. So entspricht der „ehelichen Lebensgemeinschaft" die „partnerschaftliche Lebensgemeinschaft", dem „Ehevertrag" der „Lebenspartnerschaftsvertrag", dem Geschiedenenunterhalt der „nachpartnerschaftliche Unterhalt", dem Verlöbnis das „Versprechen, eine Lebenspartnerschaft zu begründen", usw.

§ 95. Die Begründung der Lebenspartnerschaft

I. Voraussetzungen

1092   **1. Überblick.** Die wirksame Begründung einer eingetragenen Lebenspartnerschaft setzt positiv voraus:

a) zwei Personen des gleichen Geschlechts;

b) die gegenseitige Erklärung, miteinander eine Partnerschaft auf Lebenszeit führen zu wollen;

c) die Abgabe dieser Erklärungen vor der zuständigen Behörde.

1093   **2. Erklärungen.** Die Erklärungen der Partnerschaftsbegründung müssen persönlich und bei gleichzeitiger Anwesenheit abgegeben werden (§ 1 I 1 LPartG). Stellvertretung und Botenschaft sind folglich ausgeschlossen. Die Erklärungen können nicht unter einer Bedingung oder Befristung abgegeben werden (§ 1 I 2 LPartG). Inhalt der Erklärung ist der *Wille, miteinander eine Partnerschaft auf Lebenszeit führen zu wollen.*

1094   **3. Zuständige Behörde.** Die Erklärungen zur Begründung der Partnerschaft werden erst wirksam, wenn sie vor der **zuständigen Behörde** erfolgen (§ 1 I 1 LPartG). Es besteht ein ähnlich strenger Formzwang wie bei der Eheschließung. Zuständig ist das Standesamt, doch können die Bundesländer abweichende Zuständigkeiten bestimmen (§ 23 LPartG, § 17 PStG). Die Behörde trägt die Partnerschaft in ein Register ein (von daher der Begriff *eingetragene* Partnerschaft).

II. Hindernisse der Partnerschaftsbegründung

1095   Einige wenige Hindernisse stehen der Begründung einer eingetragenen Partnerschaft im Wege:

a) **Minderjährige** können eine solche Partnerschaft nicht eingehen (§ 1 III Nr. 1 LPartG).

b) Ferner kann eine eingetragene Partnerschaft nicht begründen, wer bereits mit einer dritten Person verheiratet ist oder eine eingetragene Lebenspartnerschaft führt (§ 1 III Nr. 1 LPartG). Das Partnerschaftsrecht legt sich also auf das **monogamische Prinzip** fest.

c) Keine eingetragene Partnerschaft können Personen begründen, die **in gerader** Linie **miteinander verwandt** sind, weiterhin vollbürtige oder halbbürtige **Geschwister** (§ 1 III Nr. 2, 3 LPartG).

d) Schließlich wird die eingetragene Lebenspartnerschaft nicht wirksam begründet, wenn sich die Partner bei der Abgabe ihrer Erklärungen darüber einig sind, die mit der Lebenspartnerschaft verbundenen Grundpflichten (§ 2 LPartG) in Wahrheit nicht zu wollen (§ 1 III Nr. 4 LPartG). Damit soll die „Scheinpartnerschaft" bekämpft werden, mit der lediglich Sekundäreffekte wie z. B. eine Aufenthaltserlaubnis angestrebt werden.

III. Fehlerhafte Begründung der Lebenspartnerschaft

Die Auswirkung von Begründungsmängeln ist anders geregelt als **1096** bei der Eheschließung.

– Der **Verstoß gegen die Erfordernisse des § 1 LPartG** führen zur **gänzlichen Unwirksamkeit** der Partnerschaftsbegründung. Die Regelungen über die Aufhebbarkeit einer Ehe wegen Begründungsmängeln (z. B. bei Doppelehe) sind nicht analog anwendbar. Zweifel an der Wirksamkeit einer eingetragenen Partnerschaft können durch ein Verfahren auf Feststellung des Bestehens oder Nichtbestehens einer Lebenspartnerschaft geklärt werden (§ 269 I Nr. 2 FamFG); zuständig ist das Familiengericht (§ 23a I 1 Nr. 1, § 23b I GVG).

– Gemäß § 15 II 2 LPartG kann die Lebenspartnerschaft **durch gerichtliche Entscheidung aufgehoben** werden, wenn ein **Willensmangel** im Sinne des § 1314 II Nr. 1–4 vorliegt (Zustand der Bewusstlosigkeit oder vorübergehenden Störung der Geistestätigkeit; Unkenntnis, dass es sich um eine Partnerschaftsbegründung handelt; arglistige Täuschung; widerrechtliche Drohung). Antragsberechtigt ist der Partner, der vom Willensmangel betroffen war (§ 1316 I Nr. 2). Die Aufhebung kann nur binnen Jahresfrist verlangt werden und entfällt, wenn der Betroffene die Partnerschaft nach Wegfall des Willensmangels bestätigt hat (§ 15 IV LPartG/ § 1315 I Nr. 3, 4 und § 1317).

§ 96. Name

Die Lebenspartner werden vom Gesetz nicht angehalten, einen ge- **1097** meinsamen Namen zu führen, doch ist ihnen die Möglichkeit dazu eröffnet. Sie können durch Erklärung vor der zuständigen Behörde den Geburtsnamen oder den zur Zeit der Namensbestimmung geführten Namen des einen oder des anderen Teils zum gemeinsamen Lebenspartnerschaftsnamen bestimmen (§ 3 I LPartG). Diese Bestimmung soll bei Begründung der Partnerschaft erfolgen, kann aber auch jederzeit später nachgeholt werden (dann ist öffentliche Beglaubigung erforderlich, § 3 I 4 LPartG). Wählen die Partner einen gemeinsamen Namen, so ergeben sich die gleichen Probleme wie beim Ehenamen, die auch ganz ähnlich gelöst sind (→ Rn. 208 ff.).

§ 97. Rechtswirkungen

I. Inhalt des Rechtsverhältnisses

1098 **1. Grundregel, § 2 LPartG.** Die Lebenspartner sind einander zur Fürsorge und Unterstützung sowie zur gemeinsamen Lebensgestaltung verpflichtet und tragen füreinander Verantwortung. Während das Prinzip gegenseitiger Verantwortung gleichlautend im Eherecht gilt, glaubte der Gesetzgeber im übrigen Unterschiede machen zu sollen. Vor allem ist die „Pflicht zur ehelichen Lebensgemeinschaft" nicht einfach in eine „Pflicht zur partnerschaftlichen Gemeinschaft" übersetzt. Stattdessen ist eine Pflicht zur „gemeinsamen Lebensgestaltung" genannt. Die Pflicht zur „Fürsorge" und „Unterstützung" erinnert sprachlich an die Pflicht zu Beistand und Rücksicht und dürfte im Wesentlichen dasselbe bedeuten.

1099 **2. Hauptsächliche Pflichten.** § 2 LPartG sind folgende Hauptelemente der Partnerschaft zu entnehmen:

a) Die Partner sind verpflichtet, ihr **Leben aufeinander zu beziehen und auszurichten.** Eine Pflicht zum Zusammenwohnen ist nicht unbedingt damit verbunden, obwohl das Getrenntleben einschneidende Rechtswirkungen wie bei der Ehe erzeugt. Ob mit der eingetragenen Partnerschaft eine Pflicht zur exklusiven sexuellen Zuwendung an den Partner verbunden ist, bleibt nach der gesetzlichen Regelung offen.

b) Die Partner sind zur gegenseitigen **Solidargemeinschaft** verbunden. Die Solidarität äußert sich in erster Linie in der gegenseitigen gesetzlichen **Unterhaltspflicht,** die dem ehelichen Unterhaltsrecht nachgebildet ist (§ 5 LPartG mit Verweis auf §§ 1360 S. 2, 1360a und 1360b BGB).

1100 **3. Bezugnahmen auf das Eherecht.** Weitere Bezugnahmen auf das Eherecht zeigen, dass der Gesetzgeber sich im typischen Fall eine

Haushaltsgemeinschaft vorstellt. So ist den Partnern die **Schlüsselge-**
walt eingeräumt (Verweis auf § 1357 BGB, § 8 II LPartG). Zugunsten
der Gläubiger eines Partners gilt eine dem § 1362 entsprechende
Eigentumsvermutung (§ 8 I LPartG). Die **Vermögenszuordnung**
ergibt sich aus dem von den Partnern gewählten Güterstand
(→ Rn. 1104). Durch die Novelle von 2004 wurde zudem auch der
Versorgungsausgleich bei der Beendigung der Lebenspartnerschaft
eingeführt (§ 20 LPartG).

4. Durchsetzung der Partnerschaftspflichten. Für die **Durchset-** 1101
zung der mit der Partnerschaft verbundenen Pflichten gilt ähnliches
wie im Eherecht. Auch bei der Lebenspartnerschaft ist folgende Unterscheidung zu treffen:
- **Pflichten rein wirtschaftlicher Natur** (z. B. Unterhalt durch Be-
  reitstellung wirtschaftlicher Mittel) sind gerichtlich verfolgbar, aus
  der Leistungsentscheidung kann vollstreckt werden. Auch kann
  die Verletzung solcher Pflichten Schadensersatzfolgen nach den
  Regeln des allgemeinen Schuldrechts auslösen.
- **Pflichten persönlicher Natur** (wie die Führung des Haushalts gemäß dem Einvernehmen der Partner) sind der Leistungsklage entzogen, weil in diesem Bereich der Rechtszwang unangemessen ist.
  Dieser Gesichtspunkt steht auch der Anwendung des allgemeinen
  Leistungsstörungsrechts im Wege. Doch sind Pflichtverletzungen
  auch persönlicher Art im Rahmen der Härteklauseln bei den Aufhebungsfolgen zu berücksichtigen.
- Gegen **deliktisches Unrecht** eines Partners gegen den anderen ist
  der Schutz der §§ 823 ff. gegeben. Gegen Beeinträchtigungen geschützter Rechtsgüter stehen zudem Beseitigungs- und Unterlassungsansprüche aus § 1004 (analog) zu Gebote. Auch ist nach
  dem Vorbild des Eherechts ein deliktisch geschütztes Recht auf
  „Schutz des räumlich-gegenständlichen Bereichs der Partner-
  schaft" anzuerkennen, das sowohl vom jeweiligen Partner als
  auch von Dritten zu respektieren ist.

5. Haftungsmaßstab. Soweit Schadensersatzansprüche wegen 1102
Pflichtverletzungen in Betracht kommen, ist die Absenkung des Haftungsmaßstabs wie bei Ehegatten zu beachten: Bei Erfüllung der sich
aus dem lebenspartnerschaftlichen Verhältnis ergebenden Verpflichtungen haben die Partner nur für diejenige Sorgfalt einzustehen, die
sie in eigenen Angelegenheiten anzuwenden pflegen (§ 4 LPartG).

II. Sonstige Wirkungen

1103   Auch die eingetragene Partnerschaft wird als **besonderes Solidaritäts- und Näheverhältnis** in vielen Vorschriften anerkannt. Zu nennen sind insbesondere folgende Regelungen.

– Die Lebenspartner genießen im Verhältnis zueinander ein **gesetzliches Erb- und Pflichtteilsrecht,** das dem ehelichen entspricht (§ 10 LPartG).

– Bei Anwendung der vielen gesetzlichen Vorschriften, die Besonderheiten für Familienangehörige einer Person vorsehen, „gilt" der eingetragene Lebenspartner als **Familienangehöriger,** sofern nicht etwas anderes bestimmt ist (§ 11 I LPartG). Auch im Strafrecht sind die eingetragenen Lebenspartner in den Angehörigenbegriff einbezogen (§ 11 I Nr. 1a StGB).

– Die Lebenspartnerschaft begründet das Rechtsverhältnis der **Schwägerschaft** mit den Verwandten des jeweiligen Partners (§ 11 II LPartG).

– Wie ein Ehegatte so tritt auch der Lebenspartner des Mieters in das **Mietverhältnis** ein, wenn der Mieter stirbt (§ 563 I 2).

– In einigen **Versorgungsgesetzen** ist die eingetragene Partnerschaft der Ehe gleichgestellt, s. § 46 IV SGB VI.

– Auch im Übrigen erkennen zahlreiche Vorschriften die eingetragene Lebenspartnerschaft als besonderes **persönliches Näheverhältnis** an. So haben die Partner wie Ehegatten und Verlobte ein Zeugnis- und Eidesverweigerungsrecht (§ 52 I Nr. 2a StPO; § 383 I Nr. 2a ZPO). In diesem Zusammenhang ist von Bedeutung, dass auch die Vorschriften über das **Verlöbnis** entsprechende Anwendung finden (§ 1 IV LPartG).

§ 98. Güterrecht

1104   Die Regeln des ehelichen Güterrechts sind auch auf die eingetragene Lebenspartnerschaft übertragen. **Gesetzlicher Güterstand** ist die **Zugewinngemeinschaft** (§ 6 LPartG). Es gelten auch die mit diesem Güterstand verbundenen rechtsgeschäftlichen Beschränkungen. Bei Tod eines Partners kommt die erbrechtliche Lösung des Zugewinnausgleichs (§ 1371) unter denselben Voraussetzungen zum Zug wie bei Ehegatten. Die Lebenspartner können ihre güterrechtlichen Verhältnisse durch Vertrag regeln, der bei ihnen „Lebenspartnerschaftsvertrag" heißt (§ 7 S. 1 LPartG); auch hier verweist das Partnerschaftsrecht auf die einschlägigen Regeln des Ehegüterrechts (§ 7 S. 2 LPartG). Es gilt also das Formerfordernis des § 1410 (notarielle Form). Auch die Wahlgüterstände sind die gleichen wie bei der Ehe.

§ 99. Auswirkungen für die Kinder eines Lebenspartners

1. Gesetzeslage. Bei Einführung der eingetragenen Lebenspartner- **1105** schaft wagte der Gesetzgeber noch nicht, die Möglichkeit gemeinsamer Elternschaft der Partner vorzusehen. Doch hat sich die Einstellung hierzu unter dem Einfluss des BVerfG grundlegend gewandelt. Das Elternrecht aus Art. 6 II 1 kann auch zwei Personen des gleichen Geschlechts gemeinsam zustehen (BVerfG FamRZ 2013, 521, 524); das GG spreche nicht von „Vater und Mutter". Diese Auffassung wirkt sich insbesondere bei der Entwicklung des Adoptionsrechts aus (→ Rn. 1108).

2. Mitsorgerecht für die Kinder des Partners. Übt ein Partner das **1106** alleinige Sorgerecht für ein minderjähriges Kind aus, so hat der andere im Einvernehmen mit dem Sorgeberechtigten das Recht zur Mitentscheidung in Angelegenheiten des täglichen Lebens und auch die Befugnis zu Rechtshandlungen bei Gefahr im Verzug. Die Regelung (§ 9 I–IV LPartG) entspricht derjenigen für Ehegatten des sorgeberechtigten Elternteils (§ 1687b).

3. Erteilung des Lebenspartnerschaftsnamens. Ein Elternteil, der **1107** allein oder gemeinsam mit dem anderen sorgeberechtigt ist, und sein Lebenspartner können dem Kind ihren Lebenspartnerschaftsnamen erteilen, wenn sie das Kind in ihren gemeinsamen Haushalt aufgenommen haben. Voraussetzung ist die Einwilligung des anderen Elternteils, wenn diesem zusammen mit dem einbenennenden Elternteil das Sorgerecht zusteht oder wenn das Kind seinen Namen führt. Auch diese Regelung des § 9 V LPartG läuft parallel zu der entsprechenden Vorschrift zur Namenserteilung durch Ehegatten (§ 1618).

4. Adoption. Ursprünglich sah das LPartG für die Partner keine **1108** Möglichkeit vor, ein Kind gemeinsam zu adoptieren. Die gemeinschaftliche Annahme eines Kindes durch Lebenspartner ist auch heute noch nicht allgemeine Rechtseinrichtung. Doch führte bereits die Novellierung von 2004 die **„Stiefkind-Adoption"** auch für eingetragene Partner ein: Ein Lebenspartner kann das Kind seines Partners mit der Wirkung annehmen, dass das Kind die rechtliche Stellung eines *gemeinschaftlichen Kindes der Lebenspartner* erhält (§ 9 VII 2 i. V. m. § 1754 I). Was für das *leibliche* Kind gilt, muss auch für ein vom Partner *adoptiertes* Kind gelten (**Sukzessivadoption**, BVerfG FamRZ 2013, 521, dem folgend Gesetz vom 20.6.2014). Dass die Lebenspartner darüber hinaus auch allgemein ein Kind gemeinsam adoptieren können, wird vielfach gefordert; derzeit ist dies nur möglich, wenn für die Ehe optiert wird.

§ 100. Getrenntleben

1109   1. **Wirkungen.** Nach der Vorstellung des Gesetzgebers leben die Lebenspartner typischerweise in einem gemeinsamen Haushalt zusammen. Deshalb sind an das Getrenntleben ähnliche Wirkungen geknüpft wie bei der Ehe. Folgende Regelungen sind praktisch die gleichen wie im Eherecht:

– Mit Eintritt des Getrenntlebens ruht die Schlüsselgewalt (§ 1357 III BGB mit § 8 II LPartG).
– Den Hausrat betreffend gelten gleiche Regelungen wie im Eherecht (vgl. § 13 LPartG mit § 1361a).
– Für die gemeinsame Wohnung gilt ebenfalls eine mit dem Eherecht gleichgeschaltete Regelung (vgl. § 14 LPartG mit § 1361b BGB).
– Auch für den Unterhalt bei Getrenntleben ergibt sich ein Gleichklang mit dem Eherecht. Jeder Partner kann vom anderen den nach den Lebens-, Erwerbs- und Vermögensverhältnissen während der Partnerschaft angemessenen Unterhalt verlangen (§ 12 I 1 LPartG). Aus der Verweisung auf § 1361 ergibt sich unter anderem, dass auf den partnerschaftlichen Unterhaltsanspruch nicht für die Zukunft verzichtet werden kann (§ 12 S. 2 LPartG i. V. m. § 1361 IV 4, § 1360a III, § 1614 I BGB).

1110   2. **Begriff.** Der Begriff des Getrenntlebens ist entsprechend der Regelung für Ehegatten definiert (s. § 15 V LPartG). Die Partner können auch innerhalb der gemeinsamen Wohnung getrennt leben (§ 15 V 2 LPartG i. V. m. § 1567 I 2). Ein Zusammenleben über kürzerer Zeit, das der Versöhnung der Partner dienen soll, unterbricht oder hemmt den Lauf des Getrenntlebens nicht (§ 15 V 2 LPartG i. V. m. § 1567 II).

§ 101. Die Auflösung der Lebenspartnerschaft

I. Überblick

1. Aufhebungsgründe. Ist die Lebenspartnerschaft wirksam be- 1111
gründet, so kann sie nur entweder durch **Tod** eines Partners oder
durch gerichtliche Aufhebung aufgelöst werden. Eine „Scheidung"
gibt es terminologisch nicht. Der „Aufhebung" des Lebenspartnerschaftsrechts kommen teils die Funktionen des Ehescheidungsrechts,
teils des Eheaufhebungsrechts zu.

– Die **Aufhebungsgründe nach § 15 II 2 LPartG** entsprechen den
  Aufhebungsgründen des Eherechts wegen eines Willensmangels
  bei der Begründung (→ Rn. 1083).

– Die **Aufhebung nach § 15 II 1 LPartG** gleicht einer Scheidung,
  die typischerweise aus Störungen im partnerschaftlichen Verhältnis
  resultiert.

2. Aufhebungsverfahren. Die eingetragene Partnerschaft wird mit 1112
Rechtskraft des Aufhebungsbeschlusses mit Wirkung *ex-nunc* aufgelöst (§ 15 I LPartG). Zuständig für das Aufhebungsverfahren wie für
andere „Lebenspartnerschaftssachen" sind die Familiengerichte
(§§ 23a I 1 Nr. 1, 23b I GVG; §§ 111 Nr. 11, 151 Nr. 1, 269, 270
FamFG).

II. Die Aufhebung als „Scheidung"

1. Vergleich mit dem Scheidungsrecht. Die Aufhebung der einge- 1113
tragenen Partnerschaft wegen Ursachen, die in der Entwicklung des
partnerschaftlichen Verhältnisses liegen (§ 15 II 1 LPartG), ist ähnlich
wie die Ehescheidung geregelt, doch ergeben sich Unterschiede. Vor
allem hütet sich das Gesetz davor, vom „Scheitern der Lebenspartnerschaft" zu sprechen (so etwas Hässliches gibt es offenbar nur bei
der Ehe!) und als Grundtatbestand voranzustellen. Vielmehr werden
vier selbstständige Aufhebungsgründe formuliert.

2. Einverständliche Aufhebung. Die Lebenspartnerschaft wird 1114
auf Antrag aufgehoben, wenn die Lebenspartner seit einem Jahr getrennt leben und beide erklären, die Aufhebung zu wollen. Der übereinstimmende Aufhebungswille kommt entweder darin zum Ausdruck, dass beide Teile die Aufhebung beantragen, oder darin, dass

der eine dem Aufhebungsantrag des anderen zustimmt (§ 15 II 1 Nr. 1a LPartG). Der Sache nach entspricht diese Regelung dem § 1566 I.

1115   **3. Aufhebung aufgrund materieller Zerrüttungsprüfung.** Die Lebenspartnerschaft wird auf Antrag aufgelöst, wenn die Partner ein Jahr getrennt leben und nicht zu erwarten ist, dass eine partnerschaftliche Lebensgemeinschaft wiederhergestellt werden kann (§ 15 II 1 Nr. 1b LPartG). Dieser Tatbestand ähnelt der materiellen Zerrüttungsprüfung bei der Scheidung (§ 1565 I).

1116   **4. Aufhebung wegen dreijähriger Trennung.** Die Aufhebung erfolgt ohne materielle Zerrüttungsprüfung, wenn die Lebenspartner seit mindestens drei Jahren getrennt leben (§ 15 II 1 Nr. 2 LPartG). Das entspricht der unwiderleglichen Zerrüttungsvermutung im Scheidungsrecht nach § 1566 II.

1117   **5. Aufhebung wegen unzumutbarer Härte.** Schließlich wird die Lebenspartnerschaft auf Antrag eines Partners aufgehoben, wenn ihre Fortsetzung aus Gründen, die in der Person des anderen liegen, eine unzumutbare Härte wäre (§ 15 II 1 Nr. 3 LPartG). Ein Getrenntleben ist in diesem Fall nicht erforderlich. Diese Regelung erinnert an die Vorschrift des § 1565 II. Im Unterschied dazu bildet der Härtetatbestand aber nicht eine Einwendung gegen die Scheidung, sondern einen eigenständigen Aufhebungsgrund. Nach dem gesetzlichen Wortlaut ist also keine Zerrüttungsprüfung vorausgesetzt, sondern das Vorliegen der Härte für sich gesehen trägt den Anspruch auf Auflösung der Partnerschaft. Da die Norm hauptsächlich in Fällen schwerer Verfehlungen gegen den Antragsteller zum Zuge kommt, kann man sich hier an die frühere „Scheidung wegen Verschuldens" erinnert fühlen.

1118   **6. Härteklausel.** Einem Aufhebungsantrag kann die negative Härteklausel des § 15 III LPartG entgegengesetzt werden: Die Lebenspartnerschaft soll nicht aufgehoben werden, „obwohl die Lebenspartner seit mehr als drei Jahren getrennt leben, wenn und solange die Aufhebung der Lebenspartnerschaft für den Antragsgegner, der sie ablehnt, aufgrund außergewöhnlicher Umstände eine so schwere Härte darstellen würde, dass die Aufrechterhaltung der Lebenspartnerschaft auch unter Berücksichtigung der Belange des Antragstellers ausnahmsweise geboten erscheint." Diese Klausel ist weitgehend dem § 1568 nachgebildet, freilich mit einem Unterschied. Wo das Eherecht formuliert „obwohl die Ehe gescheitert ist", setzt das LPartG die Formulierung „obwohl die Lebenspartner seit mehr als drei Jahren getrennt leben". Eine Kinderschutzklausel enthält § 15 III LPartG nicht.

III. Aufhebungsfolgen

1. Hausrat und Wohnung. Wie bei der Ehescheidung stellt sich   1119
die Frage, welche Wirkungen die Aufhebung der Partnerschaft im Einzelnen nach sich zieht. Die Regelungen laufen weitgehend parallel. Die gemeinsame Wohnung und den Hausrat betreffend verweist § 17 LPartG auf die für Ehegatten geltenden Regeln (§§ 1568a und b).

2. Güterrecht und Versorgungsausgleich. Die güterrechtlichen   1120
Folgen ergeben sich aus dem für die Partnerschaft geltenden Güterstand. Sind die Partner im gesetzlichen Güterstand verblieben, so werden die Regeln über die Durchführung des Zugewinnausgleichs angewendet (§ 6 S. 2 LPartG). Den Versorgungsausgleich betreffend gelten die bei Ehescheidung maßgeblichen Vorschriften (§ 20 LPartG).

3. Unterhalt. Die Aufhebung der eingetragenen Partnerschaft   1121
kann auch einen Unterhaltsanspruch unter den Partnern auslösen, wenn ein Partner nach der Aufhebung nicht selbst für seinen Unterhalt sorgen kann (§ 16 S. 1 LPartG). Für die Voraussetzungen und Modalitäten eines solchen Anspruchs verweist das Partnerschaftsrecht pauschal auf die Regeln des Scheidungsunterhalts (§ 16 S. 2 LPartG i. V. m. §§ 1570–1586b). Über den nachpartnerschaftlichen Unterhalt sind Vereinbarungen möglich (§ 16 I 2 LPartG mit § 1585c BGB). Auf den Unterhaltsanspruch nach Aufhebung der Partnerschaft kann im Voraus verzichtet werden.

Paragrafenverzeichnis (BGB)

Die Zahlen verweisen auf die Randnummern des Buches.

Sachverzeichnis

Die Zahlen verweisen auf die Randnummern des Buches.